彭林 主編

朱戴全集

第五册

校補禮記纂言（下）

大戴禮記

吕氏四禮翼

復旦大學出版社

本册總目

校補禮記纂言（下）

金曉東　整理

目録

檀弓第十四下

孔子少孤，不知其墓，殯於五父之衢。人之見之者，皆以爲葬也。其慎也，蓋殯也。問於郰曼父之母，然後得合葬於防。 父音甫。慎舊音引，今讀如字。郰，側鉤切。

家語曰：「叔梁紇有女無子，其妾生孟皮，有足疾，乃求婚於顔氏。顔氏三女，小曰徵在。顔父問三女曰：『郰大夫雖父祖爲士，然其先聖王之裔，孰能爲之妻。』二女莫對。徵在曰：『從父所制。』遂以妻之，生孔子，三歲而叔梁紇卒，葬於防。」孔氏曰：「孔子少孤失父，母死欲合葬，不知父墓所在，故殯於五父之衢。外人見柩行路，皆以爲葬，但飾引棺以輴，故云其引也。蓋殯也。郰曼父之母，素與孔子母相善，問郰曼父之母，始知父墓所在，而後得以母柩合葬於防。鄭氏曰：『慎當爲引。』殯引飾棺以輴，葬引飾棺以柳翣，是時以殯引，不以葬引。」馬氏曰：「叔梁紇，宋人，葬制蓋從古墓而不墳。此孔子少孤，所以不知墓也。」方氏曰：「衢，四達之道也。」山陰陸氏：「慎讀如字。」張子曰：「孔子殯母於五父之衢，其殯周慎，有如葬然，故人之見之者，皆以爲葬也。其周慎實是殯，故曰『其慎也，蓋殯也。』」澄曰：「叔梁紇，殷人，葬從殷制，墓無封識，葬後人不知，子孫亦無展省之禮。孔子少而孤，母既死，則不知其父墓所在矣。殯者當殯於家，殯於家，則三月之後，啓殯正葬。既未知父墓所在，則正葬之期，不可豫定，故不殯於家而殯於野。蓋在野，則雖久而未得正葬，亦未害。人見將柩出外，皆以爲正葬，其禮又甚謹慎，與正葬同。雖甚謹慎如葬，蓋但是殯而非葬也。蓋者，記人度孔子之心，欲得訪求父墓所在，而舉以合葬也。其時非不訪求，人皆不能知，故且權殯在後。因見郰曼父之母問之，方知舊日與己母爲鄰，相厚善。孔母葬夫之時，此母必預送葬，故獨能知其墓而以告孔子也。然問此母之時，與殯己母之時，非在一年之内。其經隔年歲之久，近不可考。『慎』字，張子、陸氏讀如字者，是。噫。觀孔子之不知父墓，則知周公制禮，墓有封識，且設官掌之，子孫得常展省，夫婦又皆合葬，其視古禮之簡質不同矣。此夫子之所以從周也。」陳氏曰：「聖人，人倫之至，豈有終母之世，不求父葬之地。至母殯而猶不知父墓者乎？」〇軾按：孔子有姊有兄，非皆少孤也。何待問之郰曼父之母，況五父之衢之殯，如此其慎也。殯而不葬，以待求父墓而合也。此豈少而無知者之所能，母在而不尋求父墓，可謂有知乎？郰曼父之母，與聖母善，其非遠在他國可知，何待既殯而問乎？禮經背謬，無過于此，亟當删之。

〇孔子既得合葬於防，曰：「吾聞之，古也墓而不墳。今丘也，東西南北之人也，不可以弗識

也。」於是封之，崇四尺。孔子先反，門人後，雨甚，至。孔子問焉，曰：「爾來何遲也？」曰：「防墓崩。」孔子不應。三，孔子泫然流涕曰：「吾聞之，古不脩墓。」識，音志。泫，胡犬切。

鄭氏曰：「土之高者曰墳。東西南北，言居無常也。聚土曰封，封之，周禮也。周禮曰：『以爵等爲丘封之度。』崇，高也，高四尺，蓋周之士制。孔子先反，修虞事也。門人後，待封也。門人言所以遲者，脩之而來，孔子不應，以其非禮也。門人以孔子不聞，三言之。」孔氏曰：「天子之墓一丈，諸侯八尺，其次降殺以兩，士制高四尺。叔梁紇雖爲大夫，周禮：『公侯伯之大夫，再命，與天子中士同。』」張子曰：「孔子是時十七歲，安得已有門人。」澄曰：「按舊聞孔子喪母時，年十七，合葬於防，必在數年之後，其時孔子已有門人也。」廣安游氏曰：「古者墓而不墳，坎其中而踐其上。葬者，藏也，使人弗見而已。後世墳墓之事始加詳。其加詳有二：厚葬也，墓祭也。古人以爲死者魂氣歸于天，體魄歸于地，於人之始死，爲之召致其魂氣而祭之，於體魄則無所事焉。故既葬則去之後，世始封爲墳。既爲之墳，則孝子仁人之見之，固有所不忍。雖後世之異於古，亦人情之所不能已也。孔子自以不常居鄉，恐還而不知葬所，因而識之。孔子之志，本不以封之爲當然也。及夫門人以墓崩脩之而後至，孔子以爲古者既葬則去，不復脩治其墓，欲盡從今之禮，則非達者之心；欲盡從古之道而不脩，則心亦有所不安，故泫然流涕而言之。宋人始厚葬其君，君子非之，漢明帝始墓祭其親，蔡邕與之。夫厚葬無益有害，宜爲君子所非。若夫蔡邕之見，亦爲其心有所不忍，則雖君子有所不能已。此孔子封墓，崇四尺而又言古不脩墓，泫然流涕之意，學者可以考焉。」張氏敬夫曰：「墓祭非古也，體魄則降。精氣在上，故立之主以祀，以致其精神之極，而謹藏其體魄，以竭其深長之思。然考之周禮，冢人之官凡祭於墓爲尸，是則成周之時，固亦有祭於墓者。雖非制禮之本經，而出於人情之所不忍。其於義理，不至於甚害，則先王亦從而許之。」○軾按：程子謂孔子先反，使弟子治葬，誠敬不至，纔雨而墓崩，無論孔門弟子，無奉師命而不誠敬將事者。即聖人至仁至孝，豈肯以窀穸大事，委之不慎之弟子。張子謂孔子時年十七，安得有門人。禮經駁雜至此已甚，而吴文正公必曲爲之護，殊不可解。

○二名不偏諱，夫子之母名徵在，言在不稱徵，言徵不稱在。

方氏曰：「『不在顓臾而在蕭牆之内』，此言『在』不稱『徵』也。『夏禮吾能言之，杞不足徵』，此言『徵』不稱『在』也。」

○孔子與門人立，拱而尚右。二三子亦皆尚右。孔子曰：「二三子之嗜學也，我則有姊之喪故也。」二三子皆尚左。

鄭氏曰：「亦皆尚右，倣孔子也。嗜，貪也。尚左，復正也。喪尚右。右，陰也。吉尚左。

左，陽也。」張子曰：「拱而尚右，叉手以右手在上也，以其姊之喪故如此。」山陰陸氏曰：「二三子纖悉務學聖人如此，蓋有不應學而學者，未有應學而不學者也。」

○子思之母死於衛，赴於子思，子思哭於廟。門人至，曰：「庶氏之母死，何爲哭於孔氏之廟乎？」子思曰：「吾過矣。吾過矣。」遂哭於它室。

鄭氏曰：「子思，孔子孫，伯魚之子。伯魚卒，其妻嫁於衛，母姓庶氏。門人，弟子也。嫁母與廟絶族。」臨川王氏曰：「似嫁庶氏爾。鄭云母姓庶氏，非也。」方氏曰：「它室，異室也。以有別於正，故謂之它。」○軾按：以爲出可也，豈有子思之母而嫁者乎？此不待智者而知其僞矣。

○子思之母死於衛，柳若謂子思曰：「子，聖人之後也。四方於子乎觀禮，子蓋慎諸！」子思曰：「吾何慎哉？吾聞之，有其禮，無其財，君子弗行也；有其禮，有其財，無其時，君子弗行也。吾何慎哉？」

鄭氏曰：「柳若，衛人也。見子思欲爲嫁母服，恐其失禮戒之。嫁母，齊衰期。有禮無財，謂可行禮而財不足以備禮。有禮有財無時，謂財足以備禮，而時不得行喪之禮。如子贈襚之屬，不踰主人。」孔氏曰：「嫁母之家，主人貧乏，歛手足形還葬，己雖有財，不得過於主人，故鄭謂贈襚不踰主人也。」廣安游氏曰：「弗行者，弗能備行也。嫁母雖有齊衰期之禮，然財不足以備。若時弗可以行，則行之必有所不備。以此觀之，子思於嫁母之服，蓋有行之而不備者矣。」澄曰：「禮，父在，爲嫁母齊衰期；父没爲父後者則不服。其時子思父伯魚久没，祖仲尼亦没，而其已嫁之母死於衛，子思將爲之服。柳若者，衛之賢人也。疑子思不當服此嫁母，故戒之曰：『子乃聖人之後，凡所行之禮，四方之人觀之以爲法，則子合謹慎依禮而行。母或厚於情而踰於禮也。』而子思之答，以爲有禮而無財，則弗得行其禮；有禮有財而無時，亦弗得行其禮。時嫁母之家蓋貧，子思雖欲備禮，而不可踰喪主，故其心慊然以爲不得盡禮於其母。柳若所謂慎者，防其或過爾。子思之慊恻，恨其有不及也。子思謂吾之於母，禮所得爲，財亦能備，而時弗可行，方此懷恨其不及於禮。何事須慎防其過於禮乎，故曰『吾何慎哉』。子思所以得爲嫁母服者，蓋伯魚有長子，子思爲支子。伯魚没，長子爲父後，及長子亦没而無子，子思自以支子，不敢繼兄主祭。而己子孔白，本是繼禰之宗，故以接續其兄，爲繼祖、繼曾祖之宗，而承祭祀。白不立爲伯父後，特接續而主祭爾，故子思未嘗主祭，而得爲嫁母服也。若譙周、袁準所云，父卒母嫁，非父所出嫡子，雖主祭猶服期，此則禮經所無。臆説爾。至若馬氏以『吾何慎哉』爲子思之文過，且謂聖人之後，而又能慎之，不失爲君子，則直貶子思之不能慎也。廬陵胡氏，又救馬氏之貶，以爲子思習於禮，未嘗不慎，曰『吾何慎哉』，言其慎久矣。皆是不曉柳若與子思所言

『慎』字之意。」

○子上之母死而不喪，門人問諸子思曰：「昔者子之先君子喪出母乎？」曰：「然。」子之不使白也喪之，何也？」子思曰：「昔者吾先君子無所失道，道隆則從而隆，道污則從而污，伋則安能！爲伋也妻者，是爲白也母；不爲伋也妻者，是不爲白也母。」故孔氏之不喪出母，自子思始也。

喪，如字。烏音烏。

鄭氏曰：「禮爲出母期，父卒，爲父後者不服。污，猶殺也。有隆有殺，進退如禮。」孔氏曰：「按喪服出妻之子爲人後者，爲出母無服。傳云與尊者爲一體，不敢服其私親也。子思既在，子上當爲出母有服，故門人疑而問云子之先君子令子喪出母乎？先君子，謂孔子也。子思曰『然』。然猶如是。言喪出母也。伯魚之母被出，朞而猶哭，是也。道，猶禮也。言吾之先君子，無所失道，道可隆則從而隆。謂父在，爲出母加隆厚，爲之服也；若禮可殺，則從而殺，謂父卒子爲父後，上繼至尊，不得私服出母，禮宜減殺，則不爲服也。伋則安能，子思自以不及聖祖，故云。」澄曰：「伯魚父在，故得爲出母服。子思雖是父與祖俱已没，然亦得爲嫁母服者，支子不主祭故也。子上雖有父在，而不得爲出母服者，蓋子思兄死時，子思使其子接續伯父主祖與曾祖之祭，既主尊者之祭，則不敢服私親也。此禮昔所未有，子思以義起之，乃孔氏一家之變禮，權而得宜者。門人但見常禮，父在當服出母，而子上不服，故疑而問。子思不以其子已主祖與曾祖之祭，不可服出母答門人，但推尊聖祖之於禮。或隆或污，無不得宜，而自謙抑己之不能及，爲伋妻者爲白母，不爲伋妻者不爲白母，此主祭爲後者之正服也。言此俾門人深思詳察而自知之。『伋則安能』之語，與論語『我則不暇』之語相類。孔子答人之問，多有似此含蓄不露者。子思此答，語意甚似聖人，真可爲孔子之孫哉。」〇軾按：道隆則隆，道污則污。道，義也。義可厚則厚，可降則降，不問禮制之有無也。按儀禮『出妻之子爲母期』；又曰『爲父後者則不爲出母期』。先儒謂爲父後，則父没矣。父没主祭，故不服私親。據此則伯鯉父在喪出母爲禮，子上之不喪，爲變于禮矣。竊意喪服此條，乃漢儒增入。孔子、子思時，本無此禮，然母子天性，有不能恝然于衷者。伯鯉天資純厚，夫子不忍違其志而聽服期，蓋以義起也。義可隆，則禮降者不妨隆；義可降，禮隆者不妨降，然必見道之真，如聖人，乃能之。大賢以下，不得不守其常，故子思曰：『我則不能。』或曰：先王制禮，降殺之宜，審之悉矣，安得有義外之義。曰：禮固道也，而有時不盡乎，道者緣情也。因時也，如母喪三年，嫂叔小功，婦服舅姑三年之類，不得謂先王之制爲非，亦不得謂後人所變爲不是。要揆之于道無悖焉耳。然三世出妻，子思母嫁，必非實事，先儒言之詳矣。

右記孔氏喪葬之事，凡七節。

孔子蚤作，負手曳杖，消摇於門，歌曰：「泰山其頹乎！梁木其壞乎！哲人其萎乎！」既歌而入，當户而坐。子貢聞之，曰：「泰山其頹，則吾將安仰？梁木其壞，哲人其萎，則吾將安放？夫子殆將病也！」遂趨而入。夫子曰：「賜！爾來何遲也？夏后氏殯於東階之上，則猶在阼也。殷人殯於兩楹之間，則與賓主夾之也。周人殯於西階之上，則猶賓之也。而丘也，殷人也。予疇昔之夜，夢坐奠於兩楹之間。夫明王不興，而天下其孰能宗予？予殆將死也！」蓋七日而没。

蚤，音早。頹，徒回切。放，方雨切。萎與委同。夫，音扶。

鄭氏曰：「作，起也。夢坐兩楹之間，而見饋食。告奠者，以凶象。宗，尊也。兩楹之間，南面鄉明。人君聽治正坐之處。今無明王，誰能尊我以爲人君乎？是我殷家奠殯之象，以此自知將死。」孔氏曰：「杖以扶身。恒在前而用，今反手却後以曳其杖，消摇放蕩以自寬縱，皆是特異於常。當户而坐，坐不在隱處，欲急見人也。禮，既死葬前，尸主未立，唯奠停飲食於地，故云奠。」澄曰：「吾將安放。禮記無此一句。今以家語文補。泰山，東嶽之山。梁木，棟梁之木。哲人，聖哲之人。其，將然之辭。頹者，謂崩圮。壞，謂朽折。萎，謂死。人死如草木之萎也。壞協回聲，萎協隈聲，以山頹木壞喻哲人之死也。泰山高出它山，衆目所瞻仰，梁木承負榱桷，衆木所憑倚，如人之憑倚於杖，哲人之德行，衆人所倣效。將病，謂將死爲尊者避諱，故不云將死而云將病也。『賜，爾來何遲』者，欲子貢急來，告以凶夢，俾知己之將死也。猶，如也。夏殯於東階上者，如生時主人之在阼也，殷不殯東階上者，謂已死則不復爲此寢之主人，然未忍遽以將去之客視之，故亦不殯西階上，而殯於兩楹之間者，夾於主階賓階二者之中也。周則直以死者將離去此寢，不復爲主人。故殯之於西階上者，如賓客視之也。澄竊詳此文所載事辭皆妄，聖人德容，始終如一，至死不變，今負手曳杖，消摇於門，盛的之至，動容周旋中禮者，不如是，其妄一也。聖人樂天知命，視死生如晝夜，豈自爲歌辭以悲其死，且以哲人爲稱，又以泰山梁木爲比，若是它人悲聖人之將死而爲此歌辭則可。聖人自爲此歌而自稱自比乃若是，其妄二也。聖人清明在躬，志氣如神，生死固所自知，又豈待占夢而後知其將死哉，其妄三也。蓋是周末七十子以後之人，撰造爲之，欲表明聖人之豫知其死，將以尊聖人，而不知適以卑之也。記者無識而採取其言。記文既妄，而諸家解又謬不足論也。」

○魯哀公誄孔丘曰：「天不遺耆老，莫相予位焉。嗚呼哀哉！尼父！」誄，力軌切。相，去聲。

朱子曰：「誄者，哀死而述其行之詞。」孔氏曰：「孔子於哀公十六年夏四月己丑日卒。哀公列其生時行狀爲誄。『天不遺耆老』以下誄辭也。遺，置也。耆老，謂孔子。嗚呼哀哉。傷痛之辭。尼，字。父，丈夫之美稱也。」澄曰：「遺，猶留也。」

○孔子之喪，有自燕來觀者，舍於子夏氏。子夏曰：「聖人之葬人與？人之葬聖人也，子何觀焉。」人與，音余。

孔氏曰：「燕國人聞葬聖人，恐有異禮，故從燕來魯觀之。舍，住也。來住子夏家也。」王肅云：「聖人葬人與屬上句，言聖人葬人，則來觀者，庶有異聞。若人之葬聖人，與凡人何異，而子之遠來，何所觀乎。子夏既語燕人，而下又歷述夫子所言四封之異。以慰其來觀之意。」長樂陳氏曰：「君子之喪禮，尤衆人之所欲觀者。滕世子之葬定公，四方猶且觀之，况聖人之門人葬聖人乎？此燕人所以來觀。」

昔者夫子言之曰：「吾見封之若堂者矣，見若坊者矣，見若覆夏屋者矣，見若斧者矣。從若斧者焉。馬鬣封之謂也。今一日而三斬板，而已封。尚行夫子之志乎哉。」坊，音防。覆，胡阜切。

鄭氏曰：「封，築土爲壟也。堂形四方而高，坊形旁殺平上而長。覆，謂茨瓦也。夏屋，今之門廡也，其形旁廣而卑，斧形，旁殺刃上而長。孔子以爲刃上難登，狹又易爲功，故從若斧者焉。馬鬣封，俗間名。馬駿鬣之上，其肉薄，斧形似之也。」孔氏曰：「子夏既述夫子之語，又謂今作孔子墳，止用一日之功，儉約不假多時者，庶幾遵行孔子平生之志也。三斬板，作墳法也。築墳之法，於所安板側，用繩約之令直立，然後納土於板之中，築之。令土與板平，則斬所約板繩斷，而更置於見築土上，又載土其中，三遍如此。其墳乃成。已封，止已其封也。板廣二尺，叠側三版，應高六尺。而云四尺者，旁袤漸歛，上狹下舒，如斧刃之形。使三版但高四尺也。」陳氏曰：「孔子以時人之封過泰也，故欲從其殺者。門人以夫子之志於儉也，故一日三斬板，以行夫子之志。門人於封則儉，於披崇練旐則不儉者，儉則行夫子之志以救時也，不儉則行門人之志以尊師也。」

○孔子之喪，公西赤爲志焉。飾棺，牆、置翣、設披，周也。設崇，殷也。綢練設旐，夏也。披，彼我切。綢，吐刀切。

孔氏曰：「公西赤以飾棺榮夫子，故爲盛禮，備三王之法，以章明志識。於是以素錦爲褚，褚外加牆，車邊置翣，恐柩車傾虧，而以繩左右維持之，此皆周法。其送葬乘車所建旌旗，刻繒爲崇牙之飾，此則殷法。又韜盛旌旗之竿，以素飾於杠首，設長尋之旐，此則夏禮。夫子用三代之禮不爲僭者，用其大夫之禮爾。必用三代者，夫子德備三代，文物故也。」澄曰：「『飾棺』二字目下三者。牆一也，置翣二也，設披三也。」○軾按：葬聖人而兼用三代之禮，無乃已僭，聖門賢弟子必亦出此。

子張之喪，公明儀爲志焉。褚幕丹質，蟻結于四隅，殷士也。褚，張吕切。

鄭氏曰：「志，亦謂章識。葬以丹布幕爲褚，覆棺。下不牆不翣。蟻，蚍蜉也。畫褚之四角，其文如蟻行往來相交錯。殷之蟻結，似今文畫。學於孔子。倣殷禮。孔氏曰。明儀是子張弟子，又是曾子弟子。褚，謂覆棺之物。大夫以上，其形似幄。士則無褚今公明儀尊敬其師故特爲褚，不得爲幄。但似幕形，故云褚幕，以丹質之布爲之。又於褚四角畫蚍蜉之形。交結往來。故云蟻結于四隅所以不牆不翣者。用殷禮也。所以畫蟻殷禮士葬之飾也。」山陰陸氏曰：「丹質之布。蓋謂畫以丹爲地。」長樂陳氏曰：「子張之喪，公明儀爲志，而殷士之禮何也？殷禮質，周禮文，子張之時甚文矣，故門人從質以救其弊。」

右記聖師卒葬之事，凡四節。

孔子之喪，門人疑所服。子貢曰：「昔者夫子之喪顔淵，若喪子而無服。喪子路亦然。請喪夫子。若喪父而無服。」喪並平聲。

鄭氏曰：「以無喪師之禮，故疑所服。無服，謂不爲衰，弔服而加麻。」孔氏曰：「按喪服，『朋友麻』，師與朋友同，亦加麻也。謂絰與帶皆用麻，既葬除之。」

○孔子之喪，二三子皆絰而出。群居則絰，出則否。

鄭氏曰：「尊師也。出，謂有所之適，然則凡弔服加麻者，出則變服。群謂七十二弟子相爲朋友服。」山陰陸氏曰：「二三子，蓋謂七十子知師之深者也。孔子之徒三千。群者，不在七十子之列者也，其服孔子如此。」澄按：鄭、陸二説不同，然皆當斷「群」字爲一句，疑未安。竊意記者先記孔門弟子爲師之特禮，又記凡爲師與朋友弔服加麻之常禮于後，以表出不釋經者之爲特而非常也。張子説優。張子曰：「群居則絰，出則否，喪常師之禮也。絰而出，特厚於孔子也。」

○顔淵之喪，饋祥肉。孔子出，受之。入，彈琴而后食之。

鄭氏曰：「饋，遺也。彈琴以散哀也。」程子曰：「受祥肉彈琴，殆非聖人舉動。使其哀未忘，則子於是日哭則不歌，不飲酒食肉以全哀，况彈琴乎。使其哀已忘，則何必彈琴？」澄曰：「所饋祥肉，謂斬衰再朞大祥之祭肉也。設使孔子自爲其衆子服朞，一朞後亦不止樂矣。况喪顔淵如喪子而無服者乎？顔淵之死已兩朞。孔子每日彈琴，乃其常事，蓋此日彈琴，適在受此祥肉之後。食此祥肉之先，人不悟，以爲孔子彈琴散哀，而後食顔淵之祥肉，故記者云然。而鄭氏以散哀釋之，其實孔子不爲散衣而彈琴也，程子説是。」○軾按：聖人之于顔子，所望出則共濟天下，處而傳道後世者也。自顔子死，吾道孤矣。聖人因饋祥肉而感動于中，入而彈琴，所以寫憂，猶臨河而歌，在衛擊磬也。而後食者，不忍遂食也，非必舍琴而即食。

○孔子哭子路於中庭，有人弔者而夫子拜之。既哭，進使者而問故，使者曰：「醢之矣。」遂命覆醢。使，色事切。

鄭氏曰：「寢中庭也，與哭師同，親之也。拜弔者，爲之主也。使者，自衛來赴者。故謂死之意狀。時衛世子蒯聵篡輒而立，子路死之。醢之者，示欲啗食以怖衆。覆，棄之不忍食。」山陰陸氏曰：「哭以師友之間，進之也。」澄曰：「哭師於寢，哭朋友於寢門外，中庭在寢之外，寢門外之内，故陸氏謂之師友之間。」長樂陳氏曰：「哭於中庭視之猶子也。有人弔焉，而夫子拜之，自視猶父也。遂命覆醢者，非特不忍食之，又豈忍見之也。」

右記師弟子相爲之事，凡四節。

曾子曰：「朋友之墓，有宿草而不哭焉。」

鄭氏曰：「宿草，謂陳根也，爲師心喪三年，於朋友期可。」孔氏曰：「草經一年則根陳，朋友相爲哭，一期草根陳，乃不哭也。」張敷云：「謂於一期之内，如聞朋友之喪，或經過朋友之墓及事，故須哭，如此則哭焉。若一期之外，則不哭也。」○軾按：有宿草不哭，謂一期之外，不復哭也。若始聞友死，雖在數年之後，有不哭者乎。或謂小功不稅，何況朋友。曰哭非稅也，彼小功即不稅，能無哀乎。

〇子張死，曾子有母之喪，齊衰而往哭之。或曰：「齊衰不以弔。」曾子曰：「我弔也與哉。」齊，音咨。與，音余。

鄭氏曰：「於朋友哀痛甚而往哭之，非若凡弔，或人以其無服非之。」〇軾按：弔也與哉，謂哭之，非弔之也。

〇子夏喪其子而喪其明，曾子弔之，曰：「吾聞之也，朋友喪明則哭之。」曾子哭，子夏亦哭，曰：「天乎。予之無罪也。」曾子怒曰：「商，女何無罪也？吾與女事夫子於洙泗之間，退而老於西河之上，使西河之民，疑女於夫子，爾罪一也。喪爾親，使民未有聞焉，爾罪二也。喪爾子，喪爾明，爾罪三也。而曰女何無罪與？」子夏投其杖而拜曰：「吾過矣。吾過矣。吾離群而索居，亦已久矣。」喪其子、喪爾親、喪爾子並平聲。喪明、喪爾明並去聲。女，音汝。與，音余。離，去聲。索，色作切。

張子曰：「疑汝於夫子者，子夏不推尊夫子，使人疑夫子，無以異於子夏，非如曾子推尊夫子，使人知尊聖人也。」游氏曰：「曾子之責子夏，稱其名，女其人，若父師焉。曾子不以爲嫌，子夏安受其責，蓋曾子正己以律人，愛人以德而不以姑息，道固如此也。後世處父兄師長之位，己不能教其子弟，朋友之間，相誤以色辭，相安以姑息，非復古人之道矣。」

右記朋友相爲之事，凡三節。

○賓客至，無所館。夫子曰：「生於我乎館，死於我乎殯。」

○軾按：謂之賓客者，以爲之主也。此賓客之至，爲夫子至也。爲子至者，不必皆館于子，無所館，斯館之矣。生館之，死能不殯之乎，此即論語「朋友死，于我殯」之意。

○曾子與客立於門側，其徒趨而出。曾子曰：「爾將何之。」曰：「吾父死，將出哭於巷。」曰：「反哭於爾次。」曾子北面而弔焉。

鄭氏曰：「徒，謂客之旅，以爲不可發凶於人館，故出哭於巷。次，舍也。禮，館人使專之，若其自有然。」孔氏曰：「於時客立曾子之門，曾子許其反哭於爾次舍之處。曾子所以北面而弔者，按士喪禮，『主人西面，其賓在門東北面。』此所謂同國之賓。曾子既許其反哭於次，故以同國賓禮北面弔焉。」澄曰：「曰『吾父死』者，立於門側之客曰也。」

○伯高死於衛，赴於孔子。孔子曰：「吾惡乎哭諸。兄弟，吾哭諸廟；父之友，吾哭諸廟門之外；師，吾哭諸寢；朋友，吾哭諸寢門之外；所知，吾哭諸野。於野則已疏，於寢則已重。夫由賜也見我，吾哭諸賜氏。」遂命子貢爲之主。曰：「爲爾哭也。來者拜之，知伯高而來者，勿拜也。」惡，音烏。疏，音梳。夫音扶。爲爾，云爲切。

鄭氏曰：「伯高死時在衛，未聞何國人。曰『吾惡乎哭諸』者，以其交會尚新也。哭兄弟、父、友不同處，别親疏也。哭師、友、所知不同處，别輕重也。已，猶太也。哭於子貢寢門之外，本於恩，命子貢爲主，明恩所由也。知伯高者勿拜，異於正主。」孔氏曰：「兄弟親，父友疏，兄弟是先祖子孫，故哭諸廟。父之友與父同志，故哭諸廟門外師友爲重。所知爲輕，所以哭師於寢。夫子既命子貢爲主，又教子貢拜與不拜之法，若與汝相知之人。爲爾哭伯高之故而來弔爾者，爾則拜之，若與伯高相知而來者，則勿拜也。凡喪之正主，知生知死，來者悉拜，今與伯高相知而來不拜，故鄭云異於正主。」澄曰：「兄弟之喪，周之禮哭諸寢，而此云哭諸廟。師之喪，周之禮哭諸廟門外，而此云哭諸寢，蓋孔子所定也。孔疏皆指爲殷禮，孔子惡野哭者，而此云所知哭諸野。彼之野，蓋謂國門外之郊野；此之野，蓋謂稍遠於寢門外空閒之地。無室屋處，非郊野之野也。知，識也。所知，謂所識之人。知伯高，謂識伯高者。」方氏曰：「伯高之於孔子，非特所知而已，故於野則大疏而過於遠，又非朋友之分，故於寢則太重而過於隆，其初由子貢而見孔子，故哭諸子貢之家，且使爲之主焉，以明恩之有所由也。」

○伯高之喪，孔氏之使者未至，冉子攝束帛乘馬而將之。孔子曰：「異哉。徒使我不誠於伯高。」使，色事切。乘馬，去聲。

鄭氏曰：「使者，謂賻贈者。攝，猶貸也。徒，猶空也。禮所以副忠信也。」澄曰：「帛五匹爲束，馬四匹爲乘，以冉氏之物，而假作孔氏之名以與人，是虚僞不實也，故曰不誠於伯高。」○軾按：不誠，謂束帛乘馬，非本意所欲，所謂儀不及物也。

○孔子之衛，遇舊館人之喪。入而哭之哀。出，使子貢説驂而賻之。子貢曰：「於門人之喪，未有所説驂，説驂於舊館，無乃已重乎？」大子曰：「予鄉者入而哭之，遇於一哀而出涕。予惡夫涕之無從也，小子行之。」説，吐活切。鄉、惡並去聲。

鄭氏曰：「舊館人，前日君所使舍己也。賻，助喪用也。騑馬曰驂。子貢言説驂太重，比於門人，恩爲偏頗也。遇，見也。夫子謂舊館人恩雖輕，我入哭，見主人爲我盡一哀，是以厚恩待我。我爲出涕，恩重宜有施惠。客行無它物，可以易之者，使遂以往。」孔氏曰：「若是舊所經過主人，當云遇舊主人之喪，今云館人，明置館舍於己者。子貢不欲説驂，夫子謂既爲出淚，豈得虚然。汝小子但將驂馬以行之，副此涕淚也。然顔回子哭之慟，比出涕爲甚矣。又舊館之恩，不得以比顔回，但舊館情疏，厚恩待我，須有贈賻。顔回則師徒之恩，乃是常事。顔回之死，必以物與之矣。顔路無厭，更請賣車爲椁，故夫子抑之。」方氏曰：「車馬曰賵，貨財曰賻，此以馬而曰賻者，以馬代貨也。」澄曰：「從者，以外物副其内誠之謂，有哀涕而無賻物，是涕之無從也。呼門人爲小子，令如吾意行之。」

〇孔子之故人曰原壤，其母死，夫子助之沐椁。原壤登木曰：「久矣。予之不託於音也。」歌曰：「貍首之斑然，執女手之卷然。」夫子爲弗聞也者而過之。從者曰：「子未可以已乎。」夫子曰：「丘聞之，親者毋失其爲親也，故者毋失其爲故也。」女，舊如字，今音汝。卷，音權。從，去聲。

鄭氏曰：「沐，治也。木，椁材也。託，寄也。謂叩木以作音，爲弗聞也，而過之，佯不知也。已，猶止也。」孔氏曰：「從者見原壤無禮，止夫子不須爲治椁。夫子謂與吾骨肉親者，彼雖無禮，在我無失其爲親之道，尚得與之和睦。故舊者，雖有非禮，在我無失其爲故之道，尚得與之往來，非有惡逆大故，何以絶之。」澄曰：「原壤之蕩蔑禮法，蓋其素。夫子與之爲故人，知之久矣。哀故人之母，猶哀居母也，故於其母喪而助之沐椁。彼之猖狂，吾弗與知，吾但盡吾誠以助其喪役。俾得以終大事而已。聖人之心，如天覆地載，萬物並育，何所不容。原壤所歌一句，蓋是古之歌詞。而原壤歌之爾，非是當時自作此歌也。陸氏疑爲古貍首之詩，其或然乎。其詩蓋以貍首之斑然，興下句執女手之卷然，女舊讀如字，或云音汝，蓋是男女親故聚會，執手相歡也。班者，貍首之毛文，『卷』與『婘』字通用。韓詩云：『揖我謂我婘兮。』廣雅云：「婘。好也。』孔疏以此歌爲原壤自作，謂上一句言椁材文采，似貍之首，下一句言孔子執斤斧，如女人之手，拳拳然而柔弱，其説紕謬。陸氏疑爲貍首詩者，以有『貍首』二字也。然鄭氏注射義，又以所引曾孫侯氏以下八句爲貍首詩，而陸亦從之，則非矣。蓋『貍首』二句，與齊風之還，鄭風之遵大路，詩體相類，風詩體也。『曾孫』以下八句，則與小雅之車攻、大雅之行葦，詩體相類，雅詩體也。今陸氏以貍首爲篇首之詞，曾孫侯氏爲其篇中之詞，而各體不同，惡可合爲一篇哉。是不識風詩、雅詩體製之異也。後之讀者詳之。射禮，天子以騶虞爲節，諸侯以貍首爲節，卿大夫以采蘋爲節，士以采蘩爲節，所用四詩，其三存者，今皆在召南國風篇中，獨貍首一詩逸，然亦當是召南之詩，而不可復考矣。」清江劉氏曰：「鄭玄以射義所引曾孫侯氏爲貍首詩，非也。疑原壤所歌二句，即是其章旨。」

右記知舊相爲之事，凡六節。

〇子張問曰：「書云高宗三年不言，言乃歡，有諸。」仲尼曰：「胡爲其不然也，古者天子崩，王世子聽於冢宰三年。」

鄭氏曰：「歡，喜悦也。言乃喜悦，則民臣望其言久。」孔氏曰：「尚書無逸云：『言乃雍。』『雍』、『歡』字相近，義兩通。」

○穆公之母卒，使人問於曾子曰：「如之何？」對曰：「申也聞諸申焉。父曰：『哭泣之哀，齊、斬之情，饘粥之食，自天子達。』」齊，音咨。饘，之然切。

吴澄曰：「達者，通行之謂。中庸云：『三年之喪，達乎天子。父母之喪，無貴賤一也。』」

右記天子諸侯爲親喪之事，凡二節。

魯莊公之喪，既葬，而絰不入庫門，士大夫既卒哭，麻不入。

鄭氏曰：「時閔公不居喪，葬已吉服，公既吉服，不與虞卒哭。群臣畢虞卒哭，亦除喪也。」孔氏曰：「莊公，閔公父。閔公是莊夫人哀姜之娣叔姜所生，時年八歲。絰，葛絰也。諸侯弁絰葛而葬，葬竟，除凶服於外。魯有三門，庫、雉、路，庫門最在外，以從外來，至庫門而去絰，故曰絰不入庫門。絰既不入，衰不入可知也。君身絰用葛，士大夫、群臣絰用麻，閔公既葬而除服，不與虞卒哭。群臣須行虞卒哭之祭，故卒哭乃除之。卒哭已後，麻不復入。不入者，承上亦謂不入庫門也。按：喪服注，大夫既虞受服，則絰葛，士卒哭而受服。時禍亂迫蹙，君既吉服，故大夫既虞。不服受服，至卒哭總除，故云『既卒哭，麻不入。』」澄曰：「春秋莊公三十二年六月癸亥薨，薨後五十七日，十月己未，所立太子般亦卒。乃立幼子閔公。莊公薨歷十一月，明年六月始葬，時閔公幼弱，莊夫人外淫，慶父謀簒立。不君生君，因亦不天死君，故不令閔公服父喪三年，至閔二年五月，距莊公之薨二十二月爾，遽行吉祭。吉祭後，其年八月，慶父弑閔公矣。」

〇悼公之喪，季昭子問於孟敬子曰：「然君何食。」敬子曰：「食粥，天下之達禮也。吾三臣者之不能居公室也，四方莫不聞矣。勉而爲瘠則吾能，毋乃使人疑夫，不以情居瘠者乎哉。我則食食。」爲君，云僞切。夫，音扶。食食，下音士。

鄭氏曰：「悼公，魯哀公之子。季昭子，康子之曾孫，名强。孟敬子，武伯之子，名捷。三臣，仲孫、叔孫、季孫氏。不能居公室，不以臣禮事君也。」澄曰：「禮，父母之喪，三日後食粥，卒哭始疏食。事君方喪三年，蓋當與喪父母同，故曰『食粥』。天下之達禮也。勉而爲瘠，言中心無哀戚之實，而外貌勉强爲毁瘠也。情，實也。遭喪者，心哀戚，氣填滿，志不在食，雖不食亦不饑，故三日不食。不食過三日則死，故人作糜粥俾啜之，以全其生。敬子言人皆知，吾三家平日不能執臣禮事君，今於君喪，實非哀戚而不能飯，則勉强食粥者，僞瘠而已。人之見之，必疑其非實。我但任情之真，食飯而不食粥也。以此見三家之於其君，生既不臣，死亦不臣也。」

〇穆公問於子思曰：「爲舊君反服，古與？」子思曰：「古之君子，進人以禮，退人以禮，故有舊君反服之禮也。今之君子，進人若將加諸膝，退人若將隊諸淵，毋爲戎首，不亦善乎？又何反服

之禮之有？」爲舊，云僞切。與，音余。隊，直隊切。

鄭氏曰：「爲舊君反服，仕焉而已者。放逐之臣，不服舊君也，爲兵主來攻伐，曰戎首。」

〇子夏問諸夫子曰：「居君之母與妻之喪，居處、言語、飲食衎爾。」衎，苦汗切。

鄭氏曰：「衎爾，自得貌，爲小君，惻隱不能至。」孔氏曰：「居處言語，蓋夫子答辭。不云『子曰』，記者略也。」山陰陸氏曰：「喪雖輕，惻隱不至則有之，未有居之而樂者也。子夏失問，是以夫子不答。」澄曰：「陸氏不以爲夫子答辭，未詳孰是。」

右記臣爲君喪之事，凡四節。

諸侯伐秦，曹桓公卒于會，諸侯請含，使之襚。含，何紺切。

鄭氏曰：「魯成十三年，曹伯廬卒于師。廬謚宣，言桓，聲之誤也。諸侯請含者，以朋友有相啖食之道，使之襚，非也。襚，賤者之事。」澄曰：「其時晉霸，厲公主兵，使諸侯行襚事，蓋出於霸令也。」

〇襄公朝于荆，康王卒。荆人曰：「必請襚。」魯人曰：「非禮也。」荆人强之，巫先拂柩，荆人悔

之。朝，音潮。强，其兩切。

孔氏曰：「荆，蓋楚之本號。魯莊之世，告命皆稱荆。至僖元始稱楚，故杜預云『荆始改號曰楚』。鄭氏曰：『康王，楚子昭也。』卒在魯襄公二十八年。荆人請襲，欲使襄公衣之。魯人曰非禮，荆人欲尊康王，故强之。巫祝桃茢，君臨臣喪之禮。」澄曰：「悔者，悔以臣禮强魯君使襲，遂至魯君以君禮臨其喪。荆自尊而卑魯，魯亦自尊而卑荆以報之。荆恥於爲魯所卑，故悔其召辱由己也。」

〇邾婁考公之喪，徐君使容居來弔、含，曰：「寡君使容居坐含，進侯玉，其使容居以含。」有司曰：「諸侯之來辱敝邑者，易則易，于則于，易、于雜者，未之有也。」容居對曰：「容居聞之，事君不敢忘其君，亦不敢遺其祖。昔我先君駒王西討，濟於河，無所不用斯言也。容居，魯人也。不敢忘其祖。」婁，龍朱切。易，以豉切。

孔氏曰：「按春秋昭三十年，『吴滅徐』，此云『徐』者，滅而復興，至春秋之後强僭。凡行含禮，未歛之前，以玉實口。，上則主人親含，大夫以上使人含。若既歛，以後至殯葬，其有含者，親自致璧於柩及殯上者，謂之親含。若但致命，以璧授主人，主人受之，謂之不親含。諸侯之禮，君行則親含，使大夫則不親含。若天子使大夫敵諸侯得親含，徐君使容居來弔邾喪且含，致其君命云：『寡君使容居親坐行含，進侯玉於邾君。』徐僭號自比於天子，以邾君爲己之諸侯，故云進侯玉。邾有司拒之云：諸侯之辱臨敝邑者，臣來則行臣簡易之禮，君來則行君廣大之禮。易，謂簡易。于，謂廣大。若實是臣而雜亂行君禮者，由來未有此禮也。容居對邾有司云：聞舊日之言，臣之事君，奉命出使，不敢忘其君之言。子孫事祖，亦不敢遺棄先祖之事。我從先君駒王以來，於諸侯無一處不用此稱王之言，先祖實有此事。容居魯鈍之人，不解虚誕。」澄曰：「『寡君使容居坐含，進侯玉』者，容居致其君命也。其使容居以含者，容居之自言也。謂邾人其使我得如君命以坐含乎？『不敢忘其君』者，謂禮君有坐含進侯玉之言，爲使臣者不敢忘之也。『不敢遺其祖』者，謂先祖有自比天子之事，爲子孫者，不敢遺之也。然其不忘不遺，乃從其君其祖之亂命焉爾。徐自周穆王之時，偃王者，僭王號而叛亂，雖不勝而死，子孫仍僭號不改，蓋徐國僻遠，而王室號令政刑，已非成康時比，故不遂正其僭王之罪。其後楚亦僭，吴亦僭，越亦僭，徐實先之。徐雖僭王，然國小，春秋時，嘗受楚、吴二大國之陵，吴既滅其國。孔疏以爲滅而復興，弔邾考公喪之時，在春秋之後，而猶强僭如此。徐君不度力而襲僭號，容居不服義而飾邪辭，俱可罪也。」廬陵胡氏曰：「易，如禾易長畝之易，猶治也。于者，于于然而來之于，舒大之義。漢史云『單于』，大貌。」

〇滕成公之喪，使子叔敬叔弔，進書，子服惠伯爲介。及郊，爲懿伯之忌，不入。惠伯曰：「政也，不可以叔父之私，不將公事。」遂入。 僞，云僞切。

鄭氏曰：「成公喪在魯昭三年，子叔敬叔，魯宣公弟叔肹之曾孫叔弓也。進書，奉君弔書也。惠伯，慶父玄孫之子，名椒。介，副也。郊，滕之近郊。懿伯，惠伯之叔父。忌，怨也。敬叔有怨於懿伯，難惠伯，故不入。政，君命所爲。惠伯强之，乃入。」孔氏曰：「子叔。子，男丁通稱，叔其氏，故以子冠叔。敬叔殺懿伯，懿伯家所怨，恐惠伯殺己，故難惠伯，不敢入也。然同在君朝，又奉使相隨在路，不相畏難。入滕始難者，有怨讎，恒防備，入滕則由主人，防備不復在己，故難之。惠伯知其難，遂開釋之，謂奉君政令使滕，不可以叔父私怨，欲報讎而不行公事也。」澄曰：「人君，一國之公事謂之政。人臣，一家之私事謂之事。奉君命弔滕者，國政之公也。爲叔父報讎者，家事之私也。將，將命之將。」方氏曰：「子夏嘗問居昆弟之讎。孔子答云：奉君命而使，雖遇之不鬭。叔父之親，與昆弟等，惠伯之處此，宜哉。」

〇陳莊子死，赴於魯，魯人欲勿哭。繆公召縣子而問焉。縣子曰：「古之大夫，束脩之問不出竟，雖欲哭之，安得而哭之？今之大夫，交政於中國，雖欲勿哭。焉得而弗哭？且臣聞之，哭有二道：有愛而哭之，有畏而哭之。」公曰：「然。然則如之何而可？」縣子曰：「請哭諸異姓之

廟，於是與哭諸縣氏。」繆音穆。縣，音玄。竟與境同。焉，於虔切。

鄭氏曰：「陳莊子，齊大夫陳桓之孫，名伯。君無哭鄰國大夫之禮，安得而哭之，以古之大夫無外交也。時君弱臣强，政在大夫，專盟會以交接，焉得而弗哭。言哭有二道，以權微勸之也。哭諸異姓，明不當哭。」方氏曰：「爲人臣者無外交，束脩之問，謂以一束之脩爲通問之禮也。交政於中國，則豈特束脩之問而已。生既畏之而不敢不與之交，則死亦畏之而不敢不爲之哭，若魯人之哭陳莊子是也。縣子請哭諸異姓之廟者，以哭其非所當哭之人，故哭於非所當哭之廟也。必哭諸縣氏者，以其禮之所由起故爾。與哭伯高於賜氏同義。」廣安游氏曰：「縣子所謂畏而哭之，禮之變也。春秋之時，先王之禮，錯亂甚矣。魯悼公之喪，孟敬于食食，此人臣而損禮於其君者也。魯穆公之哭陳莊子，此人君而加禮於外臣者也。」澄曰：「愛而哭之，謂哀死而哭，哭其所當哭者也。畏而哭之，則哭死而非其情，哭所不當哭者也，此衰世之事，古豈有是禮哉。」

右記爲鄰國君大夫喪之事，凡五節。

○衛獻公出奔，反於衛，及郊，將班邑於從者而后入。柳莊曰：「如皆守社稷，則孰執羈靮而從？如皆從，則孰守社稷。君反其國而有私也，毋乃不可乎？」弗果班。從，十用切。靮音的。

鄭氏曰：「獻公以魯襄十四年出奔齊，二十六年復歸於衛，欲賞從者以懼居者。柳莊言從守若一，有私則生怨。靷，軔也。」

○衛有太史曰柳莊，寢疾。公曰：「若疾革，雖當祭必告。」公再拜稽首，請於尸曰：「有臣柳莊也者，非寡人之臣，社稷之臣也。聞之死，請往。」不釋服而往，遂以襚之，與之邑裘氏與縣潘氏，書而納諸棺，曰：「世世萬子孫，毋變也。」革音棘。

孔氏曰：「柳莊爲衛大史，寢疾，其家以告。公報之曰若疾急，雖當我祭，必須告也。其後柳莊果當公祭之時，卒而來告。公祭事雖了，與尸爲禮未畢，故再拜稽首，請於尸而往弔也。按禮，君入廟門全爲臣，得言『寡人』者，記禮者之言也。」澄曰：「獻公不得爲衛之賢君，何能親賢、厚賢如鄭注所云哉。柳莊唯有諫班邑於從者一事可取爾，它無事實，不見其賢否何如。其果可與吳季札所善，蘧瑗、史鰌、公子荆之諸賢爲儔乎？觀獻公與公孫壽餘邑六十，豈可謂厚賢也？私意而已矣。然則柳莊之爲獻公所親厚，安知其非以從亡之私愛而然歟。」

○公叔文子卒，其子戍請謚於君，曰：「日月有時，將葬矣，請所以易其名者。」君曰：「昔者衛國凶饑，夫子爲粥與國之餓者，是不亦惠乎！昔者衛國有難，夫子以其死衛寡人，不亦貞乎！夫子聽衛

國之政，修其班制，以與四鄰交，衛國之社稷不辱，不亦文乎！故謂夫子貞惠文子。」難，乃旦切。

孔氏曰：「衛獻公生成子當，當生文子拔，生存之日，君呼其名，今既死將葬，故請爲之作謚，易代其名。按謚法，愛民好與曰惠，外内用情曰貞，道德博聞曰文。」鄭氏曰：「謚者，行之迹。有時，猶言有數也。衛國有難，謂魯昭公二十年，盜殺衛侯之兄縶也。」方氏曰：「班制古所有，文子特修其壞爾。班，言上下之次。制，言多少之節。班制修，故可與四鄰交，社稷所以不辱。」廬陵胡氏曰：「春秋書歸粟，譏人臣私惠作福，文子不佐其君振窮，而私爲粥不可也。死衛君，於經傳不見。據史鰌勸文子執臣禮，則文子嘗不臣矣。文子欲葬瑕丘，恐不能修班制。」

○仲遂卒于垂，壬午猶繹，萬入去籥。仲尼曰：「非禮也，卿卒不繹。」去，起吕切。

鄭氏曰：「春秋經在宣八年。仲遂，魯莊公之子東門襄仲。先日辛巳，有事于大廟，而仲遂卒。明日而繹，非也。萬，干舞也。籥，籥舞也。傳曰：『去其有聲者，留其無聲者。』」孔氏曰：「干舞，武舞也。籥舞，文舞也。去籥舞，以有聲故。留萬舞，以無聲故。」澄曰：「注疏依公羊傳以萬爲干舞、武舞。以籥爲籥舞、文舞。按詩言『公庭萬舞』，而下云『左手執籥』，是萬舞亦用籥也。蓋萬者，武舞、文舞之總名，武舞用干，文舞用籥。『萬入去籥』者，言文、武二舞皆人，就萬舞中，去其文舞吹籥之有聲者，但存其武舞執干之無聲者爾。」陳氏曰：「春秋之法，當祭而卿卒，則祭之日不用樂，祭之明日不可以繹，故叔弓之卒，昭公去樂卒事，君子以爲禮，仲遂之卒，宣公猶繹而萬入去籥，君子以爲非禮也。」

○知悼子卒，未葬，平公飲酒，師曠、李調侍，鼓鐘。杜蕢自外來，聞鐘聲，曰：「安在？」曰：「在寢。」杜蕢入寢，歷階而升。酌曰：「曠飲斯。」又酌曰：「調飲斯。」又酌，堂上北面，坐飲之。降，趨而出。平公呼而進之，曰：「蕢！曩者爾心或開予，是以不與爾言。爾飲曠，何也？」曰：「子卯不樂。知悼子在堂，斯其爲子卯也大矣。曠也，太師也，不以詔，是以飲之也。」「爾飲調何也？」曰：「調也，君之褻臣也，爲一飲一食忘君之疾，是以飲之也。」「爾飲何也。」曰：「蕢也，宰夫也，非刀匕是共，又敢與知防，是以飲之也。」平公曰：「寡人亦有過焉，酌而飲寡人。」杜蕢洗而揚觶，公謂侍者曰：「如我死，則必無廢斯爵也。」至于今，既畢獻，斯揚觶，謂之杜舉。知，音志。蕢，苦怪切。曠飲，於鴆切。下飲、斯飲、曠飲、調飲、飲寡人皆同。不樂，如字。大師，音太。爲一，云僞切。共，音供。敢，與音。預觶，之豉切。

鄭氏曰：「悼子，晉大夫荀盈，魯昭九年卒。平公，晉侯彪也。曰『安在』，怪之也。在寢，謂燕於寢。杜蕢三酌皆罰。曩，鄉也，謂始來入時。開，謂諫争，有所發起。紂以甲子死，桀以乙卯亡，王者謂之疾日，不舉樂爲吉事，所以自戒懼。雜記曰：『君於卿大夫，比葬不食肉，比卒哭不舉樂。』是大臣喪重於疾日。大師，典奏樂。詔，告也。褻，嬖也。爲一飲一食，言調貪飲食，忘君之疾。言近臣當規君。疾，憂也。防，禁放溢也。平公聞義則服。揚，舉也。揚觶，舉爵於君，毋廢斯爵，欲後世以爲戒。畢獻，獻賓與君也。此爵遂因杜蕢爲名。，謂之杜舉。杜蕢，或作屠蒯。」澄曰：「與知防，言與知防閑非禮之事。」長樂陳氏曰：「先王制爲喪臣之禮，於服則衰絰，於膳則不舉，於樂則弛縣，與歛往弔，莫不盡禮。悼子未葬，平公飲酒鼓鐘可乎？此杜蕢所以譏也。非杜蕢，不能改平公之過於群臣不言之際，非平公不能彰杜蕢之善於後世矣。」

右記君爲大夫喪之事，凡五節。

陽門之介夫死，司城子罕入而哭之哀。晉人之覘宋者，反報於晉侯曰：「陽門之介夫死，而子罕哭之哀，而民説，殆不可伐也。」孔子聞之曰：「善哉，覘國乎？詩云：『凡民有喪，扶服救之。』雖微晉而已，天下其孰能當之。」説，音曰。扶服，音匍匐。

孔氏曰：「介夫，匹庶之人。子罕，國之卿相，以貴哭賤，感動民心，皆喜悦。若有人伐，民必致死，故云『殆不可伐』。引詩斷章。『凡民有喪』，『陽門介夫死』是也。扶服而救助之，『子罕哭之哀』是也。言雖非晉，天下更有强於晉者，誰能當之。」澄曰：「晉人之覘宋者，以爲不可伐，雖非晉人，其誰以爲可伐乎？故曰『天下其孰能當之』，言誰敢與之敵也。孔子嘗云：『仁不可爲衆』，子罕蓋亦一事之仁歟。」石林葉氏曰：「介夫至賤，子罕一哭之哀，而晉國覘之不敢伐。孔子以爲天下莫能當，故治國者不敢侮鰥寡，而況於士民乎。」

○哀公使人弔蕢尚，遇諸道，辟於路。畫宮而受弔焉。曾子曰：「蕢尚不如杞梁之妻之知禮也。」齊莊公襲莒于奪，杞梁死焉。其妻迎其柩於路而哭之哀。莊公使人弔之，對曰：「君之臣不免於罪，則將肆諸市朝，而妻妾執，君之臣免於罪，則有先人之敝廬在，君無所辱命。」蕢，苦怪切。辟於，婢亦切。畫，音獲。奪，徒外切。市朝，直遥切。

鄭氏曰：「畫宮，畫地爲宮象，行弔禮於野，非。魯襄二十二年，齊侯襲莒，杞植、華還載甲夜入且于之隧。梁，即植也。隧、奪聲相近，或爲『兑』。肆，陳尸也，大夫以上於朝，士於市。執，拘也。無所辱命，辭不受也。春秋傳曰：『齊侯弔諸其室。』」澄曰：「辟於路，謂開闢道路而畫爲宮也。蕢尚必是其父死於兵間，故哀公使人弔而遇諸道，與齊莊公使人弔杞梁之妻同。君不待其喪至家而急弔之者，哀其爲國事而死也，故曾子但責蕢尚不能如杞梁妻之不受弔，而不責哀公之不當弔於野。」

○戰于郎，公叔禺人遇負杖入保者息。曰：「使之雖病也，任之雖重也，君子不能爲謀也，士弗

能爲死也，不可。我則既言矣。」與其鄰重汪踦往，皆死焉。魯人欲勿殤重汪踦，問於仲尼。仲尼曰：「能執干戈以衛社稷，雖欲勿殤也，不亦可乎！」禺，音遇。爲謀，云爲切。重，音童。踦，魚綺切。

鄭氏曰：「遇，見也。保，縣邑小城。見走辟齊師，將入保而罷倦。加其杖頸上，兩手掖之而休息于道者。使之病，謂時徭役。任之重，謂時賦稅。君子，謂卿大夫。魯政既惡，復無謀臣，士又不能死難，禺人恥之。欲敵齊師。鄰，鄰里也。重，皆當作童。童，未冠者之稱。姓汪，名踦。皆奔敵死齊寇。」孔氏曰：「按桓十年，齊侯、衛侯、鄭伯來戰于郎。哀公十一年，齊國書帥師伐我。春秋直云『戰于郊』，此以爲戰于郎者，郎是郊頭近邑也。昭公子公爲，即務人。此作『禺人』者，『禺』、『務』聲相近，聲轉字異也。禺人見國人，走避齊師而言，上以徭役使人雖疾困，以賦稅責任人雖煩重，若能竭心盡力，憂恤在下，猶可無負愧。今卿大夫不能爲謀，士又不能致死，自全其身，不愛民庶，於理不可也。既嫌它不死，欲自爲致死。云我已言之矣，乃踐其言，與鄰之童子汪踦往赴齊師而死焉。汪踦非是家無親屬，但哀其死難，魯國衆人爲斂葬。依禮，童子爲殤，魯人見其致死於敵，欲勿殤之，而喪以成人之禮，問於仲尼。仲尼謂其能執干戈以衛社稷，可爲不殤也。」

○魯莊公及宋人戰于乘丘。縣賁父御，卜國爲右。馬驚敗績，公隊，佐車授綏。公曰：「末之卜

也。」縣賁父曰：「它日不敗績，而今敗績，是無勇也。」遂死之。圉人浴馬，有流矢在白肉。公曰：「非其罪也！」遂誄之。士之有誄，自此始也。 乘，去聲。縣，音玄。賁，音奔。隊，直類切。綏，息佳切。

鄭氏曰：「戰乘丘，在魯莊公八年夏。縣、卜，皆氏也。右，謂車右，勇力者爲之。馬驚奔失列。戎車之貳曰佐，授綏，乘公也。末之，猶言微哉，言卜國無勇也。圉人，養馬者。白肉，股裏肉也。公言流矢中馬，非御與右之罪，遂誄其赴敵之功，士有誄自此始。記禮失所由來也。」澄曰：「誄者，述其功行以哀之之辭，如後世祭文之類，非謚也。鄭注每解誄爲謚，非也。」長樂陳氏曰：「馬驚在御，不在右，莊公末卜，不末縣。記稱縣死，而不言卜死，何耶？莊公之末卜，責其輕者，以見其重者也。記稱縣死，即其責之所不及者，以見其責之所及者也。春秋書敗朱師于乘丘，敗在宋，不在莊公，於記則敗在莊公，不在宋，蓋莊公敗於二人未死之前，宋人敗於二人既死之後。春秋書其戰，故詳其終，記人記其誄，姑述其始而已。」東萊呂氏曰：「釋文作『馬驚敗』而無『績』字。按乘丘戰，魯勝無敗績之事，當時正是馬驚敗爾，不預軍之勝負也。」

○邾婁復之以矢，蓋自戰於升陘始也。魯婦人之髽而弔也，自敗於臺鮐始也。 陘，音形。臺鮐，上音胡，下音臺。

鄭氏曰：「戰于升陘，魯僖公二十二年秋也。時邾師雖勝，死傷亦甚，無衣可以招魂也。敗於臺駘，魯襄公四年秋也。臺當爲『壺』字之誤也，春秋傳作『狐駘』。時家家有喪，髽而相弔，去纚露紒曰髽。禮，婦人弔服，大夫之妻錫衰。士之妻則疑衰與。皆吉笄無首，素總。」孔氏曰：「復之以矢者，時邾人志在勝敵，矢者，心之所好，故用所好招魂，冀其復反，然唯死者招魂。鄭兼言傷者，因兵而死，身首斷絶不生，應無復法。若身首不殊，因傷致死，復有可生之理，則用矢招魂也。按士喪禮『纚廣終幅，長六尺』，所以縚髮。凶事去之，但露紒而已。」方氏曰：「矢以施於射，非以施於復，復則各以其衣而已。髽以施於喪，非以施於弔，弔則各以其衰而已。升陘之野戰，以無衣可用，故復之以矢。然邾婁因之而弗改則非矣。臺駘之敗，以家各有喪，故髽而弔，然魯婦人因之而弗改則非矣。」

右記士庶國殤喪之事，凡五節。

晉獻公之喪，秦穆公使人弔公子重耳，且曰：「寡人聞之，亡國恒於斯，得國恒於斯。雖吾子儼然在憂服之中，喪亦不可久也，時亦不可失也。孺子其圖之。」以告舅犯。舅犯曰：「孺子其辭焉。喪人無寶，仁親以爲寶，父死之謂何？又因以爲利，而天下其孰能説之？孺子其辭焉！」公子重耳對客曰：「君惠弔亡臣重耳，身喪父死，不得與於哭泣之哀，以爲君憂。父死之謂何？或敢有它志，以辱君義。」稽顙而不拜，哭而起，起而不私。子顯以致命於穆公。穆公曰：「仁夫公

子重耳，夫稽顙而不拜，則未爲後也，故不成拜。哭而起，則愛父也；起而不私，則遠利也。」重，平聲。喪亦、喪人、身喪並去聲。説，音曰。與，音預。夫，音扶。遠，云絹切。

鄭氏曰：「獻公殺其世子申生，重耳辟難出奔，是時在翟，就弔之。於斯，言在喪代之際。喪，謂亡失位。勸其反國，意欲納之。孺，稚也。舅犯，重耳之舅狐偃，字子犯。又因以爲利，謂欲反國求爲後，是利父死。它志，謂利心。子顯，使者公子縶也。顯當作『韅』。」孔氏曰：「穆公勸重耳反國，重耳爲後則當拜，今不受其勸，故不拜，所以稽顙者，自爲父喪哀號也。凡喪禮，先稽顙而後拜乃成，今直稽顙而不拜，故云不成拜也。聞父死，勸其反國之言，哀慟而起，故云愛父也。既哭而起，不私與使者言，是無心反國，故云遠利也。」

○石駘仲卒，無適子，有庶子六人，卜所以爲後者，曰：「沐浴佩玉則兆。」五人者，皆沐浴佩玉。石祁子曰：「孰有執親之喪而沐浴佩玉者乎？」不沐浴佩玉。石祁子兆，衛人以龜爲有知也。駘，大來切。適音的。

鄭氏曰：「駘仲，衛大夫石碏之族，六人莫適立，故卜爲後者。」孔氏曰：「沐浴佩玉，則得吉兆，其掌卜之人謂之也。」方氏曰：「曲禮云：『居喪之禮，頭有創則沐，身有瘍則浴，非有創瘍，固不可以沐浴矣。』玉藻云：『凡帶必有佩玉，唯喪否。』非去喪，固不可以佩玉矣。執親之喪而沐浴佩玉，是忘孝忘禮也。唯石祁子不爲之，龜之獨兆於祁子，爲有知也。」

○孟獻子之喪，司徒旅歸四布。夫子曰：「可也。」

鄭氏曰：「獻子，魯大夫仲孫蔑。旅，下士也。司徒使下士歸四方之賻布，時人皆貪，夫子善其廉。」孔氏曰：「四方賻泉布，本助喪用，今既有餘，故歸還之。」皇氏謂：「獻子有餘布，歸之於君。君令國之司徒，歸於四方。」熊氏則以司徒爲獻子家臣，左傳叔孫氏之司馬鬷戾，是家臣亦有司徒、司馬也。」山陰陸氏曰：「言可而已，則非夫子所善。」長樂陳氏曰：「知死者贈，知生者賻，贈賻之餘，不可利於己，亦不可歸於人。利於己，則啓天下家喪之心；歸於人，則絶天下恤喪之禮。與其利於己，寧歸於人；與其歸於人，寧班諸兄弟之貧者。孟獻子之喪，司徒旅歸四布，孔子可之，以其賢乎利於己者而已，不若班諸貧者爲盡善。」

○子柳之母死，子碩請具。子柳曰：「何以哉？」子碩曰：「請粥庶弟之母。」子柳曰：「如之何其粥人之母以葬其母也？不可。」既葬，子碩欲以賻布之餘具祭器。子柳曰：「不可，吾聞之也，君子不家於喪。請班諸兄弟之貧者。」粥，音育。

鄭氏曰：「子柳，魯叔仲皮之子，子碩之兄也。具，謂喪之器用。何以哉，言無其財，粥庶弟之母。粥，謂嫁之也。子柳不可，忠恕也。賻布，古者以錢爲泉布，所以通布貨財。君子不家於喪，惡因死者以爲利也。班諸貧者，以分死者所矜也。若多則與鄰里鄉黨。」方氏曰：「不家於喪，恥因喪之利而起家也。」

右記喪不圖利之事，凡四節。

子思曰：「喪三日而殯，凡附於身者，必誠必信，勿之有悔焉爾矣。三月而葬，凡附於棺者，必誠必信，勿之有悔焉爾矣。」

此言孝子慎終之禮，三日而殯，三月而葬，據士禮言，附於身謂衣衾之屬；合納棺中以殯者，附於棺，謂器具之屬，合納壙中以葬者。誠，謂心實愜滿。信，謂物實周緻。之猶，至也。有悔，謂有遺憾也。言辨殯葬之物，於三日三月之内，須實是愜滿，實是周緻，毋至它日悔其有不愜滿、不周緻者也。蓋既殯既葬，則雖欲增加換易，而不可得矣，所以當慎也。」

喪三年以爲極，亡則弗之忘矣。故君子有終身之憂，而無一朝之患，故忌日不樂。 極字句絶。樂，音洛。

此言孝子追遠之情。極，謂至極之期，限制止此也。亡，猶無也，謂親死已久，而無形無影響之存者也。憂，亦哀也，稍輕於哀。患，禍也，謂隕滅其身之禍。忌日，親之死日。不樂，有哀心也。孔氏曰：「親喪已經三年，而孝子有終身之痛，曾不暫忘於心也。雖終身念親，而不得有一朝滅性之患，故唯忌日不樂，恐其常毁也。」○軾按：喪有盡而哀無窮，雖親死已久，而追慕之情，終身弗忘。于保見之，于忌日不樂見之也。『一朝之患』句不重，蓋古有此語，連引及之。注以患爲滅性，未是。

○后木曰：「喪，吾聞諸縣子曰：『夫喪不可不深長思也。買棺外内易。』我死則亦然。」縣，音玄。夫，音扶。易，以豉切。

鄭氏曰：「后木，魯孝公子惠伯鞏之後。」孔氏曰：「后木聞居喪之禮於縣子云，孝子居喪，不可不深長思慮，故買棺之時，當外内斲削令精好，后木既述縣子之言以語其子，又云在後我身若死，亦當如是。此孝子所爲之事，非父母豫所屬託，譏后也。」澄曰：「深長，思猶言爲久遠計，謂不可苟且忽略也。易，如易其田疇之易。治也，治即斲削。」方氏曰：「附於身、附於棺者，必誠必信，勿之有悔，所以不可不深長思也。買棺外内易，亦其一事爾。」○軾按：慎終者，人子之大節，父以教其子，宜也。孔氏以豫囑托爲非，未當。

○子游問喪具。夫子曰：「稱家之有亡。」子游曰：「有無惡乎齊。」夫子曰：「有毋過禮，苟亡

矣，斂首足形還葬，縣棺而封，人豈有非之者哉。」稱，尺證切。惡，音烏。齊，才細切。亡，與無同。斂，去聲。還，音旋。縣，音玄。封，音窆。

鄭氏曰：「惡乎齊，問豐省之比也。形，體也，還之言便也。已斂即葬，不待三月，縣棺不設碑繂，不備禮也。封當爲窆。窆，下棺也。人豈有非之，不責人所不能也。」澄曰：「齊，猶齊和藥物之齊，謂品量其或多或少，各不同也。有者，毋得過禮。亡者，還葬縣窆，此所以齊其有無也。」

〇子路曰：「傷哉貧也，生無以爲養，死無以爲禮也。」孔子曰：「啜菽飲水盡其歡，斯之謂孝。斂手足形，還葬而無槨，稱其財，斯之謂禮。」養，羊尚切。

孔氏曰：「以菽爲粥啜之，飲以水而已，更無餘物，使親盡其歡樂，此之謂孝。但以衣棺斂其手足形體，速葬而無槨，稱其家所有之財以送終，此之謂禮。」澄曰：「菽者，諸種大小荳之總名。豆有實在莢中者，黄豆、黑豆之類是也，亦有實在角中者，赤豆、菉豆之類是也。孔疏謂以豆爲粥，非也。澄嘗食於北方至貧者之家，不惟無飯，亦無粥，但以豆煑湯，每人所食，約豆一掌所掬，雜以米一二十粒，煑湯一盂，攪起啜之，而以療飢，始悟古之所謂啜菽者蓋如此。無蔬菜可羹，但煮熟白水飲之，故啜菽飲水。爲至貧者之家，然能使親之心志，常極盡其歡樂而無憂愁，故亦可謂之孝。斂無多衣，僅可掩其形體，使不露見，葬不俟日期，又無外椁，然非家有其財而固爲是儉也。隨其家財，僅能若此而已，故亦可謂之禮。」

○子路曰：「吾聞諸夫子，喪禮，與其哀不足而禮有餘也，不若禮不足而哀有餘也。祭禮，與其敬不足而禮有餘，不若禮不足而敬有餘也。」

鄭氏曰：「喪主哀，祭主敬。」孔氏曰：「喪禮有餘，謂明器、衣裳之屬多也。祭禮有餘，謂俎豆、牲牢之屬多也。」澄曰：「哀敬言其心，禮之本也。禮言其物，禮之文也。禮有本有文，本固爲重，然謂之與其，謂之不若，此矯世救弊之辭爾。蓋本與文兩相稱者，爲盡善也。」

○曾子謂子思曰：「伋，吾執親之喪也，水漿不入於口者七日。」子思曰：「先王之制禮也，過之者，俯而就之；不至焉者，跂而及之，故君子之執親之喪也，水漿不入於口者三日，杖而後能起。」跂，丘豉切。

長樂陳氏曰：「先王制爲喪親之禮，其服衰止於三年，其哭泣止於三月，其水漿不入口止於三日，蓋三日可以怠而食，三月可以解而沐，三年可以祥而除，使過之者俯而就，不及者跂而及。若以親之恩爲罔極，吾之情爲無窮，狥其無窮之情，而不節之以禮，則在己不可傳，在人不可繼。是戕賊天下之人，而禍於孝也。此子思所以不爲曾子取也。樂正子春之母死，五日不食，既而悔之，況七日乎。」

○樂正子春之母死，五日而不食，曰：「吾悔之，自吾母而不得吾情，吾惡乎用吾情。」惡，音烏。

鄭氏曰：「子春勉强過禮。」山陰陸氏曰：「曾子水漿不入口七日，而不以爲悔，非勉强故也。」

○弁人有其母死而孺子泣者。孔子曰：「哀則哀矣，而難爲繼也。夫禮爲可傳也，爲可繼也，故哭踊有節。」夫，音扶。

鄭氏曰：「孺子泣，言聲無節。哀則哀矣，謂誠哀也。難繼，謂失禮之中。」孔氏曰：「聖人制禮，使人可傳可繼，故制爲哭踊之節，以中爲度爾。豈可過甚。使後人不可傳繼乎？雜記：『曾申問哭父母有常聲乎？曾子曰：『中路嬰兒失其母，何常聲之有？』曾子所言，是始死之時，悲哀志懣，未可爲節。此之所言，在襲、斂之後，可以禮制，故哭踊有節也。」

○有子與子游立，見孺子慕者。有子謂子游曰：「予壹不知夫喪之踊也，予欲去之久矣。情在

於斯，其是也夫！」子游曰：「禮有微情者，有以故興物者，有直情而徑行者，戎狄之道也。禮道則不然。去，上聲。

孔氏曰：「有子言久欲去，此喪禮之踊節。但如小兒之號慕足矣。孝子之情在於此。其是也，何須爲哭踊之節乎！」鄭氏曰：「喪之踊，猶孺子之號慕。微情，謂節哭踊。故，興物，謂衰、經之制。直情徑行，謂哭踊無節，衣服無制也。禮道與戎狄異。」澄曰：「有子見有喪之人，號慕其親如孺子者。孺子慕，與前之孺子泣同，謂情真而無節文也。有子蓋以此人之哀慕如孺子，孝子之哀哭而踊跳，皆其哀情之真，如其情可也。禮家乃於哭踊之時，爲之算節，以分其哀情。予獨不曉解此意。壹，猶云獨也。知，謂曉解。喪之踊，謂喪禮之踊節。有子質厚而禮學疏，子游精於禮學，故詳言聖人制禮之意以告之也。微，猶殺也。故，猶事故之故，謂有形跡可見也。興，起也。物，謂所行之事。賢者常過於禮，則爲之限節，以減殺其哀親之情。不肖者常不及於禮，則示之形跡，以興起其哀親之事。直者，伸而竟遂之謂。徑，亦直而捷易之謂。過而不爲之限節以減殺之，俾直伸其情，則或甚哀而至毁滅，不及而不示之形跡。以興起之，俾徑捷而行，則或全不哀而反歡嬉，此乃戎狄之道也。聖人制禮之道，則不如此。」○軾按：情在于斯，其是也夫。謂情所到處，但如其量而爲之，則無不是矣，何必爲節。

「人喜則斯陶，陶斯咏，咏斯猶，猶斯舞，愠斯戚，戚斯歎，歎斯辟，辟斯踊矣。品節斯，斯之謂

禮。 咏與詠同。猶讀爲搖。舊本「猶斯舞」之下，有「舞斯慍」三字，疏云一本無之，後人所加耳，今刪去。辟，匹亦切。

此承上文微情而廣言之，「辟斯踊矣」以上八句，言人心所發之情有如此者。「品節斯」以下二句，言以禮制其情也。喜者，中心所發，陽舒之情。陶，猶以火燒土，煖氣薰蒸，陶陶然和悦之色，陽舒之氣，發而見於面者也。咏，謂歌咏之聲，陽舒之氣，發而出於口者也。猶，當作搖，謂手足之搖動，陽舒之氣，爲樂而形於手容者也。舞，謂以足蹈也，陽舒之氣，爲樂而形於足容者也。凡言舞而兼言蹈，則動手爲舞，舉足爲蹈。此言舞而先言搖，則搖即手之舞，舞即足之蹈也。慍者，中心所發，陰慘之情。戚，謂戚戚然憂悴之色，陰慘之氣，發而見於面者也。歎，謂嗟歎之聲，陰慘之氣，發而出於口者也。辟，謂以手拊胸，陰慘之氣，爲哀而形於手容者也。踊，謂以足跳躍，陰慘之氣，爲哀而形於足容者也。喜之情，由中而外，達於色聲手足，至舞則樂之極矣。慍之情，由中而外，達於色聲手足，至踊則哀之極矣。樂極而不節則流，哀極而不節則毁，故樂舞喪踊，皆有其節也。品者物之件數，各分件數以節之，如竹之有節者，此之謂禮也。上文之微情，專指踊節，節其過哀之情而言，此又申言之，而兼及舞節，節其過樂之情者。」

「人死，斯惡之矣；無能也，斯倍之矣。是故制絞、衾，設蔞、翣，爲使人勿惡也。始死，脯、醢之奠，將行，遣而行之，既葬而食之，未有見其饗之者也。自上世以來，未之有舍也，爲使人勿倍

也。惡，烏路切。絞，户交切。蔞，音柳。爲使，云僞切，下同。遣牽之，去聲。食，音嗣。舍，音捨。

此承上文，以故興物而廣言之，「斯倍之矣」以上四句，言人身所行之事，有如此者。是故「置絞衾」以下九句，言以禮制其事也。人死，謂其形不活動而凶穢也。以其凶穢，則視之異於生者。惡之，謂憚於親近，不愛戀之也。無能，謂其神不主宰，而無復能有知覺也。以其無知覺，則待之異於有能者。倍之，謂怠於追報，不嚮慕之也。絞以束斂尸之衣，而衾包於絞之内，以此飾尸，使人不惡其穢也。蔞，即柳也。柳施帷幌以華載柩之車，而翣障於柳之旁，以此飾柩，使人不惡其凶也。始死，即有脯醢之奠，未葬以前皆然，將葬而有遣奠以遣行，既葬而有虞祭以饋食，雖未見其來饗，然自上世以來，未嘗廢舍此禮，則使人不以其無知覺而遂倍之也。上文之以故興物，專指衰絰之故，起其哀親之事而言，此不再言之。而汎及喪飾奠祭之故，起其勿惡勿倍之事者。

「故子之所刺於禮者，亦非禮之訾也。」訾，在斯切，與疵同。

訾，猶病也。子游既推廣微情之禮，以故興物之禮而言之矣。乃正有子之失，謂子所刺譏於喪禮之踊節者，亦不足以爲禮之病也。有子但刺踊節，不及其它，而子游必以微情與物並言者，蓋聖人以禮教中，使過者俯就，不及者企及，若不以禮而損其情之過，則亦將不能以禮而益其事之不及者矣。賢者直其情，不肖者徑而行，是胥而爲戎狄也。

○孔子曰："拜而后稽顙，頎乎其順也。稽顙而后拜，頎乎其至也。三年之喪，吾從其至者。"

頎，音懇。

孔氏曰："緦麻以上，不杖朞以下，先拜而后稽顙；杖期以上，斬衰以下，先稽顙而后拜。拜者，主人孝子拜賓也。稽顙者，觸地無容也。拜是爲賓，稽顙爲己。先賓後己，頎然而順序也。頎，惻隱之至也，爲親痛深貌。"長樂陳氏曰："拜而后稽顙，先攻敬也，稽顙而后拜，先致哀也。禮廢滋久，天下不知先稽顙之爲重，而或以輕爲重，是猶不知拜下之爲禮，拜上之爲泰，而或以泰爲禮。孔子救拜之弊，則曰『吾從其至者』，救泰之弊，則曰『吾從下』。"澄曰："周官九拜之目，今約之爲三：一曰拜，先跪兩膝著地，次拱兩手到地，乃俯其首，不至于地，其首懸空，但與腰平。荀子所謂『平衡曰拜』是也。周官謂之『空首』，尚書謂之『拜首』，與凡經傳記單言『拜』字者。皆謂此拜也，此拜之正也，故得專拜之名。二曰頓首，先兩膝著地，次兩手到地，乃俯其首下至于手，此拜之加重者。三曰稽首，兩膝著地，兩手到地，乃俯其首下至於地，在手之前，首下腰高，如衡之頭低尾昂。荀子所謂『下衡曰稽首』是也，此拜之最重者。頓首亦首下腰高，然頓首首但至手，稽首首直至地，比之頓首，其首彌下，故『下』、『衡』二字，特於稽首言之。稽顙即是稽首，以其爲凶禮，故易首爲顙，以別於吉禮云爾。凡喪之再拜者，先作空首一拜，後作稽首一拜，則曰拜而后稽顙，九拜中，此名吉拜，輕喪之拜用此。先作稽首一拜，後作空首一拜，則曰稽顙而後拜，九拜中，此名凶拜，重喪之拜用此。末世重喪之拜，亦如輕喪，故夫子正之曰。三年之喪，吾從其至者。『吾從』二字，與論語所言『吾從下』、『吾從周』、『吾從先進』意同。」

○顏丁善居喪：始死，皇皇焉如有求而弗得；及殯，望望焉如有從而弗及；既葬，慨焉如不及其反而息。

鄭氏曰：「顏丁，魯人。從，隨也。慨，憊貌。」方氏曰：「皇皇，言心無所依。望望，言形有所跂。其反而息，言葬反而亡，於是爲甚，心與形俱息也，息，與詩言『我心則休』同義。」澄曰：「親之始死，如有一物失去。求索之而不能得，故皇皇焉。及其既殯，如有一人前行，己隨其後，追逐之而不能及，故望望焉。既葬，謂迎精而反，在路之時，其謂已葬之親，如親已還反至家。己尚追逐不及，力已疲憊，行不能前，而暫焉休息。言其悵怳不安之甚，故曰慨焉。或曰：『其反而息』，謂親已還，反而休息也。前章云『始死充充如有窮，既殯瞿瞿如有求而弗得，既葬皇皇如有望而弗至』，與此語意，互相足也。」○軾按：如不及，則速反可也，而又息焉者，即下章其反如疑意。

○孔子在衛，有送葬者，而夫子觀之，曰：「善哉爲喪乎！足以爲法矣，小子識之。」子貢曰：「夫

子何善爾也？」曰：「其往也如慕，其反也如疑。」子貢曰：「豈若速反而虞乎？」子曰：「小子識之，我未之能行也。」識，音志。

送葬，孝子送其親就葬也。其，謂孝子。孝子之往也，送親之形而往。慕，如生時父母出外，兒隨後攀號，不忍其去也。孝子之反也，迎親之神而反。疑者，不審神來與否，疑其猶在葬所也。鄭氏曰：「慕，謂小兒隨父母啼呼。疑者，哀親之在彼，如不欲還然。速，疾也。夫子蓋謂哀戚，本也；然祀，末也。」孔氏曰：「疑則彷徨不進，子貢意葬已竟，神靈須安，豈如速反虞祭安神乎。但哀親在彼，是痛切之本情，反而安神是祭祀之末禮，故夫子不許。」廬陵胡氏曰：「善者，善其哀慕。」山陰陸氏曰：「我未之能行也，與女安則爲之略相類，而辭意差婉。」○軾按：所以如疑者，正爲欲速反而虞也。以迫欲反虞之情，當窀穸未畢之頃，若或驅之，又若或繫之，此孝子之所爲踧躇躊躇也。藉非速欲反虞，則亦可以從容暇豫，熟視成墳，何如疑之有。故孔子不言速虞之非，第曰小子識之。」

○高子皋之執親之喪也，泣血三年，未嘗見齒，君子以爲難。見，賢遍切。

澄曰：「泣，謂目有淚，凡人號哭之時，目有淚出。子皋雖當不哭時，默思其親，目亦有淚，如血之出，經三年之久如此。人大笑，則齒本見，微笑則齒見，未嘗見齒，言其未嘗微笑也。『三年』二字，上繫泣血，下連未嘗見齒意，貫上下言。其三年之内，常有哀情而無樂時也。」

○孔子既祥，五日彈琴而不成聲，十日而成笙歌。

鄭氏曰：「不成聲，哀未忘也。五日彈琴，十日笙歌，徐由外也。琴以手，笙歌以氣。」長樂陳氏曰：「祥之日，可鼓素琴，君子所以與人同。五日彈琴而不成聲，君子所以與人異。彈者，禮也。不成聲者，仁也。」澄曰：「成者，樂曲之一終。聲者，曲調之聲也。不成聲，謂不終曲也。祥後可以彈琴矣，然猶有餘哀，故彈之不終一曲而又廢也。十日之後，則不但彈琴終曲，吹笙而歌，亦終曲矣。哀情之殺以漸也。」

○有子蓋毁祥而絲屨組纓。

鄭氏曰：「譏其早也。禮，既祥白屨無絇，縞冠素紕。」方氏曰：「以絲爲屨之飾，以組爲冠之纓，服之吉者也。而有子服之於既祥，失於早矣。既祥之屨，如之何？曰徹絇。既祥之纓如之何？曰用素。有子孔門高弟，而失禮若是，疑或不然，故曰『蓋』焉。」

○魯人有朝祥而莫歌者，子路笑之。夫子曰：「由，爾責於人終無已，夫三年之喪，亦已久矣

夫。」子路出。夫子曰：「又多乎哉？踰月則其善也。」夫，音扶。

孔子抑子路，善歌者，恐學者致惑。待子路出，更以正理言之。曰：魯人可歌之時節，豈有多日月哉，但踰後月即善。長樂陳氏曰：「祥日鼓琴不爲非，而歌爲未善者。琴自外作，歌由内出也。」張子曰：「又多乎哉，言不多也。所去無幾，踰月則盡善也。」〇軾按：予魯人者，予其去禮未遠，愈于世人之不待祥而歌也。

〇孟獻子禫，縣而不樂，比御而不入。夫子曰：「獻子加於人一等矣。」縣，平聲。比，輕利切。

孔氏曰：「依禮，禫祭暫縣省樂而不作，至二十八月乃作樂。依禮，禫祭後吉祭始復初始，當時人禫祭之後則恒作樂，未吉祭而復寢。惟孟獻子既禫，暫縣省樂而不作。可以御婦人而不入寢，雖於禮是常，而特異餘人，故夫子善之，云加於人一等，不謂加於禮也。」

〇子夏既除喪而見，予之琴，和之而不和，彈之而不成聲。作而曰：「哀未忘也。先王制禮而弗敢過也。」子張既除喪而見，予之琴，和之而和，彈之而成聲，作而曰：「先王制禮，不敢不至焉。」見，賢遍切。予，音與。和，如字。

方氏曰：「四制曰，祥之日鼓素琴，示民有終也，蓋先王之制禮如此，故二子之除喪，孔子各與之琴也。」澄曰：「和之，謂調絃，樂由人心。琴者，樂事也。子夏哀情未忘，故調琴之絃而不能調，久乃調也。調絃畢，彈之不終曲而起，以爲哀情未忘。但禮當除喪，不敢過其日月也。子張哀情已忘，故調琴之絃，其絃即調，調絃畢，彈之終曲而后起，以爲哀情已忘，但禮必三年而除喪，不敢不勉而至此日月也。聖人之禮，以中爲度，使過者俯而就，不及者勉而至。二子各能損益其情而順於禮，是以孔子皆善之。」孔氏曰：「按家語及詩傳，皆言子夏喪畢，夫子與琴，援琴而絃，衎衎而樂。閔子騫喪畢，夫子與琴，援琴而絃，切切而哀，與此不同。疑當以彼爲正，蓋子夏喪親無異聞，而子騫至孝，孔子所稱也。」

〇伯魚之母死，期而猶哭。夫子聞之曰：「誰與哭者？」門人曰：「鯉也。」夫子曰：「嘻，其甚也。」伯魚聞之，遂除之。與，音余。

澄曰：「此一節不入孔氏喪葬章内者，以其與下文子路不除姊喪爲類也。」

〇子路有姊之喪，可以除之矣，而弗除也。孔子曰：「何弗除也。」子路曰：「吾寡兄弟而弗忍也。」孔子曰：「先王制禮，行道之人，皆弗忍也。」子路聞之，遂除之。

鄭氏曰：「行道，猶行仁義。」庾氏曰：「子路緣姊妹無主後，猶可得反服。推己寡兄弟，亦有申其本服之理。故於降制已遠，而猶不除，非在室之姊妹，欲申服過期也。蓋子路已事仲尼，始服姊喪，明姊已出嫁，非在室也。」澄曰：「行道，謂稍知率性之道而行之者，其情必過厚，故以禮制其情，則皆有所不忍也。」廣安游氏曰：「天下之禮，苟徇其情之過，而爲禮則子路、伯魚不知其所終，約其不及之情而爲禮，則原壤、宰予，不可以爲訓。故禮者通乎賢不肖而爲之，不可以過，不可以不及也。」

○將軍文子之喪，既除喪而后，越人來弔，主人深衣、練冠，待于廟，垂涕洟。子游觀之曰：「將軍文氏之子，其庶幾乎！亡於禮者之禮也。其動也中。」中，去聲。

孔氏曰：「越人，遠國之人。深衣，既祥之麻衣，制如深衣，緣之以布。練冠，未祥之練冠。若祥祭，則縞冠也。此謂由來未弔者，若曾來弔，祥後有以喪事贈賵更來，雖不及時，猶必服祥祭縞冠之服以受之。重其禮也。其於此時始弔者，則文子之子爲之身着深衣，首着練冠也。蓋始死至練祥來弔，是有文之禮。祥後來弔，是無文之禮。言文子之子，庶幾乎亡於禮文者之禮也。」長樂陳氏曰：「喪已除而弔始至，非喪非無喪之時也。深衣練冠，非凶非不凶之服也。待于廟，非受弔非不受弔之所也。於非喪非不喪之時，能處之以非喪非不喪之禮，故曰『其動也中』。中乎有於禮者之禮，未足善；中乎亡於禮者之禮，斯爲難也。」

○曾子曰：「喪有疾，食肉飲酒，必有草木之滋焉，以爲薑桂之謂也。」

鄭氏曰：「增以香味，爲其疾不嗜食也。記者解曾子所云草木滋者，謂薑桂。」方氏曰：「薑者草之滋，桂者木之滋。」澄曰：「薑桂二物，其味皆香，故鄭云香味。」○軾按：孝子食旨不甘，雖有疾豈能下咽哉？增以草木之滋，則酒肉非純甘旨，庶幾勉而食之。

右記喪禮情文之中，凡二十二節。

夫晝居於内，問其疾可也。夜居於外，弔之可也。是故，君子非有大故，不宿於外，非致齊也，非疾也，不晝夜居於内。夫，音扶。齊，則皆切。

鄭氏曰：「晝居内似有疾，夜居外似有喪。大故，謂喪憂。内，正寢之中。」孔氏曰：「大故非獨喪也，兼寇戎災禍之憂。外，謂中門外。斬衰及期喪，皆中門外爲廬堊室。是有喪者夜居外，或憂災禍患難與外人圖謀，則不暇入内也。」澄曰：「晝居内者，唯有疾，無疾而致齊者亦然。夜居外者唯有喪，無喪而有憂者亦然。喪、憂二者相類，故總言之曰大故。疾、齊二者不同，故分言之。而別曰致齊者，常時唯夜居内，致齊則不但夜居内，晝亦居内，故曰晝夜居於内。」

○未仕者不敢税人，如税人，則以父兄之命。税，始芮切。

鄭氏曰：「不專家財也。税，謂遺與人。」方氏曰：「未仕者無禄，故不敢税人。」

○仕而未有禄者，君有饋焉，曰「獻」，使焉，曰「寡君」。違而君薨，弗爲服也。使，去聲。爲，去聲。

孔氏曰：「仕未得禄者，與得禄之臣，有同有不同。饋焉，謂有物奉餉於君也。使焉，謂爲君往使它國也。饋君曰獻，使稱己君爲寡君。雖未得禄，並與得禄者同。違，謂三諫不從，以禮去者。若已有禄恩重，雖放出仕它國，而所仕者敵，則猶反服。今此未得禄之臣，唯在朝時乃服，若放出它邦，而故君薨，所仕雖敵，亦不反服。以其無禄，恩輕故也。此一條則異也。」臨川王氏曰：「君有饋焉，而解曰有饋於君，似非臣之饋君。謂之獻，豈問有禄未有禄乎？」李氏曰：「立于其朝矣，命廩人繼粟，庖人繼肉，而不以官定食，所謂仕而未有禄者也。饋曰獻，使稱寡君，賓焉而不臣之也。賓之故有獻而無賜。玉府之職曰：『掌王之獻玉。』是王有獻賢之禮也。」長樂陳氏曰：「賓之而弗臣，故有饋焉，不曰賜而曰獻，其將命之使，不曰君而曰寡君。若子思之仕魯，孟子之仕齊是也。違而君薨弗服，則在國而君薨，爲之服矣。」山陰陸氏曰：「未純於臣，則雖君饋之，猶曰獻，雖違之它邦，弗爲君服。」澄曰：「李陳陸之説勝注疏。」

○君子曰：「謀人之軍師，敗則死之；謀人之邦邑，危則亡之。」

方氏曰：「軍師以勝爲功，或敗焉，是無決勝之策也。爲之謀者，可婾生其身乎。邦邑以安爲本，或危焉，是無計安之術也。爲之謀者，可苟存其位乎？軍師既敗，難以復勝，故死其身。邦邑雖危，猶可復安，故亡其位而已。」澄曰：「亡，去也，謂去其位也。」陳祥道謂：「社稷亡則與亡，爲人臣者，殫忠致命而已。其言深足以警人臣，然國亡則臣身當與俱亡。今方危，則它人固有能安之者。去位足矣。何至遽殞滅其身乎？且如陳解，則『死亡』二字無别。」○軾按：邦之危，非必謀之者之罪也。時艱勢迫，自知才力不足以濟，請黜于朝以避賢者，此正所以爲國謀，非爲自全計也。若謀人軍，雖敗不由己，而捐軀赴敵，義不容生矣。

○軍有憂，則素服哭於庫門之外，赴車不載櫜韔。櫜，音羔。韔，敕亮切。

鄭氏曰：「憂，謂爲敵所敗也。素服者，縞冠也。赴，謂還告於國，以告喪之辭言之。櫜，甲衣。韔，弓衣。兵不戢，示當報也。」方氏曰：「戰勝而還，謂之凱。敗，謂之憂。素服哭，以喪禮處之也。必於庫門之外，以近廟門故也。蓋師之出也，受命於祖。無功，則於祖命，不能無辱矣，故近廟門則哭之。」長樂陳氏曰：「兵法曰：若不勝。取過在己。周官大司馬：『師不功，厭而奉主車。』臣之取過在己也。此記素服哭於庫門之外，君之取過在己也。秦穆公敗於殽，素服郊次嚮師而哭，蓋其遺禮與？車曰赴車，若告喪也，不載橐韔，不忘戰也。雖然，義則動，不義則止，豈若焚舟破釜。沈船置膽，以干戈相尋者乎？梁惠王欲報齊、楚，孟子教之省刑罰，薄税歛，深耕易耨，壯者以暇日，修孝悌忠信也。」臨川王氏曰：「禮者，將以恩止争。且務修己而不責人。不載橐韔，如鄭義，則禮亦悖矣。」○軾按：示當報，非即報也。不即報者，先自修，自修正不忘報也。勾踐卧薪嘗膽，生聚教訓，其即不載橐韔之意與。然亦有不容少待者，孔明痛哭出師，徒以漢賊不兩立，成敗非所逆計也。姜維、褚裒之徒，可謂不自量矣。而綱目韙之，若介甫之論禮，其猶譙周、蔡謨之見歟？

○國亡大縣邑，公卿大夫士皆厭冠，哭於大廟三日，君不舉。或曰：「君舉而哭於后土。」厭，于葉切。大，音泰。

鄭氏曰：「軍敗喪地，以喪歸也。厭冠，今喪冠。后土，社也。」孔氏曰：「亡，失也，軍敗亡失土邑也。公，孤也，大國之孤四命曰公。失地爲先祖所哀，故哭於大廟也。舉，謂舉樂。臣入廟三日哭，君亦三日不舉樂。庾蔚云：『舉，謂舉饌，殺牲盛饌曰舉。』又有或人言，君亦舉而自於社中哭之。社主，土故也。」○軾按：舉而哭，謂君率諸臣共哭也。不舉，謂諸臣自哭，不待君之舉也。

〇有焚其先人之室，則三日哭，故曰新宮火，亦三日哭。

鄭氏曰：「謂火燒其宗廟。哭者，哀精神之有虧傷。新宮火，在魯成三年。」孔氏曰：「新宮者，魯宣公廟，人火曰火，天火曰災。」山陰陸氏曰：「春秋書新宮災，諱火爾。」

〇孔子惡野哭者。 惡，去聲。

鄭氏曰：「爲其變衆。周禮銜枚氏『掌禁野叫、呼歎、嗚於國中者，行歌、哭於國中之道者。』」孔氏曰：「哭非其地謂之野。」張子曰：「爲有服者之喪，不哭諸家而哭于野，是惡凶事也。孔子惡野哭者謂此，所知自當哭于野。若奔喪，安得不哭于道。」方氏曰：「孔子嘗言所知吾哭諸野，豈其惡之哉？子蒲死，哭者呼滅。」子皋曰：「若是野哉，孔子之所惡者如此。」廬陵胡氏曰：「哭不以禮爲野。」〇軾按：聖人不爲已甚，苟非傷情滅禮之至者，何至惡之。今人蓋棺甫畢，停置寺廟受弔。又客死柩還，不容入寢。此張子所謂惡凶事而野哭者。宜孔子之惡之矣。

〇孔子過泰山側，有婦人哭於墓者而哀。夫子式而聽之，使子路問之，曰：「子之哭也，壹似重有憂者。」而曰：「然。昔者吾舅死於虎，吾夫又死焉，今吾子又死焉。」夫子曰：「何爲不去也。」

曰：「無苛政。」夫子曰：「小子識之！苛政猛於虎也。」重，直用切。識，音志。

夫子式而聽之者，怪其哀甚也。而曰然，而，猶乃也。夫之父曰舅。孔氏曰：「壹者，決定之辭，言子之哭也。一似重疊有憂喪者，婦人哭畢，乃答曰然。」方氏曰：「虎之害人，機罟檻穽能制之，深宮固門能逃之。政之害人也，無可制之械焉，無可逃之地焉。此泰山婦人，所以寧遭虎之累傷，而不忍舍其政之無苛也。」揚雄之論酷吏曰：「虎哉，虎哉，角而翼者也。」與此同意。」

〇子路去魯，謂顏淵曰：「何以贈我？」曰：「吾聞之也。去國則哭於墓而后行。反其國，不哭，展墓而入。」謂子路曰：「何以處我？」子路曰：「吾聞之也。過墓則式，過祀則下。」

鄭氏曰：「贈，送也。無君事，主於孝。哭，哀去也。展，省視也。處，猶安也。居者主於敬。」孔氏曰：「若有君事去國，則不得哭墓。故曲禮云：『君言不宿於家。』過墓，謂它家墳壟。祀，謂神位有屋樹者。居無事，主恭敬，故或式或下也。它墳尚式，則己先祖墳墓當下也。」方氏曰：「行故曰贈，居故曰處。哭墓展墓，所以存愛，行者之禮也。式墓下祀，所以存敬，居者之禮也。」

○有子問於曾子曰：「問喪於夫子乎？」曰：「聞之矣。喪欲速貧，死欲速朽。」有子曰：「是非君子之言也。」曾子曰：「參也聞諸夫子也。」有子又曰：「是非君子之言也。」曾子曰：「參也與子游聞之。」有子曰：「然。然則夫子有爲言之也。」喪，去聲。爲，去聲。

鄭氏曰：「夫子卒後問此，庶有異聞也。貧朽，非人所欲。」澄曰：「曾子以有子不然其言，乃云此是嘗聞於夫子者。有子又不以爲然。曾子乃云與子游俱嘗聞之，援子游爲證，以明夫子之實有是言也。有子乃謂夫子之言，若果如此，必是有爲而言，非正言也。」

曾子以斯言告於子游。子游曰：「甚哉。有子之言似夫子也。昔者夫子居於宋，見桓司馬自爲石椁，三年而不成。夫子曰：『若是其靡也，死不如速朽之愈也。』死之欲速朽，爲桓司馬言之也。南宫敬叔反，必載寶而朝。夫子曰：『若是其貨也，喪不如速貧之愈也。』喪之欲速貧，爲敬叔言之也。」爲桓、爲敬，云僞切。朝，音潮。

鄭氏曰：「桓司馬，宋向戌之孫，名魋。靡，侈也。敬叔，魯孟僖子之子仲孫閲。蓋嘗失位去國，得反，載其寶，來朝於君。」澄曰：「夫子速貧速朽之言，雖曾子與子游俱嘗聞之。然曾子之所聞者略，子游之所聞者詳。曾子不知夫子有爲而言，而子游知之。曾子以有子『有爲而言之』言告子游，而子游歎服。有子能得夫子之意，故謂其言之似夫子也。自，猶獨也。天子至于庶人，皆是木椁，慮其易朽腐，而獨自爲石椁也。三年而不成者，成之難，費財多也。愈，猶云勝也。反，昔去國，今復還也。必載寶而朝者，蓋前時委棄家財而去，在外無可資用。今再反國，懲艾前事，故常以寶貨隨身。雖每日朝君，車上亦載寶貨，儻被君放逐百出，則有寶貨，不至貧乏也。貨，謂狗貨也。桓魋之獨以石爲椁也，恐身死之後速朽腐爾。夫子以其欲不朽而侈靡費財若是，謂不如不爲彼之靡，而寧死後速朽腐者之勝於彼也。敬叔之常以寶隨身也，恐位喪之後速貧乏爾，夫子以其欲不貧而狗貨繫戀若是，謂不如不爲彼之貨，而寧喪後速貧乏者之勝於彼也。曰『不如』，曰『愈』，與『與其不遜也寧固之』辭意同。兩皆不許，此差善於彼而已。夫以夫子之所不許，遽執以爲夫子之正言，宜有子之不以爲然也。此二語不同時聞者，聊比前後所言，加以『欲』字，失夫子之意矣。曾子亦隨衆所聞而不審也。」

曾子以子游之言告於有子。有子曰：「然。吾固曰非夫子之言也。」曾子曰：「子何以知之？」有子曰：「夫子制於中都，四寸之棺，五寸之椁，以斯知不欲速朽也。昔者夫子失魯司寇，將之荆，蓋先之以子夏，又申之以冉有，以斯知不欲速貧也。」

曾子因子游之言，而知夫子二言果皆有爲，還以子游之言告於有子，嘉其所見之是也。又問有子何以能知夫子不欲速貧速朽之意。有子遂言夫子爲中都宰時，爲民定制，庶人棺厚四寸，外椁加厚一寸，使民送死無憾，則非墨氏之薄葬。恝然忍俟朽腐者也。將往應楚昭王聘時，先使子夏往，再使冉有往，意在仕楚得禄，則非隱者之窮居，安然甘受貧困者也。蓋聖人之道，依乎中庸，以石爲椁，唯恐速朽者，固非，桐棺三寸而無椁，不恤其朽者，亦非；於朝載寶，唯恐速貧者，固非；遯世終身而無禄，不恤其貧者，亦非也。

○曾子曰：「晏子可謂知禮也已，恭敬之有焉。」

鄭氏曰：「禮者，敬而已矣。」澄曰：「恭在貌，敬在心，凡貌恭則心必敬，心敬則貌必恭。二者一有則俱有，晏子有恭敬以持己接物得禮之本，而曾子以爲知禮也。」

有若曰：「晏子一狐裘三十年，遣車一乘，及墓而反。國君七個，遣車七乘；大夫五个，遣車五乘。晏子焉知禮。」遣、乘，並去聲。焉，於虔切。

鄭氏曰：「言其大儉逼下，非之，及墓而反。言其既窆則歸，不留賓客有事也。」孔氏曰：「狐裘貴輕新，而一裘三十年。其父晏桓子是大夫，遣車五乘，而唯用一乘以葬，故鄭云『大儉逼下』也。大儉，解三十年一裘。逼下，解一乘也。下，謂其子及凡在己下者。大夫五乘，適子三乘，今其父自用一乘，則其子便無，是逼下也。及墓，謂葬時也。按士禮，乃窆，主人哭踊襲，贈用制幣，拜稽顙，踊如初，卒袒，拜賓。賓出，則拜送。藏器，與藏苞苴，加抗、席抗木、實土。主人拜鄉人，乃反哭。今晏子既窆贈幣，拜稽、顙、踊訖即還，不復拜賓、送賓。賓客盡去，故鄭云不留賓客有事也。有子更舉國君大夫正禮，以證晏子失禮。所包牲體，士少牢，包三个。包牲皆用左胖，取下體，前脛折取臂臑，後脛折取骼。一牲取三體，省牢，則六體，分爲三个。一个有二體，大夫以上用大牢，凡九體：大夫分爲十五段，三段爲一包，凡五包；諸侯分爲二十一段，凡七包；天子分爲二十七段，凡九包。尊者所取三體，其肉多；卑者雖取三體，其肉少。晏子不從禮數，故云焉知禮也。」澄曰：「注疏以遣車一乘及墓而反爲二事，其解及墓而反，費辭而義不明。竊詳八字只是一句，非二事也。一狐裘三十年，言其儉於身也。遣車一乘及墓而反，言其儉於親也。及墓猶云至墓，謂但以遣車一乘，及於墓所，藏之墓中，而遄反哭也。禮於窆後，辭親拜賓竟，始藏器，藏器實土竟，始反哭。大夫遣車五乘者，所藏多，費時久，實土晚，則反哭遲。今晏子止用遣車一乘，及墓藏之，其禮簡，費時不多，實土早，則反哭速也。曾子言禮之本，故以其恭敬而謂之知禮。有子言禮之文，故以其儉不中禮，而謂之焉知禮。二子之言皆是。」

曾子曰：「國無道，君子恥盈禮焉。國奢則示之以儉，國儉則示之以禮。」

鄭氏曰：「時齊方奢，矯之是也。」長樂陳氏曰：「國奢則示以儉者，時之過，則矯之以不及也。國儉則示以禮者，時之不及，則救之以中也。」澄曰：「國無道，謂上自君身，下至民俗，皆驕奢淫縱也。盈，滿也。謂於禮之當然者，亦減殺，而不使得盈滿如正禮也。有子詆晏子之儉爲不知禮，故曾子言君子處無道之國，以一身自盈於禮，而不能矯時之弊爲耻也。齊國素奢，奢者於禮有過無不及，則晏子躬行率先。示以不及乎禮之儉。儉者，非禮之正，矯時而已。若國俗素儉者，於禮無過有不及，則當躬行於先，示以正合乎中之禮。禮者，得禮之正，無過無不及者也。前云恭敬則許其知禮，後云示儉則不許其爲禮。曾子之言，未嘗偏黨也。」

○晉獻文子成室，晉大夫發焉。張老曰：「美哉輪焉！美哉奐焉！歌於斯，哭於斯，聚國族於斯。」文子曰：「武也得歌於斯，哭於斯，聚國族於斯，是全要領以從先大夫於九京也。」北面再拜稽首。君子謂之善頌、善禱。要，一遥切。京讀作原，或如字。

鄭氏曰：「文子，趙武也。作室成，晉君獻之，謂賀也。諸大夫亦發禮以往。輪，言高大。奐，言衆多。心譏其奢也。言此者，祭祀、死喪、燕會於此足矣。欲防其後復爲，全要領者，免於刑誅也。『京』當爲『原』，蓋字之誤。晉卿大夫之葬地在九原。善頌，謂張老之言。善禱，謂文子之言。禱，求也。」廬陵胡氏曰：「謂晉君賀其成室爲獻，恐非，或趙武謚獻文爾。當考。」

○趙文子與叔譽觀乎九原。文子曰：「死者如可作也，吾誰與歸？」叔譽曰：「其陽處父乎？」文子曰：「行并植於晉國，不没其身，其知不足稱也。」「其舅犯乎？」文子曰：「見利不顧其君，其仁不足稱也。我則隨武子乎！利其君，不忘其身；謀其身，不遺其友。」晉人謂文子知人。并，必正切。植，直吏切。知音智。

鄭氏曰：「叔譽，叔向也。晉羊舌大夫之孫名，肸。作，起也。陽處父，襄公之太傅。并，猶專也。植，或爲特。剛而專己，爲狐射姑所殺。没，終也。舅犯久與文公辟難，至將反國，無安君之心。及河授璧，詐請亡，要君以利。武子，士會也，食邑於隨范，字季。」孔氏曰：「羊舌，邑名。晉公族，爲大夫，生職，職生叔向。文子云：『此處先世大夫死者既衆，假令可起而生，吾於衆大夫之内，誰最賢，可以與歸。』按左傳文五年，甯嬴從陽處父，及温而還。其妻問之。嬴曰：『夫子剛。』文六年，晉蒐于夷，使狐射姑將中軍，趙盾佐之，陽處父至自温，改蒐于董。易中軍以趙盾爲將，狐射姑爲佐，狐射恨之，使續鞫居殺陽處父。并，謂并它事以爲己有。專，權也。植，謂剛也。文子言處父行專權剛强於晉國，自招禍害，不得以理，終歿其身，是無知以防身遠害也。僖五年，文公辟驪姬之難，二十四年反國。及河，子犯以璧授公子曰：『臣負羈紲，從君巡於天下，臣之罪甚多，臣猶知之，而况君乎？請由此亡。」公子曰：「所反國不與舅氏同心者，有如白水。」文子言舅犯見君反國，恐不與己利禄，遂不顧其君，詐欲奔去，要君求利。是無仁心愛念其君也。利其君，謂進思盡忠，不忘其身，謂保全父母遺體。凡人利君者，多性行偏特，不顧其身。謀身者多獨善於己，遺棄故舊。隨武子弘廣周備，既能利君，又能不忘其身；既能謀身，又能不遺其友。左傳襄二十七年，論范武子之德，謂夫子之家事治，言於晉國無隱情。無隱情，則利君也。家事治，則不忘身也。然文七年，士會與先蔑俱迎公子雍在秦。三年不見先蔑。後士會還晉，遂不見先蔑而歸，是遺其友也。而云『不遺』者，彼其先蔑迎公子雍，懼其同罪，禍及於己，故不見之，非無故相遺也。」澄曰：「孔疏以士會不見先蔑爲遺其友，非也，此正是謀身不遺友之一事。蓋晉使先蔑、士會迎公子雍於秦，既而背之，遂敗秦師。則晉失信，獲罪於秦矣。秦若怒晉，而怒其使，則二人俱不免於罪，幸秦穆寬容之。儻士會數見先蔑，似若有謀。秦必生疑，於身於友，俱有禍害，故在秦不見之也。及士會還晉，若見先蔑，秦必疑先蔑與知士會逃歸之情，亦將累及先蔑，故還晉亦不見之也。蓋惟恐在己之見，使秦疑先蔑而或受禍害也。『并、植』二字未詳，姑從鄭注。并，猶兼也。如子路之兼人。植，謂剛直挺立，如木之植。國語作『廉直』，疑是。并蓋『廉』字缺損，『植』蓋『直』字增多也。其舅犯之上無叔譽曰，省文。記者記文子與叔譽之言，而特以晉人謂文子知人一句，結之於後也。」方氏曰：「武子有利君之仁，又有不忘身之知，異夫處父矣。有謀身之知，又有不遺友之仁，異乎舅犯矣。」

文子其中退然如不勝衣，其言呐呐然如不出諸其口，所舉於晉國管庫之士，七十有餘家，生不交利，死不屬其子焉。退然，或作追，亦音退。勝，音升。呐，如悦切。屬，音燭。

方氏曰：「進爲强，退爲弱，如不勝衣，弱也。」澄曰：「言文子身形雖不强壯，口語雖不敏給，而其行之善如此。所舉於司管籥守庫藏之賤人，升爲大夫士而有家者，七十有餘，謂衆多也。人有才能，雖賤必舉，此其利君之忠也。生則於利無所欲，死則於子無所私，此其謀身之介也。記者既言晉人謂文子知人，因遂頌美文子，以終上文之意。」李氏曰：「文子之所慕，止于隨會，故所舉止于晉國，止于管庫之士，而謂之知人者，止于晉人而已矣。」

○魯人有周豐也者。哀公執摯請見之，而曰「不可」。公曰：「我其已夫。」夫，音扶。

鄭氏曰：「摯，禽摯也。諸侯而用禽摯，降尊就卑之義。下賢也，不可者，辭君以尊見卑也。士禮，先生異爵者，請見之則辭。已，止也。重强變賢也。」

使人問焉。曰：「有虞氏未施信於民而民信之，夏后氏未施敬於民而民敬之，何施而得斯於民也。」

問，謂使人以物往遺之，而因致所欲言也。

對曰：「墟墓之間，未施哀於民而民哀；社稷宗廟之中，未施敬於民而民敬。殷人作誓而民始畔，周人作會而民始疑，苟無禮義、忠信、誠愨之心以涖之，雖固結之，民其不解乎。」墟，去魚切。

鄭氏曰：「墟，毁滅無後之地。言民見悲哀之處則悲哀，見莊敬之處則莊敬，非必有使之者。」澄曰：「此信此敬，民心固有，一有所感發，則其心油然而生，民心之信敬，君心所同然也。虞夏之君，亦惟盡其信敬之道於己，以感發其民，而民自興信興敬，不待施教令也。誓者，戒衆之辭。會者，聚衆之事。凡戒衆者，必會聚之，凡聚會者，必誓戒之。誓必有會，會必有誓，二者互相備。殷人之誓，蓋欲於誓之之會，而糾合協比之也。反不能使之合而民心離，故曰畔。周人之會，蓋欲於會之之誓，而曉喻敕勵之也。反不能使之喻而民心惑，故曰疑。以此見殷周之言教，不如虞夏之身先也，然此特殷週末世所爲爾。如湯之誓，武王之會，民豈有畔而疑者哉？苟，猶云若也。禮義之愨，謂敬也。忠信之誠，謂信也。人君若無此心，以臨涖其民而感發之。雖欲以誓會丁寧之言教，堅固而結之，使不解散，然無身教之本，而徒恃言教之末，民其有不解散而畔疑者乎？」

〇歲旱，穆公召縣子而問然，曰：「天久不雨，吾欲暴尪而奚若？」曰：「天則不雨，而暴人之疾子，虐，毋乃不可與！然則吾欲暴巫而奚若？」曰：「天則不雨，而望之愚婦人，於以求之，毋乃已疏乎！徙市則奚若？」曰：「天子崩，巷市七日；諸侯薨，巷市三日，爲之徙市。不亦可乎。」

縣，音玄。暴，步卜切。尪，烏光切。與，音余。爲，去聲。

鄭氏曰：「然之言焉也。尪者面鄉天，覬天哀而雨之。奚若，何如也。錮疾，人之所哀，暴之是虐。巫主接神，亦覬天哀而雨之。春秋傳説巫，『在女曰巫，在男曰覡』。周禮『女巫旱暵則舞雩』。已，猶甚也。徙市者，庶人之喪禮。今徙市，是憂戚於旱若喪。」孔氏曰：「已疏，言甚疏遠於求雨之道理。天子諸侯之喪，必巷市者，以庶人憂戚無復求覓財利。要有急須之物，不得不求，故於邑里之内而爲巷市。今徙市，若居天子諸侯之喪也。」山陰陸氏曰：「問然，問其所以然。」長樂陳氏曰：「先王之於旱也，内則責諸己，外則求諸神。責諸己則有成湯之事。宣王之行，求諸神，則巫以女巫，舞以皇舞，祭以雩，禮以牲璧。責諸己者，本也。求諸神者，則以爲文而已。穆公不能責諸己，又不知求諸神，而欲暴尫與巫，豈不惑哉。」

○齊大饑，黔敖爲食於路，以待餓者而食之。有餓者蒙袂輯屨，貿貿然來，黔敖左奉食，右執飲，曰：「嗟！來食。」揚其目而視之，曰：「予唯不食嗟來之食，以至於斯也。」從而謝焉。終不食而死。曾子聞之曰：「微與。其嗟也，可去。其謝也，可食。」爲食、而食、奉食並音嗣。奉，芳勇切。與，音余。

鄭氏曰：「蒙袂，不欲見人也。輯，斂也。斂屨，力憊不能屨也。貿貿，目不明之貌。嗟來食，雖閔而呼之，非敬辭。從，猶就也。微，猶無也。無與，止其狂狷之辭。」孔氏曰：「與，語助。黔敖見餓者困，嗟愍而呼之來食。餓者聞其嗟己，無敬之心，於是發怒。揚舉其目而視之曰『予惟不食嗟來無禮之食，以至於此病困』，怒而遂云。黔敖從逐其後，辭謝焉，餓者終不食而死。曾子言：餓者無如是與？初時無禮之嗟也，可怒之而去，其終有禮之謝也，可反迴而食。」黃氏曰：「曾子之言，乃舉世千萬人所同之心也。餓夫之操，豈在於斯乎。蓋以衰亂之世，君昏政暴，災沴薦至，賢者不樂其生於世，故詩云：『知我如此，不如無生。』苟從曾子之言，謝而復食。豈若不屈其操，不受其辱，身雖一死，而義存千古乎。不然，作記之人，從何而載之，使千載而下，施小惠者，不敢矜傲。竊幸苟生之人，脅肩諂笑之輩。聞其志則心寒股栗，知所愧耻，豈不盛哉。」廬陵胡氏曰：「今人之急於禄食，嗟而不去，不謝而食者多矣，視餓者有愧矣。」方氏曰：「餓言歲，餓言人。」澄曰：「爲食，奉食，食，飯也。目不明之『瞀』，敄下從目。貿易財貨之『貿』，丣下從貝，此貿貿同聲之字通用。嗟者，閔之之辭。來者，呼之之辭。曾子之言，君子之中，餓者之操，賢者之過也。」

○工尹商陽與陳棄疾追吴師，及之，陳棄疾謂工尹商陽曰：「王事也，子手弓而可。」手弓。「子射諸。」射之，斃一人，韔弓。又及，謂之，又斃二人。每斃一人，揜其目。止其御曰：「朝不坐，燕不與，殺三人，亦足以反命矣。」孔子曰：「殺人之中，又有禮焉。」射，食亦切。朝，音潮。與，音豫。

鄭氏曰：「工尹，官名。棄疾，楚公子棄疾也。魯昭八年，楚師滅陳，縣之，因號焉。至十二年，楚子使蕩侯、潘子、司馬督、囂尹午、陵尹喜圍徐以懼吴。於時有吴師，商陽仁不忍傷人，棄疾以王事勸之。斃，君也。韔，韜也。韔弓不忍復射也。揜其目，不忍視之也。朝燕於寢，大夫坐於上，士立於下，商陽與御者皆士也。兵車參乘，射者在左，戈盾在右，御在中央。」孔子曰：

「有禮焉，善之也。」方氏曰：「手弓，謂以手執之，猶公羊傳所謂手劍也。」孔氏曰：「手弓者，令其彀弓而射也。殺人之中有禮者。韔弓、掩目等是也。傳云：戎昭果毅，獲則殺之，商陽行仁，而孔子善之者，彼謂勍敵，與我決戰，雖及胡耇，獲則殺之。此謂吴師既走而逐之，則不逐奔之義，故爲有禮也。」臨川王氏曰：「春秋末世，諸侯無義戰，士庶人不幸而在軍旅之間，君命既不可廢，爲之强戰，則又與於不仁，如商陽者可也。是以孔子善之也。」澄曰：「商陽有不忍之仁，又頗知不逐奔之義，棄疾使之手弓而後手弓，使之射而後射，斃一人，韔其弓。謂之者，棄疾復使之射也，而後再射，又斃二人。每殺必掩其目，殺人甚非其心也。故止御者，令勿更遠追。然己意非御所能知，又難以語之，故曰朝不坐，燕不與，殺三人亦足以反命。聊爲此言以止其御，非是忿其位卑而不盡力多殺也。胡邦衡以不果於殺罪之，又以怨懟其君入其罪，所見與孔子異矣。」

○吴侵陳，斬祀殺厲。師還出竟，陳行人儀使於師。夫差謂大宰嚭曰：「是夫也多言。盍嘗問焉？師必有名，人之稱斯師也者，則謂之何？」行人儀曰：「古之侵伐者，不斬祀，不殺厲，不獲二毛。今斯師也，殺厲與？其不謂之殺厲之師與？」大宰嚭曰：「反爾地，歸爾子，則謂之何？」曰：「君王討敝邑之罪，又矜而赦之，師與有無名乎？」還，音旋。夫，音扶。嚭，普彼切。與，音余。

舊本云：「陳大宰嚭使於師，夫差謂行人儀。」鄱陽洪氏曰：「按嚭乃吴夫差之宰。陳遣使者，正用行人，則儀乃陳臣也。記禮者簡策差互，更錯其名。當云『陳行人儀使於師，夫差使大宰嚭問之。』」澄按：「洪氏正千載之訛，今從其説。兩易二人之名，又有『大宰嚭』三字。舊本在『曰古之侵伐』者之上，今移在『曰反爾地』之上，而孔疏凡用二人之名者，亦皆爲之兩易，則文義協順矣。」鄭氏曰：「吴侵陳，以魯哀元年秋。祀，神位有屋樹者。厲，疫病。嘗，猶試也。夫差修舊怨，庶幾其師有善名。獲，謂係虜之。二毛，鬢髮班白者。其不謂之殺厲之師與，欲微切之，故其言似若不審然。止言殺厲。重人，歸爾子，謂所獲民臣。君王者，吴楚僭號稱王也。師與有無名乎，又微勸之。」澄曰：「夫差内行惡事，而外欲得善名，故令太宰嚭問陳行人謂衆人稱我此行之師，其名謂何。行人儀名之以殺厲之師者，欲吴人耻其名之惡而改悔也。吴大宰果有反地歸子之言，則陳行人乘其好名之心，而甘言誘勸之也。」

○邾婁定公之時，有弑其父者，有司以告。公瞿然失席曰：「是寡人之罪也。」曰：「寡人嘗學斷斯獄矣：臣弑君，凡在官者，殺無赦。子弑父，凡在宫者，殺無赦。殺其人，壞其室，洿其宫而豬焉。」蓋君踰月而后舉爵。婁，龍朱切。瞿，俱遇切。斷，丁亂切。壞，音怪。洿，音烏。豬，音誅。

廬陵胡氏曰：「春秋弑逆多矣，唯邾無弑逆之事，故邾定公以爲非常而驚也。」鄭氏曰：「臣弑君，子弑父，諸臣子孫，皆得殺之。三踰月舉爵，自貶損也。」孔氏曰：「凡在官者言諸臣，凡在宮者言子孫。瀦是聚水之名，洿其宮而瀦焉，謂掘其宮，使水聚積也。」澄曰：「凡在官，凡在宮，謂被弑者之群臣子孫，非謂行弑者之群臣子孫也。赦謂縱之逸去也，弑君弑父之賊，凡在官、在宮者，當即時殺之，不可緩誅逸賊，故曰無赦。無赦，謂毋令縱逸也。宋萬弑閔公，縱令出奔陳，君子以爲宋無臣子也。」陸農師謂：「同一官府之人，亦坐弑君之罪，果是逆賊之黨，則自應殺之無赦。若不預弑謀，而一府一宮之人，皆連坐，刑不亦濫乎？春秋誅亂臣賊子之法，不聞有此。」

○子夏問於孔子曰：「居父母之讎如之何？」夫子曰：「寢苫枕干，不仕，弗與共天下也。遇諸市朝，不反兵而鬭。」曰：「請問居昆弟之讎如之何。」曰：「仕弗與共國，銜君命而使，雖遇之不鬭。」曰：「請問居從父昆弟之讎，如之何？」曰：「不爲魁，主人能，則執兵而陪其後。」苫，尸沾切。枕，去聲。朝，音潮。使，色事切。從，去聲。

方氏曰：「寢苫，則常以喪禮自處。枕干，則常以戎事自防不仕，則不暇事人而事事也。弗與共天下，與弗共戴天同義。市朝非職鬭之處，遇諸市朝，猶不反兵而鬭，則無所往而不執兵矣。由其恩之至重，故報讎之義如此。仕弗與共國，則雖事人而事事，亦耻與之相遇也。銜君命而使，遇之不鬭，則不敢以私讎妨公事也。由其恩殺於父母也，曲禮言交游之讎，而不及從父昆弟，此言從父昆弟之讎，而不及交游者，蓋交游之讎，猶不同國，則從父昆弟可知矣。於從父昆弟且不爲魁，則於交游不爲魁可知矣，其言互相備也。」

○仲尼之畜狗死，使子貢埋之，曰：「吾聞之也，敝帷不棄，爲埋馬也。敝蓋不棄，爲埋狗也。丘也貧，無蓋，於其封也，亦予之席，毋使其首陷焉。」畜，許六切。爲，云僞切。封，音窆。予，音與。

鄭氏曰：「畜狗，巡守，封當爲窆。陷，謂没於土。」方氏曰：「衆體皆不欲没於土，特以首爲言者，以衆體之所貴，尤不欲没於土也。家語言仲尼將行，雨而無蓋，以貧故無蓋也。」石林葉氏曰：「帷蓋近於身，以爲障蔽者也。大馬畜於家，以爲代禦者也。障蔽者弊，所不敢棄而代禦者死，用以埋之，仁之至，義之盡也。」

○路馬死，埋之以帷。

鄭氏曰：「路馬，君所乘者，其它狗馬不能以帷蓋。」方氏曰：「魯昭公乘馬塹而死，乃以帷裹之。」澄曰：「上文記仲尼埋畜狗之事，記者遂并記國君埋乘馬之法。」

右附記雜事雜辭，凡二十三節。

曾子問第十五

此篇「曾子問曰」三十八，而孔子答之，凡三十四，故摘「曾子問」三字名篇。孔子自言者四，子游問者一，子夏問者一，記人自記者一，通四十一章。應氏曰：「曾子以篤慤醇至之資，而爲潛心守約之學。其於身也，反觀内省，而益加以傳習講貫之功。其於禮也，躬行實踐，而又不廢乎旁搜博考之力。訂之以耳目之所見聞，隱之於心思之所防慮。知天下之義理無盡，而事物者亦日新而無窮。其或講明之不素，而猝然遇之，則其處之未究其精微，而應之必無以中其肯綮。故歷舉喪、祭、吉、凶、雜出不齊之事，而問於聖人，其變故似異而可駭，其節目似同而不必辨，其纖悉又似細而不足憂。夫子隨事剖析，而決其疑，遂使千百載之下，遇變事而知其權者，亦如處常事而不失其經焉。此皆其問答講明之功也。其後真積力久，夫子語以一貫，隨聲響答，略無留難，其見益高矣。

曾子問曰：「君薨而世子生，如之何？」孔子曰：「卿、大夫、士從攝主，北面於西階南。大祝裨冕，執束帛，升自西階，盡等，不升堂，命毋哭。祝聲三，告曰：『某之子生，敢告。』升，奠幣于殯

東几上，哭降。衆主人、卿、大夫、士、房中皆哭，不踊，盡一哀，反位。遂朝奠，小宰升，舉幣。太祝，音泰。裨，婢支切。

鄭氏曰：「攝主，上卿代君聽國政。於西階南，變於朝夕哭位也。裨冕者，接神則祭服也。諸侯之卿、大夫所服裨冕，絺冕也、玄冕也。服爵弁服。大祝裨冕，則大夫也。命毋哭，將有事，宜清淨也。聲噫歆，警神也。某，大人之氏也。几筵於殯東，明繼體也。衆主人，君之親也。房中，婦人也。反位，反朝夕哭位。幣，小宰所主，舉而下，埋之階間。」孔氏曰：「此謂既殯以後，若未殯以前。世子生，則不告。西近殯位。階南，階下也。卿、大夫等，皆衣衰服北面。大祝裨冕，明卿、大夫等不裨冕也。束帛，十端五兩也。鬼神以丈八尺爲端。五兩，三玄二纁也。堂下告，則大遠，故升西階盡等級。不升堂，告殯竟。執束帛者，升堂。奠置所執之幣于殯東几筵上。遂哭，哭竟而降階。君之親，及諸臣，及婦人，皆哭，不踊。反哭位，於位不更哭，遂行朝奠禮。奠訖，小宰乃升，舉幣而下。」○軾按：祝聲三，注謂「噫歆」，疏謂「祭祀神之所饗爲歆」。愚意「噫」如今祭文曰「嗚乎」，「歆」如云「尚饗」，蓋求神之詞。必三者，求之迫切也。儀禮既夕、士虞皆然。惟虞祭闔門啓門，義不可曉，若後世以噫歆爲咳聲，用於吉祭，不知何據。予校祭禮，曾以臆論噫歆、闔門、啓門之義，今讀曾子問，悔前見之未當也。

「三日，衆主人、卿、大夫、士如初位，北面。大宰、大宗、大祝皆裨冕，少師奉子以衰，祝先，子從，

宰、宗人從，入門，哭者止。子升自西階，殯前北面，祝立于殯東南隅。祝聲三，曰：『某之子某，從執事，敢見。』子拜稽顙，哭，祝、宰、宗人、衆主人、卿、大夫、士，哭踊，三者三，降，東反位，皆袒。子踊，房中亦踊，三者三，襲，衰，杖，奠，出。大宰、大宗，音泰。少，去聲。奉，芳勇切。從，才用切。見，賢遍切。

鄭氏曰：「三日，負子日也。如初位，初告生時也。宰宗人，詔贊君事者。奉子者，拜、哭、踊、襲、衰、杖，成子禮也。奠，亦謂朝奠。」孔氏曰：「三日之朝，自衆主人以下，悉到西階下，列位如初日子生之儀。以子自爲主，故不云從攝主。内則云：『國君世子生，告于君，三日，卜士負之。』直負之而已。子未見君，三月爲名之時，始見之也。今既在喪禮略，於負子之時則見也。不用束帛者，初告生已用，今禮殺，故不用也。大宰是教令之官，大宗是主宗廟之官，初不裨冕，今爲奉子接神，故服裨冕祭服。大宰、大宗等，亦從子升堂，記不云升堂，文不具爾。少師主養子之官，又奉子，故與子皆着衰也。皇氏及王肅謂：『以衰衣而奉之。』諸侯五日而殯，殯而成服。此三日而衰者，喪已在殯，異於未殯也。祝主接神，故先進，少師奉子次從祝也。大宰、大宗爲詔告贊君事，故次從在後也。入門，入殯宮門也。衆主人及諸臣，並已先列位而哭。今宰、祝、宗三人將子入門見，故命門内在位者止哭。前告是初生日，哀甚，故祝升階，則命止哭。今三日哀已微殺，故子入門乃哭止也。宰宗人，大宰、大宗也。祝先子從者，從吉祭之禮。特牲少牢，皆祝前主人後，若凶祭，則主人前祝在後，士虞禮是也。今此亦凶祭，而祝在先者，以告神故也。世子不忍從先君之階升，故由西階升。時大宰、大宗及祝亦升，不言從者，以子爲主，故略而不言也。殯以東爲前，殯前，謂當殯之東，稍南北面。祝在子之西，而北面當殯之東南隅。其宰及宗人，以次立於子之東，皆北面。若其須詔相之時，或就子前而西面也。祝聲以警神，前告生，哀甚，故盡階不升堂。此見子須近殯，故進立於殯東南隅也。警神之後，祝告曰：『夫人某氏之子某，從執事敢見。』皇氏云：『於時未立子名，不得云某之子某。下有某字者，誤也。』今按定本及諸本皆有『某』字，子升堂之時，大宰即位立名。祝乃告。告訖。奉子之人，拜而稽顙，乃哭。不踊者，未即位故也。祝宰、宗人在堂上北而哭，衆主人、卿、大夫、士俱在西階下北面哭。每踊三度爲一節，如此者三，故云『三者三』。堂上皆降自西階反東，在下者皆東，反朝夕哭位，皆袒。初堂上、堂下之哭，非正位，故不袒。今反朝夕哭位，故皆袒。至此子乃踊，房中亦踊。祝宰、宗人及卿、大夫反位，亦皆踊也。子踊時亦袒，踊者亦皆三，乃襲，乃衰杖，乃朝奠，乃出。○軾按：襲、衰、杖、奠、出各一字爲一句。襲謂子與衆皆襲，出亦皆出也。衰與杖謂負子者，衰不待告時，杖則出而杖。喪大記曰：「寢門之外杖。」鄭注謂：「天子諸侯之子，杖不入廟門」，此云衰杖者，見成子禮也。

「大宰命祝史以名徧告于五祀、山川。」

鄭氏曰：「因負子名之，於喪禮略也。世子生，喪在殯，告五祀山川爾。五祀殯宮之五祀，山川國鎮之重，故越社稷告之。」孔氏曰：「按內則、左傳皆三月乃名，今此因負子三日即名之者，以喪事促遽，於禮簡也。見殯之時，既以名告，非謂告山川之時始作名也。」

曾子問曰：「如已葬而世子生，則如之何？」孔子曰：「大宰、大宗從大祝而告于禰。三月，乃名于禰，以名徧告及社稷、宗廟、山川。」

孔氏曰：「禰，父殯宮之主也。葬後殯無尸柩，唯有主在，故告于主，漸神事之也。大宰、大宗從大祝，三人告，不云攝主。葬時攝主已弁絰葛，至于葬竟，又服受服，喪之大事便畢。故子生，則攝主不復與群臣列位西階下，還依大宰之禮。與大宗從大祝裨冕而告殯宮之主也。不云『裨冕不言制幣』者，未葬尚裨冕，凡告必制幣，不言自可知也。三人例升階，故不言盡階不升堂。不言某之子生敢告者，亦自可知也。葬後神事之，故依常禮。三日不見，三月乃見，因見乃名于禰。凡從見之人，與告生不異。衰絰自依常禮，名於禰畢，亦命祝史徧告。前不云社稷宗廟，此不云五祀，互相明也。」鄭氏曰：「葬後三月，於禮已祔廟，故告可及廟。廟與社稷相連，故亦告社稷。」

○曾子問曰：「君出疆，以三年之戒，以椑從。君薨，其入如之何？」椑，步歷切。

鄭氏曰：「戒，猶備也，謂衣衾也。親身棺曰椑，其餘可死乃具也。曾子以其出有喪備，疑喪入必異也。」孔氏曰：「出疆，朝會也。三年之備，謂衣衾之裁。若其造作，死後乃爲之。天子裨内有水兕，諸公椑内有兕，諸侯椑親身也。其餘椑外屬與大棺等，死後乃具。」○軾按：一年之備，寒暑涼燠之所需也。至三年，則人壽不可必矣，故豫爲死計。

孔子曰：「共殯服，則子麻弁絰、疏衰、菲、杖。入自闕，升自西階。共，音恭。

鄭氏曰：「共殯服者，謂君已大斂。殯服，謂布深衣、苴絰、散帶垂，殯時主人所服，共之以待其來也。其餘殯事，亦皆具焉。子麻弁絰、疏衰、屨、菲、杖者，柩未安，未忍成服於外也。麻弁絰者，布弁而加環絰也，布弁如爵弁而用布也。杖者，爲己病。闕，謂毁宗也。柩毁宗而入，異於生也。升自西階，亦異生也。所毁宗，殯宫門西也。於此正棺，而服殯服。既塗而成服，殷柩出毁宗，周柩入毁宗，禮相變也。」孔氏曰：「主人從柩而歸，其家豫共主人殯時所着之服。麻弁，麻布弁也。疏衰，齊衰也。菲屨，蔍屨。於時主人從柩在路，未忍成服，唯首著布弁加環絰，身著齊衰，足著蔍屨。士禮服杖同時，今未成服而杖，爲己病也。柩入宫之時，毁殯宫門西邊牆而入，升堂之時，以柩從外來，似賓客，就客位升階也。於此正柩，象小斂後夷於堂也。」

「如小斂，則子免而從柩，入自門，升自阼階。斂、免、從竝去聲。

鄭氏曰：「謂君已小斂也。主人布深衣，不括髮者，行遠不可無飾。親未在柩，不忍異生時，入升如常。」孔氏曰：「此未大斂，當小斂以後之節。子首不麻弁，身不服疏衰，唯首著免，身著布深衣，而從柩士禮。小斂，主人括髮，以在外遠行不可無飾，故不括髮而免也。其柩入之時，自門不自闕，升自阼階，不由西階，猶如生也。」

「君、大夫、士一節也。」

孔氏曰：「言上文從柩之儀，非但君死於道路爲然。諸侯與大夫、士一等，無尊卑之異。」

○曾子問曰：「爲君使而卒於舍。禮曰：『公館復，私館不復。』凡所使之國，有司所授舍，則公館已，何謂私館不復也？」孔子曰：「善乎問之也。自卿大夫之家曰私館，公館與公所爲曰公館。公館復，此之謂也。」 爲，云僞切。使，色事切。

鄭氏曰：「復，始死招魂。公館，若今縣官宫也。公所爲，君所命使舍己者。」孔氏曰：「卿、大夫、士之家，非君命所使，私相停舍，謂之私館。公館，公家所造之館。與，及也。及公命所使停舍之處。君所命停舍者，即是卿、大夫之家，但有公命，故亦謂之公館。」○軾按：不復解，見前。

○孔子曰：「諸侯適天子，必告于祖，奠于禰，冕而出視朝，命祝史告于社稷、宗廟、山川。乃命國家五官而后行，道而出。告者五日而徧，過是非禮也。凡告用牲、幣，反亦如之。 朝，音潮。牲，當作制。

鄭氏曰：「祖禰皆奠幣以告之。告奠，互文也。視朝，聽國事也。諸侯朝天子必裨冕，爲將廟受也。裨冕者，公衮，侯伯鷩，子男毳。臨行又徧告宗廟，孝敬之心也。五官，五大夫典事者。命者，敕之以其職。道而出，祖道也。聘禮曰：『出祖，釋軷，祭酒脯也。』既告不敢久留，牲幣當爲制幣，制幣一丈八尺。」孔氏曰：「按覲禮侯氏裨冕，天子受之於廟。諸侯視朝，當玄冠、緇衣、素裳，今服裨冕者，爲往朝天子。天子將於廟受己之禮，乃豫敬之，以冕服視朝也。告于祖，奠于禰，是一告。此又命祝史告于宗廟、山川，臨行再告也。徧告宗廟，五廟皆告也。諸侯有三卿、五大夫，故云五官。大夫數衆多，直云五者，據典國事者言之。不云『命卿』者，或從君出行，或在國留守，總主群吏，故不顯言命卿也。道而出者，祖祭道神而後出，待告徧乃行，爲先以告廟載遷主。若久留不去，則非禮，故以五日爲限。」澄曰：「反亦如之，謂親告祖禰，又命祝史徧告視朝而入也。」○軾按：山川非一處，故待五日而徧。

「諸侯相見，必告于禰。朝服而出視朝，命祝史告于五廟、所過山川。亦命國家五官，道而出。反必親告于祖禰，乃命祝史告至于前所告者，而后聽朝而入。」

孔氏曰：「諸侯朝服、玄冠、緇衣、素裳，諸侯相朝，雖亦在廟受，降下天子，不敢冕服，唯着臨朝聽事之服。熊氏云：『此朝服，謂皮弁服，以天子用以視朝，故謂之朝服。』出不云告祖，或道近，變其常禮爾。反必親告祖禰，以明出入之告不殊也。」○軾按：出不言告祖，文不備也。

前所告，謂社稷、山川。

○曾子問曰：「古者師行，必以遷廟主行乎？」孔子曰：「天子巡守，以遷廟主行，載于齊車，言必有尊也。今也取七廟之主以行，則失之矣。當七廟五廟無虛主。虛主者，唯天子崩，諸侯薨，與去其國，與祫祭於祖，爲無主耳。吾聞諸老聃曰：『天子崩，國君薨，則祝取群廟之主而藏諸祖廟，禮也。卒哭成事，而后主各反其廟。君去其國，大宰取群廟之主以從，禮也。祫祭於祖，則祝迎四廟之主。』主出廟入廟，必蹕。』老聃云。」齊，側皆切。從，才用切。

鄭氏曰：「齊車，金路。老聃，古壽考者之號也，與孔子同時。天子崩，諸侯薨，則藏諸主於祖廟，象有凶事者聚也。卒哭成事，先祔之祭名也。君去其國以廟主從，鬼神依人者也。祝迎廟主，祝，接神者也。蹕，止行者。」孔氏曰：「凡祭祀皆乘玉路，齊車則降一等，乘金路也。」方氏曰：「行必以遷廟主者，以天子之七廟，諸侯之五廟，無虛主故也。廟之有主，猶國之有主也。崩薨與去其國，廟無主者，示神人休戚同也。祫祭時亦廟無主者，以合食示反本也。非是四者，廟主其可虛乎。」澄曰：「遷廟主，謂祔禰時，所遷昭穆最上之廟一主也，在昭廟穆廟之上，最尊者也。君將出行時，偏告有廟之諸主，又特告此無廟之一主，而載之以行也。」

〇曾子問曰："古者師行無遷主，則何主？"孔子曰："主命。"問曰："何謂也。"孔子曰："天子、諸侯將出，必以幣帛、皮圭告于祖禰，遂奉以出，載于齊車以行，每舍奠焉。而后就舍，反必告，設奠，卒，歛幣玉，藏諸兩階之間，乃出，蓋貴命也。"

孔氏曰："以幣帛、皮圭告于祖禰，遂奉以出，以象受命，故云主命。皇氏云：『有遷主者，直以幣帛告神，不將出行，即埋之階間。無遷主者，加以皮圭，告於祖禰，遂奉以出。』熊氏云：每告一廟，以一幣玉，告畢，若將所告遠祖幣玉行者，即載之而去。若近親幣玉不以出者，即埋之。還時以此載行幣玉，告於遠祖。事畢則埋於遠祖兩階間，其近祖以下，直告祭而已，不陳幣玉也。"澄曰："無遷主，謂諸侯受封，傳繼未六世者，未有當毀之廟，故無已遷之主也。廟無虚主，有廟者不可以其主行。主命，謂雖無木主，但所受於神之命，即是主也。貴，猶重也。貴命，謂以神命爲重，其重亦如神主也。受封之第二世，止有大廟，則告大廟而以其幣玉行。三世則以禰，四世則以祖，五世則以曾祖，六世則以高祖，七世則有遷主矣。八世以上，遷主不止一主，而但以高祖之父新遷者行也。若天子初王，傳繼未及八世者，亦未有當毀之廟，而無遷主。其禮蓋亦如此。唯商祖契，周祖稷，則湯武雖初王，而三昭三穆之上，有行主也。"鄭氏曰："舍奠而後就舍，以脯醢禮神，乃敢即安也。所告不以出，即埋之。"

〇曾子問曰：「喪有二孤，廟有二主，禮與？」孔子曰：「天無二日，土無二王，嘗禘郊社，尊無二上，未知其爲禮也。 與，音余。

鄭氏曰：「曾子問此，怪時有之。孔子以尊踰卑也。」澄曰：「上天之照萬物者，唯一日。丁土之君萬邦者，唯一王。祫嘗之所尊，唯一太祖。禘祭之所尊，唯一所自出之帝。郊之所尊，唯一上帝。社之所尊，唯一后土。所尊之神在上，無或有與同者，故曰無二上。若日、若王、若四祭之上神，皆唯有一而無二，況主喪之孤，依神之主，而可二乎？此總明孤與主不可有二之義，下文乃述今世所以有二主二孤之由。」

「昔者齊桓公亟舉兵，作僞主以行。及反，藏諸祖廟。廟有二主，自桓公始也。 亟，起吏切。

鄭氏曰：「僞，猶假也。舉兵以遷廟主行，無則主命。爲，僞主，非也。」孔氏曰：「亟，數也。數舉兵，南伐楚，北伐山戎，西伐白狄也。言作假主以行，而反藏於祖廟，故有二主也。」

「喪之二孤，則昔者衛靈公適魯，遭季桓子之喪。衛君請弔，哀公辭，不得命。公爲主，客入弔。康子立於門右北面。公揖、讓，升自東階，西鄉。客升自西階弔，公拜興哭，康子拜稽顙於位。有司弗辯也。今之二孤，自季康子之過也。」

鄭氏曰：「靈公先桓子以魯哀二年夏卒，桓子以三年秋卒，是出公也。鄰國君之弔，君爲之主，主人拜稽顙，非也。當哭踊而已。若康子者，君弔其臣之禮也。辨，猶正也。」孔氏曰：「出公輒，靈公孫也。出公來弔，春秋不見經者，蓋非國之大事，故略而不書。鄰國君弔，賓主尊卑宜敵，故君爲主，唯君拜賓爾。康子但當哭踊，又拜，非也。有司，謂當時執事之有司，畏康子之威，不敢辨正也。」方氏曰：「喪有孤，則哀之所主。廟有主，則神之所依。二孤則莫適爲主，二主則莫適爲依，是豈禮之意哉。然後世行之者。蓋自桓公始之，季康子之過也。」山陰陸氏曰：「是其過爾，非故造端也。若朝服之以縞，不可以言過。」

○子游問曰：「喪慈母如母，禮與？」孔子曰：「非禮也。古者男子外有傅，内有慈母，君命所使教子也，何服之有。」喪、慈平聲。與，音余。

按禮經傳記所言，慈母有二：有大夫、士之子之慈母，有國君之子之慈母。大夫、士之子之慈母，有服。儀禮喪服篇「齊衰三年」章云「慈母如母」，謂妾之無子者。妾子之無母者，父命之爲母子。如是。則妾視此子。如己親生。子事此母如親母，蓋重父之命，故喪之齊衰三年也。據禮經傳所言，唯大夫、士之妾子有之，其適子已無此母矣。喪服小功章所云，爲庶母慈己者，但名爲庶母慈己者爾，不名爲慈母也。國君之子之慈母無服。内則云：「國君子生，擇諸母使爲子師，其次爲慈母，其次保母。」子師擬三孤之師，保母擬三孤之保，慈母在子師之下，保母之上，則擬於傅。故孔子謂，君命所使教子，何服之有。子游所問，蓋指禮經「如母」之慈母言。夫子所答，則以内則「如傅之慈母」言也。下文遂引魯昭公之事。孔氏曰：「士爲庶母緦，以慈己加服小功也。士之妻自養其子，不得有慈己之庶母。熊氏云：『士適子無母，命妾慈己，亦爲之小功。』父卒乃不服者，謂不服小功，仍服緦爾。」

「昔者魯昭公少，喪其母，有慈母良。及其死也，公弗忍也，欲喪之。有司以聞，曰：『古之禮，慈母無服。今也君爲之服，是逆古之禮而亂國法也。若終行之，則有司將書之，以遺後世，無乃不可乎？』公曰：『古者天子練冠以燕居』，公弗忍也，遂練冠以喪慈母。喪慈母自魯昭公始也。」

少、喪、爲並去聲。

鄭氏曰：「良，善也。有司曰『古之禮，慈母無服』，據國君也。天子練冠以燕居，蓋謂庶子王，爲其母。公之言又非也。昭公年三十，乃喪齊歸，猶無戚容。安能不忍於慈母，此非昭公明矣。未知何公也。」孔氏曰：「王肅所定家語云『教公有慈母良』。」山陰陸氏曰：「練冠喪慈母，固昭公也。昭公十九，猶有童心，則三十喪齊歸，雖謂之少可矣。不愛其母而愛慈母，何足怪也。」澄曰：「爲慈母性行良善，不忍忘其撫育之恩，遂欲爲之服，一非也。有司援正禮以諫止之，而公援天子練冠之例，再非也。凡練冠者，本當服而不得服者也。按喪服記公子爲其母練冠麻衣，公子本欲服其母，厭於君而不得服，故練冠麻衣。天子之庶子爲王，不得服其母，故亦練冠。彼皆爲其親母，欲服而不得服故爾。慈母本無服，非欲服而不得服者，故曰非也。一弗忍於慈母初死之時，而欲喪之；再弗忍於有司既諫之後，而遂練冠，是以小不忍而亂禮也。其練冠以喪慈母，或亦三月而除乎？」

○曾子問曰：「下殤土周葬于園，遂輿機而往，塗邇故也。今墓遠，則其葬也如之何？」孔子曰：「吾聞諸老聃曰：『昔者史佚有子而死，下殤也，墓遠。召公謂之曰：『何以不棺斂於宫中？』史佚曰：『吾敢乎哉！』召公言於周公。周公曰：『豈不可？』史佚行之。』下殤用棺衣棺，自史佚始也。」棺，舊古患切，今如字。

下殤，八歲至十一也。土周，檀弓所云夏后氏之堲周也，周人用以葬下殤。園，墓園。輿，與舁通，共以手舉之也。機，尸之牀也。往，往就葬也。周人葬下殤之禮，蓋不用棺，但以衣斂尸而置之尸牀。不用車載，衆手舁之以往。曾子問去墓園塗近者可如此，若去墓之塗遠，則舁尸以往，而不用棺、不用車，似若不可，故問當如之何。孔子遂引老聃所言史佚之事以答。蓋史佚曾葬下殤之子，而其墓遠，方疑於舁尸之不可。而召公勸以棺斂于宫中。棺斂者，謂納之棺中也。棺斂於宫中，則如成人，而載以喪車，不舁機也。史佚以前，未有此禮，故有所不敢。於是召公爲史佚問之周公。周公曰：『豈不可？』蓋禮有從權而以義起者。墓近則舁機，墓遠則棺斂而車載以往。雖前時禮所未有，然亦無害於義也。史佚依周公所言行之，自是以後，葬下殤者，若墓遠，則用棺也。棺衣者，謂斂以衣，又斂於棺也。下殤用棺，而衣之棺之者，蓋自史佚始。前此則衣之而已，不棺之也。棺字並如字讀，鄭注以爲「下殤不葬於墓，而別葬於園」，今從張子之説。諸家皆以「豈不可」爲周公不許之，今從陸氏之説。張子曰：「墓，是墓之園。園，謂栽植草木處。既曰族葬，必不別爲園。」山陰陸氏曰：「豈不可，言可也。下殤雖不斂於宫中，即塗遠而欲拘墓近之制，是膠也。」孔氏曰：「輿，猶抗也。機者，以木爲之，狀如牀，無脚及𥱧簀。先用一繩，直於中央，係着兩頭之橛，又別取一繩，係一邊材，橫鉤中央直繩，報還鉤材，往還取匝，兩邊悉然。而後以尸置繩上，抗舉以往。臨斂時，當堲周之上，先縮除直繩，則兩邊交鉤之繩，悉各離解，而尸從機中央零落，入於堲周中。檀弓云：『堲周葬中殤、下殤。』據士及庶人也。若諸侯長、中殤，適者車三乘，下殤車一乘。既有遣車。即不得堲周、輿機而葬也。諸侯庶長中殤，車一乘，則宗子亦不堲周、輿機而葬，其下殤則輿機，其大夫之適長中殤。遣車一乘，亦不輿機。下殤無遣，則輿機也。王之適庶長、中、下殤皆有遣車，並不輿機。士及庶人適庶皆無遣車，則中下殤並皆輿機。其長殤雖無遣車，年既長大，不可與下殤同，棺斂於宫中。載棺而往之墓，從成人也。

○曾子問曰：「葬引至于堩，日有食之，則有變乎？且不乎？」孔子曰：「昔者吾從老聃助葬於巷黨，及堩，日有食之。老聃曰：『丘！止柩，就道右，止哭以聽變。』既明反而后行，曰禮也。反

葬而丘問之曰：『夫柩不可以反者也。日有食之，不知其已之遲數，則豈如行哉？』老聃曰：『諸侯朝天子，見日而行，逮日而舍奠。大夫使，見日而行，逮日而舍。夫柩不蚤出，不莫宿。見星而行者，唯罪人與奔父母之喪者乎！日有食之，安知其不見星也？且君子行禮，不以人之親痁患。』吾聞諸老聃云。」堩，古鄧切。夫，音扶。數，讀爲速。朝，音潮。痁，始占切。

鄭氏曰：「堩，道也。變，謂異禮。巷黨，黨名也。就道右者，行相左也。變，謂日食也。明反，明復也。已，止也。數，讀爲速。舍奠，每將舍奠行主也。不蚤出、不莫宿，謂侵晨夜，近姦寇也。安知其不見星，爲無日而慝作。豫，止也。痁，病也。以人之父母行禮，而恐懼其有患害，不爲也。」孔氏曰：「曾子問葬引至塗，值日食，則變常禮而停住乎。且遂行乎？孔子答以已從老聃助葬，遭日食，老聃令止柩，待日光明返回，而後引柩行。按儀禮云：『吉事交相左，凶事交相右。』今柩行凶事相左者，此據北出停柩在道，東北嚮，對南嚮行人，爲交相左也。孔子云柩務速葬，不可迴返。今止柩不行，不知日食休已之遲速。設若遲晚至夜，豈如早行至墓，赴其吉辰也。老聃言柩見星而行，是輕薄人親，與罪人同痁患病於危也。言不可使人之親，病於危亡之患也。」方氏曰：「柩不蚤出，不莫宿者，慮暗昧之中，有不測之患也。苟日食而行柩，豈異夫蚤出莫宿者乎？」張子曰：「豫備深思之道也。」○軾按：患，危也。痁，病也。病不必即危，而幾乎危。昏黑地柩，恐犯危患，即不果患，亦幸而免耳，故君子不爲。

右記喪之變禮、失禮等事，凡十章。子生有常禮，君薨而生則其禮變。君薨有常禮，在外而薨，則其禮變，臣之在外而卒亦然。孔子言諸侯出一章，曾子問師行二章，非記喪禮，因前章之文而以類附記者。有二孤及喪慈母，則喪之失禮。棺下殤及遭日食，又喪之變禮也。

曾子問曰：「諸侯旅見天子，入門不得終禮，廢者幾？」孔子曰：「四。」請問之。曰：「大廟火，日食，后之喪，雨霑服失容，則廢。如諸侯皆在而日食，則從天子救日，各以其方色與其兵。大廟火，則從天子救火，不以方色與兵。」見，賢遍切。幾，居豈切。大，音泰。

鄭氏曰：「旅，衆也。大廟，始祖廟。宗廟皆然，主於始祖爾。方色者，東方衣青，南方衣赤，西方衣白，北方衣黑。方色與兵，示奉時事，有所討也。」孔氏曰：「鄭注示奉時事，解方色；有所討，解兵也。周禮有救日之弓，不知兵之細別。隱義云：『東方用戟，南方用矛，西方用弩，北方用楯，中央用鼓，以日食陰侵陽。君弱臣强之象。示欲助天子討陰也，亦備非常。穀梁云：『天子救日，置五麾，陳五兵五鼓，諸侯置三麾，陳三鼓三兵。大夫擊門，士擊柝，充其陽也。』日食是陰之災，故象五方之色。以兵討陰，救火無此義，故不用。」澄曰：「后之喪，謂在前有疾，正當諸侯入門之時而崩也。」馬氏曰：「大廟者，神之位也。神道有不安，人子之道虧矣。古者宗廟火，三日哭，哭以謝其神，則諸侯旅見，與夫當祭之禮，所以廢也。於其廢也，然後帥諸侯以救火。日者，陽之位也。陽主子明，故大明以照四方者，君道也。其有不明，則君德虧矣。古者日有食之，則瞽奏鼓，嗇夫馳，庶人走，所以助陽，唯其以陽爲不充，故諸侯之旅見，與夫當祭之禮，亦可以廢。於其廢也，然後帥諸侯以救日。祭者吉事也，朝者盛禮也，祭有樂以侑神，亦有以樂賓。有爵以酳主人，亦有以酬賓客。其繁也，至于十五飯。其飲也，至於無算爵。故王制曰『喪三年不祭』，蓋爲是也。天子廢朝，蓋亦廢祭矣，故大廟火則哭之，日食則救之，后之喪則服之，此可以廢祭矣。雨霑服失容，可以不旅見，而不可以不祭。蓋以祭而較之旅見，則祭重，故旅見可以易日，而祭祀則不可以易日矣。俎豆既陳，賓客既入，尸既迎，樂已作，則雖雨不可廢。簠簋既陳，鐘鼓既列，諸侯相見，揖讓而入。其雨也，可廢矣。」〇軾按：火，日食。喪，廢禮宜也。雨何以廢，當群后肆覲，五瑞畢集，衮衣、繡裳之章，垂紳搢笏之度。雨霑服而失容，烏乎成禮。天子穆穆，諸侯皇皇，服飾儀容之所關鉅矣。與其失也，何如廢。霑服失容，釋所以雨而廢禮之故也。各以其方色，與其兵。色謂衣色，諸侯各以其所居之方，别其衣與兵也。

〇曾子問曰：「諸侯相見，揖讓入門，不得終禮，廢者幾？」孔子曰：「六。」請問之。曰：「天子崩，大廟火，日食，后夫人之喪，雨霑服失容，則廢。」

孔氏曰：「此大廟，君之大廟，非天子大廟也。」鄭氏曰：「夫人，君之夫人。」澄曰：「此比旅見天子多其二，外則天子崩，内則夫人之喪也。謂正當外國君入門之時，而天子、王后之凶訃至，或主國君之夫人薨也。」

〇曾子問曰：「天子嘗、禘、郊、社、五祀之祭，簠、簋既陳，天子崩，后之喪，如之何？」孔子曰：「廢。」

孔氏曰：「嘗禘，謂宗廟之祭。郊社，謂天地之祭。舉天地宗廟，則五祀以上皆在其中。下文云當祭而日食，則此簠簋既陳，不當祭，是祭前也。」鄭氏曰：「既陳，謂夙興陳饌牲器時也。」

曾子問曰：「當祭而日食，大廟火，其祭也如之何？」孔子曰：「接祭而已矣。如牲至未殺，則廢。」

鄭氏曰：「接祭而已，不迎尸也。」孔氏曰：「天子崩、后之喪與日食、大廟火，其禮皆同。此日食、大廟火，牲至未殺，則廢。牲至已殺，則行接祭。其天子崩、后之喪，牲入雖殺不行接祭，以喪事重故也。接，捷也，速也。速而祭之，不迎尸宗廟。迎尸之節有二：祭初迎尸於奥，而行灌禮，灌畢，而后出迎牲，於時延尸於户外，殺牲薦血毛，行朝踐禮，設腥爓之俎於尸前，一也。然後退而合亨，更迎尸入坐於奥，行饋孰之禮，二也。此不迎尸者，於堂上行朝踐禮畢則止，不更迎尸入也。郊社不迎尸，亦謂此時。熊氏云：郊社五祀，祭初未迎尸前。已殺牲，無灌故也。中霤禮『爲俎奠于主，乃始迎尸』。」廬陵胡氏曰：「接祭，謂接續行事，不徐徐也。」

「天子崩，未殯，五祀之祭不行，既殯而祭。其祭也，尸入，三飯，不侑，酳不酢而已矣。 飯，扶晚切。酳，音胤。

孔氏曰：「初喪哀戚，雖當祭五祀時，不得行。但五祀外神，不可以己私喪久廢其祭。既殯哀情稍殺，而後祭也。喪雖既殯，其祭不得純如吉禮。禮宜降殺。侑，勸也。迎尸入奥之後，尸三飯告飽則止。祝更不勸侑其食，使滿常數至十五飯也。於時冢宰攝主，酌酒酳尸，尸受卒爵，不酢攝主。而已者，謂唯行此而已。不爲在後餘事也。天子諸侯祭禮亡，儀禮唯大夫、士祭禮約之而説天子五祀之祭也。按士特牲饋食禮：『祝筵尸于奥，迎尸而入，即延坐，三飯告飽。祝侑尸，尸又飯，至於九飯畢。』主人酌酒酳尸，尸飲卒爵，酢主人，主人受酢飲畢，酌獻祝，祝飲畢。主人又酌獻佐食，此士禮也。大夫少牢饋食，尸食十一飯而畢，則諸侯十三飯，天子十五飯。」

「自啓至于反哭，五祀之祭不行。已葬而祭，祝畢獻而已。」

孔氏曰：「欲葬之時，從啓殯以後。葬畢反哭以前，哀摧，更甚，故五祀之祭不行。已葬反哭殯宫，而行其祭尸入三飯之後。祝乃侑尸，尸食十五飯。攝主酳尸，尸飲卒爵而酢攝主，攝主飲畢，酌而獻祝。祝受飲畢，則止無獻佐食以下之事。以葬後未甚吉也。」鄭氏曰：「既葬彌吉，畢獻祝而後止，郊社亦然。唯嘗禘宗廟，俟吉也。」

〇曾子問曰：「諸侯祭社稷，俎豆既陳，聞天子崩，后之喪，君薨，夫人之喪，如之何？」孔子曰：「廢。自薨比至于殯，自啓至于反哭，奉帥天子。」比，必利切。

鄭氏曰：「此祭社稷，亦謂夙興陳饌牲器時也。帥，循也。所奉循如天子者，謂五祀之祭，社稷亦然。」孔氏曰：「上有天子祭五祀之文，今之奉循，謂諸侯五祀，如天子五祀也。諸侯祭社稷，其遭喪節制，與五祀同。」山陰陸氏曰：「天子言嘗禘郊社五祀，諸侯言社稷，略諸侯也。大夫益略，不復名祭。」

〇曾子問曰：「大夫之祭，鼎、俎既陳，籩、豆既設，不得成禮，廢者幾？」孔子曰：「九。」請問之。曰：「天子崩，后之喪，君薨，夫人之喪，君之大廟火，日食，三年之喪，齊衰，大功，皆廢。外喪自齊衰以下行也。其齊衰之祭也，尸入，三飯，不侑，酳不酢而已矣。大功，酢而已矣。小功、緦，室中之事而已矣。士之所以異者，緦不祭，所祭，於死者無服，則祭。」齊，音咨。

鄭氏曰：「大夫齊衰，異門則祭。室中之事，謂賓長獻。士之所以異者，緦不祭，然則士不得成禮者十一。所祭於死者無服，謂若舅及舅之子從母昆弟。」孔氏曰：「此大夫之祭，謂祭宗廟。若遭異門齊衰之喪，其祭迎尸入室，但三飯則止。祝更不勸侑至十一飯，三飯畢，主人酌酒酳尸，尸不酢主人。大功服輕，祭禮稍備，祝侑至十一飯而止。主人酌酒酳尸，尸酢主人，主人乃停。小功與緦，其服轉輕，祭禮轉備，其祭尸十一飯訖。主人酳尸，尸卒爵，酢主人，主人獻祝，及佐食畢，主婦獻尸，尸酢主婦，主婦又獻祝及佐食。次賓長獻尸，常時尸得賓長獻爵，則止，不舉。待獻爵之後，尸乃舉爵，今既喪殺，賓長獻尸，尸飲以酢賓，賓又獻祝及佐食而祭畢止。凡尸在室之奥，祝在室中北廂南面。佐食，在室中户西北面。主人、主婦及賓獻尸，及祝佐食三人，皆在室中，獻三人畢，則止，故云室中之事而已矣。内喪，大功以上廢，小功以下不廢也。若不當祭時，有臣妾死於宫中，及大夫爲貴妾緦，庶子爲父後者爲其母緦之屬，皆不祭。

按雜記云『臣妾死於宫中，三月而後祭』，此内喪。緦麻不廢祭者，謂鼎俎既陳，臨祭之時，故不廢也。曾子歷問至大夫，必應及士，故孔子廣舉士以語之。大夫唯至大功爲九，而士又加緦小功二等，合爲十一。此亦謂祭宗廟鼎俎既陳，而值喪也。大夫祭值緦小功，不辨内外，皆不廢祭，而禮則小異爾。士值緦小功，不辨外内一切皆廢祭，士輕故爲親情得伸也。士祭祖禰，而舅、若舅之子、若從母兄弟死者，此皆母親，己雖服緦，而於祖禰則無服。祭祀以祖禰爲主，故不廢祭也。」

方氏曰：「位尊，則以事而廢禮者少，位卑，則以事而廢禮者多。」

右記朝祭有故而廢等事，凡五章，其故不一。非但有喪，天子崩，后之喪，諸侯薨，夫人之喪，大夫、士三年齊衰大功之喪，士小功緦麻之喪，九者則有喪之故也。

曾子問曰：「祭如之何則不行旅酬之事矣？」孔子曰：「聞之小祥者，主人練祭而不旅，奠酬於賓，賓弗舉，禮也。昔者魯昭公練而舉酬行旅，非禮也。孝公大祥，奠酬弗舉，亦非禮也。」

鄭氏曰：「奠無尸，虞不致爵。小祥不旅酬，大祥無無算爵，彌吉。孝公，隱公祖父。」澄曰：「凡吉祭酳尸之後，有旅酬。旅酬之後，有無算爵。曾子順凶祭之禮，比吉禮減殺。若何者，不行旅酬。孔子謂小祥之祭，不行旅酬，以此答曾子所問之一事爾。鄭注因言小祥以前，虞祭及奠之二事。又言小祥以後，大祥祭之一事。所以異於吉禮者四事。奠酬於賓，謂賓以主人所酬之爵，奠置於賓席前，而不舉以飲也。注所云『虞不致爵』，謂致爵於賓，即是酬賓之爵，非致爵主人、主婦者也。」孔氏曰：「練，小祥祭也。奠無尸，虞不致爵，至小祥彌吉。但得致爵於賓，而不得行酬酢之事。大祥乃得行酬酢，而不得行無算爵之事。喪事簡略，於禮未備也。奠是未葬之前，形體尚在，未忍立尸異於生。虞是既葬之後，形體已去，鬼神事之，故立尸以象神也。練祭，但得致爵於賓，不合舉此爵而行旅酬。昭公行之，故曰非禮。大祥得旅酬，孝公不然，亦曰非禮。」

〇曾子問曰：「大功之喪，可以與於饋奠之事乎？」孔子曰：「豈大功耳，自斬衰以下皆可，禮也。」曾子曰：「不以輕服而重相爲乎？」孔子曰：「非此之謂也。天子諸侯之喪，斬衰者奠。大

夫齊衰者奠，士則朋友奠。不足則取於大功以下者，不足則反之。」與，音預。爲，云僞切。齊，音咨。

孔氏曰：「下云喪祭，謂虞、卒哭，此稱饋奠，謂在殯時奠也。曾子之意，問已有大功喪，可與它人饋奠乎？孔子不解問旨，謂曾子問已有大功，得爲大功者饋奠與否？故答云：『斬衰以下皆可』，言身有斬衰，所爲者斬衰；身有齊衰，所爲者齊衰，皆可與於饋奠，故云禮也。曾子不解，謂爲它人饋奠，故更問云若爲它人，不以輕己喪，而重它人相爲饋奠乎？孔子乃言據所爲服者饋奠，非爲它人也。以下乃論所爲饋奠之事。主人悲號思慕，不暇執事，故不親奠。大夫之喪，子及家臣皆服斬衰，辟天子、諸侯之正君，不得饋奠。服齊衰，唯兄弟爾。以次差之，天子、諸侯斬衰者奠，大夫用齊衰，士應先取大功，今先取朋友者，以天子、諸侯皆使臣奠，大夫辟正君，故兄弟奠，士位卑，不嫌敵君，故朋友奠。朋友，僚屬也。士之屬官爲其長弔服加麻。殷奠，謂月朔之奠。殷，盛也。有牲牢黍稷，盛於常奠。用人多，朋友不足，則取大功以下小功、緦麻者奠。若又不足，則反取前執事人充之。」澄曰：「不以之以，與已通，太也，下章同。」○軾按：反，更迭也。

○曾子問曰：「小功可以與於祭乎？」孔子曰：「何必小功耳，自斬衰以下與祭，禮也。」曾子曰：「不以輕喪而重祭乎？」孔子曰：「天子諸侯之喪祭也，不斬衰者不與祭，大夫齊衰者與祭，

士祭不足，則取於兄弟大功以下者。」與，音預。

鄭氏曰：「祭，謂虞祔、卒哭時。」孔氏曰：「知此祭謂虞、卒哭非練祥者，以士練祥之祭，大功之服已除，不得云取於兄弟大功以下者，其天子諸侯，是得兼練祥也。以其練祥猶斬衰與祭也。」〇軾按：此章問答，意與上章同。斬衰以下，謂自斬衰迄緦，蓋合天子、諸侯、大夫、士言之，士祭不言何服，蒙上齊衰，士奠用朋友，此虞卒哭，主人親祭，故兄弟與焉。

〇曾子問曰：「相識有喪服，可以與於祭乎？」孔子曰：「緦不祭，又何助於人。」與，音預。

相識有喪服，謂彼人於己爲相識，而己有增服也。喪服，蓋謂緦麻之服。不言緦服，而但曰喪服者，凡喪服自輕而重，則緦麻爲始，自重而輕，則緦麻爲終。上既問大功、小功，則此所云喪服爲緦服可知也。鄭氏曰：「問己有喪服，可以助所識者祭否？」孔氏曰：「言身有緦服，尚不得自祭己家宗廟，何得助它人祭乎？」方氏曰：「此所謂祭，蓋吉祭也。」山陰陸氏曰：「據上應云相識之喪，緦可與於祭乎？」〇軾按：曾子兩問爲人奠祭，夫子俱答以爲所喪者奠祭。曾子既知爲所喪者奠祭之禮，而所問可否爲人奠祭，終未聞命，故此問開口先説相識，謂知生知死，哀戚相關，所當助其喪也。若己在喪服之中，亦可如常與于祭乎？孔子曰：「緦不自祭宗廟，何得助人之祭。」言緦則他可知矣。知祭則奠可推矣。舊注謂「上既問大功、小功，此專問緦麻」，又云「祭爲吉祭」，俱未當。

○曾子問曰：「廢喪服，可以與於饋奠之事乎？」孔子曰：「説衰與奠，非禮也。以擯相可也。」

與，音預。説，湯活切。相，去聲。

孔氏曰：「廢，猶除也。言己新説喪服，可以與它人在殯饋奠之事乎？不問可與吉祭，而問可與饋奠者，以己新説喪服。吉祭禮輕，吉凶不相干，知決不可。饋奠是它人之重者，己新説衰，凶事相因，疑得助奠，故問之也。」鄭氏曰：「新除喪服，執事於人之神，爲其忘哀疾，故云非禮。」方氏曰：「饋奠雖凶事然非己喪也，故説衰與奠爲非禮有服之人。不分重輕，皆不可爲人祭矣。遂疑新除喪服之後，或可與人饋奠，孔子亦以爲不可，而但許其可以擯相，謂之可也者，略許之而不深許之，則不若并擯相亦不爲之爲得。孔疏以廢喪爲大祥除服，是專主斬衰重服而言。然凡喪服皆謂之衰，則説衰云者，疑是兼重輕之服言也。今詳酌人情禮意，緦功之喪，除服後踰月，可與人祭。齊斬之喪，則須自己行吉祭畢，乃可爲人執事也。」

○曾子問曰：「三年之喪弔乎？」孔子曰：「三年之喪，練，不群立，不旅行。君子禮以飾情，三年之喪而弔哭，不亦虚乎？」

練者，一朞之後。群立，同群而立也。旅，衆也。旅行，與衆而行也。重喪雖已朞，猶且不與人並立並行，恐與人相語，而忘己哀親之情。又豈可忘己親之哀，而哭弔以哀它人之親乎？鄭氏曰：「三年之喪而弔哭，爲彼哀，則不專於親；爲親哀，則是妄弔也。」孔氏曰：「禮以飾情者，凡行吉凶之禮，必内外相副，用外之物，以飾内之情，故冠冕文采以飾至敬之情，麤衰以飾哀痛之情。若身有重服，而弔它人，則爲虚，非飾情也。弔哭哀彼，則忘己本哀，是己服爲虚也。若心存己哀，而哭彼，則是於弔爲虚也。」方氏曰：「群旅，皆衆也。傳言獸三爲群，禮言五卒爲旅，則旅衆於群，行者必於道路，道路之人衆，故以旅言。不群立，不旅行，以居喪宜與人别也。」

○軾按：虚謂弔哭，非有實情，徒爲虚文而已。

○子夏問曰：「三年之喪卒哭，金革之事無辟也者。禮與？初有司與？」孔子曰：「夏后氏三年之喪，既殯而致事，殷人既葬而致事。記曰：『君子不奪人之親，亦不可奪親也。』此之謂乎！」

辟，音避，下同。與，音余，下同。

鄭氏曰：「初有司與，疑有司初强使之然。致事，還其職位於君。周卒哭致事，不奪人親，不可奪親，二者，恕也，孝也。」孔氏曰：「君子，謂人君也。人臣有親喪，許其致事，是不奪人喪親之心，以己情恕彼，此據君許于下也。不可奪親，謂臣遭親喪，若不致事，是自奪思親之心，故遭喪須致事，是不奪情以從利禄。孝也，此據孝子之身也。言人之居喪，不可以不致事，人君不可以不許也。皇氏云：『夏后氏尚質，孝子喪親，君事不敢久留，故既殯致事還君，殷人漸文，思親彌深，故葬畢始致事還君。周人極文，悲哀至甚，故卒哭而致事。』山陰陸氏曰：「有司，從事於法者。」〇軾按：致事者，告君而致其事，初喪哀痛，不暇及此，故待殯葬卒哭。

子夏曰：「金革之事無辟也者，非與？」孔子曰：「吾聞諸老聃曰：『昔者魯公伯禽有爲爲之也。今以三年之喪從其利者，吾弗知也。』」爲爲，上云僞切。

鄭氏曰：「子夏疑金革之事無辟，禮當有然。伯禽，周公子，封於魯，有徐戎作難，喪卒哭而征之。作費誓，急王事也。吾弗知者，時多攻取之兵，言非禮也。」孔氏曰：「魯公伯禽有爲爲之，今以三年之喪，卒哭而從金革之事者，更無所爲。蓋直貪利攻取，言吾不知，是不得爲禮也。按伯禽封魯征徐戎時，周公猶在，此伯禽卒哭者，爲母喪也。」澄曰：「武王崩之年，武庚叛周，徐戎應之，周公東征定殷亂，遣伯禽之國，鎮遏東方。元年，征徐戎，蓋此時王室危急，伯禽雖有私喪，不敢辭辟也。」

右記喪之祭弔從戎等事，凡七章。

曾子問曰：「君未殯，而臣有父母之喪，則如之何？」孔子曰：「歸殯，反于君所。有殷事則歸，

朝夕否。大夫，室老行事；士則子孫行事。」

孔氏曰：「歸殯父母訖，反于君所以殯君。君未殯，則君哀重，而父母又喪。是親哀亦重，君與親哀既半相雜。君爲尊，故恒在君所。家有殷事之時，則暫歸於家。尋常朝夕，則不得歸也。朝夕恒在君所之時，在家朝夕之奠不可廢。大夫尊，故室老攝行其事。士卑，則子孫攝行其事。若君既殯，君所有殷事，大夫、士在君所，在家朝夕之奠有闕，亦攝行也。盧氏云：「人君五日而殯，故可以歸殯父母而往殯君，若其臨君之殯，則歸哭父母而來殯君。殯君訖，乃還殯父母也。」」

曰：「君既殯，而臣有父母之喪，則如之何。」孔子曰：「歸居于家，有殷事則之君所，朝夕否。大夫內子，有殷事，亦之君所，朝夕否。」

鄭氏曰：「居家者，因其哀後，隆於父母。殷事，朔月月半薦新之奠也。內子，大夫適妻也。謂夫之君既殯，而有舅姑之喪者，妻爲夫之君，如婦爲舅姑，服齊衰。」孔氏曰：「君殯後親死，是君喪在前。父母喪在後，新喪痛甚。君殯既訖，君所無事，故隆於父母。恒居於家，君喪有朔月、月半薦新大事，則適君所以哭君。若凡常朝夕，則不往哭君，唯在家治父母喪。對言之則卿妻曰內子，大夫妻曰命婦；散言之，則大夫是卿之總號，其妻亦總名爲內子。君既殯後，而內子有舅姑之喪，歸居於家，君有殷事之時，非但夫往君所，內子亦往君所。云亦者，謂亦同其夫也。舉此一條，則君既啓，及君未殯，而有舅姑之喪，其禮悉同夫。」

曰：「君既啓而臣有父母之喪，則如之何。」孔子曰：「歸哭而反送君。」

鄭氏曰：「言送君，則既葬而歸也。歸哭者，服君服而歸，不敢服私服也。」孔氏曰：「歸哭而反往送君葬，葬罷而歸，不待君之虞祭，其祔與卒哭，未知臣往君所與否。若父母之喪，既啓，而有君之喪，則亦往哭於君所，而反送父母葬。父母葬畢，而居君所。」

○曾子問曰：「君之喪既引，聞父母之喪，如之何？」孔子曰：「遂。既封而歸，不俟子。」引，音胤，下同。封，音窆，下同。

鄭氏曰：「遂，遂送君也。封當爲窆。子，嗣君也。」孔氏曰：「送葬在路，遭父母喪，遂送君，既窆而歸。窆，下棺也。不俟子，是不待子而先還。若待封壙畢，必在子還之後，故知封當爲窆。」

○曾子問曰：「父母之喪既引，及塗聞君薨，如之何？」孔子曰：「遂。既封。改服而往。」

鄭氏曰：「封亦當爲窆。改服。括髮、徒跣而深衣扱上衽。不以私喪包至尊。」孔氏曰：「禮親始死笄纚，小斂始括髮，今臣聞君喪，即括髮。不笄纚者，尋常是吉，忽聞君喪，故去冠而笄纚。今臣有父母喪，葬在於塗，首生服免，忽聞君喪，若著笄纚，則與尋常吉同。以首不可無飾，故括髮也。」

○曾子問曰：「大夫、士有私喪，可以除之矣，而有君服焉，其除之也如之何？」孔子曰：「有君喪服於身，不敢私服，又何除焉？於是乎有過時而弗除也。君之喪服除而後殷祭，禮也。」

鄭氏曰：「孔子以重喻輕。私喪，家之喪也。喪服四制曰：『門外之治，義斷恩。』君喪服除，而后殷祭，謂主人也，支子則否。」孔氏曰：「身有君服，後遭親喪，則不敢爲親制服。成喪服爲重始。除服爲輕末。在親重始之日，尚不獲伸。況輕末之時，而可行乎，故云又何除焉。殷祭，謂小大二祥變除之大祭。初爲君服，不敢爲親私除，若君服除後，乃可爲親行二祥祭。以伸孝心，如今月除君服，明月可小祥，又明月大祥。若未有君服已小祥，除君服後，但大祥而已。適子仕宦者主祭事，故待除君服行二祥祭。若支子仕宦，雖不得除私服，其家適于已行祥祭，則無復追祭也。」方氏曰：「有君喪服於身，而不敢私服，以義斷恩故也。」

曾子問曰：「父母之喪，弗除可乎？」孔子曰：「先王制禮，過時弗，舉禮也。非弗能勿除也，患其過於制也，故君子過時不祭，禮也。」

孔氏曰：「曾子謂適子除君服，乃有殷祭，除君服無復殷祭。是父母之服，一生不有除說之事，於禮可乎。孔子言先王制禮，過時不追舉，非是不能除改，患其過於聖人之禮制也。又引君子過時不舉之事，謂春雨露既濡，君子履之，怵惕思親，故設祭。若春時或有事故，不得祭，至夏則行夏祭，不復追補春祭。四時之祭過時，所以不追者，今春雖過，明年應復有春，故當時則祭，過時則不補。若適子仕者，除君服後。祥祭，非爲感時，是孝子存親，伸孝心也。」

○曾子問曰：「並有喪，如之何？何先何後？」孔子曰：「葬，先輕而後重，其奠也，先重而後輕，禮也。自啓及葬不奠，行葬不哀次，反葬奠而后辭於殯，遂脩葬事。其虞也，先重而後輕，禮也。」

鄭氏曰：「並，謂父母，若親同者，同月死。自啓及葬，不奠，務於當葬者，行葬不哀次，輕於在殯者，殯當爲賓，辭於賓，謂告將葬啓期也。」孔氏曰：「親同者，祖父母及世叔兄弟。父喪在殯，先葬母之時。從啓母殯之後，至葬柩欲出之前，唯設母啓殯之奠，朝廟之奠，及祖奠、遣奠，不於殯宫爲父設奠。不奠父者，不朝夕更改新奠，仍有舊奠存也。重喪所以不奠者，務欲輕喪先葬者速畢，葬是喪之大事永離宫室，不可以不奠也。次，謂大門外之右，平生待賓之處，葬柩車出門。至此，孝子悲哀，柩車暫停。今爲父喪在殯，故行葬母之時。出門外，孝子不伸哀於所次之處，遂行而去。所以然者，父喪在殯爲重，不敢爲母伸哀。除父母之外，餘喪其重喪在殯，皆爲輕喪不哀次。反葬奠者，謂葬母還反于父殯宮而設奠也。辭，猶告也。謂奠父之後，孝子告語於賓以明日啓父殯期節。虞是奠之類，故亦先重後輕。皇氏云：『葬是奪情，故從輕者爲首。奠是奉養，故令重者居先。』崇精問葬母亦朝廟否，其虞父與母同日異日乎？焦氏答云：『婦未廟見者，不朝廟爾。母喪亦朝也，虞當異日。』」澄曰：「辭於殯，不須改殯爲空，蓋告殯以啓期。既啓。乃遂脩葬事。

右記君親二親並喪等事，凡五章。

曾子問曰：「昏禮既納幣有吉日，女之父母死，是如之何？」孔子曰：「壻使人弔，如壻之父母死，則女之家亦使人弔。父喪稱父，母喪稱母，父母不在，則伯父世母。壻已葬，壻之伯父致命女氏曰：『某之子有父母之喪，不得嗣爲兄弟，使某致命。』女氏許諾而弗敢嫁，禮也。壻免喪，女之父母使人請，壻弗取而后嫁之，禮也。女之父母死，壻亦如之。」取，音娶。

鄭氏曰：「吉日，取女之吉日，必使人弔者，未成兄弟。父喪稱父。母喪稱母。禮宜各以其敵者也。父使人弔之。辭云：『某子聞某之喪。某子使某如何不淑。』母則若云：『宋蕩伯姬，聞姜氏之喪，伯姬使某如何不淑。』凡弔辭，一爾。父母不在，則稱伯父母。弔禮不可廢也。伯父母又不在，則稱叔父母。壻已葬，必致命者，不敢以累年之喪，使人失嘉會之時。壻免喪，女之父母使人請，請成昏也。女免喪，壻之父母亦使人請，其已葬時，亦致命。○軾按：男女婚姻，時爲大，禮次之。摽梅之迨吉，畏强暴也。綢繆之詩曰：「見此良人」、「見此粲者」，若謂不圖今夕得見，出望外也，以是知愆期之患方大耳。況室家嗣續，所關綦重，年三十二十矣。父母之心，能無汲汲乎。又或親老待養，井臼之供不可缺。女父母老且死，無期功親族可依，必遲之三年。豈徒情有未安，勢亦有所不可。不寧惟是，天時人事，常出意外。假而烽烟乍起，饑饉薦臻，轉徙流離之不免。相待也，不相負乎？壻之辭。爲女計，女之辭，爲壻計也。古人之厚道也。或曰：納幣矣，因喪而易之，貞婦義夫，當不其然。曰：同牢而後成妻，廟見而後成婦，未親迎，尚未爲夫婦也。未爲夫婦，何不貞不義之有？曰：律嚴悔婚何也？曰：此後世爲不信者防，古人未嘗有是。女子已嫁，爲其父母降服期。既爲人婦，不得而子之也。若在室則服斬衰，猶然子耳。知禮君子，忍以已喪纍人子乎？曰：果爾。何以許而不嫁？既不嫁。又何以許爲？曰不嫁者，禮之常也。苟有故，如所謂女無依，男不能待，强暴之污可慮。烽烟饑饉，出于意外，則竟嫁矣。許諾者，不敢必三年中之必無故也。幸而無故，不敢遽嫁。此女氏之自處以禮也。男與女各盡其道，於此見古人之厚，禮意之周焉。「禮也」二字，兼男女言之。下段一氣讀，申明上文不敢嫁之意。免而請，弗取而後嫁，正見未免未請，不敢嫁也。曰：女不敢嫁，壻何爲而不取？曰：致命而許之矣。又從而取之。何以處夫有故而嫁者。曰：請而取，于義無害乎？曰：始而謝之，禮也。女氏再請，則復行納幣禮，如新議昏，誰曰不宜？待而弗嫁者，經常不易之道，有故而輒嫁者，權也。權以濟經，斯精于禮者矣。細玩「禮也」二字，聖人之意，重在教人不得遽嫁。謂夫苟非有故，不得假愆期之說，而別嫁別娶也。語意最斟酌，無弊。

○曾子問曰：「親迎，女在塗，而壻之父母死，如之何？」孔子曰：「女改服布深衣、縞總以趨喪。在塗，而女之父母死，則女反。」迎，去聲。

鄭氏曰：「布深衣縞總，婦人始喪未成服之服。女在塗，而父母死，則女反奔喪服朞。」孔氏曰：「女之嫁服，士褖衣，大夫妻展衣，卿妻則鞠衣。女在塗，聞舅姑喪，即改嫁時之服。深衣，謂衣裳相連，前後深邃。縞，白絹也。總，束髮也，長八寸。士喪禮注『始死，婦人將斬衰者，去笄而纚，將齊衰者，骨笄而纚。至將斂，齊衰婦人，亦去笄纚而髽』，皆不云縞總，文不備也。喪服女子子在室爲父，箭笄髽，衰三年。今既在塗，非復在室，故服朞。但在室之女父卒，爲母亦三年。今既在塗，故爲父母同皆期也。於時女亦改服而深衣縞總，反而奔喪。」○軾按：深衣縞總，始死服也。親迎在塗，雖未成昏，已不爲女而爲婦矣。故改服趨喪，斬衰三年，既除而後成昏。若冢婦無姑，則執奠拜賓，行主婦禮，女父母死，亦服深衣縞總而奔喪。齊衰不杖期，除喪而歸。壻俟于堂，不復親迎。

「如壻親迎，女未至，而有齊衰大功之喪則如之何？」孔子曰：「男不入，改服於外次。女入，改服於内次。然後即位而哭。」齊，音咨。

鄭氏曰：「不聞喪即改服者，昏禮重於齊衰以下。」孔氏曰：「女既未至壻家，有齊衰大功之喪，則廢其昏禮，男女變服就位哭。男，謂壻也，不入大門，改其親迎之服，服深衣於門外之次。女，謂婦也。入大門，改其嫁服，亦服深衣於門内之次。男女俱改服畢，然後於壻家爲位而哭。皇氏以爲就喪家爲位哭也。女聞壻之父母喪，在塗即改服。今聞壻齊衰、大功之喪，入門始改服，不聞喪即改服者，昏禮重於齊衰以下之喪也。此謂在塗聞齊衰大功者廢昏禮，若婦已揖讓入門，内喪則廢，外喪則行昏禮，此熊氏之説。然曾子唯問齊衰大功，不問小功者，以小功輕，不廢昏禮。待昏禮畢，乃哭爾，與大功及期異也。此文據壻家齊衰大功之喪。若女家齊衰大功之喪，皇氏云：『女不反歸，其改服即位，與男家親同也。』此不見喪而改服。奔喪禮注云：『不見喪，不改服。』彼謂不改素冠而著免爾。其改吉服而著布深衣素冠者，聞喪即改之也。」黄叔陽曰：「親迎未至，猶未成婚也。舅姑與廟，猶未見也。齊衰、大功之喪，視舅姑與廟孰爲輕重，豈有舍成昏見舅姑與廟之重，而遂改服即位，以哭其輕喪者乎？且除喪不復昏，則將苟合已乎？終廢見舅姑與廟見之禮乎？」○軾按：合室衰麻哭踊，而壻與婦，盛服成昏，苟有人心，奚忍出此。改服即位，天理人情之正也。至除喪不復昏禮，所謂禮者，注云同牢饋饗相飲食之道，非廟見及見舅姑之禮也。古者廟見于三月之後，若除喪而昏，昏之日，即廟見，無待三月。況婦入門，雖未成昏，無不見舅姑之理，即舅可不見，寧有期年九月之久，婦姑隔絶不相見者乎？既相見矣，能不一拜再拜乎？意既殯喪事稍暇，以深衣見舅姑。除喪合巹，不事陳設贊拜。注言飲食之道，正謂陳設贊拜之儀，非謂同牢之禮。盡可廢也。

曾子問曰：「除喪則不復昏禮乎？」孔子曰：「祭過時不祭，禮也。又何反於初。」

鄭氏曰：「復，猶償也。過時不祭，以重踰輕也。反於初，謂同牢及饋饗相飲食之道。」孔氏曰：「曾子以初昏遭喪不成禮，疑除喪更爲昏禮。孔子謂祭祀是奉祀鬼神。昏禮是生人燕飲，祭重而昏輕，重者過時尚廢，輕者不復可知。」

○曾子問曰：「取女有吉日而女死，如之何。」孔子曰：「壻齊衰而弔，既葬而除之，夫死亦如之。」

鄭氏曰：「未有期三年之恩也，女服斬衰。」孔氏曰：「既葬除之者，壻於女未有期之恩，女於壻未有三年之恩，以壻服齊衰，故知女服斬衰。」○軾按：婦人不出疆而弔人，今壻死而弔。弔也歟哉？婦哭其夫也，既服其服而哭之矣，是未亡人也。既葬可輒除乎？除而嫁，可謂貞乎？在塗爲婦，在室爲女，雖有吉日，尚未爲昏姻也。女死壻弔，不失爲厚，夫死女弔，則古禮之迂而無當者矣。

○曾子問曰：「女未廟見而死，則如之何。」孔子曰：「不遷於祖，不祔於皇姑。壻不杖，不菲，不次，歸葬于女氏之黨，示未成婦也。」見，賢遍切。菲，扶味切。

女未廟見，歸未三月也。廟見之義詳見下章。鄭氏曰：「遷，朝廟也。壻雖不備喪禮，猶爲服齊衰。」孔氏曰：「婦雖死於己寢，然將反葬於女氏之黨，故其柩不遷移朝於壻之祖廟。祔祭之時，不得祔於皇姑廟。凡人爲妻齊衰杖而菲屨，今壻不杖、不菲、不次。菲，草屨也。不次，謂不別處止哀次也。唯服齊衰而已。女之父母，則爲之降服大功，以其非在家。壻已服齊衰期，非無主也。歸葬女氏，以未廟見，不得舅姑之命。實已成婦，而猶示之未成婦之禮，見其不敢自專也。」○軾按：不遷于祖，不祔于姑，是也。夫既爲服期矣，猶以未爲婦而歸葬，何也？古人族葬以昭穆，合葬則未爲婦，以中殤之位葬之。則又不可，故歸葬焉。然與其歸也，毋寧與中殤之位葬，必曰未成婦而出其戶。忍矣。且何以處婦之無所歸者。

○孔子曰：「嫁女之家，三夜不息燭，思相離也。取婦之家，三日不舉樂，思嗣親也。三月而廟見，稱來婦也。擇日而祭於禰，成婦之義也。」離，去聲。

以上四章。皆曾子問昏禮遭喪之事。因附記孔子所言昏禮之義于其后。孔氏曰：「不舉樂者，思已之取妻嗣續其親，是親之代謝，感世之改變也。舅姑存者，於當夕同牢之後。明日婦執棗栗腶脩見於舅姑。見訖，舅姑醴婦。醴婦訖，婦以特豚盥饋舅姑。盥饋訖，舅姑饗婦，更無三月廟見之事。若舅姑既没，昏夕同牢禮畢。明日無見舅姑盥饋之禮，至三月之後，於廟中以禮見於舅姑。其祝辭告神，稱來婦。選擇吉日，婦親自執饌，以祭於禰廟，以成盥饋之義。昏禮云『婦入三月乃奠菜』是也。廟見奠菜、祭禰。同是一事。若舅姑既没者，厥明婦盥饋於其存者。三月廟見於其亡者，廟見必待三月。一時天氣改變，乃可以事神也。盥饋廟見，皆謂適婦。其庶婦則不饋，共養統於適也。以此言之，庶婦不廟見。昏禮唯云『不饋』，不云『不見』。則舅姑不饗者，庶婦亦以棗栗腶脩見也。」○軾按：三月廟見，則祖禰俱見矣。又擇日奠菜于禰，猶存者見訖以特豚盥饋。婦主養，故曰成婦。謂如是而後婦之道完備也。士昏禮若舅姑既没，則婦入三月乃奠菜。又記云，婦入三月然後祭行，祭行即廟見也。朱子經傳通解，叙此記于舅姑既没之前，以三月廟見後，若舅姑没者，則又奠菜于禰，文義最明。鄭孔以祭行爲吉祭，以廟見奠菜爲一事，則是舅姑存者，竟無廟見之禮矣。何其謬也。左傳鄭公子忽如陳逆婦，先配後祖。陳鍼子曰：「是不爲夫婦，誣其祖矣。」夫曰後祖，則是廟見非□祖禰矣。且必先祖而後配，則是婦至，未同牢而先廟見矣。或云：祖謂告而後親迎，非廟見也。

○曾子問曰：「將冠子，冠者至，揖讓而入。聞齊衰大功之喪，如之何？」孔子曰：「內喪則廢，

外喪則冠而不醴。徹饌而埽，即位而哭，如冠者未至，則廢。冠，去聲。饌，鋤戀切。

鄭氏曰：「冠者，謂賓及贊者。內喪，同門也。不醴，不醴子也。其廢者，喪成服，因喪而冠。」孔氏曰：「內喪，大門內之喪，以加冠在廟，廟在大門之內，吉凶不可同處，故廢。大門外之喪，則喪在它處，猶可以加冠也。但平常吉時三加之後，設醴以禮冠者。今既有喪，直三加而已，不醴之。初欲迎賓之時，未知有喪。醴及饌具既已陳設。今忽聞喪，故徹去醴與饌具，又埽除冠之舊位，使清潔更新乃即位而哭。如賓及贊者未至，則廢而不冠也。」

「如將冠子，而未及期日，而有齊衰、大功、小功之喪，則因喪服而冠。」

孔氏曰：「未有期日而有喪，冠日尚遠，不可以吉加冠，故廢其吉禮。因喪之成服而加喪冠也。吉冠是吉時成人之服，喪冠是喪時成人之服。」

「除喪不改冠乎？」孔子曰：「天子賜諸侯、大夫冕弁，服於大廟。歸設奠，服賜服，於斯乎有冠醮，無冠醴。」醮，子妙切。

鄭氏曰：「酒爲醮。冠禮醴重而醮輕，服賜服，酌用酒，尊賜也。不醴，明不爲改冠，改冠當醴之。」孔氏曰：「諸侯幼弱未冠，總角從事，至當冠之年，因朝天子而天子賜諸侯、大夫，或弁、或冕之服，於天子大廟之中。榮君之賜，歸設奠祭於己宗廟。身服所賜之服，更不改冠也。於此之時，唯有冠之醮法，謂行醮以相燕飲，無有冠之醴法，謂不用醴以禮受服者之身。所以然者，凡改冠則當用醴。今既受服於天子，不可歸還更改爲初冠禮。然則既因喪而冠，不可除喪更改爲吉冠也。」按士冠禮云：「若不醴則醮用酒。」「醴，是古之酒爲重。酒，是後代之法，爲輕。酌而無酬酢曰醮，諸侯、大夫既受賜服而歸。祭告之後，使人酌酒以飲己。榮上之賜，不酬酢也。若其改而更冠，應必酌醴以醴之。今既受賜服而來，不改冠，故不醴也。」

「父没而冠，則已冠埽地而祭於禰，已祭而見伯父、叔父而后饗冠者。」

孔氏曰：「孔子既答曾子之問，又釋父没加冠之禮。」鄭氏曰：「饗謂禮之。」

〇曾子問曰：「卿大夫將爲尸於公，受宿矣，而有齊衰内喪，則如之何？」孔子曰：「出舍於公館，以待事，禮也。」

鄭氏曰：「出舍於公館，吉凶不可以同處也。」孔氏曰：「受宿，受君命而宿。齊戒也。祭是吉，喪是凶，不可同處。所以出舍公館，待祭事畢然後歸哭也。」〇軾按：内喪謂同門正親，不杖期，蓋公尸爲重，既受命而宿，不可以更。苟非斬齊重喪，雖同門正親齊期之服，亦當忍哀而待事。

〇孔子曰：「尸弁冕而出，卿大夫、士皆下之。尸必式，必有前驅。」

此承上章孔子答曾子爲尸遭喪之問，因附記孔子所言事尸之法。自此章至篇終，皆因類附主也。凡爲君尸者，服其君之上服。上公之君，其尸首服九旒之冕；侯伯之君，其尸首服七旒之冕；子男之君，其尸首服五旒之冕。若君之先祖不爲君而爲大夫、士，則尸各服其生時助祭於君之服。大夫助祭於君者，首服玄冕。士助祭於君者，首服爵弁，故此記云尸弁冕而出，而鄭注謂君先祖或爲大夫、士也。鄭氏曰：「爲君尸或弁者，先祖或有爲大夫士者，卿、大夫、士見而下車。尸小俛禮之，前驅爲辟道。」孔氏曰：「士虞禮云『尸服卒者之上服』，君之先祖爲士者，當著爵弁以助君祭，故子孫祭之，尸服爵弁。大夫助君祭著冕。按儀禮特牲士禮『尸服玄端少牢』，大夫禮『尸服朝服』，皆在家自祭之服。不服爵弁及冕，蓋大夫、士卑屈於人君，故尸服父祖自祭之上服，人君禮伸，故尸服助祭之上服也。尸或出於道路，卿、大夫乘車，見尸則下。尸當馮式，小俛以敬之。尸出行，必有前驅辟道之人也。」○軾按：尸服，詳見喪服小記。注疏以弁冕爲生時助祭服，未敢信爲然。

○曾子問曰：「祭必有尸乎？若厭祭，亦可乎？」孔子曰：「祭成喪者必有尸，尸必以孫。孫幼，則使人抱之。無孫，則取於同姓可也。祭殤必厭，蓋弗成也。祭成喪而無尸，是殤之也。」

孔氏曰：「曾子以神本無形象，何須以生人象之。祭是祭神，不祭生人。今祭生人，無益死者。無用此尸，爲祭初，尸未入之前。直設饌食以厭飫鬼神，如此無尸，亦應可。孔子以成人有爲人父之道，威儀是備，必須有尸以象神之威儀。若在幼在殤，人道未備，威儀簡略，不足象，以不成人，故不立尸也。祭成人，但厭飫而已。是將成人與殤同也。」山陰陸氏曰：「厭，猶禮之有飫也。朝獻，猶禮之有饗也。饋獻，猶禮之有食也。燕私，猶禮之有燕也。朝事，象朝時事親所進。饋食，象食時所進。然則饗，朝食也。燕，夕事，故詩饗言朝，而燕同姓成於夜。燕，私也。飫，亦私也。其異者，飫立燕坐，飫以顯物。燕以合好而已，故祭飫私在親，燕私在諸父兄弟。」

○孔子曰：「有陰厭，有陽厭。」

陰者，室之西南隅，謂之奧。正當牖下，不受牖明，屋之隱奧處也。以其幽闇，故曰陰。陽者室之西北隅，謂之屋漏。正與牖對，受牖之明，屋之漏光處也。又爲室之白。白，光明也。以其光明，故曰陽。厭者，但使鬼神食之厭飫而已。無尸以食其祭物也。鄭氏曰：「言祭殤之禮。有於陰厭之者，有於陽厭之者。」孔氏曰：「孔子答問已了，列起別端。辨祭殤之禮，其處有異。陰厭者，適殤也。陽厭者，庶殤也。」

曾子問曰：「殤不祔祭，何謂陰厭、陽厭？」

鄭氏曰：「祔當爲備，言殤乃不成人。祭之不備禮，而云陰厭、陽厭乎？此失孔子旨也。祭成人始設奠於奧，迎尸之前，謂之陰厭。尸謖之後，改饌於西北隅，謂之陽厭。殤則不備。」孔氏曰：「曾子不解孔子之旨，將謂祭殤始末。一祭之中，有此兩厭，故問云。祭成人之時，有此二厭。祭殤簡略不備。何謂備有陰厭陽厭也。山陰陸氏曰。據此成人之祭，無陰厭、陽厭。鄭氏謂迎尸之前，祝酌奠，奠之且饗，是陰厭也。尸謖之後，徹薦俎敦，設西北隅是陽厭也。非是，按少牢『祝酌奠』下云『用薦歲事，所以告之爾』，非陰厭也。徹俎，設敦几筵，納一尊，闔牖户，所以依神。周禮所謂『藏其隋者』此與。非陽厭也。庶殤從祖祔食，乃有陰厭、陽厭，即特祭，不厭祭。」

孔子曰：「宗子爲殤而死，庶子弗爲後也。其吉祭特牲，祭殤不舉肺。無肵俎，無玄酒，不告利成，是謂陰厭。肵，音期。

鄭氏曰：「族人以其倫代之，不序昭穆立之廟。其祭之，就其祖而已。代之者，主其禮。自卒哭成事之後爲吉祭。吉祭用特牲者，尊宗子，從成人也。凡殤則特豚，舉肺脊肵俎，利成禮之施於尸者。不舉無肵俎，不告利成，無玄酒，以其無尸。及所降也，其它如成人，此是宗子而殤之於奧之禮。小宗爲殤，其祭禮亦如之。」孔氏曰：「孔子更爲辨云，宗子爲殤而死，以其未成人，庶子不得代爲之後。庶子既不爲後，宗子禮不可闕。族人以其倫輩與宗子昭穆同者代之，是大宗族人。但是宗子兄弟行，無限親疏，皆得代之。宗子存時，族人凡殤死者，宗子主其祭祀。今宗子殤死，代爲宗子者，主其禮也。殤死無爲人父之道，故不序昭穆，不得與代之者爲父也。士祭成人特牲，今宗子祭亦特牲，尊之，從成人之禮也。凡殤降於宗子之殤，故用特豚。熊氏云：『殤與無後者，唯祔與除服二祭則止。此言吉祭，祔與除服也。』吉祭特牲，則喪祭之時，以其未成人，降用特豚。祭此殤時，以無尸，故不舉肺脊。肵是尸所食歸餘之俎，以無尸，故無肵俎。利，猶養也，不告共養之禮成〔一〕。祭畢，無所可告，故不告。此三事本主於尸，今以無尸，故不爲，故注云此其無尸也。祭成人有玄酒，重古之義，本不爲尸設。今祭殤略，無玄酒，是降。故注云『及所降也』。此祭於廟奥陰闇之處，是謂陰厭，云宗子爲殤而死。不顯大小，故云小宗爲殤，祭禮亦如之。知此是指大宗者，小宗無子，則絶。大宗無子則不絶，得適之本也。此云爲殤而死，不得爲後，若非殤死，則得爲後，故知是大宗也。宗子成人而死，得立子孫爲後，若立兄弟爲後則不可。」

「凡殤與無後者，祭於宗子之家，當室之白，尊于東房，是謂陽厭。」

鄭氏曰：「凡殤，謂庶子之適。或昆弟之子，或從父昆弟也。無後者，如昆弟及諸父也。此死者皆宗子大功内之親，共祖禰。言祭於宗子之家，爲有異居者。無廟者，爲墠祭之。親者共其牲物，宗子皆主其禮。當室之白，尊於東房，異於宗子之殤也。室之白，謂西北隅，得户明者

〔一〕「不」，原本無，據阮刻禮記注疏補。

也。明者曰陽，凡廟在小宗之家，小宗祭之亦然。宗子之適，亦爲凡殤。過此以往，則不祭也。」孔氏曰：「凡殤謂非宗子之殤，無後者，謂庶子之身，無子孫爲後。二者皆祭於宗子家廟之内，不敢在成人之處，故當室之白。按特牲禮『尊於户東』，宗子之殤，祭於室奧，其尊亦設於室户東。今祭凡殤，乃尊於東房，皆異於宗子之殤也。凡殤有二，一是昆弟之子祭之當於宗子父廟；二是從父昆弟，祭之當於宗子祖廟。其無後者，亦有二，一是昆弟無後，祭之當於宗子祖廟；二是諸父無後，祭之當於宗子曾祖廟。從父昆弟，是宗子大功親。昆弟之子、昆弟諸父，是宗子期親。諸父及從兄弟，共祖者。昆弟及昆弟之子，其禰者。據士禮，適士二廟，有禰有祖。無曾祖廟，若祭諸父，當曾祖廟者爲墠祭之。推此而言，大夫三廟，無大祖者，其祭諸父，得於曾祖廟也。立大祖廟者，曾祖無廟，其祭諸父，亦爲墠祭之也。」澄曰：「室内四隅，奧爲極尊之處，故常祭皆於奧，室之西壁，以南爲上，奧尊而屋漏卑。凡殤及無後者，禮殺故不敢在尊處。由奧而北，當屋漏卑處也。此是辨尊卑隆殺之禮，非有取於陽明陰闇之義也。凡殤有二，其父雖是庶，其身乃是適，當爲小宗子者，故得祭無後有二，其身雖是庶，其父乃是適，而爲宗子者，故亦得祭。」

○曾子問曰：「宗子爲士，庶子爲大夫，其祭也如之何？」孔子曰：「以上牲祭於宗子之家，祝曰『孝子某爲介子某薦其常事』。爲，云溈切。

鄭氏曰：「上牲，大夫少牢。貴祿重宗也。介，副也。不言庶，使若可以祭然。」孔氏曰：「此大夫，是諸侯大夫。下文云宗子有罪居于它國，言它國，是據諸侯也。宗子是士，合用特牲，今庶子身爲大夫，祭祖禰。當用少牢之牲，就宗子之家而祭，以廟在宗子家故也。用大夫之牲，是貴祿。宗廟在宗子之家，是重宗。此宗子，謂小宗也。若大宗子爲士，得有祖、禰二廟。庶子是宗子親弟，則與宗子同祖禰，得以上牲，於宗子之家而祭祖禰。但庶子爲大夫，得祭曾祖，己是庶子，不合自立曾祖之廟，當寄曾祖廟於宗子之家，亦得以上牲，宗子爲祭也。若己是宗子，從父庶子兄弟，父之適子，則於其空自立禰廟。其祖及曾祖於宗子之家寄立之，亦以上牲。宗子爲祭，若己是宗子從祖庶兄弟，父祖之適，則立祖禰廟於己家，寄立曾祖廟於宗子之家，己亦供上牲，宗子爲祭。祝辭：『孝子某』，孝子謂宗子，某是宗子名。『介子某』。介，副也。介子謂庶子爲大夫者。某是庶子名。宗子薦歲之常事，告神止稱宗子，其時庶子身在祭位，是大夫就宗子家而祭。當云爲『庶子某』。今稱『介子某』者，庶是卑賤之稱，介是副貳之義。介、副則可祭，故稱介子。」張子曰：「宗子爲士，立二廟，支子爲大夫當立三廟，是曾祖之廟，爲大夫立，不爲宗子立矣，然不可二宗別統，故其廟亦立於宗子之家。」方氏曰：「宗子爲正，庶子爲助，故庶子謂之介子。內則謂『衆婦爲介婦』，亦此義。」

「若宗子有罪，居于它國，庶子爲大夫，其祭也。祝曰：『孝子某，使介子某執其常事。』攝主不厭

祭，不旅，不假，不綏祭，不配，布奠於賓，賓奠而不舉，不歸肉。其辭于賓曰：『宗兄、宗弟、宗子在它國使某辭。』」假，音嘏。綏，許垂切。

鄭氏曰：「此之謂宗子攝大夫，厭有陰有陽。此不厭，是不陽厭也。」孔氏曰：「旅酬，是賓主交歡之始。攝主不敢當正主，故不旅。古旁之嘏，是福慶之辭。唯主人受嘏。綏是減毁之名，故從周禮墮爲正。守祧『既祭則藏其墮』是也。主人欲食之時，先減黍稷牢肉而祭之於豆間，曰綏祭。尸與主人俱有綏祭。凡將受福，先爲綏祭。辟正主，不敢受福，故不綏也。祝辭直言『薦歲事於皇祖伯某』，不云『以某妃配其長』。此所陳，從祭末以次至祭初逆陳之，以攝主非正，逆陳以見義。主人酬賓之時，賓在西廂東面，主人布此奠爵於賓薦之北，賓坐取薦北之爵，奠於薦南，而不舉以酬兄弟，此即不旅酬之事。以上文總云主人祭祀。自此下更論賓禮有闕也。止旅，謂止旅酬。歸，餽也。正祭諸助祭賓客，各使歸俎。攝主不敢饋俎肉於賓也。非但祭不備禮，其將祭之初，辭告於賓，與常禮亦别。云宗兄、宗弟、宗子在它國，不得親祭，故使某執其常事，使某告也。昭穆異者，宗子雖祖父及子孫之行，但謂之宗子。」澄曰：「厭者，殤祭之名，此名不施於正祭也。而鄭注以祭初饗神於奥爲陰厭，祭末依神於屋漏爲陽厭，後儒承其誤。陸氏破其説之非是者，得之。不厭祭，蓋謂宗子去國，庶子攝祭，則但祭正統之親，不及旁親之殤與無後者爾。自攝主至章末，皆言庶子攝祭之禮，殺於止主也。不厭祭以下，總言攝主禮殺之事。先以此三字發其端，乃言不旅酬，以至祭初饗神之辭，凡四事皆自後而先逆陳之，布奠於賓，賓奠不舉以下。專言祭賓禮殺之事，先以此八字發其端，乃言不歸肉以至祭前宿賓之辭，凡二事，亦自終而初逆陳之也。旅酬者祭之將末，歸肉者祭之最末，饗神者祭之方初，宿賓者祭之最初也。」

○曾子問曰：「宗子去在它國，庶子無爵而居者，可以祭乎。」孔子曰：「祭哉！」請問其祭如之何？孔子曰：「望墓而爲壇，以時祭。 壇，大丹切，或音善。

鄭氏曰：「有子孫存，不可以乏先祖之祀。不祭于廟，無爵者賤，遠辟正主。」孔氏曰：「曾子既知宗子有罪居它國，庶子爲大夫得在本國攝祭，但未知庶子無爵在國居者，可祭與否，故問之。孔子許其祭，以禮無正文，故云祭哉。哉者，疑而量度之辭。雖有廟在宗子之家。然庶子無爵，不得就宗子家之廟而祭，唯可望近所祭者之墓而爲壇，以四時致祭也。此宗子去在它國，亦謂有罪者。若其無罪，則宗子去國以廟從，本國不得有廟也。」

「若宗子死，告於墓，而后祭於家。宗子死，稱名，不言『孝』，身没而已。子游之徒，有庶子祭者以此，若義也。今之祭者不首其義，故誣於祭也。」

鄭氏曰：「言祭於家，容無廟也。孝，宗子之稱，不敢與之同。其辭但言『子某薦其常事』。

至子，可以稱孝。以，用也。用此禮祭也。首，本也。誣，猶妄也。」孔氏曰：「宗子既死，庶子無所可辟，當云祭於宗子之家。今直云祭於家，容宗子之家無廟，而於庶子之家祭也。宗子所以無廟者，宗子無爵，不合立廟也。又宗子以廟從，本家不復有廟也。或云祭於家者，是祭於宗子之家。告神但稱名，不稱孝，辟宗子也。庶子身死，其子是庶子適子，祭庶子之時，可以稱孝。」澄曰：「漢初，猶有七十子徒所記禮百餘篇。戴氏禮記多取之。此章先記孔子答曾子之言，子游以下，記者所自言也。孔門子游最深於禮，徒謂其門弟子也。子游之門徒，有庶子以此孔子所言之義而祭，謂祭先告墓而后於家，名但稱子而不稱孝，二者之義也。若，猶云如此也。義，事理之宜也。若義者，如此乃合事理之宜。記者又謂今有庶子祭者，不能如子游之門徒。本祖此義，故其於祭爲誣罔。禮之所無，是誣罔也。」方氏曰：「庶殺於適，賤殺於貴，禮之常也。庶子無爵，則非適非貴，故雖可以祭。其禮又爲之殺焉。」

○孔子曰：「宗子雖七十，無無主婦，非宗子，雖無主婦可也。」

鄭氏曰：「族人之婦，不可無統。」孔氏曰：「凡人年六十無妻者，不復娶。宗子領宗男於外，宗婦領宗女於内，昭穆事重，不可廢闕，必須有主婦，故雖年七十猶娶，然此謂無子孫，及有子而年幼者，若有子孫，則傳家事於子孫也。」澄曰：「因上章有孔子答曾子所問宗子之事，故又附記孔子所言宗子一章。」

○賤不誄貴，幼不誄長，禮也。唯天子稱天以誄之，諸侯相誄，非禮也。長，之兩切。

鄭氏曰：「誄，累列生時行迹，當由尊者。天子稱天，以其無尊焉。諸侯禮當誄於天子也。」

孔氏曰：「非但賤不誄貴，平敵相誄亦不可，故諸侯相誄，非禮也。」澄曰：「誄，謂哀死者之辭，猶後世祭文哀辭之類。鄭注解誄爲謚，前已言其非矣。如魯哀公誄孔子曰：『嗚乎哀哉尼父。』何嘗爲孔子作謚哉？」

右記昏冠爲尸遭喪等事，凡十四章。正記喪禮八章，因類附記。

大傳第十六

儀禮經十七篇，唯喪服一篇之經有傳。此篇通用喪服傳之文而推廣之。喪服傳逐章釋經，如易之彖、象傳，此篇不釋經而汎説，則如易之繫辭傳，不釋經而統論大凡也。人以繫辭傳爲易大傳，故此篇亦名大傳云。

聖人南面而聽天下，所且先者五，民不與焉：一曰治親，二曰報功，三曰舉賢，四曰使能，五曰存愛。五者一得於天下，民無不足，無不贍者。五者一物紕繆，民莫得其死。聽，舊體寧切，今讀如字。與，音預。贍，食豔切。紕，匹彌切。繆，音謬。

明倫以齊家，最所當先，故治親爲五先之一。官人以治國，其次也，故報功舉賢使能繼之。功，謂世臣、舊臣已用之賢能。有功於國者，急報答之。或登庸於内，或封建於外，皆報其功也，故報功爲五先之二。賢，謂有德者，雖非有功之臣，然有德而未用。急舉擢之，俾爲卿大夫也，故舉賢爲五先之三。能，謂有才者，雖非有德之賢，然有才而可用，急使令之，俾居一職任一事也，故有爲五先之四。仁民以平天下，又其次也，故存愛繼之。存愛謂仁民，凡天下之民，不問賢愚能否，皆當存愛之之心。論語所謂「泛愛衆」也，故存愛爲五先之五。上言民不與焉，此言存愛，其所愛者即民也。乃云不與何哉？蓋存愛也者。存愛民之心爾。民也者，行治民之事。先有不忍人之心，而後有不忍人之政也。一得，謂所先五事，一一行之，皆得其當而無失。無不足，謂民財、民力，兩無匱欠，贍則又有餘饒也。或曰：「足，謂財之足。贍，謂力之贍。一物紕繆，謂所先五事中，有一事行之，失其當也。紕繆，猶絲之紛亂無紀。先五者而繼之以行仁政，則賦斂必輕，徭役必省，而民財不空，民力不困。既無欠而又有餘也。若於所當先之五事，但有一事錯舛，則斂必重。役必繁，而民受凍餒疲勞之禍，不得其正命而死也。五先皆得，而民生始可厚。五先一失，而民死旋不救，見福民則難，禍民則易也。方氏曰：「民不與焉，非不以民爲事。苟能行此五者，民亦從而治矣。」

○聖人南面而治天下，必自人道始矣。立權度量，考文章，改正朔，易服色，殊徽號，異器械，別衣服，此其所得與民變革者也。其不可得變革者，則有矣。親親也，尊尊也，長長也，男女有別，此其不可得與民變革者也。上治祖禰，尊尊也。下治子孫，親親也。旁治昆弟，合族以食，序以昭繆，別之以禮義，人道竭矣。量，音亮。徽，諱韋切。械，户戒切。別，彼列切，下同。長長，知兩切。禰，年禮切。繆，讀如穆。

人道，上文所謂治親也，所先五者中之第一事，故治天下自此而始也。權，謂五權。銖，兩斤鈞石，稱物之重輕者也。度，謂五度，分、寸、尺、丈、引，度物之長短者也。量，謂五量，龠、合、升、斗、斛，量物之多少者也。文章，謂禮樂之秩序、節奏，政刑之制令、科條也。服色，謂所服車馬各有所尚之色。徽號，謂旌旗、徽識之名號。器，謂禮樂等器。械，謂兵戎等器。衣服，謂上衣下裳之服。立，謂創設之。考，謂訂定之。改、易、殊、異、別，皆謂更新之，不同乎舊也。此七者隨時損益，以新民之觀聽，故云得與民變革。其有常而不可變，可因而不可革者。天地之常經，人道之治親是也。治親之目有四，總言之均謂之親，分言之則親親者，在下子孫之親。尊尊者，在上父祖之親。長長者，在旁昆弟之親。男女有別者，在内夫婦之親也。上治祖禰，覆説上文尊尊之親也，上之親而至尊者父，父之上則祖，以至於曾、高，其尊彌遠而彌隆也。下治子孫，覆説上文親親之親也，下之卑而至親者子，子之下則孫，以至於曾、玄，其親漸遠而漸殺也。六治昆弟，覆説上文長長之親也，同生而長者昆，同生而幼者弟，長之嫡爲宗，幼之嫡庶皆爲支，以至於同祖、同曾祖、同高祖之昆弟，與夫從族之諸父、諸祖、諸子、諸孫咸統焉。會合之以燕饗之飲食，以不忘其恩情，而於合食之時，序次之以父子之昭穆，以不紊其等列。旁治昆弟之親者然也，別之以禮義。覆説上文男女有別之親也，唯男女有別，然後父子親，昆弟親也。父子、昆弟之親，天屬也。夫婦之親，則初由人合，而天屬之親所自出也。即此四者，而人道之親盡矣。前曰自人道始，後曰人道竭矣。起語結語相始終也。竭，盡也。按人之大倫有五，而此四親者，唯父子、兄弟、夫婦三倫爾，而曰人道竭矣。何也。蓋此三倫者，一家之倫也。一國之倫，則君臣之倫，自家之尊尊而推也；朋友之倫，自家之長長而推也；四親足以該貫五倫。五倫者，天下之達道也，故人道竭盡於此。孔氏曰：「正謂年始，朔謂月初。改正，周子、殷丑、夏寅也。改朔，周夜半，殷雞鳴，夏平旦也。服色，車之與馬，各從所尚，夏尚黑，殷尚白，周尚赤也。徽號，周禮九旗是也。周大赤，殷大白，夏大麾，各殊別也。器，謂楬豆、房俎、禮樂之器。械，謂戎路、革路、兵甲之屬。別衣服者，周吉服九章，虞以十二章，殷凶不厭賤，周貴則降卑也。權度量以下諸事，是末，故可變革，與民爲新也。」

○服術有六，一曰親親，二曰尊尊，三曰名，四曰出入，五曰長幼，六曰從服。從服有六，有屬從，有徒從，有從有服而無服，有從無服而有服，有從重而輕，有從輕而重。

術，猶道也。服術，謂古先聖人制服之道。其一親親之服，承上文人道之親親下治子孫者而言。子，至親也，故適長子斬衰三年同於父，衆子齊衰朞同於祖。子之下，其親者孫，故適孫齊衰朞亦同於祖。衆孫則大功九月。孫之下，其親曾玄，並緦麻三月，此親親之下殺也。其二尊尊之服，承上文人道之尊尊上治祖禰者而言。父，至尊也，故斬衰三年，其服之重無以加。父之上，其尊者祖，故齊衰朞。祖之上其尊曾、高，並齊衰三月，此尊尊之上殺也。其三名服，其四出入之服。承上文人道之男女有別，別之以禮義者而言。名者，彼女來配此男。母者，配父之名，其尊齊於至尊之父，故服三年之衰，與父同，但齊其斬而已。妻者，配己之名，其親比於至親之子，故服朞年之齊衰，與子同，又加之以杖也。而妻之於夫，則比於至尊之父，故服三年之斬衰。移其所天之父以天其夫也。婦者，配子之名，故服大功九月。小功五月，伯母叔母，其名同於父之配。視己尊一等，故服齊衰朞。昆弟之子之婦，其名同於子之配，視己卑一等，故服小功五月。唯兄弟之妻，其名不可同於己之配，爲其與己同等，故無服。出者，此女往配彼男，故姑、姊妹、女子子，在室齊衰朞，出嫁則降大功九月。入者，雖已出嫁，或被出，或無子而復歸本宗，則仍服在室未嫁之本服也。其五長幼之服，承上文人道之長長旁治昆弟者而言。長者謂昆，幼者謂弟，昆弟相爲服，齊衰朞也。同祖者從昆弟，則服大功九月，同曾祖者再從昆弟，則服小功五月。同高祖者族昆弟，則服緦麻三月。此長幼之旁殺也。由長而上，則有旁尊之殺。父之親昆弟爲從父，則服齊衰朞。父之從昆弟爲再從父，則服小功五月。父之族昆弟爲族父，則服緦麻三月。祖之親昆弟爲從祖，則服小功五月。祖之從昆弟爲族祖，及曾祖之親昆弟，爲族曾祖，並服緦麻三月。由幼而上，則有旁卑之殺。子之從昆弟爲親昆弟之子，則服齊衰朞。子之再從昆弟，爲從昆弟之子，則服小功五月。子之族昆弟，爲再從昆弟之子，則服緦麻三月。孫之再從昆弟，爲親昆弟之孫，則服小功五月。孫之族昆弟，爲從昆弟之孫。及曾孫之族昆弟，爲親昆弟之曾孫，並服緦麻三月。以上喪服之五術，本乎人道之四親，皆爲親之服也。非親而服者，不在此數，其六從服。謂非己之正服從於人而服也，故殿五術之後，從服之目又六。屬從者，屬謂親屬，以親屬故，爲其黨派。妻從夫服夫家旁尊、旁卑之親，夫從妻服妻黨之親，子從母服母黨之親也。徒，從者。徒，空也。與彼非親屬，空爲其黨服，子爲母之君母，庶子爲君母之親，姜爲女君之黨也。從有服而無服者，其夫爲其昆弟有服。妻從夫而爲夫之兄弟則無服。公子之妻，爲其父母有服夫從妻而公子爲君所厭，爲妻之父母，則無服也。從無服而有服者，其夫爲兄嫂、弟婦無服。妻從夫而娣、姒、婦相爲小功，則有服也。公子被君厭，爲母之父母姊妹無服，妻從夫而爲公子之外祖父母及從母皆緦，則有服也。從重而輕者，姑雖出嫁，猶爲姪服大功九月爲重，其子從母而爲内兄弟服緦則輕。妻爲其父母服期爲重，夫從妻而服外舅外姑皆緦則輕也。從輕而重者，公子爲君所厭，爲其母練冠爲輕。妻從夫而爲公子之母服朞則重也。

自仁率親，等而上之至於祖，名曰輕。自義率祖，順而下之至於禰，名曰重。一輕一重，其義然也。 上，時掌切。

自，由也。仁，謂恩愛之心。率，循也。親，謂父母。等，猶差也。義，謂事宜之理。祖，蓋兼祖并曾高祖而言。然，如此也。因上文有從重而輕，從輕而重之語。遂申釋制服輕、重二字之義。恩愛之心無限極，故至於親之服斬衰三年者。仁也，然仁雖無限極，以漸而減殺焉。循親之重服，等差而上，至祖則減爲齊衰朞，又至祖上之祖，則減爲齊衰三月，愈殺而輕矣。事宜之理有裁制，故於曾高祖之服齊衰三月者，義也。義雖有裁制，然以漸而加隆焉。循曾高祖之輕服，順序而下，至誼則加爲齊衰朞，又至誼下之禰，則加爲斬衰三年，愈隆而重矣，皆事理之宜如是也。輔氏曰：「親親，仁也。逆而上之則漸輕，故至於祖，名曰輕。尊尊，義也。順而下之則漸重，故至於禰，名曰重。輕則齊衰三月，重則斬衰三年，一輕一重，其義則然，非人之所能爲也。」應氏曰：「仁，恩之厚於親者無極，以仁率親，逆而推於祖乃漸殺，則謂之輕。義，道之施於祖者有節，以義率祖，順而及於親乃愈隆，則謂之重。非故欲爲是輕重之差乃其理之不得不然爾。」方氏曰：「因親以推祖，則以階而升，故曰等而上之，由祖以及禰，則即世以隆，故曰順而下之。或自仁率，或自義率，而下止言其義然者，義宜也，宜輕而輕，宜重而重，是義而已。」

右記人道四親，喪服六術之義，一章凡三節。第一節汎言所先五事，總爲下文起本。第二節於所先五事中，不復言其四，專以其最先之第一事曰「治親者」詳言之，而起下文因親制服之義。第三節乃論服術，承上文治親而言本宗親者之服。尊尊，謂尊而親者也。舉重而言，但言尊而親在其中。親親，謂親而卑者也。舉重而言，但言親而不顯其卑也。注疏以尊尊爲君服，則失此篇專言治親制服之正意。

禮，不王不禘。王者禘其祖之所自出，以其祖配之。諸侯及其大祖。大夫、士有大事，省於其君，干祫及其高祖。大祖，音泰。省，息井切。

此章推廣人道、治祖、禰服術，曰尊尊之義，故章首叙天子、諸侯、大夫、士尊尊所及之遠近。禮不爲王者，不得禘祭。天子三穆三昭之上有大祖廟，猶以爲未盡追遠之孝。又推本大祖所自出之帝，追祭之於太祖廟，而大祖降居旁位配食者，謂之禘，此尊尊所及之最遠者也。諸侯則二昭二穆之上有大祖廟，尊尊不過及大祖而已。不能如天子所及之遠也。大夫又不能如諸侯。士，唯禰與祖二廟。中士、下士則唯有禰一廟。大事，大功也。省，察也。省察，如詩序所謂有功而見知也。祫，合也。謂雖無廟，而得於有廟者合祭也。大夫、士必有大功，見省察於其君。君有特恩賜之祫祭，然後得祭及高祖。蓋位愈下者，尊尊之所及，愈不遠也。雖君賜亦止得上及高祖，共祭四世；大夫蓋祫於曾祖廟，而上及高祖；上士則祫於祖廟，而上及曾祖高祖，中士、下士則祫於禰廟，而上及祖與曾祖、高祖也。大夫亦有有大祖廟者，無曾祖廟當祫於大祖之廟，而祭曾祖、祖、禰凡四世。若大祖在高誼前者，或祫於大祖廟，而并及高、曾、祖、禰，凡祭五世也。趙氏曰：「于者，逆上之意，言逆上及高祖也。」

牧之野，武王之大事也。既事而退，柴於上帝，祈於社，設奠於牧室，遂率天下諸侯執豆籩，逡奔走。追王大王亶父、王季歷、文王昌，不以卑臨尊也。逡，音駿。追王，音枉。

鄭氏曰：「柴祈，奠告天地及先祖也。先祖，行主也。牧室，牧野之室。古者郊關皆有館焉。逡，疾也。疾奔走，言勤事也。」孔氏曰：「牧野之戰，是武王之大事。既戰罷而退，燔柴以告天。祈祭以告社，設奠於牧野之館室以告行主。告祭既訖，遂率天下諸侯歸周京，祭先祖於廟。於此之時，追王大王、王季歷、文王昌爲王。所以然者，不以諸侯之卑號，臨天子之尊也。」長樂陳氏曰：「武王之出師，受命文考，類於上帝，宜於冢土，告其伐也。既事而退，柴於上帝，祈於社，奠於牧室，告其成也。率諸侯執豆籩逡奔走者，祀於周廟也。不以卑臨尊者，小記所謂『父爲士，子爲天子、諸侯，則祭以天子、諸侯』之意也。禮，孤子雖貴，不作父謚。子尊不加父母，而武王追王大王、王季、文王者，以王迹所興故也。文王所以三分天下有其二，其始乃自大王、王季也。武王所以得天下，其成乃白文王也。」東萊吕氏曰：「不以卑臨尊，此出於後儒之説，非追王之本意也。儀禮傳曰：『父，至尊也。天子，至尊也。君，至尊也。父與天子、人君，其尊等爾。大王、王季、文王，乃武王之祖父，其尊孰大於是。曷爲待追王而後尊哉？追王者何意？蓋三王皆肇基之主，所以追王之也。」澄曰：「上文已言天子、諸侯、卿大夫、士尊尊所及之遠近，此一節遂引武王追王之事，專明天子之尊祖定義，然止是祭禮之尊尊，不及服術。蓋在喪在祭，同一尊尊之人道也。」○軾按：不以卑臨尊，信後世無稽之論。然子孫之身，即祖父之身。子孫之爵，即祖父之爵。武王之爲天子，天命之，大王、王季、文王之王，亦天王之也。若云以王業由興之故，追王以酬功，是等祖父於望散諸臣也。尊親之義，顧如是乎？曲禮：「子貴不爲父作謚。謚，如文王謚文，武王謚武之謂，非王之謂也。觀大傳此章，益知祭以天子諸侯，尸以士服之謬，而應氏乃云即小記之意，誤矣。

右記人道之尊尊。按喪服「齊衰不杖朞」章，爲人後者爲其父母傳。有「王者禘其祖之所自出，諸侯及其大祖」十五字，與此章之文同，但「王者禘」三字。作「天子及」。

同姓從宗，合族屬。異姓主名，治際會，名著而男女有別。其夫屬乎父道者，妻皆母道也；其夫屬乎子道者，妻皆婦道也。謂弟之妻「婦」者，是嫂亦可謂之「母」乎？名者，人治之大者也，可無慎乎！屬，如字。別，彼列切。

此章推廣人道，別男女服術，曰名，曰出入之義。同姓從宗，合族屬，爲後章長幼之服起文。異姓主名，治際會，則爲此章名服起文也。下一節論昏姻，包出入服之意。鄭氏曰：「合，合之宗子之家，序昭穆也。異姓，謂來嫁者。主名，主於婦與母之名爾。際會，昏禮交接之會也。著，明也。母婦之名不明，則人倫亂，母焉則尊之，婦焉則卑之。尊之卑之，明非己倫，以厚別也。昆弟之妻，夫之昆弟，不相爲服，不成其親也。謂之婦與嫂者，以其在己之列，以名遠之。」孔氏曰：「同姓，父族也。從宗，謂從大小宗也。合，聚族人親疏，使昭爲一行，穆爲一行，同時而食，故曰合族屬。異姓之女，來爲己姓之妻，唯繫夫尊卑，而定母婦之名道猶行列也。若其夫屬於己之父行者，其妻皆己之母行也。其夫屬於己之子行者，其妻皆己之婦行也，故嫁己伯叔之列，即謂爲母。嫁己子行，即謂爲婦也。凡子行之妻，則謂之婦。兄弟同倫，嫌於褻瀆。弟雖非子行，謂其妻爲婦，同子行者，卑遠之也。弟妻既得爲婦號，記者恐兄妻亦得爲母號，故云嫂亦可謂之母乎？乎以疑之，言其不可也。弟妻可借婦名，兄妻不可借母名，故借嫂老之名爲號，尊嚴之也。母婦之名得，則昭穆明，失則上下亂，是人治之人，須慎之也。」方氏曰：「謂弟之妻爲婦者，蓋推而遠之别嫌爾。弟之妻，謂之婦而從卑則可。兄之妻，謂之母而從尊則不可。是嫂雖少，當敬忌如嫂，乃所以别嫌，人道之治而不亂者以是。不曰治人而曰人治，蓋非其所以治人，而人所以治故也。」

四世而緦，服之窮也，五世袒免，殺同姓也，六世親屬竭矣。其庶姓别於上，而戚單於下，昏姻可以通乎。繫之以姓而弗别，綴之以食而弗殊，雖百世而昏姻不通者，周道然也。免，音問。殺，色界切。别，彼列切。弗别亦同。皇，讀如字。綴，貞衛切。

鄭氏曰：「四世共高祖，五世高祖昆弟，六世以外，親盡無屬名。玄孫之子，五世而無服。姓，正姓也。始祖爲正姓，高祖爲庶姓，繫之弗别，謂若今宗室屬籍也。周禮小史『掌定繫世，辨昭穆』。」孔氏曰：「四世，謂上至高祖，下至己兄弟。同承高祖爲族兄弟，相報緦麻，服窮於此。

親兄弟服朞，一從兄弟服大功，再從兄弟服小功，三從兄弟服緦麻，故四世而緦，則服窮盡也。五世謂共承高祖之父者，袒免而無正服，減殺同姓也。六世謂共承高祖之祖者，不服袒免，同姓而已，故云親屬竭矣。庶，衆也。高祖以外，分姓衆多，故曰庶姓。五世以後，各爲氏族，不共高，是庶姓別異於上也。戚，親也。單，盡也。謂四從兄弟，各自爲宗，恩親盡於下也。問者見姓別親盡，昏姻應可以通，問其可通與否？答言庶姓雖別於上，而有世繫，連繫之以本姓而不分別。若姬氏、姜氏，大宗百世不改，連綴族人以飲食之禮，而不殊異。雖相去百世，昏姻不得通。周道然也者，謂周道如此也。」方氏曰：「姓爲正姓，氏爲庶姓。正姓，始祖也。庶姓，高祖也。五世則氏別於上，而親盡於下矣。周官言定世繫，所謂繫之以姓也，以飲食之禮親宗族，所謂綴之以食也。」澄曰：「上古洪荒，民生蚩蚩，同乎禽獸，其後聖人出而爲之君師。人類始漸與禽獸異，然其禮猶質而簡，故有其初同出一原。其末相去漸遠，則不辨其姓而或通昏姻者焉。馴至唐、虞、夏、商，有司徒之官，教以人倫，使之男女有別，則與古初不同矣。然亦未若周禮之文而詳也。高祖以下有小宗，各分庶姓，以辨其支派之異。高祖以上有大宗，同一正姓，以會其本原之同。記所言四世服窮，五世殺同姓，六世親屬竭者，辨其異也。所言百世昏姻不通者，會其同也，於是從宗合族屬，而親疏有等，主名治際會，而男女有別。周之道，所以爲經制大備也與。」

右記人道之男女有别。按喪服「大功九月」章，夫之祖父母、世父母、叔父母傳，有其夫屬乎父道者，妻皆母道也；其夫屬乎子道者，妻皆婦道也。謂妻之弟婦者，是嫂亦可謂之母乎。名者人治之大者也。可無慎乎？五十字，與此章之文同。

君有合族之道，族人不得以其戚戚君，位也。庶子不祭，明其宗也。庶子不得爲長子三年，不繼祖也。别子爲祖，繼别爲宗，繼禰者爲小宗。有百世不遷之宗，有五世則遷之宗。百世不遷者，别子之後也。宗其繼别子之所自出者，百世不遷者也。宗其繼高祖者，五世則遷者也。尊祖故敬宗，敬宗，尊祖之義也。 爲，云僞切，下爲其同。長，知兩切。别，彼列切。舊本「宗其繼别子之所自出者」，今從朱子删去「之所自出」。

此章推廣人道治昆弟，服術曰「長幼之義」。君恩雖下親其族人，而族人以臣禮，不敢上視君爲親，故不敢宗君。而各宗其昆弟之嫡長爲宗子，以相統屬也。庶子非宗子，則不得主祭，又不得爲長子三年者，所以明宗子之重也。重其宗者，遠其君而不敢戚故也。下乃言大宗、小宗之異，而總以宗祖結之。蓋人臣之家，所以立宗者，始自不敢戚君，而終於尊祖也。大宗雖服外必爲齊衰三月之服，小宗則各以本親之服服之。四宗所統之諸昆弟，亦各以其本服相爲服，此服術之所謂長幼也。鄭氏曰：「位，謂齒列也。君恩可以下施，而族人皆臣也。不得以父、兄、子、弟之親，自戚於君。尊君別嫌也。族人上不戚君，下又辟宗，乃能相序。別子，謂公子。若始來在此國者，後世爲祖也。繼別，別子之世嫡也。族人宗之，謂之大宗。繼禰者，父之嫡也。兄弟宗之，謂之小宗。遷猶變易也。繼高祖者，亦小宗也。先言繼禰者，據別子子弟之子也。以高祖與禰皆有繼，則曾祖與祖亦有也。小宗四，與大宗凡五。」孔氏曰：「君絶宗，合食者設族食燕飲，有合會族人之道。管領族人，而族人不敢計己親戚與君齒列也。兄弟親屬多，有篡代之嫌，故遠自卑退也。以下歷陳五宗義。諸侯嫡子，繼世爲君，第二子以下，悉不得禰先君，故云別子。或是異姓始來在此國者，以其別於在本國不來者，故亦云別子也。並爲其後世始祖，故云爲祖也。別子之嫡子，世繼別子爲大宗，父之嫡子上繼於禰者，謂之小宗。大宗是遠祖之正體，小宗是高祖之正體。尊崇其祖，故敬宗子，所以敬宗子者，尊崇先祖之義也。」朱子曰：「庶子不祭，謂非大宗，則不得祭別子之爲祖者。非小宗，則各不得祭其四小宗所主之祖禰也。小記云：『庶子不祭禰，明其宗也。庶子不祭祖，明其宗也。』文意重復，不如大傳語雖簡而事反該悉也。『宗其繼別子』下之所自出四字，疑衍，注中亦無其文，作疏時方誤爾。」東萊呂氏曰：「別子爲祖，如魯桓公生四子，莊公既立爲君，則慶父、叔牙、季友爲別子。繼別爲宗，如公孫敖繼慶父，是爲大宗。繼禰者爲小宗，如季武子立悼子，悼子之兄公禰，悼子既爲大宗。則繼公禰者爲小宗，所以謂之繼禰者，蓋自繼其父，不繼祖故也。」長樂陳氏曰：「諸侯之支子爲卿大夫者，謂之別子；有自它國而來於此者，亦謂之別子；有起自民庶，而致位卿大夫者，亦從別子之義，此三者各立宗而爲大宗，所謂繼別者也。若魯仲孫、叔孫、季孫之類。嫡子，弟之長子，則爲小宗，所謂繼禰者也。大宗則一，百世不遷，小宗有四，有繼禰而兄弟宗之，有繼祖而同堂宗之，有繼曾祖而再從宗之，有繼高祖而三從宗之，至於四從，親屬絶，五世則遷矣。凡此皆卿大夫之制，公子則具下文。」○軾按：爲祖即爲宗，詳見小記。

有小宗而無大宗者，有大宗而無小宗者，有無宗亦莫之宗者，公子是也。公子有宗道，公子之公，爲其士大夫之庶者宗其士大夫之適者，公子之宗道也。 爲，云僞切。適，音的。

鄭氏曰：「公子。謂先君之子。今君昆弟，公子不得宗君。君命嫡昆弟爲之宗，使之宗之，是公子之宗道也。所宗者嫡，則如大宗，死爲之齊衰九月，其母則小君也。爲其妻齊衰三月，無嫡而宗庶，則如小宗。死爲之大功九月，其母妻無服，公子唯己而已，則無所宗，亦莫之宗。公子有此三事也。」孔氏曰：「以前皆卿大夫、士有大宗有小宗相繼屬，此明諸侯之子，身是公子，上不得宗君，下未爲後世之宗，不可無人主領。君無嫡昆弟，遣庶兄弟一人爲宗。禮如小宗，是有小宗而無大宗也。君有嫡昆弟，使之爲宗，更不得立庶昆弟爲宗，是有大宗而無小宗也。公子唯一，無它公子爲宗，是無宗也。亦無它公子來宗於己，是亦莫之宗也。言此三事，它人無，唯公子有，故云公子是也。又覆説公子之宗道，以『公子有宗道』一句起文，公子之公君也，公子之君，是嫡昆弟爲君者。士大夫之庶者，則君之庶兄弟爲士大夫者。所謂公子也，君爲此公子、士大夫庶者，立公子、士大夫嫡者之身，與庶公子爲宗，此嫡者，即君之同母弟。嫡夫人所生之子也，公子有大宗、小宗，嫡者如大宗，庶者如小宗。大宗之正，本是别子之嫡，今公子爲大宗，謂禮如之，非正大宗也。死爲齊衰九月者，以君在厭降，兄弟降一等故九月，以其爲大宗，故齊衰。其母則小君，與君同母也。爲其妻齊衰三月者，同喪服宗子之妻也。若無嫡子可立，但立庶子爲宗。禮如小宗，與常時兄弟相爲同，君在厭降，故大功九月。母則庶母，妻則兄弟之妻，故無服也。」東萊吕氏曰：「假如國君有兄弟四人。三庶而一嫡。嫡者。君之同母弟。公子既不敢宗君。則君命同母弟爲之宗。使庶兄弟宗焉。若皆庶而無嫡。則須令庶長權攝宗事。傳至子則自爲宗矣。」藍田吕氏曰：「國君之嫡長爲世子。繼先君之正統。自母弟而下。皆不得宗嗣君。又不可無所統屬。故次嫡爲别子。别子爲先君一族大宗之祖。每一君有一大宗。其生也。嫡庶兄弟皆宗之。其死也。子孫世世繼之。凡先君所出之子孫皆宗之。雖百世不遷。無後則族人以支子繼之。群公子雖宗别子。而自爲五世小宗之祖。死則其子其孫。爲繼禰繼祖之小宗。至五世以上。則上遷其祖。下易其宗。無子孫則絶。若君無次嫡子立爲别子。止有庶公子數人。則不可無宗以統。當立庶長一人爲小宗。使諸弟皆宗之。」澄曰：「章首言君有合族之道，章末言公子有宗道，二『道』字意同，猶云禮也。君與族人尊卑殊絶，是君本不應有合族之禮，雖不應有而時有之者，族食燕享，以時敦其親睦之恩於族人，是君亦有合族之禮也，故云君有合族之道。公子雖多，並是國君之别子，兄弟不自相宗，逮其繼别子之嫡長，始謂之宗子。其公子本身，但各爲大宗之祖而已，是公子不應有自爲宗之禮也。雖不應有而或有之者，君命嫡公子爲宗，使庶公子宗之，是公子本身，亦有爲宗之禮也。故云公子有宗道，至其子，則此公子之身爲大宗之祖，而其嫡子與繼别之爲大宗者同矣。若無嫡公子，而但立庶長公子爲宗以統諸弟，至其身後，則其嫡長但得爲繼禰之小宗。不得爲繼别之大宗。又一世則爲繼祖之小宗，又一世則爲繼曾祖之小宗，又一世則爲繼高祖之小宗，至第六世則不復相宗，而又各爲一族之高祖。其再世、三世、四世、五世，又爲繼禰、繼祖、繼曾、繼高之四小宗，至十一世則又各爲一族之高祖如前，但此公子本身之爲宗者，一君但有一大宗，非若其它别子之爲祖而不爲宗者。每一公子爲一大宗，與此數公子共一大宗者，不同也。注疏及諸家之説皆然。則此章第一節，是言卿、大夫、士繼别子之宗；第二節乃是特言公子本身自爲宗之宗，二義各異。若藍田吕氏之説，則後一節與前一節，其義不殊。一君但有一公子，謂之别子，君之子雖多，止有一人爲大宗，以下皆不得謂之别子。彼魯三桓之爲三大宗，鄭七穆之爲七大宗者，蓋非正禮，然二説未詳孰是，姑兩存之。」〇軾按：有小宗而無大宗者，君無同母弟，使庶長弟與諸庶弟爲宗。至其子則各自爲宗，故有小宗而無大宗。然所貴乎收族者，大宗也。周公爲文王别子，魯公爲繼别之宗。凡蔣、邢、茅宗之，管、蔡、郕、霍亦宗之，刊、晉、應、韓宗之，至春秋戰國，周女嫁於諸侯，猶魯爲之主。滕定公之喪，父兄百官曰：『吾宗國魯先君亦莫之行。』是魯之所係于周者，非淺鮮矣。假如武王無同母弟，周公亦庶子，是周無大宗矣。孰與主王姬之嫁，而爲同姓諸侯取則乎？且所不令爲大宗者，爲其爲庶子也。假如大宗子無適子，庶子將不繼爲大宗乎？又使君無適子，將不以庶子爲君乎？君之庶可爲君，大宗之庶可繼爲大宗，而謂别子非適，遂不可爲大宗乎？喪服傳云『如何而可爲之後，同宗則可爲之後』。謂士大夫家，始祖不可無祀，故大宗不可絶而爲之後也。若無大宗，則士大夫之始祖，不其餒乎？或曰：『此言繼世之君之公子，所謂一君一大宗者，如莊公之弟慶父，與叔牙、季友爲宗，非若魯爲周同姓大宗也。鄭云『如大宗』者，正以一君一宗之宗，亦如始封之大宗也。孔疏亦云『如繼别之大宗』，非正大宗也。吴文正公錯看注疏，乃云兄弟不相宗，至其子乃爲宗。果爾，則繼禰之宗，又謂之何。惟一君一大宗，故無適即不立大宗，以有先君之大宗故也。此説近是，然一君一大宗，則是五宗之外又有宗矣。未聞武穆成昭，舍魯而别有大宗也。」

右記人道之長幼。按喪服「斬衰章父爲長子」傳，有「庶子不得爲長子三年不繼祖也」十三字，又「齊衰三月」章「丈夫婦人爲宗子」傳，有「尊祖故敬宗敬宗尊祖之道也」十二字，與此章之文同。

絶族無移服，親者屬也。自仁率親，等而上之至於祖，自義率祖，順而下之至於禰，是故人道親親也。移，以豉切。儀禮喪服作「施」，字音同。

此章推廣人道治子孫，服術曰「親親之義」。子孫者，禰與三祖之諸子諸孫也。高、曾、祖、禰之子、孫、曾、玄爲族移，推而旁及之也。高祖之族，其服旁及者，族曾家、族祖、族父、族兄弟，皆緦。曾祖之族，其服旁及者，從祖再從父，再從兄弟皆小功。族子緦，祖之族，其服旁及者，從父朞，從兄弟大功，再從子小功，族孫緦。禰之族，其服旁及者，昆弟從子皆朞，從孫小功，族曾孫緦，出乎此爲絶族，族絶則無旁及之服矣。若在族内，爲高、曾、祖、禰之親者，各以子之屬，孫之屬，曾孫之屬，玄孫之屬而服之也。自恩服循親之親而上，以至于祖與曾高之親，其親漸上而漸輕，自義服循高、曾與祖之親而下，以至於禰之親，其親愈下而愈重，此人道之親親者然也。」鄭氏曰：「族兄弟之子，不相爲服，有親者，服各以其屬親疏。」孔氏曰：「四從族屬既絶，故無移服，在旁而及曰移，言不延及之也。有親者，各以屬而爲服，故曰親者屬也。」張子曰：「君子小人之澤，皆五世而斬，故四從六世爲絶族。」方氏曰：「九族之外，謂之絶族，以卑而屬尊，以幼而屬長，以庶而屬嫡，以旁而屬正，親親之道，如斯而已。族絶即非其所屬，自仁率親而上至於祖，則始乎親親焉，自義率祖而下至於禰，則終乎親親焉。人道始終乎親親也。」

親親故尊祖，尊祖故敬宗，敬宗故收族，收族故宗廟嚴，宗廟嚴故重社稷，重社稷故愛百姓，愛百

姓故刑罰中，刑罰中故庶民安，庶民安故財用足，財用足故百志成，百志成故禮俗刑，禮俗刑，然後樂。詩云：「不顯不承，無斁於人斯。」此之謂也。中，去聲。樂，音洛，斁，音亦。

孔氏曰：「己上親於親，親亦上親於祖，以次相親，去己高遠，故云尊祖。宗是祖之正裔，故云敬宗。族人既敬宗子，宗子故收族人。族人散亂，骨肉乖離，則宗廟祭饗不嚴肅，收之則親族不散亂。昭穆有倫，宗廟之所以尊嚴也。先能宗廟嚴，後乃能保重社稷。上無淫刑濫罰，則庶民安，民手足有所措，各安其業，故財用得足。百姓足，君孰與不足，天下皆足。所以君及民人，百志悉成，是謂『倉廩實而知禮節，衣食足而知榮辱』也。樂，民樂不厭。」東萊呂氏曰：「親親故尊祖，尊祖故敬宗，此一篇之綱。人愛其父，必推其生我父者，祖也。又推其生我祖者，曾祖也。尊其所自來則敬宗。儒者之道，必始於親。蓋天之生物一本，譬木枝葉繁盛，而所本者一。收族，如窮困者，收而養之，不知學者，收而教之，宗族既合。自然繁盛，族大則廟尊，如宗族散離，無人收管，則宗廟安得嚴邪？有國家社稷，然後能保宗廟，故必重社稷。國以民爲本，無民安得有國，故必愛百姓。心誠愛民，則謹於刑罰矣。庶民安，謂民有安居而上不擾之，所以生殖財用。時和歲豐，萬物盛多，財用既足，故百志成。雖有此志而無財以備禮，則志不成矣。制而用之謂之禮，習而安之謂之俗。刑，是儀刑之刑。」澄曰：「禮俗刑，謂民化于親親之禮而成俗，刑于四海，可謂後世法。人君自一身親親，一家親親，至于一國皆親其親，天下皆親其親，尊祖敬宗收族，而宗廟嚴，一家親親之效也。重社稷，愛百姓，而刑罰中庶民安，財用足，百志成，一國親親之效也。禮俗刑而民樂，天下親親之效也。顯者，上能昭親親之德以顯示其下。承者，下能從親親之教以承順其上。無斁於人斯者，久於其道而化成也，此詩頌清廟篇之辭，引者借用以結上文之意。始乎仁親，終乎仁民。首章所先五事之極功蓋如此。

右記人道之親親。按喪服「齊衰杖期」章「出妻之子爲母」傳，有「絶族無施服親者屬」七字，與此章之文同。此篇與喪服傳文重者，四章凡五處，豈此篇襲彼之文歟？抑彼傳襲此之文歟？孰先孰後，未可知也。竊疑前志有之，而作此篇者，與作儀禮傳之人，皆引用之爾。然因其所重之文詳其所演之義，此之汎説，視彼傳之釋經爲優。

間傳第十七

間，舊如字。鄭氏曰：「間傳者，記喪服之間輕重所宜。」或曰當讀爲「間厠之間」。間者，厠於其間而非正也。齊桓、晉文爲正霸，秦穆、楚莊非正霸，而厠於二正霸之間，則謂之間霸。青、赤、黄、白、黑爲正色，緑、紅、騮、碧、紫非正色，而厠於五正色之間，則謂之間色。儀禮喪服正經，自有正傳，分釋各章經文。此篇總論喪禮哀情之發見，非釋經之正傳，而厠於喪服之正傳者也，故名間傳云

斬衰何以服苴？苴，惡貎也。所以首其内而見諸外也。斬衰貎若苴，齊衰貎若枲，大功貎若止，小功、緦麻容貎可也。此哀之發於容體者也。 苴，七余切。見，賢遍切。齊，咨枲、思里切。

儀禮經「斬衰、苴絰、杖」，「齊衰、牡麻絰」，傳曰：「苴，麻有蕡者。」「牡麻，枲也。」孔氏曰：「苴，是黧黑之色，故爲惡貎。輕其絰，用枲，色同。大功轉輕，心無斬刺，故貎不爲之變。」鄭氏曰：「止，謂不動於喜樂之事。」澄曰：「斬衰服苴，謂衰裳、絰、杖並苴色也。苴者，有子麻，色蒼黑，貎之惡似之。首其内而見諸外，謂内有哀情則外有此惡貎。如物有頭首在内，則其尾末見

諸外也。齊衰稍輕於斬衰，經不用苴而用枲。枲者，無子麻，色亦蒼而黑淺。若苴若枲，貌各如其經之色也。止，謂止而不動。貌活動者象春之生，貌静止者，象秋之殺。若止，謂有慘戚而無歡欣也。容貌，謂貌如平常之容。小功、緦麻之服雖輕，然情之厚者，貌亦略變於常，其或不能，然而但如平常之容，則情不爲厚，而亦未至於甚薄。喪，與其哀不足而禮有餘，不若禮不足而哀有餘，可也。云者，微不滿之之意。容體，謂儀容身體，形之可見於外者也。」○軾按：首當讀去聲。謂表而出之也。

○斬衰之哭，若往而不反。齊衰之哭，若往而反。大功之哭，三曲而偯。小功、緦麻，哀容可也。此哀之發於聲音者也。偯，於起切。

鄭氏曰：「三曲，一舉聲而三折也。」孔氏曰：「若往而不反，言一舉而至氣絶，如氣往而不却反也。小功、緦麻既輕，哀聲從容也。」澄曰：「往而不反，謂氣絶而不續；往而反，謂氣絶而微續；三曲而偯，謂聲不質直而稍文也。哀容則聲彌文矣。『可也』之意同上。」

○斬衰唯而不對，齊衰對而不言。大功言而不議，小功、緦麻議而不及樂。此哀之發於言語者也。唯，云癸切。

澄曰：「緦麻凡事皆得陳説而議，但議不及於作樂歡樂之事爾。」方氏曰：「唯，順之而已，對則有可否焉；對應彼而已，言則命物焉；言直言而已，議則詳其義焉；議主於事而已，樂則通其情焉。由其哀有輕重，故發於言語有詳略也。」

○斬衰三日不食，齊衰二日不食，大功三不食，小功、緦麻再不食，士與斂焉則壹不食。故父母之喪既殯食粥，朝一溢米，莫一溢米；齊衰之喪，疏食水飲，不食菜果；大功之喪，不食醯、醬；小功、緦麻不飲醴酒。此哀之發於飲食者也。 與，音預。溢，音逸。疏食，音嗣。

孔氏曰：「『三日不食』，謂三日之内。孝經云『三日而食』，謂三日之外乃食也。二日不食，謂正服齊衰。喪大記云『三不食』，當是義服齊衰也。再不食，喪大記云『一不食再不食』，則再不食謂小功，一不食謂緦麻也。」澄曰：「五服皆同姓之骨肉，哀其死而不食者，恩也。士乃異姓之朋友，與斂其尸，而感發哀情，亦廢一食者，義也。喪大記云『士之喪，士是斂』，斂焉則爲之一不食。」方氏曰：「此言食，與大記不無小異。」○軾按：朋友雖以義合，未寖無恩。子食於有喪之側不飽，豈有朋友臨喪而不廢一食之理。必云與斂者，以與斂必平日親厚之人，非泛泛交遊可比。非親厚者不與斂，而親厚亦有不與斂者。與斂，一不食，則不與斂，亦一不食矣。

父母之喪，既虞、卒哭，疏食水飲，不食菜果；期而小祥，食菜果；又期而大祥，有醯醬；中月而

禫，禫而飲醴酒。始飲酒者，先飲醴酒。始食肉者，先食乾肉。中，如字，又去聲。禫，大感切。刊，乾音干。

父母之喪，既虞、卒哭後，所食與齊衰既殯後同。小祥後所食，與大功既殯後同，大祥後亦與小祥後同，但加以醯醬，蓋與小功、緦麻既殯後同也。禫後飲醴酒，則漸復常而飲酒食肉矣。孔氏曰：「此明父母終喪以來所食之節，大祥食醯醢，則小祥食菜果之時，但用鹽酪也，不能食者，得用醯醬。醴酒味薄，乾肉以澀，所以先飲食之者，以喪服除，孝子不忍發初御醇厚之味也。

○父母之喪，居倚廬，寢苫枕塊，不説絰帶；齊衰之喪，居堊室，芐翦不納；大功之喪，寢有席；小功、緦麻，牀可也。此哀之發於居處者也。説，音脱。堊，音堊。芐，户駕切。

孔氏曰：「此五服初喪，居處之異。斬衰居倚廬，齊衰居里室，論其正爾，亦有斬衰不居倚廬者。雜記云『大夫居廬，士居堊室』，是士服斬衰而居堊室也。齊衰亦有下居堊室者，喪服小記云『父不爲衆子次於外』，注云『自若居寢也』。芐翦不納者，芐，蒲蘋，爲席翦蒲爲之。不編納其頭而藏於内也。」澄曰：「士斬衰不居倚廬，乃臣爲君服。父爲衆子齊衰不居堊室者，乃尊者爲卑者服也。」

父母之喪，既虞、卒哭，柱楣翦屏，芐翦不納；期而小祥，居堊室，寢有席；又期而大祥，居復寢，

中月而禫，禫而牀。柱，知矩切。

孔氏曰：「此明父母喪終服所居改變之節。」澄曰：「既虞卒哭後，苄翦不納，則與齊衰初喪同，特居廬爲異爾。小祥後乃得居堊室也。小祥後寢有席，則與大功初喪同。禫後牀，乃與小功、緦麻初喪同也。」

○斬衰三升。齊衰四升，五升，六升。大功七升，八升，九升。小功十升，十一升，十二升。緦麻十五升去其半。有事其縷，無事其布，曰緦。此哀之發於衣服者也。去，起呂切。

鄭氏曰：「此齊衰多二等，大功、小功多一等，服主於受，是極列衣服之差也。」孔氏曰：「此明五服精麤之異。按喪服記云『齊衰四升』，此云四升、五升、六升，多五升、六升二等。記云『大功八升若九升』，此云『七升、八升、九升』，多七升一等。記云『小功十升若十一升』，此云『十升、十一升、十二升』，多十二升一等。喪服之理，主於受服者而言，以大功之殤無受服，不列大功七升，喪服父母爲主，欲其文相值，故略而不言。喪服既略，故記者於是極列衣服之差，所以多於喪服民也。緦麻者，治其麻縷，其細如絲，十五升布而抽去其半，縷細而疏，織布既成，不鍛治其布，以三月之喪，哀在外故也。」○軾按：升，登也，成也。今織具曰篾，所以登絲而成布也。篾四十齒爲一成，一齒兩絲，則一成八十絲矣。三升者，二百四十縷也。緦十五升去其半，則一齒一絲，今單紗布是也。事。治也，謂以水濯其垢，又煑而鍊實之也。陳齊衰以下各三等者。降服重，正服次之，義服又次之。斬衰義服則三升半，緦則降正義同。

斬衰三升，既虞、卒哭，受以成布六升，冠七升。爲母疏衰四升，受以成布七升，冠八升。去麻服葛，葛帶三重。期而小祥，練冠、縓緣，要絰不除。男子除乎首，婦人除乎帶。男子何爲除乎首也？婦人何爲除乎帶也？男子重首，婦人重帶。除服者先重者，易服者，易輕者。又期而大祥。素縞麻衣。中月而禫。禫而纖。無所不佩。爲，云僞切。縓，七戀切。要，平聲。縞，古老切。纖，息廉切。

此明三年之喪，初服至終服受變除之節。士卒哭後受服降初服三等，受冠降初冠一等，去麻服葛，謂男子去麻首絰，服葛首絰，去麻要帶，服葛要帶，帶糾以四股爲三重。女子惟去麻首絰，服葛首絰，要麻帶如初。練後男子首除葛絰，要葛帶不除，女子要除麻帶，首葛絰不除。鄭氏曰：「葛帶三重，爲男子也，五分去一而四糾之。帶輕，既變因爲飾也。婦人葛絰不葛帶，帶在下體之上，婦人重帶，辟男子也，其爲帶猶五分絰去一爾。素縞者，玉藻所云『縞冠素紕』，既祥之冠也。麻衣，十五升布深衣也。謂之麻者，純用布，無采飾也。大祥除衰杖，黑經、白緯曰纖。舊説纖冠者，采纓也。無所不佩，紛帨之屬，如平常也。」孔氏曰：「受以成布六升者，三升、四升、五升之布，其縷粗疏，未爲成布也。六升以下，其縷漸細，與吉布相參，故稱成布。葛帶三重，謂男子也。既虞、卒哭，要中之帶，以葛代麻。三重，謂作四股糾之，則未受服之前，麻帶兩股相合也。首絰雖葛，不三重也。猶兩股糾之，期而小祥。練冠縓緣者，父没爲母，與父同也。至小祥，又以卒哭後冠受其衰，而用練易其冠也。又練爲中衣，以縓爲領緣也。又期而大祥，素縞麻衣者，謂二十五月大祥祭。此日除脱，則首服素冠，以縞紕之，身着朝服，而爲大祥之祭，祭訖後哀情未除，更反服微凶之服。首著縞冠，以素紕之，身著十五升麻，深衣也。中月而禫者，禫祭之時，玄冠朝服，禫祭既訖，而首著纖冠，身著素端黄裳，以至吉祭。若吉祭在禫月，猶未純吉，禫祭雖竟，未得無所不佩。禫之後月，吉祭後，乃得服平常也。」晉賀氏曰：「斬衰既虞卒哭，受以成布六升。夫服緣情而制，故情降則服輕。既虞哀殺，是故以細代粗，以齊代斬爾。若猶斬之，則非殺也。若謂以斬衰命章，便謂受猶斬者，則疏衰之受，復可得猶用疏布乎？是以斬疏之名，本生於始死之服，以名其衰爾。不謂終其月日皆不變也。」〇軾按：受，承也，繼也，謂以後服繼前服也。練冠縓緣。練，漚熟布。縓，淺絳色。以縓緣練冠，所以節哀也。練衣以黄爲裏，亦以縓爲緣。至大祥衣麻衣，反不黄裏縓緣者，以大祥去衰，非若練衣之爲承衰中衣也。禫後纖冠，纖冠之服，素端黄裳也，至吉祭而後復常。〇又按：除重之重，謂男子首，婦人要，承上文而言也。易輕，謂以後喪下服之麻，易前喪上服之葛也。記禮者，恐人誤以輕爲男子帶、婦人絰，故於下節詳釋之。

易服者何？爲易輕者也。斬衰之喪。既虞卒哭。遭齊衰之喪。輕者包。重者特。既練。遭大功之喪。麻葛重。齊衰之喪。既虞卒哭。遭大功之喪。麻葛兼服之。斬衰之葛。與齊衰之麻同。齊衰之葛。與大功之麻同。大功之葛。與小功之麻同。小功之葛。與緦之麻同。麻同則兼服之。兼服之。服重者。則易輕者也。

此承上易服者易輕者之文。專明上服之後，遭下服，易新麻之制。其一，斬衰卒哭後，遭齊衰而易麻；其二，斬衰練後遭大功而易麻；其三，齊衰期卒哭後遭大功而易麻；其四，大功三月後易小功之新麻。小功三月後易緦之新麻，然大功、小功之先，言斬葛與齊麻同者，即上文斬衰卒哭後易齊衰新麻者也。言齊葛與大功麻同者，即上文齊衰卒哭後易大功新麻者也。於其一而言輕包重特，於其二而言麻葛重，於其三而言麻葛兼服之，於其四亦言兼服之，乃總提『兼服之』三字，又以服重者則易輕者。釋『兼服之』之義而結前文也。」鄭氏曰：「易服謂爲後喪所變也，既虞卒哭遭齊衰，謂齊衰可以易斬服之節也。包特者，明於卑可以兩施，而尊者不可貳。輕者可施於卑，服齊衰之麻，以包斬衰之葛。謂男子帶，婦人絰也。重者宜主於尊，謂男子之絰，婦人之帶，特其葛，不變之也。既練遭大功，言大功可易斬衰之節也。斬衰已練，男子除絰，而帶獨存。婦人除帶，而絰獨存。謂之單，單，獨也。遭大功之喪，男子有麻絰，婦人有麻帶，又皆易其輕者以麻，謂之重麻。後喪既虞、卒哭，男子帶其故葛帶，絰期之葛絰，婦人絰其故葛絰，帶期之葛帶，謂之重葛。齊衰既虞卒哭遭大功，言大功可易齊衰期服之節也。兼，猶兩也。不言包特而言兩者，包特著其義，兼者明有絰有帶爾。不言重者，三年之喪既練，或無絰，或無帶，言重者，以明今皆有，期以下固皆有矣。兩者有麻有葛爾，葛者亦特其重，麻者亦包其輕。前葛與後麻同，則兼服之者，竟言有上服既虞卒哭，遭下服之差也。服重者則易輕者，服重者謂特之也。則者，則男子與婦人也。凡下服虞卒哭，男子反其故葛帶，婦人反其故葛絰。其上服除，則固自受以下服之受矣。孔氏曰：「既虞卒哭者，謂士及庶人也。若大夫以上，則虞受服。輕者包，言斬衰受服之時，而遭齊衰初喪，男子輕要，得著齊衰要帶，而兼包斬衰之帶也。若婦人輕首，得著齊衰首絰，而包斬衰之絰也。重者特者，男子重首，特留斬衰首絰，婦人重要，特留斬衰要帶也。斬衰齊衰是重服，云包云特，則知齊衰大功亦包特也。既練，遭大功之喪，男子首空，著大功麻絰，婦人要空，著大功麻帶，男子又以大功麻帶易練之葛帶，婦人又以大功麻絰易練之葛絰。大功既虞、卒哭之後，大功葛帶，輕於練之葛帶，故男子反帶其練之故葛帶。大功首絰，輕於練之葛絰，故婦人反服其練之故葛絰。齊衰既虞、卒哭，遭大功之喪，易換輕者，男子則大功麻帶。易齊衰之葛帶，其首猶服齊衰葛絰，是首有葛，要有麻，故云麻葛兼服之，據男子也。婦人則首服大功之麻絰，要服齊衰之麻帶，上下俱麻，不得云兼服也。所以不稱麻葛重者，以三年之喪，既練之後，男子除首絰，婦人除要絰，於先既單，今首絰要帶皆有，故須稱重。今期以下，男子首之與要，固當皆有經帶，婦人亦然。既不似既練之單，所以不得稱重。又明五服葛之與麻，粗細相同，同則得服後麻兼前葛也。服重者，前文重者特是也。易輕者，男子婦人各換其輕者，前文輕者包是也。前文麻葛兼服，但施於男，今男子易於要，婦人易於首，俱得易輕，故鄭云則者，則男子與婦人也。凡後初喪雖易前服之輕。後服既葬，還須反服前喪之服，故鄭云反其故葛帶葛經也。檀弓云『婦人不葛帶』，謂齊斬婦人帶不變也。其大功以下，婦人亦葛帶。」〇軾按：此釋易服易輕之義，所謂易服易輕者，蓋以後喪之麻，包前喪之葛也。後喪之麻，何以包前喪之葛，蓋以斬衰之葛，與齊衰麻同。下至小功之於緦，莫不皆然，故凡服皆以重者易輕者也。斬衰卒哭，男受葛帶，婦受葛經矣，如遭齊衰之喪，則以齊之麻。易斬之葛，麻可包葛也。其男經婦帶，則不易也。若既練遭大功之喪，則始而重麻，既而重葛。重麻者，既練男除經，婦除帶，故特爲大功新喪著麻。其男要婦首之受葛，輕於大功之麻，故以功麻易受葛，而上下皆麻焉。重葛者，大功卒哭，男受葛經，婦受葛帶，此本大功受服，於斬衰之練無與也。惟男要女首，在大功亦應變葛，而大功之葛，輕於練之葛，則仍帶經其故葛，而不以後易前。知重者之不易，益知易者之必輕矣。此條文意重重麻，而以重葛形之，至齊衰卒哭，遭大功之喪。初喪以大功之麻，兼齊衰之葛，至大功卒哭，則以齊衰故葛，兼大功之新葛，上下皆麻皆葛，與上文麻葛重同。上言重者，以特著之麻，與易輕之麻重，特著之葛，與前喪不易之葛重，故曰麻葛重此言兼者，謂上下皆易，始以麻兼葛，既以重葛兼輕葛，故曰兼。兼即易也，包也。舊注謂麻葛一時並服未當，斬衰之葛與齊衰同一段，中言所以重包輕之故，解見小記。

右記喪服哀戚輕重之義。一章凡六節。馬氏曰：「間傳一篇，言哀者六，容體、聲音、言語，内也；飲食、居處、衣服，外也。」澄謂：内外哀情之發見，雖皆初隆而漸殺。然記者記前三事之在於身者，但言哀之發於容體；發於聲音，發於言語而止，不復言其久而漸殺之情。記後三事之寓於物者，則記言哀之發於飲食，發於居處，發於衣服矣。而又繼言其以漸改變之節於后，蓋在身之漸殺者隱微，寓物之改變者顯著也。至若篇末衣服一條，則言重服自始及末之改變，再言前喪更遭後喪之改變，比飲食居處之變，又加詳焉。蓋喪之表哀，正著於衣服也，故六哀之序，衣服猶殿後者，於其所重者而終也。

問喪第十八

前半篇，通論孝子悲哀痛疾之意。後半篇，列問喪禮斂、袒、免、杖之義，故以「問喪」名篇。服問、三年問二篇之名，「問」字皆在下，而此篇「問」字在上者，蓋彼是專問一事，此篇設五或問，問喪之四事，故謂之問喪。若曰「喪問」，則不成辭矣。方氏據「鄰里爲之糜粥以飲食」之一句，以問爲「問遺」之「問」，而不以爲「問答」之「問」，非也。

親始死。雞斯，徒跣，扱上衽，交手哭。惻怛之心，痛疾之意，傷腎、乾肝、焦肺，水漿不入口，三日不舉火，故鄰里爲之糜粥以飲食之。夫悲哀在中，故形變於外也。痛疾在心，故口不甘味，身不安美也。 雞，斯音。笄纚扱，初洽切。衽，而鴆切。怛，都達切。乾，音干。飲，音蔭。食，音似。夫，音扶。

鄭氏曰：「雞斯當爲笄、纚，親始死去冠，三日乃去笄、纚，括髮也。」孔氏曰：「笄爲骨笄，纚，爲韜髮之繒。去冠，唯留笄、纚也。徒跣，無屨而空跣也。衽者，深衣前衽。以號踊履踐爲妨，故扱之於帶。交手哭者，交手拊心而哭也。肺上燥故云焦，肝近肺故云乾，腎下潤故云傷，舉此三者，五藏俱傷可知也。哀痛之甚，情不在食，故不舉火。旁親以下，食不可廢，故鄰里爲之糜粥。糜厚而粥薄，薄者以飲之，厚者以食之。」澄曰：「此一節言初死至斂三日以前之哀，夫悲哀以下，總結上意，形變於外，即上所謂笄、纚、徒跣、扱衽、交手也。口不甘味，即上所謂水漿不入口，三日不舉火也。」

三日而斂，在牀曰尸，在棺曰柩。動尸舉柩，哭踊無數。惻怛之心，痛疾之意，悲哀志懣、氣盛，故袒而踊之，所以動體、安心、下氣也。婦人不宜袒，故發胸、擊心、爵踊，殷殷田田，如壞墻然，悲哀痛疾之至也。懣，音滿，又音悶。殷，音隱。壞，音怪。

鄭氏曰：「故袒而踊之，言聖人制法，故使之然也。爵踊，足不絶地。」澄曰：「此一節，言既斂至葬三日以後之哀。動尸，謂初死至斂時。舉柩，啓殯至葬時。動親之尸，舉親之柩，孝子哀甚，故哭踊無數。『懣』與『悶』同，心煩鬱也。氣盛，氣滿塞也。袒而踊，以運動其身體，體動則庶幾可以安静其心，使不煩鬱，降下其氣，使不滿塞也。婦人以發胸、擊心，代男子之袒。男踊如人之跳，足起而高，女踊如爵之跳，足不離地。殷殷，與詩殷其雷之『殷』，音不同而義同。田田，與孟子『填然鼓之』之『填』，字不同而義同，皆謂墻崩倒之聲也。」孔氏曰：「如壞墻然，言將欲崩倒也。」

故曰：「辟踊哭泣，哀以送之，送形而往，迎精而反」也。其往送也，望望然，汲汲然，如有追而弗及也。其反哭也，皇皇然，若有求而弗得也。故其往送也如慕，其反也如疑。辟，婢亦切，又蒲亦切。

方氏曰：「形者，成之終；精者，生之始。送之而往，所以慎終。迎之而反，則念始之者也。」鄭氏曰：「辟，拊心也。哀以送之，謂葬時也。迎其精神而反，謂反哭及日中而虞也。望望，瞻望之貌。慕者，以其親之在前。疑者，不知神之來否。」孔氏曰：「汲汲，促急之情，皇皇意徬徨也。如慕，如孺子之啼慕於母。如疑，如人之有疑。」山陰陸氏曰：「望望汲汲，猶有所向，特有所不逮爾。皇皇，無所向也。」

求而無所得之也，入門而弗見也，上堂又弗見也，入室又弗見也，亡矣喪矣，不可復見已矣！故哭泣辟踊，盡哀而止矣。 喪，去聲。復，符又切。

鄭氏曰：「説反哭之義。」孔氏曰：「喪亦亡也，重言之者，丁寧之意。若人之逃，不復來也，以其不可復見。故反哭之時，哭泣辟踊，盡哀而休止也。」

心悵焉愴焉，惚焉愾焉。心絶志悲而已矣。祭之宗廟，以鬼饗之，徼幸復反也。 悵，敕亮切。愴，切亮切。愾，音慨。

鄭氏曰：「説虞之義。」澄曰：「心悵恨愴悽，恍惚嘆愾，皆失志無可奈何之貌，知其不可復見。心已絶望，但志愈悲哀而已，於是虞祭以安之。」孔氏曰：「明反哭之後，虞祭之時也。虞祭於殯宮，神之所在，故稱宗廟。以鬼饗之，尊而禮之，冀其神魂復反也。」

成壙而歸，不敢入處室，居於倚廬，哀親之在外也。寢居枕塊，哀親之在土也。 苫，始沾切。枕，之陰初。塊，苦怪切。

方氏曰：「哀親之在外，故不忍居於内，哀親之在土，故不忍寢於牀。」孔氏曰：「明葬後猶居倚廬，寢苫枕塊，不敢入室處也。」山陰陸氏曰：「成壙而歸，猶如此，於是爲至矣。」

故哭泣無時，服勤三年，思慕之心，孝子之志也，人情之實也。

鄭氏曰：「勤，謂憂勞。」孔氏曰：「此明終喪思慕之心也，言非詐僞爲之，是人情悲慕之實也。」

右記喪禮悲痛思慕之義。

或問曰：「死三日而后斂者，何也？」曰：孝子親死，悲哀志懣，故匍匐而哭之，若將復生然，安可得奪而斂之也。故曰：三日而后斂者，以俟其生也。三日而不生，亦不生矣，孝子之心亦益哀矣；家室之計，衣服之具，亦可以成矣；親戚之遠者，亦可以至矣。是故聖人爲之斷決，以三日爲之禮制也。匍，音蒲。匐，蒲北切。復，扶又切。上爲之，去聲。下爲之，平聲。斷，丁亂切。

鄭氏曰：「問者，怪其遲也。匍匐，猶顛蹷。或作扶服。」孔氏曰：「三日斂者，以士言之，則大斂也。大夫以上，則小斂也。」方氏曰：「始死未忍斂之者，孝子之心，存乎仁也。三日而必斂之者，聖人之禮，制以義也。」山陰陸氏曰：「言至情難奪，雖聖人猶疑焉。爲之斷決而後能爲之。」

或問曰：「冠者不肉袒，何也？」曰：冠，至尊也，不居肉袒之體也，故爲之免以代之也。然則秃者不免，傴者不袒，跛者不踊，非不悲也；身有錮疾，不可以備禮也。故曰：喪禮唯哀爲主矣。女子哭泣悲哀，擊胸傷心；男子哭泣悲哀，稽顙觸地無容：哀之至也。冠，平聲。免，音問。秃，吐緑切。傴，於縷切。跛，補我切。錮，音故。稽，音啓。

鄭氏曰：「問者，怪冠衣之相爲也。身無飾者不敢冠，冠爲褻尊服，肉袒則著免。免狀似冠而廣一寸，將踊先袒，將袒先免。秃者、傴者、跛者，此三疾俱不踊、不袒、不免。顧所以否者，各爲一爾。擊胸傷心，稽顙觸地，不踊者，若此而可。○軾按：喪主於哀，哀不關於袒免踊否。是以女子不袒而發胸，男子不袒免踊而稽顙觸地，不得以其不袒免踊，而謂非哀之至也。

或問曰：「免者以何爲也？」曰：不冠者之所服也。禮曰：「童子不緦，唯當室緦。」緦者其免也，當室則免而杖矣。爲，云僞切。

孔氏曰：「不冠，謂未冠童子。童子不緦，此喪服正經之文，言不爲族人著緦服也。唯當室之童，乃爲族人著緦服。緦者，其免也。言童子當室爲父母著免，乃有族人緦服，所以有緦服者，由有免故也。當室則免而杖，又明童子得免所由，以其孤兒當室，則得免而杖，得爲族人著緦也。」方氏曰：「不緦則不杖，不杖則不免，此鄆地之正也。當室者，雖童子亦緦。緦則免而杖矣。童子以幼，故不服族人之緦。至當室，雖未冠亦責以成人之備禮。」

或問曰：「杖者何也？」曰：竹、桐，一也，故爲父苴杖，苴杖，竹也；爲母削杖，削杖，桐也。爲，云僞切。苴，子餘切。

孔氏曰：「父是尊極，故苴惡之物以爲杖，自然苴惡之色，唯有竹也。母屈於父故用削杖，雖削情同於父。桐是同父之義，故不用餘木也。」

或問曰：「杖以何爲也？」曰：孝子喪親，哭泣無數，服勤三年，身病體羸，以杖扶病也。則父在不敢杖矣，尊者在故也；堂上不杖，辟尊者之處也。堂上不趨，示不遽也。此孝子之志也，人情之實也，禮義之經也；非從天降也，非從地出也，人情而已矣！喪親，如字。羸，力垂切。辟，音避。

孔氏曰：「所以爲母堂上不敢杖者，以堂上是父之所在也。爲母所以堂上不爲喪趨者，示父以閒暇不促遽也。若堂上而趨，則感動父情，使憂戚也，故不杖不趨，冀不動父悲哀也。此孝子之志意，人情之實事。」山陰陸氏曰：「孝子喪親，哭泣無數無時。無時，無朝夕也。無數，無三哭、五哭也。父在不敢杖，尊者在故也。此非故隆父殺母，是人情之實，禮義之經也。野人曰『父母何算焉，隆母如父』，是之謂野。」澄曰：「按上章之結語曰『孝子之志也，人情之實也』。此章重以上章之二句結之，而又增『禮義之經也』四句，以盡其義。」

右記喪禮歛袒免杖之義。

三年問第十九

此篇專問父母喪所以三年之義。故以三年問名篇。

三年之喪何也?

孔氏曰:「記者欲釋三年之義,故假設其問。」

曰:稱情而立文,因以飾群別親疏貴賤之節,而弗可損益也,故曰無易之道也。稱,尺證切。別,彼列切。易,音亦。

鄭氏曰:「稱情而立文,稱人情輕重而制其禮也。群,謂親之黨。無易,猶不易也。」孔氏曰:「飾,謂表章。群,謂五服之親。因此三年之喪差降,各表其親黨,别親疏貴賤之節者。親,謂大功以上。疏,謂小功以下。貴,謂天子、諸侯絶期。卿、大夫降期以下,賤謂士庶人服族。其節分明,不可損益,故曰者。引舊語成文。無,不也。各有差品,其道不可改易。」澄曰:「曰者,設爲答辭也。問者,專問三年之義,而答者因其問三年。并及期九月、五月、三月制服輕重之差。情,謂哀情。文,謂禮文。群,謂服五服之衆人。言喪之五服,各稱哀情之輕重,而立隆殺之禮文也。其禮文之或隆或殺，因以表飾五服衆人之哀戚、輕重之情。而分別所爲服者之或輕或重，與夫服喪者或貴而有絶有降，或賤而無降，各有品等之節也。其親而服重，或賤而無降者，不可損之而減輕。其疏而服輕，或貴而有絶有降者，不可益之而加重也。其非可輕重者，乃一定無可改易之道理也。」

創鉅者其日久，痛甚者其愈遲。三年者，稱情而立文，所以爲至痛極也。斬衰苴杖，居倚廬，食粥，寢苫枕塊，所以爲至痛飾也。

孔氏曰：「鉅，大也。愈，差也。創小則易差，創大則難愈，故其日久也。賢者喪親，猶鉅創之痛既甚，故其差亦遲。既痛甚差遲，故稱其痛情而立三年之文，以表其爲至痛之極。」澄曰：「三年之文，斬其衰，苴其杖，居則在倚廬，所食者粥，所寢者苫，所枕者塊，此皆三年喪之外文。所以文内情至痛之表飾也，此一節乃是正答重喪三年之義。痛甚者其愈遲，釋上創鉅者其日久一句。痛甚釋創鉅，愈遲釋日久也。」

三年之喪，二十五月而畢，哀痛未盡，思慕未忘，然而服以是斷之者，豈不送死有已，復生有節也哉？斷，丁亂切。複，音伏。

孔氏曰：「賢人君子於此二十五月之時，内心之悲哀摧痛，猶未能盡，憂思悲慕，猶未能忘，而聖人裁之。止限二十五月，其喪服之外文，以是斷割者，豈不是送死之情。須有已止，復生之禮，須有限節也哉。復生，謂復吉常之禮。」鄭氏曰：「復生，除喪反生者之事也。」澄曰：「前一節正答重喪之所以三年，此一節又言重喪雖名三年，實則二十五月也，蓋二十四月則兩期矣。其第二十五月者，第三年之月也。大祥後，除練服，去絰杖，則喪服畢矣。其喪後所服，至二十七月禫祭畢而除者，此非喪之正服也。故喪之正服，止於二十五月而已。」

凡生天地之間者，有血氣之屬，必有知。有知之屬，莫不知愛其類。今是大鳥獸，則失喪其群匹，越月踰時焉，則必反巡，過其故鄉，翔回焉，鳴號焉，蹢躅焉，踟躕焉。然後能去之。小者至於燕雀，猶有啁噍之頃焉，然後乃能去之。故有血氣之屬者，莫知於人，故人於其親也，至死不窮。失喪，去聲。號，音豪。蹢，直亦切。躅，直録切。踟，音馳。躕，音厨。啁，張留切。噍，子留切。頃，屈潁切。知，音智。

孔氏曰：「天地之間，血氣之類，皆有所知。至於鳥獸，大小各能思其種類，況在於人。」鄭氏曰：「匹，偶也。言燕雀之恩，不如大鳥獸；大鳥獸不如人，含血氣之類。人最有知而恩深也，於其五服之親，念之至死無止也。」澄曰：「翔回鳴號，謂鳥。蹢躅踟躕，謂獸。鳴號者，悲傷發於聲。蹢躅者，悲傷見於形。鳴號之先而翔回，蹢躅之後而踟躕，皆謂遲留，將去不忍去也。啁噍，小鳥聲。其聲群沸迫急，失其常度也。頃者，言斯須而不能久。大鳥獸則越月踰時，反巡過其初死之處，久之乃能去，則不止如燕雀啁噍之頃者矣。人之於親，則至死而其情無窮已，則又不止如大鳥獸之久之乃能去者矣。」

將由夫患邪淫之人與？則彼朝死而夕忘之，然而從之，則是曾鳥獸之不若也，夫焉能相與群居而不亂乎？將由夫脩飾之君子與？則三年之喪，二十五月而畢，若駟之過隙，然而遂之，則是無窮也。故先王焉爲之立中制節，壹使足以成文理，則釋之矣。夫，音扶。與，音餘。焉，於虔切。爲，云僞切。

患，猶病也。患邪淫，謂有邪僻淫溺之病。從之，謂徇其情而順從之。亂，謂鳥獸群居者，其尊卑長幼無序，雌雄牝牡無別也。脩飾，謂完脩整飾其身行。遂之，謂徇其情，俾之得遂也。不肖者之情薄，故其親朝死而夕已忘之。若從其情，而不以禮勉其不及，則親死不哀，不如鳥獸。於死者如此，則其於生者，安能保其不如鳥獸之亂乎？賢者之情厚，視二十五月之久，如駒過隙之速，若遂其情，而不以禮抑其過，則哀親之情，無窮已之時也。故先王於賢不肖之過不及，而爲之立中，使不可不及，亦不可過。制爲喪服年月之限節，但使足以成完儀文義理，則除釋其服矣。若更過此節，則不肖有所不勝，更不及此節，則賢者有所不滿也。

然則何以至期也？曰：至親以期斷。是何也？曰：天地則已易矣。四時則已變矣，其在天地之中者，莫不更始焉，以是象之也。

鄭氏曰：「言三年之義如此，則何以有降至於期也。期者，謂爲人後者，父在爲母也。至親以期斷，言服之正，雖至親皆期而除也。又問服『斷於期』之義，言法天地變易，可以期也。」

然則何以三年也？曰：加隆焉爾也，焉使倍之，故再期也。由九月以下，何也？曰：焉使弗及也。故三年以爲隆，緦、小功以爲殺，期、九月以爲間。上取象於天，下取法於地，中則取於人，人之所以群居和壹之理盡矣。焉，使如字。殺，所界切。間，如字。夫，音扶。

鄭氏曰：「法此變易可以期，何以乃三年爲也。言於父母加隆其恩，使倍期也。焉，猶然也。焉使弗及，言使其恩不若父母也。取象於天地，謂法其變易。自三年以至緦，皆歲時之數，言既象於天地，又足以盡人聚居純厚之恩也。」孔氏曰：「九月者，恩隆不及於期，五月不及九月，三月不及五月，轉相不及也。三年以爲隆，謂恩愛隆重，緦、小功以爲殺，謂情理殺薄，期九月以爲間，是隆殺之間也。天地之氣，三年一閏，是三年取象於一閏，天地一期物終，是一期取象於一周。九月象陽數，又象三時而物成也。五月象五行，三月象天地一時而氣變。此五服之節，皆取法天地也。子生三年，免於父母之懷，故服三年。人之一歲，情意變改，故服一期。九月、五月、三月，亦逐人情而減殺，是中取則於人也。既法天地與人，三才並備，故能調和衆取居和諧專一，義理盡備矣。」山陰陸氏曰：「焉，是也。春秋傳『晉鄭焉依』，國語『焉』作『是』。」

故三年之喪，人道之至文者也。夫是之謂至隆，是百王之所同，古今之所壹也，未有知其所由來者也。孔子曰：「子生三年，然後免於父母之懷，夫三年之喪，天下之達喪也。」

鄭氏曰：「言三年之喪，喪禮之最盛也，不知所由來，喻此三年之喪，前世行之久矣。達，謂自天子至於庶人。」

右記喪服年月隆殺之義。

喪服四制第二十

鄭氏曰：「記喪服之制，取於仁義禮知也。」

凡禮之大體，體天地，法四時，則陰陽，順人情，故謂之禮。訾之者，是不知禮之所由生也。夫禮吉凶異道，不得相干，取之陰陽也。喪有四制，變而從宜，取之四時也。有恩、有禮，有節、有權，取之人情也。恩者仁也，理者義也，節者禮也，權者知也。仁、義、禮、知，人道具矣。訾音紫，一音咨。知，音智。

鄭氏曰：「禮之言體也，故謂之禮，言本有法則而生也。口毁曰訾。吉禮、凶禮異道，謂衣服、容貌及器物也。取之四時，謂其數也；取之人情，謂其制也。」孔氏曰：「夫禮以下，覆説前文禮法，四時則陰陽、順人情之事，不覆説『體天地』者，天地包四時、陰陽、人情，無物不總也。異道者，言吉凶各不同也。變而從宜者，門内主恩，若於門外，變而行義。尊卑禮制有恒，以節爲限，或有事故，不能備禮，則變而行權，是皆變而從宜，取諸人情也。恩屬於仁，理屬於義，節屬於禮，量事權宜，非知不可。仁屬東方，義屬西方，禮屬南方，知屬北方，四時並備，人道具矣。」澄曰：「禮之大體，體天地者總其綱，下三者分其目，陰陽之氣，四時之序，即天地也。人生天地之間，其情與天地之情通，故天地足以該人情，吉、凶、軍、賓、嘉五禮之内，各備陰陽。今但以吉禮爲陽，凶禮爲陰，似大拘。」

○其恩厚者其服重，故爲父斬衰三年，以恩制者也。 爲，云僞切。下並同。

孔氏曰：「此明四制之中恩制也。以父恩最深。故特舉父而言。其實門内諸親之服。皆是恩制。鄭氏曰。服莫重斬衰也。

○門内之治，恩掩義，門外之治，義斷恩。資於事父以事君而敬同，貴貴尊尊，義之大者也。故爲君亦斬衰三年，以義制者也。 斷，丁亂切。

孔氏曰：「此明四制之中義制也。門内之親，恩情既多，掩藏公義，得行私恩。若公羊傳云『有三年之喪，君子不呼其門』，是也。門外，謂朝、廷之間。既仕公朝，當以公義斬絶私恩。若曾子問『父母之喪，既卒哭，金革之事無辟』，是也。資於事父以事君而敬同者，言操持事父之道以事君，則敬君之禮與父同。貴貴，謂大夫之臣。事大夫爲君者，大夫始入尊境，是貴也。尊尊，謂天子諸侯之臣，事天子諸侯爲君者。天子、諸侯同爲南面，雖尊也，以義斷恩，門外如一。

雖復大夫與王侯有異。其臣敬君不殊。故並云義之大者也。爲君亦斬衰三年。以義制者。亦同於父也。」鄭氏曰：「資。猶操也。貴貴，謂爲大夫君也。尊尊，謂爲天子諸侯也。」

○三日而食，三月而沐，期而練，毁不滅性，不以死傷生也。喪不過三年，苴衰不補，墳墓不培，祥之日鼓素琴，告民有終也，以節制者也。

孔氏曰：「此明四制之中節制也。苴蔴之衰，雖破不補。一成丘陵之後，不培益其土。」藍田吕氏曰：「檀弓云：『祥而縞，是月禫，徙月樂。』自練至祥，漸而即吉，則既祥可樂矣。然又至於禫之徙月爲樂，不忍遽也。此云祥之日鼓素琴，告民有終，除喪乃可爲樂，未聞爲樂以告喪之終。仁人孝子之情，疑不出此，謂既祥而樂猶可。祥之日鼓素琴或未然。」○軾按：「告民有終」句，總承上，謂示人哀宜有終時也。

○資於事父以事母而愛同，天無二日，土無二王，國無二君，家無二尊，以一治之也。故父在爲母齊衰期者，見無二尊也。杖者何也？爵也。三日授子杖，五日授大夫杖，七日授士杖。或曰「担主」，或曰「輔病」。婦人童子不杖，不能病也。百官備，百物具，不言而事行者，扶而起。言而后事行者，杖而起。身自執事而后行者，面垢而已。秃者不髽，傴者不袒，跛者不踊，老病不

止酒肉。凡此八者，以權制者也。見，賢遍切。袒，是鼃切。髽，側加切。

孔氏曰：「此明四制之中權制也。資於事父以事母而愛同，言操持事父之道以事母。恩愛雖同，而服則有異，家無二尊故也。杖本爲爵者設，故云爵也。擔主，謂無爵而杖者。擔，假也。尊其爲主，假之以杖也。庶子以下，雖非適子皆杖，爲輔其病故也。婦人童子何以不杖，爲其不能病也。婦人，謂未成人之婦人。童子，謂幼少之男子。王侯委任百官，不假自言而事得行，故許子病深，雖有杖亦不能起，又須人扶也。大夫、士既無百官，喪服須己言而后行，故不許極病，所以杖而起。庶人無人可使，不許病，故有杖不用，而有塵垢之容而已。子於父母，貴賤情同，而病不得一，故爲權制。髽者，婦人之大紒，重喪辮蔴繞髮。禿者無髮，故不髽。男子禿，亦不免也。袒者露膊，傴者可憎，故不露也。跛人脚蹇，故不跳躍。老及病，身已羸瘠，又使備禮，不食滋味，必致滅性，故酒肉養之。夫喪禮宜備，今有此八條，不可强通，故聖人權宜制也。八者，庾氏云父存爲母一也，扶而起二也，杖而起三也，面垢四也，禿五，傴六，跛七，老病八。」

〇始死，三日不怠，三月不解，期悲哀，三年憂，恩之殺也。聖人因殺以制節，此喪之所以三年，賢者不得過，不肖者不得不及。此喪之中庸也。王者之所常行也。書曰「高宗諒闇，三年不言」，善之也。王者莫不行此禮，何以獨善之也。曰：高宗者，武丁。武丁者，殷之賢王也。繼世即位，而慈良於喪，當此之時，殷衰而復興，禮廢而復起，故善之。善之，故載之書中，而高之，故謂之高宗。解，佳買切。殺，色界切。諒闇，音梁。復，扶又切。

此一節明喪三年之義。鄭氏曰：「不怠，哭不絕聲也。不解，不解衣而居，不倦息也。」孔氏曰：「期悲哀，謂期之間，朝夕往哭。三年憂者，謂不復朝夕哭，但憂戚而已。」

○三年之喪，君不言。書云：「高宗諒闇，三年不言。」此之謂也。然而曰「言不文」者，謂臣下也。禮，斬衰之喪，唯而不對。齊衰之喪，對而不言。大功之喪，言而不議。緦、小功之喪，議而不及樂。

此一節明三年喪不言之義。藍田呂氏曰：「不言而後事行，此人君之喪禮，故高宗三年不言也。言而後事行者，杖而起，故言『不文』，此士大夫之喪禮也。所謂斬衰之喪，唯而不對，齊衰之喪，對而不言。非人君而亦不言者，謂與賓客接也。若治喪之事，則亦言而後行事也。唯而不對，相者代之對也。對而不言，應之而不倡也。言而不議，無往反酬問也。議而不及樂，有往反酬問，而不及樂事也。此因論三年不言與言不文而及之也，故備引五服言語之節。」

○父母之喪，衰冠、繩纓、菅屨。三日而食粥，三月而沐，期十三月而練冠，三年而祥。比終茲三節者，仁者可以觀其愛焉，知者可以觀其理焉，强者可以觀其志焉。禮以治之，義以正之，孝子、弟弟、貞婦，皆可得而察焉。菅，音姦。比，必利切。知，音智。

此一節總論喪，有三大節。鄭氏曰：「仁，有恩者也。理，義也。察，猶知也。」孔氏曰：「三節者，初喪至沐一也，十三月練二也，三年祥三也。仁者居喪，可以觀其愛親；知者居喪，則合道理；强者居喪。則能守志節。用禮以治喪事，用義以正喪禮，則是孝子、弟弟、貞婦也。」藍田吕氏曰：「父母之喪，其大變有三：始死至於三月，一也；十三月而練，二也；三年而祥，三也。莫不執喪也，善於此者難。莫不善其始也，善於終者難。故終兹三節，以善喪稱者，則孝子、弟弟、貞婦，可得而知也。惻怛痛疾，悲痛志懣，非仁者之愛則不能也。然哭踊無節，喪期無數，服不別精粗，位不別賓主，乃野人直情徑行者，其知不足道也。哀之發於容體，發於聲音，發於言語，發於飲食，發於居處，發於衣服，輕重有等，變除有節，至於襲含斂殯之具，賓客弔哭之文，無所不中於禮，非知者之明於理則不能也。然有其文矣，實不足以稱之；有其始矣，力不足以終之；其强不足道也，喪事不敢不勉，此强有志者之所能也。故古之善觀人者，察其言動之所趨，驗其行事之所久，而知其人。哭死而哀，非爲生者，則其仁可知矣；生事之以禮，死葬之以禮，祭之以禮，則其知可知矣。先王制禮，不敢不及，則其强可知矣。故君子之觀人，常於此而得之。」澄曰：「篇首論喪之四制，既以仁義禮知言之矣。篇末論喪之三節，又復以禮義仁知言，而加之以强。蓋强者所以終之也。强以終之，是有禮義仁知之實。所謂信也，篇首四者，則分而言之，如天地之四時。篇末五者，則就人而言。禮義者，聖人所以立教之道。仁知强者，君子所以脩道之德。於喪之禮，能篤於愛者仁也；於喪之義，能明其理者知也，始終此仁知，不易其志者，强也。强即中庸『三達德』之勇。有是三者之德，然後能行理以治喪事，知義以正喪禮，而可知其爲孝子、弟弟、貞婦也。善喪其父謂之孝，善喪其兄謂之弟，善喪其夫謂之貞。然此本只是言孝子於父母之喪如此，而末句乃兼言弟弟、貞婦者，蓋能爲人子，則能爲人弟。弟之所以盡禮義於兄者，以兄乃吾父之正體而傳重者也。哀其兄，所以哀其父也。能爲人婦者，亦以能爲人子者推之。蓋婦之天其夫，猶子之天其父也。」

右記喪服恩禮節權之義，凡八節。

祭法第二十一

法，謂制之定者。此篇記祭人、鬼、天神、地示之定制，故曰祭法。

祭法：有虞氏禘黄帝而郊嚳，祖顓頊而宗堯；夏后氏亦禘黄帝而郊鯀，祖顓頊而宗禹；殷人禘嚳而郊冥，祖契而宗湯；周人禘嚳而郊稷，祖文王而宗武王。禘，大計切。嚳，音酷。契，息列切。

禘者，追享始祖之所自出，祀之於始祖之廟，以始祖配焉者也。郊者，郊祭天，而以此人配焉者也。祖者，始祖也。宗者，爲百世不遷之廟，與祖同者也。有虞氏承堯，以顓頊爲始祖。黄帝者，始祖之祖也，故無廟而追禘。嚳者，始祖之子也，故郊天而配享。舜親受天下於堯，堯猶父也，故定爲百世不遷之宗。此蓋舜嗣堯位之後，立爲此制也。夏之祖與禘皆同有虞，禹嗣舜位之後，而其禮亦當郊堯宗舜，禹未及立制而崩，今郊鯀宗禹者，蓋禹既傳子，故啓嗣位之後，定爲此制。而堯、舜二帝，則朱均之國。各以爲始祖，而以天子之禮祀之。商以契爲始祖。嚳，始祖之父也。無廟而追禘，冥始祖之孫也。郊天則配享，湯始有天下。既不得爲始祖，故爲百世不遷之宗，與始祖同也。虞、夏、商三代遠不可考，且令此記之文釋之，周制則與此記異。周以后稷爲始祖，追禘帝嚳與商同，然稷爲始祖，就以配郊，則兼祖與郊矣。文王正當配郊，然既有稷配，故别制一禮。季秋祀上帝於文王之廟，而以文王配，亦與配郊同。此禮自周始有，前代所無也。武王始有天下，而不得爲始祖，故爲百世不遷之宗，如商之於湯也。周祖后稷，記言祖文王非是，文王與武王皆爲宗。項氏曰：「此蓋經生用其師説，推以爲當然，非必有文可據也，後人必欲爲之考實難矣。按此篇末自解其意。先序帝嚳、堯、舜、鯀、禹之功，次序黄帝、顓頊、契冥、湯、文、武之功，以爲此皆有功烈於民者，故祀之。非此族也，不在祀典。則此人之師説，蓋謂禘郊祖宗皆擇有功烈者祀之爾，而後之有天下者，故稽此以祀其祖先，則固與其説大異矣。若之何其可稽乎？

〇大凡生於天地之間者皆曰命，其萬物死皆曰折，人死曰鬼，此五代之所不變也。七代之所更立者，禘、郊、宗、祖，其餘不變也。折，常列切。

鄭氏曰：「折，棄敗之言也，鬼之言歸也。五代，謂堯、舜、禹、湯、周。七代，通數顓頊及嚳也。」孔氏曰：「總包萬物，故曰大凡，皆受天之賦命而生，故皆曰命。萬物無知，死皆曰折，人爲有識，故死曰鬼。此之名號，從黄帝正名百物以來，至堯、舜、禹、湯及周，所不變更也。黄帝以下七代所變易而立者，是禘之與郊及宗祖也。除此外，其餘社稷、山川、五祀之等，不改變也。」

〇天下有王，分地建國，置都立邑，設廟、祧、壇、墠而祭之，乃爲親疏多少之數。是故王立七廟，一壇、一墠。曰考廟，曰王考廟，曰皇考廟，曰顯考廟，曰祖考廟，皆月祭之。遠廟爲祧，有二祧，享嘗乃止。去祧爲壇，去壇爲墠，壇、墠有禱焉祭之，無禱乃止。去墠曰鬼。諸侯立五廟，一壇、一墠。曰考廟，曰王考廟，曰皇考廟，皆月祭之。顯考廟、祖考廟，享嘗乃止。去祖爲壇，去壇爲墠。壇、墠有禱焉祭之，無禱乃止。去墠爲鬼。大夫立三廟、二壇。曰考廟，曰王考廟，曰皇考廟，享嘗乃止。顯考、祖考無廟，有禱焉，爲壇祭之。去壇爲鬼。適士二廟，一壇。曰考廟，曰王考廟，享嘗乃止。皇考無廟，有禱焉爲壇祭之。去壇爲鬼。官師一廟，曰考廟，王考無廟而祭之。去王考爲鬼。庶士、庶人無廟。死曰鬼。顯考無廟，顯音皇。

鄭氏曰：「建國，封諸侯也。置都立邑，爲卿大夫之采地，及賜士有功者之地。廟之言貌也，宗廟者，先祖之尊貌也。封土曰壇，除地曰墠。書曰：『三壇同墠。』」方氏曰：「王立七廟，所謂三昭三穆，與太祖之廟而七也。王考至祖考皆有父道，故通謂之考，特異號而已。父獨親而近，故直以考名。王以業言，大父之父也，其生謂之大父，故以大言。皇者，王之所自出。曾祖則祖之所自出，故曰皇考。凡物高則顯，故高祖曰顯考。祖考，太祖也以其爲宗廟之始，故曰祖考。二祧，蓋顯考之父、祖也。享嘗者，四時之祭，享以春言，嘗以秋言。魯語言『嘗禘烝享』，釋者謂春祭日享。諸侯立五廟，所謂二昭二穆，與大祖之廟而五。月祭者三，蓋視天子之親廟。享嘗者二，蓋視天子之二祧廟。大夫立三廟，所謂一昭一穆，與大祖之廟而三。」馬氏曰：「説者謂七廟之中，祧廟二，爲文武之廟，非也。遠廟爲祧，而二祧之廟，享嘗而已。苟文武之廟，而祭止享嘗，非先王尊祖宗之意也。祧有去之意，親盡而服窮，祧所以去之，以有可毁之理。而毁之不可以無其漸，故去祧爲壇，去壇爲墠，二祧廟享嘗乃止，則有常禮也。至於壇、墠，無禱乃止，則無常禮也。去壇爲鬼，則與庶人同。凡此者，皆先王親親之殺也。天子之廟，其常數七，而其功德之大，則數有加焉。諸侯止五廟而已。雖有功德而數不增，雖無功德而數不減。王制所謂『夫祖則無可毁』之理。此天子、諸侯、大夫之廟，曰去祖爲壇，則祖可毁。何也？蓋祭法爲無功德者言，王制爲有功德者言，所以不同。」陳氏曰：「祭法言天子至士立廟之制，多與禮異。其言壇、墠等威之辨，理或有之。壇、墠之設，爲其無廟。禱祈則出其主於壇墠而祭之，既事則復其主於廟而藏之。唯祫與載之出疆，然後在祭告之列。其它不預也。父昭、子穆而有常數者，禮也。祖功、宗德而無定法者，義也。故周于三昭三穆之外，而有文武之廟。春秋傳稱襄王致文武胙於齊侯，史記稱顯王致文武胙於秦孝公，方是時，文武固已遠矣。襄王、顯王，猶且祀之，則其廟不毁可知。王舜中、劉歆、王肅、韓退之之徒，皆謂天子祖功宗德之廟，不在七世之列，特鄭康成以周禮守祧有八人，小記王者列四廟，則謂周制七廟，文武爲二祧，親廟四而已。是不知周公制禮之時，文武尚爲近廟，其所以宗之之禮，起於後代也。果所以宗之者，在七廟内，使繼世祖先，間有豐功盛德，不下文武，復在可宗之列，則親廟又益殺乎？理必不然。祭法曰：『遠廟爲祧，則天子以五世、六世之祖爲祧』，所謂有二祧是也。諸侯以始祖爲祧，所謂先君之祧是也。月祭者，薦新之祭也。月令獻羔、開冰、薦鮪、羞含桃，與夫嘗麥、嘗穀、嘗麻、嘗魚，皆先薦寢廟是也。周官隸僕掌五寢之埽除糞灑之事。所謂五寢者，自考廟以至祖考廟之寢也。王七廟，而其寢乃五者，爲其祧將毁。先除其寢，所以見孝子、孝孫之心。不欲遽毁，故去有漸也。薦新止於寢廟，則月祭不及二祧而及祖廟，明矣。享嘗者，四時之祭，春祠、夏礿、秋嘗、冬烝是也。有禱焉者，求福之祭，非常祭也。雖毁廟之主，皆合食焉，則禱之時，廟之初毁也，亦爲壇墠而祭之。小宗伯掌辨廟祧之昭穆。守祧，掌守先王先公之廟祧。其廟則有司除之，其祧則守祧黝堊之，辨其昭，則一祧二廟，是謂三昭。辨其穆，則一祧二廟，是謂三穆。廟則脩除，貴其寢之常新。祧則黝堊，示其去之有漸。則所謂遠廟者，非不毁之廟也。夫先王之立廟祧，稱情而爲之爾，故其廟之數，亦視服之輕重。傳曰：『四世而緦，服之窮也。五世袒免，殺同姓也。六世親屬竭矣。』諸侯之德，薄於天子，故其立廟，至於服窮而止。天子之德，厚於諸侯，故其立廟，至於親屬之竭而止。王肅謂二祧，一爲高祖之父，則五世矣；一爲高祖之祖，則六世矣。」澄曰：「親廟四，祧廟二，共爲三昭三穆，并大祖凡七廟。有功德可宗者，别立廟。百世不毁，與大祖同。宗或多或少，或有或無，故不預七廟之數。」秦溪楊氏曰：「按祭法與王制不同。王制天子七廟，三昭三穆，與大祖之廟而七。祭法則序四親廟、二祧大祖以辨昭穆。王制諸侯五廟，二昭二穆，與大祖之廟而五。祭法則三親廟月祭，高大二廟享嘗，以見隆殺。王制大夫三廟，一昭一穆，與大祖之廟而三。祭法但有三親廟，而高大無廟。有二壇，爲請禱之祭而已。王制士一廟，祭法分適士二廟，官師一廟。又祭法有考、王考、皇考、顯考、祖考之稱，王制無之。祭法有壇有墠，或二壇無墠，或一壇無墠，王制無之。大抵王制略而祭法詳。又按三壇同墠之説，出於金縢，乃因有所禱而爲之，非宗廟之外。預爲壇墠，以待它日有禱也。孝經爲之宗廟以鬼享之，非去墠爲鬼也。晉張融謂祭法去祧爲壇，去壇爲墠，去墠爲鬼，皆衰世之法，則所言難以盡信。」○軾按：大夫無墠，重太祖也。官師無壇，祭王考於考廟，去王考者，謂除王考外，皆爲鬼也。去祖爲壇義同，若如舊解祖廟亦毁，則是諸侯止四廟矣。

○王下祭殤五：適子、適孫、適曾孫、適玄孫、適來孫。諸侯下祭三，大夫下祭二，適士及庶人祭子而止。殤，音傷。適，丁歷切。

鄭氏曰：「祭適殤者，重適也。祭適殤於廟之奥，謂之陰厭。王子公子，祭其適殤於其黨之廟。大夫以下庶子，祭其適殤於宗子之家，皆當室之白，謂之陽厭。凡庶殤不祭。」孔氏曰：「王子，謂王之庶子。公子，謂諸侯庶子，不得爲先王先公立廟，無處可祭適殤，故祭於其黨之廟。

謂王子、公子爲卿大夫，得自立廟，與王子、公子同者，就其廟而祭之。」方氏曰：「玄孫之子爲來孫，曰來者，言其世數雖遠，方來而未已也。庶殤不祭，重本故也。以尊祭卑，故曰下祭。王而下，每殺於廟數之二，曾子問所謂『陰厭陽厭』者是也。」

右記人鬼之祭，凡三節。

燔柴於泰壇，祭天也。瘞埋於泰折，祭地也。用騂犢。埋少牢於泰昭，祭時也。相近於坎壇，祭寒暑也。王宮，祭日也。夜明，祭月也。幽宗，祭星也。雩宗，祭水旱也。四坎壇，祭四方也。山林川谷丘陵能出雲，爲風雨，見怪物，皆曰神。有天下者祭百神，諸侯在其地則祭之，亡其地則不祭。 燔，音煩。瘞，於滯切。泰折，之設、逝制二切。騂，息營切。相，近音禳。祈，宗音禜。見，賢遍切。亡，音無。

鄭氏曰：「壇、折，封土爲祭處也。壇之言坦也。坦，明貌也。折，昭晢也。必爲昭明之名，尊神也。地，陰祀用黝牲，與天俱用犢，連言爾。昭，明也，亦謂壇也。時，四時也，亦謂陰陽之神也。埋之者，陰陽出入於地中也。凡此以下，皆祭用少牢。相近，當爲『禳祈』，聲之誤也。禳，猶却也。祈，求也。寒暑不時，或禳之，或祈之。寒於坎，暑於壇。王宮，日壇。王，君也，日稱君。宮，壇，營域也。夜明，月壇也。宗，皆當爲『禜』，字之誤也。幽禜，星壇。星以昏始見，禜之言營也。雩禜，水旱壇也。雩之言吁嗟也。春秋傳曰：『日月星辰之神，則雪霜風雨之不時，於是乎禜之。山川之神，則水旱癘疫之不時，於是乎禜之。」四方，即謂山川、林谷、丘陵之神也。祭山林、丘陵於壇，川谷於坎，每方各爲坎爲壇。怪物，雲氣非常見者也。有天下，謂天子也。百者，假成數也。」孔氏曰：「春夏爲陽，秋冬爲陰，若祈陰則埋牲，祈陽則不應埋。總云『埋』者，以陰陽之氣俱出入地中而生萬物，故並埋之。先儒云並不薦熟，殺牲埋之，用少牢，降於天地也。四坎壇，四方各爲一坎一壇。山林、川谷、丘陵，能出雲，爲風雨，見怪物，此四坎、壇所祭之神也。怪物，慶雲之屬。風雨雲露並益於人。壇以祭山林丘陵，坎以祭川谷泉澤也。」張子曰：「日月星辰、風雨寒暑，無特祭，皆從祀於郊，所謂日於壇，月於坎，日於東，月於西，不出祀之兆。言王宫夜明幽宗之類，皆指其祭位爾。寒暑無定位，暑近日壇，寒近月坎而已，故曰相近於坎壇。注謂相近爲禳祈者，非。大雩，龍見而雩，當以孟夏，爲百穀祈甘雨也。有水旱，則别有雩祭。祀五祀百神者，以百神之功，報天之德爾，故以天事鬼神，事之至也，理之盡也。」○軾按：壇對坎言，累土爲壇，掘土爲坎。鄭注壇，坦也，是又對折言。謂光圓無稜角也。折，轉也，四轉而爲方也。祭天言壇，則知地之爲坎；祭地言折，則知天之爲圓。據鄭注，泰昭，壇也。寒於坎，暑於壇也。王宫、夜明、幽宗、雩宗，皆壇也。四方之神，有壇有坎，山林於壇，川澤於坎。張子則云日月等無特祭，皆祀於郊，日於壇，月於坎，則是風雨星辰，皆當於坎也。竊疑泰昭既云埋牲，當是坎相近，從張子解讀如字，宗亦如字。

〇王爲群姓立社曰大社，王自爲立社曰王社，諸侯爲百姓立社曰國社，諸侯自爲立社曰侯社。大夫以下，成群立社曰置社。爲，云僞切，下並同。

鄭氏曰：「大夫以下，謂下至庶人也。大夫不得特立社，與民族居。百家以上，則共立一社，今時里社是也。」孔氏曰：「群姓，謂百官以下及兆民。大社，在庫門内之右。小宗伯云：『右社稷，王社在籍田，王所自祭。』詩頌云『春籍田而祈社稷』是也。諸侯國社，亦在公宫之右，侯社在籍田，大夫以下爲衆特置，故曰置社。」張子曰：「大社，王爲群姓所立，必在國外。王自爲立社，必在城内，在漢猶有大社，在唐只見一社。天子立大社爲群姓，必不但爲城中之民，爲天下也。諸侯國社，則是一國也。郊者，祀天之位。社者，祀地之位。郊外無天神之祀，社外無地祇之祀，澤中方丘亦社也。故凡言社者，即地祇之祭，如大社、王社，又分而言之。大社祭天下之地祇，王社祭京師之地祇，五祀祭宫中之地祇。」

〇王爲群姓立七祀，曰司命，曰中霤，曰國門，曰國行，曰泰厲，曰户，曰竈。王自爲立七祀，諸侯爲國立五祀，曰司命，曰中霤，曰國門，曰國行，曰公厲。諸侯自爲立五祀，大夫立三祀，曰族厲，曰門，曰行。適士立二祀，曰門，曰行。庶士、庶人立一祀：或立户，或立竈。霤，力又切。

孔氏曰：「司命者，宫中小神，非天之司命，故祭於宫中。援神契云：『命有三科，有受命以保慶，有遭命以謫暴，有隨命以督行。』受命，謂年壽也。遭命，謂行善而遇凶也。隨命，謂隨其送來而報之。國門者，國城門也。國行者，行神在國門外之西。泰厲，古帝王無後者。此鬼無所依歸，好爲民作禍，故祀之。此七祀是爲民所立，與衆共之。其自爲立者，王自禱祭，不知其當同是一神，或别更立祀也。諸侯減天子，户竈二祀，故五祀。公厲，古諸侯無後者。諸侯稱公，故其鬼曰公厲。諸侯自爲立五祀，義與天子同。大夫減諸侯，司命、中霤，故三祀。族厲，古大夫無後者鬼也，曰門、曰行者，其大夫無民國，故不言國民、國行也。」張子曰：「五祀，户、竈、門、行、中霤而已。一畝之宫，五者皆具，故自天子至於士，皆立五祀之祭。天子之立五祀，周禮大宗伯、司服、小子，曲禮、月令、曾子問、禮運，見於經者不一。士之立五祀，見於士喪禮、祭法有七祀、五祀、三祀、二祀、一祀之法，加以司命及厲。而諸侯不祭户、竈。大夫以下，皆不祭中霤，殆非推報之義，又未嘗參見諸書。及廟、祧、壇、墠之法，亦與經多不合，恐别是一法，非世之達禮。井不在五祀，恐木土之神，已屬之社，以報功而言，則門行豈大如井，反不祭井。厲，無後者也，祭無後者，是亦仁術。」陳氏曰：「五祀見於周禮、禮記、儀禮，雜出於史傳多矣。月令以爲門、行、户、竈、中霤。白虎通、劉昭、范曄、高堂隆之徒，以爲門、井、户、竈、中霤，特祭法加以司命、泰厲爲七祀。七祀之制，不見它經。鄭注以七祀爲周制，五祀爲商制。然周官雖天子亦止於五祀。儀禮雖士亦備五祀，則五祀無尊卑、隆殺之數。祭法自七祀推而下之，至於適士二祀，庶人一祀，非周禮也。兩漢、魏晉之立五祀，井皆與焉。隋唐參用月令、祭法之説，五祀祭行。及李林甫之徒，復脩月令，各亦祀井而不祀行。中霤祀於中央，竈祀於夏，井祀於冬，户在内而奇，陽也，故祀於春。門在外而偶，陰也，故祀於秋。而左傳昭二十五年、家語五帝篇則以五祀爲重，該脩、熙黎、句龍之官。鄭氏釋大宗伯之五祀，則用左傳、家語之説；釋小記之五祀，則用月令之説；釋王制之五祀，則用祭法之士。而荀卿謂五祀執薦者百人，侍西房。侍西房，則五祀固非四方之五官，侍必百人，則五祀固非門户之類。然則所謂五祀者，其名雖同，其祭各有所主也。

右記天神地示之祭，凡三節。

夫聖王之制祭祀也：法施於民則祀之，以死勤事則祀之，以勞定國則祀之，能禦大菑則祀之，能捍大患則祀之。是故厲山氏之有天下也，其子曰農，能殖百穀，夏之衰也，周棄繼之，故祀以爲稷。共工氏之霸九州也，其子曰后土，能平九州，故祀以爲社。帝嚳能序星辰以著衆，堯能賞均刑法以義終，舜勤衆事而野死，鯀鄣鴻水而殛死，禹能脩鯀之功，黄帝正名百物以明民共財，顓頊能脩之，契爲司徒而民成。冥勤其官而水死，湯以寬治民而除其虐，文王以文治，武王以武功去民之菑，此皆有功烈於民者也。及夫日月星辰，民所瞻仰也；山林川谷丘陵，民所取財用

也；非此族也，不在祀典。 夫，音扶。菑，音災。捍，胡鍜切。共，音恭。夫，上聲。

鄭氏曰：「此所謂大神也。春秋傳曰：『封爲上公，祀爲大神。』厲山氏，炎帝也，起于厲山，或曰有烈山氏。棄，后稷名也。共工氏無録而王謂之霸。在大昊、炎帝之間。著衆，謂使民興事知休作之期也。賞，賞善也，謂禪舜，封禹、稷等也。能刑，謂去四凶。義終，謂既禪二十八載乃死也。野死，謂征有苗，死於蒼梧也。殛死，謂不能成其功也。明民，謂使之衣服有章也。民成，謂知五教之禮也。冥，契六世孫也。其官玄冥，水官也。虐、菑，謂桀、紂也。烈，業也。族，猶類也。祀典，謂祭祀也。」孔氏曰：「法施於民，若神農、后土、帝嚳與堯及黄帝、顓頊與契之屬；以死勤事，舜及鯀、冥是也。以勞定國，禹是也。禦大菑，捍大患，湯及文武是也。厲山氏，按帝王世紀云神農氏起於烈山，即炎帝也。鄭引烈山氏，左傳昭二十九年，文農謂厲山氏，後世子孫名柱，能殖百穀。故國語云『神農之子名柱，作農官，因名農』是也。夏末，湯天旱七年，變置社稷，故廢農祀。棄祀以爲稷者，謂農及棄皆祀之，以配稷之神也。共工氏，鄭注係漢律曆志文。按月令不載共工氏，是無録。又按昭十七年，郯子稱『炎帝以火紀，共工氏以水紀，大皞氏以龍紀』，從下逆陳，是在炎帝之前，大昊之後也。共工後世之子孫爲后土之官。后，君也。能治九州五土之神，故祀以配社之神。帝嚳能紀星辰時候以明著，使民休作有期，不失時節。堯以天下授舜，封禹、稷，官得其人，是能賞均平也。五刑有宅，是能刑有法也。舜征有苗，仍巡狩陟方而列，是勤衆事而野死。鯀塞水無功，被堯殛死於羽山。治水九載，亦有微功，故得祀。世本云『作城郭』，是亦有功也。鄭答趙商云：『鯀非殛死，放居東裔，至死不得反于朝爾。』禹能脩父之功，上古雖有百物未有名，黄帝爲物作名，正名其體。明民，謂垂衣裳，使貴賤分明得其所。共財。謂山澤不鄣，教民取百物以自贍也。契爲堯之司徒，掌五教。湯放桀於南巢，去民之菑，謂伐紂。自厲山氏以下所得祀者，皆有功烈於民也。及夫日月星辰，釋上文泰壇、泰折等祀也。上有天地、四時、寒暑、水旱，此不言者，舉日月則天地可知。四時、寒暑、水旱，則日月、陰陽之氣，故舉日月以包之。非此族，謂非厲山以下及日月、丘陵等無益於民者，悉不得與於祭祀之典也。」陸氏曰：「言稷、嚳、堯、鯀、禹、黄帝、顓頊、契、冥、湯、文、武，以著四代禘郊祖宗，非專爲私恩也。湯言除虐，武王言去民之菑，菑甚於虐也。」陳氏曰：「堯之道至於無能名，舜之道至於無爲，而其所以見祀者，土於賞均、刑法以義終，勤衆事而野死。功烈者，道德之迹。迹者，祀典之所可載。而其爲道，非祀典之所可盡也。」

右總記鬼神示之祭，凡一節。

郊特牲第二十二

此篇記郊、社、大蜡及宗廟祭禮之義。舊本「郊特牲而社稷大牢」一句在篇首，三字名篇。今更定其章，此句雖不在篇首，而名篇則仍其舊。

天子適四方，先柴。

鄭氏曰：「所到必先有事于上帝。」孔氏曰：「巡守至方嶽，先燔柴以告天，尊天也。」

郊之祭也，迎長日之至也，大報天而主日也。兆於南郊，就陽位也。埽地而祭，於其質也。器用陶匏，以象天地之性也。於郊，故謂之「郊」。牲用騂，尚赤也。用犢，貴誠也。騂，息營切。

方氏曰：「至猶來也，與月令仲夏『日長至』異，故言迎。祭天必迎長日之至，當是時，陽始用事，天以始事爲功也。迎長日之至，故以日爲主。天神不可見，所可瞻仰者，日月星辰而已。兆則爲之分域，如龜兆之可別也。既曰『兆于南郊』，又曰『埽地而祭』者，蓋築壇謂之兆，若『兆五帝于四郊』是矣；埽地亦謂之兆，若此所言是矣。此主祭天，而器之所象乃並言地者，蓋地道無成而代有終，象地之性亦所以歸功于天也。牲用騂，即牧人所謂『陽祀騂牲』。大宗伯『以蒼璧禮天，牲幣各放其器之色』，則祀天之牲用蒼，乃與牧人異者，蓋赤爲陽之盛色，而蒼與青其類也，黑爲陰之盛色，而黄與白其類也，祀天之牲不必蒼，亦從其類而已。」陸氏曰：「郊祭迎長日之至，周官所謂『凡樂，冬日至于圜丘奏之，則天神可得而禮』，禮務質略，是之謂大報。若社，教民美報，不美不足爲報也。少之爲貴，多之爲美。天造而始之，地作而終之，故天言報在前，地言報在後。天無所不在，以我祭於郊，故謂之郊。於國則以褻，於野則以疏，祭之郊節矣。」鄭氏曰：「大報天，大猶徧也，天之神日爲尊。」孔氏曰：「徧報天之諸神，唯日爲尊，故以日爲諸神之主。如君燕群臣，使膳宰爲主人也。燔柴在壇，正祭于地，故云『埽地而祭』。陶，謂瓦器。酒尊及豆簋之屬。」

郊之用辛也，周之始郊日以至。

澄曰：「周人始者郊祀之禮，其日但以冬至，不卜日也，後乃卜用辛日，周之始不如此也。陳氏集説謂周家始郊祀，適遇至是辛日，自後用冬至後辛日也。」〇軾按〔一〕：郊用辛，沿始郊也，始郊何取于辛，以至日適值辛。

卜郊，受命於祖廟，作龜於禰宫，尊祖親考之義也。卜之日，王立於澤，親聽誓命，受教諫之義

〔一〕「按」字原脱，據全書體例補。

也。獻命庫門之内，戒百官也。太廟之命，戒百姓也。

鄭氏曰：「受命，謂告之，退而卜。澤，澤宫也，所以擇賢之宫也。既卜必到澤宫，擇可與祭祀者，因誓敕之以禮也，禮器曰『舉賢而置之，聚衆而誓之』是也。王自澤宫而還，以誓命重相申敕。庫門在雉門之外，入庫門則至廟門外矣。大廟，祖廟也。百官，公卿以下也。百姓，王之親也。入廟戒親親也。王自此還齊路寢之室。」孔氏曰：「郊事既尊，不敢專輒，故先告祖，後乃卜，亦如受命也。作，灼也。禰宫，禰廟。先告祖受命，又至禰廟行之也。尊祖故受命，命宜由尊者出。親禰故作龜，是事事宜就親近者也。以射擇士，因呼爲澤宫。至澤宫射以擇助祭之人，是舉賢而置之也。又使有司誓敕舊章齊戒之禮，王又親聽受命，是聚衆而誓之也。王自澤宫而還，至欲致齊之時，有司獻王所以命百官之事，王乃於庫門之内戒百官，大廟之内戒百姓。百官疏，故在公朝重戒之。百姓，王之親屬，故在大廟而重戒之。」方氏曰：「聚衆而誓，非爲王也，而王亦親聽之，故有受教諫之義。」○軾按：既云「用辛」，又云「卜郊」者，卜用辛日也，注疏甚明。陳氏謂卜牲，非是。

○祭之日，王皮弁以聽祭報，示民嚴上也。喪者不哭，不敢凶服，氾埽反道，鄉爲田燭，弗命而民聽上。氾，芳劍切。埽，素報切。

鄭氏曰：「報，猶白也。夙興，朝服以待白祭祀者，乃後服祭服而行事也。周禮祭之日，小宗伯『逆粢省鑊，告時於王，告備於王』也。反道，剗令新土在上，田燭，田首爲燭，皆謂郊道之民爲之也。弗命而民聽上，化王嚴上也。」孔氏曰：「郊月之朝，天子早起，服視朝皮弁之服以聽之，小宗伯告日時早晚及牲事備具，教人尊嚴其君上也。未郊，故未服大裘也。郊祭之旦，人之喪者不哭，又不敢凶服而出以干王之吉祭。汜埽，廣埽也。六鄉之民，廣埽新道，於田首設燭照路，凡此並非王命，民化王嚴上故也。然周禮蜡氏云：『凡國之大祭祀，令州里除不蠲，禁刑者、任人及凶服者，以及郊野。』而此云『不命』者，作記之人盛美民聽上之義，未必實然也。」馬氏曰：「報其時之早晚與牲之備否，事之小者。而皮弁以聽之，所以尊天而不敢慢也。不惟不敢慢於天，亦示其民之所以知嚴也。以天子之尊而其嚴如此，則民莫不從而傚之，故喪者不哭，不敢凶服，汜埽反道，鄉爲田燭，弗命而民聽上也。」

祭之日，王被袞以象天。戴冕璪十有二旒，則天數也。乘素車，貴其質也。旂十有二旒，龍章而設日月，以象天也。天垂象，聖人則之，郊所以明天道也。

陳氏曰：「周官司裘『掌爲大裘，以共王祀天之服』，司服『祀昊天上帝則服大裘而冕』；禮記郊之祭『王被袞以象天』。然則王之祀天，內服大裘，外被龍袞，龍袞所以襲大裘也。」方氏曰：「天以龍爲用，而袞以龍爲首，故被袞以象天，經言『天子龍袞』是也。璪，當作藻，聚采以貫玉也。左氏傳曰：『周之王也，制禮上物不過十二，以爲天之大數也。』彼有象而我象之之謂象，故於龍言象；彼有則而我則之之謂則，故於數言則；以畫龍而文成焉，故曰章；以日月而設餙焉，故曰設。然巾車之職則王玉路以祀而乘素車，司常之職則『日月爲常，交龍爲旂』，是設日月者無龍章，設龍章者無日月。而此言『龍章而設日月』，乃與周禮不同者，容泛記前代之禮爾。龍也、日月也、數也、質也，皆天所示之象也，而聖人觀之以爲儀物之則，故曰『天垂象，聖人則之』。以天道遠而難知，神而莫測，故郊之儀物，必觀象而作則焉，所以明之，故曰『郊所以明天道也』。」

帝牛不吉，以爲稷牛。帝牛必在滌三月，稷牛唯具。所以別事天神與人鬼也。滌，音迪。別，彼列切。

孔氏曰：「郊天以后稷爲配，故養牲養二，以擬祭也。凡帝牲、稷牲，初時皆卜取，繫于牢，芻之三月，若臨時有故，乃變之也。爲，猶用也。若帝牛不吉，或死傷，則用稷牛爲帝牛。其祭稷之牛，臨時別取。天神既尊，故帝牛必須在滌三月。人鬼稍卑，稷牛臨時別取，唯具而已。是分別天神與人鬼不同也。」

萬物本乎天，人本乎祖，此所以配上帝也。郊之祭也，大報本反始也

孔氏曰：「報本者，天爲物本，祖爲王本，祭天以物配之，所以報謝其本。反始者，反其初始。謝其恩，謂之報；歸其初，謂之反。」○軾按：天、祖，俱本也，故祭天而以祖配之，所以報本而反乎物所自始、身所自始也。

右記郊祭天神之義，凡二節。

社祭土而主陰氣也，君南鄉於北墉下，答陰之義也。日用甲，用日之始也。天子大社，必受霜露風雨，以達天地之氣也。是故喪國之社屋之，不受天陽也。薄社北牖，使陰明也。 鄉，去聲。大，音泰。

孔氏曰：「土謂五土，山林、川澤、丘陵、墳衍、原隰也。土，陰氣之主，故云主陰氣。陰宜在北，故祭時以社在南面主壇上北面，而君來在北牆下，南鄉祭之，對陰之義也。社是國中之貴神，甲是旬日之初始，故用之也。風雨至則萬物生，霜露降則萬物成，故不爲屋以受風雨霜露，使天地氣通達。喪國社者，謂周立殷社以爲戒，無生義，故屋隔之，令不受天之陽也。薄社，即殷喪國社，既屋之，塞其三面，唯開北墉，示絶陽而通陰，陰明則物死也。大社，謂群姓所立者，在雉門外、庫門内之西，其亡國之社在東。大夫以下與民族百家以上共立一社。秦漢以來，雖非大夫，民二十五家以上，則得立社，故云里社。」方氏曰：「陽始于甲而物生，陰極于辛而物成。地雖以陰而成物，然始地事者在乎陽，故社用甲以原其始。天雖以陽而生物，終天功者存乎陰，故郊用辛以要其終。獨陽不生，獨陰不成，天地相須之義也。」

社，所以神地之道也。地載萬物，天垂象，取財於地，取法於天，是以尊天而親地也。故教民美報焉。家主中霤而國主社，示本也。唯爲社事，單出里；唯爲社田，國人畢作；唯社，丘乘共粢盛。所以報本反始也。

鄭氏曰：「中霤，亦土神。」孔氏曰：「社祭，是神於地之道。此句爲下章本。地載萬物者，釋地所以得神之由。天垂象者，欲明地，故引天爲對。地有其物，天垂其象，所謂『在天成象，在地成形』也。財並在地出，故爲人所取。人知四時早晚，皆倣日月星辰以爲耕作之候，是『取法於天』，故尊而祭之，天子祭天是也。地既爲民所取財，故親而祭之，一切親地而與庶民共祭社是也。卿大夫之家，主祭土神於中霤。天子諸侯之國，主祭土神於社。以土神生財以養官與民，故皆祭之，示其爲生養之本也。社事，祭社事也。單，盡也。里，居也。社既爲國之本，故祭社則合里之家盡出也。此唯每家出一人，不人人出也。田，獵也。畢，盡也。作，行也。既人人得社福，故祭社先爲社獵，則國中之人盡行也。丘乘者，都鄙井田也。九夫爲井，四井爲邑，四邑爲丘，四丘爲乘。粢，稷也。稷曰明粢，在器曰盛。唯祭社使丘乘共粢盛，嚮說祭社用牲，此明祭社用米也。皇氏曰：『粢盛是社所生，故云反始也。』」〇軾按：社之立，所以親地而神之也。惟神之，故祭而報焉。「地載萬物」五句，言所以神地道之故。兼言天者，謂載物與垂象同

功也。天垂法，主於教，教，父道也，故尊而不親。地取財，主於養，養，母道也，故親而不尊。尊，敬也。親，愛也。敬故不敢祭，惟天子爲民祭之，愛故庶民皆得祭焉。

季春出火，爲焚也。然後簡其車賦而歷其卒伍，而君親誓社，以習軍旅，左之右之，坐之起之。以觀其習變也。而流示之禽，而鹽諸利，以觀其不犯命也。求服其志，不貪其得。故以戰則克，以祭則受福。卒，祖忽切。鹽，音豔。

鄭氏曰：「流，猶行也。行，行田也。鹽，讀爲豔。行田示之以禽，使歆豔之，觀其用命不也。謂禽爲利者，凡田，大獸公之，小禽私之。失伍而獲，猶爲犯命，是『求服其志，不貪其得』也。」孔氏曰：「仲春祭社之前，田獵取禽以祭社。祭社既用仲春，用焚當在仲春，記者以季春民始出火，遂誤以天子、諸侯用焚爲季春也。焚，謂焚燒，除治宿草。出火，謂出陶冶之火。按春秋，火出爲夏三月，故左氏昭六年鄭人鑄刑書，『火未出而用火』，故晉士文伯譏之。若田獵之火，則昆蟲蟄後得火田，以至仲春也。既焚之後，簡選車馬及兵賦器械之屬。歷其百人之卒，五人之伍。君親誓衆以及軍旅，既而遂田，以所得之禽獸因而祭社，故云『親誓社』。或左或右，或坐或起，戒敕之以習軍旅，君親自觀于習武變動之事。教陣訖而行田禮，驅禽于陣前以示士卒，是『流示之禽』也。利則禽也，驅禽示之，而歆豔之以小禽之利也。於此之時，觀其士卒犯命與不犯軍命者，欲求服其士卒之志使進退依禮，不欲貪其犯命苟得于禽。言失伍得禽，不免罰也。其所爲得禮，故戰則克勝，祭則受福。」〇軾按：出火，焚蒿萊也，既焚乃田。簡車賦，去其敝也。歷卒伍，整其列也。誓社，誓于社也。習變，習其變動之節也。驅禽流動紛紜，所以示之利，使其歆豔以觀其用命否也。不用命者必懲，故其志畏服。不貪其得，不使犯命貪得也。人莫不豔利，苟非服其志，未有不貪得者。限之以軍命，所以服其志而止其貪也。

右記社祭地示之義，凡一節。

天子大蜡八。伊耆氏始爲蜡。蜡也者，索也，歲十二月，合聚萬物而索饗之也。蜡，鋤詐切。耆，巨夷切。

鄭氏曰：「伊耆氏，古天子號也。索，謂求索。饗者，祭其神也。萬物有功于民者，神使之也，祭之以報焉。造者配之也。」孔氏曰：「大者，天子之蜡，對諸侯爲大。天子既有八神，則諸侯之蜡未必八也。明堂位『土鼓、葦籥，伊耆氏之樂』，禮運云『禮之初，始諸飲食，蕢桴土鼓』，則伊耆氏，神農也。以其初爲田事，故爲蜡祭。」陳氏曰：「伊耆氏以有功於耆老，故後世以其官爲姓，周又以其姓名官。先儒爲始制鼓籥，又始爲蜡，於是以爲古王者之號。然古之制法者，隸首造曆，大橈作甲子，倉頡造書，豈皆古王者哉？果實古王者之號，周人固應尊異而神之，不宜列於御枚氏、壺涿氏而名下士之官也。」張子曰：「八蜡：先嗇一，司嗇二，農三，郵表畷四，貓虎五，坊六，水庸七，百種八。百種，百穀之種也。祭之以民食之重，亦報其嗇所成。舊説以昆蟲爲八，昆蟲是爲害者，不當祭。」

蜡之祭也，主先嗇而祭司嗇也，祭百種以報嗇也。饗農及郵表畷、禽獸，仁之至，義之盡也。古之君子，使之必報之。迎貓，爲其食田鼠也；迎虎，爲其食田豕也。迎而祭之也。祭坊與水庸，事也。 種，之勇切。郵，音尤。畷，貞劣切。貓，音苗。爲，云僞切。坊，音房。

司嗇，即百穀之神。先嗇者，先代治嗇之人，若神農、后稷之類。鄭氏曰：「農，田畯也。郵表畷，謂田畯所以督約百姓於井間之處也。詩云：『爲下國畷郵。』迎而祭之，迎其神也。水庸，溝也。」孔氏曰：「田畯有功於民。郵，若郵亭屋宇處所。表，田畔。畷者，謂井畔相連畷。於此田畔相連畷之所造此郵舍，田畯處焉。禽獸即下文貓虎之屬。言禽獸，則助田除害者皆悉包之。不忘恩而報之，仁也。有功必報之，義也。蜡祭，仁義之至盡也。坊者，所以畜水，亦以鄣水。庸者，所以受水，亦以泄水。祭此坊與庸水之神。」

曰：「土反其宅，水歸其壑，昆蟲毋作，草木歸其澤。」皮弁素服而祭。素服，以送終也。葛帶、榛杖，喪殺也。蜡之祭，仁之至，義之盡也。 壑，黑各切。殺，所界切。

鄭氏曰：「『土反其宅』至『歸其澤』，祝辭也。辭同，則祭同處可知也。壑，猶坑也。昆蟲，暑生寒死，螟螽之屬爲害者也。素服，衣裳皆素。送終喪殺，所謂老物也。」孔氏曰：「土即坊也。宅，安也。土歸其宅，則不崩。水即水庸。水歸其壑，謂不汎溢。昆蟲毋作，謂不爲灾。草，苔、稗。木，榛、梗之屬。當各生藪澤之中，不得生于良田，害嘉穀也。陳辭有水土、昆蟲、草木者，以其無知，故特有辭也。先嗇之屬有知，故不假辭。草木有辭，則當有神。八蜡不數之者，以草木偏地皆是，不如坊與水庸之屬各指一物也。按周禮籥章：『國祭蜡，則龡豳頌，息老物。』以物老故素服，物老將終，故葛帶、榛杖。素服送終，是仁恩；葛帶、榛杖，示陰氣斷割。故云『仁之至，義之盡』也。」方氏曰：「水土、昆蟲、草木，皆因其合聚之時以饗，故祝辭言其時事如此。素者送終之服，而蜡亦送終之事，帶不以麻而以葛，杖不以竹而以榛，若喪也，而實非喪，故云『喪殺』也。」

八蜡以記四方。四方年不順成，八蜡不通，以謹民財也。順成之方，其蜡乃通，以移民也。既蜡而收，民息已。故既蜡，君子不興功。黄衣黄冠而祭，息田夫也。野夫黄冠。黄冠，草服也。

移，音異。

鄭氏曰：「移之言羡也。詩頌豐年曰：『爲酒爲醴，烝畀祖妣，以洽百禮。』此其羡之與？收，謂收斂積聚也。黄衣黄冠而祭，謂既蜡，臘先祖、五祀也。於是勞農以休息之。」孔氏曰：「年穀不得和順成熟，則當方八蜡之神，不得與諸方通祭。所以然者，欲使不孰之方，謹慎財物也。有順成之方，其蜡之八神乃與諸方通祭，以蜡祭豐饒，皆醉飽酒食，使民歆羡也。『既蜡而收，民息已』，先蜡後息民，息民爲臘，與蜡異也。不興功，謂不興農功。田夫，野夫也。野夫著黄冠，是季秋後草色之服，故息田夫而服之也。皇氏曰：『此一節據諸侯之國而爲蜡祭以記其功，當國不成，則不爲蜡，成則爲蜡。』」陸氏曰：「言記以不忘四方百物之功。」方氏曰：「記四方者，記四方之豐凶也。『年不順成，八蜡不通』，記其凶也；『順成之方，其蜡乃通』，記其豐也。蜡乃合聚之祭，故因其合聚而收之也。物既收，而民亦息。功者，民力之所致，民息已，故既蜡，君子不興功。黄者，土之色。百昌生於土而作，終亦反于土而息，冬則反于土之時也。『土爰稼穡』者，田夫之事，故凡野夫皆黄冠、草服，謂草野之服。」

大羅氏，天子之掌鳥獸者也，諸侯貢屬焉。草笠而至，尊野服也。羅氏致鹿與女，而詔客告也。以戒諸侯曰：「好田好女者亡其國。天子樹瓜華，不斂藏之種也。」好，去聲。

孔氏曰：「因上蜡祭，廣釋歲終蜡時之事。周禮羅氏『掌羅烏鳥，蜡則作羅襦』，謂細密之羅。周禮不云掌獸，此云獸者，以其受貢獸故也。四方諸侯有貢獻鳥獸者，皆入屬大羅氏也。使者著草笠而至王庭，草笠是野人之服，今歲終功成，是由野人而得，故重其事而尊其服。詔，亦告也。客，謂貢鳥獸使者。羅氏先受貢畢，使者臨去，羅氏又以鹿與女致與使者，宣天子之詔，令使者反國以告戒其君，故云『詔客告』也。『好田好女者亡其國』，此宣詔所告之言也。言鹿是田獵所得之物，女是亡國之女。非每國輒與女、鹿，羅氏以鹿與女示使者爾。天子唯樹瓜與果蓏，供一時之食，不是收斂久藏之種與民争利。令使者歸告其君也。」劉氏曰：「瓜及果蓏，時鮮之物，不可以自遠而致，不可以收斂而藏。天子乃樹植之，所以貴時新、供寢廟，非貪其利。亦告諸侯毋廣樹植務收斂，以奪民利也。」周氏曰：「羅氏作羅襦，羅則鹿之所以獲者，襦則女之所衣者，故致之以戒諸侯。」方氏曰：「致鹿非實致鹿，致所以獲鹿之物爾。致女非實致女，致所以餙女之物爾。作羅襦者以此，致鹿以戒好田，致女以戒好女。羅氏戒好田而又戒好女者，以其皆陰事也。周官甸師『共野果蓏』，先儒謂果，桃李之屬；蓏，瓜瓞之屬。蓋果即華之成實，蓏即瓜之總名。彼言『果蓏』，此言『瓜華』，互相備也。斂，秋事。藏，冬事。瓜華之種，特可供斯須之求，非足待久長之用，而天子樹之，以示不與民争利焉。」

右記蜡祭百示之義，凡一節。

有虞氏之祭也，尚用氣。血、腥、爓祭，用氣也。 爓，夕廉切。

鄭氏曰：「尚，謂先薦之。」孔氏曰：「尚，謂貴尚。先薦者，對合亨饋孰爲先也。血，謂祭初以血詔神於室。腥，謂朝踐薦腥肉於堂。爓，謂沈肉於湯，次腥，亦薦於堂。以血、腥、爓三者而祭，並非孰，是用氣也。」方氏曰：「血、氣、爓三者，皆氣而已。未嘗致味，故曰用氣。然爓之氣，不若腥之全；腥之氣，不若血之幽。故其序如此。」應氏曰：「虞氏近古，祭未窮味，猶有茹毛飲血之意也。」

殷人尚聲，臭味未成，滌蕩其聲。樂三闋，然後出迎牲。聲音之號，所以詔告於天地之間也。 滌，音狄。闋，音缺。

鄭氏曰：「滌蕩，猶搖動也。」孔氏曰：「帝王革異，殷不尚氣而尚聲，謂先奏樂也。不言夏，或從虞也。臭味未成，謂未殺牲也。既尚聲，故未殺牲，先搖動樂聲以求神也。闋，止也。奏樂三徧止，乃迎牲入殺之。鬼神在天地之間，故用樂之音聲，號呼告于天地之間，庶神明聞之，是求陽之義也。」方氏曰：「尚聲，自樂始也。臭未成，未用鬯也。味未成，未殺牲也。」馬氏曰：「凡聲，陽也。人之死也，魂氣歸於天，求諸陽以報其魂也。尚聲，所以迎其魂之來也。『臭味未成，滌蕩其聲。樂三闋，然後出迎牲』，此舉其尚聲之時也。『聲音之號，所以詔告于天地之間』，此舉其尚聲之意也。」應氏曰：「滌蕩者，澡除洗雪於塵埃之境，播散發越於虛無之中，使無一毫之隔礙也。聲音之號者，以聲音而號召之，若以言語而詔告之，天地之間，虛曠洞達，無不響答也。」

周人尚臭，灌用鬯臭，鬱合鬯臭，陰達於淵泉。灌以圭璋，用玉氣也。既灌，然後迎牲，致陰氣也。蕭合黍稷臭，陽達於墻屋。故既奠，然後焫蕭合羶薌。 焫，如悅切。羶如字，舊音馨。

鄭氏曰：「灌，謂以圭瓚酌鬯，始獻神也。已，乃逆牲於庭殺之。天子、諸侯之禮也。既奠，謂薦熟時也。特牲饋食云『祝酌，奠於鉶南』是也。蕭，薌蒿也，染以脂，合黍稷燒之。」孔氏曰：「周變於殷，故尚臭，先求陰也。臭，謂鬯氣。未殺牲，先酌鬯酒灌地以求神。鬱，鬱金草也。鬯，謂鬯酒，煑鬱金草和之，其氣芬芳調鬯也。又擣鬱汁和合鬯酒，使香氣滋甚，故云『鬱合鬯』。用鬱鬯灌地，是用臭氣求陰，達于淵泉也。以圭璋爲瓚之柄，瓚所以㪺鬯也。玉氣絜潤，亦是尚臭。周言用玉，則殷不用圭瓚。『既灌，然後迎牲』者，先求神，後迎牲也。先灌是先致氣于陰，故云『致陰氣』。『蕭合黍稷』，後求陽也。取蕭草及牲脂膋，合黍稷燒之。此謂饋食時以臭氣求陽達于墻屋也。『既奠，然後焫蕭合羶薌』者，明上焫蕭之時節也。既奠，謂堂上事尸竟，延尸户内，更從熟始也。於薦熟時，祝先酌酒，奠于鉶羹之南訖，尸未入。于是取香蒿染以腸間脂，合黍稷燒之於宫中，此求陽之義也。」陳氏曰：「『鬱合鬯臭，陰達于淵泉』，以形魄歸于地而求諸陰也。『蕭合黍稷臭，陽達于墻屋』，以魂氣歸于天而求諸陽也。君灌以圭，夫人灌以璋；君迎牲，夫人奠盎。言既灌然後迎牲，奠然後焫蕭，是迎牲、奠盎皆在既灌之後，而焫蕭又在既奠之後。灌，求神之始也，而焫蕭次之。迎牲、奠盎，事神之始也，而獻薦次之。求諸陰而事之，猶以爲未，又求諸陽焉。羶，膟膋之氣也。薌，黍稷之氣也。祭義設『燔燎羶薌，見以蕭光』，在朝事之節，而朝事之初，有迎牲、奠盎之禮。祭義、郊特牲之文雖殊，其事一也。蓋迎牲而刲之，則血毛告於室以示其幽全，膟膋焫於堂以達其臭氣，而羹定之所詔又在其後。不然，不足謂之『尚臭』。」澄曰：「陳氏説是也。蓋既奠之奠，乃夫人奠盎之奠，是朝事時。而鄭誤引特牲士禮『祝酌，奠於鉶南』之奠以釋之。『鬱合鬯臭』，『蕭合黍稷臭』，皆當臭字絶句，鄭以臭字屬下句者非。」

凡祭，慎諸此。魂氣歸於天，形魄歸於地，故祭，求諸陰陽之義也。殷人先求諸陽，周人先求諸陰。

鄭氏曰：「此其所以先後異也。」方氏曰：「魂者，氣所主，故曰魂氣。魄者，營于形，故曰形魄。主者在内，故言氣於魂之下。營者在外，故言形於魄之上。人之生也，受氣於天，及其死也，魂氣復歸於天，故求諸陽，成形於地。及其死也，形魄復歸於地，故求諸陰。先求諸陽則尚聲，此求諸陰則尚臭。五聲五臭，各有陰陽。然聲以氣動而生，故凡聲皆陽也；臭以氣留而生，故凡臭皆陰也。殷求陽，周求陰，則知有虞氏之尚氣，求諸陰陽之間，一祭之内，氣也、聲也、臭也三者嘗兼用焉。經言所尚者爾。」

詔祝於室，坐尸於堂，用牲於庭，升首於室。直祭祝於主，索祭祝於祊。不知神之所在，於彼乎？於此乎？或諸遠人乎？祭於祊，尚曰求諸遠者與？祊，百彭切。與，音余。

孔氏曰：「詔，告也。祝，咒也。天子、諸侯朝事之時，坐尸于堂。尸西南面坐，主在西方東面。尸、主之前，則薦用籩豆也。祝乃取牲膟膋，燎於爐炭，入告神於室，又出墮祭於主，謂分減肝膋以祭主前。當此時，王乃親洗肝於鬱鬯而燔之，以制於主前。制，割也，謂割其肝而不相離。今云『詔祝於室』，是燎於爐炭，入告於室也。『坐尸於堂』者，既灌之後，尸出堂，坐户西而南面也。上云『詔祝於室』，次云『用牲，升首』，下云『索祭』，以文次之，故知直祭祝於主當薦熟之節。薦熟正祭之時，祝官以祝辭告於主，若儀禮少牢『敢用柔毛剛鬣，用薦歲事於皇祖伯某』是也。『索祭祝於祊』者，廣博求神，非但在廟，又求祭於祊也。祊有二種，一是正祭之時，既設祭於廟，又求神於廟門内。詩楚茨云『祝祭於祊』，注云『門内平生待賓客之處』，與祭同日。二是明日繹祭之時，設饌於廟門外西室，亦謂之祊，『祊之於東方』是也。今此索祭，是正祭日之祊。禮器云『爲祊乎外』，以其稱外，故注云『明日繹祭』。此經不云外，又下云『肵之爲言敬也。相，饗之也。嘏，大也。毛血，告幽全之物』，皆據正祭之日，明此祊亦正祭之日也。『不知神之所在，於彼乎？於此乎？』此解正祭在廟門之時，或設饌在室，或設饌在堂，不知神所在之處，爲於彼室乎？爲於此堂乎？故兩處設饌也。『或諸遠人乎？』此解索祭爲祊之時，其神靈或遠離於人，不在廟乎？『祭於祊』者，庶幾求於遠者與？言於遠處求神也。鄭注云『至薦孰，乃更延主於室之奥』者，約少牢、特牲饋食在奥室。云『尸來升席，自北方，坐於主北焉』者，以在奥東面，以南爲尊，主尊，故居南。主既居南，故尸來升席，自北方也。尸、主各席，故朝事延尸於户外，『尸南面，主席於東面』是也。鄭此注雖參禮記及少牢、特牲而言之，亦約漢時祭宗廟之禮，故其事委曲也。云『謂之祊，以於繹祭名也』者，以祊是廟門，明日繹祭，雖今日之正祭，假以明日繹祭祊名，同稱之曰祊也。」陸氏曰：「『詔祝於室，坐尸於堂』，謂制祭時，當朝踐之節。鄭氏『詔祝於室。朝事，延尸於户西，南面，布主席，東面。取牲膟膋，燎於爐炭，洗肝於鬱鬯而燔之，入以詔神於室，又出以墮於主。主人親制其肝，所謂制祭也。』此殷禮也，鄭氏以言周禮，誤矣。蓋殷人制肝，周人制肺。殷人先求諸陽，周人先求諸陰。先求諸陽，故朝踐時取牲膟膋燎爐炭，洗肝於鬱鬯而燔之。若周人制肺，雖在此時，其取膟膋燎於爐炭，自當饋食之節。詔祝於室，詔使入以告神，方是時，灌事畢而朝事始矣，是以詔祝坐尸當此節。蓋神格而後可以詔祝，主設而後可以坐尸。『用牲於庭，升首於室』，謂割牲時，當饋食之節，羊人所謂『割牲，登其首』是也。『直祭祝於主』，謂尸未入，祝於主而已，是之謂『直祭』。若少牢：『祝酌奠，遂命佐食啓會，主人西面祝。祝曰：孝孫某，敢用柔毛剛鬣，用薦歲事於皇祖伯某，尚饗。』當此節。『索祭祝於祊』，謂尸已出，祝於祊而已，是之謂『索祭』。若有司徹『尸出於廟門，卒籑，有司徹饋，饌於室中西北隅，如饋之設』，當此節。焫蕭求諸陽，灌鬯求諸陰，奏樂求諸天地之間。以爲末也，故詔祝於室，坐尸於堂。詔祝於室，求内也；坐尸於堂，求諸外也。猶以爲未也，故用牲於庭，升首於室。用牲於庭，求諸下也；升首於室，求諸上也。又以爲未也，故直祭祝於主，索祭祝於祊。直祭祝於主，求諸近也；索祭祝於祊，求諸遠也。」方氏曰：「詔祝於室，即血毛詔於室。坐尸於堂，即羹定詔於堂。用牲於庭，即納牲詔於庭。納之將以用焉，故言用。升首於室，即升首報陽。直祭祝於主，凡室事是也。索祭祝於祊，凡門事是也。索即求之，不曰求而曰索者，以神之散無不之也。彼此之間，不過近人而已，又疑神之遠人，然不可舍是以它求，以祊在廟前之旁，猶爲遠，故覆祭於祊。『尚曰求諸遠者與』，廟門之旁，豈實遠人乎？故以『尚』言之。」

祊之爲言倞也，肵之爲言敬也。富也者，福也。首也者，直也。相，饗之也。嘏，長也，大也。尸，陳也。倞，音諒。肵，音祈。相，去聲。嘏，音假。

鄭氏曰：「倞，猶索也，倞或爲『諒』。肵者，尸有肵俎也。福者，人君嘏辭有富也。或曰『福也者，備也』。直者，訓所以升首祭也。直或爲『犆』。相，謂詔侑也。詔侑尸者，欲使饗此饌也。特牲饋食禮：『主人拜妥尸，尸答拜，執奠，祝饗。』主人受祭福曰嘏。長、大，訓也。尸或詁爲主。此尸神象，當從主訓之，言『陳』非也。」孔氏曰：「此訓祭祀所爲之事。案特牲、少牢設饌後，尸祭饌訖，祝取牢心舌，載於肵俎，設於饌北。尸每食牲體，反置於肵俎。是主人敬尸之俎也。直，正也，言首爲一體之正。特牲饗尸時，尸執鉶南之奠，祝設辭以饗之，尸遂祭、啐，是相饗之也。尸嘏主人，欲使長久廣大也。」方氏曰：「倞，强也。『索祭祝於祊』，於正祭之後，而又索焉，非强有力者不能如此。首，謂升首也。首犆而直，支偶而曲，故曰直也。以其直，故得特達以升於室焉。相，謂相尸也。坐則有妥，食則有侑，入或逆之，升或延之。凡爲此者，心鄉之而欲神饗之也。福而有嘏之義，中庸言大德得禄、壽，得壽故長，得禄故大，故曰『嘏，長也，大也』。尸，神象也。神隱而尸陳，故曰『尸，陳也』。」〇軾按：洪範，富爲五福之一。富，饒也，盛也。品物富饒，儀禮富盛，主人以富致祭祖考，祖考報之以饒盛之福，故曰「富也者，福也」。

毛、血，告幽全之物也。告幽全之物者，貴純之道也。血祭，盛氣也。祭肺、肝、心，貴氣主也。

鄭氏曰：「幽，謂血也。純，謂，中外皆善。氣主，氣之所舍也。周祭肺，殷祭肝，夏祭心。」孔氏曰：「毛血，謂祝初薦毛血於室時也。血告幽，毛告全。幽者，言牲體肉裏美善。全者，言牲體外色完具。血祭，是堂上制祭後，又薦血腥時也。血是氣之所舍，故云『盛氣』。肺、肝、心並爲氣之宅，祭時先用之，是貴之也。三者非即氣，故云氣之主也。」陸氏曰：「凡物内幽則血善，外全則毛美。幽非止血也，全非止毛也，以毛血告之而已。」陳氏集注：「血由氣滋，死則氣盡而血枯，故血祭者，所以表其氣之盛也。」〇軾按：牲，生也。盛氣，猶言生氣，謂新殺也。物之生以肺、肝、心爲主，三者一有壞損則死矣，故曰「氣主」也。

祭黍稷加肺，祭齊加明水，報陰也。取膟膋燔燎、升首，報陽也。齊，才細切。膟，音律。膋，音聊。燎，凌弔切。

鄭氏曰：「祭黍稷加肺，謂綏祭也。齊，五齊也。明水，司烜所取於月之水也。五齊加明水，則三酒加玄酒也。膟膋，腸間脂也，與蕭合燒之，亦有黍稷也。」孔氏曰：「尸既坐，綏祭之時，祭黍稷，兼肺而祭，故云『加肺』。正祭之時，陳列五齊之尊，上又加明水之尊，故云『祭齊加明水』也。肺是五臟在内，水屬北方，皆陰類。形魄歸地爲陰，以陰物祭之，故云『報陰』也。朝踐時，祝取膟膋燎於爐炭，入以告神於室，出以綏於主前，又升首於室。至薦熟時，祝更取膟膋及蕭與黍稷合燒之。膟膋、黍稷並是陽氣之物，首是牲體，亦是陽。魂氣在天爲陽，以陽物祭之，故云『報陽』也。」陸氏曰：「『祭黍稷加肺』，少牢所謂『上佐食取黍稷，下佐食取肺，尸受，同祭於豆』是也。『祭齊加明水』即此所謂『明水涚齊，貴新也』，鄭氏謂『五齊加明水，三酒加玄酒』，則讀加爲尚之誤也。報陰當朝踐之節，報陽當饋食之節。報陰用明水，則報陽用明火可知。肺内而在上，首外而在上。」

明水涚齊，貴新也。凡涚，新之也。其謂之明水也，由主人之潔著此水也。涚，始鋭切。

鄭氏曰：「涚，猶清也。五齊濁，泲之使清，謂之涚齊。及取明水，皆貴新也。」○軾按：水取乎明，齊取乎涚，皆所以新之。謂之明者，以主人之潔誠藉此著見。可知齊之涚，亦以表潔也。

君再拜稽首，肉袒親割，敬之至也。敬之至也，服也。拜，服也。稽首，服之甚也。肉袒，服之盡也。稽音啓。

鄭氏曰：「割，解牲體。」孔氏曰：「再拜稽首、肉袒，是恭敬之至。極恭敬之至，乃是服順於親也。」方氏曰：「袒則肉露，故謂之『肉袒』，所以致親割之勞。以人君之尊，而服勞如此，所以爲敬之至。服屈服於神，故曰『敬之至也，服也』。詩言『勿翦勿拜』，而以拜爲屈，故曰『拜，服也』。拜下兩手而已，稽首則首至地焉，故曰『稽首，服之甚也』。首雖至地，又未若肉袒之勞焉，故曰『肉袒，服之盡也』。」

祭稱「孝孫」、「孝子」，以其義稱也。稱「曾孫某」，謂國家也。祭祀之相，主人自致其敬，盡其嘉，而無與讓也。

鄭氏曰：「孝孫、孝子，謂事祖、禰。曾孫某，謂諸侯事五廟也。於曾祖以上，稱『曾孫』而已。相，謂詔侑尸也。嘉，善也。」孔氏曰：「義，宜也。事祖禰宜孝，是以義而稱孝孫、孝子。國，謂諸侯。家，謂卿大夫。既有國家之尊，不但祭祖、禰而已，更祭曾祖以上也。唯稱曾孫，言己是曾重子孫也。熊氏曰：『祭稱孝孫，對祖爲言。稱孝子，對禰爲言。稱國家，則兼諸侯及大夫。鄭注直云諸侯，略也。』庾氏曰：『賓主之禮，相告以揖讓之節。祭祀之禮，則是主人自致其敬、盡其嘉，故詔侑尸者，不告尸以讓，是其無所與讓也。』」陸氏曰：「按少牢饋食曰『孝孫某』，則祭稱孝子孝孫名。今略之，外事稱『曾孫某』，故曰『謂國家也』。據『告於皇天、后土，所過名山、大川，曰惟有道曾孫周王發』。」方氏曰：「某，名之也。於曾孫曰某，則孝子、孝孫從可知矣。」

腥、肆、爓、腍祭，豈知神之所饗也？主人自盡其敬而已矣。 肆，敕歷切。腍，而審切。

孔氏曰：「肆，剔也。言祭或進腥體，或薦解剔，或進湯沈，或薦煑熟。四種之薦，豈知神適所饗耶？正是主人自盡敬心，求祭之心不一爾。」方氏曰：「凡牲解而生之之謂腥，體而陳之之謂肆，爓而未腍之謂爓，熟而爲殽之謂腍。熟謂之腍，若禾之稔也。」

舉斝、角，詔妥尸。古者尸無事則立，有事而后坐也。尸，神象也。祝，將命也。斝，古雅切。妥，它上聲。

鄭氏曰：「妥，安坐也。尸始入，舉奠斝若奠角，將祭之，祝則詔主人拜安尸，使之坐。尸即至尊之坐，或時不自安，則以拜安之也。天子奠斝，諸侯奠角。」孔氏曰：「斝、角，爵名也。饋食薦孰之時，尸未入，祝先奠爵於鉶南。尸入，即席而舉之。詔，告也。尸始即席舉斝、角之時，未敢自安，祝告主人拜尸，使安坐，是『詔妥尸』也。古，夏時也。夏立尸，唯有飲食之時乃坐，若無事則倚立。」〇軾按：古者立尸，今坐尸，慮尸之不自安也，故拜而妥之。尸，神象也。尊之，故妥安其坐。必祝詔之者，祝所以道達主人及神之辭令也。

縮酌用茅，明酌也。醆酒涚於清，汁獻涚於醆酒，猶明、清與醆酒於舊澤之酒也。醆，側産切。汁，之十切。獻，注讀莎，素何切，又如字。澤，注音亦。

鄭氏曰：「縮酌用茅，謂泲醴齊以明酌也。周禮曰：『醴齊縮酌。』五齊，醴尤濁，和之以明酌，泲之以茅，縮去滓也。明酌者，事酒之上也，名曰明者。事酒與今之醳酒皆新成也。酌，猶斟也[一]，行酒亦謂酌。醆酒涚於清，謂泲醆酒以清酒也。醆酒，盎齊。盎齊差清，和之清酒，泲

〔一〕「猶」，原作「酒」，據禮記鄭注改。

之而已。沸盎齊必和以清酒者，皆久味相得。汁獻涚於醆酒者，沸秬鬯以醆酒也。獻，讀當爲『莎』。秬鬯者，中有煮鬱，和以盎齊，摩挲沸之，出其香汁，因謂之汁莎。不以三酒沸秬鬯者，秬鬯尊也。澤，讀爲『醳』。舊醳之酒，謂昔酒也。沸清酒以舊醳之酒者，爲其味厚腊毒也。」孔氏曰：「縮，沸也。酌是斟酌。醴齊既濁，沸而後可斟，故云『縮酌』。先用明酌和此醴齊，然後用茅沸之。三酒：一曰事酒，二曰昔酒，三曰清酒。三酒之中，事酒尤濁。五齊之内，醴齊尤濁。醆酒清於醴齊，清酒又清於事酒，故以事酒沸醴齊。明，謂事酒之清明者也。事酒，謂爲事而新作者。醳是和醳醞釀之名，即今卒造之酒。故云『皆新成也』。盎齊差清，先和以清酒而後沸之，不用茅也。周禮云『盎齊涚酌』，盎齊既清，作之必久，清酒冬釀，接夏而成，故云『久味相得』也。此記不言五齊，獨舉醴、盎二齊者，以司尊彝説時祭二齊三酒與鬱，故記者釋之。既以事酒沸醴齊，清酒沸盎齊，則沸秬鬯亦應用二酒，今乃用盎齊者，秬鬯尊，故用五齊沸之。五齊卑，故用三酒沸之也。古禮廢亡，恐人不知沸醴齊以明酌，沸醆酒以清酒，沸汁莎以醆酒之意，故記者云『猶若今時明、清、醆酒沸於舊醳之酒也』。舊醳之酒，作雖久成，比清酒爲薄，故用此沸清酒。清酒冬釀夏成，其味厚也。」方氏曰：「周官司尊彝『鬱齊獻酌，醴齊縮酌，盎齊涚酌』，王氏謂：『縮酌，以茅縮而後酌也；涚酌，以酒涚而後酌也；鬱齊，不縮也；獻之而已，故曰獻酌。』此言『縮酌用茅』，即『醴齊縮酌』是也。縮，謂沸去滓也，與盈縮之縮同。有所取則盈，有所去則縮也。酌，謂酌取酒以獻也。必用茅者，以茅之爲物潔白順直也。縮之則清而明，故曰『明酌』也。盎齊曰醆酒，盎，以所造之器言；醆，以所酌之器言。汁獻涚於醆酒，即『鬱齊獻酌』是也，以煑鬱金汁和之，故曰汁；以獻之而不縮，故曰獻。汁言其物也，獻言其事也。鬱齊用灌，亦曰獻者，以居九獻之首，故通謂之獻，祭統曰『獻之屬莫重於祼』。醴齊必縮之者，以其尤濁，故必縮去其滓也。醆酒不若醴齊之濁，故以清酒涚之而已。汁獻尤不若醴齊之濁，故以醆酒涚之而已。涚之亦明矣，然不若縮之爲尤明，故於用茅言『明酌』也。齊酒不止於此三者，以祼事用鬱齊，朝事用醴齊，饋食用盎齊，尊彝之所實、宗廟之所用，常祀不過於此，故指是言之。此皆古禮，後世以舊澤之酒涚清、醆酒而明之，其理則同。」○軾按：涚，攙和使清也。涚則可不縮，縮則無事涚矣。然涚之清，必不如縮，故贊曰『明酌』也。注疏解不如方氏、王氏論較順。獻讀如字尤當。

祭有祈焉，有報焉，有由辟焉。辟，讀爲弭。

鄭氏曰：「祈，猶求也，謂祈福祥、求永禎也。報，謂若獲禾報社。由，用也。辟，讀爲『弭』，謂弭灾兵、遠罪疾也。」方氏曰：「欲彼之有予也，故有祈以求之，若噫嘻祈穀於上帝、載芟祈社稷之類是也。因彼之有施也，故有報以反之，若豐年秋冬報良耜、秋報社稷之類是也。慮彼之有來也，故有辟以去之。若月令之磔攘、開冰，而用桃弧、棘矢以辟去不祥之類是也。於辟言由者，以非祭之常，或有因而用之也。」

黄目，鬱氣之上尊也。黄者，中也；目者，氣之清明者也。言酌於中而清明於外也。

鄭氏曰：「黄目，黄彝也，周所造，於諸侯爲上也。」孔氏曰：「黄彝，以黄金鏤其外以爲目，因取名也。貯鬱鬯酒，故云『鬱氣』。祭祀時，列之最在諸尊之上也。黄是中方色，目是氣之清明者。酒在尊中而可斟酌，示人君慮祭事，必斟酌盡於中也。目在尊外而清明，示人君行祭，必外盡清明潔凈也。」方氏曰：「目之精，水也；其光，火也。水爲體，故其氣清；火爲用，故其氣明。玉藻言：『視容清明。』黄流在中而以瓚酌之，『酌於中』也。直達於外，『清明於外也』。」澄曰：「六彝之次，虎彝、蜼彝、雞彝、鳥彝、斝彝、黄彝。黄彝乃六彝之最下者，而在六尊之上，故曰『上尊』。鄭氏云：『於諸侯爲上。』陸氏云：『尊先大，彝先小。』」

恒豆之菹，水草之和氣也；其醢，陸産之物也。加豆，陸産也；其醢，水物也。籩豆之薦，水土之品也。不敢用常褻味而貴多品，所以交於神明之義也，非食味之道也。菹，争居切。醢，音海。

鄭氏曰：「此謂諸侯也。天子朝事之豆，有昌本、麋臡、茆菹、麇臡；饋食之豆，有葵菹、蠃醢、豚拍、魚醢；其餘則有雜錯。」孔氏曰：「恒豆，謂朝事及饋食恒常所薦之豆。所盛之菹，是水草和美之氣，若昌本、茆菹是也。其所盛之醢，陸地所産之物，若麋臡、麇臡是也。加豆，謂祭末酳尸之後，其菹，陸地産生之物，若葵菹、豚拍之屬是也。所盛之醢，用水中之物，若蠃醢、魚醢是也。『謂諸侯』者，以其與周禮天子豆物不同也。前唯言豆，後連言籩者，籩是配豆之物，所盛亦有水土所生也。所薦之物，不敢用常褻美味，貴其多有品類，言物多而味不美也。所以交接神明之義，取恭敬質素，非如人事飲食美味之道也。」

先王之薦，可食也，而不可耆也；卷冕、路車，可陳也，而不可好也；武壯，而不可樂也；宗廟之威，而不可安也；宗廟之器，可用也，而不可便其利也。所以交於神明者，不可以同於所安樂之義也。耆，時至切。卷，音袞。好，去聲。樂，音洛。

孔氏曰：「祭祀薦羞，質而無味，不可耆也。袞冕、路車尊嚴，不可常乘服，以爲榮好也。武是萬舞大武，以示勇壯之容，不可常娱樂也。宗廟尊嚴肅敬，不可寢處其中以自安。宗廟之器，共事神明，不可因便以爲私利。」

祭天，埽地而祭焉，於其質而已矣。醯醢之美，而煎鹽之尚，貴天産也。割刀之用，而鸞刀之貴，貴其義也，聲和而后斷也。醯，呼兮切。斷，丁亂切。

孔氏曰：「餘物皆人功和合爲之，鹽則天産自然，故云『貴天産也』。煎，煉治之也。設之於醯醢之上，故云『尚』。割刀之用，必用鸞刀，貴其聲和之義，取其鸞鈴之聲，宫商調和，而后斷割其肉也。」

酒醴之美，玄酒、明水之尚，貴五味之本也；黼黻文繡之美，疏布之尚，反女功之始也；莞簟之安，而蒲越、稾鞂之尚，明之也；大羹不和，貴其質也；大圭不琢，美其質也；丹漆雕幾之美，素

車之乘，尊其樸也，貴其質而已矣。所以交於神明者，不可同於所安褻之甚也，如是而后宜。

莞，音官。簟，大點切。越，音活。藁，古老切。鞂，簡八切。和，去聲。琢，注音篆，丈轉切。幾，巨依切。乘，去聲。

鄭氏曰：「尚質貴本，其至如是，乃得交於神明之宜也。明水，司烜以陰鑑所取於月之水也。蒲越、藁鞂，藉神席也。明之者，神明之也。琢，當爲『篆』字之誤也。幾，謂漆飾沂鄂也。」孔氏曰：「玄酒，謂水也。陳列酒尊之時，明水在五齊之上，玄酒在三酒之上。冪人云『疏布冪八尊』，禮器云『犧尊疏布冪』，是疏之尚也。凡常所居，下莞上簟，祭天則蒲越、藁鞂之尚，是神明矣。雕，謂刻鏤。言常車以丹漆雕飾之爲沂鄂，而祭天乘素車者，尊其樸素、貴其質而已矣。此一句包上酒醴以下諸事言，祭祀之時，不重華飾，唯質素而已，以其交接神明不可同於尋常身所安褻之甚也。尚質尚儉如是，而後得交神明之義。」方氏曰：「夫味以淡爲本，感於鹹，作於酸，化於苦，窮於甘，變於辛。玄酒明水，則淡而無味，故曰『貴五味之本也』。黼作斧形，其色則白與黑；黻則兩巳相背，其色則黑與青。『青與赤謂之文，赤與白謂之章』，以天地之文，作於東南，成於西南故也。繢，五采所會；繡，五采所刺，言文則章可知，言繡則繢可知，是皆色之美者也。布之精者升多而密，粗者升少而疏，女功之作始於粗，久而後至於精，故楊雄曰：『霧縠之組麗，女工之蠹矣。』以疏布之尚，故曰『反女工之始也』。『明之也』者，謂其潔著之也。若玄酒、明水之類，莫非明之也，於蒲越、藁鞂言之者，以其無餘義故也。味之貴者莫如淡，大羹則以淡爲質而已。物之美者莫如玉，大圭則以玉爲質而已。『素車之乘』，即前所謂『乘素車』是也。尊無非貴也，樸無非質也，故下總而言之，則曰『貴其質而已』。前曰『不可同於所安樂之義』，此曰『不可同於所安褻之甚』，樂猶有義焉，褻則甚矣。」

右記祭禮所用器物之義，凡一節。

郊特牲而社稷大牢。

孔氏曰：「天神至尊，無物可稱，故用特牲。郊與配主皆特牲。社稷功及於人，人賴其功，故以大牢報祭，其牲則黝色。」

〇天子適諸侯，諸侯膳用犢。諸侯適天子，天子賜之禮大牢。貴誠之義也。故天子牲孕弗食也，祭帝弗用也。

孔氏曰：「天子巡狩至諸侯之國，諸侯至膳於天子則用犢。諸侯朝天子，天子賜之禮則用大牢。郊之特牲，亦犢也。」鄭氏曰：「犢者，誠慤未有牝牡之情。孕，任子也。」周氏曰：「諸侯膳天子以特牲，天子禮諸侯以大牢者，但以貴誠爲主。蓋諸侯以事天者而事天子，則足以崇其道；天子以禮社稷者禮諸侯，則足以責其功也。誠者，純一而未散者也。牲孕則散矣，故天子弗食，而祭帝弗用也。」

○大路繁纓一就，先路三就，次路五就。繁，步干切。

鄭氏曰：「此因上以少爲貴，禮器言『次路七就』，與此乖，字之誤也。」孔氏曰：「殷三路，猶質。對次路，故稱『先路』。每加以兩，故次路五就。禮器非加兩之差，故鄭知爲誤也。」陳氏曰：「禮器與郊特牲言大路繁纓一就則同，其言次路繁纓五就、七就則不同者，先王之路，降殺以兩，反此而加多焉，蓋亦以兩而已。大路一就，先路三就，次路有五就、七就者矣。書言次路，以兼革、木二路，則殷之次路五就、七就，庸豈一車耶？鄭氏以七就爲誤是過論。」

右記祭禮貴誠賤物等義，凡三節。

郊血，大饗腥，三獻爓，一獻孰。至敬不饗味而貴氣臭也。

孔氏曰：「『至敬不饗味而貴氣臭』，解『郊血』義。血，氣也。夫孰食有味，人道褻近，事天宜極，故用血，是貴氣而不貴味也。宗廟敬降於天，故用腥，腥稍近味。社又降於宗廟，用爓，爓又稍近味。」鄭氏曰：「禮以全於天者爲尤厚，近於天者爲差厚；以近於人者爲差薄，全於人者爲尤薄。血者，全於天者也；腥者，近於天者也。爓者，近於人者也；孰者，全於人者也。郊與大饗，常重於三獻之禮，豈非至敬不饗味而貴氣臭哉？」方氏曰：「一獻孰，則饗味矣，非不敬也，特不若血、腥、爓之爲至爾。」

○諸侯爲賓，灌用鬱鬯，灌用臭也。大饗尚腶修而已矣。 腶，丁煥切。

孔氏曰：「灌，猶獻也。謂諸侯來朝，在廟中行三享竟，然後天子以鬱鬯酒灌之也。鬱鬯是臭，故云『用臭』也。此亦明貴氣之禮。諸侯行朝享，及灌以後，而天子饗燕食之。上公則三饗、三食、三燕，侯伯則再饗、再食、再燕，子男則一饗、一食、一燕。其行饗之時，雖設大牢之饌，先薦腶脩於筵前，然後始設餘饌，故云『尚腶脩』。此亦明不饗味之義也。」鄭氏曰：「大饗，饗諸侯，亦不饗味也。」

○大饗，君三重席而酢焉。三獻之介，君專席而酢焉。此降尊以就卑也。 重，直龍切。酢，才各切。

方氏曰：「禮器言『諸侯之席三重』，兩君相見則其體相敵，故其席如其數而不必增損焉。至於它國之卿來聘，而大夫爲之介焉。位雖臣也，命則君也；名雖介也，禮則客也。其文雖殊，其義則相敵。故主君之受酢也，降重席之尊，而不與之異；就專席之卑，而必與之同也。」陳氏曰：「周官天子之席，不過三重；諸侯之席，止於二重。則君之席三重者，是殷制也。蓋夏、殷之文，雖不及於周之盛，而禮之數有多於周制，則周於夏、殷之席，蓋益其文而損其數耳。」澄曰：「按大饗有三，禮異名同。大饗腥，謂大祫先王先公也；大饗尚腶脩，天子饗諸侯也；大饗君三重席而酢，諸侯相饗也。饗先王先公謂之大者，以大祫毀廟之主畢陳，比時祫、時祭止及親廟者，則爲大也。饗諸侯謂之大者，言天子饗元侯之禮盛，比常時饗耆老、孤子、卿大夫、群臣等則爲大也。故三者皆名爲大饗。」

右記祭禮貴氣賤味等義，凡三節。

饗、禘有樂，而食、嘗無樂，陰陽之義也。凡飲，養陽氣也；凡食，養陰氣也。故春禘而秋嘗，春饗孤子，秋食耆老，其義一也。飲，養陽氣也，故有樂。食，養陰氣也，故無聲。凡聲，陽也。禘，當讀爲「禴」。食，音嗣。

孔氏曰：「饗，謂春饗孤子。禘，謂春祭宗廟。以其在陽時，故有樂。食，謂秋食耆老，嘗，謂秋祭宗廟。以其在陰時，故無樂。無樂爲陰，有樂爲陽，此陰陽之義也。飲是清虛，養陽氣；食是體質，養陰氣。禘、饗在春爲陽，食、嘗在秋爲陰。禘、嘗同是追慕，饗、食同是賞功，其事無殊，故云『一』也。『飲，養陽氣。食，養陰氣』，覆釋上文。陽時爲饗，則有樂，故知凡聲是陽也。依禮，三代無春禘之文，周則春曰祠，王制夏、殷之禮『春曰禴』，此篇所論夏、殷禮也。舉春見夏，舉秋見冬，若周則四時祭皆有樂。按王制夏后氏養老以饗禮，則用春時，有樂，無秋食之禮；殷人養老以食禮，而秋時不作樂，無春饗之禮；周人脩而兼用之，則養老春夏用饗禮，秋冬用食禮，四時皆用樂。」陳氏曰：「食、嘗無樂，蓋非殷、周之制。」周氏曰：「考於商頌、周官，則食、嘗未有不用樂者，豈非夏之制與？」○軾按：「凡飲」以下，推明陰陽之義。饗、食、禘、嘗，其義無二，而有用樂不用樂之分者，以飲食别陰陽，而凡聲皆陽故也。止言飲食者，禘、嘗祀祖考，祖考之氣即天地陰陽之氣，顯而易見，不待言也。又按禘當作「禴」，夏、殷禮也。禴，礿也；礿，薄也。春物未成，祭品不具，宗廟之祭，主於灌、獻而已。秋則百物成，主於食，故曰嘗。是禘、嘗亦飲食也。孤子，死事者之子孫。

樂由陽來者也，禮由陰作者也，陰陽和而萬物得。

孔氏曰：「陽，天也。天以氣化，故作樂象之。樂以氣爲化，是樂由陽來也。氣化，謂五聲八音。陰，地也，地以形生，故制禮象之。禮以形爲教，是禮由陰作也。形教，謂尊卑、大小、拜伏之事。和，猶合也。得，謂各得其所也。禮樂由於天地和合，則萬物得其所也。」澄曰：「此因上文『凡聲，陽也』而言。」

○賓入大門而奏肆夏，示易以敬也。卒爵而樂闋，孔子屢歎之。奠酬而工升歌，發德也。歌者

在上，匏竹在下，貴人聲也。

孔氏曰：「此論朝聘之賓及己之臣子有王事勞者，設燕饗之禮，奏樂之節。說義行燕禮而入寢門，行饗禮而入廟門，則奏肆夏以進賓，蓋周頌肆夏詩有『式序在位。莫不震疊』之文，樂賓而作此詩，蓋示和易中有嚴敬之節。賓主交錯之時，寓堂陛森嚴之意也。賓主獻酬而樂作，及卒爵而樂闋。作止有節，和樂不流，是宜夫子嘆美之也。主人復酬賓，奠此酬爵之時，樂工升堂而歌清廟之詩。蓋闡揚文王道德所在，而因以發賓主好德之心，如聽雍雍之歌，發主之仁德，聽肅肅之歌，發賓之義德也。」陳氏曰：「『示易以敬』者，所謂示情也。『發德』者，示德也。『匏竹在下』，所謂示事也。古之君子，不必親相與言，以禮樂相示而已。孔子之屢歎，固不止於卒爵樂闋，言卒爵樂闋而繼之以屢歎者，舉中以明上下也。然哀公問言『入門而金作』，則不止於肆夏，言升歌則止於清廟，言下管則主於象。此言入門而奏，則止於肆夏，言升歌則不止於清廟，言匏竹則不止於象。何也？蓋哀公所言者大饗之禮，此則兼燕禮而言之，是以詳略不同也。」○軾按：曰「入大門」，謂樂自此始也。曰「屢歎」，則始終該之矣。「樂闋」云者，猶言關雎之亂也。此二句當在「貴人聲也」之下。

○旅幣無方，所以别土地之宜，而節遠邇之期也。龜爲前列，先知也；以鍾次之，以和居參之

也；，虎豹之皮，示服猛也；，束帛加璧，往德也。別，彼列切。

鄭氏曰：「旅，衆也。邇，近也。鍾，金也。獻金爲作器，鍾其大者。以金參居庭實之間，示和也。」孔氏曰：「幣，庭實也。衆國貢獻幣物，非止一方，故云『無方』。五方各殊，所出有異，所以分别土地所生之宜。六服有遠近，所貢之屬，各有期也。龜以下即『旅幣無方』之事。龜是靈知之物，陳之最在前。陳金則次於龜後，不謂之金而謂之鍾者，貢金以供王之鑄器，器莫大於鍾也。金性柔和，從時變革。前龜後幣帛，金厠居龜帛之中，故云『參之』。虎豹是威猛之獸，今得其皮來列在庭，表示君臣之德能服四方之威猛者也。玉以表德，今將玉加於束帛或錦繡黼黻之上，是表往歸於德也，謂主君有德而往歸之。此一節朝聘庭實之物。」

〇覲禮，天子不下堂而見諸侯。下堂而見諸侯，天子之失禮也，由夷王以下。

鄭氏曰：「不下堂見諸侯，正君臣也。夷王時微弱，不敢自尊於諸侯。」

〇天子無客禮，莫敢爲主焉。君適其臣，升自阼階，不敢有其室也。大夫而饗君，非禮也。大夫彊而君殺之，義也，由三桓始也。阼，才路切。

鄭氏曰：「天子無客禮，君適臣升自阼階，臣不敢有其室，明饗君非禮也。大夫饗君，由彊且富也。」孔氏曰：「春秋莊二十一年『鄭伯饗王於闕西辟』，則諸侯饗天子，亂世非正法。臣既不敢爲主，不敢有其室，大夫富彊專制召君而饗之，則干國亂紀，殺之，是銷絶惡源，得其義也。公子慶父、公子牙、公子友，皆莊公弟，桓公子也。牙欲立慶父，季友以君命酖之。慶父弑二君，奔莒，季友以賂求之於莒，莒人歸之，及密，使公子魚請，不許，乃縊。案三桓之前，齊有無知，衛有州吁，宋有長萬，皆以彊盛作亂被殺。而云『由三桓始』者，據魯而言。三桓之後，若襄仲、季孫意如，雖彊，君不能殺，據時有能殺者言之。」

○爲人臣者無外交，不敢貳君也。朝覲，大夫之私覿，非禮也。大夫執圭而使，所以申信也；不敢私覿，所以致敬也。而庭實私覿，何爲乎諸侯之庭？朝，音潮。覿，大曆切。使，去聲。

鄭氏曰：「私覿，是外交也。其君親來，其臣不敢私見於主國君。以君命聘，則有私見。」孔氏曰：「朝覲，謂君親往鄰國行朝覲之禮。大夫爲人之臣，既無外交，唯專一事君，從君而行，不敢貳心於它君，所以不行私覿之禮。按聘禮臣出使，有私覿，謂大夫受命執圭，專使鄰國，則可私覿，所以申己之誠信也。若從君而行，不敢私覿，所以致敬於己君也。當周衰之後，有臣從君而行，設庭實，私覿於主國之庭，作記者譏其與君無别。」

○庭燎之百，由齊桓公始也。大夫之奏肆夏也，由趙文子始也。

鄭氏曰：「庭燎之差，公蓋五十，侯、伯、子、男皆三十。百，僭天子也。肆夏，僭諸侯也。趙文子，晉大夫，名武。」孔氏曰：「庭中設火，以照燎來朝之臣夜入者，因名火爲庭燎。百者，作百炬列於庭也。天子百燎，齊桓僭用，後世襲之。大射禮燕饗，諸侯納賓奏肆夏，文子亦奏之，此謂納賓樂也。」

右記祭禮有樂無樂等義，凡七節。

諸侯之宫縣，而祭以白牡，擊玉磬，朱干設錫，冕而舞大武，乘大路，諸侯之僭禮也。 縣，音玄。錫，音陽。

鄭氏曰：「宫縣，四面縣也。干，盾也。錫，傅其背如龜也。武，萬舞也。白牡、大路，殷天子禮。」孔氏曰：「天子宫縣，諸侯唯軒縣，乃今宫縣；諸侯祭用時王牲，今用白牲；諸侯擊石磬，今擊玉磬；諸侯得舞大武，但不得朱干設錫，冕服而舞；諸侯合乘時王車，今乃乘殷之大路。並是僭禮。明堂位云：『祀周公於大廟，牲用白牡。孟春乘大路。』祭統云：『朱干玉戚，冕而舞大武。』皆天子禮樂，特賜周公，魯唯周公廟得用之。若用於它廟及它國諸侯非二王之後，祀受命之君而用之，皆爲僭也。詩云『鏤錫』，錫以金飾，謂用金琢傅其盾背，外高如龜背也。」

臺門而旅樹，反坫，繡黼丹朱中衣，大夫之僭禮也。坫，丁念切。繡，注音消。

鄭氏曰：「旅，道也。屏謂之樹，樹所以蔽行道。管氏樹塞門，塞猶蔽也。禮，天子外屏，諸侯内屏，大夫以簾，士以帷。反坫，反爵之坫也，蓋在尊南。兩君相見，主君既獻，反爵於是。繡黼丹朱，以爲中衣領緣也。繡，讀爲綃。綃，繒名也。詩云『素衣朱綃』，又云『素衣朱襮』，襮，黼領也。」孔氏曰：「臺門者，兩邊起土爲臺，臺上加木曰臺門。樹，立也。坫以土爲之。中衣，謂冕及爵弁之中衣，以素爲之，繡黼爲領，丹朱爲緣。又五色備曰繡，白與黑曰黼，繡、黼不得共爲一物，故以繡爲綃，謂於綃上刺黼文也。按禮，公之孤四命，則爵弁自祭。天子大夫四命，亦當爵弁自祭。則中衣得用素，但不得繡黼爲領、丹朱爲緣耳。」

故天子微，諸侯僭；大夫彊，諸侯脅。於此相貴以等，相覿以貨，相賂以利，而天下之禮亂矣。

鄭氏曰：「言僭所由。」孔氏曰：「『相貴以等』，謂臣下不畏懼於君，而擅相尊貴以等列。『相覿以貨』者，大夫私相覿以貨賄，不辟君也。」馬氏曰：「諸侯之僭，由天子之微；諸侯之見脅，由大夫之彊也。天下以勢利相尚，不奪則不饜其所欲，此天下之禮所以亂。」

○諸侯不敢祖天子，大夫不敢祖諸侯，而公廟之設於私家，非禮也，由三桓始也。

鄭氏曰：「魯以周公之故，立文王之廟。三家見而僭焉，仲孫、叔孫、季孫氏皆立桓公廟。」

○天子存二代之後，猶尊賢也。尊賢不過二代。

鄭氏曰：「過之，遠難法也。二或爲『三』。」孔氏曰：「天子繼世而立，子孫以不肖滅亡，見在子孫，又無功德，仍須存之。所以爲二代之後者，猶尊尚其往昔之賢，取其法象。但代異時移，今古不一，若皆法象先代，則不可盡行。故所尊之賢，不過取二代而已。若過之，遠難爲法也。左氏説周家封夏、殷二王之後，命使郊天，祭其始祖受命之王，自行其正朔服色。恪則敬也，敬其先聖而封其後。」通典唐天寶二恪二王後議曰：「一云『二王之前，更立三代之後爲三恪』。此據樂記武王克商，未及下車封黄帝、堯、舜之後；及下車，封夏、殷之後。通已用六代之樂。一云『二王之前，但存一代，通二王爲三恪』。此據左傳云『封胡公以備三恪』，明王者所敬先王有二，更封一代以備三恪。存三恪者，所敬之道不過於三，以通三正。梁崔靈恩云：『初説爲長。何者？禮記郊特牲云：「存二王之後，尊賢不過二代。」又詩云二王之後來助祭。又春秋公羊説曰：「存二王之後，所以通三正。」以上皆無謂二王之後爲三恪之文。若更立一代通備三恪者，則非不過二代之意。左傳云「封胡公以備三恪」者，謂上同黄帝、堯、舜，下同夏、殷，爲三恪也。』按二王三恪，經無正文。崔靈恩據禮記武王之封，遂以爲通存五代，竊恐未安。今據二代之後，即謂之二王；三代之後，即謂之三恪。且武王所封，蓋以堯有則天之大，人莫能名；黄帝列序星辰，正名定物，自以功濟萬代，師範百王。故特封其後。偶契三二之數，非歷代通法。故記云『尊賢不過二代』，示敬必由舊，因取通己爲三正也。其二代之前，第三代者，雖遠難師法，豈得不録其後？故亦存之，示敬其道而已，因謂之三恪。故左傳云『封胡公以備三恪』，足知無五代也。况歷代至今，皆以三代爲三恪焉。」眉山孫氏曰：「立前代之後以統承先王者，自古有此法也。有虞氏之時，棄爲高辛之後，故得祭天，詩謂『后稷肇祀』是也。丹朱爲唐堯後，作賓於虞，書謂『虞賓在位』是也。至夏后時，則丹朱、商均之子孫皆爲二王後。湯爲夏氏立後，經傳雖不載，然有商之興，固當以禹之裔爲二王後矣。周則封微子於宋，至封舜後於陳，封東樓公於杞，亦必因成湯封舜、禹之後於陳、杞，可以推知。」陸氏曰：「猶之言可以已也。雖可已猶如此，厚之至也。雖厚又惡大過，故不過二代。」○軾按：凡受命爲天子，必封前二代之後，使得自行其禮樂正朔，以爲本朝法，故曰「尊賢」也。二代之前，豈不可尊？然世遠不能盡法。周封虞後，商封唐後，封之而已，不存其禮樂正朔也。

○諸侯不臣寓公，故古者寓公不繼世。

孔氏曰：「喪服傳云：『寄公者何也？失地之君也。』或天子削地，或被諸侯所逐，皆爲失地。不臣者，不敢以寄公爲臣也。」方氏曰：「失地之君，諸侯所以不臣之者，以其嘗爲南面之君故也。然以失地則其賢不足尊也，故古者不使之繼世。」

○君之南鄉，答陽之義也。臣之北面，答君也。鄉，去聲。

馬氏曰：「君者，兼天子諸侯而言。」

○大夫之臣不稽首，非尊家臣，以辟君也。辟，音避。

方氏曰：「九拜以稽首爲先，首至地，禮之隆也。」

○大夫有獻弗親，君有賜不面拜，爲君之答己也。爲，云僞切。

孔氏曰：「大夫有物獻君，使人獻之，不親來獻。君有物賜大夫，大夫不面自來拜。」鄭氏曰：「不面拜者，於外告小臣受以入也。」

右記祭禮之僭等義，凡七節

孔子曰：「『三日齊，一日用之，猶恐不敬；二日伐鼓，何居？』」居，音姬。

孔氏曰：「散齊七日，致齊三日，不樂不弔。專一其心，用以祭祀，猶恐爲敬不足。於時祭者，致齊三日之中，而二日伐鼓，使祭者情散意逸，故譏而問之。」方氏曰：「家語『季桓子將祭，齊三日，而二日鐘鼓之音不絶』蓋其事矣。」

○孔子曰：「繹之於庫門内，祊之於東方，朝市之於西方，失之矣。」

鄭氏曰：「祊之禮，宜於庫門外之西室，繹又於其堂，神位在西也。此二者同時，而大名曰繹。其祭禮簡，而事尸禮大。周禮市有三期：『大市，日側而市，百族爲主。朝市，朝時而市，商賈爲主。夕市，夕時而市，販夫販婦爲主。』朝市宜於市之東偏。」孔氏曰：「繹祭當於廟門外之西，今乃于庫門内；祊當在廟門外西室，今乃于廟門外東方；朝市當於東方，謂市内近東也，今乃於市内西方。三事皆違禮，故言『失之矣』。祊是求神之名，繹是接尸之稱。求神在室，接尸在堂。室内求神，堂上接尸。一時之事，二者同時也。」

○鄉人裼，孔子朝服立於阼，存室神也。裼，音傷。

鄭氏曰：「裼，彊鬼也。」孔氏曰：「鄉人驅逐彊鬼，孔子恐廟神有驚恐，身着朝服，立於廟之阼階，存安廟室之神。朝服以祭，故用祭服以依神也。」葉氏曰：「儺有二名，儺猶禳也，以禦陰爲義，故文從難。裼讀如陽，裼猶禬也，以抗陽爲義，故文從昜。此以存室神也，故以裼爲名。鄭氏以爲彊鬼之名。誤也。」

○孔子曰：「射之以樂也，何以聽，何以射。」

鄭氏曰：「何以聽？何以射？多其射容與樂節相應也。」孔氏曰：「言何以能聽此樂節與射容相應？何以能使射容與樂節相應？善其兩事相應也。鄭注射義云：『何以？言其難也。』」馬氏曰：「射者，其容體比於禮非難，而其節比於樂爲難。蓋射必以聲而后發，發而不失其節，此君子之所難也。以其節聽之在耳而得之於心，得之於心而應之於手，其妙如此，而非可以言喻，故曰『何以』。」

○孔子曰：「士使之射，不能則辭以疾，縣弧之義也。」

鄭氏曰：「男子生而設弧於門左，示有射道而未能也。」孔氏曰：「以其未能，所以縣之。長大不得不能，不能則辭以疾，言以疾病而不能，與初生縣弧之義相似也。爲士理合能射，不能則乖於爲士之義。」

右記祭禮之失等義，凡五節。

祭義第二十三

鄭氏曰：「祭義者，記祭祀齋戒薦羞之義也。」方氏曰：「陳乎外者祭之法，存乎中者祭之義。此篇以祭義名，若冠、昏、射、燕、聘、鄉、飲酒之言義也。」澄曰：「凡儀禮，經中有其禮者，後人釋其經而謂之義。若冠義、昏義、燕義、聘義等篇是也，既别爲卷，而附儀禮經後矣。此篇雖名祭義，然是總說天子諸侯以下之祭，而儀禮正經無天子諸侯祭禮，止有卿、大夫、士祭禮三篇。此篇非引儀禮經文而釋之，故不附經後，而存諸記篇之中也。」

祭不欲數，數則煩，煩則不敬。祭不欲疏，疏則怠，怠則忘。是故君子合諸天道，春禘、秋嘗。數，色各切。

天道一歲有四時，君子取法於天道，而一時一祭，歲通有四祭。是爲不數不疏，而合於天道三月爲時之節也。方氏曰：「數疏言其時，煩怠言其事，不敬與忘言其心。」

秋霜露既降，君子履之，必有凄愴之心，非其寒之謂也。春雨露既濡，君子履之，必有怵惕之心，

如將見之。樂以迎來，哀以送往，故禘有樂而嘗無樂。淒，音妻。愴，初亮切。濡，音儒。怵，敕律切。惕，它歷切。樂，以之樂，音洛。

鄭氏曰：「霜露既降上脱秋字。」今從之。此承上文春禘秋嘗而言。陰陽往來之義，孝子各因其時而念親也。淒愴，悲慘意。怵惕，驚恐意。來，謂雨間生物長物之氣伸而來，則祖考之魂氣，亦隨之而來也。往，謂兩間收物藏物之氣屈而往，則祖考之魂氣，亦隨之而往也。履秋時霜露所降之地而悲慘者，非怯其寒而然，以祖考與造化之氣俱往，故悲其不可復留也。履春時雨露所濡之地而驚恐者，以祖考與造化之氣俱來，如將見其在此，故驚其忽有所見也。天地之氣，春來秋往，而祖考之來往與之俱。春之祭也，孝子迎其祖考之來，而樂於見之，故春禘有樂以樂之也。秋之祭也，孝子送其祖考之往，而哀其不留，故秋嘗無樂以哀之也。然澄謹按：「天子諸侯之祭，孔疏謂周禮四時祭皆有樂，殷烝嘗亦有樂。又按卿大夫士之祭，儀禮特牲饋食，少牢饋食，四時皆不用樂。此記云春有樂，秋無樂，蓋是言天子諸侯之祭，然亦不知何據，今不可考。」朱子曰：「春氣發來，人之魂魄亦動，故禘有樂以迎來。秋氣退去，乃鬼之屈，故嘗不用樂以送往。」○軾按：此節經文本明，舊注不免穿鑿。凡祭莫不哀，怵惕猶淒愴也，洋洋如在之誠。嘗猶禘也。若據舊注，是怵惕樂也而非哀矣。秋而淒愴，不必僾聞愾見矣。竊意非其寒之謂，與若將見之，互文耳。若謂孝子之淒愴怵惕者，撫時觸念，如見其親，非徒寒暑逾遷之感已也。如見者，如見其來，如其往也。故初祭而樂以迎之，祭終而哀以送之。迎之送之，正以致孝子如在之誠也。滌蕩其聲，所以求神於陽，故於迎言樂。祭將終則哀益甚，故於送言哀。其實迎來未嘗不哀，送往未嘗無樂。經特各舉其重者言之耳。末二句是古經，不知何代之禮，記禮者引之以明迎來送往之意。若謂古人嘗有樂，禘無樂者，亦只是迎來送往之故。蓋鬼神之氣，即造物之氣。春夏造物之氣至，祖考之魂氣亦至；秋冬造物之氣往，祖考之魂氣亦往，故嘗有樂禘無樂。即此可知仁人孝子之所以饗其親，實有愛則存慤則著者，非徒脩歲事之文而已。

○致齊於内，散齊於外。齊之日，思其居處，思其笑語，思其志意，思其所樂，思其所嗜。齊三日，乃見其所爲齊者。齊，側皆切。所樂，五教切。所爲，云僞切。

致齊，謂散齊以後三日齊也。於内，就齊所也。散齊，謂致齊以前七日戒也。於外，未就齊所也。居處，謂其燕坐之時。笑語，謂其貌言之發見。志意，謂其心之所主所向。所樂所嗜，謂其所好所欲之聲色臭味。孔氏曰：「此時祭前之齊，五事。先思其粗，漸思其精，故居處在前，樂、嗜居後。思念其親，精意純孰。目想之若見其所爲齊之親也。」

祭之日，入室，僾然必有見乎其位；周還出户，肅然必有聞乎其容聲；出户而聽，愾然必有聞乎其歎息之聲。僾，音愛。還，音旋。愾，開代切。

鄭氏曰：「周還出户，謂薦設時也。無尸者，闔户。若食間，則有出户而聽之。」孔氏曰：「此祭之日，孝子想念其親也。入室，謂祭之日朝，初入廟陰厭時也。僾然髣髴如見親之在神位也。出户，謂特牲少牢、主婦設豆及佐食設俎之屬是也。孝子薦俎酌獻，行步周旋。或出户，當此時，必肅肅然如聞舉動容止之聲。設薦已畢，孝子出户而静聽，愾愾然必有聞乎其歎息之聲也。案士虞禮云：『無尸則禮及薦饌皆如初。主人哭，出復位，祝闔户牖。』注云：『如尸一食九飯之頃。』彼謂虞祭無孫行爲尸者，則吉祭亦當然也。」輔氏曰：「『僾』疑與『曖』義近，不分明貌。肅，謂静而有聞也。既曰必有，又曰僾然。肅然愾然，蓋所謂如在其上，如在其左右也。」張子曰：「齊之至，則祭之日自然如此。」慕容氏曰：「前言致其深思於未祭之始，此又言祭之日也。以愛之至，則存不忘乎心，故必有以見乎其位。肅然，言思之静，則於無聲之中而有所聞。周旋出户者，以親之在此，不忍遽退，故必周旋而后出户。容聲者，思至於佩玉之時也。出户而聽愾然者，已祭出户，猶疑而聽焉，悵親之將往而不得見也，心絶志悲而已。既慨然矣，又有聞焉，則思不能忘也。歎息之聲，遠而微矣，此其所以爲誠之至也。」

是故先王之孝也，色不忘乎目，聲不絶乎耳，心志嗜欲不忘乎心。致愛則存，致慤則著。著、存不忘乎心，夫安得不敬乎！慤，苦角切。夫，音扶。

方氏曰：「色不忘乎目，常若承顔之際也。聲不絶乎耳，常若聽命之際也。愛言追念之思，慤言想見之誠。致其愛矣，親雖亡而猶存。致其慤矣，神雖微而猶著。祭如在，則怠慢之心，無自而入，故首言先王之孝，而終之以敬焉。」孔氏曰：「此覆説孝子祭時念親之事。」馬氏曰：「内焉心志嗜欲不忘乎心，故曰致愛則存，存者有在乎内也；外焉聲色不絶乎耳目，故曰致慤則著，著則有見乎外也。」山陰陸氏曰：「食則見堯於羹，坐則見堯於墻，是之謂著。」延平周氏曰：「致愛言其仁，致慤言其誠。存者亡之對，著者微之對。言致仁則能存其亡，致誠則能著其微。著與存不忘乎心，先王之所以敬也。○軾按：敬兼致愛致慤。惟敬故存著，存著則益生敬矣，故曰「安得不敬」。

○君子生則敬養，死則敬享，思終身弗辱也。君子有終身之喪，忌日之謂也。忌日不用，非不祥也，言夫日志有所至，而不敢盡其私也。養，羊尚切。

此因上文「安得不敬」，而以「養」、「享」二字，言君子終身之敬。又因「終身」二字，而以忌日一事，言君子終身之哀。輔氏曰：「一不敬則辱其親，故敬養敬享，是乃思終身弗辱也。」方氏曰：「練祥止於又期，忌日則比年有焉，故曰終身之喪，以是日志於親而有所至，故不敢盡情於它事。」○軾按：養親享親不敬，則無事而不怠肆，其辱親也必矣。夫日志有所至，謂是日哀傷之志已極也。哀傷極，自無暇及乎私，而曰不敢，爲忘哀者戒也。

○唯聖人爲能饗帝，孝子爲能饗親。饗者，鄉也，鄉之然後能饗焉。是故孝子臨尸而不怍。君牽牲，夫人奠盎，君獻尸，夫人薦豆。卿大夫相君，命婦相夫人。齊齊乎其敬也！愉愉乎其忠也！勿勿諸其欲其饗之也！鄉，許亮切。怍，才各切。盎，烏浪切。齊齊，如字。愉，羊朱切。

享饗二字，義不同而字通用，辨之不明，則易於相亂。享，獻也，祭享之享，假借亯字，謂亯孰祭物而獻之鬼神也。燕享則以飲食獻諸賓客，朝享聘享則以庭實獻諸王公，皆是享字。而亦有通用饗者，饗帝饗親之饗，謂能致神明來歆饗其祭也，從食從鄉，諧聲字也。祝辭曰「饗」曰「尚饗」，皆是饗字，而亦有通用享者。此記言祭之時，君之夫婦親之，臣之夫婦相之，致極其敬與忠者，孝子專一心以鄉其親，而欲其親之歆饗也。鄭氏曰：「能饗帝能饗親，謂祭之能使之饗也。帝，天也，中心鄉之，乃能使其祭見饗也。色不和曰怍。奠盎，設盎齊之奠也。此時君牽牲將薦毛血，君獻尸而夫人薦豆，謂繹日也。儐尸，主人獻尸，主婦自東房薦韭菹醢。勿勿，猶勉勉，壹愛之貌。」孔氏曰：「此明孝子祭祀欲親歆饗之意。饗帝爲難，故唯聖人能之；饗親不易，故唯孝子能之。此本爲饗親而發，欲與饗帝同也。孝子歸嚮，然後能使神靈歆饗。齊齊，整齊之貌。愉愉，和悦之貌。忠謂忠心也。」山陰陸氏曰：「孝子臨尸而不怍，以尊臨卑，以老事幼。自非真以爲親，則宜有怍容。君牽牲，夫人奠盎，君獻尸，夫人薦豆，此當朝踐之節，鄭氏謂繹祭，誤也。凡祭，主人獻尸，主婦薦豆，豈特繹祭而已。」輔氏曰：「德與天同，然後能饗帝；心與親一，然後能饗親。祭祀之物，牲酒爲上，故君牽牲，敬以致其力也。夫人奠盎，敬以致其職也。君獻尸，祭以獻爲主也。夫人薦豆，以副君也。君牽之而夫人薦之，夫人奠之而君獻之，以見夫婦相須，以共成其事也。卿大夫相君，命婦相夫人。以見在上者盡其道，則在下者各致其事以相助也。內直之謂敬，盡己之謂忠。內直則外自齊，盡已則事無不順。愉愉者，順也。勿勿者，戒止之辭。戒止其它，而專心一志，以鄉乎親而冀其饗也。軾按：此節重鄉字，惟鄉然後能饗，可知饗親之不易，與享帝等。臨尸不怍，至忠也。皆言孝子之鄉親，所以然者，饗不以物而以誠。無以鄉之，欲祖考之饗可得乎？

○文王之祭也，事死者如事生，思死者如不欲生，忌日必哀，稱諱如見親，祀之忠也。如見親之所愛，如欲色然。其文王與？詩云「明發不寐，有懷二人」，文王之詩也。祭之明日，明發不寐，饗而致之，又從而思之。祭之日，樂與哀半：饗之必樂，已至必哀。與，音餘。樂，音洛。

孔氏曰：「文王思念死者，意欲隨之而死，似不欲復生也。廟中上不諱下，於祖廟稱親之諱，如見親也，此文王祭祀之忠誠也。故思念親之平生嗜欲，如真見親所愛在於目前也。詩小雅小宛之篇，而云文王詩者，記者斷章取義。饗而致之，又從而思之者，既設繹祭之饗而致於神，其夜又從而思之也。饗之必樂，已至必哀者，孝子想神之歆饗，故必樂，又想及饗已至之後必分離故必哀也。」方氏曰：「事死如事生，祭如在也。思死如不欲生，至痛極也；忌日必哀，有終身之喪也。稱諱如見親，聞名心瞿也。明發者，發夕至明也。祭之明日，猶且如此，而況祭之正日乎？饗之必樂，則樂致其來；已至必哀，則哀思其去。」軾按：如欲色然，補足上意，謂如見親愛欲之色也。

○仲尼嘗，奉薦而進，其親也慤，其行也趨趨以數。已祭，子贛問曰：「子之言祭，濟濟漆漆然。今子之祭，無濟濟漆漆，何也？」子曰：「濟濟者，容也，遠也。漆漆者，容也，自反也。容以遠，若容以自反也。夫何神明之及交？夫何濟濟漆漆之有乎？反饋樂成，薦其薦、俎，序其禮樂，備其百官。君子致其濟濟漆漆，夫何慌惚之有乎？夫言豈一端而已，夫各有所當也。」趨，音促。數，色角切，一音速。濟，子禮切。漆，依注音切。夫，音扶，下同。慌，況在切。惚，音忽。當，丁浪切。

鄭氏曰：「嘗，秋祭也。親謂身親執事時也。慤與趨趨，言少威儀也。趨讀如促。數之言速也。漆漆讀如朋友切切。自反，猶言自脩整也。容以遠，言非所以接親親也，容以自反，言非孝子所以事親也。及交，及，與也。此皆非與神明交之道也。天子諸侯之祭，或自血腥始。至反饋，是進孰也。薦俎，豆與俎也。慌惚，思念益深之時也。豈一端，言不可以一概也。禮各有當，言祭宗廟者，賓客漆漆濟濟，主人慤而趨趨。」孔氏曰：「初祭尸入於室，後出在堂門，尸更反入而設饋，故云反饋。卿士大夫從饋孰始。樂成，謂設饌進孰合樂成畢。薦俎，謂薦其饋食之豆，并牲體之俎也。進饋之前，與神明交，貴其誠敬。進饋之後，人事之盛，故序其禮樂，備其百官。君子，謂助祭之人。於此時致其濟濟漆漆，若孝子自濟濟漆漆。行賓客之事，何得慌惚思念之有乎？」輔氏曰：「慤謂誠實，篤於誠者略於儀。趨數唯恐不及，不暇爲容也。濟濟漆漆，皆容儀。濟濟有自辨之意，漆漆有自固之義，故有遠與自反之别。未反饋，樂未成，主人自盡其誠敬。與神明交，故其意慤，其行趨趨以數。至反饋樂成，則禮數繁縟，各致其儀，故助祭之人濟濟漆漆然也。此與子游誤認速朽速貧之意同。然子貢能質於聖人，不徒執其言，所以爲善學。」○軾按：遠，舒徐也。自反，反覆脩整也。容，謂威儀之餙。與論語「居不容」之容同。此言賓客助祭於天子諸侯，非人子祭其親之謂也。賓客助祭之容於何見之？當反饋薦俎之時，禮樂序，百官備，助祭之君子，從主人後。趨蹡執事，紆徐容觀，煇如也，所謂漆漆濟濟者如此。若人子想像追慕之情，若無也，若有也，如將見之，如將失之，此其心爲何如，而暇爲濟濟漆漆之容乎？序謂鋪張陳設，慌惚者，想像之情。方氏曰：「慌焉若無，惚焉若有，神人之道，幽明之際，以誠心交之，其像如此。」

○孝子將祭祀，必有齊莊之心。以慮事，以具服物，以修宮室，以治百事。及祭之日，顏色必温，

行必恐，如懼不及愛然其奠之也。容貌必温，身必詘，如語焉而未之然。宿者皆出，其立卑静以正，如將弗見然。及祭之後，陶陶遂遂，如將復入然。是故慤善不違身，耳目不違心，思慮不違親，結諸心，形諸色，而術省之，孝子之志也。齊，側皆切。詘，音屈。陶，音遥。復，扶又切。術，音述。

方氏曰：「服物慮其不備，故具。宫室慮其不完，故脩。百事慮其不飾，故治。温，不暴也。祭之日，其温見於顔色，及奠之也，又見乎容貌。祭之日，行必恐，及奠之也，又身必詘，孝子之心，有加而無已也。如懼不及愛，所謂致愛則存。如語焉而未之然，所謂如親聽命。如將弗見，所謂如將失之。如將復入，所謂又從而思之是矣。陶陶，言思親之心存乎心。遂遂，言思親之心達乎外。慤，言實而無僞。善，言愛而無惡。蓋所體者如此，常不違於身也。耳所聞者，必親之聲。目所見者，必親之容。蓋所存者如此，常不違於心也。思，言思死者。慮，言慮事。蓋所念者如此，常不違於親也。結諸心，言齊壯之心不可解。形諸色，言敬齊之色不可掩。鄭氏曰：「如懼不及愛，如懼不及見其所愛者也。奠之，謂酌尊酒奠之及酌之屬也。宿者皆出，謂賓助祭者事畢出去也。如將弗見，祭祀畢而不知親所在也。陶陶遂遂相隨行之貌，思念既深，如覩親將復入也。」澄曰：「此一節，其小節有五。將祭慮事，一也。祭之日，二也。奠之時，三也。宿者皆出，四也。祭之後，五也。祭之初，神未來也，如懼不及得見其所愛之親，蓋望其來之切也。奠之時，神已來矣，如神與己語而猶未之語，未之者未語也，蓋喜其來之至也。

祭將畢，神未去也，如其將去而弗可見，蓋悲其去之速也。祭既畢神已去矣，如將見其復入，蓋冀其不去而復來也違，猶離去也。愨善不違身，如懼不及愛之時也。耳目不違心，如語焉而未之然時也。思慮不違親，如將弗見之時也。結諸心，形諸色，而術省之，如將復入之時也。」

○孝子將祭，慮事不可以弗豫，比時，具物不可以不備，虛中以治之。宮室既脩，墻屋既設，百物既備，夫婦齊戒、沐浴、盛服，奉承而進之。洞洞乎！屬屬乎！如弗勝，如將失之，其孝敬之心至也與！薦其薦、俎，序其禮樂，備其百官，奉承而進之。於是諭其志意，以其慌惚以與神明交，庶或饗之。庶或饗之，孝子之志也。比，必利切。又，普至切。洞，音動。屬，音燭。勝，音升。與，音餘。

鄭氏曰：「比時，猶先時。虛中，言不兼念餘事也。既脩既設，謂埽除及黝、堊，百官助主人進之也。諭其志意，謂使祝祝饗及侑尸也。或猶有也，言想其髣髴來。孔氏曰：「虛中以治之。言心中唯思此祭而已。洞洞屬屬，敬也。恭敬心甚，如舉物之弗勝，如恐將失所奉持之物，此孝子敬心之至極也。既薦，於是使祝官啓告曉諭鬼神以志意其思念情深。慌惚似神明交接，庶望神明或來歆饗，是孝子之志意也。」輔氏曰：「洞洞，內之直而無蔽也。屬屬，誠之弗息也。」延平周氏曰：「洞洞，言其幽深。屬屬，言其聯續。備其百官者，言助祭之百官也。」澄曰：「此一節，其小節有三。慮事具物而虛中以治之，一也，此祭之先也。脩設百物既辨，則夫婦奉承而進之，二也，此祭之始也，再申其義。蓋夫婦奉承者致愛也，而又洞洞屬屬以致其敬焉，乃以『孝敬之心至也與』一句結之。薦、俎禮樂既陳，則百官奉承而進之，三也，此祭之中也，再竟其義。蓋百官奉承者，致敬也，而又諭神交神以致其愛焉。乃以『孝子之志也』一句結之。」

○孝子之祭也，盡其慤而慤焉，盡其信而信焉，盡其敬而敬焉，盡其禮而不過失焉。進退必敬，如親聽命，則或使之也。

鄭氏曰：「言當盡己而已。如居父母前，將受命而使之也。」孔氏曰：「盡慤，謂心。盡其慤而慤焉，謂外亦慤。其信與敬，皆内有其心，外著於貌。禮包衆事，非一可極，云『不過失』則是禮也。孝子祭時，進退必恒恭敬，如親聽父母之命，而父母或使之也。○軾按：慤而慤者，慤之至也。慤信敬屬内，禮屬外。

○孝子之祭可知也：其立之也敬以詘，其進之也敬以愉，其薦之也敬以欲。退而立，如將受命，已徹而退，敬齊之色，不絶於面。孝子之祭也。立而不詘，固也。進而不愉，疏也。薦而不欲，不愛也。退立而不如受命，敖也。已徹而退，無敬齊之色，而忘本也。如是而祭，失之矣。敬齊，舊讀如字，今側皆切。

方氏曰：「孝子之祭可知者，言觀其事，可以知其心也。其立之者，言方待事而立也。其進之者，言既從事而進也。其薦之者，言奉其物而薦也。退而立者，言其進而後退也。已徹而退者，言既薦而後徹也。益退而立，則少退而已。已徹而退，則於是乎退焉。詘則身之屈也，愉則色之愉也，欲則心之欲也。退而立，如將受命，則順聽而無所忽焉。已徹而退，敬齊之色不絶於面，則慎終如始矣。」鄭氏曰：「進之，謂進血腥也。愉，顔色和也。薦之，謂進孰也。欲，婉順也。齊，謂齊莊。固猶質陋也。而忘本，而，衍字也。」山陰陸氏曰：「立而不詘，以其恃親，故謂之固。進而不愉，以其憚親，故謂之疏。薦而不欲，若不得已而後薦也，不愛莫大於是。退立而不如受命，敖也。始立如此，是固也，非敖也。凡祭以齊爲本，方祭嫌於不愉，已祭嫌於不齊，已徹而忘之，是之謂忘本。」○軾按：固與敖一類，疏與不愛一類。詘、愉、欲，與敬齊之色，俱就容貌言。敬以詘，謂中存敬心，而外見其詘也。餘倣此。

○孝子之有深愛者必有和氣，有和氣者必有愉色，有愉色者必有婉容。孝子如執玉，如奉盈，洞洞屬屬然如弗勝，如將失之。嚴威儼恪，非所以事親也，成人之道也。 奉，芳勇切。儼，魚檢切。恪，苦角反。

以上十節皆言祭之義。此一節總言孝子事親之愛敬。或生而事之，或死而祭之，一皆如此也。愛以根於心者言，氣以充於體者言，色以見於面者言，容以動於身者言。和睟之氣、愉悦之色、婉順之容，皆深愛之發也。此孝子之愛，由中而達於外者。故其愛之所行，有如春之温也。玉，重寶也，執之在手，唯恐其或墜。盈，器中水滿也，奉之在手，唯恐其或溢，故其恭敬安詳，洞洞屬屬然。所執雖輕，亦如至重而不能勝；所奉雖正，亦如欹傾而將失之。失之，謂溢出其水也。此孝子之敬，以愛而達。故其敬之所形，非如秋之厲也。若夫嚴乎其整肅，而外見可畏之威；儼乎其矜莊，而内守不渝之恪，則敬勝其愛，而非孝子所以事親之道，乃既冠成人者之道也。蓋孝子事親，常當歡愉媚婉，如未冠以前之孺子，不可嚴威儼恪，如既冠以後之成人也。故以卑承尊之敬。嚴威儼恪，以上臨下之敬也。敬親當如執玉奉盈。」澄按：「執玉奉盈，大戴記云：「坐如尸，立如齊，此成人之善者也，未得爲人子之道也。」番陽饒氏云：「諸家解洞洞屬屬，孔疏引廣雅；輔氏、周氏，以字義推之。或云洞洞，質慤貌；屬屬，專一貌，皆未爲盡。竊疑四字是恭敬安詳之意，故爲以卑承尊之敬，而與嚴威儼恪以上臨下之敬不同也。」慕容氏曰：「仁，人心也。孝子之所本，深愛而已。深愛則仁之心，和則仁之氣，愉則仁之色，婉則仁之容。」延平周氏曰：「如執玉，言其恭。如奉盈，言其慎。」鄭氏曰：「成人，既冠者。孝子則不失其孺子之心也。」

右記宗廟祭人鬼之義，凡十一節。

宰我曰：「吾聞鬼神之名，不知其所謂。」子曰：「氣也者，神之盛也。魄也者，鬼之盛也。合鬼與神，教之至也。

氣，謂人之魂氣，死則其魂氣之靈爲神。魄，謂人之體魄，死則其體魄之靈爲鬼。死則茫昧而難知，生者顯著而易見。以生比死，則生而顯著者爲盛，因其盛者，可以知其茫昧者也。生則魂魄合而爲人，死則魂魄分而爲神爲鬼。聖人制禮，合聚已分離之魂魄而報祭之。以此教民，其義理奥妙，故爲教之極至也。

「衆生必死，死必歸土，此之謂鬼。骨肉斃於下，陰爲野土。斃，婢世切。陰，音蔭。

此言人之體魄死則爲鬼也。體魄之能活動爲生，不活動爲死。既死，則不留於人間而歸於土，以其歸也，故名之曰「鬼」，歸於上者。人之骨肉，死則斃壞於地下，朽腐而爲野中之土也。鄭氏陰讀爲蔭，言人之骨肉蔭於地中爲土壤。

○軾按：魂魄者人之靈也。魂附氣，魄附形。嘘吸出入，氣也，所以嘘吸者，魂也；耳目聰明，形也，所以聰明者，魄也。人死則魂升於上，魄降於下。魂，陽也。陽升而爲神；魄，陰也，陰降而爲鬼。鬼，歸也，往而不可見也；神，伸也，來而若有像也。人死骨肉歸土。骨肉形也，魄附形而有。形埋則魄往而無所著，故謂之鬼，非以骨肉歸土爲鬼也。

「其氣發揚於上爲昭明，焄蒿凄愴，此百物之精也，神之著也。焄，許云切。蒿，許高切。

此言人之魂氣死則爲神也。未死則魂氣在人之身，既死，則其魂氣散佈升舉於上而爲昭明，與天之昭明者混爲一。其昭明者，即其魂氣之焄蒿悽愴者也。焄如火氣之上蒸，蒿如木氣之上抽，悽、愴如金氣水氣之凉寒，此即百物之精氣也，以其著也，故名之曰神。此與上文對言，而其文交錯不齊。氣發揚於上，對骨肉斃於下而言。爲昭明，對爲野土而言。焄蒿悽愴，對死必歸土而言。百物之精，對衆生必死而言。衆生百物，皆兼人物。神之著也，對此之謂鬼而言。○軾按：昭明，光景活潑也。焄蒿，緼結薰蒸也。悽愴，凜然慘悽也，皆謂氣之發揚。百物，即衆生。精，氣之靈也，惟靈故謂之神。又按上節衆生必死冒二節，文正謂百物之精與衆生必死對，非是。

「因物之精，制爲之極，明命鬼神，以爲黔首則。百衆以畏，萬民以服。 黔，其廉切。

上分言鬼神而此總言之。物之精，即所謂百物之精也，但言百物之精爲神，而不言衆生之死爲鬼，舉其一以該其二也。精字雖是言神，亦可言鬼，蓋神是陽精之靈，鬼是陰精之靈也。言聖人因物之精死而有靈，故制爲極尊之名。鬼神本幽微也，乃顯著而名之曰鬼曰神。名之曰神，是與天地生物長物之氣，來而伸者同。名之曰鬼，是與天地收物藏物之氣，往而屈者同。是爲尊之極，使民皆知死者之有靈而報事之是爲民之法則也。黔首，黑首之民也。人莫不思慕其親，故其心莫不敬畏悦服。百衆萬民，互言也。○軾按：鬼神二字不並，謂鬼而神也，惟鬼而神，故人尊而奉之，是即聖人所以示人則也，故民皆畏服其教焉。

「聖人以是爲未足也，築爲宫室，設爲宗祧，以别親疏遠邇，教民反古得始，不忘其所由生也。衆之服自此，故聽且速也。别，彼列切。

方氏曰：「上言明命鬼神，則爲之名而已，然未致其實焉，故聖人以是爲未足。築爲宫室，則致其實矣。宫室者，廟之宫室，非人之宫室也。宫室，土木之所成，故曰築。宗祧，名號之所施，故曰設。親疏以情言，遠邇以時言。觀祭法立廟之數，則宗祧以别親疏遠邇可見矣。」慕容氏曰：「親而邇者爲宗，疏而遠者爲祧。廟則脩除，祧則黝堊，所以别親疏遠邇也。祖則以教反始也，禰則以教不忘其所由生也。」澄曰：「宗，廟之名也，非指百世不遷之宗而言。祧，遠廟也。廟之親而邇者爲宗，疏而遠者爲祧。反，還也。古，猶昔也。反古，謂還思在昔之時，復與反字同義。始，謂魂氣之所始也。不忘，謂常思念也。所由生，謂體魄之所由以生也。於廟之疏而遠者，則追思吾受氣之所始，謂自禰以上，逮於祖也。於廟之親而近者，則常念吾賦形之所由生，謂自母以上，逮於父也。此人心所同，故以此教民，則民悦服，而聽順其教者甚敏速，蓋言不待彊之而使從也。○軾按：反復，追慕也，始兼祖禰，不忘所由生，補足上意。文正公以始爲受氣所自始，由生爲形所由賦，似屬近理，又泥舊注分屬祖禰，則自相矛盾矣。○前言尊以鬼神之號，民已服畏。今教以報祭，適得乎人心之同，故益悦服而聽且速焉。

「二端既立，報以二禮：建設朝事，燔燎羶薌，見以蕭光，以報氣也。此教衆反始也。薦黍稷，羞肝肺首心，見間以俠甒，加以鬱鬯，以報魄也。教民相愛，上下用情，禮之至也。」燔，音煩。燎，力召切。羶，注音馨，今讀如字。見，覸，並音間厠之間。俠，古洽切。甒，音武。

鄭氏曰：「二端既立，謂氣也魄也，更有尊名，云鬼神也。二禮，謂朝事與薦黍稷也。朝事，謂薦血腥時。薦黍稷，謂饋食也。見及見間，皆當爲覸，字之誤也。羶當爲馨，聲之誤也。燔燎馨香，覸以蕭光，取牲祭脂也。光，猶氣也。有虞氏祭首，夏后氏祭心，殷祭肝，周祭肺。覸以俠甒，謂雜之兩甒醴酒也。報氣以氣，報魄以實，各本其類。」孔氏曰：「既立，尊名立也。報此氣魄以二種祭禮。氣魄既殊，設祭之時，二禮亦異。報氣謂朝踐之節也。報魄，謂饋孰之節也。朝事，謂早朝祭事。燔燎，謂取膟膋燎於爐炭。覸，謂雜也。燔膟膋，兼爇蕭薌，是雜以蕭氣，此三者是報氣也。饋孰時，薦此黍稷進，肝肺首心，雜以兩舞醴酒，此皆是報祭形魄也。加以鬱鬯者，言非但薦孰是報魄，以魄在地下，鬱鬯灌地，雖是祭初，亦是報魄也。不當薦孰之時，故云加。燔燎馨香蕭光之屬，是氣，黍稷肺肝之屬，是實物。氣虛，還以馨香虛氣報之；魄實，還以黍稷實物報之，各本其事類也。」澄曰：「朝事時所薦之血腥，及所爇之膟膋，及並爇之蒿蕭，三者之臭皆聞於鼻，而其馨上達於天者，故以此報升天之魂氣。羶讀如字，謂所爇膟膋之臭也。饋孰時所薦之黍稷，及所羞之肝肺首心，及兩甒之醴酒，三者之味皆可於口，而其馨下達於地者，故以此報降地之體魄。言所甒之醴酒，而因及祭初灌地之鬱鬯，亦是下達於地而報魄者也。報氣者，蘉子反思受氣之所始，故曰教衆反始。報魄者孝子不忘其賦形之所由生，故曰教民相愛。父母於子，一體而分。父母甚愛其子之身，以其爲吾體之遺也。子亦甚愛其父母之身，以其爲吾體之所由以生也，是謂相愛。上謂天，下謂地，與前發揚於上斃於下之上下同。以臭之虛報氣者，求親之魂氣於天，是於在上之天而用其情也；以味之實報魄者，求親之體魄於地，是於在下之地而用其情也。是二禮者，義理奧妙，禮之極至也。

○君子反古復始，不忘其所由生也。是以致其敬，發其情，竭力從事以報其親，不敢弗盡也。

此承前一節，言君子追復受氣之始，不忘形之所由生。吾親之德如天地，所以報之者，敢有弗盡乎？是以致極其敬於内，發露其情於外，竭盡其力於身，以從祭事也。

是故昔者天子爲藉千畝，冕而朱紘，躬秉耒。諸侯爲藉百畝，冕而青紘，躬秉耒，以事天地、山川、社稷、先古。以爲醴、酪齊、盛，於是乎取之，敬之至也。藉，在亦切。紘，音宏。耒，力内切。酪，音洛。齊，音咨。盛，音成。

鄭氏曰：「藉，藉田也。先古，先祖。」長樂陳氏曰：「天子爲藉千畝於南郊，正陽之位也，冕而朱紘，朱者，正陽之色也。諸侯爲藉百畝於東郊，少陽之位也，冕而青紘，青者，少陽之色也。」

古者天子諸侯，必有公桑、蠶室。近川而爲之，築宫，仞有三尺，棘墻而外閉之。及大昕之朝，君皮弁、素積，卜三宫之夫人、世婦之吉者，使入蠶於蠶室，奉種浴於川，桑於公桑，風戾以食之。歲既單矣，世婦卒蠶，奉繭以示於君，遂獻繭於夫人。夫人曰：「此所以爲君服與？」遂副、褘而受之，因少牢以禮之。古之獻繭者，其率用此與？及良日，夫人繅，三盆手，遂布於三宫夫人、世婦之吉者，使繅，遂朱、緑之，玄、黄之，以爲黼黻、文章。服既成，君服以祀先王、先公，敬之至也。昕，許斤切。奉，芳勇切。種，章勇切。戾，力計切。食，音嗣。單，音丹。繭，古典切。與，音余，下同。褘，音暉。率，音律。又，音類又，所律切。繅，悉刀切。

鄭氏曰：「大昕，季春朔日之朝也。諸侯夫人三宫，半王后也。風戾之者，及早涼脆采之，風戾之使露氣燥，乃以食蠶，蠶惡溼也。歲單，謂三月月盡之後也。言『歲』者，蠶，歲之大功，事畢於此也。副褘，王后之服，而云『夫人』，容二王之後與？禮之，禮奉繭之世婦也。三盆手者，三淹也。凡繅，每淹大總而手振之，以出緒也。」孔氏曰：「公桑，謂官家之桑，於其處而築養蠶之室。近川，取其浴蠶種便也。築宫，謂築宫墻。七尺曰仞，墻七尺，又三尺，高一丈也。棘墻，謂墻上置棘。外閉，謂扇在户外閉也。世婦，亦諸侯世婦。前雖總舉天子諸侯，此特舉諸侯互言之。奉種浴於川，言蠶將生而又浴之，初於仲春已浴，至此更浴之也。夫人首著副，身著褘衣，受所獻之繭，因少牢以禮獻繭之世婦。率，法也。獻繭之法，自古如此。良日，謂吉日宜繅之日。明繅更擇日，日至後，夫人親繅三盆，以手振出其緒訖，遂布與三宮夫人世婦之吉者。據諸侯，則夫人唯一人，雜互天子言之，此天子有三夫人，就其中取吉者，若諸侯唯世婦之吉者。蠶繅非一人，擇其吉者主領。前文耕藉，男子之事，故云以事天地山川社稷，兼之先祖。養蠶是婦人之事，婦人不與外祭，故云以事先王先公。其實養蠶爲衣，亦事天地山川社稷。」澄曰：「此一小節又分三小節。其一『必有公桑蠶室』以下，言食蠶。其二『歲既單矣』以下言獻繭，『古之獻繭者，其率用此與』，記者之辭，以結上文。其三『及良日』以下，言繅絲成祭服。」

古者天子諸侯必有養獸之官，及歲時，齊戒沐浴而躬朝之。犧、牷、祭牲必於是取之，敬之至也。君召牛，納而視之，擇其毛而卜之，吉，然後養之。君皮弁、素積，朔月、月半，君巡牲，所以致力，孝之至也。祭之日，君牽牲，穆答君，卿大夫序從。既入廟門，麗於碑，卿大夫袒而毛牛，尚耳，鸞刀以刲取膟、膋，乃退。爓祭祭腥而退，敬之至也。朝，音潮。序從，才用切。膟，音律。膋，力彫切。爓，音燖。

此一小節亦分三小節。養獸之官，周官牧人是也。及歲時，謂每歲將祭而擇牲之時也，及此時則養獸之官齊戒沐浴而躬朝於君，蓋恭敬以聽君擇牲之令也。君祭所用之牲，必於是乎取而擇之。是者，謂獸官所養者也，言不取於它，必取於獸官平日素所養之牲者。敬祭之至，故不泛用它牲也，此小節之一。獸官朝君之後，君召取其所養之牛，納之於内而視之。擇其毛之中於祭者。既擇之於人，又卜之於神，卜之吉，然後養之於滌三月。三月内之朔及月半，君必服平日視朔之皮弁素積，而巡視其牲。蓋所以致盡其力於祭先所用之牲者如此，孝心之極至也，此小節之二。祭之日，則君自牽其所養之牲入廟。穆者，君之子姓。父昭則子爲穆，故稱穆。父穆則子爲昭，但云穆者，省文以該之。答者，謂與君對偶而共牽其牲，卿大夫各以其位次之序而從。君與子姓既入廟門，則君以所迫之牲，麗於庭中之碑。卿大夫乃袒左衣，取牛耳之毛以表其色之純。又以鸞刀刲取牛腸之膟膋乃退。自卿大夫袒起，皆相其君，至此乃退。卿大夫之退也，君則俟祭腥祭爓。朝踐之事畢而退，是君之退也，此小節之三也。饋孰以後，不復言者，初之敬如此，則終之敬可知，略之也。孔氏曰：「犧，純色，謂天子牲也。牷，完色，謂諸侯牲也。子姓對君共牽牲，卿大夫佐幣，士奉芻，依次從君也。牲以紖繫着中庭碑，將殺牲，卿大夫袒，取牛之耳毛，用鸞刀刲割牲體，取腸間脂。殺牲竟，取所刲毛膟膋，薦之乃退。薦膟膋之後，以俎載爓肉腥肉以祭，祭卒而退。祭先腥後爓，此先云爓，便文耳，非先後之次。」鄭氏曰：「麗，猶繫也。毛牛尚耳，以耳毛爲上也。湯肉曰爓，爓祭祭腥，祭爓肉腥肉也。」

〇郊之祭也，喪者不敢哭，凶服者不敢入國門，敬之至也。

孔氏曰：「郊祀吉禮大事，故喪與凶服者皆辟之。」

郊之祭，大報天而主日，配以月。夏后氏祭其闇，殷人祭其陽，周人祭日以朝及闇。

鄭氏曰：「主日者，以其光明，天之神可見者莫著焉。闇，昏時也。陽讀爲日雨日暘之暘，謂日中時也。朝，日出時也。夏后氏大事以昏，殷人大事以日中，周人大事以日出，亦謂此郊祭也。以朝及闇，謂終日有事。」澄曰：「祭日，謂其祭終此一日。」孔氏曰：「郊之祭，大報天之衆神。天無形體，懸象著明，不過於日月，故以日爲百神之主，配之以月。自日以下皆祭，特言月者，但月爲重以對日耳。蓋天獨爲一壇，其日月及天神等共爲一壇，故日得爲衆神之主也。檀弓所云大事，非止是喪，亦兼諸祭。周人尚文，祭百神禮多，故以朝及闇。彼季氏大夫之家，禮儀應少，亦以朝及闇，故夫子譏之。」方氏曰：「郊雖以報天，而以日爲之主，猶王燕飲，則主之以大夫，王嫁女，則主之以諸侯也。」

祭日於壇，祭月於坎，以別幽明，以制上下。祭日於東，祭月於西，以別外内，以端其位。日出於東，月生於西。陰陽長短，終始相巡，以致天下之和。 別，彼列切，下同。巡，注音淞，或如字。

孔氏曰：「此春分朝日，秋分夕月也。祭日於壇，謂春分也；祭月於坎，謂秋分也。月爲幽，日爲明；日在壇，月在坎，是殊別幽明，制定上下也。日爲陽在外，月爲陰在内。今祭日於東，用朝旦之時，是爲外。祭月於西，用鄉夕之時，是爲内，是別内外以正其位也。陰，謂夜；

陽，謂晝。夏則陽長而陰短，冬則陽短而陰長，是陰陽長短也。晦朔之日，月與日同處。自朔之後，月與日先後而行。至月終，日還與月同處，是終始相巡也。陰陽和會，是致天下之和也。」方氏曰：「封土爲壇，其形高而顯；鑿土爲坎，其形深而隱。一顯一隱，所以别陰陽之幽明；一高一深，所以制陰陽之上下。東動而出，西静而入。出則在外，入則反内，故東西所以别陰陽之外内。東爲陽中，西爲陰中，中則得位。故東西所以端陰陽之位，别幽明之道，然後能制上下之分，别内外之所，然後能端陰陽之位。言之序所以如此，且壇坎者，人爲之形。東西者，天然之方，以出於人爲也。故言制上下，以出於天然也，故言以端其位。日出於東，言其象出於天地之東也。月生於西，言其明生於輪廓之西也，此又覆明祭日月於東西之意也。日言出於東，則知爲入於西。月生於西，則知爲死於東。楊雄言月未望則載魄於西，既望則終魄於東者以此。堯典於東曰寅賓出日，於西曰寅餞納日者以此。日之出入也，歷朝夕晝夜而成一日；月之死生也，歷晦朔弦望而成一月。日往則月來，月往則日來，陰陽之義。一長一短，終則有始，相巡而未嘗相絶，故足以致天下之和者，陰陽相濟也。獨陰而無陽，獨陽而無陰，是同而已，又何以致和乎？」山陽陸氏曰：「巡讀如字。」澄曰：「巡如巡行之巡，如環之循，是謂相巡。」

天下之禮，致反始也，致鬼神也，致和、用也，致義也，致讓也。致反始，以厚其本也。致鬼神，以尊上也。致物用，以立民紀也。致義，則上下不悖逆矣。致讓，以去争也。合此五者，以治天下

之禮也，雖有奇邪，而不治者則微矣。悖，布內切。去，起呂切。奇，紀宜切。邪，似嗟切。

鄭氏曰：「因祭之義泛説禮也。致之言至也，使人勤行至於此也。至於反始，謂報天之屬也。至於鬼神，謂祭宗廟之屬也。至於和用，謂治民之事以足用也。微猶少也。」方氏曰：「用志不至，用力不至，不能有致，則不足以行禮，故每以致言之。致反始，致鬼神。所以盡天道；致物用，致義讓，所以盡人道。奇言其無常，邪言其不正。」澄曰：「致，謂推而極之。致反始，謂郊社之禮。人物本始於天地，故祭祀以報之。上文宗廟報氣亦云復始，此之反始，則專言天地之神示也。致鬼神，謂宗廟之禮。鬼神，即夫子答宰予所問者，禮運祭山川亦云儐鬼神，此之鬼神，則專言宗廟之人鬼也。和用，猶言利用。和者，利於人而不乖戾之謂。義，謂君臣之上下，父子之尊卑，兄弟之長幼，夫婦之外內，各得其義也。讓則宗族鄉黨相推遜也。致和用者，利民之用，厚民之生也。致義致讓者，正民之德也。先言和用，富而後教之也。厚，猶重也，重其所本。本，謂稟氣於天，賦形於地也。祖禰在已之上，故尊敬其鬼神也。物用，謂食貨之物民用所資者。民衣食足，則可教之孝弟，而立民之紀也。民紀，即義讓等事也。上，謂君父之尊，及兄與夫也。下，謂虛子之卑及弟與婦也。不悖逆，謂皆順也。能相推讓，則無復有爭，故曰去爭。合此五者爲句，「以治天下之禮」解上文。「天下之禮」四字，謂此禮乃先王以之治天下者。以此五者之禮治天下，則天下皆治，而無奇邪不從治之民。縱或有之，亦微少也。」

○建國之神位，右社稷而左宗廟。

鄭氏曰：「周尚左也。」孔氏曰：「周人尚左，故宗廟在左，社稷在右。」長樂陳氏曰：「宗廟，陽也，故居左。社稷，陰也，故居右。」方氏曰：「王氏謂右，陰也，地道之所尊；左，陽也，人道之所向。位宗廟於人道所鄉，則不死其親之意。」山陰陸氏曰：「左宗廟，不忘其親之意，三代共之。先儒謂質家右宗廟，尚親親；文家左宗廟，尚尊尊，非是。」

右記祭鬼神示之義，凡四節。

先王之所以治天下者五：貴有德，貴貴，貴老，敬長，慈幼。此五者，先王之所以定天下也。貴有德何爲也？爲其近於道也。貴貴，爲其近於君也。貴老，爲其近於親也。敬長，爲其近於兄也。慈幼，爲其近於子也。長，知兩切。爲，云僞切。

慕容氏曰：「貴老，則凡在已上者，欲其同於親，所以廣孝也。敬長，則凡在已右者，欲其同於兄，所以廣敬也。慈幼，則凡在已下者，欲其同於子，所以廣愛也。先王推其所爲如此，則天下之大，可運於掌，其於定天下何有焉？」澄曰：「治謂理之使不亂，定則各安其常而無不治。道，謂聖人盡道，與天爲一者。有德，謂賢人能得此道於心者。有德者雖未至於道，然近於道矣。貴爲公卿大夫，雖難比君，然其位之貴近於君矣。老，謂人之老，雖非吾父，然其年之老近於吾父矣。長，謂人之長，雖非吾兄，然其年之長近於吾兄矣。幼謂人之幼，雖非吾子，然其年之幼，近於吾子矣，惟其相近，故推吾之所尊所敬所愛以及之也。軾按：惟能体道，故貴近道者。惟忠於君孝於親弟於兄慈於子，故貴近君近親近兄近子者。」

是故至孝近乎王，至弟近乎霸。至孝近乎王，雖天子必有父；至弟近乎霸，雖諸侯必有兄。先王之教，因而弗改，所以領天下國家也。王，于況切。

是故二字承上起下，上文言五者，而此不申言首二句末一句，但舉中間貴老敬長二者言之。貴老，孝也；敬長，弟也。至孝者之事其父，如天下之事王。王者天下之所尊，父雖非王，而其尊有同於天下之王，故曰近於王。至弟者之事其兄，如列國之事霸。霸者列國之所長，兄雖非霸，而其長有同於列國之霸。必有父，父，謂父之也。必有兄，兄，謂兄之也。又覆解上二句至孝者之事父如王，而天下之事王如父。王者天子之尊，雖非人父，而必有父之者焉，謂天下尊之如其父也。至弟者之事兄如霸，而列國之事霸如兄。霸者諸侯之長，雖非人兄，而必有兄之者焉，謂列國長之如其兄也。子之事父如王，弟之事兄如霸，天下列國之事王事霸如父兄，此人心自然之理。先王之教，因人心之自然而不改變之，所以治天下國家也。領，如衣之揭其領，而衣無不隨順也。○軾按：人知王與霸之尊，而不知至孝至弟之事父兄，如事王與霸。蓋其尊同也。惟父與王同尊，故雖天子亦必尊其父。惟兄與霸同尊，雖諸侯必尊其兄。此皆孩提稍長愛敬之良，先王因而不改，而治天下之大綱，於是舉矣。應氏謂「至孝至弟合乎王霸之道」非，文正公以「必有父兄爲人父天子兄諸侯」，亦未當。

子曰：「立愛自親始，教民睦也。立敬自長始，教民順也。教以慈睦，而民貴有親；教以敬長，而民貴用命。孝以事親，順以聽命，錯諸天下，無所不行。」錯，初故切。

又引夫子之言，以申言上文所言孝弟之義。立，謂建立於此，不蹎仆也。仁者於人無所不愛，而當先於已之父，故曰「自親始」。義者於人無所不敬，而當先於已之兄，故曰「自長始」。睦者，由愛親而推之，無不慈睦也。順者，由敬兄而推之，無不恭順也。貴，猶重也，言以此爲重事，而不敢輕忽也。有親，謂知有其親，由已父之親，至於凡有服之親，皆知有之也。用命，謂能用其命，由己兄之命，至於凡在上之命，皆能用之也。慈睦，即愛親之孝所充。敬長，即恭順之弟所本。錯，置也。以此二者之教置之天下，則無不從其教者。故曰「無所不行」。

○昔者有虞氏貴德而尚齒，夏后氏貴爵而尚齒，殷人貴富而尚齒，周人貴親而尚齒。

鄭氏曰：「貴，謂燕賜有加於諸臣也。尚，謂有事尊之於其黨也。」孔氏曰：「此論四代弟順尚齒之義。虞氏帝德弘大，故貴德。德之中年高者在前，故云尚齒。夏后氏尚功，功高則爵高，既貴其爵，則德雖下而爵高者亦貴之，於貴爵之中，年高者在前。殷人累世有功，世爵而富乃貴之，殷人疏而富者猶貴之，周人於已有親乃貴之，亦皆年高者在前也。」輔氏曰：「有德者必有爵，有爵者必有富，此虞夏殷之所貴如此，至於周則又厚親以反本焉，此世變使然，聖人因時定制也。若夫年齒之尚，行乎萬世而不可變者。」馬氏曰：「貴對賤，尚對下，四代非相反也。蓋有虞氏貴德，則賢者能者，固已在位在服矣。故夏后氏承之以貴爵，貴爵則賢而德似其先人者，使之世官，不賢而不至於不由禮者，使之世禄矣。故殷人承之以貴富，貴富則尊祖，尊祖則敬宗，敬宗則收族，故周人承之以貴親，夏后氏貴爵，斯所以貴德也。殷人貴富，斯所以貴爵也。周人貴親，斯所以貴富也。貴德以賢賢，貴爵以貴貴，貴富以明功貴親以厚本。而年齒之尚，則四代一也。」

虞、夏、殷、周，天下之盛王也，未有遺年者。年之貴乎天下久矣，次乎事親也。

此顧上文申言四代皆尚齒之義。遺，謂忽忘之，與違其親之違同。年即齒也，四代之所貴，雖有不同，而其尊尚年齒則一。蓋年齒之可貴於天下，歷四代至今不變，故曰久矣。尚齒之弟，次乎事親之孝也。

是故朝廷同爵則尚齒。七十杖於朝，君問則席，八十不俟朝，君問則就之，而弟達乎朝廷矣。

朝，音潮。

鄭氏曰：「同爵尚齒，則老者在上也。君問則席，爲之布席於堂上而與之言。凡朝位立於廷，不俟朝，君揖之即退，不待朝事畢也。就之，就其家也。老而致仕，君或不許，異其禮而已。」孔氏曰：「言敬老之道，通達於朝廷也。」

行，肩而不併，不錯則隨，見老者則車、徒辟，班白者不以其任行乎道路，而弟達乎道路矣。

鄭氏曰：「錯，雁行也。父黨隨行，兄黨雁行。車徒、辟，乘車步行者，皆避老人也。班白者，髮雜色也。任，所担持也。不以任，少者代之也。」孔氏曰：「『行，肩而不併』，謂老少並行，肩襞不得併。少者差退在後，朋友肩隨是也。不錯則隨者，若兄黨爲雁行之差錯，是父黨，則隨從而行也。」山陰陸氏曰：「邪行爲錯，若雁之行，參差少邪。」方氏曰：「車言其貴，徒言其賤，見老者則貴賤無不辟也。班白者不以任行乎道路，所謂班白者不提挈也。凡此皆道路禮順之事，故曰弟達乎道路。」

居鄉以齒，而老、窮不遺，彊而不犯弱，衆不暴寡，而弟達乎州、巷矣。

鄭氏曰：「老、窮不遺，以鄉人尊而長之。雖貧且無子孫，無棄忘也。一鄉者五州。巷，猶閭也。」方氏曰：「艾耆耄耋爲老，鰥寡孤獨爲窮。」石林葉氏曰：「彊以力言，衆以人言。老而窮者猶所不棄，則寡弱者固不患於無告，此弟所以達乎州巷。」

古之道，五十不爲甸徒，頒禽隆諸長者，而弟達乎獀狩矣。

鄭氏曰：「四井爲邑，四邑爲丘，四丘爲甸。甸，六十四井也，軍田出役之法，五十始衰，不從力役之事。頒之言分也。隆，猶多也。長者，謂竭作未五十者。春獵爲獀，冬獵爲狩。」孔氏曰：「作記之人，在於周末時。力役煩重，道周初之事，故云古之道。凡起徒役，無過家一人，唯田與追胥竭作，即所謂甸徒也，先儒誤以爲丘甸之甸。凡此皆獀狩禮順之事，故曰弟達乎獀狩。」

軍旅什伍，同爵則尚齒，而弟達乎軍旅矣。

鄭氏曰：「什伍，士卒部曲也。」孔氏曰：「五人爲伍，二伍爲什。士謂甲士。卒，謂步卒。軍旅之中，主帥部領圍曲而聚，故云部曲。」方氏曰：「周官，五卒爲旅，五旅爲師，五師爲軍，此言軍旅。衆莫小於旅，莫大於軍故也。尚齒止以什伍者，什以外，齒有所不勝序故也。凡此皆軍旅禮順之事，故曰弟達乎軍旅。」澄曰：「凡軍旅，五人爲一伍，四伍爲一兩，五人之長曰伍長。凡二十人，爲伍者四，爲什者二，四伍長統之。一人爲兩司馬，統四伍長，共二十五人。蓋尚齒者各行於一丙二什四伍之中，兩之外則不序，故曰什伍。四伍長爵皆下士，是爲同爵。四人之中，齒尊者先是爲尚齒。」

孝弟發諸朝廷，行乎道路，至乎州、巷，放乎獀狩，脩乎軍旅，衆以義死之，而弗敢犯也。放，方往切。

孔氏曰：「此總結上文，下諸文但云弟，此兼云孝者，以孝故能弟。弟則孝之次也。孝弟之道，無處不行，故衆行孝弟，雖死不捨也。」澄曰：「朝廷政令所自出，下民所視效，故先言朝廷。

道路民所行之處，州巷民所居之處。狩狩者，用衆於内也。軍旅者，用衆於外也。義，謂所宜行。衆人以此孝弟爲所宜行者，故寧死而不敢犯不孝不弟之事也。」

祀乎明堂，所以教諸侯之孝也。食三老、五更於大學，所以教諸侯之弟也。祀先賢於西學，所以教諸侯之德也。耕藉，所以教諸侯之養也。朝覲，所以教諸侯之臣也。五者，天下之大教也。

食，音嗣。更，古行切。大學，音泰。

鄭氏曰：「西學，周小學也。」方氏曰：「祀明堂以享帝，而享必配以父，所以教孝也。食三老、五更於大學以貴老，所以教弟也。先賢則樂祖，西學則瞽宗，瞽宗殷學。樂祖則有道德者，所以教德也。朝覲以尊天子，而致爲臣之義，故以之教臣。」馬氏曰：「耕藉以供粢盛，故以之教養。」澄曰：「凡享先王，皆是教孝，而獨言祀明堂者，尊先王以配天，於享禮爲最大。孝經謂孝莫大於嚴父配天是也。上下文止是言弟長之事，而此兼言五教者，蓋先且列其凡，其下乃專言教弟一事也。」

食三老、五更於大學，天子袒而割牲，執醬而饋，執爵而酳，冕而總干，所以教諸侯之弟也。酳，音胤。

此承上文就五教之中，獨提教弟一事詳言之也。鄭氏曰：「割牲，制俎實也。冕而總干，親在舞位，以樂侑食也。」孔氏曰：「牲天之時，天子袒而親割之。食之時，親執醬而饋食罷，親執爵而酳。干，盾也，親在舞位持盾而舞。」

是故鄉里有齒，而老窮不遺，彊不犯弱，衆不暴寡，此由大學來者也。

有齒，謂知有年齒者之當敬。老窮不遺者，敬老所行之效。彊不犯弱，衆不暴寡，則敬老所推之餘也。孔氏曰：「以天子敬老，鄉里化之，故有齒也。在下年老困窮者，皆化上而養之，不見遺棄，故彊不犯弱，衆不暴寡。所以致此，由養三老、五更於大學也。」方氏曰：「由大學來者，言教化之原，出自大學也。」

天子設四學，當入學而大子齒。

此以下又歷叙尚齒之事，此尚齒之第一事也。山陰陸氏曰：「天子立四學，並其中學而五置，於一處並建。周人辟雍，則辟雍最居中，其南爲成均，其北爲上庠，其東爲東序，其西爲瞽宗。當學禮者就瞽宗，學書者就上庠，學舞干戈羽籥者就東序，學樂德樂舞樂語者就成均。辟雍唯天子承師問道，養三老五更，及出師受成等就焉。學禮曰：『帝入東學，尚親而貴仁，東序是也；帝入南學，尚齒而貴誠，成均是也；帝入西學，尚賢而貴德，瞽宗是也；帝入北學，尚貴而尊爵，上庠是也；帝入大學，承師而問道，辟雍是也。』總而言之，四學亦大學也。若辟雍雖大子不得預。大子入學，學者所學之官也，辟雍，非其所學之官，故云四學。」孔氏曰：「當入學而大子齒於國人，故云大子齒。」

天子巡守，諸侯待於竟，天子先見百年者。守，手又切。竟，與境同。

此尚齒之第二事也。孔氏曰：「巡守，謂巡行守土諸侯。」方氏曰：「竟者，疆土至此而竟也，待於竟而不敢越其所守。先見百年者，王制所謂問百年者就見之是也。」鄭氏曰：「問其國君以百年者所在而往見之，曰『待於竟者』，待問百年者所在而往見也。」

八十、九十者，東行西行者弗敢過，西行東行者弗敢過，欲言政者，君就之可也。

此尚齒之第三事也。鄭氏曰：「弗敢過者，謂道經之則見之。○軾按：東西，相近之詞，謂左右也。行，路也。八十、九十者在路之左，吾在路之右行，必見之，不敢越而過也。若欲言政，雖不值左右，亦就而見之。」

壹命齒於鄉里，再命齒於族，三命不齒。族有七十者弗敢先。

此尚齒之第四事也。方氏曰：「一命齒於鄉里，非其鄉里，則以爵而不以齒。再命齒於族，非其族，則以爵而不以齒。三命不齒，雖於其族，亦不得而齒之。周官黨正『屬民於序以正齒位』，其言與此合。然此特貴貴之義爾，至於老老之仁，又不可廢，故族有七十者弗敢先也。」

七十者，不有大故不入朝。若有大故而入，君必與之揖讓而后及爵者。

此尚齒之第五事也。鄭氏曰：「謂致仕在家者，其入朝，君先與之爲禮，而後揖卿大夫士。」

澄曰：「自有虞氏貴德而尚齒至此凡十六小節。前之一，言德爵富親之貴有四，而尚齒獨專其一。其二承上申言尚齒之事。其三是故以下至其七，分言弟長之事。其目有五。其八乃合五目而總言之。後之一，言孝德養臣之教有四，而教弟亦與其一。其二承上詳言教弟之事。其三是故以下，總言尚齒之效，以起下目。其四至其八，乃分五目而各言之。」

昔者聖人建陰陽天地之情，立以主易。易抱龜南面，天子卷冕北面，雖有明知之心，必進斷其志焉。示不敢專，以尊天也。卷，古本切。知，音智。斷，丁亂切。

建，猶豎立也。天地陰陽之情不可見，作爲奇偶之畫以明之，猶豎立標的，使人見之也。天地言其理，陰陽言其氣。情者人性之動，在天地陰陽，則言其用也。易，謂奇偶之畫，相變易者也，指易之書而言。下易抱龜之易，指掌占易之官而言也，周官大卜是也。易所以筮，龜所以卜，此言易官而曰「抱龜」，蓋卜筮一道也，故一官而兼統其事。周官大卜之職，而兼掌三易之筮是也。鄭氏曰：「立以爲易，謂作易。易抱龜，易官名，周曰大卜。大卜主三兆三易三夢之占。」孔氏曰：「占易之官抱龜南面，尊其神明也。天子親執卑道，故卷冕北面。雖有明哲之心，必進於龜之前，令龜決斷其已所有爲之志，示不敢自專，以尊敬上天也。」

善則稱人，過則稱己，教不伐以尊賢也。

上文言在上者不自尊其智而尊天，事不自決，待神而決，是尊天也。此言在下者不自伐其善而尊賢，已不自善，稱人之善，是尊賢也。

天子有善，讓德於天。諸侯有善，歸諸天子。卿大夫有善，薦於諸侯。士庶人有善，本諸父母，

存諸長老。禄爵慶賞，成諸宗廟，所以示順也。

方氏曰：「天子受命於天者也，故有善則讓德於天。諸侯受命於天子者也，故有善則歸諸天子。卿大夫受命於諸侯，故有善則薦於諸侯。士庶人既卑且賤，其善亦小矣。內則本諸父母，外則存諸長老而已。讓爲不受之詞，自諸侯而下，皆不受其善。特於天子言讓者，唯天子之尊，其讓爲足道也。德，善之所積，由諸侯而下，皆推之於人，故止言善，唯讓於天則言德也。自外至內謂之歸，自下進上謂之薦。本以言其有所反，存以言其無所忘。父母，內也，故言其有所反，而曰本；長老，外也，故言其無所忘而曰存。禄則施之及賤，爵則制之以貴。慶所以爲禮，賞所以爲利，成諸宗廟者，謂必進諸宗廟之中，然後得以成其事也。」祭統曰：「古者明君爵有德而禄有功，必賜爵禄於大廟，示不敢專也。」澄曰：「天子不自有其善而讓於天，即上文不自專而尊天之意。諸侯卿大夫士庶人不自有其善而推於人，亦廣上文不自伐而尊賢之意也。成諸宗廟者，天子既讓善於天，諸侯既歸善於天子矣，又不敢自專而尊其祖考，皆爲人下者之順道也，故曰示順。自昔者聖人建天地陰陽之情至此，又爲三小節，蓋承前所言尚齒敬長之弟，而及讓善尊上之順。順者，弟之推也。」

右附記孝弟等義。此三節舊本附記又有曾子大孝一節，繫是大戴記全篇之文，此不重出。

祭統第二十四

陳氏曰：「祭統者，總序大綱，穿貫百職，統成一禮，見其始末之謂也。故綱舉而萬紀皆張，統先而衆目必振也。」方氏曰：「祭法非不及義，然以法爲主；祭義非不及法，然以義爲主，祭統則統論之也。」

凡治人之道，莫急於禮；禮有五經，莫重於祭。夫祭者，非物自外至者也。自中出，生於心者也。心怵而奉之以禮。是故唯賢者能盡祭之義。夫，音扶。怵，敕律切。

鄭氏曰：「禮有五經，謂『吉、凶、賓、軍、嘉』也。怵，感念親之貌也。」

賢者之祭也，必受其福，非世之所謂福也。福者，備也。備者，百順之名也。無所不順者之謂備，言内盡於己，而外順於道也。忠臣以事其君，孝子以事其親，其本一也。上則順於鬼神，外則順於君長，内則以孝於親，如此之謂備唯賢者能備。能備然後能祭，是故賢者之祭也，致其誠信，與其忠敬，奉之以物，道之以禮，安之以樂，參之以時，明薦之而已矣，不求其爲。此孝子之心也。祭者，所以追養繼孝也。孝者，畜，順於道，不逆於倫，是之謂畜。長，知兩切。爲，云僞切。養，羊尚切。畜，許六切。

鄭氏曰：「世所謂福者，受鬼神之佑助也。賢者之所謂福者，謂受大順之顯名也。其本一者，言忠孝俱由順出也。明薦，明，猶潔也。不求其爲，爲，謂福佑爲巳之報。畜，謂順於德教。」方氏曰：名生於實者也，受百順之名，以已有百福之實，則神有百順之報可知。雖曰非世所謂福，是乃世所謂福也。孔子言祭則受福，以是而已。有衍而無耗之謂福，故曰福者備也。然而能順於上，下或逆焉，則不可謂之備。能順於此，彼或逆焉，亦不可謂之備。故曰備者，百順之名也，無所不順者之謂備。必曰百者，舉其多，且以成數言之，猶百福百禄百祥稱百而已。臣之盡忠，子之盡孝，所謂内盡於己也。於君則順事君之道，於親則順事親之道，所謂外順於道也。於親下又兼順鬼神而言之者，亦所謂順於道也。於鬼神君長言順，則知所謂孝於親者亦順也。於親言孝，則順於鬼神爲敬，順於君長爲忠又可知。反覆言之者，以見無不順而備故也。然祭有十倫，而此止以三者爲備者，以三者爲十倫之大故也。三者備矣，則十倫不期備而備矣。致其誠則無僞行，致其信則無疑慮，致其忠則無欺心，致其敬則無怠志，四者祭之本。所謂物者，奉乎此而已；所謂禮者，道乎此而已；所謂樂者，安乎此而已；所謂時者，參乎此而已。蓋物以將其意，故曰奉；禮以行其義，故曰道；樂以樂其來，故曰安；時以節其中，故曰參。雖其如此，俱明薦之於其親而已，不求其爲也。明薦與明禋、明饗同義。不求其爲者，或爲己，或爲人，皆未免乎有所爲。追養繼孝，養，謂事親之事；孝，謂事親之道；追，言追其往；繼，言繼其絕。孝子之事其親也，上則順於天道，下則不逆於人倫，是之謂畜。」應氏曰：「畜固爲畜養之義，而亦有止而畜聚之意焉。」○軾按：福也者三句，釋福字義。言盡於己以下，釋非世之所謂福意。蓋己之所行無不順，斯神之所報亦無不順，故曰然後能祭。謂能祭而受福也。然以順致順者，乃自然之報，而孝子無容心焉，故曰不求其爲。畜字，應氏作畜聚解最當。蓋孝爲德之本，能孝則百行俱得，而百福聚矣。

是故孝子之事親也，有三道焉：生則養，没則喪，喪畢則祭。養則觀其順也，喪則觀其哀也，祭則觀其敬而時也。盡此三道者，孝子之行也。 盡，子忍切。行，下孟切。

方氏曰：「以養志爲上，以養口體爲下，此養之順也。發於聲音，而見於衣服，此喪之哀也。所以交於神明者，祭之敬也。所以節其疏數者，祭之時也。」孔氏曰：「養則致其樂，喪則致其哀，祭則致其嚴，是三者皆孝子之所常行，故曰道。行而有可見之迹，故曰孝子之行也。」

既内自盡，又外求助，昏禮是也。故國君取夫人之辭曰：「請君之玉女，與寡人共有敝邑，事宗廟社稷。」此求助之本也。夫祭也者，必夫婦親之，所以備外内之官也。官備則具備。水草之菹，陸產之醢，小物備矣。三牲之俎，八簋之實，美物備矣。昆蟲之異，草木之實，陰陽之物備矣。凡天之所生，地之所長，苟可薦者，莫不咸在，示盡物也。外則盡物，内則盡志，此祭之心

也。取，七住切。

鄭氏曰：「言玉女者，美言之也。君子於玉比德焉。具備具，謂所供衆物也。水草之菹，芹茆之屬。陸産之醢，蚳蝝之屬。天子之祭八簋。昆蟲，謂温生寒死之蟲也，内則可食之物，有蜩范。草木之實，菱芡榛栗之屬。咸，皆也。」

是故天子親耕於南郊，以共齊盛；王后蠶於北郊，以共純服；諸侯耕於東郊，亦以共齊盛；夫人蠶於北郊，以共冕服。天子諸侯，非莫耕也；王后夫人，非莫蠶也，身致其誠信，誠信之謂盡，盡之謂敬。敬盡，然後可以事神明。此祭之道也。共，音恭。齊，音粢。盛，音成。純，音緇，今如字。

鄭氏曰：「純服，亦冕服也，互言之爾。純以見繒色，冕以著祭服。東郊少陽，諸侯之象也。夫人不蠶於西郊，婦人禮少變也。齊或爲粢。」孔氏曰：「此覆結上文必夫婦親之，及盡物盡志之事。天子大陽，故南也；諸侯少陽，故東也。然藉田並在東南，故王言南，諸侯言東。后大陰，故北郊；夫人少陰，合西郊。然亦北者，婦人質少變，與后同也。莫耕莫蠶，莫，無也。言王侯豈貧無穀帛，而夫婦自耕蠶乎？以其欲致誠信，故身親之。」

及時將祭，君子乃齊。齊之爲言齊也，齊不齊以致齊者也。是故君子非有大事也，非有恭敬也，則不齊。不齊則於物無防也，耆欲無止也。及其將齊也，防其邪物，訖其耆欲，耳不聽樂。故記曰：「齊者不樂。」言不敢散其志也。心不苟慮，必依於道。手足不苟動，必依於禮。是故君子

之齊也，專致其精明之德也，故散齊七日以定之，致齊三日以齊之。定之之謂齊。齊者，精明之至也。然後可以交於神明也。齊，側皆切。齊也、不齊、齊之，並如字。

葉氏曰：「戒則防邪物以治外，齊則訖嗜慾以治內。内外治，則耳不聽，樂而志不散也。志不散，則心依於道。道無形也，手足依於禮，禮有體也。」〇軾按：齊而後防邪訖欲，不苟慮，不苟動，將不齊而遂苟慮苟動逐邪縱欲乎。所謂專致其精明者，思其居處，思其笑語，念茲在茲，不以他事分其志意也。祭統所言，未免駁雜。又按齊曰散，猶勘亂曰亂也。致，專也，定之之謂齊，言定亦齊之謂也。

是故先期旬有一日，宫宰宿夫人。夫人亦散齊七日，致齊三日。君致齊於外，夫人致齊於內。然後會於大廟。君純冕立於阼，夫人副禕立於東房。君執圭瓚祼尸，大宗執璋瓚亞祼及迎牲。君執紖，卿大夫從，士執芻，宗婦執盎從，夫人薦涗水。君執鸞刀羞嚌，夫人薦豆。此之謂「夫婦親之」。先，去聲，又如字。大廟，音泰。禕，音輝。瓚，才旦切。紖，直忍。以，忍二切。從，才用切。芻，初俱切。涗，舒鋭切，又音歲。羞嚌，才細切。

鄭氏曰：「宫宰，守宫官也。宿讀爲肅，肅，猶戒也，戒輕肅重也。大廟，始祖廟也。圭瓚，璋瓚，祼器也，以圭璋爲柄，酌鬱鬯曰祼。」孔氏曰：「外，謂君之路寢。内，謂夫人正寢。致齊並於正寢，散齊亦然。冕皆上玄下纁，其服亦然。若非二王後，及周公廟，則悉用玄冕而祭。副及禕，后之上服，魯及二王之後，夫人得服之。侯伯夫人揄狄，子男夫人闕狄，並立東房以俟行事。尸既入之後，轉就西房。大宗，主宗廟禮者。亞祼之禮，夫人親爲之。此云大宗，記者廣言容夫人有故。故大宗伯代夫人行禮。下云夫人薦涚水薦豆，顯夫人親行也。君執紖者，紖，牛鼻繩，君自執之，入繫於碑。卿大夫從驅之。及殺與幣告，皆從於君。士執芻者，芻，謂藁也，以其殺牲，用芻藁藉之也。宗婦執盎從，謂同宗之婦執盎，從夫人而來，奠盎齊於位。夫人乃就盎齊之尊，酌此涚齊而薦之。盎齊涚酌，盎齊差清，和以清酒泲之，謂之涚酌。涚，即盎齊也。夫人薦盎，不薦明水。今薦涚之下更言水，以盎齊加明水，故記者因盎而連言明水耳。上公之祭，宜有醴齊盎齊，但言盎，略耳。侯伯子男之祭，但有盎齊也。君執鸞刀羞嚌，嚌，肝肺也。嚌有二時，一是朝踐之時，取肝以膋貫之，入室燎於爐炭，出薦之主前；二謂饋熟之時，君以鸞刀割制所羞嚌肺，横切之使不絶，亦奠於俎上，尸並嚌之，故云羞嚌。一云，羞，進也，謂君用鸞刀制此嚌肉以進之。」方氏曰：「散齊七日，致齊三日，則及祭凡十日矣。故先期旬有一日。宫宰宿夫人而詔之齊也，戒其期，故曰宿，且經宿而後致齊，則謂之宿宜矣。若世婦言宿戒，大司樂言宿縣，皆以是耳。聽外治者君也，故致齊於外。聽内職者夫人也，故致齊於内。與祭義所謂内外者異矣。彼謂一身之内外，齊於内外，所以辨其位。會於大廟，所以聯其事。君純冕立於阼，夫人副禕立於東房，與明堂位所言同義。於夫人言副禕，則君純冕者衮冕也。六冕皆麻，而曰純者，孔子稱『麻冕禮也，今也純。儉，吾從衆。』當孔子時，固有純冕矣。王氏釋周服之冕爲純冕者，以此。衮冕副褘，蓋天子王后之服。容記二王之後與魯禮，亦極諸侯之盛禮言之耳。衛非二王之後，而夫人之詩，則曰『副笄六珈』何也？周官追師掌首飾，有副有編有次。副爲首飾之上，故以之配三狄；編爲首飾之中，故以之配鞠展；次爲首飾之下，故以之配褖衣而已。謂之副，則夫人之所同。謂之褘，則王后之所獨。猶衮之九章。則上公之所同。旒之十二，則天子之所獨也。男服以在上者異，所以尊陽道也。女服以在上者同，所以尊陰道也。三鍬雖同用副，然以配褘衣爲正，故經未有言副揄屈者，止曰副褘而已。周官大宗伯『凡大祭祀，王后不與，則攝而薦豆籩徹』，則大宗固有攝夫人亞祼之禮矣。大宗，即宗伯也。君執紖，牽之也。宗婦，宗子之婦也。經有言命婦從夫人，而此言宗婦者，宗婦亦命婦矣，命婦則不必宗婦也。其從夫人，則命婦之所同。至於執盎，則宗婦之所獨。齊有五而宗婦止執盎者，據君牽牲之時也。祭義言夫人奠盎，正與此合。然彼言夫人奠盎，此言宗婦執盎者，宗婦執之，夫人奠之故也。薦涚水，則郊特牲所謂明水涚齊貴新是也。酌齊則必用涚矣。祭義不言者，略也。嚌者，尸所嚌之肺也。嚌則嘗之也，以尸之所嚌，故君執鸞刀而羞之也。尸必嚌之，君必羞之者，以周人所貴故也。夫人薦豆，則與祭義所言同義。

及入舞，君執干戚就舞位。君爲東上，冕而總干，率其群臣，以樂皇尸。是故天子之祭也，與天

下樂之。諸侯之祭也，與竟内樂之。冕而總干，率其群臣，以樂皇尸，此與竟内樂之之義也。以樂，音落。竟，音境，下皆同。

鄭氏曰：「君爲東上，近主位也。皇，君也。言君尸者，尊之。」方氏曰：「干戚，武舞所執也。羽籥，文舞所執也。止言干，主武宿夜言之。明堂位曰：『朱干玉戚，冕而舞大武。』正謂是矣。上言執干戚而不言冕，下言總干而不言戚，互相備也。言總干，知不特執干矣。祭義、樂記所言同。與天下樂之與竟内樂之，楊子曰『寧神莫大於得四表之歡心』是矣。」

○夫祭有三重焉，獻之屬莫重於裸，聲莫重於升歌，舞莫重於武宿夜，此周道也。凡三道者，所以假於外，而以增君子之志也。故與志進退，志輕則亦輕，志重則亦重。輕其志而求外之重也，雖聖人弗能得也。是故君子之祭也，必身自盡也，所以明重也。道之以禮，以奉三重而薦諸皇尸，此聖人之道也。

鄭氏曰：「武宿夜，武曲名也。周道，猶周之禮。」孔氏曰：「此三種所重，皆假借外物，而以增益君子内志，故與志同進同退。若内志輕略，則此等亦輕略。内志殷重，則此等亦殷重矣。」皇氏曰：「師說，書傳云：『武王伐紂，至於商郊，停止宿夜，士卒皆歡樂歌舞以待旦，因名焉。』」熊氏曰：「武宿夜，即大武之樂也。」方氏曰「獻有九而裸其一，故以屬言之。於獻言屬，則聲舞可知矣。」陳氏曰：「獻之屬有九，而莫重於祼，是以降神者爲重，凡獻卿大夫及群有司，皆其輕者也；聲莫重於升歌，是以貴人聲者爲重，凡見於下管象武之器。皆其輕者也；舞莫重於武宿夜，是以當時者爲重，凡見於前代者，皆其輕者也。此周道然。若夫夏商之禮，則獻不必重祼，聲不必重升歌，舞不必重武宿夜矣。祭之有是，假諸物而在外者也。君子之志，資諸己而在内者也。志重於内，凡假於外者，安得不重耶；志輕於内，凡假於外者，安得不輕耶。祭有三重，則周之所獨。天下有三重，則夏商所同。謂之三重，自時所尚者言之。」

○夫祭有餕。餕者，祭之末也，不可不知也。是故古之人有言曰：「善終者如始，餕其是已」。是故古之君子曰：「尸亦餕鬼神之餘也，惠術也，可以觀政矣。」是故尸謖，君與卿四人餕；君起，大夫六人餕，臣餕君之餘也；大夫起，士八人餕，賤餕貴之餘也；士起，執其具以出，陳於堂下，百官進徹之，下餕上之餘也。餕，音俊。謖，所六切。

鄭氏曰：「術，猶法也，爲政尚施惠。進當爲餕，聲之誤也。百官，謂有事於君祭者也。既餕乃徹之而去，所謂自卑至賤，進徹或俱爲餕。」孔氏曰「『靡不有初，鮮克有終』，祭之有餕是已。餕者，人餕尸之餘也。王侯初薦，毛血燔燎，是薦於鬼神。至薦孰時，尸乃食之，故曰『尸亦餕鬼神之餘也』。言尸餕，是施恩惠之法術，能施恩惠，即其政善，故云『可以觀政』。君於廟中，事尸如君，則君爲臣禮。君食尸餘，是臣食君禄，與大夫食君餘相似，故曰『臣餕君之餘也』。諸侯之國有五大夫，此云六者，兼有采地助祭也。漸變及下，示溥恩惠也。士廟中餕訖而起，所司各執其饌具，以出廟户，陳於堂下。百官餕訖，各徹其器而去之。」方氏曰：「尸猶受惠於鬼神，人固當受惠於其君。餕，每變以衆，故始則君與三卿共四人；變而加以兩，故大夫六人；又變而加以兩，故士八人；又變而加以百官，蓋以示其惠之愈廣。百官，謂中下之士，以及於百執事者也。祭法以官師爲中下之士，則此以百官稱之宜矣。爾雅曰：『謖。興起也。』由君而下皆言起，獨於尸言謖者。尸，神象也，故特以謖言之。」陸氏曰：「百官進徹之進而餕，餕而徹焉。」葉氏曰：「百官言上下，以其執事，未必有爵也。」

凡餕之道，每變以衆，所以别貴賤之等，而興施惠之象也。是故以四簋黍，見其脩於廟中也。廟中者，竟内之象也。祭者。澤之大者也。是故上有大澤，則惠必及下，顧上先下後耳，非上積重而下有凍餒之民也。是故上有大澤，則民夫人待於下流，知惠之必將至也，由餕見之矣。故曰：「可以觀政矣。」别，彼列切。施惠，始豉切。見，賢遍切，見之如字。

鄭氏曰：「鬼神之惠偏廟中，如國君之惠偏竟内也。鬼神有祭，不獨饗之，使人餕之，恩澤之大者也。國君有蓄積，不獨食之，亦以施惠於竟内也。」孔氏曰：「興，起也。初餕貴而少，後餕賤而多，皆先上而後下，施惠之道亦當然也。故云『興施惠之象。』餕之時，君與三卿用四簋之黍，欲見其恩惠脩整，普徧於廟中也。諸侯之祭有六簋，今云四簋，以二簋留爲陽厭之祭故也。簋有黍稷，特云黍者，見其美，舉黍則稷可知。以四簋而脩於廟中，如君之恩惠徧於竟内也。上先下後，謂君上先餕，臣下後餕也。」方氏曰：「『夫人』與考工記所謂『夫人能爲弓』之『夫人』同，猶言人人也。」某氏講義曰：「見其脩於廟中，脩，猶行也。謂施惠之道，行於廟中也。」

○夫祭之爲物大矣，其興物備矣，順以備者也，其教之本與！是故君子之教也，外則教之以尊其君長，内則教之以孝於其親。是故明君在上，則諸臣服從。崇事宗廟社稷，則子孫順孝。盡其道，端其義，而教生焉。是故君子之事君也，必身行之。所不安於上，則不以使下。所惡於下，則不以事上。非諸人，行諸己，非教之道也。是故君子之教也，必由其本，順之至也，祭其是與！故曰：祭者，教之本也已。與，音餘。惡，烏路切。

鄭氏曰：「爲物，猶爲禮也。興物，謂薦百品。崇事，崇猶尊也，必身行之，言恕己乃行之。祭者教之本，教由孝順生也。」孔氏曰：「祭之爲物，物，謂事物，所行皆依禮，故爲大。興物，謂興造庶羞，百品皆足，故云備矣。祭必依禮，順也。百品皆足，備也。聖人設教，惟以順以備，故曰教之本。外教，謂郊天；内教，謂祭宗廟。外教尊君長，故諸臣服從；内教孝其親，故子孫順孝。人君親自行之，盡其事上之道，又端正君臣上下之義，則政教由此生焉。政必由於己，乃能及物，故下云必由其本。」

○夫祭有十倫焉：見事鬼神之道焉，見君臣之義焉，見父子之倫焉，見貴賤之等焉，見親疏之殺焉，見爵賞之施焉，見夫婦之别焉，見政事之均焉，見長幼之序焉，見上下之際焉。此之謂十倫。 見，賢遍切。殺，色界切。

鄭氏曰：「倫猶義也。」陳氏曰：「鬼神、父子、親疏、夫婦、長幼五者，内之倫也。君臣、貴賤、爵賞、政事、上下五者，外之倫也。」方氏曰：「鬼神則變化有所通，故曰道；君臣則嚴謹有所守，故曰義；父子則恩孝有所順，故曰倫；貴賤則名位有所差，故曰等；親疏則遠近有所間，故曰殺；賞爵則恩惠有所及，故曰施；夫婦則内外有所辨，故曰别；政事則多寡有所一，故曰均；長幼則先後有所次，故曰序；上下則情意有所接，故曰際。夫祭以鬼神爲主，故於首言鬼神之道，至於惠之之道，則祭之末也，故以上下之際終焉。夫先後有序如此，所以謂之倫也。」

鋪筵設同几，爲依神也。詔祝於室而出于祊，此交神明之道也。 筵，羊然切。爲，云僞切。祊，伯更切。

鄭氏曰：「祭者以其妃配，亦不特几也。詔祝，告事於尸也。出於祊，謂索祭也。」孔氏曰：「詔，告也。祝，祝也，謂灌鬯饋熟酳尸之等，祝官以祝辭告事於尸，非朝踐之時。血毛詔於室者，以朝踐尸主皆在户外，暫時之事，非終始事神之道也。祊，謂明日繹祭，而出廟門旁，廣求神於門外之祊。」陳氏曰：「人道則貴别，神道則貴親，故葬則同穴，而祭則同几也。然此依神而已，未至乎交也。故詔祝於室，所以交神於陰。而出乎祊，所以交明於陽。」方氏曰：「主陰陽之道言之，則曰鬼神；主幽顯之分言之，則曰神明，其實一也。」

君迎牲而不迎尸，别嫌也。尸在廟門外，則疑於臣，在廟中則全於君。君在廟門外，則疑於君，入廟門，則全於臣、全於子。是故不出者，明君臣之義也。

鄭氏曰：「不迎尸者，欲全其尊也。尸，神象也，鬼神之尊在廟中。人君之尊，出廟門則伸。」孔氏曰：「尸本是臣，在廟則尊耳。若未入廟，其尊未促。君若出迎，則疑尸有還爲臣之道，故云疑於臣。若在廟則君父道全也。云全君不云全父者，此本明君臣，故略於全父也。君若出廟門外，則君道還與平常不異，是疑於君。入廟門，則臣子道全，無所疑也。」周氏曰：「以君而迎尸，則嫌於以君而臣神。」方氏曰：「尸者神之象，君者人之主。廟門之外，以人道爲尚；廟門之内，以神道爲尚，凡迎之禮必出門焉。君迎牲而不迎尸者，非重牲而輕尸也，爲其有君臣之疑，所以别其嫌也。既曰嫌，又曰疑，疑固未至於嫌，而嫌於疑之所積也。」

夫祭之道，孫爲王父尸。所使爲尸者，於祭者子行也。父北面而事之，所以明子事父之道也。此父子之倫也。 子行，户剛切。

鄭氏曰：「子行猶子列也。祭祖則用孫列，皆取於同姓之適孫也。天子諸侯之祭，朝事延尸於户外，是以有北面事尸之禮。」孔氏曰：「主人爲欲孝敬己父，故北面而事子行之尸。則凡爲子者，豈得不自尊其父乎。少牢特牲禮皆在室之奥。」程子曰：「古人祭祀用尸，極有深意，不可以不思也。蓋人之魂氣既散，教子求神而祭，無尸則不饗，無主則不依，魂氣必求其類而依之。人與人既爲類，骨肉又爲一家之類，己與尸各既以潔齊至誠相通，以此求神，宜其饗之。」周氏曰：「以己之子，而爲父之尸。則己北面以事，而忘己之爲父者，以其爲父之尸也。」

尸飲五，君洗玉爵獻卿。尸飲七，以瑶爵獻大夫。尸飲九，以散爵獻士。及群有司，皆以齒，明尊卑之等也。

鄭氏曰：「大夫士祭，三獻而獻賓。」孔氏曰：「獻卿大夫士及有司等，其爵雖同，皆長者在先，故云以齒。此據上公九獻之禮。凡祭，二獻祼，用鬱鬯，尸祭奠而不飲。朝踐二獻，饋食二獻，及食畢主人酳尸，故云『尸飲五』。於此時獻卿，獻卿之後，主婦酳尸，賓長獻尸，是尸飲七也。乃以瑶爵獻大夫，是正九獻禮畢。但初二祼不飲，故云尸飲七。自此以後，長賓長兄弟更爲加爵，尸又飲二，是并前尸飲九，主人乃以散爵獻士及群有司也。若侯伯七獻，朝踐饋食時各一獻，食訖酳尸，但尸飲三也。子男五獻，食訖酳尸，尸飲一。大夫士祭，三獻而獻賓，與諸侯獻賓時節不同。下大夫不賓尸與士同，亦三獻而獻賓。其上大夫别行賓尸之禮，與此異也。」陳氏曰：「卿之德隆而貴，故獻以玉爵。大夫之德殺而賤，故獻以瑶爵。至於士則德卑尤賤，故獻以散爵而已。」陸氏曰：「尸飲五，若十二獻當朝踐亞獻之節。尸飲七，當饋食初獻。尸飲九，當饋食三獻，即九獻。尸飲五，當饋食初獻。尸飲七，當饋食三獻。尸飲九在酳尸矣。七獻五獻，尸飲三，於是獻卿歟。先儒謂子男五獻食訖酳尸，尸飲一，只飲一即獻卿，非其差也。瑶爵散爵，不言洗，略之也。」

夫祭有昭穆。昭穆者，所以别父子、遠近、長幼、親疏之序而無亂也。是故有事於大廟，則群昭群穆咸在而不失其倫，此之謂親疏之殺也。

鄭氏曰：「昭穆咸在，同宗父子皆來。」孔氏曰：「昭穆，謂尸主行，列於廟中，父南面，子北面，親者近，疏者遠，各有次序，是無亂也。祭大廟則衆廟尸主，及助祭之人同宗父子皆至，故群昭群穆咸在。若餘廟，唯尸主及所出之廟子孫來耳，各以昭穆列在廟，是不失倫類也。殺，漸也，示親疏有漸也。」周氏曰：「有事於大廟，言祫也。」方氏曰：「昭穆以别父子，而父子之行，又各有遠近、長幼、親疏。遠近以代言，長幼以齒言，親疏以情言。然而代之遠近，齒之長幼，皆以情爲主耳，故下總謂之親疏之殺也。夫有隆然後有殺，别親疏，則親者隆而疏者殺矣。并言殺者，言自隆降之以至於殺也。王三昭三穆，神之昭穆也。此群昭群穆，人之昭穆也。言祭有昭穆，則兼神人而言之。然昭穆以神爲主，故人於廟中乃稱之。」

古者明君爵有德而禄有功，必賜爵禄於大廟，示不敢專也。故祭之日，一獻，君降立於阼階之

南，南鄉，所命北面，史由君右，執策命之。再拜稽首受書以歸，而舍奠於其廟，此爵賞之施也。鄉，許亮反。舍音釋。

鄭氏曰：「一獻，一酳尸也。舍當爲釋。非時而祭曰奠。」孔氏曰：「爵表德禄賞功，卿大夫等既受策書，歸而釋奠於家廟，告以受君之命也。君尊，尚爵賞於廟不自專故民知施必由尊也。」應氏曰：「一獻始命者，以祭爲先也。不佚獻終而命者，以賞爲重也。」陸氏曰：「一獻，謂始獻耳。始獻即發賜禄，不嫌蚤者，重策命也。史由君右，執策命之，所謂詔辭自右。」

君卷冕産於阼，夫人副褘立於東房。夫人薦豆，執校。執醴授之，執鐙。尸酢夫人，執柄。夫人受尸，執足。夫婦相授受，不相襲處，酢必易爵，明夫婦之别也。卷與衮同。校，尸教切，又平聲。鐙，音登。

鄭氏曰：「校，豆中央直者也。執醴，授醴之人。授夫人以豆則執鐙。鐙，豆下跗也。」孔氏曰：「此謂上公夫人，故副褘也。爵爲雀形以尾爲柄，尸酢夫人，則執爵尾，夫人受酢，則執爵足。夫婦交相致爵，其執之不相因故處。襲，因也。主人受主婦之酢，必易换其爵，男子不承婦人爵也。夫人獻尸以醴齊，授執醴之人，酌醴以授夫人，至夫人薦豆，此人又執豆以授夫人，獻與薦皆此人所掌故也。」陳氏曰：「禮器言夫人在房而東酌罍尊，則在房者西房也。而此言副褘立於東房，蓋婦人貴於從夫，又貴於辨位，從夫則立之東，所以待其將有事。辨位則即於西，所以動而行事也。屋於夫婦相授受，不相襲處，則異其所立，酢必易爵，則易其所執，故曰『明夫婦之別』。」某氏講義曰：「先儒謂爵爲雀形，以尾爲柄，恐非是。爵之柄，下有二戈，足則戈也。以豆觀之，校爲柄，乃中央直者，則爵之柄亦指中央矣。」

凡爲俎者，以骨爲主。骨有貴賤。殷人貴髀，周人貴肩，凡前貴於後。俎者，所以明祭之必有惠也。是故貴者取貴骨，賤者取賤骨。貴者不重，賤者不虛，示均也。惠均則政行，政行則事成，事成則功立，功之所以立者，不可不知也。俎者，所以明惠之必均也。善爲政者如此，故曰：見政事之均焉。 髀，必履切。

鄭氏曰：「殷人貴髀，爲其厚也。周人貴肩，爲其顯也。凡前貴於後，謂脊脅臂臑之屬。」孔氏曰：「殷質，賤肩之薄故貴髀。周文，賤髀之隱，故貴肩。」凡前貴於後，據周貴肩言之。助祭者賜之俎，貴者不特多而重，賤者不虛而無，分俎多少，隨其貴賤，示均平也。功立由於分俎。人君欲爲政教，必須如分俎均平也。前體臂臑爲貴，後體膊胳爲賤，就脊脅之中，亦有貴賤。正脊在前爲貴，脡脊橫脊在後爲賤。脅則正脅在前爲貴，短脅爲賤。」

凡賜爵，昭爲一，穆爲一。昭與昭齒，穆與穆齒。凡群有司皆以齒。此之謂長幼有序。

鄭氏曰：「昭穆，衆兄弟也。群有司，猶衆賓下及執事者。君賜之爵，謂若酬之。」孔氏曰：「旅酬時賜助祭者酒爵，君衆兄弟子孫，昭爲一列，穆爲一列，各自相旅，尊者在前，卑者在後。

同班列，則長者在前，少者在後。是昭與昭齒，穆與穆齒。鄭知賜爵爲酬者，以獻時不以昭穆爲次。此列昭穆，故知爲酬也。」陳氏曰：「宗廟之中，受事則以爵，而賜爵則以齒。蓋授事主，而行於旅酬之前。賜爵主恩，而隆於旅酬之後，賜以主恩。故昭與昭齒，穆與穆齒，凡群有司皆以齒，長幼之序也。」

夫祭有畀、煇、胞、翟、閽者，惠下之道也。唯有德之君爲能行此，明足以見之，仁足以與之。畀之爲言與也，能以其餘畀其下者也。煇者，甲吏之賤者也；胞者，肉吏之賤者也；翟者，樂吏之賤者也；閽者，守門之賤者也，古者不使刑人守門。此四守者，吏之至賤者也。尸又至尊，以至尊既祭之末，而不忘至賤，而以其餘畀之。是故明君在上，則竟内之民，無凍餒者矣，此之謂上下際。煇，音運。胞，步交切。翟，音狄。以見，賢遍切。

鄭氏曰：「明足以見之，見此卑者也。仁足以與之，與此卑者也。煇，周禮作韗，謂韗磔皮革之官也。翟，謂教羽舞者也。不使刑人守門，謂夏、殷時。」孔氏曰：「畀。與也。煇、胞、翟、閽。四者皆是賤官，祭末與以恩賜，是施惠之道也。際，接也。韗人掌作鼓，木張皮兩頭鞔之以爲鼓，故云韗磔皮革之官也。」方氏曰：「夫祭之有俎，固已見惠均，然未足以盡惠下之道。以至尊之尸，而畀至賤之吏，然後見惠下也。此政事之均。與上下之際，所以爲異歟。」周氏曰：「古者不使刑人守門，此指夏、殷而言也。周之法，墨者使守門，而四夷之隸，亦使守王宫。蓋當時之爲守衛者，皆公卿大夫之子弟，而又兼以刑人與四夷之隸，則其勢足以相持，而不至於亂。是又使刑人與四夷之隸，皆有所養，則是亦先王之仁也。」葉氏曰：「助祭，則群有司賤於族姓。而煇、胞、翟、閽，又賤於群有司。」○軾按：古者不使刑人守門，正見守門皆賤者也。四守，謂職司此四事者。

○凡祭有四時：春祭曰礿，夏祭曰禘，秋祭曰嘗，冬祭曰烝。礿、禘，陽義也。嘗、烝，陰義也。禘者，陽之盛也。嘗者，陰之盛也。故曰「莫重於禘嘗」。古者於禘也，發爵賜服，順陽義也。於嘗也，出田邑，發秋政，順陰義也。故記曰：「嘗之日，發公室，示賞也。」草艾則墨，未發秋政，則民弗敢草也。礿，音祠。禘，音礿，下同。艾，音刈。

鄭氏曰：「謂夏、殷時禮。夏尊卑著，秋萬物成，爵命屬陽，國地屬陰，發公室，出賞物也。草艾，謂艾取草也。秋草木成，可芟艾給爨亨，時則始行小刑也。」孔氏曰：「記者引前記之文。案左傳云：『賞以春夏，刑以秋冬。』此以賞對刑爲文，其實四時之間皆有賞也。」應氏曰：「代天爵人，故於禘。分地與人，故於嘗。秋政，若省斂斷刑皆是。」

故曰：禘嘗之義大矣，治國之本也，不可不知也。明其義者君也，能其事者臣也。不明其義，君人不全。不能其事，爲臣不全。夫義者所以濟志，。諸德之發也。是故其德盛者其志厚，其志

厚者其義章，其義章者其祭也敬。祭敬，則竟内之子孫，莫敢不敬矣。是故君子之祭也，必身親涖之，有故則使人可也。雖使人也，君不失其義者，君明其義故也。其德薄者其志輕，疑於其義，而求祭使之必敬也，弗可得已。祭而不敬，何以爲父母矣。

鄭氏曰：「全，猶具也。濟，成也。發，謂機發也。涖，臨也。君不失其義者，君雖不自親祭，禮無闕，於君德不損也。」孔氏曰：「人君道德盛，則念親志厚。念親厚，則事親祭禮。其義章明，章明則其祭也敬。使人，謂君有故使人攝之。」方氏曰：「禮固所以爲義，義又可以起禮。有故則使人，義之所可故也。代之雖在乎人，使之則出乎君。代之雖行其事，使之則本乎義。故曰雖使人也。君不失其義者，明其義故也。」某氏講義曰：「人君躬行子孫之道以事其先，則凡爲子孫者化之矣。古之人使民如承大祭，以其敬也。不足以爲民父母，於祭之不敬見之。」

〇夫鼎有銘。銘者，自名也，名以稱揚其先祖之美，而明著之後世者也。爲先祖者，莫不有美焉，莫不有惡焉。銘之義，稱美而不稱惡，此孝子孝孫之心也，唯賢者能之銘者。論譔其先祖之有德善、功烈、勳勞、慶賞、聲名列於天下，而酌之祭器，自成其名焉，以祀其先祖者也。顯揚先祖，所以崇孝也。身比焉，順也。明示後世，教也。比，毗志切。

鄭氏曰：「銘，謂書刻之以識事。自名，謂著己名。烈，業也。王功曰勳，事功曰勞，酌之祭器，言斟酌其美，傳著於鍾鼎也。身比焉，謂自著名於下也。順，謂孝順之行也。教，所以教後世。」孔氏曰：「論，謂論説。譔，謂譔録。」方氏曰：「器之重者莫如鼎，言之重者莫如銘。此鼎怕以有銘，而銘必於鼎也。列於天下，言陳列於天下而有序也。酌之祭器，言斟酌其美而不溢也。自名於祭器，故曰自成其名，上足以揚先祖之德，下足以成己之名，故曰上下皆得。」馬氏曰：「銘必自名，然後可以稱其先祖，故曰自名也。」廬陵胡氏曰：「自名，謂己能立身揚名以顯其先也。能自揚名，則國人稱願曰：『幸哉有子如此』，故可銘也。若身陷不義而無令名，雖銘，人誰信之。酌，猶酌古之酌。刻先祖功善於鍾鼎，而孝順之名成焉。先儒謂自著己名於先祖之下，非也。若有心於自著己名，何以爲孝子。比，次也，銘其祖而身名成焉，是身比也。」○軾按：銘者，名也。然必立身行道，子孫自有可著之名，而後能名其祖考。如言文、武王業，而歸美於后稷、公劉、大王、王季也。蓋凡爲祖宗者，莫不有美有惡孝子之心。誰不欲揚其先世之美，但已無可稱，何從歸美於先乎？故曰『唯賢者能之』。論譔四句一氣讀，自名以名其祖，祖名著而已之名亦因以顯，所謂身比也。比者，合也。惟德與祖合，故名與祖俱也。孝即順德，自其致之先祖謂之孝，自其成諸已身謂之順。

夫銘者，壹稱而上下皆得焉耳矣。是故君子之觀於銘也，既美其所稱，又美其所爲。爲之者，明足以見之，仁足以與之，知足以利之，可謂賢矣。賢而勿伐，可謂恭矣。見之，賢遍切。知，音智。

鄭氏曰：「美其所爲，美此人爲此銘也。」孔氏曰：「銘唯壹先祖之善。上下皆得，謂上光揚先祖，下成已順行，又垂教來世也。所稱，謂先祖也。所爲，謂已身行業也；君子，有德之士，觀銘必見此二事之美也。爲之者，謂爲銘之人。明足以見先祖之美，仁足以著先祖之銘，知足以利己，得上比先祖也。備此三事，所以爲賢。又不自伐，是爲恭也。」〇軾按：美其所稱，謂能爲銘以名其先人。美其所爲，謂能爲銘以自名。明足以見，仁足以與，申上美其所稱，即前節顯揚以崇孝也。知足以利，申上美其所爲，即前節身比焉順也。知者德之本，利即順也。不伐者，歸美於祖，孝也。

故衛孔悝之鼎銘曰：「六月丁亥，公假於大廟。公曰：『叔舅！乃祖莊叔，左右成公。成公乃命莊叔，隨難於漢陽，即宫於宗周，奔走無射。啓右獻公，獻公乃命成叔，纂乃祖服。乃考文叔，興舊耆欲，作率慶士，躬恤衛國，其勤公家，夙夜不解。民咸曰：「休哉！」』公曰：『叔舅！予女銘，若纂乃考服！』悝拜稽首曰：『對揚以辟之勤大命。』施於烝彝鼎。」此衛孔悝之鼎銘也。古之君子，論譔其先祖之美而明著之後世者也，以比其身，以重其國家。如此，子孫之守宗廟社稷者，其先祖無美而稱之，是誣也；有善而弗知，不明也；知而弗傳，不仁也。此三者，君子之所恥也。悝，口回切。假，加百切。左、右，並去聲。難，乃旦切。射，音亦。纂，祖管切。耆，市志切。解，古賣切。女，音汝。辟，必亦切。施，如字。

鄭氏曰：「孔悝，衛大夫也。公，衛莊公蒯聵也。德孔悝之立己，依禮褒之，以静國人自固也。假，至也。至大廟，謂以夏之孟夏禘祭也。叔舅，公爲策書，尊呼孔悝而命之也，乃猶女也。莊叔，悝七世祖，衛大夫孔達也。隨難，謂成公爲晉伐出奔，莊叔從焉。漢，楚之川也。即宫於宗周，後反得國，坐殺弟叔武，晉人執歸京師，置之深室也。射，厭也，言莊叔奔走至勞而不厭倦也。周既去鎬京，猶名王城爲宗周也。獻公，衛侯衎，成公曾孫也，亦失國得反，言莊叔之功流於後世。啓右獻公，使得反國也。成叔，莊叔之孫烝鉏也。右，助也。乃命成叔纂乃祖服。纂，繼也。服，事也。獻公反國，命成子繼女祖莊叔之事，欲其忠如孔達也。文叔者，成叔之曾孫文子圉，即悝父也。作率慶士。作，起也。率，循也。慶，善也。士，事也。言文叔能興行先祖之舊德，起而循其善事也。若纂乃考服，若猶汝也。女繼女父之事，欲其忠如文子也。成公、獻公、莊公，皆失國得反，言孔氏世有功焉，寵之也。施於烝彝鼎。施，猶著也，刻著於烝祭之彝鼎。彝，尊也。」孔氏曰：「休哉以上，是稱其先祖。公曰叔舅以下至彝鼎，是自著其名於下。」方氏曰：「啓右者，非特左右以助之，而又啓道之也。彝亦有銘，止曰鼎銘者，舉重以該之也。」應氏曰：「嗜欲者，心志之所存。其先世之忠，皆以愛君憂國爲嗜欲，慕而能興起之也。作率，謂奮起而倡率之。慶，卿也，古者慶卿同音，故慶雲謂之卿雲。先世纂乃祖服，今又纂乃考服者，世濟其美也。銘出於孔悝之意，而以爲公所予者，示不敢專也。猶魯之作頌，必請於周，既銘功必請於君也。對，答也。勤大命者，殷勤重大之命也。既曰對揚，遂以君命施於祭器也。」○軾按：銘詞分三段：一美莊、一美成、一美文。啓右獻公，謂成叔能開啓右助獻公也。陳氏曰：「對揚十三字作一句讀，言對答揚舉以君殷勤之大命，施於烝祭之彝鼎也。」

昔者周公旦有勳勞於天下。周公既没，成王、康王追念周公之所以勳勞者，而欲尊魯，故賜之以重祭。外祭則郊、社是也，内祭則大嘗禘是也。夫大嘗禘，升歌清廟，下而管象，朱干玉戚以舞大武，八佾以舞大夏，此天子之樂也。康周公，故以賜魯也。子孫纂之，至於今不廢。所以明周公之德，而又以重其國也。佾，音逸。

鄭氏曰：「言此者王室所銘，若周公之功也。清廟，頌文王之詩也。管象，吹管而舞武象之樂也。朱干，赤盾。戚，斧也。此武象之舞所執也。佾，猶列也。大夏，禹樂，文舞也，執羽籥。文武之舞皆八列，互言之耳。康，猶褒大也。不廢，不廢此禮樂也。重，猶尊也。」孔氏曰：「此一節因上説鼎銘明先祖之善，故此明周公之勳。子孫纂之，特重於餘國，亦光揚之事。」陳氏曰：「周公封於魯而不之魯，魯之子孫纂之，於今不廢。用之周公廟，足以明周公之德。用之魯公廟，雖欲尊魯以重其國，未免爲僭矣。」方氏曰：「命之者成王耳，而兼言康王者，成王之志，而康王又能繼之也。」○軾按：前節引孔悝鼎銘，謂悝能自名以名其祖也。此節言周公有勳勞，得賜天子禮樂，子孫能纂之而不廢，周公之德賴以著，而其國亦因以重。明周公之德，是名其祖。

國以重，是自名也。然成王之賜，伯禽之受，二者交譏。至魯公之廟亦用天子禮樂，其僭甚矣。衛莊褒孔悝以自固，尤君子所深恥而羞道也。禮經引爲鼎彝之法，謬哉。

右記宗廟人鬼之義。

禮運第二十五

山陰陸氏曰：「禮運者，是禮樂之運，運祚推移而禮行焉，雖聖人不能違也。然則大同、小康，時而已矣。」長樂陳氏曰：「道則運而無所積，器則滯而有所拘。禮器言禮之器，則禮運言禮之道也。」方氏曰：「帝王盛時，以義起禮，馳騁而轉徙未嘗息。故其經世之迹，不能無異其軌轍焉，於是則有大小之别，同異之名。此篇所言，乃其義也。」

昔者仲尼與於蜡賓，事畢，出遊於觀之上，喟然而嘆。仲尼之嘆，蓋嘆魯也。言偃在側，曰：「君子何嘆？」孔子曰：「大道之行也，與三代之英，丘未之逮也，而有志焉。」與，音預。蜡，仕嫁切。喟，去媿切。逮，音代。

鄭氏曰：「蜡者，索也。歲十二月，合聚萬物而索饗之，亦祭宗廟。時孔子仕魯，在助祭之中。觀，闕也。孔子見魯君祭禮有不備，又覩象魏舊章之處，感而嘆之。言偃，孔子弟子子游。大道，謂五帝時也。英，俊選之尤者。逮，及也。」孔氏曰：「仲尼與蜡祭，魯臣而稱賓者，祭祀欲以賓客爲榮故也。觀，謂宫門雙闕，舊縣法象，使民觀之處，因謂之闕，亦名象魏。天子兩觀外闕，諸侯壹門，不得有闕。魯有闕者，以天子禮也。魯宗廟在雉門外左，孔子蜡祭事畢，出廟往雉門，登遊於觀之上。喟，是嘆之形貌，作記者言其所嘆之由。蓋，疑辭，謙也。言偃侍，於是問所嘆何事。孔子若指言魯失禮，恐其大切，故廣言五帝以下之事，謂大道之行，與三代英異之主，雖不及身見，而有志記之書存焉，披覽尚可知也。志是記識之名。」

「大道之行也，天下爲公，選賢與能，講信脩睦。故人不獨親其親，不獨子其子。使老有所終，壯有所用，幼有所長，矜寡孤獨廢疾者，皆有所養。男有分，女有歸。貨惡其棄於地也，不必藏於己。力惡其不出於身也，不必爲己。是故謀閉而不興，盜竊亂賊而不作，故外户而不閉，是謂大同。長，知雨切。矜，古頑切。分，扶問切。惡，烏路切。爲，云僞切。

鄭氏曰：「公猶共也。禪位授聖，不家也。睦，親也。不獨親其親子其子孝，慈之道廣也，皆有所養，無匱乏。有分，分猶職也。有歸，皆得良奧之家也。貨不必藏於己，力不必爲己，謂施無吝心，勞事不憚也。謀閉不興，盜賊不作。尚辭讓故也。同，猶和也。」澄曰：「盜非真盜，亂非真亂，謂有爲盜爲亂之才者也。竊，謂攘人之貨以利己。賊，謂逞己之力以害人。作，爲也。盜才雖能竊攘，亂才雖能賊殺，而皆不作其事。下文謀用是作之作。作，起也。」

「今大道既隱，天下爲家。各親其親，各子其子，貨力爲己。大人世及以爲禮，城郭溝池以爲固。禮義以爲紀，以正君臣，以篤父子，以睦兄弟，以和夫婦，以設制度，以立田里，以賢勇知，以

有不謹於禮者也。以著其義，以考其信。著有過，刑仁講讓，示民有常。如有不由此者，在埶者去，衆以爲殃。是謂小康。」知，音智。去，羌吕切。

孔氏曰：「孔子生三代之末，故稱今。天下爲家，言不傳賢而傳子也。君以天位爲家，故人化之，亦各親其親。子其子。自藏其貨以資已用，自出其力以成已事。大人，謂諸侯，亦皆世繼。父傳子曰世，兄傳弟曰及。有子則父傳與子，無子則兄傳與弟，以此爲禮也。城，内城。郭，外郭。溝池，城之塹。私力獨財，不免争奪，故設險以自衛固也。紀如絲之紀。君臣父子兄弟夫婦之倫，不能無失，故須以禮義爲之紀。君臣義合，故曰正。父子天然，故曰篤。篤，厚也。兄弟同氣，故曰睦。夫婦異姓，故曰和。又設爲宫室、衣服、車旗、飲食、上下、貴賤，各有多少之制度。田，耕稼之所。里，居宅之地。授之田宅，貴賤亦各異品。賢，猶崇重也。人有争奪，須勇以勝；人有欺詐，須智以察，所以崇重勇智之士。立功起事，不爲它人。以智計度而謀作，以勇戰鬬而兵起。選，猶英也。由，用也。此，謂禮義也。禹、湯、文、武、成王、周公，能用此禮義以爲治，故爲三代之英選也。謹，猶重也。言此六君子者，皆以禮爲重，而行下五事也。著，明也。事有未當，以禮明之而使皆得其宜。考，成也。民有相欺，以禮成之而使皆以其實。有過差者，以禮明之，使是非不惑。刑，則也。行仁者，以禮爲則也。用禮與義講論之，使揖讓也。以禮行上仁、義、禮、智、信之五德，示民以爲常法。若爲君上者，不能用此禮以行之，則雖在富貴勢位，而衆人視之爲禍惡。如桀紂幽厲，則失其天下，而勢位去已也。此以上言三王之時，不及五帝大道之時，但天下小安。」廬陵胡氏曰：「鄭云，大人，諸侯也。按下云禹、湯由此，則大人謂天子。」○軾按：人人親其親，長其長，而天下平。郅隆之治，無過於此。大同之説，創自老莊，漢儒摭入禮經，惑矣。

○言偃復問曰：「如此乎禮之急也？」孔子曰：「夫禮，先王以承天之道，以治人之情，故失之者死，得之者生。」詩曰：『相鼠有體，人而無禮。人而無禮，胡不遄死。』是故夫禮必本於天，殽於地，列於鬼神。達於喪、祭、射、御、冠、昏、朝、聘。故聖人以禮示之，故天下國家可得而正也。」復，扶又切。夫，音扶。相，息亮切。遄，市專切。殽，音效。冠，古亂切。朝，音潮。

澄曰：「本，猶根也。殽，讀作效。列，陳布不一之意。鬼神，祖廟山川五祀之屬。言制禮者必根本乎天，倣傚乎地，徧取法於一切鬼神，達而爲人所通行之禮也。」

○言偃復問曰：「夫子之極言禮也，可得而聞與？」孔子曰：「我欲觀夏道，是故之杞，而不足徵也。吾得夏時焉。我欲觀殷道，是故之宋，而不足徵也。吾得坤乾焉。坤乾之義，夏時之等，吾

以是觀之。」

鄭氏曰：「杞，夏之後。夏時，夏四時之書。其書存者有小正。宋，殷之後。坤乾，殷陰陽之書。其書存者有歸藏。」澄曰：「禮之名數制度，非可以虚言言也，故子游復問夫子之窮極言禮。其所考證，有可得而聞者否。夏道殷道，謂夏之禮，殷之禮也。之，往也。徵，證也。杞、宋是爲二王之後，其國得用夏、殷天子之禮以祀其先。夫子欲觀夏殷之禮，意謂杞、宋二國，必猶有其先世之禮存焉，故往二國求之。及至其國，乃知二國無復能存其禮，故皆不足徵。但於杞得夏時一書，於宋得坤乾一書。坤乾之書，其義略可推。夏時之書，其等略可見。夏禮、殷禮，其它既無可證驗，吾姑以是二書觀之。吾以是觀之，蓋不滿意之辭。」或曰：「坤乾言義，夏時言等。何也？書既亡，不可知已。說者謂坤乾爲歸藏易，則亦占筮之書。如周易之有六十四卦，但次序不同耳。韓宣子於魯見周之易象，而謂周禮在魯，蓋因其卦象之義而云。說者又謂夏時爲夏小正之屬。夏小正一篇，今在大戴禮記中，如小戴記之月令而略。或是如月令載逐月所行之政事，故云等也。按論語所記，與此章大同小異。彼謂文獻不足徵者，文是禮記之者，獻是習禮之人。此言之杞之宋而不足徵，蓋亦謂無其人。而文則猶有夏時、坤乾二書，然亦非足徵者也。此其所以不滿夫子之意乎？一說謂吾得夏時，吾得坤乾，非因之杞之宋而得此二書也。蓋夏殷之禮，杞、宋既不足徵，猶幸平日得此二書，吾但以是二書觀之，略可知其大概。」

○孔子曰：「嗚呼哀哉。我觀周道，幽、厲傷之，吾舍魯何適矣。魯之郊禘，非禮也，周公其衰矣。杞之郊也，禹也。宋之郊也，契也。是天子之事守也，故天子祭天地，諸侯祭社稷。」舍，音捨。

謝氏曰：「夫子欲觀夏道，杞不足證。欲觀商道，宋不足證。觀周道而幽、厲傷之，舍魯何適。而魯之郊禘非禮，考之杞、宋已如彼，考之當今又如此。孔子所以深嘆也。」

○夫禮之初，始諸飲食，其燔黍捭豚，汙尊而抔飲，蕢桴而土鼓，猶若可以致其敬於鬼神。燔，音煩。捭，卜麥切。汙，烏華切。抔，步侯切。蕢，音塊。桴，音浮。

方氏曰：「此言禮之初。方是時，地産之穀有黍，然未有釜甑也，故燔之。天産之物有豚，然未有刀匕也，故捭之。尊未能鑿木也，故汙尊。飲未知用爵也，故抔飲。皆始諸飲食之事。」孔氏曰：「禮以飲食爲本。中古質略，雖有火化，未有釜甑。以木洮釋黍米，捭析豚肉，加於石之上而孰之。言非但可以事生，如此亦可以致其恭敬於鬼神。」鄭氏曰：「言其物雖質略，有齊敬之心，則可以薦羞於鬼神，鬼神饗德不饗味也。釋米捭肉，加於燒石之上而食之，今北狄猶然。汙尊，鑿地爲尊也。抔飲，手掬之也。蕢讀爲凷。凷，堛也，謂摶土爲桴也。土鼓，築土爲鼓也。」廬陵胡氏曰：「蕢，草也，以草爲桴。鄭以蕢爲凷，非也。若云聲誤，不應明堂位又誤上鼓。抔，若張釋之云一抔土。」長樂陳氏曰：「食之禮始於燔黍捭豚，飲之禮始於汙尊抔飲，蕢桴而土鼓其樂之始與。明堂位曰：『土鼓蕢桴葦籥，伊耆氏之樂也。』」澄曰：「此以上所言雖有中古時事，然猶簡質不可從也，下文乃言中古以後可從之禮。」

及其死也，升屋而號，告曰：「臯某復！」然後飯腥而苴孰，故天望而地藏也。體魄則降，知氣在上。故死者北首，生者南鄉，皆從其初。 號，平聲。臯，音羔。飯，扶晚切。苴，子餘切。知，音智。首，手又切。鄉，許亮切。

鄭氏曰：「升屋而號，招之於天也。北首，陰也。南向，陽也。」孔氏曰：「臯，引聲之言。某，謂死者名。令其反復魂魄，不復，然後浴尸而行含禮。於含之時，飯用生稻之米，故云『飯腥』，用上古未有火化之法也。『苴孰』者，欲葬設遣奠，包裹孰肉以遣送尸，法中古火化之利也。天望，謂望天招魂。地藏，謂葬以藏尸。所以地藏，由體魄則降故也，所以天望由知氣在上故也。」澄曰：「『及其』，謂及至中古以後之時也。體魄，謂形體精魄。降，謂降下在地。知氣，謂神識魂氣。在上，謂升上在天。其號其告，望而求諸天之陽明者，蓋爲知氣之在上而然。此時猶以生道處之，冀其知氣來復而可以生也。始則飯腥，終則苴孰，藏而歸諸地之陰幽者，蓋爲體魄之降而然。此時始以死道處之，俾其體魄得所而安於死也。故死者北首，生者南鄉，二句結上文也。從其初，初指及其以下所言之禮，謂今日死之首陰，生之向陽，皆是從中古以後之求生於陽歸死於陰者也。自夫禮之初至此。第五節之一。」〇軾按：「體魄」二句，當在「天望地藏」句上。此禮之初也，後世死者北首，從地藏之義。生者南鄉，從天望之義。

昔得先王未有宮室，冬則居營窟，夏則居橧巢。未有火化，食草木之實，鳥獸之肉，飲其血，茹其毛。未有麻絲，衣其羽皮。窟，苦忽切。橧。音曾。茹，音汝。衣，於既切。

澄曰：「營窟，土處以避寒也。橧巢，木處以避暑也。饑則食鳥獸之肉，寒則取鳥之羽獸之皮，以衣而蔽其體也。此以上所言，皆是上古時事，爲大朴陋，不可從也。下文乃言上古以後可從之禮。」

後聖有作，然後脩火之利。范金，合土，以爲臺榭、宮室、牖户。以炮以燔，以亨以炙，以爲醴酪。治其麻絲，以爲布帛，以養生送死，以祀鬼神上帝，皆從其朔。合，如字，又音閤。炮，薄交切。燔，音煩。亨，普伻切。炙，之石切。醴，音禮。酪，音洛。

方氏曰：「非無火也，特未能脩之以利人耳。范，即荀况所謂形范之范。范金而鑄之，合土而陶之，而器用出焉，則以爲臺榭、宮室、牖户也。夫居宮室以代巢窟，爲醴酪之類以代血毛。治麻爲布，治絲爲帛，以代羽皮。是道也，不特可以養生於其始，又可以送死於其終。不特可以養生送死於其明，又可以事鬼神上帝於其幽。神則百神，上帝則天也。」澄曰：「修火之利一句，總下三事。范金合土爲宮室，一也；炮燔亨炙爲醴酪，二也；治麻治絲爲布帛，三也。皆須火之利以養生送死，以事鬼神上帝。二句，結上文也。從其朔。朔，指後聖以下所言之禮，謂今日人之始終，祭之小大，皆是從上古以後之所居所食所服者也。朔亦初也。初，猶日至爲一歲之始，謂生陽死陰一事之始也。朔，猶月朔爲每月之始，謂宮居火食衣帛衣布三事之始也。昔者先王至此。第五節之二。」

故玄酒在室，醴醆在户，粢醍在堂，澄酒在下。陳其犧牲，備其鼎俎，列其琴、瑟、管、磬、鐘、鼓，脩其祝、嘏，以降上神與其先祖，以正君臣，以篤父子，以睦兄弟，以齊上下。夫婦有所，是謂承天之祜。 醆，仄眼切。粢，才細切。醍，音體。嘏，古雅切。祜，音户。

鄭氏曰：「粢讀爲齊，聲之誤也。周禮：『五齊，一曰泛齊，二曰醴齊，三曰盎齊，四曰醍齊，五曰沈齊。』字雖異，醆與盎、澄與沈，蓋同物也。奠之不同處，重古略近也。祝，祝爲主人饗神之辭也。嘏，祝爲尸致福於主人之辭也。祜，福也。」孔氏曰：「一祭之中，凡有兩節。上節是薦上古中古，下節是薦今世之食，此總論今世祭祀饌其，因及古昔所供之物，并酒所陳之處。玄酒，水也，色黑謂之玄。貴重古物，故陳設室内而近北。醴爲醴齊，醆爲盎齊，以其後世所爲賤之，陳列雖在室内，稍南近户也。皇氏云：『醴在户内，醆在户外。其泛齊當在玄酒南，醴齊北。』熊、崔並云：『此據禘祭用四齊，不用泛齊也。』粢醍卑，故又南近户而在堂。澄，謂沈齊。酒，謂三酒：事酒、昔酒、清酒，又卑，故在堂下。『陳其犧牲』者，謂將祭之夕，省牲之時，及祭日之旦，迎牲而入麗於碑。按特牲禮：陳鼎於門外北面，獸在鼎南東首，牲在獸西南上北首，其天子諸侯夕省牲之時，亦陳於廟門外，横行西上。『備其鼎俎』者，以牲主於鑊，鑊在廟門之外，鼎隨鑊設，各陳於鑊西，取牲體以實其鼎，舉鼎而入，設於阼階下，南北陳之，俎設於鼎西，以次載於俎也。按少牢：陳鼎於廟門外，東方西面北上。又『鼎入陳於東方，當序西面北上，俎皆設於鼎西』是也。『列其琴瑟』者，琴瑟在堂而登歌，書云『搏拊琴瑟以咏』是也。管磬鐘鼓，堂下之樂，書云『下管鼗鼓，笙鏞以間』是也。其歌鐘歌磬，亦在堂下。上神，在上精魂之神，即先祖也。指其精氣，謂之上神；指其亡親，謂之先祖。皇氏等云：『上神，天神也。』祭統曰：『君在廟門外則疑於君，入廟門則全於臣。』是以正君臣也。又云：『尸南面，父北面而事之。』是以篤父子也。又云：『昭與昭齒，穆與穆齒。』特牲云：『主人洗爵，獻長兄弟、衆兄弟。』是以睦兄弟也。又云：『尸飲五，君洗玉爵獻卿；尸飲七，以瑶爵獻大夫。』是以齊上下也。禮器云：『君在阼，大夫在房。』及特牲夫婦交相致爵，是夫婦有所也。言行上事得所，則承受天之祜福也。」澄曰：「此蓋言祭之初事也。君臣父子，皆指尸與君言。兄弟，同姓之臣。上下，異姓之臣。夫婦，君與夫人也。祭之初，各有其禮，各有其事，各有其位，故云正篤睦齊有所也。第五節之三。」

作其祝號，玄酒以祭，薦其血毛，腥其俎，孰其殽，與其越席，疏布以冪，衣其澣帛，醴醆以獻，薦

其燔炙。君與夫人交獻，以嘉魂魄。是謂合莫。祝，之六切。殽，音肴。越，音活。冪，莫歷切。衣，去聲。醆，阻眼切。

鄭氏曰：「此謂薦上古、中古之食也。周禮祝號有六。神鬼祇牲齍幣，所以尊神顯物也。腥其俎，謂豚解而腥之，及血毛，皆所以法於大古。孰其殽，謂體解而爓之。此以下皆所以法於中古也。越席，翦蒲席也。冪，覆尊也。澣帛，練染以爲祭服。嘉，樂也。莫，虚無也。」孔氏曰：「『玄酒以祭』者，謂朝踐之時，設此玄酒於五齊之上，以致祭鬼神，所以重古。『薦其血毛』者，亦朝踐時延尸在堂，祝以血毛告於室也。『腥其俎』者，亦謂朝踐時，既殺牲，以俎盛肉，進於尸前也。按士喪禮，小斂之奠，載牲體兩髀、兩肩、兩胉并脊，凡七體也。士虞禮『主人不視解』，注云：『豚解，解前後脛、脊、脅而已。』是豚解七體也。按特牲、少牢以薦孰爲始之時，皆體解，無豚解，以無朝踐薦腥故也。其天子、諸侯既有朝踐薦腥，故知『腥其俎』爲豚解。『孰其殽，謂體解而爓之』，體解，則特牲、少牢所升於俎，以進神者是也。按特牲九體：肩一，臂二，臑三，肫四，胳五，正脊六，横脊七，長脊八，短脅九。少牢則十一體，加以脡脊、代脅，爲十一體也。是分豚爲體解。此『孰其殽』，謂體解訖，以湯爓之，不全孰，次於腥而薦之堂。『疏布』，謂粗布。『醴醆以獻』者，朝踐之時用醴，饋食之時用醆。燔炙，謂燔肉炙肝。按特牲禮，主人獻尸，『賓長以肝從』，主婦獻尸，『賓長以燔從』，此則君薦之用炙、夫人薦用燔是也。詩楚茨云：『或燔或炙。』第一君獻，第二夫人獻，第三君獻，第四夫人獻，是君與夫人交錯而獻也。設此在上，祭禮所以嘉善死者魂魄。而神來歆饗，是生者合於虚無寂寞也。」澄曰：「此蓋言祭之中事也。第五節之四。」

然後退而合亨，體其犬豕牛羊，實其簠、簋、籩、豆、鉶羹，祝以孝告，嘏以慈告。是謂大祥。此禮之大成也。 鉶，音刑。

鄭氏曰：「此謂薦今世之食也。體其犬豕牛羊，謂分别骨之貴賤，以爲衆俎也。祝以孝告，嘏以慈告，各首其義也。祥，善也。今世之食，於人道爲善也。」孔氏曰：「『然後退而合亨』者，前明薦爓既未孰，今至饋食，乃退取鄉爓肉，更合亨之，令孰，擬更薦尸。又尸俎唯載右體，其餘不載者，乃左體等，亦於鑊中亨煮之，故云『合亨』。亨之既孰，乃體别骨之貴賤，以爲衆俎，供尸及待賓客、兄弟等。知非尸前正俎者，以此所陳，多是祭末之事，故爲末祭饗燕之衆俎也。『實其簠、簋、籩豆、鉶羹』者，此舉事尸之時所供設也。若籩豆，亦兼據賓客及兄弟等。」澄曰：「此蓋言祭之末事也。成，猶言全備也。自初中至末，祭禮大備，故云大成。第五節之五。」

祝嘏莫敢易其常古，是謂大假。

方氏曰：「祝則君假之以告神者也，嘏則尸假之以告人者也。祝嘏辭説，古有常訓，不可易焉，故莫敢易。」澄曰：「大，謂尊大之。假，謂君與尸所假以告神告人之辭。尊大其辭，而不敢輒有改易也，故曰大假。」或曰：「假與嘏字通用。此第五節之六，陳氏集注，猶上章大祥之意，謂必得大福也。」

祝嘏辭説，藏於宗祝巫史，非禮也，是謂幽國。

孔氏曰：「祝嘏辭説，當依古法，乃棄去不用，藏於宗祝巫史之家，更易古禮，自爲辭説，非禮也。」鄭氏曰：「藏於宗祝巫史，言君不知有也。幽，闇也。國闇者，君與大夫俱不明也。」澄曰：「此第五節之七。」

醆，斝及尸君，非禮也，是謂僭君。斝，古雅切。

孔氏曰：「醆是夏爵，斝是殷爵。」延平周氏曰：「及尸君者，君以獻尸，而尸以酢君也。」鄭氏曰：「醆、斝，先王之爵也，唯魯與王者之後得用，其餘諸侯用時王之器而已。僭君，僭禮之君也。」澄曰：「此第五節之八。」

冕弁兵革，藏於私家，非禮也。是謂脅君。

孔氏曰：「冕是衮冕，弁是皮弁。大夫以下稱家。私藏公物，見此君被臣之劫脅也。」蔣氏曰：「繁纓小物，君子惜之，今也冕弁藏於私家。弓矢鈇鉞，諸侯猶俟命於天子，今也兵革藏於私家。所以竊攘僭逼之事，莫之御與。」澄曰：「此第五節之九。」

大夫具官，祭器不假，聲樂皆具，非禮也。是謂亂國。

孔氏曰：「天子六卿，諸侯三卿。大夫若有地者，置官一人，兼攝其職，不得具足其官。大夫無地，則不得造祭器。有地雖造而不得具足，並須假借。唯公孤以上得備造，周禮：『四命受器。』此公之孤，始得有祭器者也。大夫自有判縣之樂，不得如三桓舞八佾。一曰大夫祭，不得用樂，故少牢饋食，無奏樂之文，唯有賜乃有之。大夫並爲上事，與君相敵則非禮。」延平周氏曰：「以官事不攝，聲樂皆具爲非禮，則然。以祭器不假爲非禮，則誤。王制曰：『大夫祭器不假，祭器未成，不造燕器。』果大夫祭器猶且假之，是燕器蓋未嘗有，殆非先王養成德者之意也。」澄曰：「此第五節之十。」

故仕於公曰臣，仕於家曰僕。三年之喪，與新有昏者，期不使。以衰裳入朝，與家僕雜居齊齒，非禮也。是謂君與臣同國。 期，居其切。衰，倉回切。朝，音潮。

方氏曰：「臣者，對君之稱，故仕於公曰臣，而諸侯稱君。僕者，對主之稱，故仕於家曰僕，而大夫稱主。」孔氏曰：「公是諸侯之號，仕於諸侯則稱臣，仕於大夫之家則稱僕。君有喪，昏則恒在於國，臣有喪，昏則歸家，一期之間，不復使役。今臣有喪，乃不致事，著衰裳，入君朝，是君與臣同國。又臣是君之臣，僕是臣之僕。今卿大夫或與家臣之僕錯雜而居，齊齒等輩，尊卑無別，亦是君臣共國也。」澄曰：「先言臣與僕之不同稱，以見臣與僕同居處者之爲非禮；先言喪與昏者之不役使，以見臣服衰裳入君朝者之爲非禮也。此第五節之十一。」

故天子有田以處其子孫，諸侯有國以處其子孫，大夫有采以處其子孫，是謂制度。

孔氏曰：「王制云：天子之田方千里。其子孫有功德者，封爲諸侯，無功德者，直食邑於畿內也。諸侯子孫封爲卿大夫，若有功德者，亦有采地。大夫雖不得割其采地以與子孫，然亦以采地之禄，養其子孫耳。從幽國以下，皆論其惡。今此是爲制度，論其善者謂古之制度如此，今則不然。」新安王氏曰：「幽國、僭君、脅君、亂國，君與臣同國，皆諸侯卿大夫失禮也。禮之失起於制度之壞，故此明言先王制度，大小有等，尊卑有辨。天子地方千里，有田以處其子孫，諸侯不得僭也。諸侯地方百里，有國以處其子孫，卿大夫不得僭也。卿大夫各有食邑，以處其子孫，家臣不得僭也。制度一定，上下截然，安得有前五失？諸侯僭差，起於天子失禮；卿大夫僭差，起於諸侯失禮，故下文言之。」澄曰：「此第五節之十二。」

故天子適諸侯，必舍其祖廟，而不以禮籍入，是謂天子壞法亂紀。壞，音怪。

鄭氏曰：「以禮籍入，謂大史典禮執簡記，奉諱惡也。天子雖尊，舍其宗廟，猶有敬焉，自拱敕也。」方氏曰：「舍其祖廟者，在諸侯則不敢爲之主，在天子則不忘於所敬故也。禮籍，若小行人掌邦國賓客之禮籍之類，乃法之所以存，紀之所以立。今也不以入，故曰壞法亂紀。」澄曰：「此第五節之十三。」

是故禮者，君之大柄也。所以别嫌明微，儐鬼神，考制度，别仁義，所以治政安君也。故政不正，

則君位危；君位危，則大臣倍，小臣竊。刑肅而俗敝，則法無常；法無常，而禮無列；禮無列，則士不事也。刑肅而俗敝，則民弗歸也。是謂疵國。故政者，君之所以藏身也。儐，必刃切。疵，才斯切。

鄭氏曰：「疾今失禮如此，爲言禮之大義也。柄，所操以治事，故政不正以下，又爲言政失君危之禍敗也。肅，駿也。疵，病也。」孔氏曰：「人君治國須禮，如巧匠治物，執斤斧之柄。此以下明用禮爲柄之事。寡婦不夜哭，別嫌也。君子表微，明微也。接賓以禮曰儐。郊天祀地及一切神明是儐鬼神也。制度以禮考之，仁義各使中禮，有分别也。用禮爲柄，如前諸事，故國政得治，君獲安存。孝經云：『安上治民，莫善於禮。』大臣，謂大夫以上。倍，謂倍君行私。小臣，士以下。竊，謂盗竊府庫。君位已危，大臣倍君，小臣盗竊，愚君無奈此何，惟知暴怒，急行刑罰，故云刑肅。上下乖離，故云俗敝。敝，凋殘也。俗敝刑肅，法教無常，皆國之病，故云疵國。」澄曰：「凡言故者，皆承上之辭。是故者，雖承上而又更端也。此一節内，自是謂承天之祜，始言是謂者十三，而此條最在後，又此條以前八是謂，皆指失禮之一事言，而此一條舉失禮之大總言，故特以是故爲起語也。别，謂剖判之。嫌，謂似同而不同者。明，謂著察之。微，謂可見而難見者。凡祀祭享，皆儐鬼神也。布帛長短，以刀裁之曰制，以尺量之曰度。制度不定，以禮稽考之。仁義所施，輕重不一，以禮辨别之。君之執禮以爲柄者，決人事於顯，感鬼神於幽，粗而考長短廣狹之器數，精而別親疏尊卑之等殺，並須用禮。禮所以治其國之政使不亂，安其君之位使不危也。以下遂言君危政亂之禍，禮可以正天下國家。政不正，謂爲政不以禮也。政不正之所致有二：一則君位危，謂君不安也；二則法無常，謂政不治也。君位危，謂失其尊，高下無忌憚，則大臣爲姦，小臣爲盜。君務嚴刑勝之，而上下睽乖，習俗敝壞矣。法無常，謂渝其律令，下無遵守，而天秩之儀亦紊其次矣。士之所事者禮也，有國而無禮，則士無所服習矣。民之所歸者德也，有刑而無德，則民無所懷嚮矣。此疵病之國也。藏，謂藏於其中而遮護之也。爲政以禮，則國之政治而君之身安。此政者，君所以遮護其身而使之不危也。上文是謂大祥以前三是謂，皆言禮之善，而以此禮之大成也一句結之。此是謂疵國以前十是謂其二言禮之例，其八皆言禮之天，而以『故政者，君之所以藏身也』一句結之，又起下文也。此第五節之十五。」

是故夫政必本於天，殽於地，以降命。命降於郊之謂本天，降於社之謂殽地。降於祖廟之謂仁義，降於山川之謂興作，降於五祀之謂制度，此聖人所以藏身之固也。殽，音效，下同。

爲政而降下教命，必原本于天，倣效于地，取法于衆鬼神。因郊祭而降教命者，是法天也。因社祭而降教命者，是法地也。教命降于祭祖廟之時者，是取法親親尊尊之仁義也。降于祭山川之時者，是取法山川所生之材，可以興功作事也。降于祭五祀之時者，是取法户、竈、門、行、中霤之各有制度也。教命各于祭禮而有所取法是政皆出于禮矣。聖人使君行此政。是所以藏蔽其身之牢固也。此申上文政所以藏身之意。舊本「以降命」之上闕「於地」二字。「命降於」之下「郊之謂本天降於」七字，今補之。

故聖人參于天地，并于鬼神，以治政也。處其所存，禮之序也；玩其所樂，民之治也。樂，音洛。

鄭氏曰：「並，謂比方之也。」孔氏曰：「參於天地，法天地也。並於鬼神，比方祖廟、山川、五祀而爲事也。皆以修治政教也。」澄曰：「處，謂居處。處下其字，指禮而言。所有，謂政之中，乃禮之所存也。玩，謂習熟。玩下其字，指民而言。所樂，謂政之善乃民之所樂也。言聖人參擬于所郊所社之天地，比並於祖廟、山川、五祀之鬼神者，蓋因其禮以治其政也。政原於禮，則政善而民樂之，所以治也。禮得居處於其所存者之政，禮之所以序而不失也，謂禮寓於政之中也。民得習熟於其所樂者之政，民之所以治而不亂也，謂民安於政之善也。民之治即政之治也。此申上文禮所以治政之意。自『是故夫政』至此，第五節之十六。」〇軾按：存者，天地鬼神之體，裕於不已是也。樂者，天地鬼神之用，流而不息是也。禮以天地鬼神之體爲體，故敬而有序；以天地鬼神之用爲用，故和而易從。處與玩，即參並意。

故天生時而地生財，人其父生而師教之，四者君以正用之。故君者，立於無過之地也。故君者，所明也，非明人者也；君者，所養也，非養人者也；君者，所事也，非事人者也。故君明人則有過，養人則不足，事人則失位。故百姓明君以自治也，養君以自安也，事君以自顯也。養，羊尚切，又如字，下同。

耕種斂穫之時，天所生也。穀粟桑麻之財，地所生也。人類蕃衍者，父之所生；修其孝弟忠信者，師之所教。師謂右塾、左塾，有國老、庶老。黨庠遂序，有鄉遂官屬也。正，謂禮也。人君因天所生之時以授人，因地所生以財以聚人，因父所生、師所教之人，以爲己之民。其用時、用財、用民，一皆以正天下國家之禮而用之。君身得立於無過之地者，動皆以禮故也。若不以禮，是不免差謬，是有過也。所明，謂人所視傚。明人，謂視做它人。所養，謂食於人。養人，謂食人。所事，謂役人。事人，謂役於人。君者，德可爲師，身皆無過，故人視傚之。若君視傚人，則是身猶有過，而不足爲師矣。以一人而享萬人之奉者，君也。若君養人，則以寡養衆，而贍給不足矣。以萬人而受一人之役者，君也。若君事人，則以上事下，而失君位之尊矣。百姓，取則於君之德以自治者也。出貢賦以供養其君，君撫臨之而冀得自安者也。竭膂力以服事其君，君任使之而冀得自顯者也。此通下文至謂之變，申上文禮所以安君之意。○軾按：財成輔相者，聖人之以禮用天地；厚生正德者，聖人之以禮用人民。由是參贊位育，民物雍熙。天不愛道，地不愛寶，人各尊君親上，而三才皆爲我用矣。

故禮達而分定，故人皆愛其死而患其生。故用人之知去其詐，用人之勇去其怒，用人之仁去其貪。故國有患。君死社稷謂之義，大夫死宗廟謂之變。分，扶問切。知，音智。去，羌吕切。變，今讀如字。

朱子曰：「達，謂達於下。」孔氏曰：「下之事上，於禮當然，人皆知之，是禮之達也。尊者居上，卑者居下，是分之定也。愛，謂貪愛。患，謂恥患。人皆知禮，上下分定，君有危難，人皆貪愛，以義而死，競欲致死救之也。」張子曰：「堯、舜之世，在上覆露含育，則其生也自足，患於其時爲不善，何所容其身致民若是，正爲禮達分定，故在下以苟生爲患也。用人者，言在上也。去其詐怒貪者，人不敢存其私意也。知勇仁之士，皆盡誠於上而不過分，用知而知者去其詐，用勇而勇者去其怒，用仁而仁者去其貪。怒如子胥、却克以公戰報私怨也。貪如田氏好施以掠美於己也。」澄曰：「承上言，君因天地人之自然而以禮用之，則身得無過。德既絶人，而位又極尊，故爲人所明、所養、所事，而無明人、養人、事人之禮。此禮既達於下，則上下分定，爲下知盡其分，危難之世，則思盡節，而以委命效死爲樂，故曰愛其死。安平之世，則思盡忠，而以竊食媮生爲恥，故曰患其生。凡有知、有勇、有仁，而爲君所用者，皆務竭誠而不間以私。蓋知者能謀，而或私以己之譎詐爲謀；勇者能武，而或私以己之忿怒爲武；仁能愛人，而或私以己之貪戀爲愛，則是不盡於己，有負於君。故知者去其私詐，勇者去其私怒，仁者去其私貪，而不以害其三者之公理也。所謂患其生者如此。設或國有大禍，君以死社稷爲義，則臣皆從君死社稷以爲義也。若爲己之宗廟而死，雖或可死，而與爲君而死者不同，故謂之變，而不謂之義。義者，禮之正而合其宜。變者，禮之變而非其常也，所謂愛其死者如此。諸家解『患其生』與『愛其死』，只是一義，唯張子説精當，今從之。自故天生時至此，第五節之十七。」

故聖人耐以天下爲一家，以中國爲一人者，非意之也，必知其情，辟於其義，明於其利，達於其患，然後能爲之。 耐音能，辟音闢。

鄭氏曰：「耐，古能字。意，心所私慮。辟，開也。」孔氏曰：「此因上生下，聖人非是以意測度謀慮而已。知民之七情，開闢其義以教之，顯明利事以安之，曉達其禍患而防護之，然後能使天下和合爲一家，中國爲一人，皆感應懷德而歸之也。情、義、利、患，則下文所言是也。」蔣氏曰：「天下大本在於人情離合。情之合，則天下之異歸於同，情之離，則天下之勢不可一。天下一家，中國一人，此豈臆度料想，姑爲是言哉？古之聖人，總攝人心，起天下聯絡親比之義，而革其乖戾違悖之習，蓋亦灼見是理而爲之。惟知天下之情，是以開闢天下之義，興利銷患而人心一；惟不知天下之情，是以失天下之義，背利縱患而人心離也。」

何謂人情？喜、怒、哀、懼、愛、惡、欲七者弗學而能。何謂人義？父慈、子孝、兄良、弟弟、夫義、婦聽、長惠、幼順、君仁、臣忠，十者謂之人義。講認修睦謂之人利，争奪相殺謂之人患。聖人之所以治人七情，修十義，講信修睦，尚辭讓，去争奪，舍禮何以治之？ 惡，烏路切，下同。

鄭氏曰：「唯禮可治之耳。」孔氏曰：「左傳云：『人有六情：喜、怒、哀、樂、好、惡。』此云欲，彼云樂，此云愛，彼云好。六情之外，增一懼爲七。人義從親者爲始，以漸至疏，故長幼在後，君臣處末。」陳氏曰：「喜、爱、欲者，陽之情。怒、哀、懼、惡者，陰之情。出於天然，故言弗學而能也。父慈、子孝、兄良、弟弟、夫義、婦聽者，閨門之義。長惠、幼順者，鄉黨之義。君仁、臣忠者，朝廷之義。信則無所欺罔，睦則有所顧省，此皆和義，故謂人利。争而後奪，奪而後相殺，此皆召禍，故謂人患。」蔣氏曰：「此義既形，此情遂定，於是講信修睦而人利興。此義不立，此情日亂，於是争奪相殺而人患起。情，我所固有也，本義以制情，是以因義以成利。惟其舍義而言利，是以因利而生患。制情立義，興利去患，納天下於相安相養之域，則自禮之外，無餘説也。」

飲食男女，人之大欲存焉。死亡貧苦，人之大惡存焉。故欲惡者，心之大端也。人藏其心，不可測度也。美惡皆在其心，不見其色也。欲一以窮之，舍禮何以哉！度，大洛切。見，賢遍切。

孔氏曰：「端，謂頭緒。人深心厚貌，内外乖違，包藏欲惡之心，不可測知，故外不見其色。人君欲專一窮盡人美惡之情，若舍去禮，更將何事以知之？禮之所以知人心者，有事於心，貌見於外。若七情美善，十義流行，則舉動無不合禮；若七情違僻，十義虧損，則動作皆失其法，故云舍禮何以哉？」澄曰：「自古聖人，耐以天下爲一家，至此第五節之十八。」

故人者，其天地之德，陰陽之交，鬼神之會，五行之秀氣也。

張子曰：「天地之德，謂人之德性，如天地之性，人爲貴是也。稟五行之氣以生，最靈於萬物，是其秀。神之言伸也，鬼之言歸也。凡生即神也，要終即歸也。神之盛極於氣，鬼之盛極於魄，一體兼此終始，此鬼神之會也。陰陽之交，鬼神之會，五行之氣，物生皆然，而人爲備焉。」山陰陸氏曰：「言人之備道全美如此，奈何舍禮而欲備天地之德，稱神明之容哉？」〇軾按：天以陰陽五行化生萬物，氣以成形，理亦賦焉。德即理也。此理不獨人有，人之所異於物者，其受氣獨清故耳。陰陽，氣也。五行分陰陽，亦各具一陰陽。鬼神者，二氣之屈伸。以二氣言，陰，鬼也；陽，神也。以一氣言，氣之至爲神，其返爲鬼。祭義所言體魂魄氣，就人身上鬼神說，此經則止言屈伸之氣耳。

故天秉陽，垂日星。地秉陰，竅於山川。播五行於四時，和而后月生也。是以三五而盈，三五而闕。 竅，苦弔切。

鄭氏曰：「秉，猶持也。竅，孔也。三五者，播五行於四時也。月生而配日，一盈一闕，屈伸之義也。」孔氏曰：「上言人秉天地、陰陽、五行、鬼神而生，此又述天地之德及五行之氣。陰陽、鬼神是天地中物，故不重出。天秉持陽氣，垂懸日星，以照臨於下。地秉持陰氣，爲孔於山川，以出納其氣。月之生，禀於日光，三五十五日而盈滿，又三五十五日而虧缺。盈謂其伸，缺謂其屈。天直言垂日星而已，月有虧盈，故備言之。」方氏曰：「播者，分佈也。」項氏曰：「五行言十干，甲、乙屬木，丙、丁屬火，戊、己屬土，庚、辛屬金，壬、癸屬水。四時言十二支，寅、卯、辰屬春，巳、午、未屬夏，申、酉、戌屬秋，亥、子、丑屬冬。播五行於四時而月生者，謂布五行於六支，爲三十日而晦朔一周也。三五而盈，三五而闕，明言五、六、三十矣。」澄曰：「天有日、月、星、辰，日明乎晝而生月，星明乎夜而麗辰，懸垂於上，以照地之形於下。地有水、火、土、石。山者，土石之凸起而藏火。川者，土石之凹陷而行水。孔竅於下，以通天之氣於上。月有盈闕，非如日星之晝夜常明，故别言於後。分播五行之十干於四時之十二支，則爲六十，六十其極也。三十者，六十之中半，中半則和。月之生，每以三十日而晦復朔，故曰和而后月生。日星、山川，以言陰陽，月之盈闕，以言鬼神之屈伸也。」〇軾按：天秉陽，垂日星以照於下；地秉陰，竅山川以通於上。陰陽交會，而五行播乎其中，爲春、夏、秋、冬四時。春時寅、卯、辰用事爲木，夏時巳、午、未用事爲火，秋時申、酉、戌用事爲金，冬時亥、子、丑用事爲水，而土寄生於四季。自寅迄丑，十二辰爲十二月，月各三十日而歲功成焉。向非陰陽協而五行調，何以十二辰各順其序，而劃然爲三旬之十二月？故曰和而後月生也。生，成也。月即十二月之月也。一辰三旬謂之月者何？月，月也。月三五而盈，三五而缺，六五而周天，故三十日爲一月。而所以三五盈缺者，月以陰配日之陽，而受明於日。日行疾，十二時而周天，故十二時謂之日。日之十干，陰陽各五；十二支，陰陽各六，而五又爲陽數，六又爲陰數。五與六比合周遍，則二氣均，故月得受日之明，而晦朔一周，故曰是以三五而盈，三五而缺也。

五行之動，迭相竭也。五行、四時、十二月，還相爲本也。五聲、六律、十二管，還相爲宫也。五味、六和、十二食，還相爲主也。五色、六章、十二衣，還相爲質也。竭，其列切。還，音旋。六和，户卧切。

鄭氏曰：「竭，猶負戴也。言五行運轉，更相爲始。」項氏曰：「五行、四時、十二月，還相爲本，謂十干周旋於十二支，以成六十日也。」澄曰：「五行之動，總包下四者。五聲、五味、五色，皆五行也。動者，運轉而不一定也。五聲，宫、商、角、徵、羽也。六律、十二管，謂黄鍾、大簇、姑洗、蕤賓、夷則、無射，六陽律；大吕、夾鍾、仲吕、林鍾、南吕、應鍾，六陰律，共爲十二管也。五味，酸、苦、甘、辛、鹹也。六和十二食，不知其品，亦必温熱有六和，凉寒有六和，共爲十二食也。五色，青、赤、黄、白、黑。六章十二衣，謂日一、月二、星辰三、山四、龍五、華蟲六，上衣繪六章；宗彝一、藻二、火三、粉米四、黼五、黻六，下裳繡六章，共爲十二衣也。下裳亦言衣者，統於衣也。五行爲四時之十二月所負戴，則每月各有木、火、土、金、水，還相爲十二月之本，而共成六十日矣。五聲爲六律之十二管所負戴，則每管有一宫聲，還相爲十二管之宫，每宫又各有商、角、徵、羽，而共成六十調矣。還相爲質有二，下句『質』字，家語作『主』。今按上句『質』字，宜爲『主』字。五味爲六和之十二食所負戴，則每食各有酸、苦、甘、辛、鹹，還相爲十二食之主，而味之數亦共有六十矣。五色爲六章之十二衣所負戴，則每衣各有青、赤、黄、白、黑，還相爲十二衣之質，而色之數亦共有六十矣。」○軾按：竭，揭也，揭而在上也。注訓負戴者，凡轉運物，負戴則在人上，即下文本主意，如子丑頂甲乙木，又頂壬癸水是也。五聲、五味、五色，先儒所論不一，未知孰是，姑從文正解五行爲句。四時十二月，謂四時之十二月也。五行運於四時之十二月中，迭爲本而用事也。五聲，宫屬土，商屬金，角屬木，徵屬火，羽屬水，遞轉於六律六吕之十二管中。管自爲宫，而衆音以次相生。管無定，宫亦無定，是還相爲宫也。五味，酸屬木，苦屬火，甘屬土，辛屬金，鹹屬水。五味施於六和之十二食中，或酸或鹹，迭相爲主，而以他味輔之也。五色，青屬木，紅屬火，黄屬土，白屬金，黑屬水。五色運於六章之十二衣中，爲繡爲繪，或主青，或主紅，而以他色輔之也。五行迭運，相爲始終，此天地生生不息之理也。

故人者，天地之心也，五行之端也，食味别聲，被色而生者也。别，彼列切。

方氏曰：「仁則木之性，義則金之性。火禮，木智，土信，故曰五行之端也。五行滋而爲五味，人以養其口；感而爲五聲，人以養其耳；形而爲五色，人以養其目。然後人得而生焉，故曰『食味别聲被色而生也』。食之於口，别之於耳，被之於身，莫不有所别。獨於聲言别者，以微妙尤宜致别故也。」澄曰：「五行之氣在兩間不可見，人得之以生，而爲仁、義、禮、智、信，則其端可見矣。猶物在中間而端倪於外也，故曰五行之端。凡上文所謂五行、五味、五聲、五色者，皆備於人之身也。」江陵項氏曰：「何謂天地之心？曰：仁而已矣。天地之至仁，寓之於人，纔有人形，即有仁心。故曰：仁者，人也。又曰：仁，人心也。又曰：仁者，天地之心也。復所以見天地之心者，以其有生意也。凡果實之心，皆名曰人，字亦作仁，故天地之心，亦名曰人。人之名蓋自此出。」〇軾按：人之所以爲人者，得天地之心以爲性，又受五形之氣以爲形，形具而口能食，耳能聽，目能視，而後乃生於天地之間也。然惟受氣有形，不免奪於外物，而失其本來之性。聖人制爲禮，以節性防淫，使口不奪於味，耳目不奪於聲色，而後能復其性，而無失天地之心。下節聖人作則是也。又按，化生萬物，莫非五行，惟人得其秀，故曰端。端，始也，謂第一等靈秀之氣也。

故聖人作則，必以天地爲本，以陰陽爲端，以四時爲柄，以日星爲紀，月以爲量，鬼神以爲徒，五行以爲質，禮義以爲器，人情以爲田，四靈以爲畜。量，音亮。畜，許又切。

上文言人以天地、陰陽、五行而生，故此以下言聖人制禮以治人，亦取法於天地、陰陽、五行也。既言陰陽而又言四時，但言日星而不言山川，與上文互爲詳略也。鄭氏曰：「天地以至五行，其制作所取象也。禮義、人情，其政治也。四靈者，其徵報也。器，所以操事；田，人所捊治也。」長樂陳氏曰：「以天地爲本，至於五行以爲質，言其所法者也。禮義以爲器，人情以爲田，言其所用者也。靈以爲畜，言其所致者也。聖人作，則必推其所法以適其所用，然後有所致矣。」應氏曰：「天地，以全體言，大根大本之先立者，道之大原出於天也。陰陽，以氣化言，闓端造始之可見者，立天之道，曰陰與陽也。四時，以運化言，當權操柄之可握者，大昊執規，炎帝執衡之屬是也。日星細運乎周天之度，驗其次舍以分時令，如綱有紀以分其目。一月徧匝乎周天之度，視其晦朔以課事功，如物有量以揆其平。鬼神布列於天地之間，造化之用也。以之爲徒，則闔闢變化常與之並行，猶曰與之爲徒也。五行變合於陰陽之内，造化之體也；以之爲質，則亭毒胚腪不失其所主，五味五色之所以爲質也。有其質而無其具，則善不能自遂，故因其自然固有之禮義以爲之器，而品節防范之道無不周；有其器而無其地，則功無所可施，故因其可與爲善之人情以爲之田，而修治墾除之功無不至。四靈，蓋物之變化而有神者，非罝網之所可循也，能盡致而爲之畜，則德之所感可知矣。」孔氏曰：「執禮義爲器用，以耕於人情，人情得禮義之耕，如田得耒耜之耕也。天地應以徵報，四靈並至，聖人畜之，如人養牛馬也。」○軾按：「天地爲本」五句，皆言禮義。蓋此禮也，義也。精微本諸天地，健順合乎陰陽。權衡不紊者，四時之運；條理畢具者，日星之布。酌劑咸宜，準諸月；變化無方，準諸鬼神；終始不易，準諸五行。如是以爲禮義，使人日由其中，而耳目有所防，心志日以斂，久之而從欲風動。雍熙有象，休徵協應，鳳凰儀而百獸舞，唐虞三代之盛也。

以天地爲本，故物可舉也；以陰陽爲端，故情可睹也；以四時爲柄，故事可勸也。以日星爲紀，故事可列也。月以爲量，故功有藝也。鬼神以爲徒，故事有守也。五行以爲質，故事可復也；

禮義以爲器，故事行有考也。人情以爲田，故人以爲奧也。四靈以爲畜，故飲食有由也。睹，子古切。

馬氏曰：「物可舉者，萬物生於天地之間，皆可舉而用之也。天地之大端在陰陽，而人情之大端亦在於陰陽。喜爲陽，怒爲陰，以陰陽爲端，則人之情可睹而見也。時者，敬授之而勿失，則事有所成，故以爲柄，則事可勸也。日星者，示其東作西成之候，而使民之興作不失於先後之序也，故以爲紀。月者，三五而盈闕，其盈不至於有餘，其闕不至於不足，故以爲量。量者，言多寡之均，而無過不及之患。先王制禮，必協於分藝，使賢者不敢過，不肖者不敢不及。藝者，言各當其材也。鬼神在於幽，其類非一，而祖廟、山川、五祀各有守也。先王因以立官，使之各司其局而不敢失也。五行之間，往來不窮，終而復始，故以爲質，則事可復而不窮也。四靈者，猶爲聖人所畜，則天地之間，飛潛陸走之類甚多，無非飲食之用也。」鄭氏曰：「考，成也。器利則事成也。奧，猶主也，田無主則荒也。由，用也。」孔氏曰：「靈是衆物之長，長既爲聖人所畜，則其屬並隨其長而至，是飲食有用也。」張子曰：「自『天地爲本』至『四靈爲畜』，一理也，特細別耳。事天治人，與夫接物，無所不用其極，則其餘不足治矣。此數句必出古語，亦非傳者所能道也。」廬陵胡氏曰：「藝，極也。春秋傳：『貢賦無藝。』奧，主也，民以爲主也，昭十有三年傳云：『國有奧主。』」○軾按：舉，備也。物可舉，謂萬物之理皆備也。事有守，謂所司無曠職，如山川、五祀之各事其事也。事可復，有始有終，如五行之迭運不窮也。

何謂四靈？麟、鳳、龜、龍，謂之四靈。故龍以爲畜，故魚鮪不淰；鳳以爲畜，故鳥不獝；麟以爲畜，故獸不狘；龜以爲畜，故人情不失。鮪，云軌切。淰，音審。獝，況必切。狘，許越切。

鄭氏曰：「淰之言閃也。獝、狘，飛走之貌也。失，猶去也。」孔氏曰：「讀淰爲閃者，淰字從水，閃字從門中人，言水中之形狀，忽有忽無，如人在門，或見或不見也。魚從龍，鳥從鳳，獸從麟。龍、鳳、麟既來爲人之畜，則其屬見人，自不驚而飛走也。龜知人情，既來應人，知人情善惡，其情不失也。然上三靈，皆言其長來而族至。此應云龜以爲畜，而甲族馴狎，今獨云知人情者，與上三族相互。」馬氏曰：「於龜言人情不失，蓋龜能逆知人之情狀，而善惡吉凶，皆不能逃也。」澄曰：「自『故人者，其天地之德』至此。第五節之十九。」

○故先王秉蓍龜，列祭祀，瘞繒，宣祝嘏辭説，設制度，國有禮，官有御，事有職，禮有序。瘞，於例切。繒，似仍切。

鄭氏曰：「皆卜筮所造置也。埋牲曰瘞，幣帛曰繒。宣，猶揚也。繒，或作贈。」孔氏曰：「上言龜知人情，故此言卜筮造置之事。先聖王將有大事，必秉執蓍龜而問吉凶。言蓍者，凡卜皆先筮，故兼言之。陳列祭祀，謂郊廟以下皆用卜蓍也。瘞，謂祀地埋牲也。繒之言贈，謂埋告又贈神也。祝嘏有舊辭，更宣揚告神也。設制度，謂造宫室、城隍、車旗之屬。以上諸事既並用卜筮，故國必有禮也。國既有禮，故百官各御其事；官既有御，故百事各有職主，而凡所行禮，皆有次序也。」〇軾按：此與下節一意。制度，即祭祀之制度。國有禮，謂此祭祀之禮達於下也。官有御，事有職，即下節三公三老在朝在學之意。禮有序，謂禮行於天下也。舊注專重蓍龜，文正公謂此爲達於上，下節爲達於下，俱未得解。

故先王患禮之不達於下也，故祭帝於郊，所以定天位也；祀社於國，所以列地利也；祖廟，所以本仁也；山川，所以儐鬼神也；五祀，所以本事也。故宗祝在廟，三公在朝，三老在學，王前巫而後史，卜筮瞽侑，皆在左右。王中心無爲也，以守至正。

鄭氏曰：「患禮不達，患下不信也。祭帝於郊以下，所以達禮於下也。宗，宗人也。瞽，樂人也。」方氏曰：「禮之始自天子出，終則與民由之，然後禮達而分定。患禮之不達於下，必有以教。教以祭祀者，使民知畏敬也。祭郊以定天位，則天下達於尊卑之禮矣。祀社以列地利，則天下達於施報之禮矣。仁以立人道，而人道本乎祖，故曰本仁，如是，則天下達於親疏之禮矣。我爲祭主於内，而山川鬼神在外，有賓道，故曰儐鬼神，如是則天下達於興作之禮矣。五祀因時以用事，故曰本事，如是，則天下達於制度之禮矣。廟者，神之所存，而宗祝所以祀神，故在廟。朝者，政之所出，而三公所以共政，故在朝。學者，教之所寓，而三老所以奉教，故在學。不祥却於未然，故前巫；言行紀於已然，故後史。以玉藻考之，史有左右，而此言後史者，對前巫言則爲後，而後自分左右也。瞽以典樂，侑謂侑食。以膳夫考之，王日一舉，以樂侑食。瞽侑者，瞽言其人，侑言其事耳。」孔氏曰：「天子行臣禮而事天，是欲嚴上之禮達於下。天高在上，故云『定天位』。至尊而猶自祀社，是欲報恩之禮達於下。地出財，故云『列地利』。」馬氏曰：「祖廟遠則殺之以示義，近則隆之以示仁。離而言之，有仁義之別；合而言之，皆親親之仁也，故祀祖廟所以本仁。山者，地之高，川者，地之深，皆有興作之功，而有鬼神以助其幽，故祀山川所以儐鬼神。中霤、户、竈、門、行，制度所出，推之可以治天下之事，故祀五祀所以本事。自郊社至五祀，皆所以達於下者，以一人之身，不能達於天下，必寄於群材，然後能如此以至於無爲而治也。故繼之以宗祝在廟，三公在朝，三老在學。」長樂劉氏曰：「宗祝在廟，執祭祀之禮；三公在朝，執上下之禮；三老在學，執人倫之禮。前巫後史，卜筮瞽侑，皆在左右，除其疑，正其行，防其失。夫如是者，欲王之中心無爲也。無爲矣，而曰『守至正』，何也？中心不爲於意慮，則寂然不動，是性之正也。」澄曰：「達自此而通於彼也。承上章之義而言，謂聖人凡事問於蓍龜，則禮既上達於神，然猶患其不能下達於民也。故身行上下、内外、大小之祭，使尊敬孝愛，報事諸禮，民皆視傚，知之由之，則是禮達於下矣。而又隨其所在，群臣各效其用，則王之一心常在中間，外無作爲，事物不撓，而得以守其至正也。至正，謂不偏之極，心不著於四旁也。」○軾按：天位乎上而覆物，本至尊也。郊以尊之，使人知王者猶稱臣於天，而後天之尊定，而人達於尊卑之禮矣。地出財，其利民無窮也。社之祭，所以明地之有利於人，而不可不報，斯人達乎施報之禮矣。孝者，仁之本。祖廟之祭，所以示民爲仁之本，而使達於親疏之禮也。儐，賓也。禮莫嚴於賓主，然皆主有求於賓。山川之材，可供興作，故沉埋望祀，以賓禮其鬼神，使人達於興作之禮也。莫非制度，而飲食居處、出入、往來，爲百事之本，故祭五祀，使人達於制度之禮也。禮達於下，而百官效職，庶績咸熙，王者端拱垂裳，而天下治矣。中心者，心至虚至明，無偏無倚也。存之内者中，持之外者正。正即中也。無爲，猶論語贊「舜夫何爲」。中心守正恭己正南面也。

故禮行於郊，而百神受職焉；禮行於社，而百貨可極焉；禮行於祖廟，而孝慈服焉；禮行於山川，而報功德焉；禮行於五祀，而正法則焉。故自郊、社、祖廟、山川、五祀，義之修而禮之藏也。

鄭氏曰：「言得其禮，則神物與人皆應之。」孔氏曰：「此論禮達於下而見徵應。百神，天之群神也。王者郊天備禮，則星辰不忒，故云受職。祀社盡禮，則五穀豐稔，金玉露形，盡爲國家之用，故云可極。祭廟盡禮，而天下皆服行孝慈。祭五祀以禮，而天下法則各得其正。」長樂陳氏曰：「百神受職焉者，以其大報天，而百神莫不與之也。百貨可極焉者，以其五土之宜，百物資之以生也。孝慈服焉者，以其有祝以告人之孝，有嘏以告神之慈也。正法則焉者，以其有制以正法，有度以正則也。」澄曰：「『孝慈服焉』下闕『禮行於山川而報功德焉』十字，今補之。謂祭山川以禮，則皆知山川所出之材，可以興作，是爲有功德於民者而報祀之也。五祀中霤在室之中，象中央土，故祀之於季夏。户自内而出外，象春陽之闢而出單扉者，陽奇也，故祀之於春時。門自外而入内，象秋陰之翕而入雙扉者，陰偶也，故祀之於秋時。竈，火之所宅，炊爨以食人，象夏氣之養物，故祀之於夏時。行，人之行動所由，象水之流動，在門内户外，秋後春前也，故祀之於冬時。察此制度，可以正法則。義者，事理之宜。禮者，儀文之節。修，謂整葺無虧闕。藏，謂在於其中。能知五者祭祀之宜，禮在其中矣，故曰『義之修而禮之藏也』。按上文祭郊、社、祖廟、山川、五祀，禮也，而所以定天位，列地利，本仁；儐鬼神，本事，則其義也。禮必有義，二者不相離。然行其禮而不知其義者有之，未有知其義而不能其禮者也。此篇論禮三千餘言，反覆推明，深遠詳盡，而篇首禮義以爲紀，中間禮義以爲器兩語，是以禮義並言。至此又以義之修、禮之藏，結上起下，而竟篇末皆兼言禮義。自『故先王秉蓍龜』至此，第五節之二十。」

是故夫禮，必本於大一，分而爲天地，轉而爲陰陽，變而爲四時，列而爲鬼神。其降曰命，其官於天也。 大，音泰。

孔氏曰：「此上既言禮藏於郊社天地之中，是故制禮必本於天，以爲教也。大一者，謂天地未分混沌之元氣也。極大曰大，未分曰一。禮之理既與大一齊，故制禮者用之以爲教本也。元氣既分，輕清爲天，重濁爲地，制禮者法之，以立尊卑之位。天地既分，天之氣運轉爲陽，地之氣運轉爲陰。制禮者貴左以象陽，貴右以法陰，因陽時而行賞，因陰時而行罰。陽氣變爲春夏，陰氣變爲秋冬。制禮者，吉禮則有四面之坐，凶禮則有恩理節權，是法四時也。四時變化，生成萬物，皆是鬼神之功。聖人制禮，則陳列鬼神之功以爲教也。其降曰命者，言聖人制禮，皆仰法大一以下之事而下之，以爲教令，其官於天者結之也。」方氏曰：「陰陽之運，周而復始，故曰轉。春生、夏長、秋斂、冬藏，唯其時也，未始有常，故曰變。」慮氏曰：「官，猶主也。」長樂陳氏曰：「凡此皆天造之禮，而主之於天也。」澄曰：「此『天』字該大一、天地、陰陽、四時、鬼神五者而言。」〇軾按：大一，即太極，太極生兩儀，兩儀生四象，千變萬化，皆從此出。其降於人曰命。命者，性也。命之者，天也。中庸所謂「天命之謂性」是也。通節俱言大一，下節方言先王，本此爲禮以教人。

夫禮必本於天，動而之地，列而之事，變而從時，協於分藝。其居人也曰養，其行之以貨力、辭讓，飲、食、冠、昏、喪、祭、射、御、朝、聘。分，扶問切。養，音義。

項氏曰：「前言禮必本於大一，分而爲天地，此言禮必本於天動而之地動，以形見言之，非圓動方静之動也。蓋氣始於天，形生於地，天與地即大一之分也。故曰本於大一，分之爲天地，見一之有兩也。又曰本於天，動而之地，見兩之本一也。」澄曰：「此但言天地，不言大一者，天地即大一也。列而之事，即列而爲鬼神也。鬼神者，造化之迹，陳列於萬物。禮之陳列於萬事亦然。變而從時，即變而爲四時也。禮之從時而變，亦如春夏秋冬之變。協於分藝，即轉而爲陰陽也。協，合也。分，分别也。藝，材能也。陰陽二者之别，各有所能，而禮之各有分，藝與之合也。居人，猶言在人。養，鄭注作義是也。儀文爲禮，在人知其所以然之理爲義。貨財者，行禮之資。筋力者，行禮之具。辭讓者，行禮之實。飲、食、冠、昏、喪、祭、射、御、朝、聘，十者，禮之名也。考之儀禮，飲有鄉飲酒禮，食有公食大夫禮，冠有士冠禮，昏有士昏禮，喪有士喪禮，祭有特牲饋食，士之祭禮也。有少牢饋食，卿大夫之祭禮也。射有鄉射禮、大射禮。御於周官注，見五御之名，其禮亡。四時朝禮有朝、宗、覲、遇四名，惟覲禮存。聘則有聘禮。」鄭氏曰：「貨，摯幣庭實也。力，筋力彊者也。」孔氏曰：「辭讓者，賓主三辭三讓。孟子曰：『辭讓，禮之端也。』」○軾按：禮行而萬事各得其宜，猶陰陽變化之效能於天地也，故曰協於分藝。居者，居於心也。義，理也。人心止此當然不易之禮，率而行之，而家國天下無不各得，是即人心之大一也。

故禮義也者，人心之大端也，所以講信修睦而固人肌膚之會，筋骸之束也，所以養生送死，事鬼神之大端也，所以達天道，順人情之大竇也。故唯聖人爲知禮之不可以已也，故壞國、喪家、亡人，必先去其禮。故禮之於人也，猶酒之有糵也，君子以厚，小人以薄。竇，音豆。壞，音怪。喪，息浪切。糵，魚例切。

上文言禮，而曰其居人也曰義，故此承上而以禮義並言。人之百行，皆德性之端，形見於外者，而禮義乃四端中之二，比百行爲大，故曰大端。肌膚之會，筋骸之束，言人之形體會合也。膚最在外，肌次之，筋又次之，骸最在内，以肌合膚，以筋束骸，四者之聚爲身。有禮義，則凡所講談，皆信實之言，凡所修爲，皆睦媚之行，形體莊重，皆能堅耐彊立，而不怠惰放肆也。其於大倫，則生事死葬，孝敬追慕，亦惟此禮義爲大頭緒也。人性之動，有愛、喜、樂、欲、惡、怒、哀、懼之情，以禮義治之，則發皆中節，爲無所乖戾之和，所謂順也。情極其順，則不違逆天所與我之性，而上達於天道矣。言達天道在順人情之上者，以大小爲序，不以先後爲序也。竇，謂水穴溝口，上受泉源，下注川流者也。三所以字，始言敬身，中言明倫，終言盡性至命，三者皆禮義之功，故惟有聖人能知此禮之不可不爲而不已於爲也。下愚不肖之人所以壞其國、喪其家、亡其身者，蓋不知此禮之不可去而去之故也。壞國，謂壞亂之國。喪家，謂喪敗之家。亡人，謂亡身之人。以禮治人，譬如以糵釀酒，均之爲用糵之酒也，厚用糵則其酒醇，薄用糵則其酒醨。均之爲用禮之人也，厚於禮則爲君子，薄於禮則爲小人。君子者，賢人也，雖未能如聖人之知禮，然比之小人則厚矣。小人者，鄙夫，雖未至如壞國、喪家、亡人之去禮，然比之君子則爲薄矣。其品有四：不已於禮者，聖人也；厚於禮者，君子也；薄於禮者，小人也；去其禮者，壞其國、喪其家、亡其身之下愚不肖也。首句言禮義，下文但言禮者，省文，有禮則自有義也。「順人情」三字爲此條之體要，自此至篇終皆演此「順」字之意。

故聖王修義之柄，禮之序，以治人情。故人情者，聖王之田也。修禮以耕之，陳義以種之，講學以耨之，本仁以聚之，播樂以安之。 耨，奴豆切。

方氏曰：「義者，所操有宜而不可失，故言柄。禮者，所行有節而不可亂，故言序。禮義雖本於人心，然有無禮無義者，心動而情亂之也。故聖王修其柄與其序，還以治人之情。前言禮者，君之大柄，而此以義爲柄。禮者，義之質，則義之柄，亦禮而已。」孔氏曰：「柄，謂執持而用者。土地是農夫之田，人情是聖王之田。農夫用耒耜耕田，聖人以禮耕人情。農耕既畢，以美善種子而種之。聖人以禮正情，既畢，又須理義以之。農夫種苗，勤力耘耨，去草養苗，則苗善矣。聖王以義教民，又須講學以存是去非，則善也。」鄭氏曰：「治者，去瑕穢，養菁華也。修理以耕，和其剛柔也。陳義以種，樹以善道也。講學以耨，去非類也。本仁以聚，合其所盛也。」應氏曰：「學探千古群經之奥，而思索問辨以求其正，猶耨之去草，而耘治蓋益精也。仁總百行萬善之全，而滋養培植以豐其成，猶穫之斂歛，而收取無遺也。樂具五音六律之節，而動盪發越以宣其和，猶既穫之餘，安坐以食，而熙熙自如也。播者，散佈發越之謂。」澄曰：「凡日用常行，教以禮之儀文，如曲禮、内則、少儀所記者，使之習行持守，防檢其情，則情不蕩熾，猶以耒耜耕墾其田，則田不荒蕪也。禮者，所當然之事；義者，所以然之理。雖習行其事，又必敷陳其義，使明於所當然者之所以然，則通曉理趣，而善端滋長，猶耕墾之後，種以嘉穀，則漸漸發生萌芽也。雖已通曉其義，又必博考前言往行，審問慎思，分辨是非，不惑於非義之義，則能去其不善而存其善，猶苗生之後，耨去其草而獨存其苗也。禮之耕，義之種，學之耨，事非一端，各執其枝條而别白之也。理雖有萬，本在一心，及其久也，理之萬殊，總聚於一，而心德渾全矣，是之謂仁。然有彊仁者，有利仁者，未遽至於安之也。欲造安仁之域，非用力所可到，惟當涵養以俟其自至。樂者，養人性情而變化氣質，其功最大，播揚歌舞，漸染薰陶，則文而自化，不自知其至於安也。學者格物致知之智，義以學而後其義精，仁以樂而後其仁熟，始乎禮，終乎樂，此聖王執師道以教天下之民，其次第如此也。」〇軾按：田之所重莫如種，匪種何耕，匪種何耨。聚者，聚此也。安者，安此也。以喻人情，則必根本之義以爲之本，而後深造自得，漸至於渾全純熟之域。然非防外無以植内，非閑邪無以存誠，則修禮講學，又治心之先資也。

故禮也者，義之實也。協諸義而協，則禮雖先王未之有，可以義起也。義者，藝之分，仁之節也。協於藝，講於仁，得之者彊。仁者，義之本也，順之體也，得之者尊。

承上文而釋「禮」、「義」、「仁」三字。禮者其事，義者其理。事對理言，則事實理虚，故曰禮者義之實。起，作也。合之於義而合，則雖昔所未有之禮，可就此義而作此禮。蓋雖未有其禮，而義固在禮之先矣。及已有其禮，則義各在禮之內也。禮之與義，二而一也。藝，謂所能之事，禮是也，故禮爲六藝之一。禮之分別所宜者爲義，故曰義者藝之分。仁者全體。節，猶竹之節，裁制各有限則者爲義，故曰仁之節。以其爲藝之分，故義能合於藝。講，猶明也。以其爲仁之節，故義能明於仁。發彊剛毅，足以有執，故得義者彊。譬之本然，各有枝節者爲義，其一根本者爲仁，故曰仁者義之本。順者，行事順乎天理，略無違逆，中庸所謂發而皆中節之和也。由全體之中，發而大用之和。全體之中，仁也；大用之和，順也。故仁爲順之體。天爵之尊，衆善之長，故得仁者尊。以禮與義對，則禮者義之實也，義者藝之分也。以義與仁對，則義者仁之節也，仁者義之本也。以仁與順對，則仁者順之體也，順其仁之用與！下文至篇終，極言順之效，蓋仁之用塞乎兩間者也。

故治國不以禮，猶無耜而耕也；爲禮不本於義，猶耕而弗種也；爲義而不講之以學，猶種而弗耨也；講之以學而不合之以仁，猶耨而弗穫也；合之以仁而不安之以樂，猶穫而弗食也；安之以樂而不達於禮，猶食而弗肥也。耜，音似。

此覆解上文五者，而以順爲極也。治國，謂治一國之人情。禮之所尊，尊其義也。禮粗義精，精者粗之本，故爲禮必本於義也。合之以仁，謂合聚衆理於一心。耕種耨者非一處，穫則合聚而積於一處，我稼既同是也。仁而未能安，是與仁爲二也。仁未爲我之所有，猶所穫雖已積聚，然未得炊米作飲而食之也。成於樂而安於仁，則與仁爲一矣，猶炊飲食之而充其腹矣。仁者體之全於内，順者用之達於外。仁之體雖全而順之用未達，猶既食之後，内腹雖充而外體弗肥也。仁之功用彌滿於兩間而無不順，則猶食之滋液周浹於一身而體皆肥也。故必達於順，而後爲禮義治人情之極功焉。

四體既正，膚革充盈，人之肥也。父子篤，兄弟睦，夫婦和，家之肥也。大臣法，小臣廉，官職相序，君臣相正，國之肥也。天子以德爲車，以樂爲御，諸侯以禮相與，大夫以法相序，士以信相考，百姓以睦相守，天下之肥也。是謂大順。

父慈子孝而其情厚，兄友弟恭而其情親，夫義婦聽而其情不暌乖，此一家之順。大臣有持循，小臣有分辨，設官以治職，分職以居官，不相紊亂，君以禮使臣，臣以忠事君，非相爲賜，此一國之順。天子有德以安民之居，如車之承載；有樂以和民之心，如御之調適；諸侯邦交，互相施報；大夫言行，俱有律度；庶士忠順，各無欺僞；百姓出入相友，守望相助，疾病相扶持，此天下之順。國家天下，一一皆順，故曰大順。

大順者，所以養生送死，事鬼神之常也。故事大積焉而不苑，並行而不繆，細行而不失，深而通，茂而有間，連而不相及也，動而不相害也，此順之至也。苑，于粉切。繆，音謬。

養生、送死、事鬼神，人道之始終備矣。生而養之，死而葬之，亡而祭之，各以其禮，不悖於道，是之謂常。常則順，反常則非順。故大順者，人道之常也。孔氏曰：「前雖明家國天下之順，而局於條目，順禮廣被，無所不在。此更總説其事，一切生死鬼神，無不用順爲常。孔子答無違之問云生事死葬及祭之皆以禮是也。」蔣氏曰：「治至於大順，此聖人御世之極功。今不過即常事以言順，可見至治非難事也。事莫不有積也，積而至於滯，則苑所從生。事莫不有並也，並而不能齊，則繆所從起。事莫不有細也，細而不能曲中於理，則瑣碎之失所由萌。至於深遠而不通於情，茂盛而無以爲別，連則有相及之迹，動則有相害之形，天地萬物亦安能各安其位而不相奪？聖人制天下事物之宜，使之相聚而有以相使，相因而有以相成，相群而有以相養，相雜而有以相別，豈容有一事不中節，一物不安分者？大順之功用也。」王氏曰：「此極言大順之理。庶事大積者，以順處之，各有其序，可以無苑結矣。迭施並行者，以順施之，各得其宜，可以無錯繆矣。其行細者，以順爲之，可以無過失矣。幽遠謂之深，其勢易隔，惟順則其情必通。衆多謂之茂，其勢易雜，惟順則其分有間。連則易以相干，惟順則同而異，不相及也。動則易以相違，惟順則易而同，不相害也。天下之大順，至此極矣。」山陰陸氏曰：「凡積善苑，並行善繆，細行善失。深宜不通，茂宜無間，連喜相及，動喜相害。惟順之至，然後異此。」

故明於順，然後能守危也。故禮之不同也，不豐也，不殺也，所以持情而合危也。殺，所戒切。

危者順之反，不順則違逆，違逆者危道也。舉世之人皆明於順，則上下分定，事物各當，可以保守，而不至於危。凡名位不同，禮亦異數，卑賤者不可加豐，尊貴者不可減殺，各安其素，所以維持人情，不使過度，而可以和協其危也。合謂和協，和協者順，危者不順也。

故聖王所以順山者，不使川，不使渚者，居中原而弗敝也。用水火金木飲食必時，合男女、頒爵位必當年德，用民必順。故無水旱昆蟲之災，民無凶饑妖孽之疾。故天不愛其道，地不愛其寶，人不愛其情。故天降膏露，地出醴泉，山出器車，河出馬圖，鳳凰、麒麟皆在郊棷，龜、龍在宫沼，其餘鳥獸之卵胎，皆可俯而闚也，則是無故。先王能修禮以達義，體信以達順故，此順之實也。

當，丁浪切。孽，魚列切。棷，音藪。闚，缺規切。「則是無故」、「體信以達順故」二句，並「故」字句絶。

延平周氏曰：「『父子篤，兄弟睦』以下，言順之人也。『大積而不苑』以下，言順之道。『山者不使居川』以下，言順之事也。有是人，有是道，行是事，則其效足以致祥。」鄭氏曰：「小洲曰渚，廣平曰原。山者利其鳥獸，渚者利其魚鹽，中原利其五穀，使各居其所，不易其利。若民失業，則勞敝矣。用水，謂漁人以時漁爲梁，春獻鼈、蜃，秋獻龜、魚也。用火，謂司爟四時變國火，以救時疾，及季春出火，季秋納火也。用金，謂丱人以時取金、玉、錫、石也。用木，謂山虞仲冬斬陽木，仲夏斬陰木。飲食，謂食齊視春時，羹齊視夏時，醬齊視秋時，飲齊視冬時。合男女，頒爵位，謂媒氏令男三十而娶，女二十而嫁，司士、稽士任進退其爵禄也。用民必順，謂不奪農時，昆蟲之災，螟螽之屬也。」應氏曰：「用水，若藏冰、頒冰、止水、蕩水之屬皆是。」王氏曰：「水、火、金、木、土、穀爲六府，飲食則兼土、穀而言也。」孔氏曰：「合男女使當其年，頒爵位必當其德。」澄曰：「前文是謂大順，順之至也，明於順，皆謂一世之順至。此言聖王所以順，又本於禮義治人情之君師而言。聖王之行順道，以致天下之大順者，其事非一，此聊舉其大概耳。居民之順因於地，時物之順因於天，婚姻、任使、力役之順因於人。因天、地、人以行順道，故天、地、人之應亦順，而天地不生水旱昆蟲之災，人不罹凶饑妖孽之疾。然大順之世，天地人之應不止於无咎徵，而又有休徵也。天降膏露，河出馬圖，天之不愛其道也。地出醴泉，山出器車，地之不愛其寶也。靈物畢至，飛走皆馴，人之不愛其情也。膏露，露之味，其甘如膏也。醴泉，泉之味，其醇如醴也。器車，按禮緯云：『其政太平，山車垂鉤。』謂山木自成車材，不揉治而自圓曲也。河圖，羲皇時，河出龍馬，背有旋毛如圖，其數後一六，前二七，左三八，右四九，中五十也。郊棷，郊之棷也。宫沼，宫之沼也。民淳德厚，正性之情發見，比於赤子，無所忮害。有知之物，不起驚猜，與人狎習。四靈常在人間，鳥獸亦不畏避。人無異家畜，巢穴在於低處，人可俛首下窺，而知其有卵有胎也。是無故，猶云此無它。大順之應如此，則此亦無它故而使之然。蓋由先聖王能修治其禮，而達之於禮之義，以教天下之人，體實理於心，而達之於一身之順，充而爲家國天下之順之故也，遂至天地人物同一大順焉。夫順理淵微，初無形象，今兩間嘉瑞，昭然顯著，此順之實迹可見者，故曰此順之實也。自是，故夫禮必本於大一。至此第五節之二十一。」

朱子曰：「信是實理，順是和氣。體信是致中之意，達順是致和之意。體信是忠，達順是恕。體信是無一毫之僞，達順是發而皆中節。體信是真實无妄，達順是萬物各得其所。」

右記論禮之辭，凡五節。

禮器第二十六

張子曰：「禮運云者，語其達也；禮器云者，語其成也。達與成，體與用之道也。」

禮器，是故大備。大備，盛德也。禮釋回，增美質，措則正，施則行。其在人也，如竹箭之有筠也，如松柏之有心也。二者居天下之大端矣，故貫四時而不改柯易葉。故君子有禮，則外諧而内無怨。故物無不懷仁，鬼神饗德。筠，云貧切。柯，古何切。

張子曰：「禮器，言禮大體完備，若成器然。措則正者，言不動思慮，放下無事時，亦不失於正。施則行，是利用也，必大備乃利用。禮器者，亦是成章也，不成章則有窒礙不達處。禮未器，則亦有不達處。」鄭氏曰：「釋猶去也。回，邪僻也。措，置也。箭，篠也。端，本也。竹、箭、松、柏四物，於天下最得氣之本，或柔韌於外，或和澤於内，用此不變傷也，人之得禮亦然。」孔氏曰：「竹，大竹也。筠，竹外青皮。人經夷險不變其德，由於有禮，如竹箭四時葱翠，由外有筠也。如松柏陵寒鬱茂，由内心貞和也。貫，經也。外諧内無怨者，君子内外俱美。外柔韌如筠，故於外與人諧和，内和澤如松心，故於内無怨，内外協服，物無不悉歸於仁。物既懷仁，故鬼神亦饗德也。○軾按：美質，忠信也。學禮則僞去而誠日進，措之身，施之世，無往不得。釋回增美，言其内，譬之則松柏之貞也。措正施行，言其外，譬之則竹箭之文也。文故宜物而無乖，貞故乎物而無怨。

○先王之立禮也，有本有文。忠信，禮之本也。義理，禮之文也。無本不立，無文不行。

孔氏曰：「此因上外内諧和，遂云忠者，内盡於心也。信者外不欺於物也。内盡於心，故與物無怨。外不欺物，故與物相諧也。得理合宜，是其文也。」張子曰：「本則與天地同道，仁自生義，義之體即是禮，故有文是則一本也。禮器從無文不行以下，極其文至纖至悉。禮運大抵説大德敦化，形器外之事。禮器大抵説小德川流之事，極其詳察。」

禮也者，合於天時，設於地財，順於鬼神，合於人心，理萬物者也。是故天時有生也，地理有宜也，人官有能也，物曲有利也。故天不生，地不養，君子不以爲禮，鬼神弗饗也。居山以魚鼈爲禮，居澤以鹿豕爲禮，君子謂之不知禮。

孔氏曰：「此廣説義理爲文之事。君子行禮，必仰合天文，俯會地理，中趣人事。則其禮乃行也。合天時，即依於四時。及豐儉隨時也，財，物也。所設用物爲禮，各是其土地之物也。鬼神助天地爲化祀之，必順不濫逆也。雖合天會地順於鬼神，又須與人心符合，其禮乃行。若能事事如上，則行葦得所，豚魚戴賴，是萬物各得其理也。天之四時，各有所生，若春獻韭卵，夏薦麥魚是也。地之分理，各有所宜，若高田宜黍稷，下田宜稻麥是也。人居其官，各有所能。若司徒奉牛，司馬奉羊，及庖人治庖，祝治尊俎是也。萬物委曲，各有所利，若麯蘖利爲酒醴，絲竹利爲琴笙是也。天不生，謂非時之物，若夏橘寒瓜及李梅冬實之屬。地不養，若山之魚鱉、澤之鹿豕，君子不以爲禮，是不合人心。鬼神弗饗，是不順鬼神也。」方氏曰：「以陽生於子，故祀天於冬之日至；以陰生於午，故祭地於夏之日至。以飲養陽氣，故饗禘於春；以食養陰氣，故食嘗於秋，此禮所以合於天時者也。黍稷之馨足以爲簠簋之實，水土之品足以爲籩豆之薦。貨無常以示遠物之致，幣無方以別土地之宜，此禮所以設於地財者也。以天之高故燔柴於壇，以地之深故瘞埋於坎，以魂氣歸于天故焫蕭以求陽，以形魄歸于地故祼鬯以求陰，此理所以順於鬼神者。也以人莫不有男女之別，故制爲冠昏之禮；以人莫不有君臣之分，故制爲朝覲之禮。莫不有追遠之心，故制爲喪祭之禮；莫不有合歡之情，故制爲燕饗之禮，此禮所以合於人心者也。火田必於昆蟲未蟄之時，罻羅必在鳩化爲鷹之後。獺祭魚然後漁人入澤梁，豺祭獸然後田獵，此禮所以理萬物者也。禮本乎天而還以事，天出乎人而還以治，人則是以天合天、以人合人者也，故於天人皆曰合，地則效法焉。故曰設鬼神不可遺也，故曰順萬物有成理也，故曰理然上言鬼神而下不言者，以天地兼之也。，若韭生於春黍生於秋，稻生於冬，所謂天時有生也。山林則宜毛，川澤則宜鱗，丘陵則宜羽，墳衍則宜莢，所謂地理有宜也。籩篠蒙璆，戚施直鎛，聾聵司火，瞽矇脩聲，所謂人官有能也。水之潤下，火之炎上，木之曲直，金之從革，所謂物曲有利也。以天所不生者爲禮則逆天之時矣，以地所不養者爲禮則逆地之理矣，天時地理之不可逆如此，則人官物曲固可知，言地所不養之物而不及天所生者，亦舉此以見彼也。

故必舉其定國之數，以爲禮之大經。禮之大倫，以地廣狹；禮之薄厚，與年之上下。是故年雖大殺，衆不匡懼，則上之制禮也節矣。殺，色界切。

鄭氏曰：「定國之數，謂地物所出多少。廣狹，謂貢賦之常差上下，用年之豐凶也。殺，謂穀不孰。匡，猶恐也。節，言用之有節也。」孔氏曰：「禮物必鄉之所有。故有國者必書其國内所生物多少定數，以爲國之大法。經，法也。倫，猶例也，制禮之大例。又宜隨地廣狹爲法，即貢賦之常差也。禮之薄厚，與年之上下者，多少隨年豐荒也。廣狹隨地而賦，豐凶隨時而斂，衆之不恐，並由君制禮有節故也。」

○禮，時爲大，順次之，體次之，宜次之，稱次之。堯授舜，舜授禹，湯放桀，武王伐紂，時也。詩云：「匪革其猶，聿追來孝。」天地之祭，宗廟之事，父子之道，君臣之義，倫也。社稷山川之事，鬼神之祭，體也。喪祭之用，賓客之交，義也。羔豚而祭，百官皆足，大牢而祭，不必有餘，此之

謂稱也。稱，尺證切，後皆同。革，紀力切。

陳氏曰：「時在天，順體宜稱在人。在天者大，在人者小，故時爲大，順次之，體次之，宜次之，稱次之。堯授舜，舜授禹，天與賢也。湯放桀，武王伐紂，天吏也。順天者存，逆天者亡，時之所以爲大也。天地之祭，則有所尊；宗廟之事，則有所親。天地宗廟，尊親之倫也。父子君臣，尊卑之倫也。社稷、山川、地祇之祀，人、鬼、天神之祭，三者之體固異，蓋天神則以陽爲體，地祇則以陰爲體，人鬼則魂以陽爲體，魄以陰爲體也。喪之用則不儉，其親祭之用則必盡其物，賓之交則禮殺，客之交則禮隆，皆從其義而已。羔豚而祭薄也，宜若不足，而百官皆足，大牢而祭，豐也。宜若有餘，而不必有餘者，求其稱而已。順主仁，體主禮，宜與稱主義，其所主雖殊，而其爲禮一也。」胡氏曰：「宜合宜稱各當分。」澄曰：「稱如權之稱物，使各當其分者，智也。」方氏曰：「天之運之謂時，人之倫之謂順，形之辨之謂體，事之義之謂宜，物之平之謂稱，堯、舜以德而授受，湯、武以兵而放伐，非人力之能爲，蓋天運然也，故謂之時。引詩者言武王聿追文王之道，以趨時也。天地、宗廟、父子、君臣出乎自然之理，而人則順而敘之，故謂之倫。社稷、山川、鬼神自有形以至於無形，莫不各有所辨，故謂之體。王制大夫、士無田，則薦，謂用羔豚，言薦而已。乃謂之祭者，蓋別而言之，則有薦祭之，異以事神言之，則薦亦可謂之祭也。

諸侯以龜爲寶，以圭爲瑞，家不寶龜，不藏圭，不臺門，言有稱也

孔氏曰：「此復明上文『稱次之』之事。諸侯有保土之重，宜須占詳吉凶，故得以龜爲寶。圭兼五等玉也，諸侯之於天子也，猶天子之於天也，天子得天之物謂之瑞，故諸侯受封於天子而與之玉，亦謂爲瑞也。書云『輯五瑞』，又曰『班瑞於群后』是也。此云圭不云璧，從可知也。家卿，大夫也。大夫卑輕，不得寶龜，故臧文仲居蔡爲僭也。卿大夫不執玉，故不藏圭，兩邊築闍爲基，基上起屋曰臺門。諸侯有保捍之重，故爲臺門。大夫輕，故不得也。言有稱者，結上文得與不得各有所稱也。」澄曰：「上文言時順、體宜稱五者，既覆解之矣。此一小節又再説稱也，以足上意，蓋稱之意廣，故言之至再。下文推言稱宜醴順時，而言稱者亦獨詳。」

○禮有以多爲貴者：天子七廟，諸侯五，大夫三，士一。天子之豆，二十有六。諸公十有六。諸侯十有二。上大夫八，下大夫六。諸侯七介七牢，大夫五介五牢，天子之席五重，諸侯之席三重，大夫再重。天子崩七月而葬，五重八翣；諸侯五月而葬，三重六翣；大夫三月而葬，再重四翣。此以多爲貴也。重，直龍切。翣，所甲切。

鄭氏曰：「豆之數，謂天子朔食，諸侯相食，及食大夫。公食大夫禮曰：『宰夫自東房薦豆六。』聘禮『致饔餼於上大夫，堂上八豆。』周禮『公之豆四十，東西夾各十有二。侯伯之豆三十有二，東西夾各十。子男之豆二十有四，東西夾各六。』諸侯七介七牢者，周之侯伯也。大夫五介五牢者，侯伯之卿使聘者也。周禮上公九介九牢，侯伯七介七牢，子男五介五牢。聘義上公七介，諸侯五介，子男三介，乃謂其使者也。天子葬五重者，謂抗木爲茵也。葬者抗木在上，茵在下。士喪禮『抗木横三縮二，加抗席三，如茵用疏布緇剪有幅，亦縮二横三，此士之禮一重者。以此差之，上公四重。』」○軾按：翣似扇，所以障車障柩。喪大記所謂「黼黻翣畫翣」是也。五重、三重、再重，皆謂棺，喪大記所謂「大棺屬椑」是也。

有以少爲貴者：天子無介。祭天特牲。天子適諸侯，諸侯膳以犢，諸侯相朝，灌用鬱鬯，無籩豆之薦。大夫聘，禮以脯醢。天子一食，諸侯再，大夫士三，食力無數。大路，繁纓一就。次路，繁纓七就。圭璋特，琥璜爵，鬼神之祭單席。諸侯視朝，大夫特，士旅之，此以少爲貴也。 朝，音潮。食，音嗣。繁，步干切。琥，音虎。璜，音黄。

鄭氏曰：「天子無介，無客禮也。灌，獻也。一食、再食、三食，謂告飽也。食力，謂工商農也。大路繁纓一就，殷祭天之車也。周禮王之五路，玉路繁纓十有二就，金路九就，象路七就，革路五就，木路翦繁鵠纓。圭璋特，朝聘以爲瑞，無幣帛也。琥璜爵者，天子酬諸侯，諸侯相酬，以此玉將幣也。大夫特，士旅之，謂君揖之。」孔氏曰：「天子以天下爲家，既不爲賓客，故無介也。其實餘事亦有介副故。鬯人共介，鬯是天子臨鬼神，使介執鬯也。祭天特牲者，特一也。天神尊，貴質，故祭止一特也。諸侯事天子，如天子事天，故天子巡狩適諸侯境。諸侯奉膳，亦止一牛而已。諸侯相朝，謂五等諸侯自相朝也。天子祭天，諸侯膳天子，皆無鬱鬯。諸侯自相朝，朝饗禮畢，未饗食之前，主君酌鬱鬯之酒以儐賓。上於下曰禮，敵者曰儐。案大行人云『上公』、『王禮再祼而酢』，則諸侯朝天子，天子灌亦用鬱鬯。此特云『諸侯相朝』者，據以少爲貴，諸侯於天子無鬱鬯。諸侯相朝則設鬱鬯，而無殽也。大夫聘禮以脯醢者，大夫出使行聘禮畢，主國禮之酌以酒，而又有脯醢，是味稍多也。天子一食者，食猶飱也。尊者以德爲飽，不在食味，故每一飱輒告飽。待勸之，乃更飱。諸侯再飱而告飽，勸乃又食。士告轉疏，故少牢、特牢皆三飯告飽也。食力謂工商農庶人也，以其無德不仕，無禄代耕，力作以得食，故云食力。以飽爲度不須告勸，故飱無數也。大路繁纓一就者，殷尚質，以木爲車，乘以祭天，謂之大路。繁謂馬腹帶也，纓鞅也。染絲而織之曰罽。五色一匝曰就。就，成也。言五色匝則一成，車既樸素，馬亦少飾，止一就也。次路，殷之第三路也。共卑用，故就多也。然郊特牲去大路一就，先路三就，次路五就，而此云七就，故注以此七就，爲誤圭璋特者，謂不用他物媲之也。聘禮行饗之時，則璧以帛，琮以錦，是如束帛。小行人云『以玉合六幣』，注云『二王之後享后』。皮馬不上堂，唯圭璋持升堂，亦此義也。琥璜爵者，琥璜是玉劣於圭璋者也。天子饗諸侯或諸侯自相饗，行禮至酬酒時，則有幣將送酬爵，又有琥璜之玉將幣，故云琥璜爵也。琥璜既賤，不能特達，故附爵乃通也。案聘禮賓之幣，束帛乘馬，人致食以侑幣，則諸侯於聘賓唯用束帛乘馬，皆不用玉，今琥璜送爵，故知是天子酬諸侯，諸侯自相酬也。鬼神單席者，神道異人不假多重，故單席也。特，猶獨也。旅，衆也。大夫則君人揖之士，則不問多少共一揖之也。」

有以大爲貴者：宮室之量，器皿之度，棺椁之厚，丘封之大。此以大爲貴也。量，音亮。

方氏曰：「周官典命宮室以命數爲節，自上公至子、男，或以九，或以五，各有差，此宮室以大爲貴也。天子之路謂之大路，弓謂之大弓，斗謂之大斗，房謂之大房，此器皿以大爲貴也。尊者之棺至於四重，卑者止於一重，椁則周於棺，此棺椁以大爲貴也。周官冢人『以爵等爲丘封之度』，此丘封以大爲貴也。量，言其所容。度，言其所至。度、量，宮室、器皿皆有之，於宮室言量，於器皿言度，互相備也。既曰器又曰皿者，若車旗之屬，可謂之器而不可謂之皿，若籩豆之屬，正謂之皿亦可謂之器，此大小之辨也。既曰丘又曰封者，自積土言之則曰丘，自度土言之則曰封，曰丘則必高矣，曰封則不必高也，故王公曰丘，諸侯曰封，此亦大小之辨也。」

有以小爲貴者：宗廟之祭，貴者獻以爵，賤者獻以散；尊者舉觶，卑者舉角。五獻之尊，門外缶，門内壺，君尊瓦甒。此以小爲貴也。觶，支豉切。甒，音武。

鄭氏曰：「凡觴，一升曰爵，二升曰觚，三升曰觶，四升曰角，五升曰散。五獻，子、男之饗禮也。壺大一石，瓦甒五斗，缶大小未聞也。易曰『尊酒簋，貳用缶。』」孔氏曰：「案郊特牲云主人獻尸用角，佐食洗散以獻尸。是尊者小，卑者大。案天子諸侯及大夫皆獻尸以爵，無賤者獻以散之文。禮文散亡，略不具也。特牲主人獻尸用角者，下大夫也。尊者舉觶、卑者舉角者，案特牲、少牢禮，尸入，舉奠觶，是尊者舉觶。主人受尸酢，受角飲者，是卑者舉角。此是士禮天子諸侯，祭禮亡文不具也。凡王饗臣及其自相饗行禮，獻數各隨其命。子、男五命，五獻以小爲貴也。缶在門外，則大於壺矣。凡饗有酒，其列尊之法，缶盛酒在門外，壺在門内。君尊，謂子、男尊也。小尊近君，大尊在門，是以小爲貴也。」方氏曰：「獻，謂獻之於尸也。舉，謂自舉而飲也。貴賤以位言，尊卑以體言。獻爵者主人，獻散者佐食。主人之與佐食，則有貴賤之别焉，故以位言之。舉觶者皇尸，舉角者主人，皇尸之與主人，特有尊卑之别耳，故以體言之。於瓦甒言君尊，則知壺缶爲飲諸臣之尊，於甒言瓦，則知壺、缶皆瓦矣。爾雅言盎謂之缶，雖不言其所容，以筭法推之，斞四謂之豆，積之至於缶二謂之鍾，則缶蓋四石之名也。缶之名雖同，缶之用則不一。有用之以盛酒者，若坎所謂用缶者也。有用之以汲水者，若比所謂盈缶是矣。有用之以節樂者，若離所謂鼓缶是矣。」陸氏曰：「周官子男饗禮五獻，則所謂五獻之尊，主饗禮也。」

有以高爲貴者：天子之堂九尺，諸侯七尺，大夫五尺，士三尺。天子、諸侯臺門。此以高爲貴也。

孔氏曰：「天子堂九尺，此周法也。九尺非周制。周之上公以九爲節，則天子當以十二爲節也。天子諸侯皆臺門，而天子門以五，諸侯以三，乃其别也。」

有以下爲貴者：至敬不壇，埽地而祭。天子諸侯之尊廢禁，大夫士棜、禁。此以下爲貴也。棜，於據切。

鄭氏曰：「廢，猶去也。棜，斯禁也。謂之棜者，無足有似於棜。大夫用斯禁，士用棜禁，禁如今方案，隋長局，足高三寸。」孔氏曰：「至敬不壇埽地而祭者，此謂祭五方之天，初則燔柴於泰壇，燔柴訖於，壇下埽地而設正祭，此周法也。棜長四尺，廣二尺四寸，深五寸，無足，赤中，畫青雲氣菱苕華爲飾。禁長四尺，廣二尺四寸，通局足高三寸，漆赤中，畫青雲氣，菱苕華爲飾，刻其足爲褰帷之形也。棜是轝名，如今大木轝。上有四周，下無足，今大夫斯禁亦無足，似木轝之棜。少牢『司宮尊兩甒于房户之間，同棜』，是周公時已名斯禁爲棜也。」陳氏曰：「棜雖差異於禁，而鄉飲酒禮亦謂之斯禁。蓋天子諸侯之尊，有罍有舟，謂雷動以時，則有鼓物之利，否則有害物之災；舟善操之，則有載濟之利，否則有覆溺之患，所以爲戒也。大夫、士之尊，命之禁，所以禁之也。德尊者有戒而無禁，德卑者戒而又禁之，所以無彝酒之過。」方氏曰：「棜也，禁也，皆所以爲酒戒。曰棜則欲其不流，曰禁則欲其不犯，合而言之，棜亦禁也，猶之旗常通謂之九旗也。且有足者爲禁，無足者爲棜，有足則高，無足則下，至廢禁則又下矣。」〇軾按：棜亦禁也，以其無足，故謂之棜，亦謂斯禁。士禁，大夫棜，天子、諸侯去之，貴下也。

禮有以文爲貴者：天子龍衮，諸侯黼，大夫黻，士玄衣、纁裳。天子之冕朱緑藻，十有二旒，諸侯

九，上大夫七，下大夫五，士三。此以文爲貴也。卷與衮同。黼音甫。黻音弗。纁，惠云切。

孔氏曰：「人君因天之文章以表於德。德多則文備，故天子龍衮，諸侯以下又稍少也。然周禮上公亦衮，侯、伯鷩，子、男毳孤，卿絺，大夫玄，士爵弁、玄衣、纁裳。今言諸侯黼，大夫黻。雜明夏、殷禮也。但夏、殷衣有日月、星辰、山龍，今云龍衮者，舉多文爲首耳。日月之文，不及龍也。朱緑藻十有二旒，亦是夏禮也，周藻五采也。十二謂旒數也。『諸侯九』以下亦夏殷也。周家旒數隨命數，又士但爵弁無旒也。熊氏曰『朱緑以下，是夏殷禮，其天子龍衮，諸侯黼，大夫黻，等皆周法，無嫌。諸侯雖九章七章以下，其中有黼也。孤絺冕而下，其中有黻，特舉黼黻而言耳。故詩采菽云『玄衮及黼』，是特言黼也。詩終南美秦襄公『黻衣繡裳』，是特言黻也。」陳氏曰：「天子不言大裘，曰龍衮，主以文爲貴。諸侯之服，雖自衮冕而下，然其德貴乎能斷，故言黼，亦舉其下言之。卿大夫之服，自玄冕而下，其章有黻，故曰黻。以其德貴乎能辨也。天子之冕朱緑藻十有二旒，諸侯九，上大夫七，下大夫五，士三，則制與弁師不同，異代之禮也。蓋藻潔而文，衆采如之，故曰藻。水流趨下，旒冕之垂者如之，故曰旒。藻或作繅，以絲爲之，或作璪，以玉貫之也。繅旒或謂之繁露，以其象然也。漢制天子繅旒，前長後短，諸臣繅旒，有前無後，非古也。」方氏曰：「藻必五采，特曰朱緑，則舉其華者以該之也，亦與雜帶君朱緑同義。」

有以素爲貴者，至敬無文，父黨無容，大圭不琢，大羹不和，大路素而越席，犧尊疏布鼏，樿杓。

此以素爲貴也。琢，辰轉切，又丁角切。大羹，音泰。和，胡卧切。越，音活。犧，音莎，又如字。鼏，莫歷切。樿，章善切。杓，市約切。

鄭氏曰：「大圭長三尺，杼上，終葵首。琢當爲篆字之誤也。明堂位曰大路，殷路也。鼏或作冪。樿，木白理也。」孔氏曰：「至敬，謂敬之至極。祭天服用大裘，是無文也。父黨謂父之族黨，以質素事，無有折旋揖讓之容也。大圭，天子朝日月之圭。尚質，故無琢桓蒲之文。大羹，肉汁也。不和，無鹽梅也。大古初變腥，但煮肉而飲其汁，未知調和。後人祭既重古，但盛肉汁謂之大羹。大路，殷祭天車也。越席，蒲席也。祭天質素，故素車蒲席也。祭天用陶匏，蓋以瓦爲尊，畫犧羽於上，或用犧形爲尊，是夏殷禮也。疏，麤也。鼏，覆也。謂郊天時以麤布爲巾，以覆尊也。貴素故用白理木爲杓。」陳氏曰：「八尊所以祭天地故尚質，六彝所以祭宗廟故尚文，則疏布之所冪，唯尊而已。」

孔子曰：「禮，不可不省也。禮不同，不豐，不殺。此之謂也，蓋言稱也。」殺，所戒切。

孔氏曰：「此引孔子語證上諸事也。」馬氏曰：「自禮以多爲貴而至於禮以素爲貴，皆禮之寓於形名度數之間，其用不同者，有如此也。其用雖不同，要之歸於稱則一也，故豐之而不以爲有餘，殺之而不以爲不足，唯其稱而已，此爲禮不可不察也。」

禮之以多爲貴者，以其外心者也。德發揚，詡萬物，大理物博，如此，則得不以多爲貴乎？故君

子樂其發也。禮之以少爲貴者，以其内心者也。德産之致也精微，觀天下之物無可以稱其德者，如此，則得不以少爲貴乎？是故君子慎其獨也。詡，况矩切。樂，五孝切，又音洛，下同。

鄭氏曰：「外心，用心於外，其德在表也。詡，猶普也，徧也。發，猶見也。内心用心於内，其德在内。致，緻密也。物無可稱其德者，萬物皆天所生，孰可奉薦以稱也。」方氏曰：「天地之大德曰生，天地之物皆揚德之所生也，故曰德産。物生之迹雖粗，而其道則致精。物生之迹雖顯，而其道則致微，故曰德産之致也。精微，德之所致如此。觀天下之物，固無可以稱其德者矣。」馬氏曰：「聖人之德，得之於中，而發揚於外，足以普徧萬物。言貴多，則曰大、曰高、曰文在其中矣。觀天下之物，無可以稱其德，特脩誠以事之而已。言貴少，則曰小、曰下、曰素在其中矣。樂其發者，樂其德之發於外也。慎其獨者，身致其誠而已。」○軾按：外心者，道之費；内心者，道之隱。在聖人則致中、致和之分也。樂，和也。慎，敬也。

古之聖人，内之爲尊，外之爲樂，少之爲貴，多之爲美，是故先王之制禮也，不可多也，不可寡也，唯其稱也。

方氏曰：「内外以心，言多少以物言。稱其内心則以少爲貴，故不可多。稱其外心則以多爲貴，故不可寡。此先王制禮之道也。」○軾按：尊即慎也。

是故君子大牢而祭謂之禮，匹士大牢而祭謂之攘。攘，如羊切。

鄭氏曰：「君子，謂大夫以上。」孔氏曰：「禮既須稱，中則得禮，僭則盜竊。大夫常祭少牢，遣奠及卒哭祔，用大牢匹士。士也，士常祭特豚，遣奠及卒哭祔。加一等少牢。」馬氏曰：「攘者，非其有而取之也。」

管仲鏤簋，朱紘，山節，藻棁，君子以爲濫矣。鏤，力豆切。簋，音軌。紘，音宏。棁，章悦切。

方氏曰：「濫者，溢而無所制之謂。」鄭氏曰：「濫，亦盜竊也。鏤簋，謂刻而飾之。大夫刻爲龜耳，諸侯飾以象，天子飾以玉。朱紘，天子冕之紘也。諸侯青組紘，大夫、士當緇組紘，纁邊。栭，謂之節。梁上楹謂之棁。宮室之飾，士首本，大夫達棱，諸侯斲而礱之，天子加密石焉，無畫山藻之禮也。」孔氏曰：「管仲，齊大夫也。簋，黍稷器。鏤簋、朱紘，天子之飾。明堂位云『山節、藻棁，天子廟飾』，此管仲僭爲之也。」

晏平仲祀其先人，豚肩不揜豆，澣衣濯冠以朝，君子以爲隘矣。澣，户管切。

鄭氏曰：「隘，猶狹陋也。祀不以少牢，與無田者同，不盈禮也。大夫士有田則祭，無田則薦。澣衣濯冠，儉不務新。」孔氏曰：「晏平仲，齊大夫，名嬰。大夫祭用少牢，士用特豚，而平仲今用豚，豚又過小，併豚兩肩不揜豆也。必言肩者，周人貴肩也。肩在俎，今云豆，喻其小，假豆言之，其實在俎不在豆也。」

是故君子之行禮也，不可不慎也，衆之紀也，紀散而衆亂。孔子曰：「我戰則克，祭則受福。」蓋

得其道矣。

鄭氏曰：「言二大夫皆非也。紀絲縷之數，克勝也。」孔氏曰：「戰勝、祭受福二句相連，故合引之也。」張子曰：「孔子謂我戰則克，聖人有不戰，戰豈容至敗衄。凡興師必各有名，師非尊主庇民，皆無名也。若止謂仗義者爲勝，則子産、叔向輩舉兵亦莫有不義。聖人之戰無敗，若周、孔相對則何如？唯有不戰，知彼知己，一有不及則戰矣。祭必受福，福者，百順之名。孔子所以交於神明者，必別有道。凡祭祀之末，名利成，利之爲言順利通達，内盡志，外盡物，於祭祀之事，順利皆達也。舊以利爲養，養乃其間一事耳。」澄曰：「自禮有以多爲貴者，至此凡十五小節，皆言稱之事。」

○君子曰：「祭祀不祈，不麾蚤，不樂葆大，不善嘉事，牲不及肥大，薦不美多品。」麾，毁皮切。蚤，音早。葆，音保，又保毛切。

方氏曰：「以其言得於當時之君子，故稱『君子曰』。與左氏所稱同義。」鄭氏曰：「祈，求也。詩云『自求多福，福由己耳』。祭祀不爲求福也。麾之，言快也。祭有時，不以先之爲快也。葆之言褒也。葆大，謂器幣也。」孔氏曰：「凡祭祀本爲感踐霜露，設祭以存親，非爲祈福報也。周禮設六祈之科，非福之常也。蚤，謂先時也。不以霜露未至而光時蚤設爲快也。褒，崇高之稱也。祭之器幣大小長短，自有常宜。幣通丈八尺，豆盛四升，不以貴者貪高大爲之也。嘉事，冠昏也。人生二十，成人自宜冠，三十嗣世自宜昏。若無親者，昏三月祭以告廟，冠畢埽地而祭禰，並是有爲而然。非謂善之而設祭。牲不及肥大者，謂郊牛之角繭栗。宗廟角握，社稷角尺，各有所宜，不必並及肥大。薦不美多品者，薦，祭品，味各有其定，不以多爲美，故郊特牲而社稷大牢也。」○軾按：此總言禮之貴稱，以見不可不慎。祭自得福，非以祈福也。慮事不可不豫，非以蚤爲快也。當葆大而葆大，非樂于大葆也。冠昏必先祭，非善其事而祭也，牲有時而肥，品有時而多，非求肥而美多也。

孔子曰：「臧文仲安知禮？」夏父弗綦逆祀而弗止也，燔柴於奧。夫奧者，老婦之祭也，盛於盆，尊於瓶。」綦，音忌。奧，音爨，下同。夫，音扶。盛，音成。瓶，步丁切。

鄭氏曰：「文仲，魯公子彄之曾孫，臧孫辰也。莊、文之間爲大夫。文二年八月丁卯大祀于大廟，躋僖公，始逆祀。是夏父弗綦爲宗人之爲也。奧，當爲『爨』字之誤也，或作『竈』。禮，尸卒食而祭，饎，爨，饔爨也。時人以爲祭火神乃燔柴，老婦先炊者也，盆瓶炊器也，明此祭先炊，非祭火神，燔柴似失之。」孔氏曰：「僖公、閔公俱是莊公之子，閔小僖大，閔爲君時，僖爲臣，閔少而死後乃立僖，僖死，其子文公立，弗綦爲宗伯典禮。佞文公云：『吾見新鬼大故鬼小。』以閔置僖下。是臣在君上，爲逆亂昭穆。文仲不能諫止。故爲不知禮。禮祭爨神，言其有功於人，人得飲食，故祭報之。弗綦謂是火神，燔柴祭之。文仲又不能諫止，又爲不知禮。爨者，是老婦之祭，其祭卑，唯盛食於盆，盛酒於瓶，卑賤若此，何得燔柴祭之？故注謂奧，當爲爨也。祝融并奧及爨三者不同，祝融古火官之長，五祀之神，祀於郊。奧者，正是竈之神，常祀在夏，以老婦配之，有俎及籩豆，設於竈陘，又延尸入奧。爨者，宗廟祭後，直祭先炊老婦之神，在於爨竈。三者所以不同也。」澄曰：「自君子曰祭祀不祈，至此二小節言宜之事。」

○禮也者，猶體也。體不備，君子謂之不成人。設之不當，猶不備也。當，丁浪切。

體，謂身之百體。成，謂完全。人身之百體皆備，乃爲完全之人，若缺其一體，則非全人矣。設，謂所置之處，言耳、目、鼻、口、手、足，各在其處也。設之不當，謂若眉在眼下，口在鼻上，或手之指短，足之指長之類，皆爲不當，不當則雖備，猶不備也。

禮有大有小，有顯有微。大者不可損，小者不可益，顯者不可揜，微者不可大也。故經禮三百，曲禮三千，其致一也。

上既以體喻禮，此遂言禮之三百三千，皆不可缺。如人之百體也。凡禮大小顯微之俱有者，猶人身百體之俱備也。損之、益之、揜之、大之則俱不可者，猶人百體之設，各有定處，不可易置也。損，謂減削其大而使之小。益，謂增補其小而使之大。揜，謂蓋藏其顯而使之微。大，謂充廓其微而使之顯也。致，謂至極。或大，或小，或顯，或微，其餘共有三千三百之多，其爲禮之至極則一爾，不可有所去取，亦如人之百體，一一皆當愛養也。孔氏曰：「禮有大者，謂有大及多爲貴也。有小者，謂有小及少爲貴也。有顯者，謂有高及文爲貴也。有微者，謂有素及下爲貴也。」

未有入室而不由户者。

又以户喻禮行道者，必由乎禮，如入室者，必由乎户，此禮之爲體，所以有一之不可或缺，而或不當者也。自禮也者，猶體也，至此三小節言體之事。

○君子之於禮也，有所竭情盡慎，致其敬而誠若，有美而文而誠若。

鄭氏曰：「若，順也。竭情盡慎，謂以少、小、下、素爲貴也。美而文，謂以多、大、高、文爲貴也。」孔氏曰：「求竭己情，盡其戒慎，致其恭敬，内也。威儀之美，文章顯著，外也。」澄曰：「若者句末之助辭，猶易之出涕沱若、戚嗟若，若字雖不訓順。然或内或外，各以其誠，其於人道之倫爲順也。」沈氏曰：「表裏相稱，内外相似之謂若，即誠意而發爲禮文，故謂之若。今人禮文多溢於誠意，則爲僞矣。」陸氏曰：「誠之所在常自若也，不爲質文加損。」○軾按：誠者禮之本，内心外心俱率其性之自然，而非有所矯也。

君子之於禮也，有經而等也，有直而行也，有曲而殺也，有順而討也，有順而摭也，有摲而播也，

有推而進也，有放而文也，有放而不致也。 殺，所戒切。摭，之石切。撕，所監切。放，方往切。

鄭氏曰：「經而等，若天子下至士庶人爲父母三年。直而行，若始死哭踊無節也。曲而殺，若父在爲母期也。順而討，若天子以十二，公以九，侯、伯以七，子、男以五爲節。討，猶去也。順而摭，若君沐粱，大夫沐稷。士沐粱撕而播，謂芟殺有所與也。撕之，言芟也。若祭者貴賤皆有所得，不使虛也。推而進，若王者之後，得用天子之禮。放而文，若天子之服，象日月以至黼黻。放而不致，若諸侯自山龍以下。」孔氏曰：「經，常也。直，謂任己而行。順，猶順序。自天子以下，轉相降差，是順序而稍去之也。摭，猶拾取也。君沐粱，士卑不嫌，是拾君之禮而用之。播，布也，謂君祭而臣助，下至胞翟，悉有所得。是芟上貴之分，以布徧於下也。放，法也。法天以爲文也。致，極也。諸侯以下亦有放法，而不得極也。」方氏曰：「經而等謂順理之常，無貴賤一也。三年之喪，男有昏，女有嫁是矣。直而行，謂行吾誠於内，而無所屈。若凶事不詔，至敬無文是矣。曲而殺者，謂爲所隆者厭而不得伸。若父在爲母期，卿燕不以卿爲賓長是矣。順而討者，謂順人之情，而有法以治之也。若順君臣之義以治朝廷，順父子之情以治閨門是矣。順而摭者，謂順人情而有所取，若孔子純儉以從衆，拜下以從禮是矣。撕而播者，謂撕此以播於彼，若旅酬之逮賤，餕餘之逮下是矣。推而進，若兄弟子猶己子是矣。放而文，謂觀象放法以致其飾，若天子之服龍衮冕，其旗大常是矣。放而不致，若諸侯之服，自鷩冕而下，其旗自龍而下是矣。」項氏曰：「有經而等。經，謂不變。等，謂同也。禮以變爲文，以不同爲節。同而不變，則若父母之喪，自天子達於庶人，皆一等是也。此章凡九條，皆以反對爲文，獨經而等無反對者，此爲八條，皆變而不同，即此一條之反對也。先儒以順而討爲對，非也。順而討，自與順而摭爲對。脱簡誤在末耳。討，去也。摭，取也。順而去，謂自上而下。每法減去以去爲順，此以多爲貴者也。順而取，謂自上而下。每等取加以加爲順，此以多爲貴者也。取猶君取一，臣取二之取。」澄曰：「凡此九條，皆順其自然之倫。九條之次，今依項説更定。自君子之於禮也，至此二小節，言順之事。」

〇三代之禮一也，民共由之。

鄭氏曰：「孔子曰殷因於夏禮，所損益可知也。周因於殷禮，所損益可知也。由，用也。」澄曰：「共由，猶云通行。言夏、殷周三代之時，禮之儀文，雖小有損益，而其所以爲禮者則一，故天下之民皆可通行，蓋損益而異者，禮之文耳。禮之本，則相因不變而無不同也。」

或素或青，夏造殷因。

鄭氏曰：「素尚白，青尚黑也。言所尚雖異，禮則相因耳。」澄曰：「所尚之色，雖有或素或青之異，然禮之本則夏造作於前，殷因襲於後，無不同者。」方氏曰：「或素、或青，言質文之相變也。言素則知青之爲文，言青則知素之爲質，言殷之因夏，則周之因殷，從可知矣。」

夏立尸而卒祭，殷坐尸，周坐尸，詔侑武方，其禮亦然其道一也。武，音無。

鄭氏曰：「夏禮尸有事乃坐，殷無事猶坐，周亦坐尸因於殷也。武，當爲無聲之誤也。方，猶常也。告尸行節勸尸食飲無常，若孝子之爲也。孝子就養無方。」孔氏曰：「夏禮質，言尸是人，人不可久坐神坐，故唯飲食時暫坐。非飲食則尸倚立，以至祭竟也。殷因夏禮而損其不坐之禮，蓋爲常坐之法。是殷轉文也。殷人坐尸，周因坐之。詔，告也。侑，勸也。子事父母，就養無方，在宗廟之中。禮主於孝，凡預助祭，皆得告尸威儀，勸尸飲食，無常人也。按特牲延尸及詔侑相尸之禮，皆是祝官，則是有常，而云無常者，謂但是祝官，皆得爲之，不常用一祝也。周禮大祝下大夫二人，上士四人；小祝中士八人，下士十有六人，就此衆祝之中，皆得相侑尸也。」周方氏曰：「夏立尸而殷坐尸，殷雖坐尸，而詔侑未必無方。周則文又備，不唯坐尸，而且詔侑無方也。」澄曰：「言尸之或立、或坐，殷異於夏，詔侑或有方或無方，周異於殷，曰亦然者，言亦如上文或素、或青之不同也。繼之曰，其道一也。言坐立及有方，無方雖不同，而其敬祭之道則一也。道即禮也，此句與上文三代之禮一也，一句相始終。」

周旅酬六尸。曾子曰：「周禮其猶醵與。」醵，其庶切，又其約切。與，音餘。

鄭氏曰：「旅，酬使之相酌也。后稷之尸，發爵不受旅。合錢飲酒爲醵。旅酬相酌似之。」

孔氏曰：「六尸，謂祫祭時聚群廟之主於大祖后稷廟中，后稷在室西壁東，向爲發爵之主，不與子孫酬酢。餘尸凡六，在后稷之東。南北對爲昭穆，更相次序以酬也。殷但坐尸，未有旅酬，而周益之。然大祫多主，唯云六尸者，毀廟但有主無尸也。凡斂錢飲酒，必合均遍，與旅酬相似，故曾子引世事證周禮。」澄曰：「此承上文，言周之異於殷者，不但詔侑無方之禮，又有旅酬六尸之禮也。而又引曾子釋周旅酬之言于後以結之。自三代之禮一也。至此四小節言時之事。」〇軾按：祭祀用尸，本古禮之迂而無當者。至于六尸旅酬，幾于一堂打諢，成何禮體？只比獻尸于醵飲，又和擬非其倫也。此漢儒杜撰，必非周公之制，曾子之論也。

〇君子曰：「禮之近人情者，非其至者也。郊血，大饗腥，三獻爓，一獻孰。爓，似廉切。

鄭氏曰：「近人情者褻，而遠之者敬。郊，祭天也。大饗，祫祭先王也。三獻，祭社稷五祀。一獻，祭群小祀也。爓，沉肉於湯也。血腥爓孰，遠近備古今也。尊者先遠，差降而下，至小祀，孰而已。」孔氏曰：「血爲遠，腥次之，爓稍近，孰最近。遠者古，近者今，一祭之中，兼有此事。」皇氏曰：「郊天與大饗，三獻並有血腥爓孰，今此據設之先後，郊則先設血，後設腥與爓孰。雖以郊爲主，其祭天皆然也。大饗之時，血與腥同時俱薦，當朝事迎尸於户，外薦血腥也。雖以大饗爲主，其宗廟之祭皆然也。其三獻之祭，血腥與爓，一時同薦。凡薦爓之時，皆在薦腥之後，但社稷五祀，初祭降神之時，已埋血，宗伯之文是也。至正祭薦爓之時，又薦血，此文是也。若群小祀之屬，唯有薦孰，無血腥爓也，以其神卑故耳。先薦者，設之在前，後進者設之居後。」

是故君子之於禮也，非作而致其情也，此有由始也。是故七介以相見也，不然則已慤。三辭三讓而至，不然則已蹙。故魯人將有事於上帝，必先有事於頖宮。晉人將有事於河，必先有事於惡池。齊人將有事於泰山，必先有事於配林。三月繫，七日戒，三日宿，慎之至也。故禮有擯詔，樂有相步，温之至也。蹙，子六切，又音促。頖與泮同。惡，音呼。池，大河切。相，息亮切。温，紆運切。

鄭氏曰：「作，起也。已，猶甚也。慤蹙，愿貌。」孔氏曰：「君子行禮，當有積漸。非是徒起而致已之情，皆有所由以爲始也。魯人無后稷之廟，今將祭天，先告后稷，是先告卑，後祭尊也。先告呼池配林，然後祭河及泰山，此皆積漸從小至大之義也。繫牲于牢，芻之三月，祭前十日，七日散齊，三日宿齊，積漸敬慎，不敢逼切也。賓主相見，有擯相詔告，作樂之人無目，有扶相行步，温藉之至極也。」皇氏曰：「温，謂承藉。凡玉以物緼裹承藉，君子亦以威儀擯相以自承籍也。」陳氏集注：「作，如作聰明之作，過意爲之也。太愿慤則無禮之文，太迫蹙則無禮之容。」

禮也者，反本脩古，不忘其初者也。故凶事不詔，朝事以樂；，醴酒之用，玄酒之尚；，割刀之用，鸞刀之貴；，莞簟之安，而藁鞂之設。是故先王之制禮也，必有主也，故可述而多學也。莞，音官。藁，古老切。鞂，江八切。

鄭氏曰：「哭泣由中，非由人也。朝廷養賢，以樂樂之，二者反本也。醴酒以下三者，脩古也。有主，謂本與古可述而多學，以本與古求之而已。」孔氏曰：「孝子親喪，痛由心發，故啼號哭泣，不待外告，而哀自至。朝事，謂朝廷之事。以樂，奏音樂也。醴酒，五齊第二酒也。玄酒，水也。尚，上也。割刀，今刀也。鸞刀，古刀也。今刀便利，古刀遲緩。莞簟，今之席也。槀鞂，除穗粒。取稈槀爲席，祭祀玄酒在醴酒之上。宗廟不用今刀而用古刀，郊祭不用莞簟之安。而設槀鞂之麤席，皆脩古也。」方氏曰：「本者末之初，古者今之初，本末一物，追還之而已。故曰反。古今異時，必有損益，故曰脩。凶事，喪禮。朝事，吉禮。凶事不詔，則朝事必詔可知。朝事以樂，則凶事無樂可知。朝事之籩豆以象，朝事親其所進祭之始也。祭義曰『樂以迎來正謂』是矣。禮以儐詔，所以示相接之文也，凶事則用情而已，故不詔樂以侑食，所以盡事生之歡也。祭則如在焉，故亦以樂。夫於凶事則用情，朝事則如在。豈非反本者乎？主猶賓主之主，衆之所從故也。蓋本者末之主，古者今之主，少則得，多則惑，以其有主，則雖多不惑，故可述而多學也。」○軾按：方氏以朝事爲祭祀朝踐之事，於不忘其初意較切。

○君子曰：「無節於内者，觀物弗之察矣。欲察物而不由禮，弗之得矣。故作事不以禮，弗之敬矣。出言不以禮，弗之信矣。故曰：禮也者，物之致也。」

鄭氏曰：「致之言至也，極也。」孔氏曰：「内，猶心也。物，萬物也。察，分辨也。外欲觀察萬物，而心不由禮，則察物不能得也。無禮不爲民物敬信，故禮爲萬物之至極也。」馬氏曰：「觀物在目，必有主於心。觀物在於心，心不可以無節。所以節之者禮而已。」方氏曰：「節者即物自然而爲之制者也。能度彼者，以吾有度也；能量彼者，以吾有量也。苟無節於内，則所存乎己者，未定何恃，而觀彼哉？禮者，體物以制節者也。由禮乃能得物之情也。」○軾按：此言物之致者以禮致物也。下節言致其義者，以物致禮也。

是故昔先王之制禮也，因其財物而致其義焉爾。故作大事必順天時，爲朝夕必放於日月，爲高必因丘陵，爲下必因川澤。是故天時雨澤，君子達亹亹焉。 亹，亡匪切。

鄭氏曰：「大事，祭事也。春秋傳曰：『啓蟄而郊，龍見而雩，始殺而嘗，閉蟄而烝。』丘陵，謂冬至祭天於圜丘之上。川澤，謂夏至祭地於方澤之中。達，猶皆也。亹亹，勉勉也。君子愛物，見天雨澤，皆勉勉勸樂。」孔氏曰：「自作大事以下，皆因財物之事。爲朝謂天子春分之旦，朝日於東門之外；爲夕謂秋分之夕，祀月於西門之外，亦順天之時也。天地感祭而降雨澤，人君愛物生，而勉勉勸樂，所以與天地合德也。」方氏曰：「因其財物於外，以致其義於内，蓋先王制禮之意也。大事若春有祠，夏有禴，秋有嘗，冬有烝，此因其財物以致大事之義。以日之出於朝也。朝日於王宫之壇，以月之見於夕也。夕月於夜明之坎，此因其財物以致朝夕之義也。因山之高而爲事高之禮，因川澤之下而爲事下之禮，此因其財物以致高下之義，然此皆財物之大者。悉而論之，凡天之所生，苟可以爲禮者，莫非財物也。財物固皆天之所生，天之所以生之者，存乎時雨之澤。天時雨澤，君子達亹亹者，爲其足以致其義故也。亹亹，言勸勉於禮。達，言君子之人皆如是也。」馬氏曰：「天時雨澤，君子勉勉樂之而不倦者，樂其生財得以行其禮也。」

是故昔先王尚有德，尊有道，任有能，舉賢而置之，聚衆而誓之。

孔氏曰：「此明舉賢任能，敬事天地，遂致龜龍降集，寒暑順時。至將祭之時，選舉賢能，置之祭位，則射以擇士是也。又聚集其衆而誓戒之，其有不恭，則服天刑是也。」方氏曰：「射義『天子將祭，必先習射於澤』。澤者，所以擇士也。射中者得與於祭，不中者不得與於祭，此舉賢而置之也。郊特牲曰『獻命庫門之内，戒百官也。大廟之命，戒百姓也。』此聚衆而誓之也。」澄按：「賢謂有德有道者，衆謂有能者。」

是故因天事天，因地事地，因名山升中于天，因吉土以饗帝于郊。升中于天，而鳳凰降，龜龍假；饗帝於郊，而風雨節，寒暑時。是故聖人南面而立，而天下大治。假，音格。

鄭氏曰：「天高因高者，以事也。地下因下者，以事也。名山，名猶大也。升，上也。升中于天而鳳凰降，龜龍假，謂陰陽氣和而致象物也。饗帝于郊，而風雨節。寒暑時，謂五行之氣和，而庶徵得其序也。」孔氏曰：「因天事天，因地事地，上文爲高必因丘陵，爲下必因川澤是也。」澄曰：「因天因地，言每歲圜丘方澤之正祭，因名山，因吉土，言告祭之禮，非常祭也。書言『至于岱宗柴望』。詩言『陟其高山』，蓋巡狩之時，登高山以告祭天也。所以必登高山者，蓋人望見天之蒼蒼，唯山頂與相接連，故以在地之人徃就天之高，而登彼名山，以升達心中之誠于天也。告祭之禮，或埽除郊野之平地爲墠，覬得在天之神來就地之卑，而降此吉土，以歆饗人間之祭于郊也。人之受於天者，謂之中。天之宰於人者，謂之帝。在人曰中，在天曰帝，其實一也。故此登彼降，上下交相感應焉。本無彼此，亦無上下，始以人目所視而言之也。享帝與饗帝不同，享帝者以下人而祭享其上。易言『聖人亨以享上帝』是也。饗帝者，以上神而歆饗其下。記言『唯聖人爲能饗帝』是也。但『享』、『饗』二字多通用，故讀者易惑升中于天者，下地之人往與上天之神接，鳳凰龜龍，地之物也，人之品彙也，故其祥由升中而致，人之感乎天者也。饗帝于郊者，上天之神，來與下地之人接。風雨寒暑，天之氣也，神之造化也。故其和由饗帝而致，天之應乎人者也。二者之感應，各有所屬。鳳凰自空中飛下人間，故曰降。龜龍自水中出至地上，故曰假。風雨不過多，亦不太少，故曰節。當寒而寒，當暑而暑，故曰時。此數語致精。非幾於知道者不能及。後世祭封泰山，承襲升中于天之説而誤。下禪梁父，承襲饗帝于郊之説而誤，或以饗帝于郊，爲兆五帝于四郊，非也。彼乃常祭爾。」○軾按：鄭注：中，成也，謂以成功升告于天也。文正以後世競言封禪，皆緣人主好大喜功，故不從注解。愚謂神雀、天書之僞，皆此經鳳凰等語誤之。功猶共見，瑞可詐爲。若謂登山而享，掃地而祭，便可調元贊化，休徵協應，此丁謂、王欽若之見，反不若秦皇漢武假託功德之爲愈也。禮記半由漢儒杜撰，此類俱不足深信。文正謂非知道者不及，誤矣。

天道至教，聖人至德。廟堂之上，罍尊在阼，犧尊在西。廟堂之下，縣鼓在西，應鼓在東。君在阼，夫人在房，大明生於東，月生於西，此陰陽之分，夫婦之位也。君西酌犧象，夫人東酌罍尊，禮交動乎上，樂交應乎下，和之至也。 罍，音雷。縣，音玄。分，扶問切。

鄭氏曰：「至教至德，目下事也。天子諸侯有左右房，西酌犧象，象日出東方而西行也。東酌罍尊，象月出西方而東行也。」孔氏曰：「此明天道用教以示人，聖人則放之以爲德，故君立于阼以象日，夫人在西房以象月。罍尊在阼，夫人所酌也。犧尊在西，君所酌也。縣鼓，謂大鼓也，在西方縣之。應鼓謂小鼓也，在東方縣之。罍尊在阼階堂上，犧尊在西階堂上，故君於阼階西嚮酌犧尊，夫人於西房之前東嚮酌罍尊。禮交動乎上者，謂君與夫人酌獻之禮交相動於堂上也。樂交應乎下者，謂縣鼓、應鼓交相應於堂下也。上下禮樂交相應會，和諧之至極也。」馬氏曰：「天道至教，非無德也。聖人至德，非無教也。大明生於東，月生於西，此至教之一端耳。君西酌犧象，夫人東酌罍尊，此至德之一端耳。」方氏曰：「分位定而天人不交，不可以致和，故廟堂之上，罍尊在東者，陽也。夫人位則在房，而東酌罍尊以陰而上交乎陽也。犧象在西者，陰也。君位在阼而西酌犧象，以陽而下交乎陰也。此禮所以交動乎上也。廟堂之下，大鼓以倡始，陽道也。其位則在西，是以陽交乎陰也。應鼓以和終，陰道也。其位則在東，是以陰上交乎陽也。此樂所以交應乎下也，陰陽交通，天人和同，故曰和之至也。」周氏曰：「雷，陽也。牛，陰也。故罍在左而犧尊在右者，陰陽之位也。以縣鼓而對應鼓，則應鼓非縣乃提之者也。以應鼓而對縣鼓，則縣鼓非應乃倡之者也。倡者爲陽，和者爲陰，故縣鼓在右，而應鼓在左者，陰陽之配也。君在東阼，所以祖日之生於東。夫人在西房，所以祖月之生於西。此陰陽之位也。君在東階，而西酌犧象，所以祖日之西行。夫人在西房，而東酌罍尊，所以祖月之東行。此陰陽之配也。」

禮也者，反其所自生。樂也者，樂其所自成。是故先王之制禮也以節事，脩樂以道志。故觀其禮樂，而治亂可知也。蘧伯玉曰：「君子之人達。」故觀其器而知其工之巧，觀其發而知其人之知。故曰：「君子慎其所以與人者。」

孔氏曰：「據王業之初，故云所自生。據王業之末，故云所自成。以禮爲反本，故用以節萬事。樂以成王業，故脩以道己志。能以禮節事，以樂道志，則國治。不爾則國亂，觀器之善惡，而知工匠巧拙。觀人之發動所爲，而知其有知。禮樂猶是也。禮正而樂和，則知其國治；禮慢而樂淫，則知其國亂也。禮樂者，與人交接之具。君子治國謹慎，其所以與人相接者。」○軾按：禮者理也，人受性於天，莫不具此親義信別之理，但拘於氣稟，蔽於物欲，而天秩天序之賦於生初者，有時而淆矣。反其所自生者，孔子所謂克己復禮也。此是學者切要工夫，到得造詣純全，則從容和順而樂生矣。聖王治定制禮，功成作樂，然禮雖制於治定之後，其實所以爲治者，即此禮也。功成作樂，樂所以象其功也。功即治之成也。是治身治世，莫不以禮始，以樂終。禮者，樂之所自始；樂者，禮之所自成也。

大廟之内敬矣。君親牽牲，大夫贊幣而從；君親制祭，夫人薦盎；君親割牲，夫人薦酒。卿大夫從君，命婦從夫人。洞洞乎其敬也，屬屬乎其忠也，勿勿乎其欲其饗之也。納牲詔於庭，血毛詔於室，羹定詔於堂，三詔皆不同位，蓋道求而未之得也。設祭于堂，爲祊乎外，故曰：「於彼乎？於此乎？」屬，之玉切。定，丁罄切。祊，百彭切。

孔氏曰：「祼鬯既訖，君出廟門迎牲。牽牲而納於庭，大夫贊佐，執幣而從君。君乃用幣告神而殺牲也。殺牲已畢，進血腥之時，君斷制牲肝。洗於鬱鬯，入以祭神於室。於此之時，夫人薦盎齊以獻之。侯、伯、子、男朝踐，君不獻。故夫人薦盎。薦孰時，君親割牲，於時君亦不獻，故夫人薦酒，卿大夫從君，謂制祭割牲之時也。命婦從夫人，謂薦盎薦酒之時也。洞洞，質慤之貌。屬屬，專一之貌。中心勉勉乎，欲望神之歆饗也。詔，告也。謂牲入在庭，以幣告神，殺牲取血及毛，入以告神於室。羹，肉湆也。定，孰肉也。謂煑肉既熟，將迎尸主入室。乃先以俎盛之，告神於堂，是薦孰未食之前也。三詔不同位者，求而未得，故於三處求之也。設祭，謂薦腥爓之時，設此所薦饌於堂。爲祊，謂明日繹祭在廟門外之西也。不知此神於彼堂乎。於此祊乎。古語有此記者，引以結之。此一節論侯、伯、子、男祭宗廟之事。」方氏曰：「君子無所不用其敬。故於大廟之事，尤見其敬。制祭薦盎，朝事之時也。割牲薦酒，饋食之時也。朝事以神事之，故制祭以腥，而薦以齊，饋食以人事之。故割牲以孰，而薦以酒。然君以盎齊饋食，而夫人用之於朝踐。君以酒獻尸，而夫人用之於饋食者，蓋禮殺於君故也。牲自外至而納之，故詔於庭，以庭在室之外故也。血毛告幽全之物，故詔於室。以室比庭爲幽故也。羹定則事以人道。神明之也，故詔於堂，以堂比室爲明故也。三詔求之，而曰求而未之得，特疑其如此，故以蓋言之。設祭於堂，言正祭之時也。爲祊乎外，言索祭之時也。祭言其事，祊言其所，謂之祊者，祝祭求神，以此爲所在之方故也。」

一獻質，三獻文，五獻察，七獻神。

鄭氏曰：「一獻，祭群小祀也。三獻，祭社稷五祀也。五獻，祭四望山川也。察，明也。七獻，祭先公也。」孔氏曰：「群小祀最卑，其禮質略。社稷五祀稍尊，比群小祀禮儀爲文。四望山川既尊則明察。先公之廟，轉尊則神靈。按周禮司服職玄冕一章，祭群小祀。絺冕三章，祭社稷五祀。毳冕五章，祭四望山川。鷩冕七章，饗先公。」熊氏曰：「此社稷三獻，卑於四望山川者。蓋獻與衣服，從神之尊卑。其餘處尊者，以其有功與地同類，故進之在上也。」長樂陳氏曰：「周禮大祀、次祀、小祀，見於肆師。大祭、中祭、小祭，見於酒正。大宗伯所辨天地、五帝、先王之類大祀也。社稷、五祀、五嶽之類，中祀也。四方百物之類，小祀也。大祀獻多，小祀獻寡，則社稷所獻宜加於山川也。先王祭服各有象類，則絺冕三章，以祭社稷者，非卑之於山川也。以社稷之所上，止於利人，故服粉米以稱之，則獻數不繫於服章矣。且賓客之禮士一獻，卿大夫三獻，子、男五獻，侯、伯七獻，上公九獻，而王饗諸侯，自子男五獻，以至諸侯長十有再獻，皆服鷩冕七章而已。孰謂獻數必繫於服章哉？鄭氏以三獻爲祭社稷，五祀五獻爲祭四望山川，誤矣。」○軾按：察，文而明也。神則洋洋充滿，無微不著，明備之至也。

大饗，其王事與！三牲、魚、腊，四海九州之美味也。籩豆之薦，四時之和氣也。内金，示和也。束帛加璧，尊德也。龜爲前列，先知也。金次之，見情也。丹漆、絲纊、竹箭，與衆共財也。其餘無常貨，各以其國之所有，則致遠物也。其出也，肆夏而送之，蓋重禮也。與，音餘。内，音納。見，賢遍切。纊，音曠。

鄭氏曰：「大饗，謂盛其饌與貢。祫，祭先王也。内金，内之庭實先設之，金從革性和。荆、揚二州貢金三品是也。束帛加璧，貢享所執致命者，君子於玉比德焉。龜知事情者，陳於庭在前，荆州納錫大龜是也。金照物故云見情。金有兩義，先入後設也。丹漆、絲纊、竹箭，萬民皆有此物。荆州貢丹，兖州貢漆絲，豫州貢纊，揚州貢篠簜。其餘謂九州之外夷服、鎮服、蕃服之國。周禮九州之外，謂之蕃國，世一見，各以其所貴寶爲贄。其出也，謂諸侯之賓禮畢而出，作樂以節之。肆夏當爲陔夏。」方氏曰：「司服以九章之袞冕饗先王，則大饗爲九獻矣。九獻之事，獨王得備，故曰大饗其王事歟。三牲，牛、羊、豕也。魚腊，薧魚也。三牲魚腊，天産也。天産所以作陰德，故以味爲主，而曰美味。味爲陰也，籩豆之薦地産也。地産所以作陽德，故以氣爲主，而曰和氣氣爲陽也。龜，北方之蟲，北方主知，灼之以卜，可知來物。」長樂陳氏曰：「王行大饗之禮，四海諸侯，各以其職來祭。其祭而入也，各貢國之所有以脩職，其畢而出也，王奏肆夏之樂而送之。肆夏，天子所以饗元侯也。以饗元侯之樂，送來祭之諸侯，重也。待使臣，歌皇華以送；待帥臣，歌采薇以送；於大饗，言肆夏以送之。則有送而無迎，臣之而弗賓故也。於燕饗言賓，入門而奏肆夏，則有迎而無送，賓而弗臣故也。」新安王氏曰：「鄭謂肆夏當作陔夏。按大司樂：王出入奏王夏，尸出入奏肆夏，而大饗諸侯，則諸侯出入奏肆夏。考其意，享則賓出，奏肆夏，重賓也。燕則有無筭爵，恐其醉而失禮，故奏陔夏戒之也。然則助祭之後，出廟門，疑奏肆夏不奏陔夏。禮謂：助祭之後無筭爵，禮畢，客醉而出，宜奏陔夏，故燕禮、大射，賓出皆奏陔夏，明不失禮。其説不然，饗於廟，燕於寢，故曰享以訓恭儉，其禮意主於嚴。燕以示慈惠，其禮意主於歡，爲有無爵筭故也。廟中之享，必不至醉，享於廟，燕不於廟，安得奏陔夏以警其失禮乎？」〇軾按：丹漆、絲纊、竹箭，天下所共需，諸侯以之貢於天下，見天子以天下之財爲財，亦見天下以天子之財爲財，故曰與衆共之。

祀帝於郊，敬之至也。宗廟之祭，仁之至也。喪禮，忠之至也。備服器，仁之至也。賓客之用幣，義之至也。故君子欲觀仁義之道，禮其本也。

鄭氏曰：「敬之至，言就而祭之，不敢致也。仁之至，仁恩也。父子主恩也，喪禮謂哭踊、袒襲也。服器，謂小斂、大斂之衣服。葬之明器，用幣，謂來賻賵。欲觀仁義之道，禮其本者。言禮有節於内，可以觀也。」方氏曰：「遠而尊者，主乎敬。近而親者，主乎愛。祀帝於郊，所以爲敬。祭親於廟，所以爲仁。仲尼燕居曰『郊社所以仁鬼神，則郊無非仁也』，要之以敬爲主耳。記曰『大廟之内敬矣，則廟無非敬也』，要之以仁爲主耳。」〇軾按：祀帝於郊，猶言郊之祀。注謂就而祭之爲敬，未當。凡禮皆備服器，不獨喪也。賓客之禮，朝聘燕享是也。注皆蒙喪禮説，亦非。

〇君子曰：「甘受和，白受采，忠信之人可以學禮。苟無忠信之人，則禮不虚道。是以得其人之爲貴也。」和，户卧切。

孔氏曰：「其人即忠信之人也。」鄭氏曰：「道，由也。」馬氏曰：「道之爲言行也。」

孔子曰：「誦詩三百，不足以一獻；一獻之禮，不足以大饗；大饗之禮，不足以大旅；大旅具矣，不足以饗帝。毋輕議禮。」

鄭氏曰：「誦詩三百，喻習多言，而不學禮也。大旅，祭五帝也。饗帝祭天，毋輕議禮。謂若誦詩者，不可以彊言禮。」孔氏曰：「一獻祭群小祀，不學禮則不能行。大饗，謂祫祭宗廟，其禮又繁。大旅，是總祭五帝，天人道隔，其禮轉難，大旅又不如郊天之備，祀天重於旅帝。」

子路爲季氏宰。季氏祭，逮闇而祭，日不足，繼之以燭。雖有彊力之容，肅敬之心，皆倦怠矣。有司跛倚以臨祭，其爲不敬大矣。它日祭，子路與，室事交乎户，堂事交乎階，質明而始行事，晏朝而退。孔子聞之，曰：「誰謂由也而不知禮乎？」跛，彼義切。倚，於綺切。朝，音潮。

鄭氏曰：「宰，治邑吏也。季氏祭，謂舊時也。倦怠，以其久也。偏任爲跛，依物爲倚。室事，祭時。堂事，儐尸也。」孔氏曰：「正祭之時，事尸在室。外將饌至户内，人於户受饌，設於户前，相交承接在於户也。正祭後，儐尸之時，事尸於堂。在下之人，送饌至階堂上之人，於階受取，是交乎階也。質，正也。晏，晚也。正明始行事，朝正饗晚，禮畢而退，言敬而能速也。」

右記論禮之辭，凡十一節。

經解第二十七

此篇四節。第一節解説六經之所以教，故以「經解」名篇。皇氏曰：「解者，分析之名。分析經教不同，故云經解。六經其教雖異，總以禮爲本，故記者録入於禮。」

孔子曰：「入其國，其教可知也。」

鄭氏曰：「觀其風俗，則知其所以教。」

其爲人也，温柔敦厚，詩教也；疏通知遠，書教也；廣博易良，樂教也；絜静精微，易教也；恭儉莊敬，禮教也；屬辭比事，春秋教也。 易良，以豉切。屬，音燭。比，毗志切。

此以下蓋記者之言。篇首先引夫子一語，而推廣其義，謂入到此國，見其國内之爲人如此，則知此國之君以此經教其民也。温者，如春陽不嚴冷也。柔者，能婉順不剛戾也。敦，猶篤也。厚，謂不佻薄。詩優游感諷，辭不迫切，不直訐人過，而陰道人於善。疏，謂開明。通，謂透徹。書載古先帝王之事，使人心識明徹，上知久遠。樂之聲容器物非一，甚爲廣博，悉須備具，而其大要，則以消融渣滓，蕩滌邪穢，使人心境平易，歸於善良。易剖判人事之吉凶，如水清瑩，照見底裏，而擬議天道之幽深，未易窺測。恭，謂不慢侮。儉，謂不縱肆。莊，謂外儀之整。敬，謂内心之一。聯屬聖筆所修之辭，比並各國所行之事。或事同而辭異，或事異而辭同。即此而觀，可得聖意。劉氏曰：「凡此六者，言周道雖衰，而諸侯之爲國猶有如此者，亦文武之遺風餘烈也。若文武之道出自天子而行之，諸侯則四海同風，非有國異其教也。」○軾按：詞謂非褒貶之詞。比，方也。方物而得其是非，乃能屬詞而是之、非之。

故詩之失愚，書之失誣，樂之失奢，易之失賊，禮之失煩，春秋之失亂。

鄭氏曰：「失，謂不能節其教也。詩敦厚近愚，書知遠近誣。」澄曰：「愚，如所謂告以井有人焉，而從之者也。誣，如所謂盡信書，不如無書者是也。器物聲容之美盛，或流於侈靡，探索天道之幽深，或害於心思。儀文繁縟，或煩勞而使人厭，義利參差，或棼亂而使人惑。」馬氏曰：「六經之道無失也，其失者由上之教，有以失之。」○軾按：賊，如論語「其弊也賊」之「賊」。易言吉凶消長，其道變化無方，執之則反害矣。

其爲人也，温柔敦厚而不愚，則深於詩者也。疏通知遠而不誣，則深於書者也。廣博易良而不奢，則深於樂者也。絜静精微而不賊，則深於易者也。恭儉莊敬而不煩，則深於禮者也。屬辭比事而不亂，則深於春秋者也。

鄭氏曰：「言深者，既能以教，又防其失。」應氏曰：「樂正崇四術，則先王之詩、書、禮、樂其設教固已久；易雖用於卜筮，而精微之理非初學所可語；春秋雖公其紀載，而策書亦非民庶所得盡窺，故易象、春秋韓宣子適魯始得見之，則諸侯之教，未必盡備六者。蓋自夫子删定、讚繫、筆削之餘，而後傳習滋廣。經術流行既廣，其傳又慮其敝，故有此言。」澄謂：「先王但以詩、書、禮、樂爲教，而未嘗以易、春秋爲教，况春秋作於獲麟之年，筆削僅終，而夫子没矣。豈有夫子自言以春秋立教之事？澄故以爲記者之言，而非夫子之言也。」

○天子者與天地參，故德配天地，兼利萬物，與日月並明，明照四海而不遺微小。

篇首一節，言入其國知其教，蓋諸侯之事。此一節則言天子之事。天子，謂有聖人之德，而居天子之位者也。與天地參，謂與天地合其德也。德配天地，德極其大矣。而天地之間雖萬物之至衆、至多，悉皆兼利焉，則其德之周於小者又如此。與日月並明，謂與日月合其明也。明照四海，明極其大矣。而四海之内雖一物之甚微、甚小，亦皆不遺焉。則其明之周於小者又如此。方氏曰：「與天地參，故能德配天地，兼利萬物。與日月並明，故能明照四海，不遺微小。」

其在朝廷，則道仁、聖、禮、義之序；燕處，則聽雅、頌之音；行步則有環珮之聲；升車則有鸞和之音。居處有禮，進退有度，百官得其宜，萬事得其序。詩云：「淑人君子，其儀不忒。其儀不忒，正是四國。」此之謂也。 朝，音潮。

鄭氏曰：「道，猶言也。環珮，佩環、佩玉也，所以爲行節。環取其無窮止，玉則比德焉。孔子佩象環五寸，人君之環其制未聞。鸞、和皆鈴，鸞在衡，和在軾前，所以爲車行節。升車則馬動，馬動則鸞鳴，鸞鳴則和應。居處，朝廷與燕處也。進退，行步與升車也。」方氏曰：「朝廷，向明而治之時也。燕處，向晦而息之時也。單出爲聲，雜比爲音。或曰聲，或曰音，互相備也。禮所以體上下，居處則有上下之位，故曰禮。度所以度長短，進退則有長短之象，故曰度。百官化之而用舍得宜，萬事從之而先後得序也。」澄曰：「仁聖禮義，性之四德，聖者生知之智，無所不通者也。在朝廷臨莅群臣，議論政事，口之所道，無非性中之德。苟非四德，則口不道，謂無龐雜之言也。序，謂言之有次第也。上文謂天子與天地合德，日月合明，蓋以大德敦化者言。此謂天子之一静一動，其庸言庸行，無不合道。以至用人處事，無一不當。蓋以小德川流者言，詩曹風鳲鳩之篇，自其在朝廷以下，皆言盛德之威儀不差忒，故能正四方諸侯之國，而爲天子也。」

○發號出令而民悦謂之和，上下相親謂之仁，民不求其所欲而得之謂之信，除去天地之害謂之義。義與信，和與仁，霸王之器也。有治民之意而無其器，則不成。 去，羌呂切。王，于况切。

號，謂徵召。令，謂命戒。號令便於民則民悦，以不乖戾，故謂之和。上親其下，如父之愛子，下親其上，如子之愛父，交相親愛，故謂之仁。民所願欲，不待下求於上。而上自以是與其下，如四時之有信，不速自至，故曰信。除去天地之害，如堯平水患之類，此事理之宜，故曰義。和仁、信、義皆謂施於有政。如器之可操執，苟徒有治民之意。而無此器，則是雖有不忍人之心，而無不忍人之政也。不成，謂不完成也。然四者之器，又須有禮，故雖有政，必有禮以齊之。故下文遂推説禮之功，諸侯之長。王者，天子之稱。此篇第一節言諸侯之教，第二節言天子之德，故於此總言之，而曰霸王之器。孔氏曰：「欲作事物，必先利其器，霸王必須義、信、和、仁也。」鄭氏曰：「器，謂所操以作事者也。義、信、和、仁皆存乎禮。」

禮之於正國也，猶衡之於輕重也，繩墨之於曲直也，規矩之於方圜也。故衡誠縣，不可欺以輕重；繩墨誠陳，不可欺以曲直；規矩誠設，不可欺以方圜；君子審禮，不可誣以姦詐。是故隆禮、由禮，謂之有方之士；不隆禮、不由禮，謂之無方之民。敬讓之道也。故以奉宗廟則敬，以入朝廷則貴賤有位，以處室家則父子親、兄弟和，以處鄉里則長幼有序。孔子曰：「安上治民，莫善於禮。」此之謂也。 縣，音玄。長，知長切。

澄曰：「衡繩規矩者，制器之則，禮以正一國之民，猶衡繩規矩以正器物也。器物必正之於五則，然後其輕重、曲直、方圜皆得其實，而不可欺罔。君子謂在上之人，兼霸王而言。審，猶言詳定也。君子詳定此禮以齊其民，則民之善惡情實畢露。其從於禮者爲善，違於禮者爲惡。雖姦詐之徒，欲作僞以欺罔其上，而不可也。誣，謂欺罔也。隆者其崇重之心，由者其踐行之迹。方，猶法也。有方之士，謂持守理法之善人，以其善，故加以美稱而謂之士。無方之民，謂逾越理法之惡人。以其惡，故儕於編氓而謂之民。蓋禮者，敬讓之道也。人皆由禮，則凡奉宗廟者皆敬先。入朝廷者皆敬貴，處室家者，皆讓父兄。處鄉里者，皆讓長老。敬讓之道，達於宗廟、朝廷、室家、鄉里，故上爲下之所敬讓，而居上者不危，不危則安矣。民知君之當敬讓，而爲民者不亂，不亂則治矣。其安、其治皆由有禮，而然故曰莫善於禮。」

○故朝覲之禮，所以明君臣之義也。聘問之禮，所以使諸侯相尊敬也。喪祭之禮，所以明臣子之恩也。鄉飲酒之禮，所以明長幼之序也。昏姻之禮，所以明男女之别也。夫禮，禁亂之所由生，猶坊止水之所自來也。故以舊坊爲無所用而壞之者，必有水敗；以舊禮爲無所用而去之者，必有亂患。别，彼列切。夫，音扶。坊，音房。

鄭氏曰：「春見曰朝，小聘曰問，其篇今亡。婚姻謂嫁娶也。婿曰婚，妻曰姻，自亦由也。」

方氏曰：「君臣之亂，生於無義，故以朝覲之禮禁之。諸侯之亂，生於不相尊敬，故以聘問之禮禁之。臣子之亂，生於無恩，故以喪祭之禮禁之。以至鄉飲酒之施於長幼，婚姻之施於男女，義亦若是，故曰禮禁亂之所由生也。夫坊積土而成，故以比禮。水之爲物，小有浸潤，大有淪胥，故以比亂。」

故婚姻之禮廢，則夫婦之道苦，而淫辟之罪多矣；鄉飲酒之禮廢，則長幼之序失，而争鬬之獄繁矣。喪祭之禮廢，則臣、子之恩薄，而倍死忘生者衆矣；聘覲之禮廢，則君臣之位失，諸侯之行惡，而倍畔侵陵之敗起矣。故禮之教化也微，其止邪也於未形，使人日徙善遠罪而不自知也，是以先王隆之也。易曰：「君子慎始。差若豪氂，繆以千里。」此之謂也。 辟，匹亦切。行，下孟切。遠，于萬切。差，初佳切。

鄭氏曰：「苦，謂不至不答之屬。」孔氏曰：「不至，謂夫親迎而女不至。不答，謂夫不答於婦。鄉飲酒禮明長幼相敬讓，若廢不行，則尊卑無序，故争鬬之獄繁多也。喪祭之禮所以教勗臣子恩情，使死者不見背違，生者常相存念。若廢不行，則臣子恩薄，而死者見背，生者被遺忘矣。倍畔，謂倍畔天子。侵陵，謂侵陵鄰國，此覆説前文。據人倫急切者在前，先婚姻，次鄉飲酒，乃至聘覲也。石林葉氏曰：「微者形而未大也。教以使人儆化，以使人遷，故徙善而不自知。未形者，有形之兆也。則人知舍彼，以就此故遠罪而不自知。」澄曰：「微，謂未顯。未形，謂未見。前言隆禮，下之人崇重此禮也。此言隆之，上之人崇重此禮也。禮之導人爲善，每在善幾方動之初，其禁人爲惡，亦在惡幾未見之時。非若其它法令刑罰之屬，待其顯見而後勸率懲遏之也。故又引易以證之，而爲第四節之結語。始，謂其初未顯、未見之時。慎，謂宜及此時以禮導其善防其惡，不可失此幾也。儻或不然，不於其始而教之止之。其差雖若豪釐之近，言其差甚小。至於既顯既見而後教之、止之，則難爲力。其繆乃有千里之遠，言其繆甚大也。山陰陸氏曰：「引易今無之，蓋連山、歸藏之辭。」

右記論禮之辭，凡四節。

哀公問第二十八

以篇首三字名篇。孔氏曰：「哀公二問，一問禮，二問政。」

哀公問於孔子曰：「大禮何如？君子之言禮，何其尊也？」孔子曰：「丘也小人，不足以知禮。」

孔氏曰：「禮之所用廣大，故云大禮。」鄭氏曰：「不足以知禮謙也。」

君曰：「否。吾子言之也。」孔子曰：「丘聞之：民之所由生，禮爲大。

孔氏曰：「否，止其謙也。」方氏曰：「夫禮失之者死，得之者生，故曰民之所由生。」澄曰：「禮爲大夫子，所以答哀公大禮之問也。下文乃詳言之。」○軾按：人之生也直，無禮則罔矣。

「非禮無以節事天地之神也，非禮無以辨君臣、上下、長幼之位也，非禮無以別男女、父子、兄弟之親，昏姻疏數之交也。君子以此之爲尊敬然。然後以其所能教百姓，不廢其會節。長，知兩切。別，彼列切。數，色角切。

馬氏曰：「禮莫重於祭，祭莫重於天地，故以事天地之神爲先節者。事天地各以其位，各以其器，各以其時，皆有節也。」澄曰：「此之爲尊敬然者，此指節事辨別之禮而言。然者，如此也。謂君子以此禮之敬事大神，辨别大倫，故尊敬之如此，所以答哀公言禮何其尊之問也。禮者，嘉美之會。會節，謂行禮之節次也。不廢者，禮不下庶人，隨其所得行者行之，不責其備也。」

「有成事，然後治其雕鏤、文章、黼黻以嗣。

鄭氏曰：「有成事者，謂君子使百姓不廢此上三事之期節。三事行於民，有成功，乃續治文飾，以爲尊卑之差。」澄曰：「有成，謂無毁缺也。事，即行禮之事。雕鏤、文章、黼黻，謂車、旗、器、服之飾，有等有儀者也。嗣，繼續也。君子以禮教民，民從其教於禮之事，既無毁缺，然後制儀等之飾，以示民而繼續所教也。必用車、旗、器、服之儀等，以繼續身教之禮者，猶孟子言既竭目力而繼之，以規矩既竭耳，力而繼之以六律也。」

「其順之，然後言其喪筭，備其鼎俎，設其豕腊，修其宗廟，歲時以敬祭祀，以序宗族，即安其居節。

其者，將然之辭。順，謂民皆由禮，有順無逆也。然後又教之以喪祭之禮，蓋君子之於民，以所能教之。以儀等嗣之，皆施於生人者也。生人之禮略備，則教之事死如事生焉。慎終於喪，追遠於祭，皆事死之禮也。言，謂載之禮經以曉諭人也。喪筭，筭謂數也。服之精麤，經之大小，變除之久近，哭踊之多寡，凡此等類皆有其數。凶奠吉祭，並有鼎俎。豕腊蓋兼凶吉二禮，言之宗廟歲時祭祀，則專言吉禮也。序宗族，謂祭後之燕。居節，謂居處之節。居田、居邑，各隨其時。居渚、居山，各適其宜，是也。既言喪祭，而就安其居節。先之以哀死，而終之以樂生也。洪範八政，三曰祀、四曰司空，司空者，居民之官，見哀死、樂生之政相聯屬也。」○軾按：喪祭無憾，而後人心得而居處安。此君子所以將營宮室，必先寢廟也。

「醜其衣服，卑其宮室，車不雕几，器不刻鏤，食不貳味，以與民同利。昔之君子之行禮者如此。」几，音祈。

醜，猶惡也。禹之惡衣服、卑宮室是也。不雕几，不刻鏤，言質素，不事華飾。雖國家豐盛之時，亦如少儀所言，國家敝靡之時也不貳味。禹之菲飲食也。上文三，然後皆教民以禮之事。此五句，遂言持身以儉之事。蓋能持身以儉，則用財有節而不重斂，故家給人足，民不迫窶，則行禮也。易『富而後可教也』。」方氏曰：「儉者不奪人，故能與民同利。」

公曰：「今之君子胡莫之行也？」孔子曰：「今之君子好實無厭，淫德不倦，荒怠敖慢，固民是盡，午其衆以伐有道，求得當欲不以其所。昔之用民者由前，今之用民者由後，今之君子莫爲禮也。」好，呼報切。厭，於豔切。敖，五報切。午，五故切。當，丁浪切。

鄭氏曰：「實，猶富也。淫，放也。午其衆，逆其族類也。當，猶稱也。」方氏曰：「好實無厭，貪而不知足也。淫德不倦，過而不能改也。荒於事，故其心怠。傲於物，故其心慢。固民是盡，謂盡民之力而不計其窮，盡民之財而不計其費也。衆者，人之所順而反午之。有道者人之所尊而反伐之。求得當其所欲，不顧義理也。動皆失其所，故曰不以其所。用民，即君子也。以其有君國子民之位，故以用民言之。」〇軾按：固，專固也。務欲解禁民財而後已也。由前，謂上所言禮。由後，謂此節所言非禮也。

〇孔子侍坐於哀公。哀公曰：「敢問人道誰爲大？」孔子愀然作色而對曰：「君之及此言也，百姓之德也。固臣敢無辭而對？人道政爲大。」愀，七小切。

鄭氏曰：「愀然，變動貌。作，猶變也。德，猶福也。」澄曰：「人道，謂治人之道。」

公曰：「敢問何謂爲政？」孔子對曰：「政者，正也。君爲正則百姓從政矣。君之所爲，百姓之所從也。君所不爲，百姓何從？」

公曰：「敢問爲政如之何？」孔子對曰：「夫婦別，父子親，君臣嚴三者正，則庶物從之矣。」别，彼列切。

鄭氏曰：「庶物，猶衆事也。」澄曰：「夫婦、父子、君臣，三綱也。三綱，人倫之大者；庶物，諸事之小者，大者先正，則小者從而正矣。」

公曰：「寡人雖無似也，願聞所以行三言之道，可得聞乎？」孔子對曰：「古之爲政，愛人爲大。

所以治愛人，禮爲大。所以治禮，敬爲大。敬之至矣，大婚爲大。大婚至矣。大婚既至，冕而親迎，親之也。親之也者，親之也。是故君子興敬爲親，舍敬是遺親也。弗愛不親，弗敬不正。愛與敬，其政之本與。」迎，逆敬切。舍，音捨。與，音餘。

方氏曰：「禮以敬爲至，而大昏又爲至焉，故曰敬之至矣。大昏既爲敬之至，故雖諸侯之尊，亦冕而親迎也。迎必冕，所以致其敬。迎必親，所以致其親。己親其人，乃所以使人之親己，故曰親之也者，親之也。冕而親迎，可謂敬矣。不由此無以合二姓之好，故曰興敬爲親。舍敬是遺親，弗愛則無以相合，而其親疏。弗敬則無以相别而其情瀆。愛敬之道，始於夫婦之間。充之，而德教加於百姓，刑于四海，故曰其政之本與。」澄曰：「治猶治水之治，謂整理之也。君之爲政，欲使人各遂其生而已，故曰愛人有理，則人各安其分，不至争亂而得遂其生。是禮者，所以愛人也。親迎之親，己自親行也。下親之之親，合比爲一也。親之也者，親之也。輔氏之説差優，考之春秋經傳，哀公不見有昏聘夫人之事，而禮記言哀公以妾爲妻，則是哀公未嘗行大昏之禮，故夫子因其問政而言及於此。」〇軾按：治，猶爲也。

公曰：「寡人願有言然。冕而親迎，不已重乎？」孔子愀然作色而對曰：「合二姓之好，以繼先聖之後，以爲天地宗廟社稷之主，君何謂已重乎？」好，呼報切。

輔氏曰：「願有言然者，疑似之意，不敢以爲是也。」

公曰：「寡人固。不固，焉得聞此言也？寡人欲問，不得其辭，請少進。」孔子曰：「天地不合，萬物不生，大昏，萬世之嗣也。君何謂已重焉。」焉得，於虔切。

皇氏曰：「固不固，二固皆爲固陋。上『固』言己之固陋，下『固』言若不固陋，則不問。焉得聞此言哉。」山陰陸氏曰：「寡人固句。」澄曰：「或云上『固』字，如孟子『我固有之』之『固』；如中庸『固聰明睿知』之『固』，猶言故也、素也，蓋固陋不知所以問人。若非素來固陋無知，何得因問而得聞此言也。此答辭與上一節意同。」方氏曰：「心有欲問之事，而口無能問之辭，故曰欲問不得其辭。請少進，猶言請益也。天地合而後萬物生，猶之二姓合而後人道成。大昏傳萬世之嗣，則親迎之禮不爲過矣。」

孔子遂言曰：「内以治宗廟之禮，足以配天地之神明。出以治直言之禮，足以立上下之敬。物恥足以振之，國恥足以興之，爲政先禮，禮其政之本與。」

孔子既答哀公之問，意有未盡者，又自推廣言之。鄭氏曰：「宗廟之禮，祭宗廟也。夫婦之位，配天地直猶正也。正，言謂出政教也。昏義曰：『天子聽外治，后聽内職』，是也。物，猶事也。物恥，臣恥也。振，猶救也。國恥，君恥也。君臣之行，有可恥者，禮足以救之，足以興復之。」馬氏曰：「物恥，恥之小也。昔弛而今起謂之振。國恥，恥之大也，昔廢而今舉，謂之興。」方氏曰：「婦人不與外事，而曰出以治直言之禮者。蓋夫聽外治，婦聽内職，家齊而後國治也。」

石林葉氏曰：「夫婦正則名正而言順，故出則足以治直言之禮，推而廣之，君臣、父子皆正，故以立上下之敬，至於事之廢墜可恥者，足以振之；國之衰弱可恥者，足以興之。爲政之本，孰先於此乎？」

孔子遂言曰：「昔三代明王之政，必敬其妻子也，有道。妻也者，親之主也，敢不敬與？子也者，親之後也，敢不敬與？君子無不敬也，敬身爲大。身也者，親之枝也。敢不敬與？不能敬其身，是傷其親。傷其親，是傷其本。傷其本，枝從而亡。三者，百姓之象也。身以及身，子以及子，妃以及妃，君行此三者，則愾乎天下矣，大王之道也。如此，國家順矣。愾，許氣切。大王，音泰。

孔氏曰：「有道，謂三代敬其妻子，必有道理。」方氏曰：「妻主於内，子以著代，身之於親，猶木之有枝。親之於身，猶木之有本。相須共體，又非特爲主爲後而已，尤不敢不敬也。若道而不徑，舟而不游，惡言不出，忿言不反，皆敬身之道也。」延平周氏曰：「妻者，親之主；子者，親之後；身者，親之枝，敬此三者，乃敬其親也。」石林葉氏曰：「三者，君行於上而民傚於下，故曰百姓之象也。百姓象其行，莫不敬其身，亦莫不敬其妻子。所謂愾乎天下也。大王愛厥妃，然至於内無怨女，外無曠夫，蓋得於政矣。」鄭氏曰：「愾，猶至也。」澄曰：「象，猶云所傚法也。君能敬身敬妻子，而百姓傚法之，亦能敬其身與妻子。是君能敬其身，以及百姓之身，敬其子以及百姓之子，敬其妃以及百姓之妃也。國家順，謂一家一國之人皆能敬此三者，其心和順也。」

公曰：「敢問何謂敬身？」孔子對曰：「君子過言則民作辭，過動則民作則。君子言不過辭，動不過則，百姓不命而敬恭。如是則能敬其身，能敬其身，則能成其親矣。」

孔氏曰：「哀公因上言敬身，故問敬身之事。孔子對以敬身之理。」鄭氏曰：「則，法也。民者，化君者也。君之言雖過，民猶稱其辭。君之行雖過，民猶以爲法。」方氏曰：「辭者言之文，則者動之法。言動之過，而民猶以爲辭以爲則。言行可以不慎乎？」馬氏曰：「言動者，身之所宜慎也。擬之而後言，則無過。言議之而後動，則無過動。上者，人之所視傚，不命而民敬恭，能敬月之效也。能敬其身則能立身揚名以顯父母，故能成其親。」澄曰：「過，謂差失。敬身者慎於言動，不使差失。君上一身，百姓之儀表。言動者，身教也。命令者，言教也。君身之言動無過，則百姓視傚不待教命而自能敬恭。敬恭者，亦如君之敬其身也。成，猶言完全也。親者，身之本，此身能敬，則人推本於其親，是使其親亦爲完全之人也。」

公曰：「敢問何謂成親？」孔子對曰：「君子也者，人之成名也。百姓歸之名，謂之君子之子，是使其親爲君子也，是爲成其親之名也已。」

石林葉氏曰：「天子、諸侯謂之君，卿大夫謂之子，以爵言也。無其爵而可以君國子民者亦謂之，君子以德言也。」

孔子遂言曰：「古之爲政，愛人爲大。不能愛人，不能有其身。不能有其身，不能安土。不能安

土，不能樂天。不能樂天，不能成其身。」樂，音洛。

愛人者，天下之人與吾同一氣，故均愛之。有其身，謂吾身所愛於天者，能全所付而有之也。能全所付，則隨其所處之地而能安，故曰安土。能安土，則此身常在天理中。及爾出王，及爾游衍，無入而不自得，故曰「樂天」。夫如是，盡性踐形者也。全體大用，於身無一虧缺，故曰成身。

公曰：「敢問何謂成身？」孔子對曰：「不過乎物。」

鄭氏曰：「物猶事也。」澄曰：「不過乎物者，處事皆無差失也。苟事有一之差失，則此身不可謂完全而無虧矣。」

公曰：「敢問君子何貴乎天道也？」孔子對曰：「貴其不已，如日月東西相從而不已也。是天道也。不閉其久，是天道也。無爲而物成，是天道也。已成而明，是天道也。」

公又因「樂天」二字而問天道。詩云：「維天之命，於穆不已。」子思曰：「天之所以爲天也，蓋天道之可貴。在於不已。日月東西相從，姑指人所共見者而言，不已之一事耳。故以如言之。閉，謂閉塞不通，天之運行不已，雖數千萬年之久，未嘗閉塞，每歲生物完成，而不見其有爲之之迹。物已完成，則粲然著明而可見。此三者，皆言天道不已之妙。」

公曰：「寡人惷愚、冥煩。子志之心也。」孔子愀然辟席而對曰：「仁人不過乎物，孝子不過乎

物，是故仁人之事親也，如事天，事天如事親，是故孝子成身。」惷，昌容切。蹴，子六切。辟，音避。

鄭氏曰：「志，讀爲識。識，知也。言惷、愚、冥、煩不能明理，此子之心所知也。蹴然，敬貌。」澄曰：「惷，謂無所覺。愚，謂蒙昧。冥，謂無所見。煩，謂惑亂。志，或讀如字。言我之不明，子固志記於心而知之矣。蓋謂聽孔子所對之言，無所了解也。蹴然，不安貌。孔子承君之謙，抑故蹴然不安，避席起立而後對。孔子既以『不過乎物』四字答哀公成身之問矣，於此又申言之。仁人者能全心德之人。孝子者善事父母之子。仁人盡人道，孝子盡子道，故並無差失之事。事親如事天者，孝子也；事天如事親者，仁人也。然仁人能兼孝子之行，故先言其事親如事天，而後言其事天如事親。孝子雖未必能盡仁人之道，然其事親也無一事之差失，故亦可謂之成身。」真氏曰：「先儒作西銘，即事親以明事天之道。大略謂天予我以是理，而我悖之。天之不才子也。具人之形而盡人之性，天之克肖子也。事親如事天，孝子事也。而孔子以爲仁人蓋孝之至，則仁矣。」

公曰：「寡人既聞此言也，無如後罪何。」孔子對曰：「君之及此言也，是臣之福也。」

孔氏曰：「哀公問畢，有謙退之辭。謂寡人既聞子之言，勤力而行，但己之才弱，無柰後日有罪失何。孔子答以君懼後罪，是臣之福。」鄭氏曰：「善哀公及此言也。」

右記問答及福之辭。

仲尼燕居第二十九

取篇首四字爲名。山陰陸氏曰：「退朝曰燕，退燕曰閒。言禮，燕居之事也；言詩，閒居之事也。燕居稱仲尼，閒居稱孔子以此。

仲尼燕居，子張、子貢、言、游侍，縱言至於禮。子曰：「居，女三人者。吾語女禮，使女以禮周流，無不徧也。」女，音汝。語，去聲。

鄭氏曰：「言、游，言偃、子游也，縱言，汎說事。居，女三人者，女三人且坐也。凡與尊者，言更端則起。」澄曰：「居，坐也。侍，謂侍坐三人侍夫子坐。夫子汎言及禮，三人者起立，夫子使之載坐而語之以禮也。」孔氏曰：「周流，謂周旋流轉，無不徧於天下也。」方氏曰：「周言其不虧，流言其不滯。周流則其用無所不徧。」

子貢越席而對曰：「敢問何如？」子曰：「敬而不中禮謂之野，恭而不中禮謂之給，勇而不中禮謂之逆。」中，貞仲切。

子曰：「給奪慈仁。」

上既言野、給、逆三失矣，此又特言給之一失者，爲子貢言也。仁者内心慈愛，重厚寡言，取給於口者失其本心。蓋木訥近仁，巧言鮮仁也。

子曰：「師，爾過，而商也不及。子産猶衆人之母也，能食之，不能教也。」食，音嗣，後同。

既特言子貢之失，此又特言子張之失。卜商雖不在坐，并言之者，以其不及與子張之過相反也。子産母道有餘，父道不足。有餘者爲過，不足者爲不及。師、商二人，而一過一不及。子産一人，而有過亦有不及。故因言師、商之過、不及而并言之。

子貢越席而對曰：「敢問將何以爲此中者也？」子曰：「禮乎禮！夫禮所以制中也。」夫，音扶。

軾按：先云禮乎者，謂禮之名爲禮者何爲乎。後云禮者，謂惟有節文之禮也。

子貢退，言游進曰：「敢問禮也者，領惡而全好者與？」子曰：「然。」「然則何如？」子曰：「郊社之義，所以仁鬼神也。嘗禘之禮，所以仁昭穆也。饋奠之禮，所以仁死喪也。射鄉之禮，所以仁鄉黨也。食饗之禮，所以仁賓客也。」與，音余。喪，去聲。

鄭氏曰：「領，猶治也。好，善也。」應氏曰：「領，謂總攬收拾之也。惡者收斂而無餘，則好者渾全而無虧矣。」澄曰：「上言以禮制中，損其過，益其不及，蓋因其氣質之偏而除治之，所謂領惡也。下言仁鬼神至仁賓客，蓋因其德性之善而充周之，所謂全好也。禮有吉、凶、軍、賓、嘉五禮，其經蓋有三百，此於吉禮止言郊、社、嘗、禘；凶禮止言饋、奠；嘉禮止言射、鄉、食、饗；

賓、軍二禮則言不及之。蓋舉其要以該其餘也。郊、社之尊敬報本，嘗禘之孝愛追養，饋奠之情文致哀，射鄉之儀節閑習，食饗之恩意隆厚，皆温然慈良之心所發見，故謂之仁。能此五者，則其餘諸禮皆可能也。」〇軾按：仁者，本心之德，爲愛之理，萬善之長也，而於禮得之。此所謂全好也。

子曰：「明乎郊社之義、嘗禘之禮，治國其如指諸掌而已乎！是故以之居處有禮，故長幼辨也；以之閨門之内有禮，故三族和也；以之朝廷有禮，故官爵序也；以之田獵有禮，故戎事閑也；以之軍旅有禮，故武功成也。是故宫室得其度，量鼎得其象，味得其時，樂得其節，車得其式，鬼神得其饗，喪紀得其哀，辨説得其黨，官得其體，政事得其施，加於身而錯於前，凡衆之動得其宜。」長，知兩切。朝，音潮。量，音諒。錯，七故切。

夫子既以五者之禮，答子游之問矣。而又更端自言以盡其意，上所言之禮有五，此但言郊、社、嘗、禘，而不復言饋、奠；射、鄉、食、饗者，蓋舉其二；則三者，在其中。孔氏曰：「度，謂高下大小得禮之度數。象，謂斛斗之量。三牲之鼎，各得其禮之法象。味得其時，周禮春多酸，夏多苦，秋多辛，冬多鹹，又獸人『春獻狼，夏獻麋』，是也。樂得其節，謂樂曲之節。喪紀謂五服親疏，各得其哀情也。辨説謂分辨論説。詩、書、禮、樂之等，各得其黨，類不乖事之義理。官得其體，謂設官分職，各得其尊卑之體，猶若長官與屬官，亦尊卑異而共掌一事。政事言布政治事，各得所施之處。錯，置也。衆，謂萬事也。以禮加身而錯之於前萬事，動用皆得其所宜也。」方氏曰：「車得其式者，作之乘之，皆得其式也。有六等之數，此作車之得其式也。辨五路之用，此乘車之得其式也。式者，用節之謂也。加於身，以禮加於身也。錯於前，以禮錯於前也。無所不用禮，故動皆得其宜也。所謂凡衆者，衆則不一，凡則總而一之之詞也。」

子曰：「禮者何也？即事之治也。君子有其事，必有其治。治國而無禮，譬猶瞽之無相與。倀倀乎其何之？譬如終夜有求於幽室之中，非燭何見？若無禮，則手足無所錯，耳目無所加，進退揖讓無所制。是故以之居處，則長幼失其別，閨門三族失其和，朝廷官爵失其序，田獵戎事失其策，軍旅武功失其制，宮室失其度，量鼎失其象，味失其時，樂失其節，車失其式，鬼神失其饗，喪紀失其哀，辨說失其黨，官失其體，政事失其施，加於身而錯於前，凡衆之動失其宜，如此則無以祖洽於衆也。」相，息亮切。倀，敕良切。

孔氏曰：「前明諸事得禮則有功，此明諸事失禮則有害。每事失禮則無以爲衆人倡始而使和合也。」鄭氏曰：「祖，始也。洽，合也。」

子曰：「慎聽之！女三人者！吾語女禮，猶有九焉，大饗有四焉。苟知此矣，雖在畎畝之中，事之，聖人已。兩君相見，揖讓而入門，入門而縣興，揖讓而升堂，升堂而樂闋，升歌清廟，下管象、武，夏籥序興，陳其薦俎，序其禮樂，備其百官，如此而后君子知仁焉。行中規，還中矩，和鸞中

采齊，客出，以雍徹，以振羽，是故君子無物而不在禮矣。入門而金作，示情也。升歌清廟，示德也。下而管象，示事也。是故古之君子不必親相與言也，以禮樂相示而已。女，音汝。畎，古犬切。縣，音玄。闋，古穴切。籥，音藥。中，貞仲切。還，音旋。齊，在私切。

此以上夫子爲子游言五者之禮之功效。至此則總命三人，使同慎聽。謂禮不止五者，猶有九焉。九者，大饗有四，并前之五，共爲九也。仁鬼神以下之五，是就諸禮之中，總其凡而言。大饗之四，是就一禮之中，分其目而言。苟能知此九者，則雖窮而在下，處畎畝之中，無聖人之位，而其所知之禮，固皆聖人之位。而其所知之禮，固皆聖人之事已。大饗者，諸侯相朝，既朝而饗之之禮也。禮有饗、有食、有燕饗，禮重於食、燕。諸侯饗諸侯，視諸侯饗大夫之禮爲大，故曰大饗。大饗之禮，大節有四，初迎賓一也，次獻賓二也，次樂賓三也，終送賓四也。揖讓入門而縣興，此迎賓時也。揖讓升堂而樂闋，此獻賓時也。獻畢，工入堂上，弦瑟而歌清廟，歌畢，堂下吹管而迭興。象舞、夏籥之二舞，此樂賓時也。禮畢而賓出，則以雍徹之、詩振羽之詩，歌而送之，此大饗之四禮也。薦俎，謂獻賓之時所陳。禮樂，謂自初及終所行之禮節，所奏之樂章，先後皆有序也。百官，謂執禮服役之職，備具而無缺也。於斯時也，見其藹然親厚相愛之心，故曰知仁焉。中規矩采齊，汎言迎送行禮之時，步行車行，俱有儀則也。雍者周頌篇名，祭畢則歌此詩以徹器。因名其詩爲雍、徹振羽者，周頌振鷺之詩迎賓、獻賓、樂賓之時，既以有禮，而知其仁。及至送賓之時，禮已畢矣，而其仁如初無少減殺，於其送賓之有禮，見君子無一事不在於禮，言其心存於禮，無時不然也。示情、示德、示事，覆解上文行禮之意。示事，謂示以武文迭用之事。孔疏謂下管象、武之上，少『升歌清廟』一句，因下文覆解而知其説之。然『客出』句絶，「以雍徹」、「以振羽」各以三字爲句，舊讀「雍」字句絶，又讀「徹以振羽」爲句者，非。鄭氏曰：「大饗謂饗諸侯來朝者也。縣興，金作也。下，謂堂下也。象武，武舞也。夏籥，文舞也。序，更也。堂下吹管，舞文武之樂，更起也。采齊雍、振羽皆樂章也。振羽，振鷺也。金作，示情也，賓、主人各以情相示也。示德，相示以德也。清廟頌文王之德。示事，相示以事也。武象，武王之大事也。」

子曰：「禮也者，理也。樂也者，節也。君子無理不動，無節不作。不能詩，於禮繆。不能樂，於禮素。薄於德，於禮虚。」

禮也者，循理之序也。樂也者，中節之和也。孔氏曰：「詩能通達情意，不能習詩，則於禮錯繆。樂有音聲綴兆，文飾於禮，不能習樂，則於禮樸素。内心厚於德，則外充實。若内德淺薄，則外禮空虚。」陳氏曰：「興於詩者，未有不及於禮，不能詩則於禮必失之無序，能無繆乎？知樂者，未有不幾於禮，不能樂則於禮，必失之無文，能無素乎？人而薄於德，則於禮必失之無實，能無虚乎？」

子曰：「制度在禮，文爲在禮。行之，其在人乎。」

陸氏曰：「制度在禮，凡以爲節，不豐不殺是也。文爲在禮，凡以爲文，不華不俚是也。」周氏曰：「文，言也。爲，行也。」馬氏曰：「制度者，文爲之體。文爲者，制度之用。簠簋俎豆，所謂制度也。升降上下，所謂文爲也。制度文爲，皆禮之法也。徒法不能自行，故行之在人。」輔氏曰：「所謂人者，必興於詩，成於樂，厚於德，然後可。不然非所謂其人也。」

子貢越席而對曰：「敢問夔其窮與？」子曰：「古之人與！古之人也！達於禮而不達於樂，謂之素。達於樂而不達於禮，謂之偏。夫夔，達於樂而不達於禮，是以傳於此名也，古之人也。」與，音余。夫，音扶。

鄭氏曰：「夔其窮與？見其不達於禮，素與偏俱不備耳。」孔氏曰：「素，謂朴素。偏，謂不備具。」澄曰：「夫子既言不能樂者於禮素，薄於德者於禮虚。又言行禮在有德之人。子貢意謂夔既能樂，又非薄德。何緣但聞其達樂，不聞其達禮，故問夔之於禮，其果不達與？窮，謂不達也。古，謂年代久遠，不能詳知其人。先，曰古之人與者，自爲問辭。後曰古之人也者，自爲答辭也。夫子謂禮、樂二事，專能其一，不能兼全者曰素、曰偏，均爲不備。然今人謂夔達於樂而不達於禮者，蓋夔當時爲典樂之官，專守一職，故但傳其達樂之名，而莫知其達禮與否也。若當時命爲禮官，安知其不達於禮也？既是年代久遠之人，莫可詳知，則不可臆説也。」

子張問政。子曰：「師乎，前！吾語女乎！君子明於禮樂，舉而錯之而已。」子張復問。子曰：「師，爾以爲必鋪几筵，升降酌獻酬酢，然後謂之禮乎？爾以爲必行綴兆，興羽籥，作鍾鼓，然後謂之樂乎？言而履之，禮也。行而樂之，樂也。君子力此二者，以南面而立，夫是以天下太平也。諸侯朝，萬物服體，而百官莫敢不承事矣。禮之所興，衆之所治也。禮之所廢，衆之所亂也。目巧之室，則有奥阼；席則有上下，車則有左右，行則有隨，立則有序：古之義也。室而無奥阼，則亂於堂室也。席而無上下，則亂於席上也。車而無左右，則亂於車也。行而無隨，則亂於塗也。立而無序，則亂於位也。昔聖帝、明王諸侯，辨貴賤、長幼、遠近、男女、外内，莫敢相踰越，皆由此塗出也。」語，去聲。女，音汝。復，符后切。綴，貞劣切。樂之，音洛。夫，音扶。朝，音潮。長，知兩切。

方氏曰：「明於禮樂之道，然後能舉而錯之於政。禮足以正人之身，樂足以正人之心。政者，正也。子張問政，故孔子以是答之。論語曰：『禮云禮云，玉帛云乎哉？樂云樂云，鐘鼓云乎哉？』故不必鋪几筵之類，行綴兆之類，然後爲禮，然後爲樂也。言而履之謂踐言。行而樂之，謂安行。力此二者，謂力行此禮樂而施於有政也。欲施於有政，非明於禮樂而有其位焉。固不可，故曰以南面而立，夫是以天下太平也。作室者工，而工有巧，巧之運存乎目，故曰目巧之室。隅有奥，尊者所處，别於卑。階有阼，主人所歷，别於賓，所謂室有奥阼也。席或以南方爲上，或以西方爲上，所謂席有上下也。乘車之法，君在左，勇士在右，所謂車有左右也。父之齒隨行，五年以長則肩隨之，所謂行有隨也。天子南鄉而立，自公侯而下，各有位焉，所謂立有序也。然則古人之禮，至於如是者，豈徒從事於文爲哉，亦各有義存焉爾。故曰古之義也，踰越皆過也。」澄曰：「錯置也，舉而錯之謂如手舉一物置之一處也。貴賤以爵言，長幼以齒言，遠近言夏五服、周九服之界域，男女言一身之別，外内言一家之限，此塗謂禮也。」

三子者既得聞此言也，於夫子昭然若發矇矣。矇，音蒙。

鄭氏曰：「昭然若發矇，曉禮樂不可廢改之意也。」澄曰：「矇，謂以巾冪其目。發者，徹而去之也。此篇子貢問者三，子游問者一，子張問者一。夫子既答其問，而又自言者七。三子侍坐，皆得共聞，故紀者於篇終總結之。謂三子者既得聞此十二條之言，昭然有見，如人徹去其蔽目之物然也。」

右記問答及禮之辭。

孔子閒居第三十

孔氏曰：「退燕避人曰閒。」

孔子閒居，子夏侍。子夏曰：「敢問詩云『凱弟君子，民之父母』，何如斯可謂『民之父母』矣？」孔子曰：「夫『民之父母』乎，必達於禮樂之原，以致『五至』而行『三無』以横於天下，四方有敗，必先知之。此之謂『民之父母』矣。閒，音閑。凱，邱改切。弟，徒禮切。夫，音扶。

鄭氏曰：「凱弟樂易也。原，猶本也。横，充也。敗，謂禍災也。」方氏曰：「五至由粗以入精，故曰致。三無自内以達外，故曰行。横于天下者，以是道廣被于天下也。敗者成之對，不言成者思患而豫防，敗尤在乎先知也。」孔氏曰：「五至三無，通幽達微，覩微知著，豫見禍害，使民免離，四方有福亦先知。此主爲民除害，故舉敗言之。」廣安游氏曰：「有敗而先知，先事備敗，使害不及民，達於天下。爲慶善吉祥之福，使民富壽康寧，非樂易之君子爲之父母哉？」

子夏曰：「『民之父母』既得而聞之矣，敢問何謂『五至』？」孔子曰：「志之所至，詩亦至焉。詩之所至，禮亦至焉。禮之所至，樂亦至焉，樂之所至，哀亦至焉。哀樂相生，是故正明目而視之，

不可得而見也;傾耳而聽之,不可得而聞也;志氣塞乎天地。此之謂『五至』。」哀,樂音洛。

志謂心所存主。一「志」字貫下四者。詩謂使民各達其情。禮,謂使民各得其理。樂謂使民各樂其樂。哀謂使民各哀其哀。吾志之所到,能使民各達其情,各得其理,各樂其樂,各哀其哀,而天下平矣。此志所到,人之耳目,不得而見聞,而充塞乎天地之間。如此方謂之達禮樂之原。非豈弟君子不能也?」鄭氏曰:「至者,至於民也。民之父母者,推其所有以與民共之。人耳不能聞,目不能見,行之在心也。塞,滿也。」吕氏曰:「聽欲傾耳,視欲正目。『明』字衍也。」應氏曰:「五至三無,其目雖多,不出禮樂二者而已。志與詩,其感發之始。至者,周流乎精神之運者也。無者,超乎形迹之表者也。」

子夏曰:「『五至』既得而聞之矣。敢問何謂『三無』?」孔子曰:「無聲之樂,無體之禮,無服之喪,此之謂『三無』。」

三無不言志,不言詩,蓋志行乎三者之中,能是三者則民之情無不達矣。所謂禮樂之原,非真有形而後爲禮,有聲而後爲樂,有喪服而後爲哀,故以三無言之。」吕氏曰:「無聲之樂,和之至者也。無體之禮,敬之至者也。無服之喪,哀之至者也。」

子夏曰:「『三無』既得略而聞之矣。敢問何詩近之?」孔子曰:「『夙夜其命宥密』,無聲之樂也;『威儀逮逮,不可選也』,無體之禮也;『凡民有喪,匍匐救之』,無服之喪也。其命,音基。逮,大計切。選，宣面切。匍，音蒲。匐，蒲北切。

鄭氏曰：「子夏於意未察。求其類於詩。詩長人情也。」游氏曰：「文王夙夜，基周家之命，寬廣靜密，天下之樂，孰大於此。禮不在升降揖讓之間，而在不可選擇之際，凡民有喪匍匐救之，言其慈愛以仁存心也。」

子夏曰：「言則大矣，美矣，盛矣！言盡於此而已乎？」孔子曰：「何爲其然也？君子之服之也？猶有五起焉。」

鄭氏曰：「服，習也。君子習讀此詩起此之義。其説有五也。」澄曰：「五起不大相遠。只是一節稍進一節而已。」楊氏曰：「禮樂之原即五至，五至即三無，三無即五起。」

子夏曰：「何如？」孔子曰：「無聲之樂，氣志不違。無體之禮，威儀遲遲。無服之喪，内恕孔悲。無聲之樂，氣志既得。無體之禮，威儀翼翼。無服之喪，施及四國。無聲之樂，氣志既從。無體之禮，上下和同。無服之喪，以畜萬邦。無聲之樂，日聞四方。無體之禮，日就月將。無服之喪，純德孔明。無聲之樂，氣志既起。無體之禮，施及四海。無服之喪，施于孫子。」施，以豉切，下同。畜，許六切。聞，音問。

孔氏曰：「此五節，從輕以漸至於重。初言不違，民但不違君之氣志而已。二云既得，言君之氣志得於下。三云既從民所從也。四云日聞四方，及於遠也。五云既起，是興起也。是微至著，初時威儀遲遲，但舒遲而已。二則翼翼而恭敬，三則上下和同無不從也，四則日就月將漸興進也，五則施及四海所及遠也。初則内恕孔悲，謂親族之内悲哀其處近也。二則施及四國，所被遠也。三則以畜萬邦，皆爲孝也。四則純德孔明，益甚也。五則施于孫子，垂後世者也。」周氏曰：「無聲之中獨有樂焉，至樂也。無體之中獨有敬焉，至敬也。無喪之中獨有哀焉，至哀也。至樂不離乎氣志，而氣志既起者，至樂之終也。至敬不離乎威儀，而施及四海者，至敬之終也。至哀不離乎内恕，而施於孫子者，至哀之終也。○軾按：内恕，恕，仁也。仁愛根于心，悲痛惻怛發于不自已，不必衰麻擗踊而後爲喪也。又按：志氣不違，無乖戾也。既得，則和順積中矣。既從，日聞，動而變也。既起，則遷善而不知爲之者矣。

子夏曰：「三王之德，參於天地。敢問何如斯可謂參天地矣。」孔子曰：「奉『三無私』以勞天下。」勞，力到切。

鄭氏曰：「參天地者，其德與天地爲三也。勞，勞來也。」澄曰：「勞，謂安其居。節其力，使勞者得休息也。」

子夏曰：「敢問何謂『三無私』？」孔子曰：「天無私覆，地無私載，日月無私照，奉斯三者以勞天下，此之謂『三無私』。」

方氏曰：「天之高也，凡在下者無不覆；地之厚也，凡在上者無不載；日月之明也，凡容光者無不照，故曰無私。」

「其在詩曰：『帝命不違，至於湯齊。湯降不遲，聖敬日齊。昭假遲遲，上帝是祗，帝命式于九圍。』是湯之德也。日齊。音躋。假，音格。

朱子曰：「商之先祖，既有明德，天命未嘗去之，以至於湯。湯之生也，應期而降，適當其時，其聖敬又日躋升，以至昭格于天。久而不息，惟上帝是敬，故帝命之，使爲法於九州也。」應氏曰：「商詩言先世積德之盛，帝命相應而不違。至于湯而氣數適與之齊，故湯生於此時，而不遲也。降，猶自天而降也。湯雖應運不遲，而惟急於日新之德，其昭著感假，遲遲不迫，惟帝是敬，故帝命之以爲法於天下。是其奉天而無私也。」

「天有四時，春秋冬夏，風雨霜露，無非教也。地載神氣，風霆流形，庶物露生，無非教也。清明在躬，氣志如神，耆欲將至，有開必先。天降時雨，山川出雲。神氣之下，舊重出「神氣風霆」四字，今删之。

鄭氏曰：「言天之施化收殺，地之載生萬物，此非有所私也。無非教者，皆人君所當奉行以爲政教。清明在躬，氣志如神，謂聖人也。耆欲將至，謂其王天下之期將至也。神有以開之，必先爲之生賢知之輔佐。若天將降時雨，山川爲之先出雲矣。」吕氏曰：「天有四時，運行於上；地載神氣，動作於下。春夏秋冬、風雨霜露，所以釋天有四時也。風霆流形，庶物露生，所以釋地載神氣也。春秋執生殺之機，冬夏極陰陽之用，風雨霜露施於庶物者，皆可取法，無非教也。風之動蕩，霆之震耀，流形於下，化育庶物，使皆呈露發生者，亦可取法，無非教也。然風霆猶風雨，皆神氣也。降於天，載於地，以成化育者也。獨於地言之，則以流形而可見也。清而明者，天之德也，以天德在躬，故氣志如神。孟子曰：『中天下而立，定四海之民，君子樂之。所謂耆欲將至，有開於興王。必先以生賢，有開於興王，譬猶天降時雨也；必先以生賢，譬猶山川出雲也。』澄曰：「教，謂天地之政令，聖人之清明，與天地同德，故其如神也。亦如天地之政令，及將興王，則天地必先爲之朕兆。蓋天地聖人合一無二，故其交相感應如此。」○軾按：變化無方之謂神。本大德之敦化，爲小德之川流。此天地之神氣也。人得之而爲聰明聖智，是謂志氣如神。

「其在詩曰：『嵩高惟嶽，峻極于天。惟嶽降神，生甫及申。惟申及甫，維周之翰。四國于蕃，四方于宣。』此文武之德也。」

鄭氏曰：「峻，高大也。翰，幹也。言周道將興，五嶽爲之生賢輔佐。仲山甫及申伯爲周之幹臣，天下之蕃衛，宣德於四方，以成其王功，此宣王詩也。文武之德如此，而詩無以言之，取類以明義也。」魏氏曰：「孔子閒居之篇，不知孰爲之。而其言天地之神，爲風雨霜露，爲風霆流形。凡示人於覆載間者，無非至教。此義之至精者也。繼之曰清明在躬，氣志如神，又舉詩以明之曰『惟嶽降神，生甫及申』終之曰『此文武之德也』。蓋自天地山川之神氣鍾而爲人，是心清明與宇宙之流行發見者，實同一原。又推本而取之，有如甫申之生乃繇十世而上，文、武二王積德所感。嗚呼！人之此心與天地山川相爲流通固也，而人物之生又係乎時數清明之感，山川英靈之會，祖宗德澤之積，是豈數數然哉？真有以關盛衰之運，當消長之數矣。」澄曰：「周初人才衆多，此文、武將興之。祥借申甫以喻周初所生之賢，魏氏謂甫申之生，由文、武二王積德所感，此以辭害意者，非引詩假借之意。然其言精深故兼取之。」

「三代之王也，必先其令聞。聞，音問。

鄭氏曰：「令，善也。言以明德善聞，天乃命之王也。」

「詩云：『明明天子，令聞不已。』三代之德也。『弛其文德，協此四國。』大王之德也。」大，音泰。

鄭氏曰：「不已，不倦止也。弛，施也。協，和也。大王，文王之祖。周道將興，始有令聞。」

呂氏曰：「奉三無私以勞天下，而得賢佐，則必有令聞矣。先以令聞慰服人心，然後可以興王業，故三代之王，必皆先之也。江漢之詩曰：『明明天子，令聞不已。矢其文德，洽此四國。』以矢爲弛，以洽爲協，聲之誤也。此亦宣王之詩，而謂明明天子令聞不已，爲三代之德，矢其文德，洽此四國，爲大王之德，皆取類言之也。此篇始論爲民父母之道，終論參於天地之德，致『五至』行『三無』者，爲民父母之道也。奉『三無私』以勞天下者，參於天地之德也。然王者必得賢佐，有令聞然後可以施爲，故以崧高、江漢之詩申言之。」

子夏蹶然而起，負牆而立，曰：「弟子敢不承乎！」蹶，居衛切。

鄭氏曰：「承，奉承，不失墜也。起負牆者，所問竟，辟後來者。」

右記問答及禮之辭。

坊記第三十一

此篇所記，每章皆取以禮坊民之義，故曰坊記。

○子言之：「君子之道，辟則坊與，坊民之所不足者也。大爲之坊，民猶踰之。故君子禮以坊德，刑以坊淫，命以坊欲。」辟，音譬。舊，讀爲邪僻之僻。與，音餘。

張子曰：「禮刑命，即君子之道也。德，逸德也。」孔氏曰：「君子坊民之過，譬如坊之礙水。坊民之所不足，釋立坊之義也。禮以坊民德之失制，刑以坊民之淫邪。法令以坊，民之貪欲。」鄭氏曰：「大爲之坊，民猶踰之，言嚴其禁。尚不能止，況不禁乎，命謂教令。」

○子云：「小人貧斯約，富斯驕；約斯盗，驕斯亂。禮者，因人之情而爲之節文，以爲民坊者也。故聖人之制富貴也，使民富不足以驕，貧不至於約，貴不慊於上，故亂益亡。」慊，口簟切。

鄭氏曰：「約，猶窮也。此節文者，謂農有田里之差，士有爵命之級也。慊恨不滿之貌也。」

孔氏曰：「聖人之制爲富貴、貧賤之法制，富者居室丈尺，俎豆、衣服之事，各有法度，不至驕也。爲貧者制，農田百畝，桑麻自贍，比閭相賙，不令至於約也。貴，謂卿士之屬，制其禄秩，隨功爵而施，則貴臣無慊恨，君禄爵之薄也。益，漸也。亡，無也。爲亂之道，漸，無也。不云賤，從可知也。」

〇子云：「貧而好樂，富而好禮，衆而以寧者，天下其幾矣。詩云：『民之貪亂，寧爲荼毒。』故制國不過千乘，都城不過百雉，家富不過百乘。以此坊民，諸侯猶有畔者。」好，古報切，下同。樂，音洛。乘，繩證切。

鄭氏曰：「大族衆家，恒多爲亂，天下其幾矣。言如此者，寡也。寧，安也。民之貪亂，寧爲荼毒，言民之貪爲亂者，安其荼毒之行。高一丈長三丈爲雉，百雉爲長三百丈，方五百步，此謂大都三國之一。」方氏曰：「制國不過千乘，即孔子所謂千乘之國是也。千乘之國，即百里之國也。井田之法，方里爲井，井十爲乘，百里之國，適千乘也。都城不過百雉，即左氏所謂『都城過百雉，國之害』也。都，蓋公卿、王子弟所食之采地。雉則五堵也。百雉則其城五百堵矣。家富不過百乘，即孟子所謂百乘之賦也。千乘、百乘皆以所出之賦言之也。乘以車之多少言，雉以城之廣狹言。或言其多少，或言其廣狹，互相備也。於國言制，於家言富，皆謂制其富也。亦互相備所坊之事，不止於民，每以民爲言者，蓋民以不足於坊之之道，故坊之設也。以民爲主，若夫君子能以禮自坊，則無俟乎人爲之坊矣。」

○子云：「夫禮者，所以章疑别微，以爲民坊者也。故貴賤有等，衣服有别，朝廷有位，則民有所讓。」夫，音扶。别，彼列切，下同。朝，音潮，下同。

孔氏曰：「疑，謂是非不決。微，謂幽隱不著。」方氏曰：「貴賤有上下之等，衣服有隆殺之别，朝廷有尊卑之位。有等、有别、有位，則各安其分而不争矣。」葉氏曰：「章疑異於決疑。疑者似同而異章言顯也，決言其成也。别微異於明微，微者似有而無，别言其有辨也。明言其既著也，以其顯疑，故貴賤有等，以其别微。故衣服有别，貴賤以爵列也。爵以詔德觀其貴賤，則知德之厚薄也。衣服以功賜也，服以顯庸觀，其衣服則知其功之有大小也。至於朝廷有位則爵命，衣服所自居也。民之視其位則知其定分而行遜避矣。」

○子云：「天無二日，土無二王，家無二主，尊無二上，示民有君臣之别也。春秋不稱楚越之王喪。禮：君不稱天，大夫不稱君，恐民之惑也。詩云：『相彼盍旦，尚猶患之。』」相，息亮切。盍，音渴。

鄭氏曰：「楚、越之君，僭號稱王。不稱其喪，謂不書葬也。春秋傳曰：『吴、楚之君不書葬，辟其僭號也。』臣者天君，稱天子爲天王，稱諸侯不言天公，辟王也。大夫有臣者，稱之曰主，不言君，辟諸侯也。此言皆爲使民疑惑，不知孰者尊也。盍旦夜鳴，求旦之鳥也，求不可得也，人猶惡其欲反晝夜而亂晦明，況於臣之僭君，求不可得之類，亂上下惑衆也。」孔氏曰：「曷旦欲反夜而爲旦。猶臣之奢僭，欲反下而爲上也。此逸詩。」方氏曰：「盍旦，即月令所謂『鶡旦』。盍，何不也。何不旦，是求旦而已，故名之以此。」

○子云：「君不與同姓同車，與異姓同車不同服，示民不嫌也。以此坊民，民猶得同姓以弒其君。」

鄭氏曰：「同姓者，謂先王先公子孫有繼及之道者也。其非此則無嫌也。僕右恒朝服，君則各以時事，唯在軍同服爾。」○軾按：同姓，親也。親者患其暱而瀆。不與同車者，示以恩中之義，即父子異官意。異姓，疏也。疏故不妨同，如士沐梁之類，士卑無嫌也。示民不嫌，單承異姓句，必異姓乃不嫌，正見同姓之不能無嫌也。不同服，意不重，謂異姓可使同車，但不同服而已。嫌者，嫌其褻也、瀆也。遠褻瀆，正所以全恩愛。惟義至乃仁盡也。陳可大集注謂不同車以遠害，又云篡弒常起于同姓，故與異姓同車則不嫌，不知周道親親，讀伐木、行葦之詩，何仁恩之洽也。使外崇酒醴之文，中懷鋌刺之懼，此後世中主之所不爲，以爲禮也可乎？經云民猶有同姓以弑其君者，其言人情之不可不坊，非謂畏弒逆而不與同車也。周公使管叔監殷，無損知人之哲，益見親愛之仁。如陳注云云，所見又在陳、賈下矣。

○子云：「君子辭貴不辭賤，辭富不辭貧，則亂益亡。故君子與其使食浮於人也，寧使人浮於食。」

方氏曰：「賤不貪貴，貧不慕富，則無争奪之禍矣。故亂益亡，夫權輿之無餘。不害爲賢者，伐檀之素餐，君子所不爲，故君子與其使食浮於人也，寧使人浮於食。此亦辭富貴之道也。浮與行，浮於名之『浮』同。」

○子云：「觴酒豆肉，讓而受惡，民猶犯齒。衽席之上，讓而坐下，民猶犯貴。朝廷之位，讓而就賤，民猶犯君。詩云：『民之無良，相怨一方，受爵不讓，至于已斯亡。』」

鄭氏曰：「犯，猶僭也。」孔氏曰：「相怨一方，共相怨恨。各在一方，不相往來。」方氏曰：「禮以卧者爲衽，坐者爲席，合言之一也。」

○子云：「君子貴人而賤己，先人而後己，則民作讓，故稱人之君曰君，自稱其君曰寡君。」

鄭氏曰：「寡君，猶言少德之君。言之謙。」方氏曰：「貴人而賤己則不驕，先人而後己則不争，故民作讓。」

○子云：「利禄先死者而後生者，則民不偝；先亡者而後存者，則民可以託。詩云：『先君之思，以畜寡人。』以此坊民，民猶偝死而號無告。」偝，音背，下同。畜，許六切。號，户羔切。

方氏曰：「死謂爲國家死其事者，亡謂爲國家亡而在外者。利禄之所施，不必及其身也。録其人之功，以及其親族而已。若周官以其養死政之老與其孤。禮言『去國三世，爵禄有列於朝』之類，皆是也。以死者君之心猶所不忘，則民勤於孝思矣，故曰『民不偝』。以亡者君之心，猶所不絶，則民勉於忠義矣，故曰『民可以託』。號無告者，呼而無所告訴也。」

○子云：「有國家者，貴人而賤禄，則民興讓；尚技而賤車，則民興藝。故君子約言，小人先言。」技，其綺切。

鄭氏曰：「言人君貴尚賢者能者，而不吝於班禄賜車服，則讓道興。賢者、能者，人所服也。技，猶藝也。君子約言，小人先言，言人尚德不尚言也。約與先，互言耳。君子約，則小人多矣。小人先，則君子後矣。」澄曰：「讓，謂賢者之德。藝，謂能者之技。」方氏曰：「貴人而賤禄，尚技而賤車，皆謂任賢使能，錫與之而無所吝也。人謂賢者，技謂能者也。言禄則爵可知，言車則馬可知，上之所化如此，不徒事乎空言而已。故繼之以君子約言，小人先言。」〇軾按：言者虛文而無實，後世人主博好士之名，如齊景商所以待孔子，繆公餽鼎肉于子思，齊宣欲養孟子以萬鍾，是皆不與共天位，食天禄，未可謂能貴人尚技也。

〇子云：「上酌民言，則下天上施。上不酌民言，則犯也；下不天上施，則亂也。故君子信讓以涖百姓，則民之報禮重。詩云：『先民有言，詢于芻蕘。』」施，始豉切。涖，音利。蕘，如遥切。

鄭氏曰：「酌，猶取也。取衆民之言以爲政教，則得民心。得民心，則恩澤所加，民愛之如天矣，言其尊也。涖，臨也。報禮重者，猶言能死其難。先民，謂上古之君也。詢，謀也。芻蕘，下民之事也。言古之人君，將有政教，必謀之於庶民乃施之。」孔氏曰：「上不酌民言，違戾於下，則民人怨怒以犯於上也。下不天上施，言下不仰君如天，敬上之恩澤，則禍亂之事起也。引詩證上酌民言之事。」〇軾按：下天上施。下，民也。天，天之也。民感上之施如天之施。

〇子云：「善則稱人，過則稱己，則民不争。善則稱人，過則稱己，則怨益亡。詩云：『爾卜爾筮，履無咎言。』」

言在上者善稱人，過稱己，則民化之，亦以善讓人，而不與人争也。又且人不怨己也，引詩斷章，證人不怨己之意。

〇子云：「善則稱人，過則稱己，則民讓善。詩云：『考卜惟王，度是鎬京。惟龜正之，武王成之。』」度，徒洛切。

讓善與上章不争同。孔氏曰：「歸美他人。詩無其證，故引此歸美於君以證之。」

〇子云：「善則稱君，過則稱己，則民作忠。君陳曰：『爾有嘉謀嘉猷，入告爾君于内。女乃順之于外，曰：此謀此猷，惟我君之德。於乎。是惟良顯哉。』」女，音汝。於，音烏。乎，火吴切。

言人臣善稱君，過稱己，則民化之。皆興起而盡忠於君，引書君陳證歸美於君之事。於乎，歎辭，是謂如此也。言臣能如此，則是良臣，而君之名亦顯也。

〇子云：「善則稱親，過則稱己，則民作孝。大誓曰：『予克紂，非予武，惟朕文考無罪。紂克予，非朕文考有罪，惟予小子無良。』」大，音泰。

言人子善稱親，過稱己，則民化之。皆興起而孝於親，引書泰誓證歸美於親之事。

〇子云：「君子弛其親之過，而敬其美。論語曰：『三年無改於父之道，可謂孝矣。』高宗云：『三年其惟不言，言乃讙。』」弛，式氏切。讙，注音歡。

鄭氏曰：「弛，猶棄忘也。孝子不藏識父母之過，不以己善駮親之過也。高宗，殷王武丁也。三年不言，有父小乙喪之時也。讙，當爲歡。其既言，天下皆歡喜，樂其政教也。」方氏曰：「子爲父隱，所謂弛其過也。善則稱親，所謂敬其美也。」石梁王氏曰：「既有子云，又引論語，不應孔子自引己言，且不應孔子發言。段段引證。」〇軾按：坊記、表記多粹精語，然以爲孔子之言則未敢信，不獨此節已也。

〇子云：「從命不忿，微諫不倦，勞而不怨，可謂孝矣。詩云：『孝子不匱。』」匱，其愧切。

馬氏曰：「從命不忿愛也，微諫不倦敬也。」

〇子云：「睦於父母之黨，可謂孝矣，故君子因睦以合族。詩云：『此令兄弟，綽綽有裕。不令兄弟，交相爲瘉。』」瘉，羊主切。

鄭氏曰：「睦，厚也。黨，猶親也。合族，謂與族人燕，與族人食，令善也。綽綽，寬裕貌也。交，猶更也。瘉，病也。」方氏曰於父母之黨，猶且睦之，况父母乎？故曰可謂孝矣。」

○子云：「於父之執，可以乘其車，不可以衣其衣。君子以廣孝也。」以衣，於既切。

鄭氏曰：「父之執，與父執志同者也。可以乘其車，車於身差遠也。」方氏曰：「衣於身最密，前言君與異姓同車不同服，亦以是。」○軾按：父執可同車，然使同車而又同衣，則尊卑無辯矣，故戒之。舊注未爲確當。

○子云小人皆能養，其親君子不敬，何以辨。」養，羊尚切。

鄭氏曰：「辨，別也。」方氏曰：「論語曰：『今之孝者，是謂能養，至於犬馬皆能有養，不敬何以別乎？』」

○子云：「父子不同位，以厚敬也。書云：『厥辟不辟，忝厥祖。』」辟並，必亦切。

鄭氏曰：「同位尊卑等。爲其相褻。辟，君也。爲君不君，與臣子相褻，則辱先祖矣。君父之道宜尊嚴。」孔氏曰：「言爲人父不自尊嚴，而與卑下相瀆，亦累其先祖。因君見父也。」方氏曰：「此言父子不同位。曲禮言『父子不同席』，席言所坐之席，位言所立之位，坐立雖不同，其所以辨尊卑之位則一也。」

○子云：「父母在，不稱老。言孝不言慈，閨門之内，戲而不歎。君子以此坊民，民猶有薄於孝而厚於慈。」

方氏曰：「父母在不稱老，與曲禮『恒言不稱老』同義。孝所以愛親，慈所以愛子。言孝不言慈者，慮其厚於子而薄於親故也。悦樂之者戲也，感傷之者歎也，閨門之内，欲其和而已，故戲而不歎。」鄭氏曰：「戲，謂孺子言笑者也。孟子曰：舜年五十而不失其孺子之心，歎謂有憂戚之聲也。」

○子云：「長民者，朝廷敬老則民作孝。」長，知兩切。

鄭氏曰：「長民，謂天子諸侯也。」方氏曰：「敬老爲其近於親而孝，所以事親也，故敬老則民作孝。」

○子云：「祭祀之有尸也，宗廟之有主也，示民有事也。脩宗廟，敬祀事，教民追孝也。以此坊民，民猶忘其親。」

鄭氏曰：「有事，有所事也。」方氏曰：「尸用於祭祀之時，主藏於宗廟之内，故於祭祀言有尸，宗廟言有主也。爲尸以象其生，爲主以寓其存。經曰：『事死如事生，事亡知事存，此所以言示民有事也。追孝與祭統，言追養繼孝同義。」程子曰：「祭非主則無依，非尸則無享。」

○子云：「敬則用祭器，故君子不以菲廢禮，不以美設禮。故食禮，主人親饋則客祭，主人不親饋則客不祭。故君子苟無禮，雖美不食焉。易曰：『東鄰殺牛，不如西鄰之禴祭，實受其福。』詩云：『既醉以酒，既飽以德。』以此示民，民猶爭利而忘義。」菲，芳鬼切。食，禮音嗣。饋，其位切。禴，音藥。寔，與實同。

鄭氏曰：「祭器，籩豆簠簋鉶之屬也。有敬事於賓客則用之，謂饗食也。盤盂之屬謂燕器，禮主敬，廢滅之是不敬也。既濟離下坎上，離爲牛，坎爲豕，西鄰禴祭，則用豕喻奢而慢，不若儉而敬也。引詩者言君子饗燕，非專爲酒肴，亦以觀威儀、講德美也。」孔氏曰：「菲，薄也。沒，過也。君子不以貧窶菲薄廢禮不行，不可以財物豐多華美沒過於禮。」方氏曰：「此篇所記坊者十六，而於此獨曰示民。」

○子云：「七日戒，三日齊，承一人焉以爲尸，過之者趨走，以教敬也。醴酒在室，醍酒在堂，澄酒在下，示民不淫也。尸飲三，衆賓飲一，示民有上下也。因其酒肉，聚其宗族，以教民睦也。故堂上觀乎室，堂下觀乎上。詩云：『禮儀卒度，笑語卒獲。』」齊，側皆切。醍，音體。卒，度如字。

鄭氏曰：「戒，謂散齊也。承，猶事也。澄酒，清酒也。三酒尚質，不尚味。淫，猶貪也。上下，猶尊卑也。主人、主婦上賓獻，尸乃後。主人降，洗爵獻賓也。因其酒肉，聚其宗族，言祭有酒肉，群昭群穆皆至，而獻酬之，咸有薦俎也。堂上觀乎室，堂下觀乎上，謂祭時肅敬之威儀也。卒，盡也。獲，得也。言在廟中者，不失其禮儀，皆歡喜得其節也。」方氏曰：「爲君尸者，大夫士見之則下之。君知所以爲尸者，則自下之，故云過之者。趨，走也。夫齊戒以承之，趨走以避之，則敬之至矣，故云以教敬也。自水言之，則淡者者爲精，甘者爲麤，若郊特牲所云『酒醴之美，玄酒明水之尚』是也。自酒言之，則混者爲質，清者爲文。若此，所謂醴酒在室，澄酒在下，是也。質在上，文在下，則先王之所尚可知也矣。示民以此，豈有沉湎之禍哉？故曰示民不淫也。尸飲三，衆賓飲一，謂祭祀獻酬之時也。尊者飲多，而卑者飲少，故曰示民有上下也。」

〇子云：「賓禮每進以讓，喪禮每加以遠。浴於中霤，飯於牖下，小斂於户内，大斂於阼，殯於客位，祖於庭，葬於墓，所以示遠也。」 霤，力救切。飯，扶晚切。牖，音酉。

孔氏曰：「案鄉飲酒禮，主人迎賓至門，三辭至階，三讓，皆主人先入先登，是每進以讓也。」鄭氏曰：「每加以遠，遠之所以崇敬也。阼或爲堂。」方氏曰：「自浴於中霤而下，皆喪禮示遠之事。」

○殷人弔於壙，周人弔於家，示民不偝也。」子云：「死，民之卒事也，吾從周。以此坊民，諸侯猶有薨而不葬者。」壙，古見切。

孔氏曰：「殷人即壙上而弔，於送死太簡。周人孝子反哭至家始弔，於送死殷勤，是情理備具。」鄭氏曰：「周於送死尤備。」○軾按：此承上節示遠而言。死者，人之卒事，然未葬猶以生禮事之。葬，然後立主而虞，反哭而弔，謂已葬畢也。觀子之從周，益知葬之爲重矣。

○子云：「升自客階，受弔於賓位，教民追孝也。未没喪，不稱君，示民不争也。故魯春秋記晉喪曰：『殺其君之子奚齊，及其君卓。』以此坊民，子猶有弑其父者。

方氏曰：「既曰客階，又曰賓位，互言之也。」鄭氏曰：「升自客階，受弔賓位，謂反哭時也。既葬矣，猶不由阼階，不忍即父位也。未没喪，没，終也。春秋傳曰『諸侯於其封内三年稱子』，至其臣子，踰年則謂之君矣。奚齊與卓子皆獻公之子也，獻公卒其言奚齊殺，明年而卓子弑。」孔氏曰：「卓子踰年弑，而經書弑其君，是踰年稱君。」

○子云：「孝以事君，弟以事長，示民不貳也。故君子有君不謀仕，唯卜之日稱二君。喪父三年，喪君三年，示民不疑也。父母在，不敢有其身，不敢私其財，示民有上下也。故天子四海之

内無客禮，莫敢爲主焉。故君適其臣，升自阼階，即位於堂，示民不敢有其室也。父母在，饋獻不及車馬，示民不敢專也。以此坊民，民猶忘其親而貳其君。」喪父、喪君，並平聲。

鄭氏曰：「示民不貳，不自貳於尊者也。君子有君，謂君之子父在者也。不謀仕，嫌速爲政也。卜之日，謂君有故而爲之卜也。二，當爲貳。唯卜之時，辭得曰『君之貳某爾』。示民不疑，不疑於君之尊也。君無骨肉之親，不重其服，至尊不明也。不敢有其身，有猶專也。父母在，身及財皆當統於父母也。不敢有其室臣，亦統於君也。車馬，家物之重者。」○軾按：此段重不貳君，而以親配言。至尊者親，以孝親之道事君，而事長則祇以弟道，見國之尊無二也。君與親同服，可知君親同尊，故事君者不敢有其室，猶之事親者不敢有其身與財也。

○子云：「禮之先幣帛也，欲民之先事而後禄也。先財而後禮，則民利。無辭而行情，則民争。故君子於有饋者，弗能見，則不視其饋。易曰：『不耕穫，不菑畬，凶。』以此坊民，民猶貴禄而賤行。」賤行，下孟切。

鄭氏曰：「禮，謂所執之贄以見者也。既相見，乃奉幣帛以脩好也。利，猶貪也。無辭而行情。辭，辭讓也。情，主私欲也。饋，饋遺也。不能見，謂有疾也。不視，猶不内也。不耕穫，不菑畬凶，言必先種之乃得穫。若先菑乃得畬也，安有無事而取利者乎。賤行，行，猶事也。言務得其禄，不務其事。」孔氏曰：「先相見，是先事，後幣帛，是後禄也。先用財，而後行禮，民則化之貪於財。與人相見無辭讓之禮，直行己情，則有利欲，故民争也。君子於有饋者，不能見其所饋之人，則不納其所饋之物。」○軾按：先將幣帛而後相見禮，是重財輕禮也故起民貪。無辭而行情者，全不以禮，不但後禮已也，故起民争。辭兼與受，與之辭，如孟子所謂餽賤聞戒是也。受之辭如士相見禮，所謂敢辭贄，某不足以習禮，敢固辭是也。不能見則不獲行禮，故不視餽也。

○子云：「君子不盡利以遺民。詩云：『彼有遺秉，此有不斂穧，伊寡婦之利。』故君子仕則不稼，田則不漁，食時不力珍，大夫不坐羊，士不坐犬。詩云：『采葑采菲，無以下體。德音莫違，及爾同死。』以此坊民，民猶忘義而争利以亡其身。」遺民，去聲。遺秉，平聲。斂，上聲。穧，子賜切。葑，芳容切。

鄭氏曰：「不盡利以遺民，不與民争利也。食時，謂食四時之膳。力，猶務也。天子諸侯有秩膳，古者殺牲食其肉。坐其皮，不坐犬羊，是無故不殺之也。」孔氏曰：「言君子不盡竭其利，當以遺利遺與民也。田稼既多，穫刈促遽，彼處有遺秉把，此處有不斂之穧束。與寡婦捃拾以爲利，證以利遺民也。不力珍，不用力務求珍羞。谷風記者，引詩斷章取義，凡二意。一則據其根善，無得并取其根，無盡利也。一則據其根惡，無得并棄其葉，不求備也。」方氏曰：「祭饗則皮毛並用，豈可坐之。坐之則是無故而殺之也。坐若左氏所謂『食其肉，寢其皮』是矣。不言豕，則以有剛鬣不宜坐故也。」

○子云：「夫禮，坊民所淫，章民之别，使民無嫌，以爲民紀者也。故男女無媒不交，無幣不相見，恐男女之無别也。以此坊民，民猶有自獻其身。詩云：『伐柯如之何？匪斧不克。取妻如之何？匪媒不得。』蓺麻如之何？横從其畝。取妻如之何？必告父母。』」取，七樹切，後同。從，子容切。

方氏曰：「恐民之或淫，故禮坊之使有限。恐民之無别，故禮章之使自明。若是則天下之情無可嫌者，足以爲之紀矣。媒所以通相交之情，幣所以將相見之禮。自獻其身，則無俟乎媒幣矣。」輔氏曰：「不曰綱而曰紀，紀之事衆也。」

○子云：「取妻不取同姓，以厚别也。故買妾不知其姓，則卜之。以此坊民，魯春秋猶去夫人之姓曰『吴』，其死曰『孟子卒』。」去，起吕切。

○子云：「禮，非祭，男女不交爵。以此坊民，陽侯猶殺繆侯而竊其夫人。故大饗廢夫人之禮。」殺，音弑，一如字。繆，音穆。

孔氏曰：「男女非因祭祀不得相聚會也。特牲饋食禮云：『主婦獻尸，尸酢主婦。』是非祭不交爵也。陽侯、繆侯是兩君之謚，未聞何國。大饗之時，夫人與君同饗於賓。繆侯及夫人共出饗賓，陽侯是繆侯同姓之國，見繆侯夫人之美，乃殺繆侯而取其夫人，又篡其國而自立，故大饗不使夫人預其禮也。以此言之，則陽侯以前大饗，夫人出饗鄰國之君，得有男女交爵也。」

○子云：「寡婦之子，不有見焉，則弗友也，君子以辟遠也。故朋友之交，主人不在，不有大故，則不入其門。以此坊民，民猶以色厚於德。」見，賢遍切。辟，音避。遠，去聲，下遠色同。

鄭氏曰：「有見，謂睹其才藝。同志爲友。大故，喪病也。」

○子云：「好德如好色。諸侯不下漁色。故君子遠色以爲民紀，故男女授受不親。御婦人則進左手。姑、姊、妹、女子子已嫁而反，男子不與同席而坐，寡婦不夜哭。婦人疾，問之，不問其疾。以此坊民，民猶有淫泆而亂於族。」好，呼報切。泆，音逸。

鄭氏曰：「好德如好色，此句似不足。論語曰『未見好德如好色』，疾時人厚於色之甚，而薄於德也。不下漁色，不内取於國中也。昏禮始納采，謂采擇其可者也。國君而内取象捕魚然。中網取之，是無所擇也。亂於族，犯非妃匹也。」

○子云：「昏禮，壻親迎見於舅姑。舅姑承子以授壻，恐事之違也。以此坊民，婦猶有不至者。」

迎，魚敬切。

鄭氏曰：「舅姑，妻之父母也。妻之父爲外舅，妻之母爲外姑。父戒女曰：『夙夜無違命。』母戒女曰：『毋違宫事，不至不親夫以孝舅姑。』」孔氏曰：「壻親迎之時，見婦之父母。婦之父母承奉女子以付授於壻而戒之，恐此女子於昏事乖違也。」方氏曰：「昏禮，父母戒女毋違命、毋違宫事，故曰恐事之違也，不至謂違婦事而有所不至也。」

右記汎論之辭，凡三十九節。

表記第三十二

篇内第十章言「仁者天下之表」，故以表名篇。

子言之：「歸乎！君子隱而顯，不矜而莊，不厲而威，不言而信。」

呂氏曰：「自此至『瀆則不告』，大指言敬而已。歸乎者，猶在陳曰『歸與歸與』也。」澄曰：「隱而顯，闇然而日章是也。容貌不須矜持，而自莊敬。顏色不須嚴厲，而自有威儀可畏也。不待發爲言語，而人自信之，信在言前故也。」○軾按：隱而顯，冒下三句，不矜、不厲、不言，隱也。莊威信，顯也。「歸乎」疑有誤。當作「於戲」，歎美詞也。

○子曰：「君子不失足於人，不失色於人，不失口於人，是故君子貌足畏也，色足憚也，言足信也。」甫刑曰：「敬忌而罔有擇言在躬。」

鄭氏曰：「失，謂失其容止之節也。忌之言戒也。」呂氏曰：「曾子告孟敬子：『君子所貴乎道者三，容貌、辭氣、顏色而已。』所謂足者，舉動是也。舉動即貌也，主於足，故言足也。色者，顔色見於面目者也。口者，言辭是也。脩此二者，敬而已矣，不敬則失之。故貌敬則足畏也，色敬則足憚也，言敬則足信也。」

○子曰：「裼襲之不相因也，欲民之毋相瀆也。」裼，思歷切。

鄭氏曰：「不相因者，以其或以裼爲敬，或以襲爲敬。禮盛者襲，執玉龜之屬是也。禮不盛者裼，受享是也。」孔氏曰：「裼，露見裼衣。襲，重襲上服。」案，聘禮賓初行聘時，賓襲執圭。至聘訖受享時，賓裼奉束帛加璧。案：行享執璧亦是玉。於時裼衣者，比聘時執玉爲輕故也。介禮輕，裼而執圭以授賓，賓禮重，則襲而後受圭，是賓介亦裼襲不相因。○軾按：禮有節文，偏於一則瀆矣，相因者偏於一者也。

○子曰：「祭極敬，不繼之以樂。朝極辨，不繼之以倦。」樂音洛，朝音潮。

鄭氏曰：「極，猶盡也。辨，分别政事也。」吕氏曰：「極敬者，誠意至也。極辨者，節文明也。竭吾誠意以求神，苟至於樂則敬弛。朝廷之禮，别嫌明微，正名分，辨貴賤之等，叙群吏之治。苟至於倦，則入於苟簡。」

○子曰：「君子慎以辟禍，篤以不揜，恭以遠恥。」辟音避。遠去聲。

吕氏曰：「慎、篤、恭三者，皆行之敬也。慎其行則寡過，況於禍乎？暴虎馮河，死而不悔者，不慎而取禍者也。篤其行則誠著，何事於揜乎。閒居爲不善，無所不至，及見君子，則揜不善而著其善，不篤而好揜者也。恭其行則人敬，何事於恥乎！侮人者人亦侮之，不恭而近恥者也。」

○子曰：「君子莊敬日彊，安肆日偷。君子不以一日使其躬儳焉如不終日。」儳，在鑑切。

應氏曰：「收斂則精神內固，操存則血氣不浮，故日進於彊。宴安則物欲肆行，縱肆則膚體懈弛，或日趨於偷。儳，參差不齊之貌。心無所檢束，而紛離散亂，遂至儳焉錯出。外既散亂而不整，內亦拘迫，故如不終日也。君子主一以直內而斯須無不莊之態，則心廣體胖，泰然自適，何至於如不終日乎？」

○子曰：「齊戒以事鬼神，擇日月以見君，恐民之不敬也。」齊側皆切，見賢遍切。

鄭氏曰：「擇日月以見君，謂臣在邑竟者。」孔氏曰：「朝廷之臣，每日朝君，何云擇日月。或出使在外，或食邑別都，見君須擇日月也。」方氏曰：「玉藻言：『將適公所，宿齊戒。』則見君者，非不齊戒。周官言：『祭祀前期十日，帥執事而卜日，遂戒。』則事鬼神者，非不擇日月。而此於鬼神言齊戒，於君言日月者，蓋齊戒在人。日月在天，神道至幽，故主言在人者以明之。君道至明，故主言在天者以神之，亦各有所當也。且神道至幽，人之於神，不可瀆也，必有事焉，然後齊戒。故鬼神必言事，而不可以言見。君道至明，臣之於君，無適而非事也。必欲見之，乃擇日月，故君止言見而不必言事。」

○子曰：「狎侮，死焉而不畏也。」

孔氏曰：「君子恒行恭敬，小人遞相輕狎，侮慢相侵，雖有禍害而不知畏懼也。」

○子曰：「無辭，不相接也。無禮，不相見也，欲民之毋相褻也。易曰：『初筮告。再三瀆，瀆則不告。』」褻，息列切。告音梏。

鄭氏曰：「辭，所以通情也。禮，謂贄也，瀆之言褻也。」孔氏曰：「前明小人狎侮至於死亡，此明君子無相褻瀆。言朝聘會聚，必有言辭以通情意，贄幣之禮以示己情，引易蒙卦辭證無相褻瀆之義。」

○子言之：「仁者，天下之表也。義者，天下之制也。報者，天下之利也。」

方氏曰：「仁足以長人，故曰天下之表。義足以方外，故曰天下之制。表，猶君子表微之表。制，猶聖人制行之制。仁義之表制，而繼之以報之利，則報者禮也。曲禮曰：『大上貴德，其次務施報。』」又曰：「禮尚往來，則報之爲禮固明。不曰禮而曰報者，以禮不止於報故也。」○軾按，利者，順也，一往一來而後人情乃安。先王制禮，所以順而導之也。

○子曰：「以德報德，則民有所勸。以怨報怨，則民有所懲。詩曰：『無言不讎，無德不報。』大甲曰：『民非后，無能胥以寧。后非民，無以辟四方。』」辟音璧。

○子曰：「以德報怨，則寬身之仁也。以怨報德，則刑戮之民也。」

方氏曰：「以德報怨，則忘人之怨。雖不足以有懲，而衆將德之而有裕矣。故曰：『寬身之仁也。』以怨報德，則忘人之德。既不足以勸，而衆且怨之而不容矣。」

○子曰：「無欲而好仁者，無畏而惡不仁者，天下一人而已矣。是故君子議道自己，而置法以民。」好惡並去聲。

鄭氏曰："一人而已，喻少也。"澄曰："言好仁惡不仁，皆非有所爲而爲之者也。"〇軾按：無所爲而爲者，不可以望之衆人，故置法以治之。法者，善有賞，不善有罰，故民皆知勸善而懲惡，若律己則惟知有道而已。爲善未必福，而善不可不爲，爲不善未必禍，而不善必不可爲也。

〇子曰："仁有三，與仁同功而異情。與仁同功，其仁未可知也。與仁同過，然後其仁可知也。仁者安仁，知者利仁，畏罪者彊仁。"彊，其兩切。

鄭氏曰："仁有三，謂安仁、利仁、彊仁也。利仁、彊仁，功雖與安仁者同，本情則異。功者，人所貪也。過者，人所辟也。在過之中，非其本情者，或有悔者焉。"呂氏曰："仁者安仁，無欲而好仁，無畏而惡不仁者也。知者利仁，有欲而好仁者也。畏罪者彊仁，有畏而惡不仁者也。三者之功，同歸於仁，而其情則異。功者齊桓公九合諸侯，一匡天下，湯武之舉不過乎是，而其情則不同，故其仁未可知也。過者有不幸而致焉，周公使管叔監殷，管叔以殷畔，過於愛兄而已。孔子對陳司敗問昭公知禮，過於諱君而已。皆出乎情而無僞，故其仁可知。"

〇仁者，右也；道者，左也；仁者，人也；道者，義也。厚於仁者薄於義，親而不尊；厚於義者薄於仁，尊而不親。道有至有義有考。至道以王，義道以霸，考道以爲無失。

又承上文而申其意。人身脈候之位，右上而左微下。日用動作之便，右優而左稍劣。仁右義左，猶言禮先樂後，志至氣次云爾。蓋仁者，中心所具之德，體也。道者，事物所由之路，用也。體先用後，體至用次，故借右左二字以喻其有分，非謂一尊一卑，相去懸絶也。仁之爲體，以此心之在人者言，故曰人也。道之爲用，以事物之義理而言，故曰義也。人之氣稟，得生物之氣多者，仁厚而義薄。得收物之氣多者，義厚而仁薄。仁者，温然之慈惠，故人親愛之。義者，截然之裁制，故人尊敬之。道者，左也。道者，義也。此二道字，專指義而言至道。義道考道，三道字，兼仁義而言，五常之總名也。至道，謂道之極至而蔑加者，即安仁之聖也。義道，謂道之以義而入門者，即利仁之賢也。考道，謂道之以稽考尋究而後得者，即彊仁之人，希賢者也。全德純備，不學而能。仁體渾成，而包并乎義，是爲安仁者之至道。隨事詳察篤行，乃能一以貫之。義理精熟，而造詣乎仁，是爲利仁者之義道。勇敢鋭進，悉心竭力，十倍百倍其功。以從義求仁，而後可與利仁者一，是爲彊仁者之考道。三者之德有異，因其德，差其位，則至道之聖人，可以君天下而爲主。義道之賢人，可以長諸侯而爲霸。考道之亞於賢，雖未可爲諸侯之長，亦可保其諸侯之國而不失。或下而爲卿大夫士，能保其家，能保其身，俱可謂之無失者。應氏曰：「至道即仁也，至道渾而無迹，故得其渾全精粹以爲王。義道嚴而有方，故得其裁制斷制以爲霸，盡稽考之道而事不輕舉焉，亦可以無失矣。」石梁王氏曰：「義道以霸，非孔子之言。」

○子言之：「仁有數，義有長短小大。中心憯怛，愛人之仁也。率法而彊之，資仁者也。詩云：『豐水有芑，武王豈不仕？詒厥孫謀，以燕翼子，武王烝哉！』數世之仁也。國風曰：『我今不閲，皇恤我後。』終身之仁也。」閲音悦。

鄭氏曰：「資，取也，數與長短小大互言之耳。性仁義者，其數長大。取仁義者，其數短小。」孔氏曰：「中心憯怛，天性自仁者也。率法而彊之，取仁而行者也。以大雅文王有聲美武王之詩，以證性仁者其數長。武王行仁遺及子孫，故曰數世之仁。又引邶國風谷風之篇，證取仁而行，唯在一身，何暇憂及後世，是終身之仁也。」呂氏曰：「以其誠心愛人，故曰愛人之仁。以其有取於外，故曰資仁。此所發淺深之數也。數世之仁，終身之仁，此所施遠近之數也，故曰仁有數。義有長短小大者，義無定體，唯其所宜而已，宜長則長，宜短則短，宜大則大，宜小則小。如孔子可以仕則仕，可以止則止，可以久則久，可以速則速。禮有以高爲貴者，以下爲貴者；有以大爲貴者，以小爲貴者之類是也。故曰義有長短大小。此章論仁而及義者，蓋仁之數是亦義也。」沈氏曰：「仁所以有等級者，爲義有長短小大也。禮運曰：『義者，藝之分，仁之節也。』不可分仁義説。」

○子曰：「仁之爲器重，其爲道遠，舉者莫能勝也，行者莫能致也。取數多者仁也。夫勉於仁

者，不亦難乎！是故君子以義度人，則難爲人；以人望之，則賢者可知已矣。」勝音升。數，色住切。夫音扶。度，待洛切。

方氏曰：「論語曰：『士不可以不弘毅，任重而道遠。仁以爲己任，不亦重乎？死而後已，不亦遠乎？』其言正與此合。」鄭氏曰：「取數多者，言計天下之道，仁居其多。以義度人，言以先王成法擬度人則難中也，當以時人相比方耳。」張子曰：「仁道至大不可盡，但取分數多者爲仁，如九德，德多者爲賢。」呂氏曰：「舉莫能勝，行莫能致，勉之者之爲難也。以義度人者，盡義以度人者也。以人望人者，舉今之人相望也。盡義以求人，非聖人不足以當之，故難爲人。舉今之人相望，則大賢愈於小賢，小賢愈於不賢，故賢者可知已矣。」○軾按：賢者可知，謂不必聖人也。以人望之，猶云以人治人。仁之爲道，極言之，則堯舜猶病。切言之，則返求即是。

○子曰：「中心安仁者，天下一人而已矣。大雅曰：『德輶如毛，民鮮克舉之，我儀圖之。維仲山甫舉之，愛莫助之。』」輶音由。鮮，息淺切。

呂氏曰：「君子之自待，必全盡而後已。中心安仁者，天下一人而已。聖人之仁也，雖未至焉，不敢不勉。」○軾按：按此經言求仁不可不勉，當如仲山甫舉人之所不能舉，而不求助於人也。

○小雅曰：「高山仰止，景行行止。」子曰：「詩之好仁如此。鄉道而行，中道而廢，忘身之老也，不知年數之不足也。俛焉日有孳孳，斃而後已。」景行如字。好、鄉並去聲。俛音勉。孳音兹。斃音弊。

朱子曰：「仰，瞻望也。景行，大道也。言高山則可仰，大道則可行。澄謂引詩斷章，蓋借仰高山以興行大道也。鄉此大道而行之，行至中半，力不能進而後止。若猶能進，則不止也。好仁之甚，故力行不輟如此。」孔氏曰：「古昔聖賢，好愛仁德。如此之甚，鄉仁道而行力罷極而始休。廢於中道，忘己身之衰老，不覺知年數之不足，猶行仁不止。俛俛焉勤勞，每日孳孳，惟力之斃仆而後已也。」呂氏曰：「不以高矣美矣爲不可跂及而不勉。所以不知年數之不足，俛焉日孳孳斃而後已。鄉道而行，中道而廢，謂力不足者，非不爲也。」張子曰：「不知年數之不足，是夭壽不貳也。」○軾按：中道而廢，謂豈肯中道而廢也。

○子曰：「仁之難成久矣，人人失其所好，故仁者之過易辭也。」易，以豉切。

鄭氏曰：「辭，猶解說也。仁者雖有過，不爲甚矣，惟聖人無過。」方氏曰：「自人言之，則好莫如仁。人能好仁，則得其所好矣。以其反此而失其所好，此仁所以難成歟？苟仁矣，雖有過易辭也，況無過乎。以仁者之過，過於厚故也。若周公使管叔監殷，孔子謂昭公知禮，非無過也。然周公之過，過於愛親。孔子之過，過於愛君。爲君親而有過，此所爲易辭。」○軾按：人人失其好，猶云天地有憾，堯、舜猶病，惟其然，故仁者不能無過。

〇子曰：「恭近禮，儉近仁，信近情，敬讓以行此，雖有過其不甚矣。夫恭寡過，情可信，儉易容也。以此失之者，不亦鮮乎。詩云：『温温恭人，惟德之基。』」

孔氏曰：「禮主於敬，故恭近禮。儉不費用，無害於物，故近仁。言語信實，故近情。儉易容者，儉則寡求，故易容也。所引詩大雅抑之篇，結上文『恭近禮』也。」馬氏曰：「恭則不侮人，禮也，而未盡禮之道，故近禮。儉則不奪人，仁也，而未盡仁之道，故近仁。信則不欺於物，情也，而未盡情之道，故近情。情猶言實也，中以恭儉信爲守，而行之以敬讓，故雖有過，其不甚矣。恭而不與相競，故寡過。物之所以不可信，以其虚也，有其實則可信。儉則寡於欲而易以處，故易容。」方氏曰：「得則爲當，失則爲過，過之不甚，猶其失之鮮，故始言過，終又言失。」吕氏曰：「温温恭人，雖未成德，斯德之基矣。」

〇子曰：「仁之難成久矣，唯君子能之。是故君子不以其所能者病人，不以人之所不能者愧人。是故聖人之制行也，不制以己，使民有所勸勉愧恥以行其言。禮以節之，信以結之，容貌以文之，衣服以移之，朋友以極之，欲民之有壹也。小雅曰：『不愧於人，不畏於天。』」制行，下孟切。

移，昌氏切。

鄭氏曰：「惟君子能之，言能成仁道者少也。病人愧人，謂罪咎之。聖人之制行，以中人爲制，則賢者勸免，不及者愧恥，其言乃行也。移，猶廣大也。極，致也。壹，謂專心於善。」吕氏曰：「君子固賢於衆人矣。君子之所能，衆人必有不能者矣。使衆人儌己之所能，則病矣。使衆人自彰其不能，則愧矣。故聖人制行以立教，必與天下共之，以天下之所能行者爲之法，所以爲達道也。」張子曰：「制行以己，非以用乎人。」孔氏曰：「朋友以極之，謂相勉勵以極致於道也。自禮以節之以下，所以欲民之專心壹意於善道也。」澄曰：「上言愧人，我愧之也。下言愧恥，彼自愧也。」

○是故君子服其服，則文以君子之容；有其容，則文以君子之辭；遂其辭，則實以君子之德。是故君子恥服其服而無其容，恥有其容而無其辭，恥有其辭而無其德，恥有其德而無其行。是故君子衰絰則有哀色，端冕則有敬色，甲胄則有不可辱之色。詩云：「惟鵜在梁，不濡其翼。彼記之子，不稱其服。」衰，七雷切。鵜，音啼。稱，繩證切。

鄭氏曰：「遂，猶成也。無其行，謂不行其德。」孔氏曰：「實猶充也。」澄曰：「此言服必有其容，容必有其辭，辭必有其德，以三是故發語端。第二是故又添行字，謂必行之於外而后德可見也。是故至引詩，但言服必有容。一事，彼二事亦猶是也。」

〇子言之：「君子之所謂義者，貴賤皆有事於天下。天子親耕，粢盛秬鬯以事上帝，故諸侯勤以輔事於天子。」粢音咨，盛音成，秬音巨，鬯敕亮切。

呂氏曰：「所謂義者，不可以不事事也。雖天子必有事焉，況於諸侯乎！」應氏曰：「天子竭力致敬以尊乎上帝，則諸侯亦服勤以輔事乎天子。」孔氏曰：「天子事上帝，諸侯事天子，是貴賤皆有事於天下。案小宰注云：『天地大神，至尊不祼，此祭上帝有秬鬯者。凡鬯有二：若和之以鬱，謂之鬱鬯，鬱人所掌是也，祭宗廟則用以灌也；若不和鬱，謂之秬鬯，鬯人所掌是也。謂五齊之酒，以秬黍爲之，以芳芬調暢，故言秬鬯，得以事上帝。』」某氏講義曰：「貴賤皆有事於天下，乃君子之所謂義也。天子親耕籍田，爲粢盛以充簠簋，爲秬鬯以實尊彝。天子之所以自致者如此，爲諸侯者，所以竭勤勞，駿奔走，以輔事天子也。天子所以事上帝，即諸侯所以事天子，其義一也。」

〇子曰：「下之事上也，雖有庇民之大德，不敢有君民之心，仁之厚也。是故君子恭儉以求役仁，信讓以求役禮，不自尚其事，不自尊其身，儉於位而寡於欲，讓於賢，卑己而尊人，小心而畏義，求以事君。得之自是，不得自是，以聽天命。詩云：『莫莫葛藟，施於條枚。凱弟君子，求福

不回。』其舜、禹、文王、周公之謂與？有君民之大德，有事君之小心。詩云：『惟此文王，小心翼翼。昭事上帝，聿懷多福。厥德不回，以受方國。』」庇，必利切。藟音誄。施，以豉切。與音餘。

鄭氏曰：「役之言爲也，得之自是，不得自是，言不易道徼禄利也。樂易之君子，其求福脩德以俟之，不爲回邪之行以要之。方，四方也。受四方之國，謂王天下。」孔氏曰：「恭敬節儉以求爲仁，信實退讓以求爲禮。不問利禄，得之與失，恒行其是，不苟易其道也。」方氏曰：「恭儉可爲仁之用，信讓可爲禮之用，故以役言。求役者，求仁禮之役也。事雖爲人所尚，己未嘗自尚之也。身雖爲人所尊，己未嘗自尊之也。儉於位，非貪位也。寡於欲，非慕禄也。讓於賢，非争名也。卑己故能尊人，小心故能畏義。君子之爲此者，豈它求哉！求以事君而已。以是事君而得君者，義也。以是事君而不得君者，則有命存焉。庇民者，止足以覆物。君民者，又足以命物。若舜禹之受禪，文王之受命，周公之攝政，皆君民之事也。雖然，豈嘗有是心哉。」石林葉氏曰：「恭儉求役仁，故不自尚其事。儉於位，寡於欲，皆役仁之事也。信讓求役禮，故不自尊其身。讓於賢，卑己以尊人，皆役禮之事也。小心而畏義，求以事君，所以知人。得之不得，自是以聽天命，所以知天。獨言舜禹文王周公者，蓋爲臣有事君之小心，而天子又薦之於天。惟舜禹爲有命，爲臣而有君民之大德。天子不薦之於天，惟文王周公爲有義，凱弟君子。民之父母，求福不回，義也。厥德不回，以受方國，命也。若湯武則反其常分，亦義之變，所以不及言也。」

○軾按：君民謂自專擅人，臣施德於民，必稱君命，所謂善則歸君，愛君之至也。役仁役禮者，以其身爲仁禮用，而竭力以奉之也。

○子曰：「先王謚以尊名，節以壹惠，恥名之浮於行也。是故君子不自大其事，不自尚其功，以求處情；過行弗率，以求處厚；彰人之善，而美人之功，以求下賢。是故君子雖自卑，而民敬尊之。」謚音示。

鄭氏曰：「謚者，行之迹也。壹讀爲一。惠，猶善也，言聲譽雖多，以其行一大善爲謚。率，循也，過行不復循行，猶不貳過也。」張子曰：「節以壹惠，惠字，必是古德字。」方氏曰：「生有名，死有謚，有謚則諱其名矣，故曰：『謚以尊名。』公叔文子之子請謚，而曰請所以易其名是矣。謚以誄行而爲之，然行不一也，有不勝言，以所隆者之一端而爲之節。故曰：『節以壹惠。』若文王之爲文，武王之爲武，壹惠之道也。行雖多而節之，則名不浮於行矣。聲聞過情，君子恥之。自大自尚者近於僞，故不自大其事，不自尚其功，以求處情。人之過也多過於薄，況過而不改乎！故過行弗率，以求處厚。蔽人之善，害人之功，是妬賢而已。故彰人之善，美人之功，以求下賢，凡此皆自卑之道也。」楊子曰：「自下者人高之，易曰：『卑而不可踰。』故曰君子雖自卑而民敬尊之。」

○子曰："后稷，天下之爲烈也，豈一手一足哉！唯欲行之浮於名也，故自謂便人。"

吕氏曰："后稷之教民稼穡，無此疆爾界，天下之利，萬世之功也。其爲烈也，非一手一足之所能及也，然猶不自以爲功，自謂便習是事之人而已。"

○子言之："君子之所謂仁者，其難乎！詩云：'凱弟君子，民之父母。'凱以彊教之，弟以悦安之。樂而毋荒，有禮而親，威莊而安，孝慈而敬，使民有父之尊，有母之親。如此而后可以爲民之父母矣，非至德，其孰能如此乎。"彊，其良，又上聲切。樂音洛。

吕氏曰："此言君子之仁兼乎尊親。先儒訓凱爲樂，弟爲易。此云彊教之，悦安之，宜若有異。詩有凱風：周官：'王師大獻，則奏凱樂。'左氏傳：'高陽氏有才子，謂之八凱。'凱風，鼓動長養之風也。凱樂，戰勝之樂也。八凱謂之才子，則性和而有才者也，皆有盛彊之意故訓彊。兄弟之弟，孝弟之弟，皆順也。有説下之道，故訓悦彊教之者。以道驅之，如佚道使民，雖勞不怨也。説安之者，得其心之謂。説以使民，民忘其勞。説以犯難，民忘其死者也。樂，悦安也，毋荒則有教矣。有禮，彊教也，親則悦矣。威莊，彊教也，安則悦矣。孝慈悦也，敬則有教矣。彊教則父之尊存焉，説安則母之親存焉。"

○今父之親子也，親賢而下無能；母之親子也，賢則親之，無能則憐之。母親而不尊，父尊而不親。水之於民也，親而不尊，火尊而不親。土之於民也，親而不尊，天尊而不親。命之於民也，親而不尊，鬼尊而不親。

上言至德之君子，能兼有父母之尊親，此則言其各偏於一而不兼有者。孔氏曰：「下，謂下賤之。父主義，故於子分別。母主恩愛而已。」呂氏曰：「尊親之義，自父母而推之，當其彊教也，則不純以恩，故賢則親之，無能則下之。當其說安也，則有收而無絶，故賢則親之，無能則憐之。此父母尊親之異也。水者，民狎而翫之。火者，民望而畏之。此水火尊親之異也。地近人可得而履，天遠人不可階而升，此天地尊親之異也。君之命見於事，近人而可行也。鬼之道存諸理，遠人而不可私也。此人鬼尊親之異也。」

○子曰：「夏道尊命，事鬼敬神而遠之，近人而忠焉。先禄而後威，先賞而後罰，親而不尊。其民之敝，惷而愚，喬而野，朴而不文。殷人尊神，率民以事神，先鬼而後禮，先罰而後賞，尊而不親。其民之敝，蕩而不静，勝而無恥。周人尊禮尚施，事鬼敬神而遠之，近人而忠焉。其賞罰用爵列，親而不尊。其民之敝，利而巧，文而不慙，賊而蔽。」遠去聲。惷，傷容切。喬，音驕。施去聲。

呂氏曰：「凡尊之道，鬼也，神也，威也，罰也；凡親之道，人也，命也，禮也，禄也，賞也，施也。所尊所先者，其尚也；所遠所後者，其不尚也。夏尚忠，忠者，奉上，故尊命；殷尚質，質者不欺，故尊神；周尚文，文者多儀，故尊禮。遠鬼神而近人者，謂外宗廟而內朝廷，脩烝嘗而略盟詛也。先鬼而後禮者，謂外朝廷而內宗廟，先盟詛而後祭享也。賞罰用爵列者，如刑不上大夫，禮不下庶人，賜君子小人不同日，命夫命婦不躬坐獄訟之類。雖至於文，亦人情之近厚者，所以親而不尊也。先王之政，苟無道以救之，其末也不能無敝，如清之末至於隘，和之末至於不恭也。忠之政使民近人而已，不求其所不能知，勸於爲善而已，不責其所不能尚。及其末也，人不知進於學，故守其顓蒙。不困於刑罰，故不爲詐諼。其民則惷而愚，其風則喬而野，其事則朴而不文也。喬，高大也，如厥木爲喬之喬。妄自高大而無文，乃惷愚之風也，不必音爲矯也。忠之敝至於愚而野，故殷人尊神而救之。民知敬於鬼神，則莫非誠也，誠則質矣。尊神者，使知敬於幽；先罰者，使知敬於明而已。及其末也，求神於虛無不可知之域，則茫然不知其所安；畏威於無所措手足之地，則不知禮義之可貴。故其民動而不静，其俗勝而無恥也。質之敝尚鬼而遠人，至於勝而無恥，故周人尊禮以救之。禮，人文也，人文之著，則上下有等，親疏有辨。及其末也，溺於文而不求其實，狥於末而不反其本。故其事則利而巧，近人故苟利，尚文故巧也；其俗則文而不慚，文勝質而不知義也；其民則賊而蔽，不反其本，故賊於其末，不求其實，故蔽於虛文也。」方氏曰：「近人而忠，夏、周所同。夏之近人，本乎尊命，命之所制者簡，故敝則喬而野；周之近人，本乎尊禮，禮之所飾者煩，故敝則文而不慚。」廬陵胡氏曰：「緯說云：『夏以忠，其失野，救野莫若敬；殷以敬，其失鬼，救鬼莫若文；周以文，其失蕩，救蕩莫若忠。如循環然，周則復始。』此謬說也。三代皆忠，三代皆敬，三代皆文。夏尊命，殷尊神，周尊禮，所尊不同者，時也。雖各有敝而道未嘗不同。先儒指禮爲朝廷，則周人尊禮，亦指朝廷乎！宗廟朝廷，無非禮也。」澄曰：「遵，猶尚也。所尚者命令，謂教詔其民，與之昵近，如一家父子然。喬，如癡子狎習父母之愛而驕也。惷、愚、喬，皆内之無知，野朴不文，皆外之無矯飾。所尚者鬼神，敬畏先靈，嚴肅過於恩愛。蕩，謂馳心於幽冥。不静，謂不敢自安。所尚者禮義，禮有節度儀文而尚往來報施。其心雖忠而殺於夏，其心雖敬而殺於殷，蓋外有文飾，則與直情徑行者有間矣。如哭踊之有節，則非如自然之哀也。賊而蔽，謂雖貨財筋力之不能勝。有害於己，亦蔽於虛文而不自反也。」○軾按：教誡之謂命，夏道專事教民，不示以不測之威，故人愛而親之。不測之謂神，惟不測故可畏，殷道專務嚴肅，故人敬而尊之。近人者，上之親近乎人，上親人，故人亦親上。

○子曰：「夏道未瀆辭，不求備，不大望於民，民未厭其親。殷人未瀆禮，而求備於民。周人彊民，未瀆神，而賞爵刑罰窮矣。」厭，於豔切。彊，其兩切。

鄭氏曰：「未瀆辭者，謂時王不尚辭，民不褻爲也。不求備，不大望，言其政寬貢税輕也。彊民，言承殷難變之敝也。爵賞刑罰窮矣，言其繁文備設。」呂氏曰：「夏尚忠，忠者以行不以言，故未瀆辭。不求備者，不責人之善，故政令簡。不大望者，不竭人之忠，故貢賦輕。此民所以易從，而未厭其親也。忠之俗衰，行雖脩，猶不足以使人信，故殷始瀆辭。瀆者再三告之，如盤庚三篇是也。然殷尚質，雖辭之瀆而尚未以繁縟之文治之，故未瀆禮。責人之信已，必從而後已，所以求備於民也。質之俗衰，辭雖瀆，未足以取信於民，故周始瀆禮。分致其辨，文致其詳，責人也嚴，教人以敬，故禮先於祭祀，至敬而不祈，則未瀆神。至周未信詛盟，事祈禱，瀆神矣。彊民驅之於善，從之有爵賞，不從有刑罰，故爵賞刑罰窮矣。」澄曰：「夏雖尊命而未有言辭之彊聒，『不大望於民，民示厭其親』十字釋上『不求備』二字。殷雖尊神而未有禮文之繁縟。周尊禮，則彊民以其所不能行矣，雖敬事鬼神而能遠之，則猶未瀆神也。夏先爵賞以勸人之善爲急，殷先刑罰以懲人之惡爲急，周雖用夏之爵賞而不足以勸，雖用殷之刑罰而不足以懲，故曰窮矣。蓋承殷之後，時愈難治故也。」

○子曰：「虞、夏之道，寡怨於民。殷、周之道，不勝其敝。」勝音升。

孔氏曰：「虞、夏政寬，殷、周文煩。敝，敗也。」呂氏曰：「質者責人也略，故寡怨於民。文者責人也詳，民之不從，則窮刑賞以驅之，故不勝其敝。」

〇子曰：「虞、夏之質，殷、周之文，至矣。虞、夏之文，不勝其質。殷、周之質，不勝其文。」勝，世證切。

鄭氏曰：「至矣，言後有王者，其作質文，不能易之。」孔氏曰：「至，謂至極。虞夏雖有其文，但文少而質多，故不勝其質。殷雖有其質，亦質少而文多，故不勝其文。」

〇子言之曰：「後世雖有作者，虞帝弗可及也已矣。君天下，生無私，死不厚其子，子民如父母，有憯怛之愛，有忠利之教，親而尊，安而敬，威而愛，富而有禮，惠而能散。其君子尊仁畏義，恥費輕實，忠而不犯。義而順，文而静，寬而有辨。甫刑曰：『德威惟威，德明惟明。』非虞帝其孰能如此乎？」憯，七感切。怛，旦達切。

鄭氏曰：「言既不傳位，又無以豐饒於諸臣也。恥費，不爲辭費出空言也。實，謂財貨也。辨，别也，猶寬而栗也。德所威，則人皆畏之，言服罪也。德所明，則人皆尊寵之，言得人也。」澄曰：「恥費，不侈用也。輕實，不貪財也。」按坊記、表記、緇衣三篇，蓋一手所記。坊記三十九章，緇衣二十四章，每章皆稱『子云』、『子曰』，首章獨稱『子言之』。表記一篇，稱『子言之』者八，蓋以五十三章分爲七段，每一段之首又稱『子言之』。自第二十六章至此凡六章，爲第五段。此章雖居第五段之終，然以其言虞帝之德，故特大其事而再稱子言之，俾異於前四段、後二段也。」

○軾按：生無私，謂有天下而不與也，視民如子，故愛之極其誠。憯怛，謂懇切肫摯也，孟子云：「教人以善謂之忠。」利，順也，順其性而道之，虞書所謂「敬敷五教在寬」是也。愛則民安，教則民敬。威而愛，謂民皆畏舜敬舜也。富而有禮，則民興讓，惠而能散，則民興仁，不第敬愛其上而已也。君子謂在位諸臣，尊仁畏義。冒下數句，恥費輕實，謂儉而廉，財利者，仁義之賊，故特言之。忠而不犯四句，各二句爲對，書所謂「直而温，寬而栗」是也。文，謂有條理。静，謂渾穆簡易也。又按：以上五節，尊舜而貶三代，乃老莊見解，非孔子之言。

○子言之：「事君先資其言，拜自獻其身，以成其信。是故君有責於其臣，臣有死於其言。故其受禄不誣，其受罪益寡。」

鄭氏曰：「資，謀也。獻，猶進也。言臣事君，必先謀定其言，乃後親進爲君言也。死其言者，竭力於其所言之事，死而不負也。於事不信曰『誣』。」方氏曰：「先資其言者，先以言爲之資也。拜，謂受其命也。獻，謂效其能也。獻其身，將以行其言也。能行其言，故足以成其信。臣能任責，則非尸禄，故受禄不誣。臣能效死，則非有罪者矣，故受罪益寡。人亦或以忠獲罪，此所以不言無罪，止言益寡而已。」應氏曰：「資，憑藉也。古之君子，其經世之學，皆豫於胸中，至其事君，則前定之規模，先形於言，以爲藉手，而委身以成其信。自獻者，非屈身以求售，如書之自靖自獻，故受命而無所愧也。」○軾按：資兼謀與憑藉二意，惟其有藉於是，故豫謀之，言而不行是空言也。故必獻身以行其言，而後知言之非虛，是以獻身成其信也。

○子曰：「事君，大言入，則望大利，小言入，則望小利。故君子不以小言受大禄，不以大言受小禄。易曰『不家食，吉。』」

鄭氏曰：「大言，可以立大事也。小言，可以立小事也。入，謂君受之。大禄小禄，言臣受禄，各用其德能也。」孔氏曰：「小言受大禄，則臣濫；大言受小禄，則君重財而薄德也。」張子曰：「利非歸己之利，大言入則吾道可大行，是大利也。小言入，則可小利。」○軾按，人臣敬事後食，所望者於社稷蒼生有裨耳。而君之於臣，又不可無以報之。君子，謂君。受，授也。

○子曰：「事君，不下達，不尚辭，非其人弗自。小雅曰：『靖共爾位，正直是與。神之聽之，式穀以女。』」共音恭。女音汝。

鄭氏曰：「不下達，不以私事自通於君也。不尚辭，不多出浮華之言也。弗自，不身與相親。」孔氏曰：「所引小明斷章取義，明非善人不與之友也。」吕氏曰：「上達者，進乎高明，如恥其君不及堯舜，非堯舜之道。不敢陳於王前者也。下達者，趨乎污下，如謂吾君不能，逢君之惡者也。尚辭而實不稱，則欺其君者也。自者，所由以爲主者，觀近臣以其所主，觀遠臣以其所爲主。主癰疽與侍人瘠環非其人而自之也。三者皆枉己不正，非所謂靖共正直也。」

○子曰：「事君遠而諫，則讇也，近而不諫，則尸利也。」讇與諂同。

孔氏曰：「與君疏遠，彊欲諫争，是諂人望欲自達。祭祀之尸，無言辭而受享祭。近臣不諫。如尸之受利也。」吕氏曰：「非其職而諫以求自達，故曰讇。有言責而不諫，則曠官。懷禄固寵，主於爲利故曰『尸利』。」方氏曰：「遠而諫似忠而非忠，秖以爲諂耳。近而不諫，似慎而非慎，秖以爲利耳。」石梁王氏曰：「遠而諫則諂，非孔子之言。」

○子曰：「邇臣守和，宰正百官，大臣慮四方。」

鄭氏曰：「邇，近也。和，謂調和君事。宰，冢宰也，士治百官。」孔氏曰：「邇臣，親近之臣，獻可替否，毗贊於君，以調和其事。大臣謂二伯州牧，亦兼冢宰，但冢宰居中，故言正百官耳。」葉氏曰：「邇臣，三公四輔也。有所可有所否。故守和。冢宰，天官也，群吏廢置所自出，故正百官。大臣，牧伯也，諸侯藩衛所自出，故慮四方。」應氏曰：「其序先君德而後朝廷，先朝廷而後天下也。」

○子曰：「事君欲諫不欲陳。詩云：『心乎愛矣，瑕不謂矣。中心藏之，何日忘之？』」

鄭氏曰：「陳，謂言其過於外。瑕之言胡也，謂猶告也。」方氏曰：「陳善閉邪謂之敬，故諫不欲陳，陳之則是暴君之過矣。」澄曰：「引詩中心藏之，明不欲陳其過於外之意。」

○子曰：「事君難進而易退，則位有序；易進而難退，則亂也。故君子三揖而進，一辭而退，以遠亂也。」易以豉切。遠去聲。

鄭氏曰：「亂謂賢否不別。」呂氏曰：「所謂位有序，小德役大德，小賢役大賢也。所謂亂，賢不肖倒置也。」○軾按：進易退難者，貪位者也。吾賢於人而貪位，不賢之人，有居吾上者矣。吾不如人賢而貪位，賢人有蔽於吾下者矣。賢不肖倒置，所謂亂也。

○子曰：「事君，三違而不出竟，則利祿也。人雖曰『不要』，吾弗信也。」竟音境。要，於遥切。

方氏曰：「三違而不出竟，内實利之，而外强違之，非要君而何？」鄭氏曰：「利祿言爲貪祿留也，臣以道去君，至於三而不遂去，是貪位也。」

○子曰：「事君慎始而敬終。」

鄭氏曰：「輕交易絶，君子所恥。」延平周氏曰：「進以禮，所以滇始。退以義，所以敬終。」

方氏曰：「慎始，翔而後集，敬終不爲苟去。」

○子曰：「事君可貴可賤，可富可貧，可生可殺，而不可使爲亂。」

鄭氏曰：「亂，謂違廢事君之禮。」○軾按：枉道謂之亂，可殺而不可使亂，虞人之不枉是也。

○子曰：「事君，軍旅不辟難，朝廷不辭賤。處其位而不履其事，則亂也。故君使其臣，得志則慎慮而從之，否則孰慮而從之，終事而退。臣之厚也。易曰：『不事王侯，高尚其事。』」辟音避。難，乃旦切。朝音潮。

鄭氏曰：「履猶行也，君使其臣，謂使之聘問師役之屬也。」孔氏曰：「在軍旅之中，不辟危亡之難。在朝廷之中，不辟卑賤之所。得志，謂君使當己之才也。終事，謂事畢也。既本非己才，事竟即辭而退也，得志及不得志，並從而無違，是臣行之篤厚也。引易蠱卦上九爻辭以證終事而退。」吕氏曰：「此篇言亂者有三。易進而難退，則亂，亂於賢不肖者也；不可使爲亂，亂於理義者也；處其位而不履其事則亂，亂於名實者也。得志者，合所使之臣素志也。否者，不合其素志也。臣受君命，雖有所合，不敢以得志而自滿，故慎慮而從之，臨事而懼。好謀而成者也。有所不合，又非所宜辭，亦不敢怨於不得志而下事事，故熟慮而從之，不辱君命，盡其義而無悔。仕而不事事則不恭，不得志而不去則懷，懷與不恭，皆君子所不由。故不得志者，雖熟慮以從事，卒事則致爲臣而去，所以自免而不累乎上，故曰臣之厚也。」○軾按：不得志有二：一違其願，一違其才。違其願者，如北山詩人，勞於王事，不得養其父母之類是也；違其才者，或才大而局於小，或任重而屈於力，如士元不堪百里，孟公綽不可爲滕、薛大夫是也。熟慮而從者，静氣平心，周咨博考，務於國事有濟。若必不可爲，亦不得勉從以辱君命。可爲而不爲，非避難，即辭賤也。不可爲而爲，是重違君而輕誤國也。經言『從』，不言『不從』，然曰『熟慮而從』，則亦有不從者矣。

○子曰：「唯天子受命於天，士受命於君。故君命順，則臣有順命，君命逆，則臣有逆命。詩曰：『鶉之姜姜，鵲之賁賁，人之無良，我以爲君。』」鶉，士倫切。賁音奔。

呂氏曰：「君之命出乎禮義則爲順，爲臣者將不令而行。君之命不出於禮義則爲逆，爲臣者雖令不從矣。詩刺衛君無德，國人恥以爲君，蓋言君逆天命，則臣子亦逆君之命。」陸氏曰：「唯讀如字，天子受命於天，猶士受命於君，所謂士死制是也。」胡氏曰：「順命，言遜於汝志也。逆命，言逆於汝志也。先儒謂逆命爲行逆，非也。」

○子曰：「君子不以辭盡人，故天下有道，則行有枝葉；天下無道，則辭有枝葉。是故君子於有喪者之側，不能賻焉，則不問其所費。於有病者之側，不能饋焉，則不問其所欲；有客不能館，則不問其所舍。故君子之接如水，小人之接如醴。君子淡以成，小人甘以壞。小雅曰：『盗言孔甘，亂是用餤。』」行去聲。賻音附。餤音談。

呂氏曰：「枝葉者，榦之文也。天下有道，則人致文於行。禮儀三百，威儀三千，乃行之文也。故曰『行有枝葉』。天下無道，則人致文於辭。詩曰：『巧言如簧。顏之厚矣。』乃辭之文也。辭有枝葉，則有言而無實。君子之接人也，以信，而不以苟悦人，故如水淡而可久。不能惠則不問，此交之所以全而無後怨。故曰：『淡以成。』小人之接人也，苟悦而不以信，故如醴之甘，而不可久。能問而不能惠，取悦於頃刻，而不顧其後，此交之所以難保，故曰：『甘以壞。』故凡言之甘而不出乎誠心者，必將有以盜諸人。傳曰：『幣重而言甘，誘我也。』甘言入，則受其盜，故言盜言孔甘，亂是用餤。」

○子曰：「君子不以口譽人，則民作忠。故君子問人之寒則衣之，問人之飢則食之，稱人之美則爵之。國風曰：『心之憂矣，於我歸説。』」譽音余。衣之，於既切。食之音嗣。説音悦，又始鋭切。

鄭氏曰：「譽，繩也。」孔氏曰：「繩以度量於物，凡口譽於人，亦須量之於心，故以譽爲繩。此引詩斷章，證疾虚言義，不與詩相當也。」

○子曰：「口惠而實不至，怨菑及其身。是故君子與其有諾責也，寧有已怨。國風曰：『言笑晏晏，信誓旦旦。不思其反，反是不思，亦已焉哉。』」菑音災。已怨音以。晏於諫切。

鄭氏曰：「已，謂不許也。言諾而不與，其怨大於不許。」孔氏曰：「諾，謂許人物。責，謂許而不與被責也。引詩氓之篇，證諾而不與，被人所怨也。」

○子曰：「君子不以色親人。情疏而貌親，在小人則穿窬之盜也與？」窬，羊朱切。與音余。

孔氏曰：「色親人，謂以虚僞善色，詐親於人也。情疏貌親，内外乖異，心不慤實，怕畏於人，如細人姦盜也。」方氏曰：「貌雖親，而情實疏，恐人之見其情也，又何異穿窬之盜。」

〇子曰：「情欲信，辭欲巧。」

軾按：此節承上『不以色親人』，謂情欲其信耳，辭寧欲其巧乎！

〇子言之：「昔三代明王，皆事天地之神明，無非卜筮之用，不敢以其私褻事上帝。是故不犯日月，不違卜筮。卜筮，不相襲也。」

鄭氏曰：「神明，謂群神也，無非卜筮之用，言動任卜筮也。日月，謂冬夏至正月及四時也。所不違者，日與牲尸也。」吕氏曰：「郊所以事上帝，卜日而用之，不敢必其期也，卜牲而養之。不敢必其物也，是乃不敢以私褻事之也。日月者。如冬日至，圜丘以祀天神；夏日至，方澤以祀地祇；四時迎氣用四立。此皆素有定日，不用卜。至於它祭祀之當卜日者，不可犯此素定之日也。它祭祀之卜日，既不犯此素定之日。然所卜之日，既卜之吉，則不可違，故曰不犯日月。不違卜筮，違之犯之，皆不敬也。」〇軾按：無非用卜筮，謂牲物皆用卜筮也，所以然者，以上帝不可以私褻事也。言上帝，地祇可知矣。不犯日月，犯亦違也，謂除一定之日月不可違，其餘則概從卜筮，而卜筮又不可相襲。襲，謂重複，鮮見曲禮，原本不相襲句，割屬下節未當。

大事有時日，小事無時日，有筮。外事用剛日，內事用柔日，不違龜筮。子曰：「牲牷、禮樂、齊盛，是以無害乎鬼神，無怨乎百姓。」牷音全。齊音粢。盛音成。

鄭氏曰：「襲，因也。大事有時日，有事於大神有常時常日。有事於小神，無常時常日，臨有事筮之。剛日柔日，順陰陽也，陽爲外，陰爲內。事之外內，別乎四郊。牷，猶純也。」方氏曰：「牲牷天産，粢盛地産，禮者威儀，樂者節奏，於物則有天産地産，於事則有威儀節奏。事物雖盡，苟或有違於龜筮焉，又烏能幽無鬼神之害，明無百姓之怨乎？故先王之於祭祀，不特卜日而又卜尸，不特卜尸而又卜牲也。違龜筮而百姓怨者，則以鬼神依人而行者也。鬼神有害，則百姓有怨可知，鬼神有禍福，故曰『害』，百姓有休戚故曰『怨』。」〇軾按：此節承上節「謂祀上帝不犯日月」，若祀別神，則無定日而用卜筮。「不違龜筮」，照陳注在「是以無害」上似當。

子曰：「后稷之祀易富也。其辭恭，其欲儉，其祿及子孫。詩曰：『后稷兆祀，庶無罪悔，以迄於今。』」易，以豉切。迄，許汲切。

鄭氏曰：「富之言備也，以傳世之祿，供儉者之祭，易備也。」呂氏曰：「后稷之祀，竭力以供粢盛，無非誠信，故易備也。其祀也未無罪悔，以其辭恭，其欲儉也。以迄於今，至於周，推后稷以配天，一用后稷之法，故其祿及子孫。」方氏曰：「其辭恭，則物雖薄而誠足以饗神；其欲儉，則物雖少而用足以行禮。此祀之所以易富也。盛德必百世祀，故其禄及子孫。」○軾按：富，福也。人之求福甚奢，神亦難厭其欲，若后稷之祀，神之福之易易也。辭，謂祝嘏之辭，如周禮「太祝掌六祝之辭，曰祈福、祥求、未貞」之類。后稷之詞，則不重此，但致其恭敬而已，蓋其欲儉，不願望大福，富之易者以此，然雖不求福，而其福自及子孫，故引詩以證之。

○子曰：「大人之器威敬。天子無筮，諸侯有守筮。天子道以筮。諸侯非其國，不以筮，卜宅寢室。天子不卜處大廟。」

鄭氏曰：「威敬，言其用之尊嚴。天子無筮，謂征伐出師若巡守也。天子至尊，大事皆用卜。守筮，守國之筮，國有事則用之。道以筮者，始將出卜之，道有小事，則用筮。諸侯入它國，則不筮，不敢問吉凶於人之國也。」某氏説義：「威敬不着人説，只言龜筮之體，惟其威敬，故用之有辨。『天子』二句，或用卜不用筮，或用筮不用卜。下四句，是不用筮者有時而用筮，用筮者又有時而不用筮，不用卜者有時而用卜，用卜者又有時而不用卜，用此器有辨，正見威敬處，非威敬之實也。」○軾按：　威，畏也，龜筮尊嚴，使人畏敬也。天子卜，諸侯筮，言龜筮尊嚴，不得任意輕用。

○子曰：「君子敬則用祭器。是以不廢日月，不違龜筮，以敬事其君長。是以上不瀆於民，下不褻於上。」長，知兩切。

鄭氏曰：「敬則用祭器，謂朝聘待賓客崇敬，不敢用燕器也。」呂氏曰：「君子之事天地鬼神，與事其君長其敬一也，故『敬則用祭器』。以事鬼神之敬敬之，敬之至也。不廢日月者，事其君長，各有日月，如歲之有朝覲宗遇，一日之有朝夕，不敢廢也。不違龜筮者，欲見其君長，及其所貢獻，皆卜筮而後進也。事天地神明，言不犯日月者，以其有素定之日，不可犯也。此云不廢日月，亦有素定之日，當行之而不可廢也。如此則上之待下，下之事上，莫非敬也，故『上不瀆於民，下不褻於上』也。」

右記汎論之辭，凡五十三節。

緇衣第三十三

陸氏曰：「劉瓛云：『公孫尼子所作。』」呂氏曰：「篇中有好賢如緇衣之言，故以是名篇。」

子言之，曰爲上，易事也；爲下，易知也，則刑不煩矣。易，以豉切。

鄭氏曰：「言君不苛虐，臣無姦心。則刑可以措。」呂氏曰：「上好信，則民莫敢不用情。易事者，好信故也；易知者，莫敢不用情故也。上以機心待民，則民亦以機心報上。上下之交，機心相勝。姦生詐起，犯者莫之勝禁。欲刑之不煩，不可得矣。」

〇子曰：「好賢如緇衣，惡惡如巷伯，則爵不瀆而民作愿，刑不試而民咸服。大雅曰：『儀刑文王，萬邦作孚。』」好，呼報切。惡，惡上，烏路切，下如字。

鄭氏曰：「緇衣、巷伯，皆詩篇名。緇衣，好賢之甚。巷伯，惡惡之甚。爵不瀆者，不輕爵人。試，用也。咸，皆也，刑，法也。孚，信也。儀法文王之德而行之，則天下無不爲信也。」呂氏曰：「好善不誠，雖賞不勸。惡惡不誠，雖刑不懼。好賢必如緇衣之篤，則人知上之誠好賢，不必爵命之數勸。而民起愿，惡惡必如巷伯之深，則人知上之誠惡惡，不必刑罰之施用，而民畏服。」

〇子曰：「夫民教之以德，齊之以禮，則民有格心；教之以政，齊之以刑，則民有遯心。故君民者，子以愛之，則民親之；信以結之，則民不倍；恭以涖之，則民有孫心。甫刑曰：『苗民匪用命，制以刑。惟作五虐之刑曰法。』是以民有惡德，遂絶其世也。」夫，音扶。孫，音遜。

鄭氏曰：「格，來也。遯，逃也。涖，臨也。孫，順也。甫刑，尚書篇名。匪，非也。命，謂政令也。高辛氏之末，諸侯有三苗者作亂，其治民不用政令，專制御以嚴刑，乃作五虐蚩尤之刑。以是爲法，於是民皆爲惡，起倍畔也，三苗由此見滅。」葉氏曰：「仁以愛之，信以結之，所謂教之以德也。恭以涖之，所謂齊之以禮也。德不止於一，故有仁有信，禮則恭而已矣。」

〇子曰：「下之事上也，不從其所令，從其所行。上好是物，下必有甚者矣。故上之所好惡，不可不慎也，是民之表也。」好去聲，下同。惡去聲。

鄭氏曰：「民之從君，如景逐表。」

君也。」

○子曰：「禹立三年，百姓以仁遂焉，豈必盡仁？詩云：『赫赫師尹，民具爾瞻。』甫刑云：『一人有慶，兆民賴之。』大雅曰：『成王之孚，下土之式。』」

鄭氏曰：「遂，猶達也，言百姓傚禹爲仁，非本性能仁也。孚，信也。式，法也，皆言化君也。」

○子曰：「上好仁，則下之爲仁争先人。故長民者，章志貞教，尊仁以子愛百姓，民致行己，以説其上矣。詩云：『有梏德行，四國順之。』」長知兩切，後同。説，音悦。梏，音角。

鄭氏曰：「章，明也。貞，正也。民致行己者，民之行皆盡己心。梏，大也，直也。」孔氏曰：「上好仁，則下皆爲仁，争欲先他人。爲君者，當章明己志，爲貞正之教。尊敬仁道，以子愛百姓。則民致盡行仁之意以悦樂其上矣。」吕氏曰：「章志者，明吾好惡以示之。貞教者，立不可易之道以教之。所示所教，尊仁而已。好仁惡不仁，所以示之也。明人倫於上，教之使順，不使之不順，所以教之也。所謂民致行己以悦其上，如子從父母之命，盡心力以奉之，不忍違也。」

○子曰：「王言如絲，其出如綸。王言如綸，其出如綍。故大人不倡游言。可言也，不可行，君子弗言也。可行也，不可言，君子弗行也。則民言不危行，而行不危言矣。詩云：『淑慎爾止，

不僣于儀。』」紼音弗。倡，昌尚切。行而行不，皆下孟切，後同。侃，音愆。

鄭氏曰：「綸，今有秩嗇夫所佩也。紼，引棺索也。游，猶浮也，不可用之言也。危，猶高也。言不高於行，行不高於言，言行相應也。淑，善也。僣，過也。言善慎汝之容止，不可過於禮之威儀也。」孔氏曰：「王者出言，下所傚之，其事漸大，不可不慎。綸麤於絲，紼麤於綸。按漢百官表：鄉有秩，嗇夫掌獄訟。張華云：『綸如宛轉繩。』尊大之人，不可倡道此浮游虛漫之言，恐人依象之。」澄曰：「綸以絲合爲小繩，可用以釣。」呂氏曰：「如絲如綸如紼，言其端甚微，其末甚大也。綸，綬也，大於絲矣。紼，大索也，大於綸矣。大人者，王公也。游言者，無根不定之言也。爲人上者，倡之以誠慤篤實之言。天下猶有姦欺以罔上者，苟以無根不實之言倡之，則天下茫然虛浮之風作矣，可不慎乎？言不高於行，言之必可行也。行不高於言，必爲可繼之道也。詩言善慎其容止，不過於先王曲禮之儀，引以證言行之不可過也。」

○子曰：「君子道人以言，而禁人以行，故言必慮其所終，而行必稽其所敝，則民謹於言而慎於行。詩云：『慎爾出話，敬爾威儀。』大雅曰：『穆穆文王，於緝熙敬止。』」話，胡快切。於，音烏。

鄭氏曰：「禁，猶謹也。稽，猶考也，議也。」澄曰：「道人，謂吾所言者始得言之也。禁人，謂吾所不行者，不得行之也。言以道人，故不敢輕言，而必慮其所終。行以禁人，故不敢輕行，而必稽其所敝。不輕言以道之，則民謹於言矣。不輕行以禁之，則民慎於行矣。出話，言也。威儀，行也。敬止，言文王於言於行，無一不敬也。」○軾按：道者，導之使爲善。禁者，禁之使不爲惡。言言道，行言禁，互見也。兩以字，與爲政以德道之以德以字同。謂君子以己之言行，示民法則，而道之禁之也。言之易者，其終必不能踐。行過高者，其流不免于敝。以此道民，欲其謹言慎行可得乎？吕氏曰：「進取于善者，夷考其行而不掩，猶不免于狂，况不在于善者乎？故曰言必慮其所終，夷惠之清和，其末猶爲隘與不恭。故曰行必慮其所敝。」

○子曰：「長民者衣服不貳，從容有常，以齊其民，則民德壹。詩曰：『彼都人士，狐裘黄黄。其容不改，出言有章。行歸于周，萬民所望。』」從，七凶切。望平聲。

鄭氏曰：「貳，不壹也。章，文章也。」孔氏曰：「從容有常，謂舉動有常度。壹，謂齊一不參差。」馬氏曰：「處人之上，其衣服容貌，亦不可以無常。然後民望其容貌，而其德歸於一。」○軾按：言衣服，則一身容貌統之矣。尸鳩所謂其帶伊絲，其弁伊騏是也。

○子曰：「爲上可望而知也，爲下可述而志也，則君不疑於其臣，而臣不惑於其君矣。尹吉曰：『惟尹躬及湯，咸有壹德。』詩云：『淑人君子，其儀不忒。』」吉音告。

鄭氏曰：「志猶知也，吉當爲告。咸，皆也。君臣皆有壹德不貳，則無疑惑也。」孔氏曰：「可望而知，謂貌不藏情。望見其貌，則知其情。可述而志，謂臣下率誠奉上，其行可述叙而知。」吕氏曰：「可望而知，可述而志，皆謂德歸於一，無二三也。可望而知者，不言而喻也。可述而志者，可稱述而志之於書也。若上有深阻難測之意，則雖言而未喻。下有隱匿不忠之情，則雖言不可信，况於志乎？」

○子曰：「有國家者章善癉惡，以示民厚，則民情不貳。詩云：『靖共爾位，好是正直。』」癉，丁但切，後同。共音恭。好去聲，下同。

鄭氏曰：「章，明也。癉，病也。」孔氏曰：「有善以賞章明之，有惡以刑癉病之。」○軾按：人心風俗之美，無過醇朴忠厚，反是則許僞而貳矣。

○子曰：「上人疑，則百姓惑；下難知，則君長勞。故君民者，章好以示民俗，慎惡以御民之淫，則民不惑矣。臣儀行，不重辭，不援其所不及，不煩其所不知，則君不勞矣。詩云：『上帝板板，下民卒癉。』小雅曰：『匪其止共，惟王之邛。』」好惡並如字，又去聲。儀，注讀爲義行，如字。援音袁。邛，其恭切。

孔氏曰：「不重辭，不尚虚辭也。不援引其君行所不能及之事，不煩君所不知之事，則君不勞苦。」鄭氏曰：「儀當爲義，言臣義事則行也。上帝，喻君也。板板，辟也。卒，盡也。癉，病也。此君使民惑之詩。匪，非也。邛，勞也。言臣不止於恭敬其職，惟使王之勞，此臣使君勞之詩也。」胡氏曰：「上懷疑，則民惑於好惡。下不易知，則君勞於聽察。故君當明好惡以示民，臣不可彊君以所難知難行之事。」葉氏曰：「上以誠示人，則百姓雖賤，可以無惑。下以姦罔上，則君長雖尊，亦必至於勞。示之以好惡而使知禁，則民無惑矣。以刑爲法而不重辭，則君不勞矣。」○軾按：上人之疑有二，猶豫之主，用舍不斷，綜核之君，威福莫測。善不必賞，惡不必罰，此民所以從違莫定也。惟章善癉惡，法紀昭明，則民曉然于善之當爲，而惡之必不可爲矣。下之難知，新進喜事，浮誇無實，聽其言則天下事無不可爲，而發而不收，慮而無成，如鼂錯之更令，安石之變法，人主一惑其言，而國家多事矣。責難陳善者，人臣之義，然有當務，有不當務。堯、舜之知而不偏物，急先務也。今援其所不及，煩其所不知。紛紜滋擾，叢脞貽譏。雖有哲后，日不暇給矣。而况王道蕩蕩，至易至簡，凡所不及不知者，皆刑名法術，瑣屑煩苛，舍本而求末，枉正而矯異，不可入堯舜之道者也。大人引君當道，正己物正，人不足適，政不足間。而使吾君垂裳端拱，措天下於磐石之安，何勞之有？儀讀如字，謂行可儀法。不重辭，謂所重不在言辭。非全無諫適也。

○子曰：「政之不行也，教之不成也，爵祿不足勸也，刑罰不足耻也，故上不可以褻刑而輕爵。康誥曰：『敬明乃罰。』甫刑曰：『播刑之不迪。』」褻，息列切。

皇氏曰：「言在上政令所以不。，教化所以不成者，祇由君上爵祿加於小人，不足勸人爲善。刑罰加於無罪之人，不足耻其爲惡。賞罰失所，故政不行，教不成也。」孔氏曰：「賞罰不可輕褻。康誥云：『刑罰必敬而明之，甫刑戒群臣，言所監者皆是伯夷布刑之道，引之證重刑之義。』」鄭氏曰：「播，猶施也。不，衍字。迪，道也。」○軾按：刑賞所以弼政教，刑褻則不足以耻，爵輕則不足以勸，雖有政教，其如民之不從何？鄭注最當。

○子曰：「大臣不親，百姓不寧，則忠敬不足，而富貴已過也。大臣不治而邇臣比矣。故大臣不可不敬也，是民之表也；邇臣不可不慎也，是民之道也。君毋以小謀大，毋以遠言近，毋以內圖外，則大臣不怨，邇臣不疾，而遠臣不蔽矣。葉公之顧命曰：『毋以小謀敗大作，毋以嬖御人疾莊后，毋以嬖御士疾莊士、大夫、卿士。』」比，毗志切。毋音無。葉，舒涉切。

鄭氏曰：「邇，近也。言近以見遠，言大以見小，互言也。比，私相親也。民之道，言民循從也。圖，亦謀也。言凡謀之當各於其黨。於其黨，知其過審也。邇臣不疾，疾猶非也。葉公，楚縣公，葉公子高也。臨死遺書曰顧命。小謀，小臣之謀也。大作，大臣之所爲也。嬖御人，愛妾也。莊后，適夫人，齊莊得禮者。嬖御士，愛臣也。莊士，亦謂士之齊莊得禮者，今爲大夫卿士。」孔氏曰：「大臣離貳，不與上親。政教煩苛，百姓不寧。是臣不忠於君，君不敬於臣。所以致然，由君與臣富貴已過極也。大臣不肯爲君理治職事，由邇臣與上相親比也。君無與小臣而謀大臣之事，無以遠臣共言近臣之事，無以内臣共謀外臣之事。所以然者，小大之臣意殊，遠近之臣不同，恐各爲朋黨，彼此交争，轉相陷害，故不圖謀。若能如此，則内外情通，小大意合，大臣不怨恨於君也。近臣不爲人所非毁，遠臣不被障蔽也。」吕氏曰：「大臣不親，民疑於所任。百姓所以不寧，蓋由臣之忠不足於君，則君之敬不足於臣。徒富貴之而無信任之意，猶犬馬畜之而弗敬也。事至於此，必有邇臣嬖寵，奪大臣之柄，而不得治其事，故曰大臣不治而邇臣比矣。表者，民所望也。道者，民所從也。大臣尊嚴，國之政令存焉。民之所望以爲表，不敬則國命輕矣。邇臣寵昵，君之好惡繫焉。民之所從以爲道，不慎則風俗壞矣。使小臣謀大臣，則大臣怨乎不以。使遠臣間近臣，則近臣疾其君。使内之寵臣，圖四方宣力之士，則遠臣之賢，蔽而不聞，三者任臣之大害也。葉公之顧命，以證此三事。」長樂陳氏曰：「大臣權重，常見謀於小臣。小臣之謀得行，則大臣退，故怨。近臣所親任，常見言於遠臣。遠臣之言或聽，則近臣疏，故疾。外臣遠於王，易爲内臣所圖矣。内臣之圖得用，則外臣之功業，不上達於王，故蔽。謀者，名實未審，從而謀之。圖，如圖土地之圖，合内外遠近而周圖之。小臣之於大臣，勢不是以圖之也。其所以擠陷之，可謀而已。若内臣之於外臣，則勢足以圖之。故於小大言謀，内外言圖。怨生乎心，疾作於外，疾不如怨之深也。故於大臣言怨，邇臣言疾。」○軾按：大臣不親，由于忠敬不足。忠敬不足，由于富貴已過。蓋功高天下則震主，位極人臣則偪君。由是猜嫌起而恩意薄，上下之交不孚，而左右近習之臣，乘隙而爲之搆，其害有不可勝言者矣。夫君臣之間，自古難之。成王之于周公，尚惑流言，而况其他乎？惟聖人遇變如常，處危若安，小心翼翼，赤舄几几，則精誠所通，自有以感風雷而消疑謗。否則持盈守謙，引身避嫌，以保令名，而全君臣之交，亦不失純臣也。然臣之忠衰，多始于君之敬弛。如條侯賜食不置箸，免冠謝罪，趨出鞅鞅之狀，固非大臣敬君之度，然亦景帝之簡棄啓之也。

○子曰：「大人不親其所賢而信其所賤，民是以親失，而教是以煩。詩云：『彼求我則，如不我得。執我仇仇，亦不我力。』君陳曰：『未見聖，若己弗克見。既見聖，亦不克由聖。』」

鄭氏曰：「親失，失其所當親也。教煩，由信賤也。賤者無壹德也。詩言君始求我，如恐不我得。既得我，持我仇仇然堅固。亦不力用我，是不親信我也。克，能也。由，用也。」○軾按：賢者民之所親信也。上不任賢，則民失所親矣。民之從教，從其所信也。既失親，則雖日進而教之。其如民之不信何，此號令所以日煩而無益也。君子小人不並立。不親賢，則必信賤，賤者進，則賢者日益疏矣。

○子曰：「小人溺於水，君子溺於口，大人溺於民，皆在其所褻也。夫水近於人而溺人，德易狎而難親也，易以溺人。口費而煩，易出難悔，易以溺人。夫民閉於人而有鄙心，可敬不可慢，易以溺人。故君子不可以不慎也。大甲曰：『毋越厥命以自覆也。若虞機張，往省括于度則釋。』兑命曰：『惟口起羞，惟甲冑起兵，惟衣裳在笥，惟干戈省厥躬。』大甲曰：『天作孽，可違也。自作孽，不可以逭。』尹吉曰：『惟尹躬天見于西邑夏，自周有終，相亦惟終。』」夫音扶。易去聲。費，芳貴切。兑音説。孽，魚列切。逭，乎亂切。天見，天讀作先。相去聲。

鄭氏曰：「皆在其所褻也，言人不溺於所敬者。溺，謂覆没，不能自理出也。水近人，故能泳之游之，褻慢而無戒心以取溺焉。費，猶惠也，言口多空言。煩，數也。過言一出，駟馬不能及，不可悔也。口舌所覆，亦如溺矣。民不通於人道，而心鄙詐，難卒告諭。人君敬慎以臨之則可，若陵虐而慢之。分崩怨叛，君無所尊，亦如溺矣。故君子不可不慎。慎所可褻，乃不溺矣。越之爲言蹷也。覆，敗也，言無自顛蹷女之政教以自毁敗。虞，主田獵之地者也。機，弩牙也。度，謂所擬射也。虞人之射禽，弩已張，從機間視括，與所射參相得，後釋弦發矢。爲政亦當以己心參於群臣及萬民，可乃後施也。兑命，兑當爲説，傳説作書以命高宗，亦尚書篇名也。羞，猶辱也。惟口起羞，當慎言語也。惟甲胄起兵，當慎軍旅之事也。違，猶避也。逭，逃也。尹吉，亦尹誥也。天當爲先，忠信爲周。相，助也。謂臣也，伊尹言見夏之先，君臣皆忠信以自終。伊伊始仕於夏，此時就湯矣。夏之邑在亳西。」呂氏曰：「小人謂民。君子，謂士大夫也。大人，謂王公也。凡人所以覆没於患禍，不能以自出者，皆在其易而褻之也。水至柔之物，民狎而翫之，則雖巨川深淵而不戒，此取溺之道也。德易狎而難親者，謂水之德也。與人交際，不能無言。古之君子，辭達而已。不費而煩，於己則費。於人則煩，不能無過。過言之甚，至于害德喪身以覆邦家。易出而不可悔，非口之溺人乎。民至愚至賤，乃知者貴者之所易也。唯愚也，故閉於心而不可以理喻。惟賤也，故有鄙心多怨而無耻。爲王公者慢而不敬，則輕身輕上，無所不至，此民之所以溺人也。」馬氏曰：「德易狎而難親，此釋水近於人而溺人之意也。」○軾按：德謂水性，易狎難親，與易出難悔可敬不可慢一類。閉，謂口不可言。鄙心，謂心懷鄙怨也。小民至愚至賤，雖有疾痛，不敢自達。然心實鄙怨乎上，所謂敢怒不敢言也。故爲上者多怨而溺之。

○子曰：「民以君爲心，君以民爲體。心莊則體舒，心肅則容敬。心好之，身必安之。君好之，民必欲之。心以體全，亦以體傷；君以民存，亦以民亡。詩云：『昔吾有先正，其言明且清。國

家以寧，都邑以成，庶民以生。誰能秉國成？不自爲正，卒勞百姓。』君雅曰：『夏日暑雨，小民惟曰怨咨。冬祁寒，小民亦惟曰咨怨。』」雅音牙。

方氏曰：「民以君爲心者，言好惡從於君也。君以民爲體者，言休戚同於民也。體雖致用於外，然由乎心之所使。故曰心好之，身必安之。心雖爲主於内，然資乎體之所保。故曰心以體全，亦以體傷。」孔氏曰：「詩人稱昔吾之有先君正長，其教令之言，分明清潔，國家所以安也，都邑所以成也，庶人所以生也。此逸詩也。」陳氏曰：「爲人上謂之先正，以其正身而正天下也。幽王不然，權移於下，故詩人傷之曰：『誰能秉國成？』不能秉國成，則政出多門，而不自爲政矣。政多門則多事，百姓所以勞也，天之於民厚矣。而寒暑之過正，雨暘之失中，民猶怨咨，則爲上者，可不敬乎？」○軾按：心有疾則體憊，體有疾則心創。以比君民所謂痌瘝一體，休戚相關也。

○子曰：「下之事上也，身不正，言不信，則義不壹，行無類也。」

鄭氏曰：「類謂比式。」方氏曰：「身不正，故義不壹。言不信，故行無類。不壹，謂不能專於其身也。無類，謂無以副於其言也。」長樂陳氏曰：「身正然後無好異之行，是以行有類。身不正則動皆反常，其形於可見之行者，斯無類。言信，然後有不可移之義，是以義主於壹。不信則德二三，其見於事君之義者，斯不壹。」○軾按：壹，恒也。義不壹，不恒其德也。類，品節也。即下章所謂格行。不類，行無格也。不類承不正，不壹承不信爲當。

○子曰：「言有物而行有格也，是以生則不可奪志，死則不可奪名。故君子多聞，質而守之；多志，質而親之；精知，略而行之。君陳曰：『出入自爾師虞，庶言同。』詩云：『淑人君子，其儀一也。』」知如字。

孔氏曰：「下之事上，當守其一。言須有徵驗，行須有法式。言行不妄，守死善道。名志俱善，欲奪不可也。質而守之親之，略而行之，皆謂聞見雖多，執守簡要也。引君陳成王戒君陳之言，詩曹風鳲鳩之篇。證謂政須齊一也。」呂氏曰：「多聞，所聞欲博也。多志，多見而識之也。質，正也，不敢信已。質衆人之所同，然後用之也。守之者，服膺而勿失也。親之者，問學不厭也。由多聞多知而得之，又當精思以求其至。約而行之，故曰精知略而行之。略，約也。出入自爾師虞。庶言同，此言當謀之於衆，取其同然也。淑人君子，其儀一也。此言君子之行，卒歸於一也。」○軾按：物，實也，誠也，不誠則無物也。格，規矩也。

○子曰：「唯君子能好其正，小人毒其正。故君子之朋友有鄉，其惡有方。是故邇者不惑，而遠者不疑也。詩云：『君子好仇。』」正，注讀爲匹。

鄭氏曰：「正，當爲匹。匹，謂知識朋友。鄉，方，喻輩類也。小人徼利，其友無常也。仇，匹也。」孔氏曰：「此明朋匹之事，以下云君子好仇，故知正爲匹。君子所親朋友，及所惡之人，皆有輩類，故善者與之交，不以榮枯爲異。不善者則憎惡之言有常也。好惡有定，可望貌而知。故近不惑而遠不疑也。引周南關雎之詩，斷章以好人爲匹也。」吕氏曰：「先儒以正爲匹，只作正字亦可。」胡氏曰：「君子正直是與，故好之。上人惡直醜正，故毒之。」方氏曰：「君子非持其身正而已，於正人又能好而與之。小人非持身不正而已，於正人又且毒而害之。此君子小人好惡之辨也。」馬氏曰：「君子之朋友有鄉，所謂直也，諒也，多聞也。其惡有方，所謂便辟也，善柔也，便佞也。」〇軾按：此即歐陽文忠所謂君子有黨意，久要不忘，聞流言而不信，好其匹也。同類相殘，毒其匹也。故惟君子乃有合志同方之朋友，而小人則無之。彼其好惡無定，不似君子之好其匹而惡非其匹也。從舊注正作匹爲當，人惟好惡無定，故人不之信。君子友有鄉而惡有方，此遠邇之人，所以相信無疑也。

〇子曰：「輕絶貧賤而重絶富貴，則好賢不堅而惡惡不著也。人雖曰不利，吾不信也。詩云：『朋友攸攝，攝以威儀。』」

孔氏曰：「此明朋友之道，唯善是仇，以威儀相攝佐也。賢而貧賤，則輕絶之。是好賢不堅，惡而富貴，則重絶之。是惡惡不著，如此者是貪利之人。」○軾按：明知其當絶也，以其富貴而難于絶之。一念之游移，頓喪平生之大節，此楊雄、蔡邕，所以爲天下萬世罪也。

○子曰：「私惠不歸德，君子不自留焉。詩云：『人之好我，示我周行。』」

鄭氏曰：「私惠，謂不以公禮相慶賀，時以小物相問遺也。言其物不可以爲德，則君子不以身留此人也。相惠以褻瀆邪僻之物，是爲不歸於德。」澄曰：「言雖有私褻之恩惠而不歸於德行，則君子不肯以身留於此也。」○軾按：私惠不歸德，謂小惠不足爲德也。君子不留，如子思不受鼎肉，孟子不爲貨取是也。

○子曰：「苟有車必見其軾，苟有衣必見其敝。人苟或言之，必聞其聲；苟或行之，必見其成。葛覃曰：『服之無射。』」射音亦。

鄭氏曰：「言凡人舉事，必有後驗也。」吕氏曰：「登車而有所禮，則憑式。有式則有車，無車則何所憑而式之乎？衣之久必有敝，有衣然後可敝，無衣則何敝之有？言必有聲，行必有成，亦猶是也。蓋誠者物之終始，不誠無物，服之無射，言實有是服，乃可以久服而無厭也。」○軾按：乘車則見軾，衣衣則必敝。乘之而後爲車，衣之而後爲衣。有聲音然後爲言。作出個事來，然後爲行。此與「鶴鳴九皋」之詩同意。

○子曰：「言從而行之，則言不可飾也。行從而言之，則行不可飾也。故君子寡言而行以成其信，則民不得大其美而小其惡。詩云：『白圭之玷，尚可磨也。斯言之玷，不可爲也。』小雅曰：『允也君子，展也大成。』君奭曰：『昔在上帝，周田觀文王之德，其集大命于厥躬。』」行從、則行並去聲。寡音顧，又如字。奭，音釋，周田觀注讀爲割。申勸，今讀爲用申勸。

鄭氏曰：「從，猶隨也。寡，當爲顧。不得大其美而小其惡。謂以行爲驗，虚言無益於善也。允，信，展，誠也。奭，召公名，尚書篇名。古文『周田觀文王』爲『割申勸寧王』，今博士讀爲『厥亂勸寧王』，古文似近之。割之言蓋也，言文王有誠信之德，天蓋申勸之。集大命於其身，謂命之使王天下也。」吕氏曰：「飾言而言者，所言非信，故不可行。飾地而行者，所行必僞，故不可言。」陸氏曰：「寡讀如字，言之必踐之。是以寡，民雖欲虚美隱惡不得也。」○軾按：兩從字當玩，行即行所言，言即言所行也。但言耳，飾可也，將從而行之，可飾乎？飾言而可見于行乎？但行耳，飾可也，欲從其言焉，可飾乎？飾行而得副其言乎？故君子不輕出言，務敏于行以成其信。而民之觀感興起者，不敢誇大其言，而砥節飭行，不以惡小而爲之也。

〇子曰：「南人有言曰：『人而無恒，不可以爲卜筮。』古之遺言與？龜筮猶不能知也，而況於人乎？詩云：『我龜既厭，不我告猶。』兑命曰：『爵無及惡德，民立而正事。純而祭祀，是爲不敬。事煩則亂，事神則難。』易曰：『恒其德，或承之羞。恒其德，偵，婦人吉，夫子凶。』」與音餘。兑音悦。偵音貞。

澄曰：「爲卜筮，謂爲卜筮之人，與論語作巫醫意同。夫卜筮小技爾，蓍龜無情，此以誠感，彼自應靈，能知其理，斯可使爲其事。無恒之人，雜念不誠，雖叩不驗，故不可使。龜筮無情而易知者，尚不能知，況人有情而難知也。則豈可使無恒之人。行事煩雜，以之祭祀，則爲不敬。蓋事煩雜，則心惑亂而不誠一，故難以事神也。德謂婦人主中饋飲食。婦人惟酒食是議，其職有恒，儻不恒其職，則出而或有代其承進膳羞者矣。故必能恒其飲食之事而正主之，則爲不失婦職而吉。夫子凶者，夫子非以主飲食爲恒者也，引書、易，又廣夫子所以不取無恒者之義。」〇軾按：以無恒之人治人，人奉爲正而法之，則事類而亂矣。以無恒之人事神黷而不敬，神豈饗其祀乎？治人，承上況于人乎？事神，承上龜筮猶不能知。

右記汎論之辭，凡二十五節。

儒行第三十四

孔氏曰：「夫子自衛反，魯哀公館孔子，問以儒行，記者録之以爲儒行之篇。」孔子説儒凡十七條，十五條皆明賢人之儒，其第十六則明聖人之儒，其十七條則夫子自謂也。呂氏曰：「魯哀公問孔子儒服，孔子不對。因問儒行。孔子歷言之。今考其書，言儒者之行，誠有是事也，謂孔子言之則可疑也。儒者之行，一出於義理，皆吾性分之所當爲，非以自多求勝於天下也。此篇之説，有矜大勝人之氣，少雍容深厚之風，似與不知者力争於一旦。竊意末世儒者，將以自尊其教，有道者不爲也。雖然，其言儒者之行，不合於義理者殊寡，學者果踐其言，亦不愧於爲儒矣。此先儒所以存於篇，今日講解所以不敢廢也。」

○魯哀公問於孔子曰：「夫子之服，其儒服與？」孔子對曰：「丘少居魯，衣逢掖之衣，長居宋，冠章甫之冠。丘聞之也，君子之學也博，其服也鄉，丘不知儒服。」與，音餘。少，詩照切。衣、掖，於既切。長、知兩切。冠章，古亂切。

鄭氏曰：「哀公館孔子，見其服與士大夫異，又與庶人不同，疑爲儒服而問之也。逢，猶大也。大掖之衣，大袂禪衣，君子有道藝者所衣也。孔子生魯，長而之宋而冠焉。宋其祖所出也，衣少所居之服，冠長所居之冠，是之謂鄉。言不知儒服，以哀公志不在於儒也。庶人禪衣袂二尺二寸，袪尺二寸。」孔氏曰：「臣朝於君，應著朝服，而著常服者，孔子自衛新還，哀公館之。非是常朝，故衣冠異也。掖，謂肘掖。禮，大夫以上，其服侈袂。」鄭注司服云：「侈之者，半而益一，袂三尺三寸，袪尺八寸，朝祭之服，必表裏不禪也。孔子若依尋常侈袂之服，則哀公無由怪之，以其大袂禪衣，異於士大夫常服，故問之。夫子著禪衣與庶人同，其袂大與庶人異，故謂衣逢掖是大袂深衣也。」方氏曰：「學也博，無狹其所居也，其服也鄉，不忘其所本也。」○軾按：學則博而無方，服則隨其所處之方而已，儒之所以異於人者學耳。服無論焉，故曰不知。

○哀公曰：「敢問儒行。」孔子對曰：「遽數之不能終其物，悉數之，乃留，更僕未可終也。」行，下孟切，後以意求之不再音。遽，其據切。數，色主切。更，古衡切。

孔氏曰：「孔子答言儒行深遠，非可造次，若急説則不能盡事，若委細悉説之，則乃大久，僕侍疲倦，宜更代之，未可終也者。若不代僕，則未可盡也。」

○哀公命席，孔子侍曰：「儒有席上之珍以待聘，夙夜彊學以待問，懷忠信以待舉，力行以待取；其自立有如此者。」

鄭氏曰：「爲孔子布席於堂，與之坐也。君適其臣升自阼階，所在如主。」方氏曰：「席所以藉物，曲禮謂執玉有藉，席以藉之，則所藉之物居上，故謂之席上。」晏氏曰：「君子比德於玉，故稱珍。方其藏器於身，則玉韞於櫝中。及其待時而動，則珍陳於席上，故曰席上之珍以待聘。日出而作，夙在日出之前，於此而學，是先衆人而有作也。日入而息，夜在日入之後，於此而學，是後衆人而未息也。席上之珍，則其德可貴。夙夜彊學，則其道可尊。二者有師道焉。故曰待聘待問，懷忠信則其言有物。力行，則其行有常。二者有臣道焉。故云：待舉待取，雖有爲師爲臣之道，而未嘗屈道以伸身，必待彼之聘問舉取，然後徐起而應之，故曰自立。」

○「儒有衣冠中，動作慎；其大讓如慢，小讓如僞；大則如威，小則如愧；其雖進而易退也，粥粥若無能也；其容貌有如此者。易，以豉切，下險易同。粥，章六切。

鄭氏曰：「中，中間，謂不嚴厲也。如慢如僞，言之不愊怚也。如威如愧，如有所畏。」孔氏曰：「儒者所服衣冠，在常人中不自異也。人以大物與已，已讓此大物。辭貌寬緩，如傲慢然，讓小物如詐僞，亦謂寬緩不急切，言儒不以利動也。如威如愧，皆謂重慎自貶損。粥粥，柔弱專愚之貌，鄭注愊怛急切之意。」張子曰：「衣冠中，讀爲之仲反，謂衣冠中於禮也。事有大小，如讓位讓國，是大讓也。誠然而讓，如湯之讓天下，豈爲飾而已，直是不受，故似慢也。若夫飲食辭辟之間，是小讓也，如僞爲之以爲儀耳，未必實讓。」晏氏曰：「衣冠中者，中於禮，非先王之法服不敢服也。動作慎者，慎於事，非先王之德行不敢行也。大讓者，禄之以天下弗顧，繫馬千駟弗視，故如慢如威。小讓者，觴酒豆肉，讓而受惡，衽席之上，讓而就賤，故如僞如愧，難進者進以禮也。禮主於敬，故三揖而進，不亦難乎？伊尹之三聘是已，易退者，退以義也。義主於斷，故一辭而退，不亦易乎？仲尼之不脱冕是已。是皆動容周旋而可見者，故曰容貌。」陸氏曰：「大則小則，猶言大讓小讓，讀如敬慎威儀維民之則之則。」澄曰：「則謂守法不踰閑也。於事之大者，如有所畏，而不敢爲。於事之小者，如有所恥，而不肯爲。」○軾按：張子解如慢如僞最當，禄之以天下弗顧，實實不屑顧也，故曰如慢。飲食餽遺，再辭而後受，非不受也，而必以讓爲儀，故曰如僞。則，飾也。大讓乃大節所關，小讓則應酬小節也。如威者，毅然辭之，詞嚴義正。若示人以威，使之不敢再進。如愧者，雖將受而先不受，若歉然不敢當此盛禮也。惟如威故如慢，惟如愧故如僞。

○「儒有居處齊難，其坐起恭敬，言必先信，行必中正，道塗不争險易之利，冬夏不争陰陽之和，愛其死以有待也，養其身以有爲也：其備豫有如此者。齊，側皆切。難，乃旦切。

鄭氏曰：「齊難，齊莊可畏難也，行不争道，止不選處，所以遠鬭訟。」孔氏曰：「塗，路也。行道路不與人争平易之地，而避險阻以利己。冬温夏凉，是陰陽之和處。此世人所競，惟儒者讓而不争也。」張子曰：「居處齊難，齊者齊莊。難者，恭慎也。其難其慎，必先信，思可信則言，是先信也。行必中正，乃可行諸後，是皆備豫之道也。」陸氏曰：「難猶戒也，洗心曰齊，防患曰難。」晏氏曰：「居處齊難者，端莊而不敢易；坐起恭敬者，謹飭而不敢慢。言必先信者无妄言，行必中正者無詖行。道塗不争險易之利者，不以地利便己，而移害於人。冬夏不争陰陽之和者，不以天道適己，而移乖於人。愛其死者，非樂壽而哀夭也，蓋將以俟天之時，故曰有待。養其身者，非豐己而忘物也，蓋將以行己之道，故曰有爲。」方氏曰：「居處齊難，則人斯齊難之矣；坐起恭敬，則人斯恭敬之矣。言先信，則人斯取信矣；行中正，則人斯取正矣。以至不争其利，故人資其利；不争其和，故人飲其和。愛其死，故足以有待；養其身，故足以有爲。若是則非有待物之備，先爲之豫。必不足以致此。」

○「儒有不寶金玉，而忠信以爲寶；不祈土地，立義以爲土地；不祈多積，多文以爲富；難得而

易禄也，易禄而難畜也。非時不見，不亦難得乎？非義不合，不亦難畜乎？先勞而後禄，不亦易禄乎？其近人有如此者。畜，許六切。見，賢遍切。

鄭氏曰：「祈，求也。立義以爲土地，以義自居也。難畜，難以非義久留也。勞，猶事也。積或爲貨。」孔氏曰：「儒懷忠信，而與人交，不貪金玉而與人競，人則親而近之。積，積聚財物也。非道之世則不仕，是難得也；先事後食，是易禄也；無義則去，是難畜也。」胡氏曰：「立義以爲土地，非義不處也。故君子履仁而處義。」晏氏曰：「易曰何以聚人曰財。夫金玉土地多積，與夫禄利，皆則也。衆人之近人，以此而已；儒者之近人，則異於是。」周子曰：「君子以道充爲貴，身安爲富，故常泰然無不足。而銖視軒冕，塵視金玉，其重無加焉耳。」

○「儒有委之以貨財，淹之以樂好，見利不虧其義；劫之以衆，沮之以兵，見死不更其守；鷙蟲攫搏不程勇者，引重鼎不程其力；往者不悔，來者不豫；過言不再，流言不極，不斷其威，不習其謀；其特立有如此者。淹，於廉切。樂，五孝切。好，呼報切。劫，居業切。鷙，音至。攫，俱縛切。搏音博。斷，音短。

鄭氏曰：「淹，謂浸漬之。劫，脅也。沮，謂恐怖之也。鷙蟲，猛鳥猛獸也。程，猶量也。重鼎，大鼎也。搏猛引重，不量勇力堪之與否，當之則往也，雖有負者，後不悔也。其所未見，亦不豫備，平行自若也。不再，猶不更也。不極，不問所從出也。」孔氏曰：「蟲鳥獸通名，以脚取之，謂之攫；以翼擊之，謂之搏。攫搏引鼎，喻儒者見艱難之事，遇則行之，不豫度量也。此挺特而立，有異於衆之事。」方氏曰：「貨財樂好也，人之所利者。見利而狥，則虧其義矣。不虧其義，是不狥利也。衆，言人之多。兵，言器之利。見死而懼，則更其守矣。不更其守，是不懼死也。不程勇，以況儒者勇足以犯難而無所顧也。不程其力，以況儒者材足以任事而有所勝也。往者不悔，非有所吝而不改也。爲其動足以當理而未嘗悔，來者不豫，非有所忽，而不防也。爲其機足以應變而不必豫爾。過言不免乎出，一之爲甚，矧可貳乎？流言不免乎聞，必止之以知，詎可窮乎？威無所屈，人不能斷而絶之；謀有所定，己不必習而成之。凡此非特然而立乎？」吕氏曰：「見利不虧其義，見死不更其守，所謂富貴不能淫，貧賤不能移，威武不能屈。鷙蟲攫搏不程勇者，自反而縮，千萬人吾往矣。其勇也，非慮勝而後動也。引重鼎不程其力，仁之爲器重，舉者莫能勝。其自任也，不知其力之不足也。」張子曰：「鷙蟲攫搏不程勇，引重鼎不程其力，與勉焉日有孳孳，不知年數之不及，斃而後已同義。向道亦然，當事亦然，如子路亦無愧於此矣。過言不再，不貳過也。流言不極者，不更深思極慮也。不斷其威，斷讀爲剛斷之斷。不習其謀，斷與習，皆臨事斷習也。不斷習，言威常著。謀常足，不臨時旋安排也。此所謂能特立者也。」

○「儒有可親而不可劫也，可近而不可迫也，可殺而不可辱也。其居處不淫，其飲食不溽，其過失可微辯而不可面數也：其剛毅有如此者。溽，音辱。

鄭氏曰：「淫，謂傾邪，恣滋味爲溽。」孔氏曰：「儒性剛儉，飲食常質。不溽，不濃溽也。」呂氏曰：「以義交者，雖疏遠必親，非義加之，雖彊禦不畏，故可親可近可殺，而不可劫。迫，辱也。淫，侈溢也。溽，濃厚也。其過失可微辯而不可面數也此一句，疑尚氣好勝之言，於義理不合，所貴於儒者，以見義必爲，聞過而改也。何謂可微辯而不可面數，待人可矣，自待則不可也。子路聞過則喜，苟有過失，雖怨詈且將受之，况面數乎？」方氏曰：「微辯者，諷諭之也。面數者，斥指之也。居處不淫，飲食不溽，而以爲剛毅，何也？蓋淫於居處，溽於飲食，皆人之慾也。」孔氏曰：「棖也慾，焉得剛。」

○「儒有忠信以爲甲胄，禮義以爲干櫓，戴仁而行，抱義而處，雖有暴政，不更其所：其自立有如此者。

鄭氏曰：「甲，鎧。胄，兜鍪也。干櫓，小盾大盾也。」孔氏曰：「甲胄干櫓，所以禦患難，儒者以忠信禮義禦患難，謂有忠信禮義，不敢侵侮也。戴仁而行，仁之盛，抱義而處，義不離身。雖有暴政，不更改其志操，迴然自成立也。」呂氏曰：「忠信禮義，所以禦人之欺侮，猶甲胄干櫓，可以捍患也。行則尊仁，居則守義，所以自信者篤。雖暴政加之，有所不變也，自立之至者也。首章言自立，論其所學所行，足以待天下之用而不窮。此章言自立，論其所信所守，足以更天下之變而不易。二者皆自立也，有本末先後之差焉。」

○「儒有一畝之宫，環堵之室，篳門圭窬，蓬户甕牖，易衣而出，並日而食。上答之不敢以疑，上不答不敢以諂：其仕有如此者。窬，音豆。

鄭氏曰：「宫，謂墻垣也。環堵，面一堵也。五版爲堵，五堵爲雉。篳門，荆竹織門也。圭窬，門旁窬也，穿墻爲之如圭矣。並日而食，二日用一日食也。上答之，謂君應用其言。」孔氏曰：「徑一步長百步爲畝，若折而方之，則東西南北各十步爲宅也。墻方六丈，故云一畝之宫。環，謂周迴也，東西南北唯一堵。篳門，柴門。編篷爲户，又以蓬塞門，謂之蓬户。甕牖，牎圓如甕口，又云以敗甕口爲牖。易衣，謂更相衣，合家共一衣，出則更著之也。君應答而用其言，已則竭力，不敢猜疑，言而君不用，則静默不敢諂媚求進。此明儒者仕宦能自執其操也。」

○「儒有今人與居，古人與稽；今世行之，後世以爲楷；適弗逢世，上弗援，下弗推，讒諂之民有比黨而危之者，身可危也，而志不可奪也；雖危起居，竟信其志，猶將不忘百姓之病也：其憂思

有如此者。援音袁。推，昌誰切。比，毗志切。信音申。思，息嗣切。

鄭氏曰：「稽，猶合也。古人與合，則不合於今人也。援，猶引也，取也。推，猶進也，舉也。危，欲毁害之也。起居，猶舉事動作。信讀如屈伸之伸，猶圖也。」孔氏曰：「楷，法式也，雖危起居，雖比黨之民共危之，而行事舉動，能終伸己之志謀不變易也。此明儒者雖身不居明代，猶能憂思愛及於人也。」吕氏曰：「尚友於古人，爲法於後世，知之事也。身可危，志不可奪，義之事也。猶將不忘百姓之病，仁之事也。」葉氏曰：「友一鄉一國之善士，今人與居也。誦詩讀書，知人論世，古人與稽也，適弗逢世而援推者，天也。讒諂之民，比黨而危之者，人也。起居雖危，竟伸其志，天與人莫之奪也。」胡氏曰：「稽猶考也。」澄曰：「猶將，如云尚且也。」

○「儒有博學而不窮，篤行而不倦，幽居而不淫，上通而不困，禮之以和爲貴，忠信之美，優游之法，慕賢而容衆，毁方而瓦合：其寬裕有如此者。篤行，下孟切。

鄭氏曰：「不窮，不止也。幽居，謂獨處時也。上通，謂仕道達於君也。既仕則不困於道德不足也。美忠信，法和柔。毁方而瓦合，去己之大圭角。下與衆人小合也，必瓦合者，亦君子爲道不遠人。」孔氏曰：「淫謂傾邪，人有忠信，則己美之，人和柔則己法之。見賢思齊是慕賢，汎愛一切是容衆。方謂物之方正，有圭角鋒芒也。毁己之圭角，與瓦礫而相合，謂屈己同凡。」吕氏曰：「學不已故不窮，德可久故不倦。窮不失義故不淫，達不動心故不困。以忠信爲美，以優游之事爲己法。毁方瓦合，與物同也。陶者之爲瓦，必圓而割分之。故分之則瓦，合之則圓而不失其瓦之質，謂之瓦合。」方氏曰：「不淫，言節有守而不至於過。不困，言才有餘而不至於乏。禮之體則貴節，禮之用則貴和。不言體之節，止言用之和者，主寬裕言之故也。」

○「儒有内稱不辟親，外舉不辟怨，程功積事，推賢而進達之。不望其報，君得其志：苟利國家，不求富貴：其舉賢援能有如此者。辟，音避。

孔氏曰：「稱，舉也。不辟親，若祁奚舉子。不辟怨，若祁奚舉讎。儒者欲舉人，必程效其功。積累其事，知賢乃推而進達之，不求望其報也。輔助其君，使君得其志意所欲。此推賢達士，唯苟在利益國家，不自求富貴也。」呂氏曰：「望報於人，求富貴於己，小人之道也。」

○「儒有聞善以相告也，見善以相示也，爵位相先也，患難相死也，久相待也，遠相致也：其任舉有如此者。難，乃旦切。

鄭氏曰：「相先，猶相讓也。久相待，謂其友久在下不升，己則待之乃進也。遠相致者，謂己得明君而仕。友在小國不得志，則相致達也。」呂氏曰：「舉賢援能，儒者所以待天下之士也。任舉者，儒者所以待其朋友而已。天下之士，推賢而後舉，樂與同天下之治者也，朋友則非特是也，必同其好惡，故聞善以相告，見善以相示，必同其憂樂。故爵位相先，患難相死，彼雖居下。不待之同升則不升，彼雖疏遠，不致之同進則不進。此任用朋友，加重於天下之士者，義有厚薄也。」方氏曰：「任舉，相任以事，相舉以職。上言彼賢而我舉之，彼能而我援之。此則更相任舉而已，此其所以異。」

〇「儒有澡身而浴德，陳言而伏，静而正之，上弗知也；麤而翹之，又不急爲也；不臨深而爲高，不加少而爲多；世治不輕，世亂不沮；同弗與異弗非也。其特立獨行有如此者。麤，七奴切。翹，祈饒切。獨行，下孟切。

孔氏曰：「澡身，謂澡潔其身，不染濁也。浴德，謂沐浴於德，以德自清也。」鄭氏曰：「麤，猶疏也，微也。不臨深而爲高，臨衆不以己位尊自振貴也。不加少而爲多，謀事不以己小勝自矜大也。」吕氏曰：「澡身浴德，正己也。陳言入告，嘉謀也。伏者，閉而不出之謂。静而正之，止救其惡在於未形也。故曰上弗知也。麤而翹之者，以其事之麤者微發其端，而爲之兆。兆足以行則進，不足以行則去。孔子所以未嘗終三年淹，故曰又不急爲也。所以事其君者，先其未發，而止其爲惡；先爲之兆，以嘗其爲善。此衆人所未識也。所以治其已者，有若無，實若虚，不自高，不自多，此衆人所不能也。所以行於世者，無治亂之異。所以接於人者，無異同之間。一於義理而已，此衆人所不爲也。蓋特立獨行，所以異於衆人者如此。」陸氏曰：「陳言而伏者雖微有所陳，當伏其旨，静而正之，上弗知者。孟子三見齊宣王不言事，曰我先攻其邪心也。麤而翹之者，諫有精有麤。婉而微激之爲精，麤而翹發之爲麤。孟子曰：『是不可磯也。』蓋微切以激之，謂之磯也，又不可急爲也，夫如是豈可以遽哉？不以彼深故，自上臨之以爲高。不以彼少故，自下加之以爲多。」晏氏曰：「陳言而伏者，其言雖顯而其身自隱，所謂伏其身而不見也。不世治則人務進以求利，吾則未嘗妄動，故曰不輕。世亂人皆自屈以避害，吾則未嘗變節，故曰不沮。儒行一篇，兩言自立者，其立不因於人也。一言特立者，其立能出乎衆也。又言特立獨行者，其立既能出乎衆，而所行又不同乎流俗也。」馬氏曰：「立見於有守，行見於有爲，特猶獨也，自立與特立固異矣。自立，以對人言之也。特立，以對衆言之也。」

○「儒有上不臣天子，下不事諸侯，慎静而尚寬，彊毅以與人，博學以知，服近文章，砥厲廉隅，雖分國，如錙銖，不臣不仕：其規爲有如此者。

孔氏曰：「不臣天子，伯夷、叔齊是也；不事諸侯，長沮、桀溺是也。」鄭氏曰：「彊毅以與人，不苟屈以順之也。君分國以禄之，視之輕如錙銖。八兩曰錙。」陸氏曰：「慎静失之狹吝，彊毅失之拒人。博學以知句斷，博而不能明了者多矣。」吕氏曰：「慎静而尚寬，則有度也。彊毅以與人，則有守也。博學以知，則有本也。服近文章，則有文也。砥厲廉隅，則有節也。兼是五者，非其義也，非其道也，禄之以天下弗顧也。」澄曰：「服近，言如衣服。服之而常近身也，猶曰被服儒術云爾。舊以服字屬之上句者非。」馬氏曰：「服與，中庸所謂得一善則拳拳服膺之意同。」方氏曰：「學雖博，苟不知服而行之，則亦聖讀而庸行矣。廉猶陛之廉，隅猶城之隅，皆有分際。以況君子之不苟合。砥以平之，厲以利之，則修治之謂也。」

○「儒有合志同方，營道同術，並立則樂，相下不厭，久不相見，聞流言不信。其行，本方立義，同而進，不同而退：其交友有如此者。」樂，音洛。厭，於豔切。行，下孟切。

孔氏曰：「方，法也。經營道義，同齊於術，同術則同方也。但合志同方，據所懷志意。營道同術，據所習道藝。並立謂同仕。朋友久不相見，聞流謗之言，欲譖毁之，己則不信也。其行所本必方正，所立必存義。朋友所爲與己同，則進而從之。不與己同，則退而避之。以上十五儒，所陳之事，亦有前後乖異者。蓋儒包百行，事非一揆，量事制宜，隨機而發，雖或不同，無所怪也。」晏氏曰：「方，謂趨向之地。術，言修爲之業。士志於道，是志必在道，而修爲者一致矣。」方氏曰：「並立則樂，以其無忌心。相下不厭，以其有孫心。」澄曰：「案韓文其行屬上句。

論語曰『聽其言而信其行』，謂雖流言，毁其行，而己不以其行爲信如此也。義所以方外，以方爲本而立其義，朋友以義合者也。」

○「温良者，仁之本也；敬慎者，仁之地也；寛裕者，仁之作也；孫接者，仁之能也；禮節者，仁之貌也；言談者，仁之文也；歌樂者，仁之和也；分散者，仁之施也。儒皆兼此而有之，猶且不敢言仁也。其尊讓有如此者。孫音遜。施，始豉切。

鄭氏曰：「此兼上十五儒，蓋聖人之儒行也。」方氏曰：「温良得於中，故以爲本。敬慎發於外，故以爲地。寛則不迫，裕則有餘。仁無本不立，故首以本。有本然後可以有行，故繼以地。有行則有所事，故繼以作。作則見其所能，故繼以能。有所能則形於外，故繼以貌。形於貌則必有所飾，故繼以文。有其文，則無乖於物，故繼以和。有所和則其餘足以利物，故繼以施。」陳氏曰：「禮樂資仁以立，待仁以行，儒行論儒者十五而以仁與禮樂終焉。則成人之道盡於此矣。」澄曰：「自敬慎孫接而禮節言談，言仁之所以爲禮也。自温良寛裕而歌樂分散，皆仁之所以爲樂也。尊讓，謂其德可尊而能謙讓。」○軾按：存之則爲本，行之則爲地。地猶道也，道者人所共由。爲仁而不敬慎，猶欲行而不由道路也。

○「儒有不隕穫於貧賤，不充詘於富貴，不慁君王，不累長上，不閔有司，故曰『儒』。隕，云敏切。穫，户郭切。詘，求勿切。慁，胡困切。累，力僞切。

鄭氏曰：「隕穫，困迫失志之貌。充詘，喜失節之貌。慁，猶辱也。累，猶係也。閔，病也。言不爲天子諸侯卿大夫群吏所困迫而違道，孔子自謂也。」晏氏曰：「隕，如籜之隕而飄零。穫，如禾之穫而枯槁。不隕穫於貧賤，是貧賤不能移也。充則以滿而必溢，詘則以高而必危。不充詘於富貴，是富貴不能淫也。事父孝，故忠可移於君，所以不慁君王。事兄弟，故順可移於長，所以不累長上。居家理故治可移於官，所以不閔有司。不慁君王者，不爲污吏以取辱君王也。不累長上者，不爲過行以連及於長上也。不閔有司者，不被明刑以見憐於有司也。」陸氏曰：「隕，不穫也。充，不詘也。言雖不隕於貧賤，亦不穫於貧賤。雖不充於富貴，亦不詘於富貴。儒者之行，始於自立，故初一曰自立。五事所以修身也，而修身自貌始，故次二曰容貌。」曾子曰：「動容貌斯遠暴慢矣，然亦不可不備豫，故三曰備豫。備豫者，治己重以周，而或失於太嚴。嚴則人不親，故四曰近人。近人矣，又惡其無特操，故繼之以特立。特立則剛毅，剛毅則自立，故繼之以剛毅自立。前言於道能自立，此言於事能自立，如是而仕可也。故繼之以仕，仕則不能無憂，故繼之以憂思。憂思或失之過，故繼之以寬裕。夫欲寬裕，豈可以無助爲之也，故繼之以舉賢援能。舉賢援能，不能任之，猶不舉不援也，故繼之以任舉。於任舉則疑若有待也，故繼之以特立獨行。如是雖不仕，吾弗愧也，故繼之以規爲。凡此雖在我，亦交友之力也。故繼之以交友。，儒行至於此備盡矣。守之以讓而已，故繼之以尊讓。」

○「今衆人之命『儒』也妄，常以『儒』相詬病。」孔子至舍。哀公館之：「聞此言也，言加信，行加義，終没吾世，不敢以儒爲戲。」詬，呼候切，又音遘。

鄭氏曰：「妄之言無也。詬病，猶恥辱也。儒行之作，蓋孔子自衛初反魯時也。孔子歸至其舍，哀公就而以禮館之。」孔氏曰：「命，名也。言今世衆人名之爲儒者無有，常人但遭人則謂之儒耳。今之爲儒是相恥辱，時世如此，故哀公輕儒也。言加信，行加義，是記者之説。終没吾世不敢以儒爲戲，是哀公之言，記者述而叙之。」方氏曰：「今衆人之命儒也妄。以其妄，故常爲人相詬以言，相病以行也。」晏氏曰：「衆人之命儒也妄，爲其非真儒也。故或慢駡而相恥，或深疾而相病。」澄曰：「鄭氏讀妄爲無，固非。方氏雖不改讀，而以妄屬上句，常屬下句，亦非。妄常猶曰妄庸，言今世衆人不識，凡名之爲儒者，皆妄人常人耳，故爲人所輕賤。苟名之曰儒，是以此名詬病之也。終没吾世，亦記者之言而吾哀公耳。」○軾按：從方氏解「妄」字斷句，爲當。

學記第三十五

記古者建學教人之事。

發慮憲，求善良，足以謏聞，不足以動衆。就賢體遠，足以動衆，未足以化民。君子如欲化民成俗，其必由學乎。謏音小。聞，去聲。

發，與内則發慮同。慮，謂心所計畫。憲，法也。謏，與小同。動，謂感動之也。就，如就有道之就。就賢，謂友善士。體，如體群臣之體。謂用人惟己，人之有技，若己有之也。遠，賢之在遠者。謂友天下之善士也。化，猶所過者化之化。謂民日遷善而不知爲之者。學，謂設爲學校庠序以教之。言發心之慮而合於法，求性之善而全其良。此能修己矣，而未能及人也。就賢師友而兼有衆善，則有諸中、形諸外，足以感動衆人而未能使之化也。必有學校庠序之教，開導誘掖，薰陶涵養，使之耳濡目染之深，日漸月積之久，則民之遷善，不期然而然，人人有士君子之行而成美俗矣。戴氏曰：「學校不立，教養闕然。天下之人，雖欲爲善，而無所考德問業。故化民成俗必由學校，其所及者廣，所傳者遠也。」〇軾按：發慮憲，猶云中慮中倫。發，即中也。射者發而後中，必言行無過，而後可以求善良，否則善良不爲我用矣。善良即賢。就，親之至也。體，若己有之也。就之體之，則不啻求之己。感人之道，無過尚賢，淺之而頌揚稱美，深之而鼓舞振興，故曰謏聞、曰動衆。動則興起其好善惡惡之心矣。終不能家喻户曉，使之遷善改惡而成美俗。故學校不可不設。化，即變意。舊注謂過化之化，未當。

○玉不琢，不成器。人不學，不知道。是故古之王者，建國君民，教學爲先。兑命曰：「念終始典於學。」其此之謂乎？兑音說。

鄭氏曰：「教學謂内則設師保以教，使國子學焉。外則有大學庠序之官。典，經也。言學之不舍業也。」澄曰：「治玉曰琢。玉質雖美，然不以玉工琢之，則不能成有用之器。學之爲言效也。道者，人倫日用所當行之路，人性所固有。然惟上知之資，生而知之，無所虧欠。大賢以下，知而不偏，百姓之愚，由而不知。苟非有以教之，使之效乎先覺者，則不能知人倫日用所當行之道何如也。古者建王國，天子自君。其畿内之民，又建侯國，命諸侯各君其封内之民，其民飽煖逸居，而無以教之，則近於禽獸。故天子諸侯之國，皆必建學立師以教其民，使之知有理義。子游宰小邑，猶且以絃歌教民，夫子問而子游引昔者所聞君子學道則愛人，小人學道則易使之語以對。蓋教民者，使之學而知道也。典，常也。説命所言謂人之爲學，念念不忘，自始及終，當有常而不間斷。此引之謂君之教民爲學，亦當終始有常而不暫廢也。」

○雖有嘉肴，弗食不知其旨也。雖有至道，弗學不知其善也。是故學然後知不足，教然後知困。知不足然後能自反也，知困然後能自强也。故曰「教學相長」也。兑命曰：「學學半。」其此之謂乎？强上聲，又平聲，長知兩切。學學，上音效，下如字。

肴，肉未去骨，骨肉相雜者。學學，上學讀作效，教也。

○古之教者，家有塾，黨有庠，術有序，國有學。術，音遂。

鄭氏曰：「術當爲遂，古者仕焉而已者。歸教於閭里，朝夕坐於門，門側之室謂之塾，五百家爲黨，萬二千五百家爲遂。黨屬於鄉，遂在遠郊之外。」孔氏曰：「百里之内，二十五家爲閭。同一巷，巷首有門，門邊有塾。民在家之時，朝夕出入，恒受教於塾。里中之有道德仕而年老退歸者，爲里右師，次爲左師。新穀已入，餘子皆入學，距冬至四十五日始出學，此家有塾也。庠序皆學名，於黨中立學，教閭中所升也。於遂中立學，教黨學所升也。六鄉之内，五家爲比，五比爲閭，四閭爲族，五族爲黨，五黨爲州，五州爲鄉。六遂之内，五家爲鄰，五鄰爲里，四里爲酇，五酇爲鄙，五鄙爲縣，五縣爲遂。今此六鄉舉黨，六遂舉序，則閭里以上，皆有學可知。其比與鄰近止五家，不必有學。國爲天子所都，及諸侯國中。周禮，天子立四代學以教世子群后之子，及鄉中俊選所升之士，諸侯但立時王之學。」澄曰：「鄉飲酒迎賓於庠門之外，則鄉學亦稱庠，不但黨有庠也。州長言射於州序，則州之學亦稱序，不但遂有序也。黨正言飲酒於序，則黨之學亦稱爲序。孟子言殷曰序、周曰庠，則不分所在之地。然則曰庠曰序，蓋鄉、遂、州、縣、黨、鄙之學，可通稱之也。」真氏曰：「按古教法，其近民者教彌數，故二十五家爲閭。閭有塾，民朝夕處焉。四閭爲族，則歲之讀法者十有四。士生斯時，不待舍去桑梓，而有學有師。敬敏任恤，則閭胥書之。孝弟睦婣，則族師書之。其所以教，又皆因性誘民，而納諸至善之域。禮鎔樂冶，以成其德，達其材。古者教人之功蓋如此。今之世，里於民最近而無學，士常輕去土着而事遠游，行之修竆，無所於考。至其設教，則以琢辭鏤句爲巧，詭聖僻説爲能，非惟無以淑其人，抑且重斲喪之也。」朱子曰：「古者比閭之學，則鄉老坐於門而察其出入。春夏耕耘，餘時肆業。其來學也有時既受學，則退而習於其家。」

○比年入學，中年考校。一年視離經辨志，三年視敬業樂群，五年視博習親師，七年視論學取友，謂之小成。九年知類通達，强立而不反，謂之大成。夫然後足以化民易俗，近者説服而遠者

懷之。此大學之道也。記曰：「**蛾子時術之。**」其此之謂乎？比音彼，又備中，去聲。樂，五孝切。夫音扶，下同。説，音悦。蛾，音蟻。

鄭氏曰：「比年入學者，每歲來入也。中，猶間也。離經，斷句也。辨志，謂别其心意所趨鄉也。知類，知事義之比也。强立，臨事不惑也。不反，不違失師道也。遠者懷之。懷，來也，安也。蛾，蚍蜉也。蚍蜉之子微蟲爾，時術，蚍蜉之所爲，其功乃復成大垤。」孔氏曰：「間一歲，一年三年五年七年之類是也。考校，於年終考視其業也。七年之學，其業小，故曰小成。九年則知禮義事類，通達無疑，强立不反，則是大學聖賢之道。蛾子時時術，學銜土而成大垤，猶學者時時學問而成大道。」澄曰：「按考校與周官大比不同。考校者，謂九年大成以前，每間一歲，教者察視其學業之進何如。大比者，謂九年大成之後，每三年則鄉大夫大比其德行道藝而賓興之也。初入學一年，於歲終視其讀經斷句，而分别其志之果向學與否。敬業者，謂於所讀之經而專心致志。樂群者，如食而已知其味。樂與同居之群共講肄之，此於三年之歲終察視之。博習，謂所學經外，又能汎及它經。傳授師説，服膺不失，而親近其師，惟恐或離也。此於五年之歲終察視之。論學，謂義理已明，能論説學之是非，而識人品高下，取其善者以爲友。此於七年之歲終察視之。以上皆小學之事。九年則十五入大學之次年，自始入小學之年而通數之，爲九年也。能知事理而推其類，由此以通達於彼，猶子貢之聞一知二，此大學致知之功也。强立，謂守之堅固。不反，謂其已能者不退轉。此大學力行之效也。若此而教，則可化其民，使之爲賢能而移易其俗，人人有士君子之行也。故近而被其教者，既皆心説而服，遠而聞其風者，亦且懷而慕之也。」

○大學始教，皮弁祭菜，示敬道也。宵雅肄三，官其始也。入學鼓篋，孫其業也。夏楚二物，收其威也。未卜禘，不視學，游其志也。時觀而弗語，存其心也。幼者聽而勿問，學不躐等也。此七者教之大倫也。記曰：「凡學，官先事，士先志。」其此之謂乎？宵音消。肄，以二切。孫去聲，下同。夏，古雅切。觀去聲。語去聲。學不躐等音效。

鄭氏曰：「皮弁，天子之朝服也。祭菜，禮先聖先師菜，謂芹藻之屬。宵雅，宵之言小也。肄，習也。習小雅之三，謂鹿鳴、四牡、皇皇者華也。此皆君臣宴樂相勞和之詩，爲始學者習之，所以勸之以官，且取上下相和厚也。鼓篋，擊鼓警衆，乃發篋出所治經業也。孫，猶恭順也。夏楚，夏，榎也；楚，荆也。二者所以撲撻犯禮者。收，謂收斂整齊之。威，威儀也。時觀而弗語，使之憤悱，然後啓發也。學不躐等，學，教也，教之長稚。倫，理也。自大學始教至此，其義七也。官，居官者也。士，學士也。」澄曰：「古者始入學，必釋菜於先聖先師。，故大學始初之教，有司先服皮弁服，行釋菜禮，蓋示學者以敬先聖先師之道也。常服玄冠，今加服皮弁，芹藻之菜，簡質而潔，皆示敬也。學者將以居官任事也，誦詩者必欲其達於政而能專對。小雅三詩，皆言爲君使之事。使之肄習，蓋教官事於其始也。入學必先擊鼓而後發篋者，欲遜讓其志而不忽遽也。撲作教刑，所以收整其威儀也。禘者，時祭之名，非五年大禘之禘，蓋周之春祭名祠。周之前，春祭名禘，見王制郊特牲，或云禘即祠字之誤。視學，謂考試學者經業，或君親往，或有司爲之，非天子大視學之禮也。待時祭後乃視學，不欲急迫，使學者得以優游其志而學也。觀，示也。語，告也。時復有以示之而弗與之語，使之存其心以致思也。幼者但聽長者講説，不得輒問，蓋教之之法，不可踰越等級也。官，謂已仕者。士，謂未仕者。已仕者先教之以居官之事，未仕者先教之以爲士之志。」

〇大學之教也，時教必有正業，退息必有居学。

時教，謂春夏秋冬四時之教。業，謂所學之事。正業，謂春學樂、夏學詩、秋學禮、冬讀書，各當其時。正，所當學之事也。退，謂進受正業既畢而退也。息，謂燕閒之時。居學，謂私居所學之事也，非正受業於學官者，如下文操縵博依之類是也。

〇不學操縵，不能安弦；不學博依，不能安詩；不學雜服，不能安禮；不興其藝，不能樂學。

操，七刀切。縵，末旦切。依舊讀上聲，今讀如字。興去聲，或平聲。樂學，五孝切。

縵，亦絲樂之屬，蓋燕樂也。周官，鍾師、磬師，皆掌縵樂，鄭氏以操縵爲雜美。安者，便習而無所勉强也。弦，琴瑟之屬。春時學樂，八音皆學。弦者，舉八音之一而言。博，廣也。依，謂歌者必依時所學也。雜者，諸多不一之名。服，如服勞之服。雜服，謂在身所行非一端，如曲禮三千之威儀皆是。禮者，經禮三百之節文，秋時所學也。興，如詩六義之興，引導於前而興起之也。藝猶技也，即操縵博依雜服等藝，以退息之居學而言也。樂，謂心好之而耽玩不厭。學，即春所學之弦，夏所學之詩，秋所學之禮也。此謂既受正業而退息之時，又有居學之事。學操縵則習於調弦，學博依則孰於聲歌，學雜服則孰於威儀。而於弦於詩於禮，自然便習而不勉强矣。蓋不興起於居學之藝，則生疏澀滯，不能耽好正業之學也。集注：詩人比興之辭，多依托於物理，而物理至博也。學詩而不講求物理之所依附，則無以驗其實，而於詩之詞，必有疑殆而不安者矣。雜服，弁冕衣裳之類。先王制作禮各有服，極爲繁雜。學禮而不考其制，則於禮文，必有彷彿而不安者矣。○朱子曰：「古人服各有等降，若理會得雜服，則於禮思過半矣。」

○故君子之於學也，藏焉、修焉、息焉、游焉。夫然，故安其學而親其師，樂其友而信其道，是以雖離師輔而不反也。兑命曰：「敬孫務時敏，厥修乃來。」其此之謂乎？樂其友，音洛。離，去聲。

藏，謂入學受業時，藏其身於所學之宫，若東序若瞽宗若上庠等處也。修，謂治其正業。

息，謂退息私居時。游者，玩物適情之謂，學操縵等藝是也。安其學，即下文安弦、安詩、安禮之安。於藏之時修其業，於息之時游其學，則己之獨學獨得者，便習無强而安，又且益親其所從之師。人之同學同得者，歡欣交暢而樂，又且益信其所聞之道，安其學於親其師之先，信其道於樂其友之後，則雖已離去師友，而所守堅固，不復變移也。敬遜，謂宅心惟一，序以進而不傷於迫急。務時敏，謂專力不二，勤勉以求而不失於怠緩。如此，則其所修日有新益，方來而未已也。

○今之教者，呻其佔畢，多其訊言，及於數進而不顧其安，使人不由其誠，教人不盡其材。其施之也悖，其求之也佛。夫然，故隱其學而疾其師，苦其難而不知其益也，雖終其業，其去之必速。教之不刑，其此之由乎？呻，音申。佔，尺占切。訊，音信。數，音朔。佛，扶弗切。去，如字。

呻，吟也。佔，視也。簡，謂之畢。訊，告也。及於，猶曰至於也。數進，謂數數進之。誠，實也。才，謂所能。施，施教也。求，猶責也。隱，謂暗而不明也。悖逆，皆謂反逆而不順。言今之師，誦其所視之簡，多其所告之辭，學者未可以進而又進之，不顧其所學已安與否也。實知此一理而後使之別窮一理，其謂由其誠，能行此一事而後教之別爲一事，是謂盡其材。否則是使之不由其實，教之不盡其能也。不觀其已知已能，而進之以未知未能，是其施教於人者，先後失宜，故曰悖。不俟其自知自能，而强之以必知必能，是其求責於人者，淺深莫辨，故曰佛。如是則莫能明其所受於師之學，不願親其師，而反疾其師矣。已知已行者，未能安，則苦其難，進之以其所未可，雖欲益之，而彼不能知其益也。縱使强益，俾終受其業，然所知非久必又昏忘，所行非久，必又遺失，故曰其去之必速。鄭氏曰：「刑，猶成也，謂教人不成者由此。」輔氏曰：「刑，猶儀刑之刑，其教不足爲人之儀刑也。」○軾按：文正數讀入聲，言字斷句，最當。

○大學之法：禁於未發之謂豫，當其可之謂時，不陵節而施之謂孫，相觀而善之謂摩。此四者，教之所由興也。

鄭氏曰：「未發，情欲未生。」孔氏曰：「逆防於未發之前，故云豫。時可受教，故云時。」朱子曰：「禁於未發，謂預爲之防。當其可，謂適當其可告之時。」長樂陳氏曰：「豫，救失於未然之前。時，長善於可教之際。」澄曰：「陵，猶越也。節，如竹之節。俟其能此事，然後又教一事，則爲順叙而不叢併。相觀，謂甲觀乙，乙觀甲，此有未善。觀彼所善而效之，則此亦善也。摩如兩石相摩，互相資藉。」程子曰：「朋友講習，莫如相觀而善之益多。澄謂此四者，三屬於師，一屬於友。」

○發然後禁，則扞格而不勝。時過然後學，則勤苦而難成。雜施而不孫，則壞亂而不修。獨學而無友，則孤陋而寡聞。燕朋逆其師。燕辟廢其學。此六者，教之所由廢也。扞，胡半切。格，黠客切。勝，音升。壞，如字，舊音怪。辟，音譬。

扞格謂抵拒。勝，猶堪也。燕，猶褻也。辟，猶語也。不禁之於未發，待其已發，然後禁之，則受教者抵拒而不堪其禁制。教之當於可以受教之時，至於其時已過，則其聰明知慮，已不及昔，學之雖勤苦，而難得完成也。學者，須是已能一事，然後再學一事。若無節次，雜然施之而不順序，則所學多端，必皆墮毀棼亂而不修治也。學者須是群居共學，相觀而善，互有所益。若獨自爲學，則孤卑僻陋，而所聞者寡。師，帥以正者也。若身親褻慢之朋，則染習不正，必至於違逆其師。學者於無益之言勿聽。若耳聞褻慢之語，則無益有損，必至於荒廢其學。朱子曰：「燕朋，謂私褻之朋，損者三友之類。大戴記保傳篇，作左右之習反其師。燕辟，謂私褻之談，無益於學而反有所害也。澄謂前四者，教所由興，在師者三，在學者一。後六者，教之所由廢，在師者三，在學者三。」方氏曰：「教之興止於四，廢至於六者，以見所由興者常少，所由廢者常多也。」

○君子既知教之所由興，又知教之所由廢，然後中以爲人師也。故君子之教喻也，道而弗牽，强而弗抑，開而弗達。道而弗牽則和，强而弗抑則易，開而弗達則思。和易以思，可謂善喻矣。

强，上聲。易，以豉切，下同。

喻，以言曉之也。道，謂導引其前。牽，猶拽也。强，謂激勉之。抑，猶偪也。開，謂發其端倪。達，謂通透至於底裏。言知前四者爲教之所由以興，又知前六者爲教之所由以廢，則可以爲師而教人矣，故其教而曉喻之也。但引導其後，使之自進，而不以力拽之以速其進，則受教者，不至於乖戾。激勉其志，使之自能，而不以力偪之以速其能，則受教者不至於艱難。但開發其端倪，而不盡言以直透於底裏，則受教者，必須致思而自得之。於學者之情，不乖而和，不難而易。俾思而後得如此，則可謂善於教而喻人者矣。

〇學者有四失，教者必知之。人之學也，或失則多，或失則寡，或失則易，或失則止。此四者，心之莫同也。知其心，然後能救其失也。教也者，長善而救其失者也。長，知兩切。

延平周氏曰：「失則多者，知之所以過。失則寡者，愚之所以不及。失則易者，賢之所以過。失則止者，不肖之所以不及。」東萊吕氏曰：「多，才有餘者。寡，才不足者。易，俊快者。止，鈍滯者。四者心之莫同，病各自别，知其心然後能救其失。譬如醫者要識它病處，方始隨證用藥，若不識學者之病，去它病上加添，無緣得成就。」長樂陳氏曰：「多者約之以禮，寡者博之以文，易者抑之以自反，止者勉之以自强，此救其失也。」澄曰：「學者有所善，則教之者使之增益，加進以長其善。學者有所失，則教者使之減損，除去以救其失。此一節皆言學者之失所當捄者。」

○善歌者，使人繼其聲。善教者，使人繼其志。其言也約而達，微而臧，罕譬而喻，可謂繼志矣。

朱子曰：「繼聲繼志者，皆謂微發其端而不究其説，使人有所翫索而自得之也。約而達，微而臧，罕譬而喻三者，皆不務多言而使人自得之意。」澄曰：「善於歌者，倡起其聲而不終曲，使人和而嘆之以繼續其聲，然後歌者之聲終。善於教者，開導其志而不盡言，使人思而繹之以繼續其志，然後教者之志盡。故教者之言，雖至約而不繁，而能使人通之；雖至微而不顯，而能使人善之；雖少所取譬，而能使人曉之。達之爲通，如樊遲未達之達。臧之爲善，如王曰善哉言乎之善。喻之爲曉，如夷子憮然曰命之矣是也。三者皆不盡言。而使學者自思繹而得之者，約微罕譬，教者之不盡言也。達臧喻，學者之能自得也。如此可謂能使人繼其志者矣。」

○君子知至學之難易而知其美惡，然後能博喻；能博喻，然後能爲師；能爲師，然後能爲長；能爲長，然後能爲君。故師也者，所以學爲君也，是故擇師不可不慎也。記曰：「三王四代唯其師。」此之謂乎？

張子曰：「知學者至於學之難易，及知其資質之美惡，故能教人。」長樂陳氏曰：「學有精粗，故其至有難易。質有美惡，則其喻有淺深。知美而喻之，則有以長人之善。知惡而喻之，則有以救人之失。」澄曰：「知其難易美惡，故能隨其淺深高下而喻之，各有攸當，不局於一途。所謂博喻也。教人能各得其宜，則治人亦各得其宜，故能爲教人之師者。小而一官之長，大而一國之君，皆能爲之也。」朱子曰：「能爲師以教人，則能爲君以治人，擇師不可以不慎。言能爲君者，其人難得，故不可不擇也。」孔氏曰：「三王，謂夏、殷、周，四代則加虞，雖皆聖人，無不擇師爲慎，故云唯其師。引舊記結此擇師之重也。」

○凡學之道，嚴師爲難。師嚴，然後道尊。道尊，然後民知敬學。是故君之所不臣於其臣者二：當其爲尸，則弗臣也；當其爲師，則弗臣也。大學之禮，雖詔於天子無北面，所以尊師也。

鄭氏曰：「嚴，尊敬也。武王踐祚，問黄帝、顓頊之道存乎？師尚父曰：『在丹書』。王齊三日，端冕，師尚父亦端冕，奉書而入，負屏而立，王下堂南面。師尚父曰：『先王之道不北面。』王行西，折而南、東面，師尚父西面，道書之言。」孔氏曰：「雖天子必尊師，并言尸者，欲見尊師與尸同也。詔，告也。天子雖至尊，當告詔之時，不使師北面。」永嘉戴氏曰：「此爲人君尊師言。以人君而尊師若此，學者可知矣。古人行禮，有教化存焉。嚴師所以尊道，尊道則民知敬學，師天下之人而皆知敬學，天下豈不大治。故先王養老尊賢之義，非特爲其人也，所以令衆庶見也。」慶源輔氏曰：「凡學之道，則非獨君也。嚴師爲難，蓋言盡嚴師之道爲難爾。能盡嚴師之道，則師始嚴。師所以傳道，師嚴則道自尊。道未嘗不尊，因其尊而尊之，則繫乎人之嚴師也。」

○善學者，師逸而功倍，又從而庸之。不善學者，師勞而功半，又從而怨之。

鄭氏曰：「從，隨也。庸，功也。」方氏曰：「以其有功於我故庸之。」慶源輔氏曰：「顔子曰：『夫子循循然善誘人，博我以文，約我以禮，欲罷不能。既竭吾才，如有所立卓爾。雖欲從之，末由也已。』所謂又從而庸之也。」公孫丑曰：「道若登天然，似不可及也，何不使彼爲可幾及而日孶孶也，所謂又從而怨之也。」

○善問者如攻堅木，先其易者，後其節目，及其久也，相說以解。不善問者反此。善待問者如撞鐘，叩之以小者則小鳴，叩之以大者則大鳴，待其從容，然後盡其聲。不善答問者反此。此皆進學之道也。 說如字，舊音悅。解，音蟹。撞，丈江切。叩，音口，從舊音舂。方，式容切。

朱子曰：「善問者如攻堅木，先其易者，後其節目，非特善問，讀書求義理之法皆然。置其難處，先理會其易處。易處通，則堅節自迎刃而解矣。若先其難者，則刃頓斧傷而木終不可攻。縱使能攻，而費工竭力，無自然説而解之之功，終亦無益於事也。説如字。解音蟹。蓋義理相説之久，其難處自能觸發解散也。從容，謂聲之餘韻從容而將盡者也。言必答盡所問之意，然後止也。」方氏曰：「節，木理之剛者，説卦所謂堅多節是矣。目，木理之精者，弓人所謂斲目必荼是矣，皆至堅難攻之處也。苟先其易攻之處，則其難者亦相説以解矣。從，非牽也。容，非迫也。待其從容，然後盡其聲，則隨其所感而爲之應，進之以漸而不以頓也。善問者則足以進己之學，善待問者則足以進人之學，故曰皆進學之道。」

○記問之學，不足以爲人師。必也其聽語乎？力不能問，然後語之。語之而不知，雖舍之可也。語，去聲。舍，上聲。

因上文善答問不善答問而又言此。孔氏曰：「記問，謂逆記他人雜問。聽語，謂聽問者之語，依問爲説也。受業者才力不能問，待其憤悱之間然後語之。語之不能知，且舍住，待後更語之也。」慶源輔氏曰：「記問之學，據己所有以告人。聽語者，因人之所疑以啓之。」

○良冶之子，必學爲裘。良弓之子，必學爲箕。始駕馬者反之，車在馬前。君子察於此三者，可以有志於學矣。

鄭氏曰：「必學爲裘，由見其家錮補穿鑿之器也。補器者其金柔乃合，有似於爲裘。必學爲箕，由見其家撓角幹也。撓角幹者，其材宜調，調乃三體相勝，有似於爲楊柳之箕也。」孔氏曰：「學者數見數習則善，故三譬之。良，善也。冶，鑄冶也。善冶之家，子弟見其父兄世業使金鐵柔合以補破器，皆令全好，故學爲裘，補續獸皮，片片相合以至完全也。爲弓之家，使角幹撓屈，調和成弓，故其子弟亦學取柳和柔撓之成箕也。駕馬之法，大馬本駕在車前。今馬子始學駕車，繫隨車後而行，故曰反之車在馬前。所以然者，此駒未曾駕車。若忽駕之必驚奔，今以大馬牽車於前，使駒日日見車之行，慣習而後駕之，則不驚也。學者亦須先教小事如操縵之屬，然後示其業則易成也。上三事皆須積習，非一日所成。君子察此，則可有志於學也。」

〇古之學者，比物醜類。

鄭氏曰：「醜，猶比也。比物醜類，以事相况。」澄曰：「言此以申上文箕裘弓冶，駕馬三者之譬。」

〇鼓無當於五聲，五聲弗得不和。水無當於五色，五色弗得不章。學無當於五官，五官弗得不治。師無當於五服，五服弗得不親。君子曰：「大德不官，大道不器，大信不約，大時不齊。」察

於此四者，可以有志於本矣。 當去聲，約如字，又音要。

鼓，革音之樂。當，猶主也。凡樂金、石、絲竹、匏土，各具宫、商、角、徵、羽五聲，惟革音於五聲之内，不偏主於一聲。然五聲之樂，若無革音，則不相協合，是鼓者王聲之本也。水謂清水，凡繪畫之采，各分青、赤、黄、白、黑五色，惟水於五色之中，不偏主於一色。然五色之采，苟非水漬，則不可彰施，是水者五色之本也。治官、禮官、政官、刑官、事官，五官之職，各有所治，惟司徒以德行道義教民。於五官所治，無所不學，不專主於學何官也。然非爲學之人，則不能治五官之治，是學者五官之本也。斬衰、齊衰、大功、小功、緦麻五等之服，各有所親。師雖尊，喪之若喪父而無服，不主於服何服也。然非得師之教，則不能親五服之親，是師者五服之本也。既言四事之有其本，又以君子曰申明其義，小德亦有可取，如官之各有所職，德之大者無所不宣，非如一官之但專一職而已，故曰不官。小道亦有可觀，如器之各有所用。道之大者，無所不可，非如一器之但適一用而已，故曰不器。人之有信，許諾盟誓，事事必須要約，此信之小者爾。聖賢心德，相孚相契，是謂大信，何以要約爲哉？天之有時，春夏秋冬，歲歲無不齊同，此時之小者爾。古今氣運，或治或亂，是謂大時，豈可以齊同測哉？然則不官者官之本，不器者器之本，不約者約之本，不齊者齊之本。君子察此，則可以有志於本也。○軾按：賈疏論五官，金、木、水、火、土之官也。張横渠謂施於天官而天官治，施於地這地官治，不主於一官也。長樂陳氏、永嘉戴氏，則以五官爲人身五事，未知孰是。

〇三王之祭川也，皆先河而後海，或源也，或委也，此之謂務本。 委，去聲。

河海皆川也。水之來處曰源，水之聚處曰委。夏商周三王之世，其祭川也，皆先祭河而後祭海。蓋以其或爲源，或爲委故也。河在海之上流，爲川之源，故先之。海受河之下流，爲川之委，故後之。源即本也，此又言本之當先，以申上文大德大道大信大時之意。

右記論學之辭，凡十一節。

樂記第三十六

鄭氏曰：「樂記者，記樂之義。」孔氏曰：「劉向校書得樂記二十三篇。今取十一篇合爲一，入禮記。餘十二篇，其名猶在，曰奏樂、曰樂器、曰樂作、曰意始、曰樂穆、曰説律、曰季札、曰樂道、曰樂義、曰招本、曰招頌、曰竇公是也。」漢書藝文志曰：「黄帝至三代，樂各有名。周衰禮壞，樂無遺法。漢興，制氏以雅樂聲律，世爲樂官，頗能記其鏗鏘鼓舞，而不能言其義。武帝時，河間獻王與毛生等共采周官及諸子言樂事者作樂記，其内史丞王度傳之，以授常山王禹。成帝時獻二十四卷。」澄曰：「禮經之僅存者，猶有今儀禮十七篇，樂經則亡矣。其經疑多是聲音樂舞之節，少有辭句可讀誦記識，故秦火之後無傳，諸儒不過能言樂之義而已。而劉向所得樂記二十三篇，又與河間獻王所撰二十四卷不同。其二十三篇内之十一合爲一篇者，蓋亦删取要略，非全文也。今從孔疏，仍分十一章，各標舊篇名於左，其章次先後則重爲更定云。此篇之外，所餘十二篇，及河間獻王之樂記，孔氏作疏時，其書已泯絶。」

凡音之起，由人心生也。人心之動，物使之然也。感於物而動，故形於聲。聲相應，故生變。變成方，謂之音。比音而樂之，及干、戚、羽、旄，謂之樂。比，皮志切。而樂，如字，又音洛。

鄭氏曰：「宮、商、角、徵、羽，雜比曰音，單出曰聲。形，猶見也。樂之器，彈其宮則衆，宮應然不足樂，是以變之使雜也。」春秋傳曰：「若以水濟水，誰能食之？若琴瑟之專一，誰能聽之？方，猶文章也。干，盾也。戚，斧也。武舞所執。羽，翟羽也。旄，牛尾也。文舞所執。」孔氏曰：「音，今之歌曲也。以樂器次比音之歌曲播之，并及干戚羽旄而舞之，乃謂之樂也。案樂師有帗舞、有羽舞、有皇舞、有旄舞、有干舞、有人舞。」○軾按：說義凡音二字包樂言，物字該得廣，世道之盛衰，政治之得失，百凡事體之順逆，有感於外而觸於中者皆是。聲自啓口而言，不必説到成辭句。聲與意相應而成一句之辭，就中字句自有清濁高下，故曰生變。言生出變態來。方，法也。成方者，謂以辭作爲詩歌，使叶五音，不可增損改易，是此變又成方體，成文不亂也，故謂之音。此解最明。但聲相應，謂聲與聲相應，如一字接一字。一句承一句，首尾相應，成個辭説，自然有清濁高下，故曰生變。變，謂聲之轉，轉而成文，則爲音矣。

樂者，音之所由生也，其本在人心之感於物也。是故，其哀心感者，其聲噍以殺；其樂心感者，其聲嘽以緩；其喜心感者，其聲發以散；其怒心感者，其聲粗以厲；其敬心感者，其聲直以廉；其愛心感者，其聲和以柔。六者非性也，感於物而后動，是故先王慎所以感之者。噍，子堯切。殺，色戒切。其樂，音洛。嘽，昌善切。粗，音麤。

鄭氏曰：「噍，踧也。嘽，寬綽貌。發，猶揚也。粗，麤也。」孔氏曰：「樂是長久之歡，喜是一時之悦。」長樂陳氏曰：「人函天地陰陽五行之氣，有哀樂喜怒敬愛之心。哀心感者戚，其聲噍以殺。樂心感者蕩，其聲嘽以緩。喜心感者毗於陽，其聲發以散。怒心感者毗於陰，其聲粗以厲。敬心感者，内直外方，其聲直以。愛心感者，内諧外順其聲和以柔。」○軾按：此節中説上文，因詳言所感之不同，歸重慎所以感上，喜怒哀樂未發之中，性也。有感而發則爲情，情可爲？有不善者，物之爲累也。

故禮以道其志，樂以和其聲，政以一其行，刑以防其姦，禮樂刑政，其極一也。所以同民心而出治道也。行，下孟切。

長樂陳氏曰：「禮自外作而道志於内，樂由中出而和聲於外，政以一不齊之行，刑以防不軌之姦。」○軾按：同民出治，正先王之慎所以感。道，達也。辭讓之禮，所以達恭敬也。極，致也。

○凡音者，生人心者也。情動於中，故形於聲。聲成文，謂之音。是故治世之音安以樂，其政和；亂世之音怨以怒，其政乖；亡國之音哀以思，其民困。聲音之道，與政通矣。思，息吏切。

方氏曰：「人安而樂，由政之和。人怨而怒，由政之乖。人哀而思，由民之困。政和則其音安樂，政乖則其音怨怒。此聲音之道，所以與政通也。」〇軾按：聲音之道與政通，益見感之不可不慎也。

宮爲君，商爲臣，角爲民，徵爲事，羽爲物。五者不亂，則無怗懘之音矣。宮亂則荒，其君驕。商亂則陂，其官壞。角亂則憂，其民怨。徵亂則哀，其事勤。羽亂則危，其財匱。五者皆亂，迭相陵，謂之慢。如此則國之滅亡無日矣。徵音旨。怗，日廉切。懘，昌制切。陂，彼義切。匱，群魏切。

鄭氏曰：「五者，君、臣、民、事、物也。凡聲濁者尊，清者卑，怗懘敝敗不和貌。五者其道亂，則其音應而亂。荒，猶散也。陂，傾也。」孔氏曰：「宮音亂，則其聲放散，由其君驕溢故也。商聲亂，則其聲欹邪不正，由其臣不治於官，官壞故也。角音亂，則其聲憂愁，由政虐民怨故也。徵音亂，則其聲哀苦，由傜役不休，民事勤勞故也。羽音亂，則其聲傾危，由君賦重，其民貧乏故也。迭，互也。陵，越也。五聲不和，則君臣上下，互相陵越，所以爲慢也。滅，絶也。」

鄭衛之音，亂世之音也，比於慢矣。桑間濮上之音，亡國之音也。其政散，其民流，誣上行私而不可止也。比，毗志切。濮音卜。

鄭氏曰：「比猶同也。濮水之上，地有桑間者，亡國之音於此水出也。昔殷紂使師延作靡靡之樂，已而自沈於濮水，後師涓過焉，夜聞而寫之，爲晉平公鼓之。桑間，在濮陽南。誣，罔也。」孔氏曰：「鄭國之音，好濫淫志。衛國之樂，促速煩志。並亂世之音也。雖亂而未滅亡，故云比於慢，同前之慢也。」○軾按：此引鄭衛之音，以申上節危亂滅亡意。

○凡音者，生於人心者也。樂者，通倫理者也。是故知聲而不知音者，禽獸是也。知音而不知樂者，衆庶是也。唯君子爲能知樂。

鄭氏曰：「倫，猶類也。理，分也。禽獸知此爲聲耳，不知其宮商之變也。八音並作克諧曰樂。」孔氏曰：「比音爲樂，有金石、絲竹、干戚、羽旄，樂得則陰陽和，失則群物亂，是樂能通倫理也。陰陽萬物，各有倫類分理者也。衆庶知歌曲之音，而不知樂之大理，惟君子能知之。」○軾按：通倫理，謂與君臣民事之理相通也。唯君子審察君臣民事之理，故能知樂。

是故審聲以知音，審音以知樂，審樂以知政，而治道備矣。是故不知聲者，不可與言音；不知音者，不可與言樂；知樂則幾於禮矣。禮樂皆得，謂之有德。德者，得也。幾音機。

鄭氏曰：「知樂則幾於禮者。幾，近也。聽樂而知政之得失，則能正君臣民事物之禮也。」

○軾按：不知音不可與言樂，不知樂不可與言政。如其知之，則通乎政之得失而幾於禮矣。

是故樂之隆，非極音也；食饗之禮，非致味也。清廟之瑟，朱絃而疏越，壹倡而三嘆，有遺音者矣；大饗之禮，尚玄酒而俎腥魚，大羹不和，有遺味者矣。食音嗣。疏音疏。越音活。荀子，如字。倡，昌亮切。和，胡卧切。

鄭氏曰：「隆，猶盛也。極，窮也。清廟，謂作樂歌清廟也。朱絃，練朱弦也，練則聲濁。越，瑟底孔也，疏之使聲遲也。倡，發歌句也。三嘆，三人從嘆之也。大饗祫祭，先王以腥魚爲俎實，不臑孰之，大羹肉湇，不調以鹽菜。遺，猶餘也。」孔氏曰：「樂之隆盛，在移風易俗，非崇鍾鼓之音。祭在於孝敬，非致美味。清廟之瑟，謂歌清廟之詩，所彈之瑟也。弦不練，則體勁而聲清。練則弦孰而聲濁。瑟兩頭有孔，疏通之使相連。孔小則聲急，孔大則聲遲。弦聲既濁，瑟音又遲，是其質素。壹倡之時，但有三人贊歎之言歎者少也。雖然有遺餘之音，以其貴在於德，人念之不忘也。此覆上非極音也。玄酒，在五齊之上，俎有三牲，而兼載腥魚，謂薦血腥之時。至薦孰之時，皆亨之而孰，魚則始末不亨，故云俎腥魚。并肉湇，皆質素之食，而大饗設之。雖然，有遺餘之味，人愛之不忘也。此覆上非致味也。」朱子曰：「一倡三歎，一人倡而三人和也。」輔氏曰：「有遺音，言弗盡其音；有遺味，言弗盡其味也。」

是故先王之制禮樂也，非以極口腹耳目之欲也，將以教民平好惡而反人道之正也。好，呼報切。惡，烏路切，下同。

孔氏曰：「玄酒腥魚大羹，是非極口也。朱弦疏越，是非極耳目也。教民均平好惡，好者行之，惡者避之，反歸人道之正也。」

人生而静，天之性也。感於物而動，性之欲也。物至知知，然後好惡形焉。好惡無節於内，知誘於外，不能反躬，天理滅矣。

朱子曰：「人受天地之中以生，其未感也，純粹至善，萬理具焉，所謂性也。然人心不能無感於物，感於物而動，則性之欲者出焉，而善惡於是乎分矣。性之欲，所謂情也，物至而知。知之者，心之感也。好之惡之者，情也。形焉者其動也，所以好惡而有自然之節者，性也。情之好惡，本有自然之節，唯其不自覺知，無所涵養，而大本不立。是以天則不明於内，外物又從而誘之，此所以流濫放逸而不自知也。苟能於此覺其所以然者，而反躬以求之，則其流庶乎其可制也。不能如是，而惟情是狥，則人欲熾盛，天理滅息，此正天理人欲之機。間不容息處，惟返躬自克，念念不忘，則天理益明，存養自固。而外誘不能奪矣。上知字是體，下知字是用。」廣漢張氏曰：「性之欲也，言亦性所有也，而其要係乎心君宰與不宰耳。心宰則情得其正，率乎性之常，而不可以欲言。心不宰，則情流而陷溺，其性專爲人欲矣。心不宰，而情狥於物，故貴於反躬焉。平日致知力行，無非反躬之功也。」○軾按：物至知知。上知字，所謂人心有覺也。事物之來，以吾心之覺覺之，斯好惡動於中而形於外，自然發皆中節，節即知也。吾心具衆理而應萬事，湛然虚明，任事物之來，莫不有一定之則，順而應之。若鑑空衡平，絲毫不爽，所謂節也。惟涵養疏於平日，省察失於當幾，則本體之明息，而知反爲物所誘。然良心未泯，夜氣猶存，返而求之，便已惺惺。若任其放逸而不知求，則人欲熾而天理亡，其去禽獸不遠矣。

夫物之感人無窮，而人之好惡無節，則是物至而人化物也。人化物也者，滅天理而窮人欲者也。於是有悖逆詐僞之心，有淫泆作亂之事，是故强者脅弱，衆者暴寡，知者詐愚，勇者苦怯，疾病不養，老幼孤獨不得其所，此大亂之道也。 夫音扶。悖，布内切。泆音逸。强，其兩切。脅，許劫切。知音智。

朱子曰：「物之誘人固無窮，然亦是自家好惡無節，所以被物誘去。若自有主宰，如何被誘？夫好惡之節，天之所以與我也。而至於無節，宰制萬物，人之所以爲貴也，而反化於物焉。天理唯恐其存之有未至也，而反滅之。人欲唯恐其制之不力也，而反窮之。則人之所以爲人者，至是盡矣。然天理秉彝，終非可殄滅者。雖化物窮欲至於此極，苟能返躬以求，則天理之本然者，初未嘗滅也。但染習已深，難覺而易昧，難返而易流，非厲知恥之勇，而致百倍之功。則不足以復其初耳。」長樂陳氏曰：「天理滅則良心亡，安得無悖逆詐僞生於其心乎？人欲窮則美行喪，安得無淫泆作亂發於其事乎？夫然後弱者無所恃，而爲强者所脅。寡者無所附，而爲衆者所暴。愚者無所施，而爲知者所詐。怯者無所立，而爲勇者所苦。疾病不養而其政散，老幼孤獨不得其所，而其民流，不能平好惡，不能反人道之正之患也。」

是故先王之制禮樂，人爲之節：衰麻哭泣，所以節喪紀也；鐘鼓干戚，所以和安樂也；昏姻冠

笄，所以别男女也；射鄉食饗，所以正交接也。衰，七雷切。樂音洛。冠，古亂切。笄音雞。别，彼列切。食音嗣。

孔氏曰：「人爲，猶爲人也。言制禮樂爲人作法節也。」方氏曰：「人爲之節者，因人而制爲之節也，因人之有喪紀也。故制爲衰麻哭泣以節之，因人之有安樂也。故制爲鐘鼓干戚以和之，以至婚姻之於男女射鄉食饗之於交接，亦若是而已。禮爲節，樂爲和，總曰爲之節者，蓋樂雖和而不流，是乃所以爲之節也。以至别男女，正交接，亦無非節而已。」朱子曰：「人爲之節，言人人皆爲之節也。」

禮節民心，樂和民聲，政以行之，刑以防之。禮樂刑政，四達而不悖，則王道備矣。

孔氏曰：「政，謂用禁令以行禮樂也。不行禮樂，則以刑罰防正之。四事通達而不悖逆，則王道具備矣。」

右樂本第一。

夫民有血氣心知之性，而無哀樂喜怒之常；應感起物而動，然後心術形焉。知，音智。

鄭氏曰：「術，所由也。形，猶見也。」孔氏曰：「言人有血氣而有心知。其性雖一，所感不常，物來感己，心遂應之，而念慮興動也。以其感物而動，故心所由之道路形見也。」應氏曰：「喜怒哀樂未發謂之中，發而中節謂之和，道心也。有血氣心知之性，而無哀樂喜怒之常，人心也。」○軾按：心知者，程子所謂氣質之性也。當其未發，喜怒哀樂，全無朕兆，何常之有？迨與物接，應感而起，而爲喜爲怒爲哀爲樂之心，乃隨處發見。術，道徑也。所形不一，如道徑之分歧。

是故志微噍殺之音作，而民思憂；嘽諧、慢易、繁文、簡節之音作，而民康樂；粗厲、猛起、奮末、廣賁之音作，而民剛毅；廉直、勁正、莊誠之音作，而民肅敬；寬裕、肉好、順成、和動之音作，而民慈愛；流闢、邪散、狄成、滌濫之音作，而民淫亂。 噍，子遥切。殺，色界切。思，息吏切。嘽，昌善切。易，以豉切。賁，秋粉切。肉，而救切。好，呼報切。辟，匹亦切。滌，大曆切。

鄭氏曰：「志微，意細也。吴公子札聽鄭風而曰其細已甚。簡節，少易也。奮末，動使四肢也。賁讀爲憤，憤怒氣充實也。」春秋傳曰：「血氣狡憤。肉，肥也。狄、滌，往來疾貌也。濫，僭差也。此皆民心無常之效也。」長樂陳氏曰：「憂思，哀心所感也。康樂，樂心所感也。剛毅，怒心所感也。肅敬，敬心所感也。慈愛，愛心所感也。淫亂，喜心所感也。其音作而民思憂，亡國之音也。其音作而民康樂，治世之音也。其音作而民淫亂，亂世之音也。治世之音，居亂亡之中者，以爲世治而不知戒，不亡則亂矣。此記樂者之微意也。夫肉倍好者璧也，好倍肉者瑗也。肉好如一，旋而不可窮者環也。肉好之音，豈其音旋而不可窮耶。樂音謂之狄，猶北狄謂之狄，以其有禽獸之道也。順成之音，則其音順而治。狄成之音，則其音逆而亂。」輔氏曰：

「慢，猶緩也，對忽之言。易，謂和易也，平易也。繁文所以極其盛，簡易所以著其誠。肉好，猶俗言美滿也。」○軾按：陳注志作急，似當。粗厲猛起，謂樂之初起，已粗厲而猛。奮末廣賁，謂至終越奮發而廣賁。賁平聲。書用宏茲賁，詩賁鼓維鏞，俱訓大，廣大，猶粗厲也。璧之孔曰好，其身曰肉，内外皆圓，比樂聲之圓轉融通。狄成，陳注謂狄與逖同。遠也，成者樂之一終。狄成，言其一終甚長，淫泆之意也。滌濫，如水之滌盪泛濫也。

是故先王本之情性，稽之度數，制之禮義，合生氣之和，道五常之行，使之陽而不散，陰而不密，剛氣不怒，柔氣不懾，四暢交於中，而發作於外，皆安其位而不相奪也。 行，下孟切。懾，之涉切。

鄭氏曰：「生氣，陰陽氣也。五常，五行也。密之言閉也，懾猶恐懼也。」孔氏曰：「上既明樂之感人，此明先王節人情性。陽主發動，失在流散，教之使感陽氣者不散。陰主幽靜，失在閉塞，教之使感陰氣者不塞。剛不至暴怒，柔不至恐懼。陰陽剛柔，四者通暢於身而發見動作於外，各得其所，是安其位也。不相侵犯，是不相侵奪也。五常之行，若木性仁、金性義、火性禮、水性和、土性信也。」馬氏曰：「樂於人心，故本之情性，其文則見於形名度數之間，故稽之度數。然而制之不可以不合其宜，故制之以禮義。」○軾按：先王之樂，以性情爲根，以理數爲則，合天地之和，順五行之序，故能使千萬世之爲樂者，感之而各得其性情之正。而陰陽剛柔，調劑通暢，由中發外，各安其位，而無相奪也。本之性情四句，言樂之善，以下言樂之節人性情，孔疏最當。

然後立之學等，廣其節奏，省其文采，以繩德厚，律大小之稱，比始終之序，以象事行，使親疏、貴賤、長幼、男女之理，皆形見於樂。故曰：樂觀其深矣。省，西領切。稱去聲。比，毗志切。見，音現。

鄭氏曰：「等，差也。各用其才之差學之。廣，謂增習之。省，猶審也。文采，謂節奏合也。繩，猶度也。小大，謂高聲正聲之類也。終始，謂始於宫，終於羽。以象事行，宫爲君，商爲臣是也。皆形見於樂，謂同聽之莫不和敬，莫不和順，莫不和親。」方氏曰：「立之學所以教之，立之等所以辨之。若樂師掌國學之政，大胥掌學士之板，所謂立之學也。若十三舞勺，成童舞象，所謂立之等也。」○軾按：學樂有等差，始而試習，漸加增廣，又必審其文采。文采者，注云即節奏之合，蓋節止也。奏，作也。合之而五音具備，清濁相應，如五色成文也。繩，正也。以是樂正人之德，而性之厚者，庶不浸於薄。至於大小之稱，始終之序，所以示人行事之象則也。節奏文采，統言之，大小始終，晰言之也。內而繩其德，使親疏貴賤長幼男女之間，藹然有恩以相接。外而象其行，使親疏貴賤長幼男女之交，秩然有禮以相防，所謂經之綸之者是也。故曰其理皆於樂，觀其深者，謂非淺嘗者所得而窺也。

○土敝則草木不長，水煩則魚鼈不大，氣衰則生氣不遂，世亂則禮慝而樂淫。慝，士德切。

鄭氏曰：「遂，猶成也。慝，穢也。」孔氏曰：「敝，謂勞敝。煩，謂煩擾。陰陽之氣衰亂，故生物不得遂成。慝，惡也。淫，過也。世道衰亂，上下無序，故禮慝。男女無節，故樂淫。以上三事，皆喻禮慝樂淫也。」

是故其聲哀而不莊，樂而不安，慢易以犯節，流湎以忘本，廣則容姦，狹則思欲，感條暢之氣，而滅和平之德，是以君子賤之也。易，以豉切。湎，綿鮮切。

鄭氏曰：「廣，謂聲緩。狹，謂聲急。感，動也。動人條暢之善氣，使失其所。」孔氏曰：「朋淫於家，是慢易以犯禮節。淫酗肆虐，是流湎以忘根本。廣，謂節奏疏緩，多有姦淫之聲。狹謂音促，則感人思其情欲。條，達也。暢，舒也。賤，謂棄而不用也。」山陰陸氏曰：「廣失之無法，狹失之不通。感，動之微也。詩云『無感我帨兮』，或言感，或言滅，相備也。」方氏曰：「哀而不莊，故慢易以犯節。樂而不安，故流湎以忘本。慢則無所敬，易則無所戒，故犯節。流則不知止，湎則有所溺，故忘本。廣固足以有容，所容者姦聲感，則逆氣應之矣。狹固足以有思，所思者樂得其欲，則以欲忘道矣。平則條而有理，和則暢而能通。」澄曰：「哀則不謔狎，宜莊也。而乃不莊，樂則不危險宜安也。而乃不安、不莊故至於慢易，不安故至於流湎。」陳氏曰：「感或作蹷，蹷條暢之氣，則與合生氣之知者反矣。」

右樂言第二，今本第五，鄭目録第四，史記第六。

○凡姦聲感人而逆氣應之，逆氣成象而淫樂興焉。正聲感人而順氣應之，順氣成象而和樂興焉。倡和有應，回邪曲直各歸其分，而萬物之理，各以類相動也。和，胡卧切。分去聲。

孔氏曰：「姦聲感於人而逆氣來應，二者相合而成象，淫樂遂興，紂作靡靡之樂是也。正聲感動於人而順氣來應，二者相合而成象，則和樂興，若周室太平頌聲作也。聲感人，倡也。氣應之，和也。善倡則善和，惡倡則惡和，是倡和有應也。回謂乖違。邪謂邪。辟，言乖違邪辟。曲之與直，各歸其善惡之分限，善歸善分，惡歸惡分也。善惡各歸其分，是萬物之情理，各以類自相感動也。」方氏曰：「聲之感人自外而入，氣之應聲由中而出。氣之作也，不可得而見。及其成也，乃形見於樂。由其所感者異，故其所應者亦異。所應者異，故所興者亦異。此君子慎其所以感之者。單出爲聲，比音而樂之，然後爲樂。聲感於上，而樂應於下。回則有莊，邪則有正，又或曲或直焉。此言其聲之别。」

是故君子反情以和其志，比類以成其行，姦聲亂色不留聰明，淫樂慝禮不接心術，惰慢邪辟之氣不設於身體，使耳目、鼻口、心知百體，皆由順正，以行其義。

方氏曰：「情者，性之欲，反情所以復其性。類者，人之善，比類所以資諸人。反情於內，故足以和其志。比類於外，故足以成其行。」李氏曰：「反情以和其志，以内修内者也。比類以成其行，以外治外者也。姦聲亂色不留聰明，淫樂慝禮不接心術，以外治内者也。惰慢邪辟之氣，不設於身體，以内治外者也。夫如是則耳之綦聲，目之綦色，鼻之綦臭，心知百體之綦快，莫不順而無逆，正而無邪矣。故曰耳目鼻口，皆由順正。」

然後發以聲音而文以琴瑟，動以干戚，飾以羽毛，從以簫管，奮至德之光，動四氣之和，以著萬物之理。

鄭氏曰：「奮，猶動也。著，猶成也。」孔氏曰：「謂動發心志以聲音，文飾聲音以琴瑟，振動形體以干戚，裝飾樂具以羽旄，隨從音樂以簫管，用以奮動天地至德之光則神明來降，感動四時氣序之和，謂風雨順，寒暑時，以著萬物之理，萬物得其所也。」方氏曰：「如上所言，然後可以作樂，故此極言作樂之事。聲音者，心所生，故言發。琴瑟者，樂之器，故言文。干戚所以爲武，故言動。羽旄所以爲文，故言飾。簫管作於堂下，故言從。」馬氏曰：「在已則奮至德之光，在天則動四氣之和，在地則著萬物之理。」山陰陸氏曰：「奮，猶發也。若大章所以發堯德之光，大韶所以發舜德之光。」○軾按：著，成也。謂四時和，則萬物得遂其性，而發育長養也。動四氣之和，天地位也。著萬物之理，萬物育也。奮至德之光，馬陸説較穩。

是故清明象天，廣大象地，終始象四時，周旋象風雨，五色成文而不亂，八風從律而不姦，百度得數而有常，小大相成，終始相生，倡和清濁，迭相爲經。還音旋。

鄭氏曰：「清明，謂人聲也。廣大，謂鐘鼓也。周旋象風雨，謂舞者。五色，五行也。八風從律，應節至也。百度，百刻也。言日月晝夜不失正也。清，謂蕤賓至應鐘。濁，謂黄鐘至仲吕。」方氏曰：「清明者，樂之聲，故象天。廣大者，樂之體，故象地。終始者，樂之序，故象四時。周旋者，樂之節，故象風雨。合之以柷，樂之始也。止之以敔，樂之終也。既備乃奏，樂之周也。以反爲文，樂之還也。」○軾按：清明、廣大、終始、周旋，即論語所謂翕純皦繹，不必分屬何音。五色即五聲。謂之色者，以有節奏之飾。八風從律，謂八風按節而至而律應之也。百度即三分損益之數，迭相爲經，謂十二月之律還相爲宫也。經對緯言。

故樂行而倫清，耳目聰明，血氣和平，移風易俗，天下皆寧。

鄭氏曰：「言樂用，則正人理和陰陽也。倫，謂人道也。」孔氏曰：「樂行而倫類清美矣。人聽之則耳目聰明，血氣和平，變移敝惡之風，改革昏亂之俗，而天下皆安矣。」張子曰：「正樂既行，故人倫之道清。不視聽姦亂，故視聽聰明。口鼻心知，百體皆由順正。故血氣和平，風移俗革。移是移徙之名，易是改易之稱。易前之惡俗，從今之善俗。上行謂之風，下習謂之俗。」

故曰：樂者樂也，君子樂得其道，小人樂得其欲。以道制欲，則樂而不亂。以欲忘道，則惑而不樂。

鄭氏曰：「道，謂仁義。欲，謂淫邪也。」孔氏曰：「以道制欲，則意得歡樂而不有昏亂。以欲忘道，則志慮迷惑而不得歡樂也。」

是故君子反情以和其志，廣樂以成其教，樂行而民鄉方可以觀德矣。鄉，許亮切。

黄氏曰：「反情以和其志，則以道制欲。廣樂以成其教，則以道制人之欲。」

○德者，性之端也。樂者，德之華也。金石絲竹，樂之器也。詩，言其志也。歌，咏其聲也。舞，動其容也。三者本於心，然後樂氣從之。

鄭氏曰：「三者，本志也、聲也、容也。言無此本於内，則不能爲樂也。」孔氏曰：「德本於内，樂所以發揚其德，故樂爲德之光華也。非器無以成樂，故金石絲竹爲樂之器也。詩，謂言辭説其志。歌，謂音曲以歌咏其言辭之聲。哀樂在内，必形於外，故以舞振動其容。樂之體有此三者。」輔氏曰：「端，猶孟子所謂四端也。華，即下文所謂英華也。德出於性，故德者性之端。樂以章德，故樂者德之華也。樂之氣，謂和氣也。樂曰陽來，豈無氣乎？」

是故情深而文明，氣盛而化神，和順積中而英華髮外，唯樂不可以爲僞。

孔氏曰：「情深，謂思慮深遠。文明，謂情由言顯。志意藴積在中，故氣盛。内志既盛，則外感動於物，故變化神通也。氣盛，謂手舞足蹈是也。化神，是動天地，感鬼神也。和順積於心中，言辭聲音發見，是英華發外也。此據正樂若善事積於中，則善聲見於外，惡事積於中，則惡聲見於外。若心惡而望聲之善，不可得也。故云唯樂不可以爲僞。」○軾按：氣盛於中，則手舞足蹈，舞蹈乃氣盛之驗，所謂誠則明也。化神，所謂動則變，變則化也。

○樂者，心之動也。聲者，樂之象也。文采節奏，聲之飾也。君子動其本，樂其象，然後治其飾。

鄭氏曰：「文采，樂之威儀也。」孔氏曰：「自此至反始也。廣明舞之義，理與聲音相應。心動而有聲，聲成而爲樂，是樂由心動而成也。樂本無體，由象而見，是聲爲樂之形象。聲無曲折，則大質素，故以文采節奏而飾之。動其本，則心之動也。樂其象，則亦樂之象也。治其飾，則亦聲之飾也。」

是故先鼓以警戒，三步以見方，再始以著往，復亂以飭歸，奮疾而不拔，極幽而不隱，獨樂其志，不厭其道，備舉其道，不私其欲。是故情見而義立，樂終而德尊，君子以好善，小人以聽過。故曰：生民之道，樂爲大焉。 見，賢遍切。

鄭氏曰：「先鼓，將奏樂先擊鼓，以警戒衆也。三步，謂將舞必先三舉足，以見其舞之漸也，再始以著往。武王除喪，至孟津之上，紂未可伐。還歸二年，乃遂伐之。武舞再更始，以明伐時再往也。復亂以飭歸謂鳴鐃而退，明以整歸也。奮疾，謂舞者也。極幽，謂歌者也。」孔氏曰：「方，謂方將欲舞，積漸之意也。亂，治也。復，謂舞曲終。舞，復其行位而整治也。象武王伐紂既畢，整飭師旅而還歸也。拔，疾也，謂舞者奮迅疾速而不至大疾。歌者，坐歌不動，是極幽静，而聲發起，是不隱也。世多違背道理，武王獨能樂其志意，不違厭其仁義之道，謂恒以道自將也。既不違厭道理，又能備舉而行之以利天下，不私自恣己之情欲也。情見，謂武王伐紂之情見於樂也。義立，謂武王伐紂之義興立也。觀其樂終，則知武王道德尊盛也。君子，謂在位者。小人，謂士庶之等。君子觀武王之樂，德類如此，則好行善道。小人觀武王之樂，則亦聽伏己之愆過也。生養人民之道，樂最爲大。特舉武王之樂者，以其利益最深，餘樂莫及故也。」○軾按：著往即見方意，謂往以漸也。由微之顯之謂著。再始，謂舞者作勢而往。旋而退步，然後前進。三步，亦是作勢，又在一始之前。亂，如關雎之亂。飭歸，謂退複本位，行列整齊，不散亂也。先鼓六句言樂，獨樂四句，言武樂之美，本於武王之德之盛也。行其志自不拂乎道，備乎道自不狥乎欲，反復言之也。義立者，謂見其情則義可知，如卓立於此而人無不見也。

○樂也者，施也。禮也者，報也。樂，樂其所自生，而禮反其所自始。樂章德，禮報情，反始也。

施，始豉切。

鄭氏曰：「施言樂出而不反，禮有往來也。自，由也。」孔氏曰：「禮樂之别，報施不同，作樂使衆庶皆聽之。無反報之意，但有恩施而已。往而不來，非禮也。故禮者言報也。若武王民樂其由武功而生王業，即以武名樂，以受施處立名也。若祭后稷報其王業之由，是禮有報也。章德報情，反覆説報施之意，言樂施而不報，是章明其德也。禮有恩則報，以人意言之謂之報情，以父子祖孫言之謂之反始，其實一也。」○軾按：朱子云：「樂是和氣從中間直出，無所待於外。禮却是始初有這意思，外面却做一節文抵當他。」據此是以外之辭讓報内之恭敬，非人已往來施報之報。蓋歡忻鼓舞之情，由中一直發出，不待安排布置，故曰樂樂其所生。禮則安排出一個節文以抵當此情，故云報情反始。反始者，所行之禮，必反之心，以求情文之稱也。但如此講，則與下節不相連貫。石梁王氏謂下節是他篇錯簡，信然。又按：鄭玄目録云，此二節明禮樂之所主。先王有仁民之德施於外，故爲樂以章之，有報本之情動於中，故爲禮以行之。此解與注疏同，而文較直截。蓋以報爲報德報功，下節贈諸侯所以報功也。然不若朱子解，體認精細。

所謂大輅者，天子之車也；龍旂九旒，天子之旌也；青黑緣者，天子之寶龜也；從之以牛羊之群，則所以贈諸侯也。緣，悦絹切。

鄭氏曰：「贈諸侯，謂來朝將去，送之以禮。」孔氏曰：「此明禮報之事。諸侯守土，來朝天子，天子以此等物報之。不明樂施者，其事易知，故略之。大輅，金輅也。據上公及同姓諸侯，若異姓則象輅，四衛則華輅，蕃國則木輅，而受於天子，總謂之大輅也。龍旂九旒，據上公言之，侯伯則七旒，子男則五旒。寶龜之巾，並以青黑爲緣。天子既與之大輅龍旂及寶龜占兆，又從以牛羊。非一，故稱群。」方氏曰：「輅，即路也。此言大輅即金輅，以其贈諸侯者無大於此也。玉輅則以祀而不以封焉。牛羊者，燕饗之所用則用之。非所先焉，故曰從之。」

右樂象第三，今録第六，目録第八，史記第七。

昔者舜作五弦之琴以歌南風，夔始制樂以賞諸侯。故天子之爲樂了，以賞諸侯之有德者也。德盛而教尊，五穀時孰，然後賞之以樂。故其治民勞者，其舞行綴遠；其治民逸者，其舞行綴短。故觀其舞，知其德；聞其謚，知其行也。 行，户剛切。綴，知劣切。

鄭氏曰：「夔欲舜與天下之君共此樂也。南風，長養之風也。民勞則德薄，酇相去遠，舞人少也。民逸，則德盛，酇相去近，舞人多也。謚者，行之迹也。」孔氏曰：「五弦，謂無文武二弦，唯宫商等五弦也。案世本，神農作琴。今云舜作者，特用琴歌南風始自舜，或五弦始舜也。綴，謂酇。酇，謂酇聚。舞人行位之處，立表酇以識之，舞處之綴一，但人多則去之近，人少則去之遠。觀其舞之遠近，則知其德之薄厚，由舞以表德也。又以謚比舞聞謚之善否，知其行之好惡也。」長樂陳氏曰：「賞諸侯以樂，前此無有也。此則因夔，故以始制言之。」方氏曰：「樂所以象德，諸侯有養民之德者則賞之，故夔始制樂，以賞諸侯之有德也。惟德盛，人所從者衆，則其教尊而人事修。人事修則天時應，故繼之以五穀時孰。德盛教尊，則養其心者至矣。五穀時孰，則養其形者至矣。諸侯之養民如此，天子賞之以樂也，不亦宜乎？」輔氏曰：「南風長養萬物，猶人君長養萬民，舜爲天子而歌此爲樂，則諸侯之君民者，亦當法舜之德，體南風之意以長養其民，故夔因其歌而寫之於金石絲竹。當時諸侯之有養民之德者，則以樂賞之也。」

○大章，章之也。咸池，備矣。韶，繼也。夏，大也。殷周之樂盡矣。

鄭氏曰：「大章，堯樂名也。咸池，黄帝樂名也，堯增修而用之。韶，舜樂名。夏，禹樂名。殷周之樂盡矣，言盡人事也。」石林葉氏曰：「備者，德之全也。盡者，聲之極也。」澄按：此言堯、舜、禹、湯、武五代之樂。鄭氏以咸池爲黄帝樂名，非也。考周官大司樂黄帝樂名大卷，又名雲門，則此所謂大章。所謂咸池，皆堯樂名也，故周官名堯樂爲大咸。若使咸池果爲黄帝之樂，則豈可次於大章堯樂之後哉。孔氏曰：「堯樂，謂之大章者，言堯德章明於天下也。咸，皆也。池，施也。黄帝樂名咸池，言德皆施被於天下，無不周徧，是爲備具矣。韶繼也者，言舜之道德，繼紹於堯也。夏，大也。禹樂名夏者，言能光大堯舜之德也。殷周之樂，謂湯之大濩，武王之大武也。盡矣，言於人事盡極矣。」

〇天地之道，寒暑不時則疾，風雨不節則饑。教者，民之寒暑也，教不時則傷世。事者，民之風雨也，事不節則無功。然則先王之爲樂也，以法治也，善則行象德矣。

方氏曰：「往來應期之謂時，多少得所之謂節。寒者，冬之氣。暑者，夏之氣。故言時，風雨則散潤於四時之間而已。故言節，氣所傷爲疾。食不足爲饑，氣由寒暑而運，故不時而疾。食由風雨而成，故不節則饑。教者，民之寒暑，欲其得時故也。事者，民之風雨，欲其適節故也。且教以經世，苟或不時，何異寒暑之成疾乎？故曰傷世。事以就功，苟或不節，何異風雨之致饑乎？故曰無功。」孔氏曰：「以法治者，樂善則治得，樂不善則治乖，前文教不時事不節是也。人君教化美善，則民法象君德。」

〇夫豢豕爲酒，非以爲禍也；而獄訟益繁，則酒之流生禍也。是故先王因爲酒禮。壹獻之禮，賓主百拜，終日飲酒而不得醉焉，此先王之所以備酒禍也。故酒食者，所以合歡也；樂者，所以象德也；禮者，所以綴淫也。 夫音扶。綴，知劣切。

鄭氏曰：「以穀食犬豕曰豢。爲，作也。言豢豕作酒，本以饗祀養賢，而小人飲之善酗，以致獄訟也。壹獻，士飲酒之禮。百拜，以喻多。綴，猶止也。」孔氏曰：「人君作樂以訓民，使民法象其德也。制禮以教天下，所以綴止淫邪也。」

是故先王有大事，必有禮以哀之；有大福，必有禮以樂之。哀樂之分，皆以禮終。分，扶問切。

鄭氏曰：「大事，謂死喪也。」長樂陳氏曰：「先王之於事之大者，必有禮以哀之。於福之大者，必有禮以樂之。死亡凶札禍裁，天事之大者也。圍敗寇亂，人事之大者也。大宗伯皆以凶禮哀之，所謂有大事必有禮以哀之也。以振播之禮，親兄弟之國，而與之同福禄。以慶賀之禮，親異姓之國，而與之和安樂。所謂有大福必有禮以樂之也。彼哀而我哀之，彼樂而我樂之。哀樂之分雖異情，而皆以禮終，則禮達而分定矣。」馬氏曰：「哀樂之分皆以禮終，言有禮以終之。」輔氏曰：「皆以禮終，則不至於過也。」黄氏曰：「皆以禮終，故哀樂中有節。」

樂也者，聖人之所樂也，而可以善民心。其感人深，其移風易俗，故先王著其教焉。

鄭氏曰：「著，猶立也。謂立司樂以下，使教國子。」孔氏曰：「樂本從民心來，故感動人深。風，謂水土之風氣有舒疾剛柔。俗謂君上之情欲有好惡趨舍，用樂化之，故惡風移改，弊俗變易。」方氏曰：「君上所化謂之風，民下所習謂之俗，遷此之彼爲移，更有爲無曰易。」應氏曰：「自一獻百拜而終日不得醉，以至大事大福哀樂有分，皆以禮終。蓋因事之風雨，以謹夫教之寒暑也。百拜以禮，綴淫以禮，哀樂以禮，無非禮也。而曰著樂之教，蓋禮樂初無二理，禮不節則樂不流，如風雨不節，則寒暑不成矣。著，謂尊尚而表顯之也。」

右樂施第四，目録第三。

○樂也者，情之不可變者也。禮也者，理之不可易者也。樂統同，禮辨異。禮樂之説，管乎人情矣。

方氏曰：「樂之所可變者文，情則不可變。蓋情主於和而有常也。禮之所可易者，制理則不可易。蓋理主於節而有定也。」孔氏曰：「樂主和同，則遠近皆合。禮主恭敬，則貴賤有序。人情不過於此，是包管於人情也。」

窮本知變，樂之情也。著誠去僞，禮之經也。禮樂偩天地之情，達神明之德，降興上下之神，而凝是精粗之體，領父子君臣之節。去，起吕切。偩音負。

長樂陳氏曰：「窮人心之本，知聲音之變，樂之情也。誠者，性之德。僞者，情之賊。著誠去僞，則全於天真而不汨於人僞，禮之經也。禮釋回，增美質，領惡而全好。與此同意。」鄭氏曰：「偩，猶依象也。降，下也。興，猶出也。凝，成也。精粗，謂萬物大小也。領，猶理治也。」孔氏曰：「禮出於地，尊卑有序，是偩依地之情。樂出於天，遠近和合，是偩依天之情。禮樂出於人心，與神明和會，故云達神明之德。用之於祭，故能降出上下之神，謂降上而出下也。又能正其萬物大小之形體，理治父子君臣之節。樂使上下相親，禮定貴賤長幼，是領父子君臣也。」朱子曰：「禮之誠，便是樂之本。樂只是一體周流，禮則兩個相對，著誠與去僞也。禮則相形相尅，以此尅彼。樂則相生相長，其變無窮。樂如晝夜之循環，陰陽之闔闢，周流貫通。而禮則有向背明暗，論其本則一也。」○軾按：樂之情，禮之經，即上節不可變之情，不可易之禮。樂本於人心。窮者，謂窮極人心而無微不達也。變，謂律吕相生，循環不已，而萬物生生之理，亦於是著。如變者，非獨察於聲音節奏之數已也。著誠去僞者，謂人心之誠，得禮而達，而范圍其中，又能收斂放心，而革其邪妄也。惟其然，故合乎天地，通乎鬼神，而爲庶物人倫之紀綱也。

是故大人舉禮樂，則天地將爲昭焉。天地訢合，陰陽相得，煦嫗覆育萬物，然後草木茂，區萌達，羽翼奮，角觡生，蟄蟲昭蘇，羽者嫗伏，毛者孕鬻，胎生者不殰，而卵生者不殈，則樂之道歸焉爾。訢音熹。煦，許具切。嫗，於具切。區，古侯切。觡，古伯切。伏，扶又切。鬻音育。殰音獨。殈，呼闃切。

鄭氏曰：「訢讀爲熹，熹猶蒸也。氣曰煦，體曰嫗，屈生曰區。無左角＋右思曰觡。昭蘇，昭，曉也。蟄蟲以發出爲曉，更息曰蘇。孚，妊也。鬻，生也。内敗曰殰。殈，裂也。」孔氏曰：「大人舉用禮樂，則天地協和，生養萬物，爲之昭著。但天地訢合以下，唯論樂不論禮。記者主在於樂，樂功既爾，禮亦同也。熹，謂蒸動。樂能感動天地之氣，使下降上騰也。言體謂之天地，言氣謂之陰陽。天地動作，則是陰陽相得也。天以氣煦之，地以形嫗之，是天照覆而地嫗育也。草木據其成體，故云茂。區萌據其新生，故云達。區者，鉤曲而生出，菽豆是也。羽翼，謂飛鳥之屬，皆得奮動。角觡，謂走獸之屬，悉皆生養。左角＋右思，謂角外皮滑澤者，鹿角之屬是也。蟄伏之蟲，埋藏其體，近於死，今得昭蘇，以闇而遇曉，死而更息也。」長樂陳氏曰：「胎生無内敗之殰，卵生無外裂之殈。」方氏曰：「歸，言歸功於樂也。」馬氏曰：「天地生物之功，至於如此之妙者，皆起於樂也，故曰樂之道歸焉耳。」山陰陸氏曰：「區讀如字，岐别爲區。」莊子曰：「萬物化作，萌區有狀。蓋萌一而區二，若今茶言一鎗二旗是也。」輔氏曰：「區萌當如，字陸氏説優，已成曰茂，已生曰達。嫗伏孕鬻，已遂者得孳。胎不殰，卵不殈，未生者得生，非樂不能使之然，欲歸之於樂之道焉耳，盡辭也。」金華邵氏曰：「歸焉者，謂此可歸之於樂，而不可歸之它也。」

〇樂者，非謂黄鍾、大吕、弦歌、干揚也，樂之末節也，故童者舞之。鋪筵席，陳尊俎，列籩豆，以升降爲禮者，禮之末節也，故有司掌之。樂師辨乎聲詩，故北面而弦。宗祝辨乎宗廟之禮，故後尸。商祝辨乎喪禮，故後主人。

鄭氏曰：「禮樂之本，由人君也。禮本著誠去僞，樂本窮本知變。辨，猶别也，正也。弦，謂鼓琴瑟也。後尸居後贊禮儀，此言知本者尊，知末者卑。」孔氏曰：「此明禮樂有本，本貴末賤。黄鍾以下，唯是樂器。播揚樂聲，非聲之本，故童者舞之。鋪筵席而下，所以飾禮。是禮之末節，故有司掌之。北面鼓弦，言其處卑也。宗，謂宗人。祝，謂大祝。但辨曉宗廟詔相之禮，故在尸後。商祝，謂習商禮而爲祝者。但辨曉死喪擯相之禮，故在主人之後，皆知禮末節，故位處卑賤也。」〇軾按：童子司舞，樂工司樂。不言司樂者，可知也。

是故德成而上，藝成而下，行成而先，事成而後。是故先王有上、有下、有先、有後，然後可以有制於天下也。

鄭氏曰：「德，三德也。行，三行也。藝，才技也。先，謂位在上也。後，謂位在下也。尊卑備，乃可制作以爲治法。」孔氏曰：「以道德成就故在上，則君上及主人之屬。藝術成就故在下，如樂師之屬，行成則德成矣。德在内而行在外也，事成則藝成矣。在身謂之藝，所爲謂之事。人有多少品題，先王因其先後，使尊卑得分，乃可制禮作樂以班天下。」

右樂情第五，今本第七，目録第六。

樂者爲同，禮者爲異。同則相親，異則相敬。樂勝則流，禮勝則離。合情飾貌者，禮樂之事也。

鄭氏曰：「同謂協好惡。異，謂别貴賤。流，謂合行不敬也。離，謂析居不和也。合情飾貌，欲禮樂並行，斌斌然也。」孔氏曰：「勝，猶過也。樂過和同而無禮，則流慢無復尊卑之敬。禮過殊隔而無和樂，則親屬離析，無復骨肉之愛。惟禮樂兼有，所以爲美。合情，謂樂也。樂和其内，是合情也。飾貌，謂禮也。禮以檢節於外，是飾貌也。二者無偏，是禮樂之事也。」

禮義立則貴賤等矣。樂文同，則上下和矣。好惡著，則賢不肖别矣。刑禁暴，爵舉賢，則政均矣。仁以愛之，義以正之，如此則民治行矣。

鄭氏曰：「等，階級也。」孔氏曰：「義，宜也。禮得其宜，則貴賤各有階級。文，謂聲成文也。樂文諧同，則上下自和。所好得其善，所惡得其惡。則賢不肖自分别矣。用刑罰禁止暴慢，用爵賞以舉賢良，則政教均平矣。用仁以愛民，用義以正惡，則民治行矣。凡五事也。」張子曰：「言禮樂刑政既均，又須仁以愛民，義以正民。」陸氏曰：「所謂民治，仁義而已。」輔氏曰：「行即達也。民治行，謂治民之道，達於下也。」〇軾按：好惡著，謂同好同惡。公道昭然，樂之和也。而賢不肖以别，則禮在其中矣。禁暴舉賢，刑賞分明，禮之序也。而政教均平，則樂在其中矣。蓋仁以維禮，禮不至於離，則即禮即樂。義以維樂，而樂不至於流，則即樂即禮。此治之所以達而無礙也。

〇樂由中出，禮自外作。樂由中出，故静。禮自外作，故文。大樂必易，大禮必簡。易，以豉切。

鄭氏曰：「由中出，和在心也。自外作，敬在貌也。文猶動也。易簡，若於清廟大饗然。」輔氏曰：「樂由中出，原其始也。禮自外作，論其形也。原其始則樂本於静，論其形則禮必有文。自静而爲動，故易自文而反本故簡。」〇軾按：欣喜歡樂之情，一本乎湛然無欲之中，朱子所謂動而未嘗不静也。學到成於樂，亦只是主静。

樂至則無怨，禮至則不争。揖讓而治天下者，禮樂之謂也。暴民不作，諸侯賓服，兵革不試，五

刑不用，百姓無患，天子不怒，如此則樂達矣。合父子之親，明長幼之序，以敬四海之内，天子如此，則禮行矣。

鄭氏曰：「至，猶達也，行也。賓，協也。試，用也。」孔氏曰：「樂行於人由於和，故無怨。禮行於民由於謙敬，故不争。民無怨争，則君上無爲，但揖讓垂拱而天下自治，其功由於禮樂，故云禮樂之謂也。暴民，凶暴之民。不作，不動作也。天子如此則禮行者，言天子若能使海内如此，則是禮樂興行也。樂云達，禮云行者，互文也。」長樂陳氏曰：「樂不至不可以言極和，禮不至不可以言極順。内極和則不乖於心，何怨之有？外極順則不逆於行，何争之有？樂以治内爲同，禮以修外爲異。同則相親而無怨，異則相敬而不争。」方氏曰：「至則無以復加之謂也。暴民不作，諸侯賓服，則兵革不試，五刑不用。然後百姓無患，天子不怒，此皆和之所致，故曰如此則樂達矣。父子固有親矣，禮則合之。長幼固有序矣，禮則明之。父子得其親，長幼得其序，四海之内豈有相慢易者哉？故曰『以敬四海之内』，言四海之内皆相敬，此皆節之所致，故曰『如此則禮行也』。」

○大樂與天地同和，大禮與天地同節。和，故百物不失。節，故祀天祭地。明則有禮樂，幽則有鬼神。如此，則四海之内合敬同愛矣。

鄭氏曰：「同和同節，言順天地之氣與其數。不失，謂不失其性。祀天祭地，謂成物有功報焉。明則有禮樂，教人者也。幽則有鬼神，助天地成物者也。」孔氏曰：「鄭注氣解同和，數解同節，天地氣和而生萬物。大樂之體順，陰陽律吕，生養萬物，是與天地同和也。天地之形有高下小大之限。大禮辨尊卑貴賤，與天地相似，是與天地同節也。和故能生成百物，不失其性。節故有尊卑上下，祀天祭地，報生成之功也。聖人能使禮樂與大地同和節，又於明則柆崇禮樂以教人，幽則尊敬鬼神以成物。則四海之内，合其敬，同其愛也。」馬氏曰：「鬼神者，往來乎天地之間，以和其節而生萬物者。聖人則合天地之化，輔天地之宜，而制禮作樂以示於人。禮者，别宜居鬼以從地而近於鬼。樂者，敦和率神以從天而近於神。故明則有禮樂，幽則有鬼神。合敬者禮之事，同愛者樂之事。禮樂之道得於此，則合敬同愛之效見於彼。」朱子曰：「禮主減，樂主盈。鬼神亦只是屈伸之義，禮樂鬼神一理。」

○禮者，殊事、合敬者也；樂者，異文、合愛者也。禮樂之情同，故明王以相沿也。故事與時並，名與功偕。

鄭氏曰：「沿，猶因述也，或作緣。事與時並，舉事在其時也。名與功偕，爲名在其功也。」

孔氏曰：「尊卑有别是殊事，俱行於禮是合敬。宫商别調是異文，無不歡愛是合愛。禮樂之狀，質文雖異。樂情主和，禮情主敬，致治則同。明王所以相因述。言前代後代，同禮樂之情。因時質文，或有損益，故云以相沿也。沿，謂因而改革也。事與時並，明禮名與功偕。明樂，事謂聖人所爲之事，與所當之時並行。名，謂樂名。偕，俱也。言聖王制樂之名與所建之功俱作也。聖王雖同禮樂之情，因而修述，但時與功不等，故禮與樂亦殊。」○軾按：節文度數之詳，總以合敬。綴兆聲容之紛，總以同愛。愛敬者禮樂之情，歷代相沿無異。所異者，禮之事必隨乎時，樂之名必從其功。事如尚質尚文，亦其時不得不然也。名如堯樂名大章，舜樂名大韶。疏云：「堯有章明之功故名章，舜紹堯致治故云韶。」

故鐘鼓管磬，羽籥干戚，樂之器也；屈伸俯仰，綴兆舒疾，樂之文也；簠簋俎豆，制度文章，禮之器也；升降上下，周還裼襲，禮之文也。

鄭氏曰：「綴，謂酇舞者之位也。兆，其外營域也。」孔氏曰：「周旋，謂行禮周回曲旋也。裼，袒上衣而露裼也。襲，謂掩上衣也。禮盛者尚質，故襲。不盛者尚文，故裼。」方氏曰：「管在堂下，磬在堂上。羽籥文舞所執。干戚，武舞所執。屈伸，舞者之身容。俯仰，舞者之頭容。綴兆其位也，舒疾其節也。簠簋，所以盛地產。俎豆，所以薦天產。制度者，文章之法。文章者，制度之飾。升降言其行，上下言其等，周旋言其容，裼襲言其服。禮樂之文與器，略見於此矣。」

故知禮樂之情者能作，識禮樂之文者能述。作者之謂聖，述者之謂明。明聖者，述作之謂也。

鄭氏曰：「述，謂訓其義也。」孔氏曰：「禮樂之情，能窮本知變，著誠去僞，故量事制宜而能作也。禮樂之文，謂屈伸俯仰，升降上下，知其文故能訓説禮樂義理，而不能制作禮樂也。」應氏曰：「創新開始曰作，所以察事物之幾微，而建立其規模制度。襲舊成終曰述，所以因前古之遺緒，而修明其遺闕也。」○軾按：情謂合愛合敬之情，文謂殊事異文。

○樂者，天地之和也。禮者，天地之序也。和，故百物皆化。序，故群物皆别。樂由天作，禮以地制。過制則亂，過作則暴。明於天地，然後能興禮樂也。

鄭氏曰：「化，猶生也。别，謂形體異也。樂由天作，禮以地制，取法天地也。過，猶誤也。暴，失文武之意。」孔氏曰：「樂調陰陽，是天地之和。禮明貴賤，是天地之序。樂主於陽，是法天而作。禮主於陰，是法地而制。聖人識合天地，則制作不誤。若非聖識，則必誤。誤制禮則尊卑混亂，誤作樂則樂體違暴。失文武之意，謂文樂武樂雜亂也。」馬氏曰：「明於天地，然後興禮樂者，所謂作者之謂聖是也。」

論倫無患，樂之情也。欣喜歡愛，樂之官也。中正無邪，禮之質也。莊敬恭順，禮之制也。

鄭氏曰：「倫，猶類也。患，害也。官，猶事也。質，猶本也。」孔氏曰：「樂主和同。在心，則論説等倫，無相毀害，故爲樂情。在貌，則欣賞歡愛，故爲樂事。内心中正，無有邪辟，是禮之本質也。外貌莊敬，謙恭謹慎，是禮之節制也。」延平周氏曰：「論倫而無患者。言其和，和則樂之情也，中正而無邪者。言其中，中則禮之質也，欣喜歡愛者。樂之所司，故曰樂之官也。莊敬恭順者，禮之所裁，故曰禮之制也。」邵氏曰：「情，實也。官，職也。有此實則有此職。質者本也，制者文也，有此本則有此文。」〇軾按：樂以欣喜歡愛爲主，而其本則發於心之和。禮以莊敬恭順爲制，而其原則出於心之誠。論倫與中正對。論，猶倫。詩靈台篇，於論鼓鐘是也。論倫無患，謂倫類相接之地。肫愛篤摯，無一毫乖戾之氣。此樂之本也。

若夫禮樂之施於金石，越於聲音，用於宗廟社稷，事乎山川鬼神，則此所與民同也。 夫音扶。

鄭氏曰：「言情官質制，先王所專也。」孔氏曰：「施於金石，越於聲音，明樂也。用於宗廟社稷，事乎山川鬼神，明禮也。」馬氏曰：「情官質制四者雖不同，而其一概皆不出於一人之身。若夫施於金石，越於聲音，用於宗廟社稷，事乎山川鬼神者，不獨在於一人之身，而與天下共之也。」

右樂論第六，今本、目録、史記並第一。

王者功成作樂，治定制禮。其功大者，其樂備；其治辯者，其禮具。干戚之舞，非備樂也。孰亨而祀，非達禮也。 辯，薄莧切，又音遍。亨音烹，又音亨。

鄭氏曰：「功主於王業，治主於教民。辯，徧也。干戚之舞，非備樂者，樂以文德爲備。」孔子曰：「韶，盡美矣，又盡善也。武，盡美矣，未盡善也。孰亨而祀，非達禮者。達，具也。」《郊特牲》曰：「郊血大饗腥，三獻爓，一獻孰，至敬不饗味，而貴氣臭也。」孔氏曰：「樂云作，禮云制者。作是動用，制是截斷，功治有大小，故禮樂亦應以廣狹也。樂備，謂文德備具。不備，謂干戚之舞，禮具則血腥而祭。不具，謂孰亨而祀。周樂干戚之舞，非如舜時文德之備樂也。後世孰亨牲體而祭祀，非如五帝血腥之達禮也。」〇軾按：樂兼文武之舞謂之備，禮兼腥熟之薦謂之具。所以然者，由功大治辯。故所作禮樂，無不全不備之憾。此五帝三王之所同。雖間有損益，不相沿襲，而其具備，則一也。獨是備則煩，樂煩則極而反生憂，禮煩則粗而反倦，非聖人孰能稱情立文，而終始無弊乎。必無憂不偏乃爲？達，故曰干戚非備，孰亨非達。干戚之舞，謂有文又？武孰亨而祀，謂有腥又有孰。

五帝殊時，不相沿樂。三王異世，不相襲禮。樂極則憂，禮粗則偏矣。及夫敦樂而無憂，禮備而不偏者，其唯大聖乎？粗音麤。

鄭氏曰：「不相沿襲，言其有損益也。樂人之所好也，害在淫哆。禮人之所勤也，害在倦略。敦，厚也。」孔氏曰：「沿，因也。五帝三王，禮樂之情則同，明王以相沿是也。此論禮樂之迹，損益有殊，隨時而改，故不相沿襲也。樂好而不止，放蕩奢佚，物極則反，樂去憂來。又煩手淫聲，慆堙心耳，則憂蹙生也。禮勞而不堪，既生懈倦，則致粗略。偏，謂倦略不周備也。及夫厚重於樂，知止而無至於憂。行禮安静，委曲備具，不至倦略，惟大聖之人能如此也。」

○天高地下，萬物散殊，而禮制行矣。流而不息，合同而化，而樂興焉。春作夏長，仁也。秋斂冬藏，義也。仁近於樂，義近於禮。長，如兩切。

鄭氏曰：「禮爲異，樂爲同。樂法陽而生，禮法陰而成。」孔氏曰：「禮以裁制爲義，故特加制字。仁主仁愛，樂主和同，故仁近於樂。義主斷割，禮爲節限，故義近於禮。」劉氏曰：「高下散殊，各有尊卑大小。是天地之道，亦有禮制行於萬物也。升降交感，流行而不息。陰陽合同，而品彙化生。是天地之道，亦有和樂興於自然也。」

樂者敦和，率神而從天。禮者别宜，居鬼而從地。故聖人作樂以應天，制禮以配地。禮樂明備，天地官矣。敦音純。

鄭氏曰：「敦和，樂貴同也。率，循也。從，順也。别宜，禮尚異也。居鬼，謂居其所爲，亦言循之也。官，猶事也。天地各得其事。」方氏曰：「和言氣，老子所謂沖氣以爲和是也。宜言物，易所謂象其物宜是也。氣固有和矣，樂則敦之使厚。物固有宜矣，禮則别之使辨。和既敦，則莫不循其理而無所屈，故能率神。宜既别，則莫不安其處而有所歸，故能居鬼。神者，陽之盛。而天以陽爲德，則樂之敦和率神，所以從天。鬼者，陰之盛，而地以陰爲德，則禮之别宜居鬼，所以從地。聖人以樂之從天也，故作爲聲音以應天之陽。以禮之從地也，故制爲文采以配地之陰。於樂言應，於禮言配，内外之别也。」馬氏曰：「作樂以應天，制禮以配地。則禮樂明備，而天地各當其位。」

天尊地卑，君臣定矣。卑高以陳，貴賤位矣。動静有常，小大殊矣。方以類聚，物以群分，則性命不同矣。在天成象，在地成形。如此，則禮者天地之别也。别，彼列切。

鄭氏曰：「卑高，謂山澤也。」孔氏曰：「君臣尊卑之貴賤，如山澤之有高卑也。動静，謂雷風動散有常也。小大，小謂草木春生秋殺，昆蟲夏生冬伏，大謂常存不隨。四時變化不等，故云殊也。方謂走蟲禽獸之屬，各以類聚，不相雜也。物謂殖生，若草木之屬，各有區分自殊於藪澤者也。行蟲有識性，故稱方。殖生無心靈，故云物也。萬物各有區分性命之别，聖人因此制禮，類族辨物，各隨性命也。成象，日月星辰也。成形，植物動物也。聖人制禮，是從天地之分别也。」鄭注易云：「類聚群分謂水火也。」

地氣上齊，天氣下降，陰陽相摩，天地相蕩，鼓之以雷霆，奮之以風雨，動之以四時，煖之以日月，而百化興焉。如此，則樂者天地之和也。齊，子兮切。蕩，大儻切。煖，許袁切。

鄭氏曰：「齊，讀爲躋。躋，升也。摩，猶迫也。蕩，猶動也。奮，迅也。百化，百物化生也。」孔氏曰：「地氣上升，故天氣下降，與地氣交合，積氣從上升。在樂象氣，故先從地始，形以上爲尊。在禮象形，故從天爲初。相摩，謂陰陽二氣相迫切。相蕩，謂天地之氣相感動。萬物以氣生而未，用。雷霆以鼓動之得風雨奮迅而出也。動之以四時者，萬物生長，隨四時而動也。煖之以日月者，萬物之生，必須日月煖照之。自雷霆至日月，皆天地相蕩之事，百物化生由此，作樂者法象天地之和也。」

化不時則不生，男女無辨則亂升，天地之情也。

鄭氏曰：「辨，別也。升，成也。樂失則害物，禮失則亂人。」孔氏曰：「樂以法天，化得其時則物生，不時則物不生，天之情也。禮以法地，男女有別則治興，無別則亂升，地之情也。」張氏曰：「天地之情，隨禮樂得失而應之。然樂是氣化，故云害物。禮是形教，故言亂人也。」長樂陳氏曰：「化不時則不生，以天地明人事也。男女無別則亂升，以人事明天地也。」馬氏曰：「化貴其和，春先夏，秋先冬，亦未嘗不貴其別也。男女貴其別，兄弟睦，夫婦和，亦未嘗不貴其和也。此互文以見意。」

及夫禮樂之極乎天而蟠乎地，行乎陰陽而通乎鬼神，窮高極遠而測深厚。

鄭氏曰：「極，至也。蟠，猶委也。高遠，三辰也。深厚，山川也。言禮樂之道，上至於天，下委於地，則其間無所不之。」

樂著大始，而禮居成物。著不息者，天也。著不動者，地也。一動一静者，天地之間也。故聖人曰禮樂云。樂著，直略切，大音泰。

鄭氏曰：「樂著大始，著之言處也。大始，百物之始生也。著不息，著不動。著，猶明白也。息，猶休止也。」孔氏曰：「樂象於天，天爲生物之始，是樂處大始。禮法於地，地稟天氣而成於物，是禮居成物。顯著明白，運生不息者，是天也。顯著養物不移動者，地也。一動一静者，動物飛走蠢動，感天之陽氣也。静物安伏止静，感地之陰氣也。一動一静，天地間所有百物也。動則動物及雷風日月之屬也，静則植物及山陵之屬也。記者引聖人語云，此一章是禮樂法天地也。離而言之，則樂静禮動，若禮樂合用事，則同有動静，如天地之間，物有動静也。」應氏曰：「自天高地下至此一章，本上繫之文，夫子所以明易也。而以是發明禮樂之理，非明聖者深究乎天地之藴，而有見於禮樂之用，未能及此。」

右樂禮第七，今本、史記第三，目録第五。

君子曰：禮樂不可斯須去身。致樂以治心，則易直子諒之心，油然生矣。易直子諒之心生則樂，樂則安，安則久，久則天，天則神，天則不言而信，神則不怒而威。致樂以治心者也。致禮以治躬則莊敬，莊敬則嚴威。心中斯須不和不樂，而鄙詐之心入之矣。外貌斯須不莊不敬，而易

慢之心入之矣。易，去聲。

鄭氏曰：「致，猶深審也。子讀如不子之子，善心生，則寡於利欲，寡利欲則樂矣。志明行成，不言而見，信如天也。不怒而見，畏如神也。」孔氏曰：「易，謂和易。直，謂正直。子謂子愛。諒，謂誠信。油，潤澤之貌。言樂能感人，使四善之心生。心思利欲，則形勞神苦。善心既生，則利欲寡少。情性和樂，安而不躁，久則人信之如天，畏之如神。天有四時不失，故云信。神是人所敬畏，故云威。內心莊嚴恭敬，則人懼之。嚴，肅、威、重也。不致樂治心，心中不調和喜樂則鄙恡詐僞之心入於內矣。不致禮治躬，而外貌不莊嚴恭敬，則輕易怠慢之心入於內矣。」朱子曰：「韓詩外傳，子諒作慈良。近是，天謂體性自然。神謂神妙不測。心要平易，無艱深險阻。所以說不和不樂，則鄙詐之心入之矣。不莊不敬，則慢易之心入之矣。入之一字，正見得外誘使然，非本心實有此惡。雖非本有，然心既爲所奪，而得以爲主於內。」建安真氏曰：「古之君子，以禮樂爲治身心之本，故斯須不可去之。致者，極其至之謂也。樂之音和平中正，故致此以治心，則易直子諒，油然而生。生則樂，善端之萌，自然悅豫也。樂則安，樂之然後安也。安則久，安之然後能久也。久則天，渾然天成，無所作爲也。天則神變化無方，不可度思也。天雖無言，人自信之，以其不忒也。神雖不怒，人自畏之，以其不測也。生樂安久，猶孟子所謂善信美大也。至於天且神，則大而化之矣。禮以恭儉退遜爲本，而有節文度數之詳，故致此以治身，則自然嚴威，夫禮樂一也。然以禮治身，至於嚴威而止，不若樂之治心，至於天且神者。何也？蓋天者自然之謂，治身而至於嚴威，則亦自然矣，其效未嘗不同也。但樂之於人，能變化其氣質，消融其渣滓。故禮以順之於外，而樂以和之於中，此表裏交養之功。而養於中者，實爲之主。故聖門之教，立之以禮，而成則以樂。記禮者，推明其效，亦若是其至也。於是又言身心無主，則邪慝易乘。中心斯須而不和樂，則鄙詐入之。外貌斯須而不莊敬，則慢易入之。善惡相爲消長，如水火然，此盛則彼衰也。鄙詐易慢，皆非本有。而謂之心者，和樂不存，則鄙詐人而爲之主。莊敬不立，則慢易入而爲之主。夫既爲主於内，非心而何，猶汙泥非水也。撓而濁之，是亦水矣。此禮樂之所以不可斯須去身也。」

故樂也者，動於内者也；禮也者，動於外者也。樂極和，禮極順，内和而外順，則民瞻其顔色，而弗與争也，望其容貌，而民不生易慢焉。故德煇動於内，而民莫不承聽；理髮諸外，而民莫不承順。故曰：致禮樂之道，舉而措之天下無難矣。

鄭氏曰：「德煇，顔色潤澤也。理，容貌之進止也。」○軾按：動於内者，由内達外，而外無爲也。動於外者，以外達内，而外有事也。外無爲者，歡欣鼓舞，不能自已，故極和。外有事者，尊卑貴賤，措置咸宜，故極順。和則德煇動而民皆承聽，夫誰與争？順則條理著而民皆承順，夫誰敢慢？舉而措之無難者，謂以治天下易易也。

樂也者，動於內者也。禮也者，動於外者也。故禮主其減，樂主其盈。禮減而進，以進爲文，樂盈而反，以反爲文。禮減而不進則銷，樂盈而不反則放。故禮有報而樂有反。禮得其報則樂，樂得其反則安。禮之報，樂之反，其義一也。報音褒。

鄭氏曰「禮主其減，人所倦也。樂主其盈，人所歡也。進，謂自勉強也。反，謂自抑止也。文，猶美也，善也。放淫於聲，樂不能止也。報讀爲褒，褒猶進也。得，謂曉其義。知其吉凶之歸，其義一。謂俱趨立於中，不銷不放也。」孔氏曰：「禮既減損，若不勉強自進，則禮道銷衰。樂主盈滿，不自抑損，則樂道流放。」朱子曰：「禮主其減者，禮主於樽節退遜檢束，然以其難行，故須勇猛方進始得，故以進爲文。樂主其盈者，樂主於舒暢發越，然一向如此，必至於流盪，故以反爲文。禮之進，樂之反，便得性情之正。又曰主減者當進，須力行將去，主盈者當反，須回顧身心。」

○夫樂者，樂也，人情之所不能免也。樂必發於聲音，形於動靜，人之道也。聲音動靜，性術之變，盡於此矣。

鄭氏曰：「免，猶自止也。人道，人之所爲也。性術，言此出於性也。盡於此，不可過。」孔氏曰：「樂是人情之所歡樂，不能自抑退也。內心歡樂，見於聲音，則嗟歎咏歌是也。形見於動静，則手舞足蹈是也。是人道自然之常。術謂道路，變謂變動。言聲音動静，是人性道路之變，轉竭盡於此，不可過於此度也。」輔氏曰：「人生而静，天之性也。感於物而動，性之術也。咨嗟詠歌，手舞足蹈，性術之變也。過此則放淫，故曰盡於此。」〇軾按：動静謂屈伸俯仰。

故人不耐無樂，樂不耐無形，形而不爲道，不耐無亂。耐音能。

鄭氏曰：「形，聲音動静也。耐古書能字。」孔氏曰：「此人自然之性，有喜樂，既形於聲音動静，而不依道理。或歌舞不節，俾晝作夜，不能無淫亂之事，以至亡國喪家也。」輔氏曰：「形而不爲道，鄭衛之樂是也。」

先王恥其亂，故制雅頌之聲以道之，使其聲足樂而不流，使其文足論而不息，使其曲直、繁瘠、廉肉、節奏，足以感動人之善心而已矣，不使放心邪氣得接焉。是先王立樂之方也。

鄭氏曰：「流，猶淫放也。息，猶銷也。方，道也。」孔氏曰：「先王恥惡其亂，故立正樂以節之也。制爲雅頌之聲，作之有節，使人愛樂，不至流逸放蕩也。文，謂樂之篇章，言樂德深遠，論量義理而不可止息也。曲，謂聲音迴曲。直，謂聲音放直。繁，謂繁多。瘠，謂省約。廉，謂廉稜。肉，謂肥滿。凡聲音之宜，或須繁多肉滿，謂麄大也。或須瘠小廉瘦，謂細小也。凡樂器大而弦麄者其聲鴻，器小而弦細者其聲殺也。節奏，謂或作或止。作則奏之，止則節之。言聲音之内，或曲或直，或繁或瘠，或廉或肉，或節或奏，隨分而作，以會其宜，使足以感動人之善心而已。既節之以雅頌，又調之以律吕。貌得其敬，心得其和。故放心邪氣，不得接於性情矣。」○軾按：雅頌之聲，兼下聲與文。雅頌之聲，足以樂而不至於放流。雅頌之文，足以論説而不可窮盡。輔氏曰：「不息，謂意味深長，言之不能盡也。」

是故樂在宗廟之中，君臣上下同聽之則莫不和敬；在族長鄉里之中，長幼同聽之則莫不和順；在閨門之内，父子兄弟同聽之則莫不和親。故樂者審一以定和，比物以飾節，節奏合以成文，所以合和父子君臣附親萬民也。是先王立樂之方也。 比，毘志切。

鄭氏曰：「審一，審其人聲也。比物，謂雜金革土匏之屬也。以成文，五聲八音克諧相應和。」應氏曰：「一者，心也。心一而所應者不一，精審密察於衆理之中，以求其當，守一以凝定其和。」

故聽其雅頌之聲，志意得廣焉；執其干戚，習其俯仰詘伸，容貌得莊焉；行其綴兆，要其節奏，行列得正焉，進退得齊焉。故樂者，天地之命，中和之紀，人情之所不能免也。 詘音敢。要平聲。行，户剛切。

鄭氏曰：「綴，表也。所以表行列也。兆，域也。舞者進退所至也。要，猶會也。命，教也。紀，總要之名也。」孔氏曰：「雅以施正道，頌以贊成功。聽之則淫邪不入，故志意得廣也。干戚，是威儀之容。俯仰詘伸，謂動止以禮。故容貌得莊敬也。依其綴兆，故行列得正，隨其節奏，故進退得齊。樂感天地之氣，是天地之教命，樂和律吕之聲，是中和紀綱。總要之所名，人感天地而生，又感陰陽之氣。樂既合天地之命，協中和之紀，感動於人，是人情不能自免也。」周氏曰：「樂能官天地，故曰天地之命。又能道中和，故曰中和之紀。大而命天地，小而紀中和，而其歸於樂則一而已。所謂樂者，人情之所不能免也。」

夫樂者，先王之所以飾喜也；軍旅鈇鉞者，先王之所以飾怒也。故先王之喜怒，皆得其儕焉：喜則天下和之，怒則暴亂者畏之。先王之道，禮樂可謂盛矣。鈇，方夫切。

鄭氏曰：「儕，猶輩類。喜怒節之以禮樂，則兆民和從而畏敬之。」孔氏曰：「樂以飾喜，非樂不樂，是喜得儕類。鈇鉞飾怒，非怒不横施鈇鉞，是怒得其儕類。非善不喜，故天下和之。非惡不怒，故暴亂者畏之。上論樂章，末兼云禮樂者，以此章首總兼禮樂，故以禮樂結之。」長樂陳氏曰：「禮有五，軍居其一焉。以飾喜爲樂，則飾怒爲禮矣。先王之於喜怒，未嘗容私，皆得其儕焉。由是知先王之道，禮樂正其盛者也。」〇軾按：儕謂當喜而喜，當怒而怒，各得其類也。先王之喜也，雅頌作而誠民育物，非一人之私喜。先王之怒也，撻伐張而除殘去暴，非一人之私怒。

右樂化第八，今本第十，目録第七。

賓牟賈侍坐於孔子。孔子與之言，及樂。曰：「夫武之備戒之已久，何也？」對曰：「病不得其衆也。」「咏嘆之，淫液之，何也？」對曰：「恐不逮事也。」「發揚蹈厲之已蚤，何也。？」對曰：「及時事也。」「武，坐致右，憲左，何也？」對曰：「非武坐也。」「聲淫及商，何也？」對曰：「非武音也。」子曰：「若非武音，則何音也？」對曰：「有司失其傳也。若非有司失其傳，則武王之志荒矣。」子曰：「唯。丘之聞諸萇弘，亦若吾子之言是也。」憲音軒。

鄭氏曰：「武，謂大武。備戒，擊鼓警衆也。病，猶憂也。以不得衆心爲憂，憂其難也。咏嘆淫液，歌遲之也，恐不逮事。逮，及也。事，戎事也。及時事，時至武事當施也。致右憲左。致，謂膝至地也。憲，讀爲軒，聲之誤也。非武坐言武之事無坐也。非武音，言武歌在正其軍。不貪商，時人或說其義爲貪商也。有司，典樂者也。傳，猶說也。荒，老耄也。言典樂者失其說，而時人妄說也。萇弘，周大夫。」孔氏曰：「賓牟姓，賈名。初論它事，次及於樂，問是孔子，對是賓牟賈。五問五答，但三答是，二答非。孔子問作樂之前，先擊鼓備戒其衆，備戒之後，久始作舞，何也？賈答舞者，久不即出，是象武王伐紂，憂不得衆心，此答是也。孔子又問欲舞之前，其歌聲吟咏之、長嘆之，其音連延而流液不絕，吟思遲遲，是貪羡之貌，何也？賈答象武王伐紂，恐諸侯不至，不及戰事，此答是也。孔子又問，初舞之時，手足即發揚蹈地而猛厲，故云已蚤，賈以爲象武王及時伐紂事。此答非也。下云發揚蹈厲，太公之志，故知非也。孔子又問，武人忽有時而坐，以右膝致地，左足軒起，何也？坐，跪也。致，至也。軒，起也。賈答此非是武人之坐，以舞法無坐也。此答亦非。下云武亂皆坐，周召之治，故知非也。孔子又以時人之意問賈，云奏樂何意有貪商之聲。淫，貪也。孔子大聖，應知其非。此是知非而故問也。賈以武王應天從人，不得已而伐之，何容有貪商之聲，故言非武音也。孔子因問貪商之歌何音也，賈答典樂者失其傳，若非失其傳，是武王荒耄，遂有貪商之志也。諸，於也。吾子，相親之辭。」輔氏曰：「賈五答皆是，賈蓋當時之知樂者也。故孔子與之言及樂，而以武樂問之，此亦與人爲善之一端。」

賓牟賈起，免席而請曰：「夫武之備戒之已久，則既聞命矣。敢問遲之，遲而又久，何也？」子曰：「居，吾語女。夫樂者，象成者也。總干而山立，武王之事也。發揚蹈厲，太公之志也。武亂皆坐，周召之治也。 語，魚據切。女音汝。大音泰。

鄭氏曰：「遲之遲，謂久立於綴，居猶安坐也。成，謂已成之事也。總干，持盾也。山立，猶正立也。象武王持盾正立待諸侯也。發揚蹈厲，所以象威武時也。武舞，象戰鬭也。亂，謂失行列也。失行列則皆坐，象周公召公以文止武也。」孔氏曰：「賓牟賈前所答孔子之問，雖爲孔子所許，賈猶有不曉者，故復請問於孔子也。免席，避席也。既聞命，謂既爲孔子所許也。問備戒久立於綴，亦是遲而又久。何意如此？孔子爲賓牟賈說其將舞之意，言作舞所以放象其成功，舞人總持干盾以正立，似山而不動摇也。舞人發揚蹈厲，象大公威武鷹揚之志。」輔氏曰：「賈五答而夫子唯之以一言，初未嘗有所辨明也。而賈乃起敬，免席而請者，蓋温良恭儉讓之德容有以感動之也。賈禮恭辭遜，可與之言，故夫子使之居而語之。然賈知其一，未知其二，故孔子因而發之，三句説盡武樂之義。此蓋孔子之所自得者。若其得於萇弘者，則與賈之言合。」方氏曰：「亂，謂治其行列之亂。大公之志，即武王之志也。以武莫若大公，故繫之以大公。周召之治，即武王之治也。以文莫若周召，故繫之以周召。」

且夫武始而北出，再成而滅商，三成而南，四成而南國是疆；五成而分，周公左，召公右；六成復綴以崇天子。夾振之而駟伐，盛威於中國也；分夾而進，事蚤濟也；久立於綴，以待諸侯之至也。夫音扶。復音伏。綴，知劣切。分，扶問切。

鄭氏曰：「成，猶奏也。每奏五曲，終爲一成。始奏，象觀兵孟津時也。再奏，象克殷時也。三奏，象克殷有餘力而反也。四奏，象南方荆蠻之國侵畔者服也。五奏，象周公召公分職而治也。六奏，象兵還振旅也。復綴，反位止也。崇，充也。凡六奏以充武樂也。夾振之者，王與大將夾舞者振鐸以爲節也。駟當爲四，聲之誤也。武舞，戰象也。每奏四伐，一擊一刺爲一伐。牧誓曰：『今日之事，不過四伐五伐，分夾而進。』分，猶部曲也。事，猶爲也。濟，成也。舞者各有部曲之列，又夾振之者，川兵務於早成也。久立於綴，象武王伐紂待諸侯也。」孔氏曰：

「武始而北出者，謂初舞位最在南頭，從第一位而北出，次及第二位。復綴以崇者，謂最在南第一位。初舞之時從此位入，北至六成，還反復此位。六奏其曲，武樂充備，是功成太平，周德充滿於天下也。作武樂時，每一奏中而四度擊刺象武王之伐紂四伐也。盛威於中國者，象武王之德盛。大威武於中國也。」熊氏云：「前云三步以見方，此是一成也。作樂一成而舞，象武王北出觀兵也。作樂再成舞者，從第二位至第三位，象武王滅商，則與前文再始以著往爲一也。三成，謂舞者，從第三位至第四位，極北而南反，象武王克紂而南還也。四成，謂武曲四成，舞者從北頭第一位即至第二位，象武王伐紂之後，南方之國於是疆理也。五成，謂從第二位至第三位，分爲左右，象周公居左，召公居右也。六成復綴以崇者。綴，謂南頭初位，舞者從第三位南至本位，謂六奏充其舞樂，象武王之德，充滿天下。」皇氏云：「武王伐紂之時，王與大將，親自執鐸，以夾軍衆。今作武樂之時，令二人振鐸夾舞者，象武王與大將伐紂之時矣。」張子曰：「綴兆，綴以表行列。兆者，場域之限也。舞以八佾，佾以八人爲列，則六十四人也。六成者，六奏曲終也。」長樂陳氏曰：「先儒謂立四表於郊丘廟廷。舞人自南表向二表爲一成，自二表至三表爲二成，自三表至北表爲三成，乃轉而南向。自一表至二爲四成，自二表至三爲五成，自三表至南表爲六成，則天神皆降。若八變則又自南而北爲七成，自二表至三爲八成，則地祇皆出。若九變又自三表至北表爲九成，人鬼可得而禮焉。蓋周都商之西南，商都周之東北，故舞始而北出，則至二表矣，此三步以見方者也。再成而滅，則至三表矣，此再始以著往者也。三成而南，則至四表矣。家語『而南』下有『反』字。四成而南國是疆，則又自北而南至二表矣。五成而分周公左召公右，則至三表矣，此復亂以飭歸者也。六成復綴以崇天子，則復初表矣，此樂終而德尊也。家語『以崇』下有『其』字，天子屬上句。蓋武始而北出，則出表之東北，以商居東北故也。三成而南，則入表之西南，以周居西南故也。」方氏曰：「復綴以象，功成而還歸也。武功成則歸諸天子，歸功所以崇之也，故曰以崇天子。」應氏曰：「武樂之始終，大概不過乎蚤與久之兩節而已。蹈厲之已蚤，大將之鼓勇也。分夾之蚤濟，三軍之養勇也。備戒之已久，不敢輕大敵而易進。久立以有待，不敢迫諸侯而速進。敏以趨天時，而以蚤爲貴，則動如飄風之不可禦。緩以聽人心，而以久爲貴，則静如磐石之不可摇。一急一緩，俱不可偏。然六成之舞，其久之意常勝於蚤者。聖人無貪利之心，迫而後應，不得已而後動也。」

且女獨未聞牧野之語乎？武王克殷反商，未及下車而封黄帝之後於薊，封帝堯之後於祝，封帝舜之後於陳；下車而封夏后氏之後於杞，投殷之後於宋，封王子比干之墓，釋箕子之囚，使之行商容而復其位；庶民弛政，庶士倍禄；濟河而西，馬散之華山之陽而弗復乘，牛散之桃林之野而弗復服，車甲釁而藏之府庫而弗復用，倒載干戈，包之以虎皮，將帥之士，使爲諸侯，名之曰『建櫜』。然後天下知武王之不復用兵也。反，鄭注音及，今讀如字。薊音計，行下孟切。複音伏。弗復，扶又切。釁，許靳切。倒，丁老切。建，其展切。橐音羔。

方氏曰：「反商，謂反商之政而復之。下文所言，皆反商政之事也。」山陰陸氏曰：「投商之後，微子也。雖謂之投，其實封也。」澄曰：「反，復也。反商，謂克商之後，復商盛時之善政也。家語作反商之政。古文書云乃反商政，政由舊。鄭注以反爲及，三恪與夏之後皆言封者，本無國而今始封之，各令有國也。投，猶置也。天下土地，皆商之所有。今周既代，則置殷之後於宋地，俾祀其先王。不曰封而曰投者，非本無國而今始有國也。按史記、家語，投皆作封。又按荀子，武王封微子於宋。蓋杞宋同時而封。朱子詩傳，亦以微子爲武王所封。史記及尚書序，謂武王初封武庚，及武庚以叛誅，始封微子。非也。武庚罪人之子，豈當封？武王誅紂，在天下公義，則爲天討，在武庚私情，則爲不共戴天之讎，豈當使之受封也？聖人處事，必當人情、合天理，決不如是，惟荀子所言，與此樂記合。使之行商容，家語之作人，鄭氏謂使箕子視商禮樂之官非也。延平周氏以使之連上句讀，謂釋箕子而使之爲臣，亦非也。」張氏某曰：「今衛州所理汲縣，即牧野之地。薊，幽州縣也。陳，陳州，宛丘縣，故陳城。杞，汴州雍丘縣，濟河而西。武王伐紂事畢，從懷州河陽縣，南渡黄河至洛州，從洛城而西歸鎬京也。」鄭氏曰：「反，當爲及，及商謂至紂都。牧誓曰：『至於商郊牧野』。封，謂故無土地者也。投，舉徙之辭也，積土爲封。封比干墓，崇賢也。行，猶視也。賢者所處，皆令反其居也。弛政，去其紂之苛政也。倍禄，復其紂時薄者也。散，猶放也。桃林在華山旁。甲，鎧也。釁，釁字也。包干戈以虎皮，明能以武服兵也。建，讀爲鍵。兵甲之衣曰櫜。鍵櫜，言閉藏甲兵也。」孔氏曰：「未及下車，言封之速也。二王之後其禮大，故待下車而封之。倍禄，庶士禄薄者倍益之，以血塗物爲釁也。倒載干戈而還鎬京，凡載兵之法，皆刃向外。今倒載者，刃向國，不與常同也。虎皮，武猛之物也。用此虎皮包裹兵器，示武王威猛，能自制服天下兵戈。或以虎皮有文，欲以見文止武也。封將帥之士爲諸侯者，以報其勞，賞其功也。鍵，籥牡也。櫜，兵鎧之櫜也。言鎧及兵戈，悉櫜韜之，置於府庫而鍵閉之，故名之曰建櫜也。」〇軾按：周書式商容閭。商容，商之賢人也。山陰陸氏曰：「行，猶視也。行而復其位，則非特式其閭而已。然玩文氣似當連上句，謂使箕子修其禮物，作賓王家而居於位也，商容如大雅黼冔、周頌白馬之類。」

散軍而郊射：左射貍首，右射騶虞，而貫革之射息也。裨冕，搢笏，而虎賁之士説劍也。祀乎明堂，而民知孝。朝覲，然後諸侯知所以臣。耕籍，然後諸侯知所以敬。食三老五更於大學，天子袒而割牲，執醬而饋，執爵而酳，冕而總干，所以教諸侯之弟也。五者天下之大教也。左射，右射，食亦切。裨，婢支切。賁音奔。説吐活食音嗣。更，古衡切。酳音胤。

鄭氏曰：「郊射，爲射宫於郊也。左，東學也。右，西學也。貍首騶虞，所以歌爲節也。貫革，射穿甲革也。搢，猶插也。賁，憤怒也。文王之廟爲明堂。耕籍。籍，田也。三老五更，皆老人。冕而總干，親在舞位也。」張子曰：「五更，更疑爲叟。」澄曰：「以貍首騶虞之樂節，易貫革之射，以裨冕搢笏之禮服，易虎賁之劍，此偃武而教以文也。祀上帝於文王廟之明堂，而以文王配帝，此教以孝其親也。春朝秋覲，此教以臣其君也。躬耕籍田以供粢盛，此教以敬神也。食三老五更，此教以弟長也。教固多術而文也、孝也、臣也、敬也、弟也，五者爲大。五者天下之大教也一句，今本在知所以敬之下，今按當在此。總結上文，蓋息貫革之射與説劍，乃文教之一事，不可分爲二。」

若此則周道四達，禮樂交通，則夫武之遲久，不亦宜乎。」

方氏曰：「四達者，東西南北無所不達也。交通者，上下内外無所不通也。惟其道四達，故禮樂得以交通焉。周之成功若是之遲，歷時若是之久也。則樂之象成，亦宜夫遲久矣。」

右賓牟賈第九，史記第十。

○魏文侯問子夏曰：「吾端冕而聽古樂則唯恐卧，聽鄭衛之音則不知倦，敢問古樂之如彼，何也？新樂之如此，何也？」

鄭氏曰：「魏文侯，晉大夫畢萬之後，僭諸侯者也。古樂，先王之正樂也。」孔氏曰：「端冕，玄冕也。凡冕服其制皆正幅，袂二尺二寸，袪尺二寸，故稱端也。言古樂何以朴素如彼，使人不貪至於卧。新樂何以婉美，使人嗜愛不知其倦也。」

子夏對曰：「今夫古樂，進旅退旅，和正以廣，弦匏笙簧，會守拊鼓，始奏以文，復亂以武，治亂以相，訊疾以雅，君子於是語，於是道古，修身及家，平均天下。此古樂之發也。 夫音扶。相，息亮切。

鄭氏曰：「旅，猶俱也。俱進俱退，言其齊一也，和正以廣無姦聲也。會，猶合也，皆也。言衆樂皆待擊鼓乃作。文，謂鼓也。武，謂金也。相，即拊也。亦以節樂。拊者，以韋爲表，裝之以糠。糠一名相，因以名焉。今齊人或謂糠爲相。雅，亦樂器名也，狀如漆桶，中有椎。」孔氏曰：「古樂進退如一而不參差，樂音和正寬廣而無姦聲。弦匏笙簧，其器雖多，必會合保守。待擊拊鼓，拊亦鼓之類，擊鼓必擊拊。始奏樂時，先擊鼓，舞畢欲退之時，則擊金鐃也。金屬西方，可爲兵器，故爲武。鼓主發動象春，故爲文。相所以輔相於樂。亂，理也。言治理奏樂之時，先擊相也。舞者訊疾，奏此雅器以節之，君子於此時語説樂之義理。道古，亦謂説古樂之道理也。君子既聞古樂，近修其身，次及其家，然後平均天下。」長樂陳氏曰：「堂上弦之以琴瑟，堂下匏之以笙簧。堂上非特琴瑟也，又會守拊焉。堂下非特笙簧也，又會守鼓焉。維清奏象武，其文也。武奏大武，其武也。文先之，武次之，有安不忘危之意，而揖讓征誅之義盡矣。干羽之舞，雜然並奏，容有失行列而不治，甚疾速而不剌者乎。是故治亂以相，有文明以節之，使之和而不流也。訊疾以雅，有法度以正之，使之奮而不拔也。樂終於舞如此，則樂終而德尊。言會守拊鼓，則衆樂待其動而後作也。既曰會守拊鼓，又曰治亂以相，則相非拊也。鄭氏以相爲拊誤矣。爾雅和樂謂之節，或説節即相也。周禮笙師掌教，春牘應雅，以教裓樂。蓋樂者正也，賓出而春雅欲其醉而不失正也。工舞而奏雅，欲其訊疾而不失正也。賓出之奏雅有裓樂，則工舞之奏雅。各以其舞之曲歟。」方氏曰：「語即大司樂所謂樂語，道古自語也。以所作者古之樂，故從而道古之事。」鄭氏釋樂語曰：「道者言古以制今，蓋謂是矣。修身及家平均天下，言雅樂足以致此也。古樂之發，言樂之發見於事者如此。平言無上下之偏，均言無遠近之異。」〇軾按：首二句，已盡聲容之美，下六句又晰言之。守，待也。謂衆樂皆待拊鼓而後作，統於一而不亂也。始奏以文，即是會守意。中言以起下文，謂不獨樂之奏，必宣之以鼓。舞之亂，亦必飭之以鐃也。亂，終也。聲言始，舞言終，互見也。如此而猶有舞列之不齊而亂者，則以相治之，相擊而亂者整矣。猶有聲之不和而疾者，則以雅訊之，雅鳴而疾者徐矣。訊，猶治也。總見古樂之有節制，不同於新聲之淫濫。徐伯魯集説：「敬而不迫，和而不流，樂之盡善者也，故其一終。君子於此語樂。所語者，乃道古樂之正也。蓋感其情文之備，得其和敬之原，而不覺歎息之深，議論之長也。由是致樂以治心，則嚴而泰，和而節，其身修矣。次及於家，相親相敬，其家齊矣。推之天下，合敬同愛，天下均平矣。」發，謂見於聲容，驗於功效。對下文禮樂之本而言。

今夫新樂，進俯退俯，姦聲以濫，溺而不止，及優侏儒獶雜子女，不知父子，樂終，不可以語，不可以道古。此新樂之發也。儒音儒。獶，乃刀切。

鄭氏曰：「俯，猶曲也。言不齊一也。濫，竊也。溺而不止，聲淫亂無以治之。獶，獮猴也。言舞者如獮猴戲也，亂男女之尊卑。獶或爲優。」孔氏曰：「俯，謂俯僂曲折。行伍雜亂，姦邪之聲，濫竊不正，人所貪溺，不可禁止。作樂之時，及有俳優侏儒短小之人，舞戲如獮猴，間雜男女，不復知有父子君臣之禮。既與古樂乖違，樂雖終，不可語道於古也。」〇集説，濫即前章所謂滌濫。溺而不止，即前章所謂狄成。

今君之所問者樂也，所好者音也。夫樂者與音相近而不同。」

鄭氏曰：「言文侯好音而不知樂也，鏗鏘之類皆爲音，應律乃爲樂。」孔氏曰：「古樂有聲音律吕，今樂亦有聲音律吕，是樂與音相近也。樂則德正心和，乃爲樂。音則心邪聲亂，不得爲樂。是不同也。」陳氏曰：「古以德音謂之樂，今以溺音爲之，則非樂也，淫濫之音而已。是樂與音固相近而不同也。文侯所問在樂，所好在音，是知音而不知樂，直衆庶之見爾。」方氏曰：「有音而後有樂，則樂與音相近。而所以爲樂者，不止於音，故曰近而不同。」馬氏曰：「文侯所問，雖先王之雅樂，而其意之所存者，鄭衛之淫聲也。此子夏所以言鄭衛之淫聲，不足以爲樂，而可以謂之音而已。」

文侯曰：「敢問何如？」子夏對曰：「夫古者天地順而四時當，民有德而五穀昌，疾疢不作而無妖祥，此之謂大當。然後聖人作，爲父子君臣，以爲紀綱。紀綱既正，天下大定。天下大定，然後正六律，和五聲，弦歌詩頌。此之謂德音。德音之謂樂。詩云：『莫其德音，其德克明。克明克類，克長克君，王此大邦。克順克俾，俾於文王。其德靡悔，既受帝祉，施於孫子。』此之謂也。當，丁浪切。疢，敕覲切。莫，茫伯切。長，知兩切。王此，於況切。施于以豉俾當爲比切及又切。

長樂陳氏曰：「當，四時不忒，各當其分也。大當，三才之理，無適不當也。」澄曰：「子夏之意，蓋謂樂本於德。聖人一心之和合天地而天地順，一身之和合天地而四時當。一心之和溥萬物而民有德，一身之和溥萬物而五穀昌。萬物皆育，特言五穀昌者，以切於民食者言也。人之行皆和，而無乖戾之徵，則疾疢不作。物之氣皆和，而無乖戾之象，則無妖祥。天地萬物，同然一和，故曰大當。德既充盛，然後制禮，禮不止一事，而父子君臣之倫爲大。如絲之有紀，綱之有綱，故曰以爲紀綱。紀綱先正，則衆緒咸理，萬目悉張，而天下大定。禮既秩序，然後作樂，則其樂皆由有德而發爲聲音，故曰德音。六律五聲，弦歌詩頌，言樂之事。」引詩大雅皇矣篇，借義證德音二字。言王季有莫然清静之德，而發爲莫然清静之音。所謂德者，克明克類，克長克君，與夫克順克俾是也。王季之德如此，比及至於文王，則其德生知安行，而靡有悔。靡悔者，渾然天成，無少乖戾也。有德者之發爲樂音亦猶是。春秋左氏傳曰：「德正應和曰莫，照臨四方曰明，勤施無私曰類，教誨不倦曰長，慶賞刑威曰君，慈和偏服曰順，擇善從之曰比。」鄭氏曰：「俾當爲比。施，延也。文王之德如此，故受天福，延於後世。」輔氏曰：「天下定而後作樂，正六律，可以和五聲，和五聲可以弦歌詩頌。詩，今之風雅。頌，今之三頌也。引詩言德音而不言樂，樂之功亦可致。此子夏可語詩之一端。」

今君之所好者，其溺音乎。」

溺音，謂溺人之音。聞其音能敗壞人，如水之能溺人也。言君之所好，乃溺音之音，而非德音之音也。

文侯曰：「敢問溺音何從出也？」子夏對曰：「鄭音好濫淫志，宋音燕女溺志，衛音趨數煩志，齊音敖辟喬志，此四者皆淫於色而害於德，是以祭祀弗用也。」趨音促。數音速。敖，五報切。辟，匹亦切。喬音驕。

鄭氏曰「文侯問溺音何從出，玩習之久，不知所由出也。鄭、宋、齊、魏四國，皆出此溺音。濫，濫竊，姦聲也。燕，安也。趨數，讀爲促速。煩，勞也。祭祀者，不用淫樂。」孔氏曰：「濫竊，謂男女相偷竊。鄭國音樂如此，是淫邪之志也。溺，没也。宋音所好惟女子，所以使人志没溺也。鄭音好濫，宋音燕女，其事一而爲別音者，濫竊非己儔匹，別相淫竊。燕女，謂己之妻妾燕安而已，所以別於好濫也。四者皆淫於色，是衛與齊皆淫聲也。而惟云衛音趨數煩志，齊音敖辟喬志，不云女色者。案：衛詩有桑中、淇上，是淫佚可知。則淫佚之外，更有促速煩志。齊詩有哀公荒淫怠慢，襄公淫於妹，亦女色之外加以敖辟喬志，故總謂之溺音也。」周氏曰：「德音則能善其志，而溺音則能亂其志也。」

詩云：『肅雍和鳴，先祖是聽。』夫肅，肅敬也；雍，雍和也。夫敬以和，何事不行？

鄭氏曰：「言古樂敬且和，故無事而不用，溺音無所施。」澄曰：「承上文祭祀弗用溺音之意而引詩言，必有肅雍之德，發爲和鳴之樂音，則先祖聽之而祭祀可用。不特可用以祭祀，而皆可行之於諸事也。」

爲人君者，謹其所好而已矣。君好之則臣爲之，上行之則民從之。詩云：『誘民孔易。』此之謂也。易，以豉切。

廬陵胡氏曰：「好惡，謂好古樂惡新樂也。誘，謂導之。」馬氏曰：「夫鄭衛之音，其效至於如彼。而和與敬，其效至於如此。則夫爲人君者，其好惡不可不慎也。君者臣之倡，上者下之儀。臣則聽君而和，下則視儀而動。」鄭氏曰：「誘，進也。孔，甚也。言民從君所好惡，進之於善無難。」孔氏曰：「謹行古樂以化，民無不從也。」

然後聖人作，爲鞉、鼓、椌、楬、壎、篪，此六者，德音之音也。然後鐘、磬、竽、瑟以和之，干、戚、

旄、狄以舞之，此所以祭先王之廟，所以獻酬酳酢也，所以官序貴賤，各得其宜也，所以示後世有尊卑長幼之序也。」鞉音桃。椌，苦江切。楬，苦瞎切。壎，許袁切。篪，直支切。竽音于，和如字。

方氏曰：「鞉鼓，革音。椌楬，木音。壎，土音。篪，竹音。鍾，金音。磬，石音。竽，匏音。瑟，絲音。干戚皆武舞，旄狄皆文舞。八音備而又干戚旄狄以舞之，於是樂成焉，故足以祭先王之廟。如下所言諸事也，尊卑以上下言，長幼以先後言。禮樂之際，貴者在上，賤者在下，貴者常先，賤者常後。故官序貴賤，各得其宜，足以示後世尊卑長幼之序也。官序，即次序也。以其所主治，故曰官。」鄭氏曰：「六者爲本，以其聲質也。椌楬，謂柷敔也。官序貴賤，謂尊卑樂器列數有差次。」孔氏曰：「周語云：『革木一聲，無宫商清濁也。既用質素爲本，然後用華美之音以贊和之，使文質相雜，聲既文質備矣。又用舞以動之，則可以用於宗廟之中。若樂九變而鬼神格也，又用各不同，立事有異，事隨聲起，是聲能立事也。君子聞聲達事，非徒聽其音聲鏗鏘而已。彼謂樂聲，亦有以合成己之志意。』」

右魏文侯第十，今本第八，目録第十一，史記第九。

子贛見師乙而問焉，曰：「賜聞聲歌各有宜也。如賜者宜何歌也？」師乙曰：「乙，賤工也，何足以問所宜？請誦其所聞而吾子自執焉。夫歌者，直己而陳德也，動己而天地應焉，四時和焉，星

辰亘焉，萬物育焉。

孔氏曰：「歌者當直己身而陳論其德。已有此德，則宜此歌也。歌者，運動己德而天地應，四時和，星辰理，萬物育。和，謂陰陽和。理，謂不悖逆。育，謂群生得所。」○軾按：歌謂自爲詩歌，非歌古詩也。直己，即是陳德，謂直陳己德也。歌以抒寫至性，直發其胸中之所有，非作而致之。故聲歌所感，其應無方。動己四句，言歌之感動，以明直己陳德意，惟歌以成德。故欲成其德者，不可不擇所宜歌。直己一段，原本在宜歌齊後，文正從陸氏叙正最當。

故寬而静、柔而正者，宜歌頌。廣大而静、疏達而信者，宜歌大雅。恭儉而好禮者，宜歌小雅。正直而静、廉而謙者，宜歌風。肆直而慈愛者，宜歌商。温良而能斷者，宜歌齊。商者，五帝之遺聲也；商人識之，故謂之商。齊者，三代之遺聲也；齊人識之，故謂之齊。明乎商之音者，臨事而屢斷。明乎齊之音者，見利而讓。臨事而屢斷，勇也。見利而讓，義也。有勇有義，非歌孰能保此？斷，丁亂切。

孔氏曰：「師乙不敢定所宜，故稱誦所聞之詩。頌者，頌其成功。德澤弘厚，故德量寬大，安静和柔。正直者，宜歌之。大雅者，歌其大正也。故志意弘大，而安静疏朗通達而誠信者宜歌之。小雅者，小正也。故以禮自持，以約自處，動不越法者宜歌之。正直而静退、廉約而謙恭者，宜歌諸侯之風。商者，五帝之遺聲。五帝道大故肆直慈愛者宜歌之。齊三代之遺聲，三代干戚所起，裁斷是非，故温良能斷者宜歌之。以其肆直慈愛，故臨危疑之事，數能斷割，是勇也。以其温良能斷，故見利不私於已，是有義也。有勇有義之人，非歌聲辨之，誰能知哉？」方氏曰：「明者，不爲物蔽之謂。肆直而不蔽於慈愛，是明乎商之音者也。故臨事而屢斷，以慈愛之蔽，在於無斷故也。温良而不蔽於能斷是明乎齊之音者也。故見利而讓，以能斷之蔽，在於無讓故也。有勇乃能斷事，有義乃能讓利。蓋勇義人之所有，非明乎歌之音，不足以保全之故也。」〇軾按：寬柔、廣大、疏達、恭儉、正直、肆直、温良，是高明一邊。静正、静信、好禮、静謙、慈愛、能斷，是沉潛一邊。高明而濟以沉潛，則中正無弊矣。各句俱以上截爲主，然工夫却全在下截。道本無偏，而見仁見知，各隨其性之所近。上截乃詣力所到，見成如此。下截是將去醫那上截的病痛，要得渣滓盡去，純粹以精，必須優游涵泳以俟其自化，所謂成於樂者是也。舒肆直遂者，少懇切之意，其蔽在不斷。温和平易者，乏廉隅之守，其蔽在不讓。此所以宜歌商與齊也。知商齊而風雅頌可類推矣。又按：上截是廣大高明，下截是要盡精微道中庸。問學之功，固由致知力行，而語其成就，則藏焉修焉。又必息焉遊焉，而後藝興而學成也。歌詩是游藝工夫，又風雅頌謂歌之體，非指周雅三頌十五國風也。

故歌者，上如抗，下如隊，曲如折，止如槀木，倨中矩，句中鉤，纍纍乎端如貫珠。 隊，直魏切。

折，之設切。槀，苦老切。倨音据。中，之仲切。句，紀具切。鉤，古侯切。纍，力追切。

方氏曰：「抗言聲之發揚，隊言聲之重濁，曲言其回轉而齊也，止言其闋後而定也。倨則不動，不動者方之體，故中矩。言其聲之常如此。句則不直，不直者曲之體，故中鉤。言其聲之變如此。纍纍乎言其聲相繫屬，端如貫珠，言其終始兩端，相貫而各有成也。」○軾按：此節形容歌之聲調，亦見出於德性之自然，非作而致之也。倨。方也。

故歌之爲言也，長言之也。説之，故言之；言之不足，故長言之；長言之不足，故嗟歎之；嗟歎之不足，故不知手之舞之、足之蹈之也。」

鄭氏曰：「長言之，引其聲也。嗟歎，和續之也。不知手之舞之足之蹈之，歡之至也。」

○子貢問樂。

方氏曰：「終言子貢問樂，蓋題上事也，與文王世子言周公踐祚同義。」

右師乙第十一，目録第十。

大戴禮記

朱莉莉　整理

整理説明

禮學，在儒家學説中佔有核心的地位，孔子傳「六經」，其中的禮，便是儀禮，記載了各種士大夫階層的禮儀。由於這些禮儀只記録儀式，不介紹儀式之外的禮義，後來的學者在傳禮的過程中，做了大量的「記」。漢書藝文志禮就記載有：「記百三十一篇。七十子後學者所記也。」在此基礎上，西漢時期的禮學名家，人稱大戴、小戴的戴德與戴聖，分别編選了大戴禮記、小戴禮記。但是考察漢書藝文志及漢書儒林傳，均不見此二書的記載，二書最早見於東漢鄭玄六藝論：「戴德傳記八十五篇，則大戴禮是也；戴聖傳禮四十九篇，則此禮記是也。」鄭玄爲小戴禮記注釋，自此小戴禮記廣泛流傳開來，被稱爲禮記，並於唐朝時被官方列爲「經書」，廣爲流傳。唐孔穎達編五經正義，將小戴禮記代替儀禮稱爲「五經」之一。而大戴禮記的研究則日漸凋零，只有北周盧辯爲其做了注解，到唐代時此書已經有四十六篇佚失，只有三十九篇保留至今，這些留存至今的部分，是研究上古社會儒家思想和禮制的重要資料。

此次整理的大戴禮記是清代朱軾所刊。朱軾是清朝名臣，爲官清正，在經史研究上也建樹頗豐，他在序言中對小戴删大戴禮記之説進行了駁斥，認爲大戴禮記無論從文學價值還是學術價值均不在小戴禮記之下："予觀小戴，語多補綴，不屬大戴，篇爲一義，文詞古茂，度數之昭晰，品節之詳明，亦未遽出小戴下。"朱軾十分重視禮學的教化作用，所以當他在浙江巡撫任上見到了宋刻善本大戴禮記後，便欣然爲之句讀，刊刻行世。

由於朱軾祖籍江西高安，此本又被稱爲"高安本"，它是大戴禮記在清朝最早的刻本，後收入朱文端公藏書十三種。光緒二十三年，朱文端公藏書十三種重刻，大戴禮記亦在其中。此次整理以上海圖書館藏朱文端公藏書本爲底本，又據四庫本對其做了校勘。

整理者

二〇二一年三月

目録

大戴禮序

大戴記始三十九篇，終八十一，中間缺者五，重者一，合之隋志所載，少四十五篇。或云小戴於八十五篇中擇其粹者爲書，其所不取，後人愛而存之，仍舊篇目，爲大戴禮。果爾，則投壺、哀公問何二書無以異焉？予觀小戴，語多補綴，不屬大戴，篇爲一義，文詞古茂，度數之昭晰，品節之詳明，亦未遽出小戴下。若夫明堂數語，規制悉備，視明堂位之徒張魯事，逕庭已；夏小正之于月令，璠璵碔砆也。昔人謂二篇馬氏所附益，顧不以大戴附小戴，而他是求融，必不若是之陋。吴草廬補逸經於是書，取三朝事一篇，勉齋先生列之覲禮傳，然則此四十篇者，豈聖書所得而掩哉？獨是小戴列學官，家誦户習，而大戴則罕能名其篇目者。

余於年友滿制府案頭得宋刻善本，録而讀之，爲正句讀，而付之梓，至其譌闕謬誤，韓元吉、吴幼清尚不能以意爲正定，余則何敢？

康熙五十七年戊戌孟秋，高安朱軾題於浙署之自脩齋。

右大戴禮十三卷，總四十篇，隋志所載亦十三卷，而夏小正别爲卷，唐志但云十三卷，而無夏小正之别矣。崇文總目則十卷，而云三十五篇，無諸本可正定也。蓋自漢興，得先儒所記禮書，凡二百四篇，戴德删之爲八十五篇，謂之大戴禮，戴聖又删德之書爲四十九篇，謂之小戴禮。今立之學官者，小戴書也。然大戴篇始三十九，終八十一，當爲四十三篇，中間缺者四篇，而重出者一篇，兩篇七十三。其上不見者，猶三十八篇，復不能合於八十五篇之數，豈但當爲八十一耶？其缺者，或既逸其不見者，抑聖所取者也。然哀公問、投壺二篇與小戴書無甚異，禮察篇與經解亦同，曾子大孝篇與祭義相似，則聖已取之篇豈其文無所删者也。勸學、禮三本見於荀卿子，至取舍之説及保傅則見於賈誼疏，間與經、子同者尚多有之。按儒林傳：德事孝宣，嘗爲信都太傅，聖則爲九江太守。今德書乃題九江太守，未知何所據也。太抵漢儒所傳皆出於七十子之徒，後之學者僅習小戴記，不知大戴書多矣。其探索陰陽，窮析物理，推本性命，雜言禮樂之辨、器數之詳，必有自來，以是知聖門之學無不備也。予家舊傳此書，嘗得范太史家一本校之，篇卷悉同，其訛缺謬誤則不敢改，益懼其寖久而傳又加舛也，乃刊置建安郡齋，庶可考焉。

淳熙乙未歲後九月，潁川韓元吉書。

大戴禮記卷第一

主言第三十九

孔子閒居，曾子侍。

孔子曰：「參，今之君子，惟士與大夫之言之間也，其至於君子之言者，甚希矣。於乎！吾主言其不出而死乎？哀哉！」

曾子起曰：「敢問何謂主言。」

孔子不應。曾子懼，肅然摳衣下席曰：「弟子知其不孫也，得夫子之閒也難，是以敢問也。」

孔子不應。曾子懼，退負序而立。

孔子曰：「參，女可語明主之道與？」

曾子曰：「不敢以爲足也，得夫子之閒也難，是以敢問。」

孔子曰：「吾語女，道者，所以明德也；德者，所以尊道也。是故非德不尊，非道不明。雖有國焉，不教不服，不可以取千里。里，一本作「理」。雖有博地衆民，不以其地治之，不可以霸主。

是故昔者明主内脩七教，外行三至，七教脩焉可以守，三至行焉可以征。七教不脩，雖守不固；三至不行，雖征不服。是故明主之守也，必折衝乎千里之外；其征也，衽席之上還師。是故内脩七教而上不勞，外行三至而財不費，此之謂明主之道也。」

曾子曰：「敢問不費不勞，可以爲明乎？」

孔子愀然揚麋麋，一作「眉」。曰：「參，女以明主爲勞乎？昔者舜左禹而右皋陶，不下席而天下治。夫政之不中，君之過也；政之既中，令之不行，職事者之罪也。明主奚爲其勞也？昔者明主關譏而不征；市鄽而不稅；稅十取一；使民之力，歲不過三日；入山澤以時；有禁而無征。一作「入山澤以時而不禁，夫圭曰無征」。此六者，取財之路也，明主捨其四者而節其二者，明主焉取其費也。」

曾子曰：「敢問何謂七教？」

孔子曰：「上敬老，則下益孝；上順齒，則下益悌；上樂施，則下益諒；上親賢，則下擇友；上好德，則下不隱；一作「上好德，則下隱慝」。上惡貪，則下耻争；上强果，則下廉耻。民皆有别，則貞則正，亦不勞矣，此謂七教。七教者，治民之本也。教定是正矣，上者民之表也，表正則何物不正？是故君先立於仁，則大夫忠而士信、民敦、工璞、商慤、女憧、婦空空。七者，教之志也，七者布諸天下而不窕，内諸尋常之室而不塞。是故聖人等之以禮，立之以義，行之以順，而民棄惡也如灌。」

曾子曰：「弟子則不足，道則至矣。」

孔子曰：「參，姑止，又有焉。昔者明主之治民有法，必別地以州之，分屬而治之，然後賢民無所隱，暴民無所伏。使有司日省如時考之，歲誘賢焉，則賢者親、不肖懼，使之哀鰥寡，養孤獨，恤貧窮，誘孝弟，選賢舉能。此七者脩，則四海之内無刑民矣。上之親下也如腹心，則下之親上也，如保子之見慈母也。上下之相親如此，然後令則從、施則行。因民既邇者說，遠者來懷，然後布指知寸，布手知尺，舒肘知尋，十尋而索，百步而堵，三百步而里，千步而井，三井而句烈，三句烈而距，五十里而封，百里而有都邑。乃爲畜積衣裘焉，使處者恤、行者有興亡。是以蠻夷諸夏，雖衣冠不同、言語不合，莫不來至，朝覲於王。故曰：無市而民不乏，無刑而民不違。畢弋田獵之得，不以盈宫室也；徵斂於百姓，非以充府庫也。慢怛以補不足，禮節以損有餘。故曰：多信而寡貌。其禮可守，其信可復，其跡可履。其於信也，如四時春秋冬夏。其博有萬民也，如饑而食，如渴而飲，下土之人信之。夫暑熱凍寒遠若邇，非道邇也，及其明德也。是以兵革不動而威，用利不施而親，此之謂明主之守也，折衝乎千里之外，此之謂也。」

曾子曰：「敢問何謂三至？」

孔子曰：「至禮不讓而天下治，至賞不費而天下之士説，至樂無聲而天下之民和。明主篤行三至，故天下之君，可得而知也；天下之士，可得而臣也；天下之民，可得而用也。」

曾子曰：「敢問何謂也？」

孔子曰：「昔者明王以盡知天下良士之名，既知其名，又知其數，既知其數，又知其所在。明主因天下之爵，以尊天下之士，此之謂至禮不讓而天下治。因天下之禄，以富天下之士，此之謂至賞不費而天下之士説。天下之士説，則天下之明譽興，此之謂至樂無聲而天下之民和。故曰：所謂天下之至仁者，能合天下之至親者也；所謂天下之至知者，能用天下之至和者也；所謂天下之至明者，能選天下之至良者也。此三者咸通，然後可以征。是故仁者莫大於愛人，知者莫大於知賢，政者莫大於官賢。有土之君，脩此三者，則四海之内拱而俟，然後可以征。明主之所征，必道之所廢者也。彼廢道而不行，然後誅其君，致其征，弔其民，而不奪其財也。故曰：明主之征也，猶時雨也，至則民説矣。是故行施彌博，得親彌衆，此之謂衽席之上乎還師。」

哀公問五義第四十

魯哀公問於孔子曰：「吾欲論吾國之士，與之爲政，何如者取之？」

孔子對曰：「生乎今之世，志古之道；居今之俗，服古之服。舍此而爲非者，不亦鮮乎？」

哀公曰：「然則今夫章甫句屨、紳帶而縉笏者，此皆賢乎？」

孔子曰：「否，不必然。今夫端衣玄裳、冕而乘路者，志不在於食葷；斬衰簡屨、杖而歠粥者，志不在於飲食。故生乎今之世，志古之道；居今之俗，服古之服。舍此而爲非者，雖有，不亦鮮乎？」

哀公曰：「善！何如則可謂庸人矣？」

孔子對曰：「所謂庸人者，口不能道善言，而志不邑邑；不能選賢人善士而託其身焉，以爲己憂；動行不知所務，止立不知所定；日選於物，不知所貴；從物而流，不知所歸；五鑿爲政，心從而壞。若此，則可謂庸人矣。」

哀公曰：「善！何如則可謂士矣？」

孔子對曰：「所謂士者，雖不能盡道術，必有所由焉；雖不能盡善盡美，必有所處焉。是故知不務多，而務審其所知；行不務多，而務審其所由；言不務多，而務審其所謂。知既知之，行既由之，言既順之，若夫性命肌膚之不可易也，富貴不足以益，貧賤不足以損。若此，則可謂士矣。」

哀公曰：「善！何如則可謂君子矣？」

孔子對曰：「所謂君子者，躬行忠信，其心不買；仁義在己，而不害不知；聞志廣博，而色不伐；思慮明達，而辭不争。君子猶然如將可及也，而不可及也，如此可謂君子矣。」

哀公曰：「善！敢問何如謂賢人矣？」

孔子對曰：「所謂賢人者，好惡與民同情，取舍與民同統；行中矩繩，而不傷於本；言足法於天下，而不害於其身；躬爲匹夫而願富，貴爲諸侯而無財。如此，則可謂賢人矣。」

哀公曰：「善！敢問何如可謂聖人矣。」

孔子對曰：「所謂聖人者，知通乎大道，應變而不窮，能測萬物之性情者也。大道者，所以變化而凝成萬物者也。情性也者，所以理然不然取舍者也。故其事大，配乎天地，參乎日月，雜於雲霓，總要萬物，穆穆純純。其莫之能循，若天之司；莫之能職，百姓淡然不知其善。若此則可謂聖人矣。」

哀公曰：「善！」

孔子出，哀公送之。

哀公問於孔子第四十一

哀公問於孔子曰：「大禮何如？君子之言禮，何其尊也？」

孔子曰：「丘也小人，何足以知禮？」

君曰：「否，吾子言之也。」

孔子曰：「丘聞之也，民之所由生，禮爲大。非禮，無以節事天地之神明也；非禮，無以辨君臣上下長幼之位也；非禮，無以別男女、父子、兄弟之親，昏姻疏數之交也。君子以此之爲尊敬然，然後以其所能教百姓，不廢其會節。有成事，然後治其雕鏤文章黼黻以嗣。其順之，然後言其喪算，備其鼎俎，設其豕腊，修其宗廟，歲時以敬祭祀，以序宗族，則安其居處，醜其衣服，卑其宮室，車不雕幾，器不刻鏤，食不貳味，以與民同利。昔之君子之行禮者如此。」

公曰：「今之君子，胡莫之行也？」

孔子曰：「今之君子，好色無厭，淫德不倦，荒怠敖慢，固民是盡，忤其衆以伐有道，求得當欲不以其所。古之用民者由前，今之用民者由後。今之君子，莫爲禮也。」

孔子侍坐於哀公，哀公曰：「敢問人道誰爲大？」

孔子愀然作色而對曰：「君及此言也，百姓之德也，固臣敢無辭而對？人道政爲大。」

公曰：「敢問何謂爲政？」

孔子對曰：「政者，正也。君爲政，則百姓從政矣。君之所爲，百姓之所從也。君所不爲，百姓何從？」

公曰：「敢問爲政如之何？」

孔子對曰：「夫婦別、父子親、君臣嚴。三者正，則庶民從之矣。」

公曰：「寡人雖無似也，願聞所以行三言之道，可得而聞乎？」

孔子對曰：「古之爲政，愛人爲大。所以治愛人，禮爲大。所以治禮，敬爲大。敬之至也，大昏爲大，大昏至矣。大昏既至，冕而親迎，親之也。親之也者，親之也。是故君子興敬爲親，舍敬，是遺親也。弗愛不親，弗敬不正。愛與敬，其政之本與。」

公曰：「寡人願有言，然冕而親迎，不已重乎？」

孔子愀然作色而對曰：「合二姓之好，以繼先聖之後，以爲天地、社稷、宗廟之主，君何謂已重乎？」

公曰：「寡人固，不固，焉得聞此言也？寡人欲問，不得其辭，請少進。」

孔子曰：「天地不合，萬物不生。大昏，萬世之嗣也，君何以謂已重焉。」

孔子遂有言曰：「内以治宗廟之禮，足以配天地之神明；出以治直言之禮，足以立上下之敬。物耻足以振之，國耻足以興之。爲政先禮，禮者，政之本與。」

孔子遂言曰：「昔三代明王之政，必敬其妻子也有道。妻也者，親之主也，敢不敬與？子也者，親之後也，敢不敬與？君子無不敬也，敬身爲大。身也者，親之枝也，敢不敬與？不能敬其身，是傷其親；傷其親，是傷其本；傷其本，枝從而亡。三者，百姓之象也。身以及身，子以及子，配以及配，君子行此三者，則愾乎天下矣。大王之道也，如此，國家順矣。」

公曰：「敢問何謂敬身？」

孔子對曰：「君子過言則民作辭，過動則民作則。君子言不過辭，動不過則，百姓不命而敬恭。如是則能敬其身，能敬其身，則能成其親矣。」

公曰：「敢問何謂成親？」

孔子對曰：「君子也者，人之成名也。百姓歸之名，謂之君子之子，是使其親爲君子也。是爲成其親名也已。」

孔子遂言曰：「古人爲政，愛人爲大。不能愛人，不有其身；不能有其身，不能安土；不能安土，不能樂天；不能樂天，不能成身。」

公曰：「敢問何謂成身？」

孔子對曰：「不過乎物。」

公曰：「敢問君子何貴乎天道也？」

孔子對曰：「貴其不已。如日月西東相從而不已也，是天道也；不閉其久也，是天道也；無爲物成，是天道也；已成而明，是天道也。」

公曰：「寡人惷愚冥煩，子識之心也。」

孔子蹴然避席而對曰：「仁人不過乎物，孝子不過乎物，是仁人之事親也如事天，事天如事親，是故孝子成身。」

公曰：「寡人既聞是言也，無如後罪何？」

孔子對曰：「君之及此言也，是臣之福也。」

禮三本第四十二

禮有三本。天地者，性之本也；先祖者，類之本也；君師者，治之本也。無天地焉生？無先祖焉出？無君師焉治？三者偏亡，無安之人。故禮上事天，下事地，宗事先祖而寵君師，是禮之三本也。

王者天太祖，諸侯不敢懷。大夫士有常宗，所以別貴始，德之本也。郊止天子，社止諸侯，道及士大夫，一本有「荀子云」。所以別尊卑。尊者事尊，卑者事卑，宜鉅者鉅，宜小者小也。故有天下者事七世，有國者事五世，有五乘之地者事三世，有三乘之地者事二世，待年而食者不得立宗廟，所以別積厚者流澤光，積薄者流澤卑，亦如之。大饗尚玄尊，俎生魚，先大羹，貴飲食之本也。大饗尚玄尊而用酒，食先黍稷而飯稻粱，祭嚌大羹而飽乎庶羞，貴本而親用。貴本之謂文，親用之謂理，兩者合而成文，以歸太一，夫是謂大隆。故尊之尚玄酒也，俎之生魚也，豆之先大羹也。利省之不卒也，成事之俎不嘗也，三侑之不食也，一也。大昏之未發齊也，廟之未納尸也，始卒之未小斂也，大路車之素幭也，郊之麻冕也，喪服之先散帶，一也。三年之哭不文也，〈清廟〉之歌一唱而三歎也，縣一磬而尚拊搏，朱弦而通越，一也。

凡禮，始於脱，成於文，終於隆。故至備，情文俱盡，其次情文迭興，其下復情以歸太一。天地以合，四時以洽，日月以明，星辰以行，江河以流，萬物以倡，好惡以節，喜怒以當。以爲下則順，以爲上則明，萬變不亂，貸之則喪。

大戴禮記卷第二

禮察第四十六

孔子曰：「君子之道，譬猶防與？夫禮之塞，亂之所從生也，猶防之塞，水之所從來也。故以舊防爲無用而壞之者，必有水敗；以舊禮爲無所用而去之者，必有亂患。」故昏姻之禮廢，則夫婦之道苦，而淫辟之罪多矣；鄉飲酒之禮廢，則長幼之序失，而争鬬之獄繁矣；聘射之禮廢，則諸侯之行惡，而盈溢之敗起矣；喪祭之禮廢，則臣子之恩薄，而倍死忘生之禮衆矣。凡人之知，能見已然，不能見將然。禮者，禁將然之前，而法者，禁於已然之後。是故法之用易見，而禮之所爲生難知也。若夫慶賞以勸善，刑罰以懲惡。先王執此之正，堅如金石；行此之信，順如四時；處此之功，無私如天地爾。豈顧不用哉？然如曰「禮云」「禮云」，貴絶惡於未萌，而起敬於微眇，使民日徙善遠罪而不自知也。孔子曰：「聽訟，吾猶人也。必也，使無訟乎？」此之謂也。

爲人主計者，莫如安審取舍。取舍之極定於内，安危之萌應於外也。安者非一日而安也，危者非一日而危也，皆以積然，不可不察也。善不積不足以成名，惡不積不足以滅身。而人之所行，各在其取舍。以禮義治之者積禮義，以刑罰治之者積刑罰。刑罰積而民怨倍，禮義積而民和親。故世主欲民之善同，而所以使民之善者異。或導之以德教，或敺之以法令。導之以德教者，德教行而民康樂。敺之以法令者，法令極而民哀戚。哀樂之感，禍福之應也。我以爲秦王之欲尊宗廟而安子孫，與湯、武同，然則如湯、武能廣大其德，久長其後，行五百歲而不失，秦王亦欲至是，而不能持天下，十餘年即大敗之，此無他故也。湯、武之定取舍審，而秦王之定取舍不審也。易曰：「君子慎始，差若毫釐，繆以千里。」取舍之謂也。然則爲人主師傅者，不可以日夜明此。

問：「爲天下如何？」

曰：「天下，器也。今人之置器，置諸安處則安，置諸危處則危。而天下之情，與器無以異，在天子所置爾。湯、武置天下於仁義禮樂，而德澤洽，禽獸草木廣育，被蠻貊四夷，累子孫十餘世，歷年久五六百歲，此天下之所共聞也。秦王置天下於法令刑罰，德澤無一有，而怨毒盈世，民憎惡如仇讎，禍幾及身，子孫誅絶，此天下之所共見也。夫用仁義禮樂爲天下者，行五六百歲猶存；用法令爲天下者，十餘年即亡。是非明斆大驗乎？人言曰：『聽言之道，必以其事觀之，則言者莫敢妄言。』今子或言禮義之不如法令，教化之不如刑罰，人主胡不承殷周秦事以觀之乎？」

夏小正第四十七

正月

啓蟄。言始發蟄也。

雁北鄉。先言雁而後言鄉者何也？見雁而後數其鄉也。鄉者何也？鄉其居也。雁以北方爲居，何以謂之爲居？生且長焉爾。九月遰鴻雁，先言遰，而後言鴻雁，何也？見遰而後數之，則鴻雁也。何不謂南鄉也？曰：非其居也，故不謂南鄉。記鴻雁之遰也，如不記其鄉，何也？曰：鴻不必當小正之遰者也。

雉震呴。震也者，鳴也。呴也者，鼓其翼也。正月必雷，雷不必聞，惟雉爲必聞之。何以謂之雷？則雉震呴相識以雷。

魚陟負冰。陟，升也。負冰云者，言解蟄也。

農緯厥耒。緯，束也。束其耒云爾者，用是見君之亦有耒也。

初歲祭耒。始用暢也。暢，一作「晹」。其用初云爾，暢也者，終歲之用祭也，言是月之始用之也。初者，始也。或曰，祭韭也。

囿有韭。囿也，園之燕者也。

時有俊風。俊者，大也。大風，南風也。何大於南風也？曰：合冰必於南風，解冰必於南風，生必於南風，收必於南風，故大之也。

寒日滌凍塗。滌也者，變也，變而暖也。凍塗者，凍下而澤上多也。

田鼠出。田鼠者，嗛鼠也。記時也。

農率均田。率者，循也。均田者，始除田也。言農夫急除田也。

獺祭魚。其必與之獻，與，疑作「謂」。何也？曰：非其類也。祭也者，得多也，善其祭而後食之。十月豺祭獸，謂之祭。獺祭魚，謂之獻。何也？豺祭其類，獺祭非其類，故謂之獻，大之也。

鷹則爲鳩。鷹也者，其殺之時也。鳩也者，非其殺之時也。善變而之仁也，故其言之也曰「則」，盡其辭也。鳩而鷹，變而之不仁也，故不盡其辭也。

農及雪澤。言雪澤之無高下也。

初服于公田。古有公田焉者，古言先服公田而後服其田也。

采芸。爲廟采也。

鞠則見。鞠者，何也？星名也。鞠則見者，歲再見爾。

初昏參中。蓋記時也云。

斗柄縣在下。言斗柄者，所以著參之中也。

柳稊。稊也者，發孚也。

梅杏杝桃則華。杝桃，山桃也。

緹縞也者，莎隨也。緹也者，其實也。先言緹而後言縞者，何也？緹先見者也。何以謂之？小正以著名也。

雞桴粥。粥也者，相粥之時也。或曰：桴，嫗伏也。粥，養也。

二月

往耰黍，禪。禪，單也。

初俊羔助厥母粥。俊也者，大也。粥也者，養也。言大羔能食草木而不食其母也。羊羔非其子而後養之，善養而記之也。或曰：憂有煑祭，祭也者用羔。是時也，不足喜樂，喜羔之爲生也而記之，與牛羊腹時也。

綏多女士。綏，安也。冠子取婦之時也。

丁亥萬用入學。丁亥者，吉日也。萬也者，干戚舞也。入學也者，大學也。謂今時大舍采也。

祭鮪。祭不必記，記鮪何也？鮪之至有時，美物也。鮪者，魚之先至者也，而其至有時，謹記其時。

榮堇。菜色。菜蘩田胡。蘩田胡者，蘩母也。蘩，萬勃也，皆豆實也，故記之。

昆小蟲抵蚳。昆者，衆也，田魂螺也者，動也，小蟲動也。其先言動而後言蟲者，何也？萬物是動而後著。抵，猶推也。蚳，螘卵也，爲祭醢也。取之則必推之，推之必不取，取必推而不言取。

來降燕，乃睇。燕，乙也。降者，下也。言「來」者何也？莫能見其始出也。故曰「來降」。言「乃睇」何也？睇者，眄也。眄者，視可爲室者也。百鳥皆曰巢，穾穴取與之室，何也？摻泥而就家，人入内也。

剥鱓。以爲鼓也。

有鳴倉庚。倉庚者，商庚也。商庚者，長股也。

榮芸時有。見梯始收。有見梯而後始收，是小正序也。小正之序時也，皆若是也。梯者，所爲豆實。

三月

參則伏。伏者，非忘之辭也。星無時而不見。我有不見之時。故曰伏云。
攝桑。桑攝而記之，急桑也。
委委，一作「萎」。楊。楊則花而後記之。
羊。羊有相還之時，其類羵然，記變爾。或曰：羵，羝也。
螿則鳴。螿，天螻也。
頒冰。頒冰者，分冰以授大夫也。
采識。識，草也。
妾子始蠶。先妾而後子，何也？曰：事有漸也，言自卑事者始。
執養宫事。執，操也。養，長也。
祈麥實。麥實者，五穀之先見者，故急祈而記之也。
越有小旱。越，于也。記其時恒有小旱。
田鼠化爲鴽。鴽，鵪也。變而之善，故盡其辭也。鴽爲鼠，變而之不善，故不盡其辭也。

拂桐芭。拂也者，拂也，桐芭之時也。或曰：言桐芭始生，貌拂拂然也。

鳴鳩。言始相命也。先鳴而後鳩，何也？鳩者，鳴而後知其鳩也。

四月

昴則見。

初昏南門正。南門者，星也。歲再見壹正，蓋大正所取法也。

鳴扎。扎者，寧縣也。鳴而後知之，故先鳴而後扎。

囿有見杏。囿者，山之燕者也。

鳴蜮。蜮也者，或曰：屈造之屬也。

王負莠。

取荼。荼也者，以爲君薦蔣也。

莠幽。

越有大旱。記時爾。

執陟攻駒。執也者，始執駒也。執駒也者，離之去母也，執而升之君也。攻駒也者，教之服車，數舍之也。

五月

參則見。參也者，牧星也，故盡其辭也。

浮游有殷。殷，衆也。浮游，殷之時也。浮游者，渠略也，朝生而暮死。稱「有」何也？有見也。

鴂則鳴。鴂者，百鷯也。鳴者，相命也。其不辜之時也，是善之。故盡其辭也。

時有養日。養，長也。一則在本，一則在末。故其記曰「時養日」之也。

乃瓜。乃者，急瓜之辭也。瓜也者，始食瓜也。

良蜩鳴。良蜩也者，五彩具。

匽之興，五日翕，望乃伏。其不言「生」而稱「興」，何也？不知其生之時，故曰「興」。以其興也，故言之「興」。五日翕也。望也者，月之望也。而伏云者，不知其死也，故謂之「伏」。五日也者，十五日也。翕也者，合也。伏也者，入而不見也。

啓灌藍蓼。啓者，别也，陶而疏之也。灌者，聚生者也。記時也。

鳩爲鷹。

唐蜩鳴。唐蜩鳴者，匽也。

初昏大火中。大火者，心也。心中，種黍菽糜時也。

煑梅。爲豆實也。

蓄蘭。爲沐浴也。

菽糜。以在經中，又言之時，何也？是食矩關而記之。

頒馬。分夫婦之駒也。

將閒諸則。或取離駒納之則法也。「矩關」一作「短閔」。「夫婦」一作「文卿」。

六月

初昏斗柄正在上。五月大火中，六月斗柄正在上，用此見斗柄之不在當心也，蓋當依。依，尾也。

煑桃。桃也者，杝桃也。杝桃也者，山桃也。煑以爲豆實也。

鷹始摯。始摯而言之，何也？諱煞之辭也，故摯云。

七月

秀萑葦。未秀則不爲萑葦，秀然後爲萑葦，故先言秀。

狸子肇肆。肇，始也。肆，遂也。言其始遂也。其或曰：肆，殺也。

湟潦生苹。湟，下處也。有湟然後有潦，有潦而後有苹草也。

爽死。爽也者，猶疏也。

苹秀。苹也者，有馬帚也。

漢案户。漢也，案户也者，直户也，言正南北也。

寒蟬鳴。蟬也者，蝭蠑也。

初昏織女正東鄉。

時有霖雨。

灌荼。灌，聚也。荼，萑葦之秀爲蔣楮之也。萑未秀爲菼，葦未秀爲蘆。

斗柄縣在下。則旦。

八月

剥瓜。畜瓜之時也。

玄校。玄也者，黑也。校也者，若緑色然，婦人未嫁者衣之。

剥棗。剥也者，取也。

粟零。零也者，降也。零而後取之，故不言剥也。

丹鳥羞白鳥。丹鳥者，謂丹良也。白鳥者，謂蚊蚋也。其謂之鳥也，重其養者也，有翼者爲鳥。羞也者，進也，不盡食也。

辰則伏。辰也，謂星也。伏也者，入而不見也。

鹿人從者。從，群也。鹿之養也，離群而善，而之離而生，非所知時也，故記從不記離。君子之居幽也，不言。或曰：人人從也者，大者於外，小者於内，率之也。

鴽爲鼠。

參中則旦。

九月

内火。内火也者，大火。大火也者，心也。
遰鴻雁。遰，往也。
主夫出火。主夫也者，主以時縱火也。
陟玄鳥蟄。陟，升也。玄鳥者，鷰也。先言陟而後言蟄，何也？陟而後蟄也。
熊羆貊貉鼬鼪則大，若蟄而。
榮鞠。鞠，草也。鞠榮而樹麥，時之急也。
王始裘者。何也？衣裘之時也。
辰繫于日。
雀入于海爲蛤。蓋有矣，非常入也。

十月

豺祭獸。善其祭而後食之也。
初昏南門見。南門者，星名也，及此再見矣。
黑鳥浴者何也？烏浴也者，飛乍高乍下也。
時有養者。長也。若日之長也。
玄雉入于淮爲蜃。蜃者，蒲蘆也。
織女正北鄉則旦。織女，星名也。

十有一月

王狩。狩者，言王之時田。冬獵爲狩。
陳肋革。陳肋革者，省兵用也。
嗇人不從。不從者，弗行。

於時月也，萬物不通。
隕麋角。隕，墜也。日冬至陽氣至，始動，諸向生皆蒙蒙符矣，故麋角隕。記時焉爾。

十有二月

鳴弋。弋也者，禽也。先言鳴而後言弋者，何也？鳴而後知其弋也。
玄駒賁。玄駒也者，螘也。賁者何也？走於地中也。
納卵蒜。卵蒜也者，本如卵者也。納者何也？納之君也。
虞人入梁。虞人，官也。梁者，主設罔罟者也。
隕麋角。蓋陽氣旦睹也，故記之也。

大戴禮記卷第三

保傅第四十八

殷爲天子，三十餘世，而周受之；凡三十一世。周爲天子，三十餘世，而秦受之；凡三十七世。秦爲天子，二世而亡。人性非甚相遠也，孔子曰：「性相近。」何殷周有道之長，而秦無道之暴？暴，卒疾也。其故可知也。

古之王者，太子及生，固舉之禮，古，即殷周時也。使士負之。卜其吉也。有司參夙興端冕，見之南郊，見之天也。參職謂三月朝也。端，正也，冕服之正。過闕則下，敬君典法之處。過廟則趨，遥聞故下，望廟則趨。孝子之道也。故自爲赤子時，教固以行矣。昔者周成王幼在繈褓之中，召公爲太保，周公爲太傅，太公爲太師。武王崩，成王十有三也，而云「在繈褓之中」，言其小。保，保其身體；保，爲安守之。傅，傅其德義；傅，猶敷也。師，導之教順。師傅之教，大同也。師主於訓道，傅即受而述之。書叙曰：「周公爲師，召公爲保，相成王爲左右也。」此三公之職也。今尚書説，三公：司馬、司徒、司空也。尚書反周禮説，而文與此同，故先儒論者多依此爲説也。於是爲置三少，皆上大夫也。卿也，謂之孤也。曰：少保、少傅、少師，是與太子宴者也。記者因成王幼稚，周公居攝，又以王少漸賢聖之訓，長終封禪之美，故據其成事，同於太子，而始末詳爲叙之取，明殷、周之隆師友爲先也。

故孩提，三少又親近，故孩提而教之。三公三少，固明孝仁禮義以導習之也。逐去邪人，不使見惡行。於是比選天下端士孝弟閑博有道術者，以輔翼之，使之與太子居處出入。故太子乃日見正事、聞正言，行正道，左視右視，前後皆正人。夫習與正人居，不能不正也。猶生長於楚，不能不楚言也。故擇其所嗜，必先受業，乃得嘗之；擇其所樂，必先有習，乃得爲之。恐其懈惰，故以所味好而誘之。孔子曰：「少成若性，習慣之爲常。」言人性本雖無有不善，少教成之，若天性也。周書曰：「習之爲常，自氣血始。」此殷、周之所以長有常道也。其太子幼擇師友亦然。及太子少長，知妃色，則入于小學，小者所學之宫也。古者太子八歲入小學，十五入太學也。學禮曰：帝入東學，上親而貴仁，則親疏有序，始恩相及矣；帝入南學，上齒而貴信，則長幼有差，始民不誣矣；帝入西學，上賢而貴德，則聖智在位，而功不匱矣；帝入北學，上貴而尊爵，則貴賤有等，而始下不踰矣。成王年十有五，亦入諸學，觀禮市政，故引天子之禮以言之也。四學者，東序、瞽宗、虞庠及四郊之學也。春氣温養，故上親；夏物咸，小大殊，故上齒；秋物成實，故貴德；冬時物藏於地，唯象於天，半見也，故尚爵也。帝入太學，承師問道，退習而端於太傅，太傅罰其不則，而達其不及，則德智長而理道得矣。此五義者既成於上，則百姓黎民，化輯輯，一作「緝」。於下矣。學成治就，此殷、周之所以長有道也。成王學並於正三公也，獨云太傅，學中言。及太子既冠成人，免於保傅之嚴，則有司過之史，有徹虧膳之宰。太子齒於學，有榎楚之威，成王雖幼，固與成人等，且王既冠。太子有過，史必書之。史之義，不得不書過，不書過則死。過書而宰徹去膳。夫膳宰之義，不得不徹膳，不徹膳則死。於是有進善之旍，堯置之，令進善者立于旍下也。有誹謗之木，堯置之，使書政之僁失也。有敢諫之鼓。舜置之，使諫者擊之以自聞也。鼓史誦詩，賈誼云：「敢諫之鼓，瞽史誦詩。」然瞽與鼓聲誤也，夜及謂字誤。工誦正諫，工，樂人也。瞽官長誦，謂隨其過誦詩以諷，大夫諫足之義使於瞽叟。士傳民語，習與智長，故切而不攘。量知受業，故雖勞能授也。化與心成，故中道若性。觀心施化，故變善如性也。是殷、周所以長有道也。

三代之禮，天子春朝朝日，秋暮夕月，祭日東壇，祭月西壇，故以別内外，以端其位。所以明有別也。教天下之臣也。春秋入學，坐國老，執醬而親饋之，中春，舍菜合儛。仲秋，班學合聲。天子視學而遂養老。所以明有孝也。教天下之孝也。行中鸞和，步中采茨，一作「薺」。趨中肆夏，車亦應樂，節步又中珮聲，互言之也。爾雅曰：「堂上謂之行，門外謂之趨。」周禮及玉纜曰：行以肆夏，趨以采茨。此云：步中菜茨，趨中肆夏。又云：行以菜茨，趨以肆夏。則於大寢之内奏采茨，朝廷之中奏肆夏。與周禮文誤也。所以明有度也。敦天下儀也。於禽獸，見其生，不食其死，聞其聲，不嘗其肉，故遠庖廚，玉纜曰：凡血氣之類，弗身踐。所以長恩且明有仁也。皆先正於己。食以禮，男俎豆傳列及嗜之等。徹以樂，於飲食之間，又不忘禮樂。失度則史書之，工誦之，三公進而讀之，宰夫減其膳，是天子不得爲非也。失孝敬禮樂之度也。

明堂之位曰：篤仁而好學，多聞而道慎。天子疑則問，應而不窮者，謂之道。道者，導天子以道者也。常立於前，是周公也。誠立而敢斷，輔善而相義者，謂之充。充者，充天子之志也。常立於左，是太公也。言能忠誠有立，而果于斷割。潔廉而切直，匡過而諫邪者，謂之弼。弼者，拂天子之過者也。常立於右，是召公也。博聞强記，接給而善對者，謂之承。承者，承天子之遺忘者也。常立於後，是史佚也。接給，謂應所問而給也。史佚，周太史尹佚也。立道於前，承於後，置充於左，列諫於右，順名義也。道者，有疑則問，故或謂之疑。充者，輔善，故或謂之輔。故成王中立而聽朝，則四聖維之，是以慮無失計，而舉無過事。殷、周之前以長久者，其輔翼天子，有此具也。及秦不然，其俗固非貴辭讓也，所尚者告得也。賈誼云：「所上者告訐也。」然得字之誤也。固非貴禮義也，所尚者刑罰也。故趙高傅胡亥，趙高，宦者，秦車府令。胡亥，始皇少子，二世也。而教之獄，所習者，非斬劓人，則夷人三族也。故今日即位，明日射人，忠諫者謂之誹謗，深爲計者謂之訞誣。昔伊尹諫夏桀，桀笑曰：「子爲訞言矣！」莊辛諫襄王，襄王曰：「先王爲定國訞典是也。」其視殺人，若艾草菅然。豈胡亥之性惡哉？彼其所以習導非其治故也。鄙語曰：「不習爲吏，如視已事。」觀前成事也。古諺云：前事之不忘，後事之師也。鄙猶今言俗語然也。又曰：「前車覆，後車誡。」夫殷周所以長久者，其已事可知也。然而不能從，是不法聖知也。秦世所以亟絶者，其轍迹可見也，然而不辭者，是前車覆而後車必覆也。夫存亡之敗，治亂之機，其要在是矣。天下之命，懸於天子，天子之善，在於早諭教與選左右。心未疑而先教諭，則化易成也。心未疑，謂未有所知時也。夫開於道術，知義理之指，則教之功也。若夫服習積貫，則左右已。胡、越之人，生而同聲，嗜慾不異，及其長而成俗也，參數譯而不能相通，行雖有死，不能相爲者，教習然也。生而聲，及其長者，重譯而釋之，不能使言語相通。嗜慾不異，至于成俗，其所行者有死之可畏，猶不相救爲者，皆未習使之然也。故曰，選左右，早諭教，最急。夫教得而左右正，左右正則天子正矣，天子正而天下定矣。孟子曰：「君正，莫不正也，君正而國定也。」書曰：「一人有慶，萬民賴之。」此時務也。時，猶是也。天子不論先聖王之德，不知國君畜民之道，不見禮義之正，不察應事之理，不博古之典傳，不閑於威儀之數，詩書禮樂無經，學業不法，凡是其屬，太師之任也。天子無恩於父母，不惠於庶民，無禮於大臣，不中於制獄，無，一作輕。無經於百官，不哀於喪，不敬於祭，不信於諸侯，不誠於戎事，不誠於賞罰，不厚於德，不强於行，賜與侈於近臣，鄰愛於疏遠卑賤，不能懲忿窒慾，言不勝其情。易曰：「君子以懲忿窒慾。」不從太師之言，凡是之屬，太傅之任也。天子處位不端，受業不敬，言語不序，聲音不中律，聲有準，乃中律。進退節度無禮，節度，或爲即席。升降揖讓無容，周旋俯仰視瞻無儀，安顧咳唾，趨行不得，趨，或爲走。色不比順，隱琴瑟，隱，祿也，言按禮樂之器。凡此其屬，太保之任也。天子宴瞻其學，小師，與天子宴者也。左右之習反其師，左右所習之，不順於師也。答遠方諸侯，不知文雅之辭，應群臣左右，不知已諾之正，簡聞小誦，不傳不習，凡此其屬，少師之任也。天子居處出入不以禮，冠帶衣服不以制，御器在側不以度，縱上下雜采不以章，惑於朱紫，不以典章。忿怒說喜不以義，賦與集讓不以節，凡此其屬，少傅之任也。天子宴私安如易，自放縱也。樂而湛，湛以樂。飲酒而醉，食肉而餕，過其性也。飽而强，强，猶强也。饑而惏，惏，貪殘也。暑而暍，寒而嗽，寢而莫宥，坐而莫侍，行而莫先莫後，天子自爲開門户、取玩好、自執器皿，亟顧環面，環，短也。御器之不舉不藏，凡此其屬，少保之任也。號呼歌謠，聲音不中律，宴樂雅誦送樂序，輕用雅調也。凡禮不同，樂各有秩，苟從所好，亂其次聲。樂之先任在太史者，樂應天也，國語曰：「吾非瞽史，焉知天道也。」不知日月之時節，不知先王之諱與大國之忌，周禮小史職曰：「若有事，則詔王之忌諱也。」不知風雨雷電之眚，凡此其屬，太史之任也。

易曰：「正其本，萬物理。失之毫釐，差之千里。」故君子慎始也。號易説言也。春秋之「元」，詩之關雎，禮之冠婚，易之乾巛，皆慎始敬終云爾。元者，氣之始也。夫婦，化之始也。冠、昏，人之始也。乾、巛，物之始也。獲麟，春秋終也。頌者，詩之終也。吉禮，禮之終也。未濟，易之終也。此其重始令終之義也，以言人道當謹始而賓終也。素誠繁成，謹爲子孫，娶妻嫁女，必擇孝悌、世世有行義者。如是，則其子孫慈孝，不敢婬暴，黨無不善，三族輔之。三族，父族、母族、妻族。故曰：鳳凰生而有仁義之意，虎狼生而有貪戾之心，兩者不等，各以其母。嗚呼！戒之哉！無養乳虎，將傷天下。謂居號斯言。故曰：素成。胎教之道，書之玉板，藏之金匱，置之宗廟，以爲後世戒。斯王業隆替之所由也，當重而秘之，故置于宗廟，藏以金匱也。青史氏之記曰：上曰青史子。古者胎教，王后腹之，七月而就宴室。宴室，邦室於宴寢也，亦曰側室。自王后以下有子月震，女史皆以金環止御。王后比七月設宴，夫人婦嬪即以三月就其側室，皆閉房而處也。王后以七月爲節者，君聽天下之内政，自諸侯以下妻同之也。太史持銅而御户左，太宰持升而御户右。太史，瞽者，宗伯之屬，下大夫。太宰，膳夫也，冢宰之屬，上士二人。言太宰因諸侯之稱也，樂爲陽，故在左，飲食爲陰，故在右。升所以斟。比及三月者，王后所求聲音非禮樂，則太師緼瑟而稱不習，謂逆序若淫聲。所求滋味者非正味，則太宰倚升而言曰：不敢以待王太子。謂非秩若不時，緼瑟倚升，示不用。太子生而泣，太師吹銅，曰：聲中某律。貴中月管。太宰曰：滋味上某。上某時味。然后卜名。上無取於天，謂昊旻之事。下無取於墜，謂神州及社稷。中無取於名山通谷，無拂於鄉俗。言不苟易於鄉俗也。是故君子名難知而易諱也，此所以養恩之道。謂避後之諱。

古者年八歲而出就外舍，學小藝焉，履小節焉。束髮而就大學，學大藝焉，履大節焉。小學，謂庠門師。庠門，一作虎門，保之學也。大學，王宫之東者。束髮謂成童。白虎通曰「八歲入小學，十五入大學」是也。此太子之禮。尚書大傳曰：公卿之大子、大夫元士嫡子，年十三，始入小學，見小節，而踐小義；年二十，入大學，見大節，而踐大義。此王子入學之期也。又曰：十五年入小學，十八入大學者。謂諸子姓既成者，至十五入小學；其早成者，十八入大學。内則曰「十年出就外傅，居宿於外，學書計」者，謂公卿以下教子於家也。居則習禮文，行則鳴珮玉，升車則聞和鸞之聲，是以非僻之心無自入也。在衡爲鸞，在軾爲和，馬動而鸞鳴，鸞鳴而和應。聲曰和，和則敬，此御之節也。上車以和鸞爲節，下車以珮玉爲度。上有雙衡，下有雙璜、衡，平也。半璧曰璜。衝牙衝在中，牙在旁。，玭珠以納其間，納於衡璜之間。玭，亦作璸。琚瑀以雜之。總曰：玭珠而赤者，曰琚；白者，曰瑀。或曰，瑀，美玉；琚石，次玉。行以采茨，趨以肆夏，步環中規，折還中矩。進則揖之，揖，一作厭。退則揚之，然后玉鏘鳴也。

古之爲路車也，蓋圓以象天，二十八橑以象列星，橑，蓋弓也。軫方以象地，三十輻以象月。故仰則觀天文，俯則察地理。前視，則睹鸞和之聲；側聽，則觀四時之運。謂視輪也。車爲月。此巾車教之道也。巾車，宗伯之屬，下大夫二人。自青史氏以下，太子之事也。

周后妃任成王於身，立而不跂，跂，一作跛。坐而不差，獨處而不倨，雖怒而不詈，胎教之謂也。太任孕文王，目不視惡色，耳不聽淫聲，口不起惡言，故君子謂太任爲能胎教也。古者婦人孕子之禮，寢不側坐，不邊蹕，不食邪味，割不正不食，席不正不坐，目不視邪色，耳不聽淫聲，誦詩道正事，如此，則形容端、心平正、才過人矣。任子之時，必慎所感，感於善則善，感於惡則惡也。成王生，仁者養之，謂乳母也。孝者繦之，謂保母也。四賢傍之。謂慈母及子師。成王有知，而選太公爲師，周公爲傅。此前有與計，謂諸公也。而後有與慮也。是以封泰山而禪梁甫，朝諸侯而一天下。猶此觀之，王左右不可不練也。白虎通曰：王者，易姓而起，必升到泰山，報告之義。天以高爲尊，地以厚爲德。故增泰山之高，以報天；附梁甫之厚，以報地。明以成功事就，有益於天地，若高者加高，而廣者增厚矣。尚書中候曰：昔者聖主，功成道洽，符出，乃封泰山。禮緯曰：刑法格藏，世作頌聲，封於泰山。考績柴燎，禪于梁甫。刻石紀號，英炳巍巍，功平世教。白虎通又曰：王始起，日月尚促，德化未宣，獄訟未息。近不治，遠不安，故太平巡狩也。案：古受命之君太平，然后行廵狩封禪之事者，諒有義也。故管夷吾記，凡封禪之君七十二家，至於三代，唯夏禹、殷湯、周成王而已。其封山之禮要於岱，禪地之義别以云繹，其故何也？以岱宗東方之岳，非所易者，其於衆山可因義取尚敬。白虎通以繹繹者爲無窮之意，亭亭者爲德法審著。凡封禪之禮，固於恒霍，及繼體之君，獨言泰山及受命者，舉其始也。封謂負土石於泰山之陰，壇而祭天也。禪謂除地於梁甫之陰，爲墠以祭地也。變壇爲墠，神之也。昔者禹以夏王，桀以夏亡；湯以殷王，紂以殷亡；闔廬以吴戰勝無敵，夫差以見禽於越；夫差内不納子胥之忠諫，外結怨于諸侯，無德罷百姓，故終縊于句踐也。文公以晉國霸，而厲公以見殺於匠黎之宫；厲公有鄢陵之會，而驕暴無道，及遊於匠黎氏之家，爲欒書、中行偃劫而幽之，諸侯百姓不哀救，三月而死也。威王以齊强於天下，而簡公以弑於檀一有「臺」字。臺；檀臺，名也。簡公，悼公之子，齊侯壬也。威王，陳敬仲之後，田常之六世孫，田和之孫也。田常弑簡公，至和爲齊侯，其孫號稱王，大强於天下。穆公以顯名尊號，二世以刺於望夷之宫；穆公，秦伯任好也，德公之少子，宣公之季弟。其孫孝公曰：「昔我穆公，自岐之間修德行武，東平晉亂，以河爲界，西霸戎翟，地廣千里，天子致伯，諸侯畢賀。」顯名尊號謂此也。望夷宫在長陵西北長平觀，東臨涇水，作之以望北夷。二世嘗夢白虎齧其左驂，殺之，心不樂，乃問占夢者。卜言：「涇水爲祟。」二世就望夷之宫而祠焉。趙高爲丞相，二世以天下兵寇之事而責之，高懼誅，遂使其壻閻樂將士卒殺之望夷宫之右。其所以君王同，而功迹不等者，所任異也。君謂齊、晉，王謂夏、殷。故成王處繦抱之中朝諸侯，周公用事也。武靈王五十而殺沙丘，任李兑也，武靈王，肅侯之子，趙武王也。舍其太子章，而立王子何，自號爲王。後有太子難，李兑圍之于沙丘，終餓于沙宫也。沙丘，今在趙郡鐘臺之南。齊桓公得管仲，九合諸侯，國語曰：「兵車之屬六，乘車之會三。」一匡天下，匡，正也。謂陽穀之會，施四教於諸侯。再爲義王。陽穀與召陵也。失管仲，任豎刁、狄牙，身死不葬而爲天下笑。一人之身，榮辱具施焉者，在所任也。葬之爲言藏也。管仲死，桓公任豎刁、狄牙，使專國政。桓公卒，二子各欲立其所傅之公子，而諸子並争，國亂無主。桓公屍在牀，積六十七日，十二月乙亥，其子無詭立，乃棺赴焉，五日辛巳夜殯，至九月而後葬。故魏有公子無忌，而削地復得。公子無忌，信陵君也。時魏地多爲秦所并削，安釐王二十六年，秦昭王卒，三十年，信陵君率五國之兵攻秦而敗之，復得其地。趙得藺相如，而秦不敢出。藺相如，趙惠文王之相也。嘗以和氏之璧使于秦，完璧而歸。及澠池之會，又偪秦王爲趙王擊缶，是以秦人憚焉。故曰：「趙有藺相如，强秦不敢闚兵井陘。」安陵任周瞻，而國人獨立。諸記多爲唐睢，又賈子胎教與此同。「安」或爲「隱」。或云：秦破韓威魏，而隱陵君獨以五十里國存者，周瞻唐睢之力也。楚有申包胥，而昭王反復。昭王爲闔廬敗于相莒，而越在草莽，包胥裹糧跣走請救秦，遂得甲車千乘、步卒十萬，敗吴師于濁上，王反而國存。齊有田單，襄王得其國。襄王，閔王之子章也。初齊之敗楚，使淖齒將兵救齊，因相閔王，淖齒遂殺閔王。其子章變易姓名，爲莒太史。齒去，莒中齊三臣相聚，求閔王之子，欲立之。於是莒人共立法章，爲襄王也。以保莒城，而布告齊國曰：「既立在於莒也。」襄王五年而卒，田單以即墨之師攻破燕，迎襄王于莒。入臨淄，齊故地盡復屬齊。封田單爲安平君。由是觀之，無賢佐俊士，而能成功立名、安危繼絶者，未之有也。

是以國不務大，而務得民心；佐不務多，而務得賢臣。得民心者民從之，有賢佐者士歸之。文王請除炮烙之刑而殷民從，昔紂爲長夜之飲，百姓怨望，諸侯有叛之者，紂乃重刑，辟有炮烙之法。文王出羑里，求以洛西之田，請除炮烙之刑，紂乃許之。湯去張網者之三面而二垂至，湯嘗出田，見野張網四面，祝曰：「自下上四方皆入吾網！」湯曰：「噫！盡之矣！」乃去其三面而祝曰：「欲左欲右，不用命者，乃入吾網。」諸侯聞之曰：「湯德至矣，乃及禽獸。」於是朝商者三十國。二垂，謂天地之際，言通感處遠。淮南子曰：文王砥德修政，二垂至。越王不頹舊家而吳人服，蓋句踐也。以其前爲慎於人也。皆得民心也。故同聲則異而相應，意合則未見而相親。賢者立於本朝，而天下之豪相率而趨之也。從其類也。故詩有伐木之歌，易有拔茅之喻也。何以知其然也？管仲者，桓公之讎也。乾時之役，管仲射桓公，中其鉤。鮑叔以爲賢於己而進之桓公，七十言說乃聽，遂使桓公除仇讎之心，而委之國政焉。桓公垂拱無事而朝諸侯，鮑叔之力也。垂拱，言無所指麾者也。管仲之所以北走桓公，而無自危之心者，同聲於鮑也。齊在魯北。

衛靈公之時，蘧伯玉賢而不用，迷子瑕不肖而任事。彌，當聲誤爲迷也。因言賢者歿，猶得士也。史鰌患之，數言蘧伯玉賢而不聽。病且死，謂其子曰：「我即死，言死于今。一曰「即就」。治喪於北堂。吾生不能進蘧伯玉而退迷子瑕，是不能正君者，死不當成禮，而置屍於北堂，於我足矣！」靈公往弔，問其故，其子以父言聞，靈公造然失容，造然，驚慘之貌。曰：「吾失矣。」立召蘧伯玉而貴之，進之爲卿。召迷子瑕而退，徙喪於堂，成禮而後去。衛國以治，史鰌之力也。成禮，復正室。夫生進賢而退不肖，死且未止，又以屍諫，可謂忠不衰矣。故論語曰：「直哉史魚。」

紂殺王子比干，而箕子被髮陽狂。比干諫而死，箕子曰：「知不用而言，愚也；殺其身以彰君之惡名，不忠也。二者不可，然且爲之，不祥莫大焉。」解衣被髮，爲狂而去之。靈公殺泄冶，而鄧元去陳以族從。凡諸侯之卿大夫有功德者，則命之立族，使其子嗣之以守宗廟。鄧元知陳之必亡，故以族去。昔宫之奇諫虞不從，亦族行之。自是之後，殷并於周，陳亡於楚，以其殺比干、泄冶，而失箕子與鄧元也。紂以文王十二年殺比干，十三年爲武王滅。陳靈公魯宣九年殺泄冶，十一年而楚子縣焉。燕昭王得郭隗，而鄒衍、樂毅以齊至。昭王，易王之子，燕王平也，能師事郭隗，而爲之立宫室。於是修先君之怨，爲齊以求士也。韓詩外傳：「以有至者。」昭王欲修先君之怨，爲齊以求士也。韓詩外傳云：「以魏齊至之。」於是舉兵而攻齊，棲閔王於莒。閔王，威王之孫，宣王之子，齊王也。閔王三十年，昭王與晉、楚合謀而伐齊，齊師大敗。樂毅爲上將，遂入臨淄，閔王出奔於衛，衛不安，去之鄒魯，又不納焉，遂去於莒也。燕支地計衆，不與齊均也，然如所以能申意至於此者，由得士也。支，猶計也。昭王曰：「孤極知燕小力不足以報也，然得賢士以之共國，以雪先耻，孤之願也。」故無常安之國，無宜治之民，得賢者安存，失賢者危亡。自古及今，未有不然者也。故韓詩外傳曰：「賢者之所在，其君未嘗不尊，其國未嘗不安也。」

明鏡者，所以察形也；往古者，所以知今也。詩云：「殷鑒不遠，在夏后之世。」夫知惡古之危亡，不務襲迹於其所以安存，則未有異於却走而求及於前人也。太公知之，故興微子之後，而封比干之墓。夫聖人之於當世存者乎？其不失可知也。興微子之後，封比干之墓，於本紀。樂記云：太公者，公共之也。而猶汝也。

凡二章新別。凡三千五百五十四字

大戴禮記卷第四

曾子立事第四十九

曾子曰：「君子攻其惡，計其失也。求其過，省其身也。彊其所不能，去私欲，從事於義，可謂學矣。「君子愛日以學，及時以行，難者弗辟，易者弗從，唯義所在。日旦就業，夕而自省，思以殁其身。亦可謂守業矣。

「君子學必由其業，故業必請之。問必以其序。問而不決，承間觀色而復之，復，白也。雖不說，亦不彊争也。雖不説，未解，不强争。

「君子既學之，患其不博也。既博之，患其不習也。既習之，患其無知也。既知之，患其不能行也。既能行之，貴其能讓也。貴不以己能而競於人。君子之學致此五者而已矣。五者，爲患其不博，不習，無知，不能行，能以讓。

「君子博學而孱守之，孱，小貌，不務大。微言而篤行之，行必先人，言必後人。君子欲訥於言而敏於行。君子終身守此悒悒。悒悒，憂念也。

「行無求數有名，事無求數有成，數，猶促速。身言之，後人揚之。身行之，後人秉之。非法不言，言則爲人輔之。非德不行，行則爲人安之。君子終身守此憚憚。憚憚，憂惶也。君子不絶小，不殄微也。殄，亦絶也。行自微也，不微人。人知之，則願也。人不知，苟吾自知也。君子終身守此勿勿也。勿勿，猶勉勉。

「君子禍之爲患，辱之爲畏，見善恐不得與焉，見不善者恐其及己也。論語曰：「見善如不及，見惡如探湯。」是故君子疑以終身。疑善之不與，惡之及己也。君子見利思辱，見惡思詬，詬，耻也。嗜慾思耻，忿怒思患。故愚惑者朝忿亡身。君子終身守此戰戰也。

「君子慮勝氣，血氣勝則周身，故君子有三戒。思而後動，論而後行。行必思言之，貴其可談言。言之必思復之，論語曰：「信近於義，言可復也。」思復之必思無悔言，思唯可復。亦可謂慎矣。人信其言，從之以行。以言不虛。人信其行，從之以復。易曰：「終日乾乾，反復其道。」復宜其類，詩云：「宜爾室家，樂爾妻孥。」類宜其年，詩：「云樂只君子，萬壽無期。」亦可謂外内合矣。

「君子疑則不言，未問則不言，兩問則不行其難者。君子患難除之，財色遠之，流言滅之。禍之所由生自孅孅也，是故君子夙絶之。

「君子己善，亦樂人之善也；己能，亦樂人之能也。己雖不能，亦不以援人。

「君子好人之爲善而弗趣也，不促速之，恐其倦也。惡人之爲不善而弗疾也，疾其過而不補也，補，謂改也。飾其美而不伐也。顔淵曰：「願無伐善。」伐則不益。補則不改矣。

「君子不先人之惡，不疑人以不信，謂不億、不信、不逆詐。不説人之過，成人之美。説，解説也。存往者，在來者。在猶存也。朝有過，夕改則與之。夕有過，朝改則與之。

君子義則有常，善則有鄰。德不孤。見其一，冀其二；見其小，冀其大。苟有德焉，亦不求盈於人也。言器之也。

「君子不絶人之歡，不盡人之禮。涌飲食之饋，序其歡也。簡物服之禮，令其忠也。來者不豫，往者不慎也。慎故於物，來者不猶豫，往者無所慎。去之不謗，以義去之。就之不賂。以道往也。亦可謂忠矣。

「君子恭而不難，安而不舒，遜而不諂，寬而不縱，惠而不儉，直而不徑，徑，行夷狄之道。亦可謂知矣。知，一作無私。

「君子入人之國，不稱其諱，不犯其禁，諱，國諱。禁，國禁。不服華色之服，服，法服。不稱懼惕之言。故曰：『與其奢也寧儉，與其倨也寧句。』倨，猶慢也；句，以喻敬。可言而不信，寧無言也。君子終日言，不在尤之中；小人一言，終身爲罪。君子亂言而弗殖，夙絶之。神言弗致也，怪力亂神，子所不語。道遠日益云。衆信弗主，靈言弗與，道遠日益，積習之也。不主，謂僉議所同，不爲主。人言不信不和。不合忠信之道。

「君子不唱流言，不折辭，言不苟折窮人辭也。不陳人以其所能。言必有主，行必有法，依前言往行也。親人必有方。方，猶常也。多知而無親，無所親行。博學而無方，好多而無定者，君子弗與也。君子多知而擇焉，博學而算焉，多言而慎焉。多言者，謂時事須殺也，言雖多而皆慎焉。博學而無行，進給而不讓，好直而徑，儉而好傴者，君子不與也。傴，塞也。言好直，即太徑。爲儉，又太逼塞於下也。夸而無耻，彊而無憚，好勇而忍人者，君子不與也。亟達而無守，亟，數也。數自達而無所守。好名而無體，無容體。忿怒而爲惡，不以爲惡，或曰無惡而怒。足恭而口聖，而無常位者，君子弗與也。

「巧言令色，能小行而篤，難於仁矣。嗜酤酒，好謳歌，巷遊而鄉飲者乎？吾無望焉耳。無可望也。尚書大傳曰：「古者聖帝之治天下也，五十以下，非蒸社不敢遊飲。在六十以上，遊飲也。」出入不時，言語不序，安易而樂暴，懼之而不恐，説之而不聽，雖有聖人，亦無若何矣。臨事而不敬，惰於從事。居喪而不哀，祭祀而不畏，不畏其神。朝廷而不恭，則吾無由知之矣。

三十、四十之間而無藝，即無藝矣；五十而不以善聞矣，終可知。七十而無德，雖有微過，亦可以勉矣。言其過不大也。其少不諷誦，其壯不論議，其老不教誨，亦可謂無業之人矣。

「少稱不弟焉，耻也。壯稱無德焉，辱也。老稱無禮焉，罪也。過而不能改，倦也。倦，傾病人。行而不能遂，耻也。謂不能終也。慕善人而不與焉，辱也。弗知而不問焉，固也。固，專固也。説而不能，窮也。喜怒異慮，惑也。不能行而言之，誣也。非其事而居之，矯也。道言則飾其辭，虛也。謂道聽求言，文飾其辭也。無益而厚受祿，竊也。好道煩言，亂也。殺人而不戚焉，賊也。人言不善而不違，色順之也。近於說其言。說古通以爲悅字。說其言，殆於以身近之也。殆危之言，危於以身近之。殆於以身近之，殆於身之矣。危周於身。人言善而色葸焉，近於不說其言。葸焉，不悅繹之貌。不悅其言，殆於以身近之也。近，當字誤爲遠。殆於以身近之，殆於身之矣。

「故目者，心之浮也。言者，行之指也。作於中，則播於外也。心見行於言目也。故曰：以其見者，占其隱者。謂心目也。故曰：聽其言也，可以知其所好矣。觀說之流，可以知其術也。流謂部分。術，謂心術。久而復之，可以知其信矣。觀其所愛親，可以知其人矣。臨懼之而觀其不恐也，怒之而觀其不惛也，喜之而觀其不誣也，惛，亂也。誣，史也。近諸色而觀其不踰也，飲食之而觀其有常也，利之而觀其能讓也。居哀而觀貞也，文王曰：省其喪，觀其貞良也。居約而觀其不營也，動勞之而觀其不擾人也。

「君子之於不善也，身勿爲，能也；色勿爲，不可能也；無奈形於色也。色也勿爲，可能也；心思勿爲，不可能也。

「太上樂善，太上，德之最上者，謂其心不爲也。其次安之，其次，德之次者，謂其色不爲也。其下亦能自强。謂其身不爲。太上，謂五帝，其次謂三王，其下謂五霸。孟子曰：堯舜性之，湯武身之，五霸假之。仁者樂道，上者率其性也。智者利道，次者利而爲也。愚者從，弱者畏。不愚不弱，執誣以彊，亦可謂棄民矣。自執而輕於言。

「太上不生惡，無爲過之意也。其次而能夙絶之也，有意而隨絶之。其下復而能改也。既爲而能改之。復而不改，殞身覆家，大者傾覆社稷。是故君子出言以鄂鄂，鄂鄂，辯厲也。論語曰：其言之不怍，其後爲之難。行身以戰戰，亦殆免於罪矣。是故君子爲小由爲大也，常思正也。居由仕也。故曰：父母爲嚴君，子孫爲臣民也。備則未爲備也，恒謙虚也。而勿慮存焉。不忘危也。

「事父可以事君，事兄可以事師長，使子猶使臣也，使弟猶使承嗣也。承嗣，謂冢子也。能取朋友者，亦能取所予從政者矣。賜與其宫室，亦猶慶賞於國也。忿怒其臣妾，亦猶用刑罰於萬民也。是故爲善必自内始也。内人怨之，雖外人亦不能立也。大學曰：欲治其國，先齊其家。居家治，則移官亦理也。

「居上位而不淫，臨事而栗者，鮮不濟矣。淫，汰。先憂事者後樂事，先樂事者後憂事。昔者天子日旦思其四海之内，戰戰唯恐不能乂；乂，治也。諸侯日旦思其四封之内，戰戰唯恐失損之；大夫日旦思其官，戰戰唯恐不能勝；庶人日旦思其事，戰戰唯恐刑罰之至也。是故臨事而栗者。鮮不濟矣。禍福唯人，宜其慎也。是以易有履虎之言，詩有臨淵之戒。

「君子之於子也，愛而勿面也，不形於面。使而勿貌也，不以貌勞倈之。導之以道而勿强也。宫中雍雍，外焉肅肅，兄弟憘憘，朋友切切。論語曰：「朋友切切偲偲，兄弟怡怡也。」遠者以貌，近者以情。友以立其所能，而遠其所不能。苟無失其所守，亦可與終身矣。」

曾子本孝第五十

曾子曰：「忠者，其孝之本與。孝子不登高，不履危，敬父母之遺體，故跬步未敢忘其親。痺亦弗憑；不苟笑，不苟訾，隱不命，人有隱僻，不許之也。臨不指，凡居上不爲惑衆。故不在尤之中也。孝子惡言死焉，死且不行。流言止焉，美言興焉，故惡言不出於口，煩言不及於己。故孝子之事親也，居易以俟命，處安易之道以聽命也。不興險行以徼幸。孝子游之，暴人違之。就其常也，春秋左傳曰：其〔一〕出門而使，不以或爲父母憂也。不爲事，或貽憂於父母也。險塗隘巷，不求先焉，以愛其身，以不敢忘其親也。身者，親之枝也，可不敬乎？孝子之使人也，不敢肆行，不敢自專也。父死三年，不敢改父之道。故曰：「三年無改於父之道，可謂孝矣。」又能事父之朋友，又能率朋友以助敬也。使敬其父母也。

「君子之孝也，以正致諫；諫卿大夫。士之孝也，以德從命；庶人之孝也，以力惡食。分地任力，以致甘美。任善，不敢臣三德。謂三者之孝。三德，三老也。白虎通曰：「不臣三老，崇孝。」故孝子於親也，生則

〔一〕 此下有脱文。

有義以輔之，諭於道。死則哀以莅焉，莅，臨。祭祀則莅之以敬，如此而成於孝子也。」

曾子立孝第五十一

曾子曰：「君子立孝，其忠之用，禮之貴。有忠與禮，孝通立。故爲人子而不能孝其父者，不敢言人父不能畜其子者；爲人弟而不能承其兄者，不敢言人兄不能順其弟者；爲人臣而不能事其君者，不敢言人君不能使其臣者也。不可以己能而責人之不能，況以所不能。故與父言，言畜子；與子言，言孝父；與兄言，言順弟；與弟言，言承兄；與君言，言使臣；與臣言，言事君。士相見禮曰：與君言，言使臣；與大夫言，言事君；與老者，言使弟子；與幼者，言孝父兄；與衆言，言慈祥；與莅官者言，言忠信也。

「君子之孝也，忠愛以敬。反是，亂也。盡力而有禮，莊敬而安之，微諫不倦，聽從而不怠，懽忻忠信，咎故不生，可謂孝矣。盡力無禮，則小人也。豈小人而已哉，乃犬馬之養。致敬而不忠，則不入也。是故禮以將其力，敬以入其忠。飲食移味，隨所欲也。居處温愉，著心於此，濟其志也。子曰：『可人也，吾任其過。吾知其能自取過。不可人也，吾辭其罪。』詩云：『有子七人，莫慰母心。』子之辭也。衛詩凱風之末章也。七子自責任過之辭。『夙興夜寐，無忝爾所生。』言不自舍也。小雅小宛之四章也。申可以人之義也。不耻其親，君子之孝也。是故未有君而忠臣可知者，孝子之謂也。未有長而順下可知者，弟弟之謂也。孝經曰：「以孝事君則忠，以敬事長則順。」未有治而能仕可知者，先脩之謂也。故曰：孝子善事君，弟弟善事長。君子一孝一弟，可謂知終矣。」

凡三章別新。凡三百二十四字。

曾子大孝第五十二

曾子曰：「孝有三，大孝尊親，其次不辱，其下能養。」

公明儀問於曾子曰：「夫子可謂孝乎？」公明儀，曾子弟子。曾子曰：「是何言與？是何言與？君子之所謂孝者，先意承志，諭父母於道。凡言於事，親未意，則先善舉之；親若有志，則敬而奉之。參直養者也，安能爲孝乎？身者，親之遺體也。行親之遺體，敢不敬乎？故居處不莊，非孝也；事君不忠，非孝也；莅官不敬，非孝也；朋友不信，非孝也；戰陣無勇，非孝也。五者不遂，災及乎身。身，一作親。敢不敬乎？故烹熟鮮一作羶。香，嘗而進之，非孝也，養也。君子之所謂孝者，國人皆稱願焉，曰：『幸哉！有子如此。』所謂孝也。民之本教曰孝，孝經曰：「夫孝，德之本也，教之所由生也。」其行之曰養。謂致衣食省安否。養可能也，敬爲難；敬可能也，安爲難；以忠禮將也。安可能也，久爲難；久可能也，卒爲難。父母既殁，慎一作順。行其身，不遺父母惡名，可謂能終也。謂能卒也。

「夫仁者，仁此者也；義者，宜此者也；忠者，中此者也；信者，信此者也；禮者，體此者也；行者，行此者也；强者，强此者也。樂自順此生，刑自反此作。夫孝者，天下之大經也。夫孝，置之而塞於天地，衡之而衡於四海，置，猶立也；衡，猶横也。施諸後世而無朝夕，言常行也。推而放諸東海而準，推而放諸西海而準，推而放諸南海而準，推而放諸北海而準。九夷、八蠻、七戎、六狄謂之四海。放，猶至；準，猶平也。詩云：『自西自東，自南自北，無思不服。』此之謂也。大雅文王有聲之六章也。

「孝有三，大孝不匱，詩云「孝子不匱，永錫爾類」也。中孝用勞，勞，猶功也。小孝用力。博施備物，可謂不匱矣；尊仁安義，可謂用勞矣；慈受忘勞，可謂用力矣。父母愛之，喜而不忘；父母惡之，懼而無怨；父母有過，諫而不逆；當柔聲下氣也。父母既殁，以哀祀之。加之如此，謂禮終矣。」哀，謂服之三年；祀，謂春秋享之。

樂正子春下堂而傷其足，傷瘳，數月不出，猶有憂色。門弟子問曰：「夫子傷足，瘳矣，數月不出，猶有憂色，何也？」樂正子春曰：「善！如爾之問也，吾聞之曾子，曾子聞諸夫子曰：『天之所生，地之所養，人爲大矣。父母全而生之，子全而歸之，可謂孝矣。孝經曰：「天地之性，人爲貴，人之行，莫大於孝也。」不虧其體，可謂全矣。故君子頃步不敢忘也。』跬，當聲誤爲頃。今予忘夫孝之道矣，予是以有憂色。故君子一舉足不敢忘父母，一出言不敢忘父母。一舉足不敢忘父母，故道而不徑，不由徑也。舟而不游，不敢以先父母之遺體行殆也。殆，危也。一出言不敢忘父母，是故惡言不出於口，忿言不及於己，然後不辱其身，不憂其親，則可謂孝矣。草木以時伐焉，禽獸以時殺焉。夫子曰：『伐一木，殺一獸，不以其時，非孝也。』」夫子，指孔子也。

凡三章，新別。凡六百五十五字。

曾子事父母第五十三

單居離問於曾子曰：「事父母有道乎？」單居離，曾子弟子也。曾子曰：「有，愛而敬。父母之行，若中道，則從；若不中道，則諫；諫而不用，行之如由己。且俯從所行，而思諫道也。從而不諫，非孝也；同父母之非，不匡諫。諫而不從，亦非孝也。徒以義諫，而行不從。孝子之諫，達善而不敢争辨。争辨者，作亂之所由興也。内則曰：「父母有過，下氣怡色，柔聲以諫，諫若不入，起敬起孝，説則復諫。」由己爲無咎，則寧。謂順諫。由己爲賢人，則亂。謂争辨，賢與無若立相足。孝子無私樂，父母所憂憂之，父母所樂樂之。孝子唯巧變，故父母安之。若夫坐如尸，立如齊，弗訊不言，齊，謂祭祀時訊問也。言必齊色，嚴，敬其色。此成人之善者也，未得爲人子之道也。」爲人父之事。

單居離問曰：「事兄有道乎？」

曾子曰：「有，尊事之，以爲己望也。謂儀象也。兄事之，不遺其言。奉其所令。兄之行，若中道，則兄事之；兄之行，若不中道，則養之。養，猶隱也。養之内，不養於外，則是越之也。養之外，不養於内，則是疏之也。是故君子内外養之也。」

單居離問曰：「使弟有道乎？」

曾子曰：「有。嘉事不失時也。謂冠取也。弟之行，若中道，則正以使之；正以使之，以弟待之。弟之行，若不中道，則兄事之。且以兄禮敬之。詘事兄之道若不可，然后舍之矣。」屈事兄之道，然猶不變，則怒罰之。

曾子曰：「夫禮，大之由也，不與小之自也。言大者得自由也。飲食以齒，以長幼。力事不讓，辱事不齒，執觴觚杯豆而不醉，和歌而不哀。觚，器也，實之曰觴。杯，盤、盎、盆、盞之總名也。豆，醬器，以木曰登。夫弟者，不衡坐，不苟越，不干逆色，趨翔周旋，俛仰從命，不見於顔色，未成于弟也。」

大戴禮記卷第五

曾子制言上第五十四

曾子曰：「夫行也者，行禮之謂也。夫禮，貴者敬焉，老者孝焉，幼者慈焉，少者友焉，賤者惠焉。此禮也，行之則行也，立之則義也。今之所謂行者，犯其上，危其下，衡道而强立之。衡，横也。天下無道，故若。且自如也。天下有道，則有司之所求也。言爲法或所收誅也。故君子不貴興道之士，而貴有耻之士也。若由富貴興道者與，貧賤吾恐其或失也。若由貧賤興道者與，富貴吾恐其羸驕也。夫有耻之士，富而不以道，則耻之；貧而不以道，則耻之。

「弟子無曰『不我知也』。鄙夫鄙婦，相會於廧陰，可謂密矣，明日則或揚其言矣。中庸曰：「莫見於隱，莫顯於微。故君子慎其獨也。」故士執仁與義而明行之，未篤故也，胡爲其莫之聞也？·殺六畜不當，及親，吾信之矣。凡終有時，禮也。使民不時，失國，吾信之矣。

「蓬生麻中，不扶自直。白沙在泥，與之皆黑。古説云，言扶心之人衆。是故人之相與也，譬如舟車然，相濟達也。己先則援之，彼先則推之。是故人非人不濟，馬非馬不走，土非土不高，水非水不流。

「君子之爲弟也，行則爲人負，分重合輕，斑白不任，弟達於道路也。無席則寢其趾。寢，猶止也，言裁自容也。使之爲夫人則否。夫人，行無禮也。近市無賈，無鄙幼也。在田無野，田無廬也。行無據旅，守直道無所私。苟若此，則夫杖可因篤焉。言行如此，則其所杖者皆可因厚焉。富以苟，不如貧以譽；貧則常也，義不可無。生以辱，不如死以榮。見危致命，死之榮也。辱可避，避之而已矣。及其不可避也，君子視死若歸。不苟免也。父母之讎，不與同生；生辱之不可避也。曲禮曰：「父之讎，弗與同戴天。」兄弟之讎，不與聚國；檀弓曰：「昆弟之讎，仕不與共國。」其從父兄弟，則不爲魁也。」朋友之讎，不與聚鄉；曲禮曰：「朋友之讎，不同國，失厚矣。」族人之讎，不與聚鄰。族人者，謂絶屬者。良賈深藏如虚，君子有盛教如無。」言珍寶深藏若虚，君子懷德若愚也。

弟子問於曾子曰：「夫士何如則可以爲達矣？」

曾子曰：「不能則學，疑則問，欲行則比賢，雖有險道，循行達矣。今之弟子，病下人，不知事賢，耻不知而又不問，好責於人而不知自反也。欲作則其知不足，是以惑闇，惑闇終其世而已矣，是謂窮民也。」

曾子門弟子或將之晉，曰：「吾無知焉。」

曾子曰：「何必然，往矣。有知焉，謂之友；曰友之也。無知焉，謂之主。且容之而已。且夫君子執仁立志，先行後言，千里之外，皆爲兄弟。故曰：「君子何患無兄弟也。」苟是之不爲，則雖汝親，庸孰能親汝乎。」庸，用也；孰，誰也。

凡三章新別。凡五百七十字。

曾子制言中第五十五

曾子曰：「君子進則能達，退則能静。豈貴其能達哉？貴其有功也。豈貴其能静哉？貴其能守也。夫唯進之何功，退之何守，問君子進退其功守如何。是故君子進退有二觀焉。信有二等可觀。故君子進則能益上之譽，而損下之憂。謂之功也。不得志，不安貴位，不博厚禄，負耜而行道，凍餓而守仁，謂其守也，則君子之義也。其功守之義，有知之，則愿也；莫之知，苟吾自知也。吾不仁其人，雖獨也，吾弗親也。人而不仁，不足友也。故周公曰：「不如我者，吾不與處，損我者也。與我等，吾不與處，無益我者也。吾所與處者，必賢於我。」故君子不假貴而取寵，不因人之貴，苟求寵愛也。不比譽而取食，不校名譽以求禄也。直行而取禮，行正，則見禮也。比説而取友。取，一作交。言修以可事人。有説我，則願也；莫我説，苟吾自説也。説，讀爲悦字。故君子無悒悒于貧，無勿勿于賤，無憚憚于不聞。憚憚，憂惶也。布衣不完，蔬食不飽，蓬户穴牖，日孜孜一作孳孳。上仁。知我，吾無訢訢；不知我，吾無悒悒。

是以君子直言直行，不宛言而取富，不屈行而取位。畏之見逐，智之見殺，固不難；詘身而爲不仁，宛言而爲不智，則君子弗爲也。小人在朝，多逐害於仁智者，君子之人，不枉言行而懷其禄也。君子雖言不受必忠，曰道；雖行不受必忠，曰仁；謂發施言行於君之前，實善而君不納，然猶忠誠勉行，可謂仁道也。雖諫不受必忠，曰智。猶忠誠而詳之。天下無道，循道而行，衡塗而僨，衡，横也。僨，僵也。手足不揜，四支不被。手足節，四支説者，申慇懃耳。詩云：「行有死人，尚或墐之。」則此非士之罪也，有士者之羞也。是故一作：「君子天下之爲仁，則以仁爲尊也；天下之爲富，則以仁爲富；天下之爲貴，則以仁爲貴也。」君子以仁爲尊，則天下之爲富。何爲富？則仁爲富也。天下之爲貴，何爲貴？則仁爲貴也。昔者，舜匹夫也，土地之厚，則得而有之，人徒之衆，則得而使之，舜唯以得之也。是故君子將説富貴，必勉於仁也。昔者伯夷叔齊，死于溝澮之間，其仁成名於天下。夫二子者，居河濟之間，非有土地之厚、貨粟之富也，伯夷、叔齊，孤竹君之子。初無父母，交讓其國，遂遠北海之濵，而終死於首陽。言爲文章，行爲裘綴於天下。是故君子思仁義，晝則忘食，夜則忘寐，日旦就業，夕而自省，以役其身，亦可謂守業矣。」

曾子制言下第五十六

曾子曰：「天下有道，則君子訢然以交同；天下無道，則衡言不革。衡，平也，言不茍合也。諸侯不聽，則不干其土；聽而不賢，則不踐其朝。是以君子不犯禁而入，入境及郊，問禁請命，不通患而出危色，師敗，不茍免也。則秉德之士不諂也。故君子不諂富貴，以爲己説，不乘貧賤，以居己尊。凡行不義，則吾不事；不仁，則吾不長。奉相仁義，則吾與之聚群；嚮爾相助也。冠盜，則吾與慮。國有道，則突若入焉；詩云，「鴥彼晨風，鬱彼北林」也。國無道，則突若出焉。如大鳥奮翼而去也。如此之謂義。

夫有世義者哉，曰義宜仁者殆，恭者不入，殆，危也。仁者危之，恭者又不受。憤者不見使，正直者則邇於刑，弗危則殆於罪。邇，近。遠，出。是故君子錯在高山之上，深澤之汚，聚橡栗藜藿而食之，藜藿，藿豆。生耕稼以老十室之邑。是故昔者禹見耕者五耦而式，過十室之邑則下，爲秉德之士存焉。」不侮之也。

曾子疾病第五十七

曾子疾病，疾困曰病。曾元抑首，曾華抱足。元、華其子。

曾子曰：「微乎！吾無夫顔氏之言，吾何以語汝哉？然而君子之務盡，有之矣。夫華繁而實寡者，天也。言多而行寡者，人也。鷹鶽以山爲卑，而曾巢其上。魚鼈黿鼉以淵爲淺，而蹷穴其中。卒其所以得之者，餌也。生生之厚，動之死地也。是故君子苟無以利害義，則辱何由至哉？

「親戚不悦，不敢外交；近者不親，不敢求遠；小者不審，不敢言大。故人之生也，百歲之中，有疾病焉、有老幼焉，故君子思其不復者而先施焉。親戚既殁，雖欲孝，誰爲孝？年既耆艾，雖欲弟，誰爲弟？故孝有不及，弟有不時，其此之謂與。言不遠身，言之主也；行不遠身，行之本也。言有主、行有本，謂之有聞矣。知身是言行之基，可謂聞矣。君子尊其所聞，則高明矣；行其所聞，則廣大矣。高明廣大，不在于他，在加之志而已矣。

「與君子游，苾乎如入蘭芷之室，入而不聞，則與之化矣。與小人游，貸乎如入鮑魚之次，久而不聞，則與之化矣。離騷曰：「經鮑魚肆而失香也。」是故君子慎其所去就。與君子游，如長日加益而不自知也。如日之長雖日加益而不自知也。與小人遊，如履薄冰，每履而下，幾何而不陷乎哉？吾不見好學盛而不衰者矣，吾不見好教如食疾子矣，言未見好教，敬人之受，如餔疾子也。吾不見日省而月孝之其友者矣，吾不見孜孜而與來而改者矣。」謂擇善而改非也。

曾子天圓第五十八

單居離問於曾子曰：「天圓而地方者，誠有之乎？」

曾子曰：「離，而聞之云乎？」而，猶汝也。汝聞則言之也。

單居離曰：「弟子不察，此以敢問也。」

曾子曰：「天之所生，上首。地之所生，下首。人首圓、足方，因繫之天地。上首之謂圓，下首之謂方。因謂天地爲方圓也。周髀曰：「方屬地，員屬天，天員地方也。」淮南子曰：「天之員不中規，地之方不中矩。」白虎通曰：「天，鎮也，其道曰員。地，諦也，其道曰方。」一曰員謂水也。如誠天圓而地方，則是四角之不揜也。且來，吾語汝。參嘗聞之夫子曰：天道曰圓，地道曰方，道曰方員耳，非形也。方曰幽而圓曰明。方者陰義，而圓者陽理，故以名天地也。明者，吐氣者也，是故外景；景，古通以爲影字。外景者，陽道施也。幽者，含氣者也，是故内景。内景者，陰道含藏也，故火日外景，而金水内景。金，陰質也。吐氣者施，而含氣者化，施，施也。化，體生。是以陽施而陰化也。陽之精氣曰神，陰之精氣曰靈。神者，品物之本也。神爲魂，靈爲魄。魂魄，陰陽之精，有生之本也，及其死也，魂氣上升於天爲神，體魄下降於地爲鬼，各反其所自出也。而禮樂仁義之祖也，樂由陽來，禮由陰作。仁近樂，義近禮，故陰陽爲祖也。而善否治亂所興作也。陰陽之氣，各從其所，則静矣。偏則風，謂氣勝負。俱則靁，交則電，自仲春至仲秋，陰陽交泰，故雷電也。亂則霧，和則雨。偏則風而和則雨，此謂一時之氣也。至若春多雨，則時所宜也。陽氣勝，則散爲雨露。陰氣勝，則凝爲霜雪。陽之專氣爲雹，陰之專氣爲霰。霰雹者，一氣之化也。陽氣在雨，温暖爲陽，陰氣薄之，不相入，轉而爲雹。陰氣在雨，凝滯爲雪，陽氣薄之，不相入，散而爲霰。故春秋穀梁説曰：「雹者，陰脅陽之象。霰者，陽脅陰之符也。」毛蟲毛而後生，羽蟲羽而後生，毛羽之蟲，陽氣之生也。介蟲介而後后生，鱗蟲鱗而後生，介鱗之蟲，陰氣之生也。言陰陽所生者，舉其數之多也。唯人爲倮匈而生也，倮匈，謂無毛羽與鱗介也。陰陽之精也。人受陰陽純粹之精，而爲有生之貴也。凡倮蟲則亦並感陰陽之氣而生者也。毛蟲之精者曰麟，羽蟲之精者曰鳳，介蟲之精者曰龜，鱗蟲之精者曰龍，倮蟲之精者曰聖人。麟、鳳、龜、龍，所謂四靈。龍非風不舉，龜非火不兆，此皆陰陽之際也。龜、龍爲陰，風、火爲陽，陰陽會也。兹四者所以役于聖人也，謂爲之瑞。是故聖人爲天地主，爲山川主，爲鬼神主，爲宗廟主。鬼神，百祥也，因外説故在宗廟之上也。聖人慎守日月之數，以察星辰之行，以序四時之順逆，謂之曆。審十二月分數於昏日，定辰宿之中見與伏，以驗時節之僭否。截十二管以索八音之上下清濁，謂之律也。八音，八卦之音，以律定八風之高下清濁，而准配金石絲竹也。律居陰而治陽，因地主氣。曆居陽而治陰，因天主事。律曆迭相治也，律以候氣，曆以治時。其間不容髮。其致一也。

「聖人立五禮以爲民，五禮，其別三十六，生民之紀在焉。制五衰以別親疏，和五聲之樂以導民氣，致樂以治心也。合五味之調以察民情，察，猶利也。正五色之位，成五穀之名，五穀，黍稷麻麥菽也。序五牲之先後貴賤。五牲，牛羊豕犬雞也。先後，謂四時所尚也。諸侯之祭，牛，曰太牢；天子之大夫，亦太牢。太牢，天子之牲，角握；諸侯，角尺；大夫，索牛也。大夫之祭，牲羊，曰少牢；天子之士，亦少牢也。士之祭，牲特豕，曰饋食。不言時特，其文已著，又與大夫互相足也。無祿者稷饋，庶人無常牲，故以稷爲主。稷饋者無尸，無尸者厭也。宗廟曰芻豢，牛羊曰芻，犬豕曰豢。山川曰犧牷，色純曰犧，體完曰牷，宗廟言豢，山川言牲，玄之也。山川，謂岳瀆，以方色，角尺，其餘用庆索之。割列禳瘞，割，割牲也。列，編辜。禳，面禳也。瘞，埋也。是有五牲。此之謂品物之本，禮樂之祖，善否治亂之所由興作也。」

大戴禮記卷第六

武王踐阼第五十九

武王踐阼三日，既王之後。召士大夫而問焉，曰：「惡有藏之約，行之行，萬世可爲以爲子孫常者乎？」惡，猶於何也。言於何有約言而行之，乃行萬世而猶得其福。

諸大夫對曰：「未得聞也。」

然後召師尚父而問焉，曰：「黄帝、顓頊之道存乎？意亦忽不可得見與？」言忽然不得見。

師尚父曰：「在丹書，王欲聞之，則齊矣。」

三日，王端冕，師尚父亦端冕，奉書而入，負屏而立。端，正也。樹，謂之屏。王下堂，南面而立。師尚父曰：「先王之道不北面。」王行西折而南，東面而立。師尚父西面，道書之言曰：「敬勝怠者吉，怠勝敬者滅，義勝欲者從，欲勝義者凶。凡事不强則枉，凡事不能自强去執，於此則枉也。弗敬則不正。枉者滅廢，敬者萬世。藏之約、行之行，可以爲子孫常者，此言之謂也。問先帝之道，庶聞要約之旨，故對此而已。且臣聞之，以仁得之，以仁守之，其量百世；以不仁得之，以仁守之，其量十世；

以仁得之，以仁守之，以不仁得之，以仁守之，皆謂創基之君。十、百世，謂子孫無咎譽者，於十百之外，天命即善與民，其廢立大節依于此。以不仁得之，以不仁守之，必及其世。」謂止於其身也。

王聞書之言，惕若恐懼，退而爲戒書。託於物以自警戒不忘也。於席之四端爲銘焉，於机爲銘焉，於鑑爲銘焉，於盥盤爲銘焉，於楹爲銘焉，於杖爲銘焉，於帶爲銘焉，於履爲銘焉，於觴豆爲銘焉，於户爲銘焉，於牖爲銘焉，於劍爲銘焉，於弓爲銘焉，於矛爲銘焉。

席前左端之銘曰：「安樂必敬。」安不忘危。前右端之銘曰：「無行可悔。」當恭敬朝夕，故以懷安爲悔也。後左端之銘曰：「一反一側，亦不可以忘。」言雖反側之間不可以忘道也。後右端之銘曰：「所監不遠，視邇所代。」周監不遠，近在有殷之世。

机之銘曰：「皇皇惟敬，口生㖃，㖃，恥也。言爲君子榮辱之主，可不慎乎。㖃，㖃詈也。口戕口。」言口能害口也。机者，人君出令所依，故以言語爲戒也。

鑑之銘曰：「見爾前，慮爾後。」

盥盤之銘曰：「與其溺於人也，寧溺于淵，溺于淵，猶可游也，溺于人，不可救也。」日知所無，學者之功，溺于民庶，大人之禍。故或以自新取戒，或以游溺爲鑑也。

楹之銘曰：「毋曰胡殘，其禍將然。毋曰胡害，其禍將大。毋曰胡傷，其禍將長。」夫爲室者，慎其楹；君天下者，難其相也。

杖之銘曰：「惡乎危？於忿疐。惡，於何也。忿者危之道，怒甲及乙，又危之甚。杖危，故以危戒也。惡乎失道？於嗜慾。杖依道而行之。惡乎相忘？於富貴。」言身杖相資也，因失道相忘，乃嗜慾安樂之戒也。

帶之銘曰：「火滅修容，慎戒必恭，恭則壽。」雖夜解息，其容不可以也。帶於寢先釋，故因言之也。

屨履之銘曰：「慎之勞，勞則富。」行慎恭勞，躬榮終福。論慎履，亦財不費也。履在下尤勞辱，因爲此戒。榮與富音義兩施，互取焉。

觴豆之銘曰：「食自杖，食自杖，戒之憍，憍則逃。」無求醉飽，自杖而已。

户之銘曰：「夫名，難得而易失，無懃弗志，而曰我知之乎？無懃弗及，而曰我杖之乎？志，識也。杖立不能懲其駑怠，而自謂杖成功無可就，故終失其名也。擾阻以泥之，若風將至，必先搖搖，搖搖，無所託。言有風而則先困。雖有聖人，不能爲謀也。」論人行偷亦然。

牖之銘曰：「隨天時，隨，任也。地之財，質也。敬祀皇天，敬以先時。」先祭時而敬齋。

劍之銘曰：「帶之以爲服，動必行德，行德則興，倍德則崩。」以順誅也。

弓之銘曰：「屈伸之義，廢興之行，無忘自過。」言得時也。

矛之銘曰：「造矛造矛。少間弗忍，終身之羞。」重言造矛，見造矛之不易也。言少間之不忍，則爲終身羞，以君子於殺之中，禮恕存焉。「予一人所聞。以戒後後世子孫。」「貽厥孫謀，以燕翼子」，武王之詩也。

衛將軍文子第六十

衛將軍文子文子，衛卿也，名彌牟也。問於子贛曰：「子貢，端木賜，衛人，爲衛相。吾聞夫子之施教也，先以詩論語曰：「先進於禮樂，野人也。後進於禮樂，君子也。」世，道者孝悌，説之以義而觀諸體，成之以文德。蓋受教者七十有餘人，言能受教者，謂七十二子也。聞之孰爲賢也？」

子貢對，辭以不知。

文子曰：「吾子學焉，何謂不知也？」

子貢對曰：「賢人無妄，知賢則難。故君子曰『智莫難于知人』此以難也。」書曰：「知人則哲，惟帝其難之。」

文子曰：「若夫知賢，人莫不難。吾子親游焉，是敢問也。」

子貢對曰：「夫子之門人，蓋三就焉。謂大成、次成、小成也。賜有逮及焉，有未及焉，不得辯知也。」未及者，爲先就夫子，而或止或退，未得及己見也。或以子貢違夫子之後，有新來者也。

文子曰：「吾子之所及，請問其行也。」

子貢對曰：「夙興夜寐，諷誦崇禮，行不貳過，稱言不苟，是顔淵之行也。顔回，魯人，字子淵也。孔子説之以詩，詩云：『媚兹一人，應侯順德。永言孝思，孝思維則。』大雅下武之四章也。媚兹一人，謂御于天子而蒙寵愛。應侯順德，逢國君能成其德。孝思維則，此文在前章，兼以説之，故連言也。故國一逢有德之君，世受顯命，不失厥名，以御于天子以申之。於諸侯受爵命，未盡其能。

「在貧如客，言安貧也。使其臣如藉，藉，借也，如借力然也。不遷怒，不探怨，不録舊罪，是冉雍之行也。冉雍，魯人也，字仲弓。孔子曰：『有土君子，有衆使也，有刑用也，然後怒。匹夫之怒，惟以亡其身。』使，舉也，夫子因其性不好怒，故説妄怒之敗也。書曰「惟辟作威」也。詩云：『靡不有初，鮮克有終。』以告之。大雅蕩首章也。言冉雍能終其行也。

「不畏强禦，不侮矜寡，其言曰性，其言惟陳其性，不苟虚妄。都其富哉，仲由亦於政事，故能備治其都也。任其戎，是仲由之行也。仲由，衛人也，字子路，一字季路，大夫也。夫子未知以文也。節其勇也。詩云：『受小共大共，共，一作拱。爲下國恂蒙。何天之寵，傅奏其勇。』夫强乎武哉，殷頌長發之五章也，頌湯伐桀除灾之事。恂，信也。言下國恂蒙其富。詩爲「駿厖」，或古有二文，或以義賦。「寵傅」又爲「龍敷」。文不勝其質。

「恭老恤孤，不忘賓旅，好學省物而不懃，是冉求之行。物，猶事也。事省則不懃也。冉求，字子有，冉雍之子，爲季氏之宰。孔子因而語之曰：『好學則智，恤孤則惠，恭老則近禮，克篤恭以天下，其稱之也，宜爲國老。』宜爲國之尊也，言任爲卿相也。

「志通而好禮，擯相兩君之事，篤雅其有禮節也，是公西赤之行也。公西赤，魯人也，字子華。孔子曰：『禮儀三百，可勉能也。禮經三百，可勉學而能知。威儀三千，則難也。』能躬行三千之威儀則難，而公西赤能躬行也。公西赤問曰：『何謂也？』孔子曰：『貌以擯禮，禮以擯辭，是之謂也。禮待貌而行，辭得禮而發。言貌所以擯贊三千之儀也。主人言行此主在于人。聞之以成。』公西赤聞之以成。家語云「衆人聞之爲成」，主或聲誤也。孔子之語人也，曰：『當賓客之事則通矣。』謂門人曰：『二三子欲學賓客之禮者，於赤也。』

「滿而不滿，實如虛，通之如不及，先生難之，云先生猶有難之，亦所謂先子之所畏也。不學其貌，竟其德，敦其言，於人也無所不信，其橋大人也。橋，高也，高大之人也。常以皓皓，是以眉壽，皓皓，虛曠，無長生久視之意，與長生久視之術。是曾參之行也。曾參，魯之南武城人也，字子輿，齊聘以相，楚迎以令尹，晉迎以上卿，皆不應其命也。孔子曰：『孝，德之始也；天道曰至德，地道曰厚德，人道曰孝德。四代曰「有天德，有地德」。夫學天地之德者，皆以無私爲能也。動而樂施者，天德也；安而待化者，地德也。故天之德有廣狹矣。自餘禮義忠信以下，皆爲人德。因事則爲禮，厚其行則爲孝也。弟，德之序也；信，德之厚也；忠，德之正也。參也中夫四德者矣哉。』以此稱之也。」

業功不伐，貴信不善，不侮可侮，不佚可佚，不侮可侮者，不佚可佚者，仁之至也。不敖無告，天民之窮無所告者，不陵敖之也。是顓孫之行也。顓孫師，陳人也，子張字也。孔子言之曰：『其不伐則猶可能也，其不弊百姓者，則仁也。詩云：「愷悌君子，民之父母。」』大雅洞酌之首章也。。夫子以其仁爲大也。」

學以深，能深致隱賾也。厲以斷，性嚴厲而能斷決。七十篇說子夏云：「爲人性不弘，好精微，時人無以尚也。」送迎必敬，上友下交，銀手如斷，是卜商之行也。卜商，衛人，字子夏，爲魏文侯師。銀，廉鍔也。如斷，言便能。子張曰：「子夏之門人，洒掃應對、進退出入則可也。」孔子曰：『詩云：「式夷式已，無小人殆。」小雅節之四章。殆，近也。而商也，其可謂不險也。』言其鄰於德也。

「貴之不喜，賤之不怒，苟於民利矣，惟在利民，春秋左傳曰「上思利民，忠也」。廉於其事上也，以佐其下，佐，助也。是澹臺滅明之行也。澹臺滅明，魯之東武城人也，字子羽，魯大夫。孔子曰：『獨貴獨富，君子恥之，夫也中之矣。』」

先成其慮，及事而用之，是故不忘，是言偃之行也。言偃，魯人也，字子游，爲武城宰也。孔子曰：『欲能則學，欲知則問，欲善則訊，欲給則豫，當是如偃也得之矣。』

「獨居思仁，公言言義，其聞之詩也，一日三復白圭之玷，是南宮縚之行也。南宮縚，魯人也，字子容。夫子信其仁，以爲異姓。謂以兄之子妻之也。周禮司儀職曰：「天揖異姓，土揖庶姓。」家語曰：「以爲異士，言殊異之士。」似妄也。

「自見孔子，入户未嘗越屨，凡在於室，卑者之屨，皆陳於户外，故雖後至而不越焉。往來過人不履影，不越人之履，不履人之影，謙慎之至也。開蟄不殺，方長不折，執親之喪，未嘗見齒，是高柴之行也。高柴，齊人也，字子羔，爲祁宰。孔子曰：『高柴執親之喪，則難能也；開蟄不殺，則天道也；方長不折，則恕也。恕則仁也，湯恭以恕，是以日躋也。』此事于葛，恭也。教綱者咒，恕也。詩殷頌曰：「聖敬日躋。」此賜之所親覩也。吾子有命而訊，賜則不足以知賢。」

文子曰：「吾聞之矣，國有道，則賢人興焉，中人用焉，百姓歸焉。若吾子之語審茂，則一諸侯之相也，亦未逢明君也。」茂，盛也。一，皆也。

子貢既與衛將軍文子言，適魯，見孔子曰：「衛將軍問二三子之行於賜也，不一而三，賜也辭不獲命，以所見者對矣，見其行也。未知中否，請嘗以告。」請嘗以所對者告也。

孔子曰：「言之。」

子貢以其質告，孔子既聞之，笑曰：「賜，汝偉爲知人，賜。」質，由實也。偉爲知人，言大爲知人也。再言賜者，善之。

子貢對曰：「賜也焉能知人，此賜之所親睹也。」

孔子曰：「是女所親也。吾語女耳之所未聞，目之所未見，思之所未至，智之所未及者乎？」言未至者未及也，爲其德廣厚也。

子貢曰：「賜得則願聞之也。」

孔子曰：「不克不忌，不念舊惡，蓋伯夷、叔齊之行也。克，好勝人。忌，有惡於人也。論語曰「伯夷、叔齊不念舊惡，怨是用希」也。晉平公問于祁徯曰：『羊舌大夫，晉國之良大夫也，其行如何？』平公，博公之子，晉侯也。祁徯，祁午也。羊舌肸，羊舌職之父。祁徯對，辭曰：『不知也。』公曰：『吾聞女少長乎其所，女其闇知之。』言居處之同者，桓爲相也。祁徯對曰：『其幼也恭而遜，恥而不使其過宿也。其爲侯大夫也，悉善而謙，其端也。主于善謙而正。其爲公車尉也，信而好直，其功也。公車尉，公行也。詩云「殊異乎公行」也。至於其爲和容也，温良而好禮，博聞而時出，其志也。』和容，主賓客也。公曰：『嚮者問女，女何曰弗知也？』祁徯對曰：『每位改變，未知所止，是以不知。』蓋羊舌大夫之行也。畏天而敬人，服義而行信，孝乎父而恭於兄，好從善而斆往，蓋趙文子之行也。晉大夫趙武也。其事君也，不敢愛其死，不苟免于難也。然亦不亡其身，不死于不義也。謀其身，不遺其友，君陳則進，不陳則行而退，陳，謂陳其德教。蓋隨武子之行也。晉大夫也。世掌刑官，後受隨、范。會，名也；季，字也；武，謚也。其爲人之淵泉也，多聞而難誕也，不内辭，足以没世，國家有道，其言足以生，國家無道，其默足以容，蓋桐提伯華之行也。晉大夫羊舌也，邑於桐提。外寬而内直，自設於隱栝之中，能以禮自鞏直也。孔子曰「隱栝之旁多曲木」也。直己而不直人，以善存亡汲汲，蓋蘧伯玉之行也。衛大夫蘧瑗也。孝子慈幼，允德稟義，約貨去怨，蓋柳下惠之行也。魯士師展禽也，食采於柳下，惠，謚也。其言曰：『君雖不量於臣，臣不可以不量於其君。是故君擇臣而使之，臣擇君而事之，有道順君，無道横命。』晏平仲之行也。齊大夫晏嬰也。德恭而行信，終日言，不在尤之内，在尤之外，貧而樂也，蓋老萊子之行也。楚人隱者也。易行以俟天命，居下位而不援其上，觀于四方也，不忘其親，苟思其親，不盡其樂，以不能學爲己終身之憂，蓋介山子推之行也。』晉大夫介之推也。離騷曰：「火滋曰封介山封而爲之禁，輟無火德也。」

大戴禮記卷第七

五帝德第六十二

宰我問於孔子曰：「昔者予聞諸榮伊令，黄帝三百年。請問黄帝者，人耶？抑非人耶？何以至于三百年乎？」

孔子曰：「予！禹、湯、文、武、成王、周公可勝觀耶！夫黄帝尚矣，女何以爲？先生難言之。」

宰我曰：「上世之傳，隱微之説，卒業之辨，闇昏忽之意，非君子之道也，則予之問也固矣。」

孔子曰：「黄帝，少典之子也，曰軒轅。生而神靈，弱而能言，幼而慧齊，長而敦敏，成而聰明。治五氣，設五量，撫萬民，度四方，教熊羆貔豹虎，以與赤帝戰于版泉之野。三戰，然後得行其志。黄帝黼黻衣，大帶，黼裳，乘龍扆雲，以順天地之紀，幽明之故，死生之説，存亡之難。時播百穀草木，故教化淳鳥獸昆蟲，曆離日月星辰，極田土石金玉，勞心力耳目，節用水火材物。生而民得其利百年，死而民畏其神百年，亡而民用其教百年，故曰三百年。」

宰我請問帝顓頊。

孔子曰：「五帝用記，三王用度，女欲一日辨聞古昔之説，躁哉予也。」

宰我曰：「昔者予也聞諸夫子曰：『小子無有宿問。』」

孔子曰：「顓頊，黄帝之孫，昌意之子也，曰高陽。洪淵以有謀，疏通而知事，養材以任地，履時以象天，依鬼神以制義，治氣以教民，潔誠以祭祀。乘龍而至四海，北至于幽陵，南至于交趾，西濟于流沙，東至于蟠木。動静之物，大小之神，日月所照，莫不祗勵。」

宰我曰：「請問帝嚳。」

孔子曰：「玄囂之孫，蟜極之子也，曰高辛。生而神靈，自言其名。博施利物，不於其身。聰以知遠，明以察微。順天之義，知民之隱。仁而威，惠而信，脩身而天下服。取地之財而節用之，撫教萬民而利誨之，曆日月而迎送之，明鬼神而敬事之。其色郁郁，其德嶷嶷。其動也時，其服也士。春夏乘龍，秋冬乘馬，黄黼黻衣，執中而獲天下。日月所照，風雨所至，莫不從順。」

宰我曰：「請問帝堯。」

孔子曰：「高辛之子也，曰放勳。其仁如天，其知如神，就之如日，望之如雲。富而不驕，貴而不豫。黄黼黻衣，丹車白馬，伯夷立禮，龍、夔教舞。舉舜、彭祖而任之，四時先民治之。流共工于幽州，以變北狄；放驩兜于崇山，以變南蠻；殺三苗于三危，以變西戎；殛鯀于羽山，以變東夷。其言不貳，其德不回，四海之内，舟輿所至，莫不説夷。」

宰我曰：「請問帝舜。」

孔子曰：「蟜牛之孫，瞽叟之子也，曰重華。好學孝友，聞于四海，陶家事親，寬裕温良。敦敏而知時，一本作「教敦而知時」。畏天而愛民，恤遠而親親。承受大命，依于倪皇。叡明通知，爲天下王。使禹敷土，主明山川，以利于民；使后稷播種，務勤嘉穀，以作飲食；羲和掌曆，敬授民時；使益行火，以辟山萊；伯夷主禮，以節天下；夔作樂，以歌籥舞，和以鐘鼓；皋陶作士，忠信疏通，知民之情；契作司徒，教民孝友，敬政率經。其言不惑，其德不慝，舉賢而天下平。南撫交阯、大一作放。教，鮮支、渠庾、氐、羌，北山戎、發、息慎，東長、鳥夷羽民。舜之少也，惡顇勞苦，二十以孝聞乎天下，三十在位，嗣帝所爲，五十乃死，葬于蒼梧之野。」

宰我曰：「請問禹。」

孔子曰：「高陽之孫，鯀之子也，曰文命。敏給克濟，其德不回，其仁可親，其言可信。聲爲律，身爲度，稱以上士。亹亹穆穆，爲綱爲紀。巡九州，通九道，陂九澤，度九山。爲神主，爲民父母，左準繩，右規矩，履四時，據四海，平九州，戴九天，明耳目，治天下。舉皋陶與益以贊其身，舉干戈以征不享不道、無道之民。四海之内，舟車所至，莫不賓服。」

孔子曰：「予，大者如説，民説至矣。予也非其人也。」

宰我曰：「予也不足誠也，敬承命矣。」

他日，宰我以語人。有爲道諸夫子之所，孔子曰：「吾欲以顔色取人，於滅明耶改之；吾欲以語言取人，於予耶改之；吾欲以貌取人，於師耶改之。」宰我聞之，懼不敢見。

帝繫第六十三

少典産軒轅，是爲黄帝。黄帝産玄囂，玄囂産蟜極，蟜極産高辛，是爲帝嚳。帝嚳産放勳，是爲帝堯。黄帝産昌意，昌意産高陽，是爲帝顓頊。顓頊産窮蟬，窮蟬産敬康，敬康産勾芒，勾芒産蟜牛，蟜牛産瞽叟，瞽叟産重華，是爲帝舜。及象産敖，顓頊産鯀，鯀産文命，是爲禹。

黄帝居軒轅之丘，娶于西陵氏之子，謂之嫘祖氏，産青陽及昌意。青陽降居泜水，昌意降居若水。昌意娶于蜀山氏，蜀山氏之子，謂之昌濮氏，産顓頊。顓頊娶于滕氏，滕氏奔之子，謂之女禄氏，産老童。老童娶于竭木氏，竭木氏之子，謂之高緺氏，産重黎及吴回。

吴回氏産陸終。陸終氏娶于鬼方氏，鬼方氏之妹，謂之女隤氏，産六子，孕而不粥，三年，啓其左脅，六人出焉。其一曰樊，是爲昆吾；其二曰惠連，是爲參胡；其三曰籛，是爲彭祖；其四曰萊言，是爲云鄶人；其五曰安，是爲曹姓；其六曰季連，是爲芊姓。季連産付祖氏，付祖氏産内熊，九世至于渠婁鯀出。自熊渠有子三人，其孟之名爲無康，爲句亶王；其中之名爲紅，爲鄂王；其季之名爲疵，爲戚章王。昆吾者，衛氏也。參胡者，韓氏也。彭祖者，彭氏也。云鄶人者，鄭氏也。曹姓者，邾氏也。季連者，楚氏也。

帝嚳卜其妃，嚳之子而皆有天下。上妃有邰之女也，曰姜嫄氏，產后稷；次妃有娀氏之女也，曰簡狄氏，產契；次妃曰陳隆氏，產帝堯；次妃曰陬訾氏，產帝摯。

帝堯娶于散宜氏之子，謂之女皇氏。帝舜娶于帝堯之子，謂之女匽氏。鯀娶于有莘氏，有莘氏之子謂之女志氏，產文命。禹娶于塗山氏，塗山氏之子謂之女憍氏，產啓。

勸學第六十四

君子曰：學不可以已矣。青取之于藍，而青于藍。水則爲冰，而寒于水。木直而中繩，揉而爲輪，其曲中規，枯暴不復挺者，揉使之然也。是故不升高山，不知天之高也；不臨深谿，不知地之厚也；不聞先王之遺道，不知學問之大也。于越、戎貉之子，生而同聲，長而異俗者，教使之然也。是故木從繩則直，金就礪則利，君子博學知日參己焉，故知明則行無過。詩云：「嗟爾君子，無恒安息。靖恭爾位，好是正直。神之聽之，介爾景福。」神莫大于化道，福莫長于无咎。

孔子曰：「吾嘗終日思矣，不如須臾之所學。」吾嘗跂而望之，不如升高而博見也。升高而招，非臂之長也，而見者遠；順風而呼，非聲加疾也，而聞者著；假車馬者，非利足，而致千里；假舟檝者，非能水也，而絶江海。君子之性非異也，而善假于物也。南方有鳥，名曰蟯鳩，以羽爲巢，編之以髮，繫之葦苕，風至苕折，子死卵破，巢非不完也，所繫者然也。西方有木，名曰射干，莖長四寸，生于高山之上，西臨百仞之木，莖非能長也，所立者然也。蓬生麻中，不扶自直。蘭氏之根，懷氏之苞，漸之滫之，夫君子不近，庶人不服，質非不美也，所漸者然也。是故君子靖居恭學，修身致志，處必擇鄉，游必就士，所以防僻邪而通中正也。物類之徒，必有所由。榮辱之來，各象其德。肉腐出蟲，魚枯生蠹。殆教亡身，禍災乃作。强自取折，柔自取束。邪穢在身，怨之所搆。布薪若一，火就燥；平地若一，水就濕。草木疇生，禽獸群居，物各從其類也。是故正征鵠張而弓矢至焉，林木茂而斧斤至焉，樹成蔭而鳥息焉，醯酸而蜹聚焉。故言有召禍，行有招辱，君子慎其所立焉。

積土成山，風雨興焉；積水成川，蛟龍生焉；積善成德，神明自傳，聖心備矣。是故不積跬步，無以致千里；不積小流，無以成江海。騏驥一躒，不能千里；駑駘無極，功在不舍。楔而舍之，朽木不知；楔而不舍，金石可鏤。夫螾無爪牙之利，筋脉之强，上食晞土，下飲黄泉者，用心一也。蟹二螯八足，非虵䱉之穴而無所寄託者，用心躁也。是故無憤憤之志者，無昭昭之明；無緜緜之事者，無赫赫之功。行跂塗者不至，事兩君者不容。目不能兩視而明，耳不能兩聽而聰。螣蛇無足而騰，鼫鼠五伎而窮。《詩》云：「鳲鳩在桑，其子七兮。淑人君子，其儀一兮。其儀一兮，心若結兮。」君子其結于一也。昔者瓠巴鼓瑟而沉魚出聽，伯牙鼓瑟而六馬仰秣。夫聲無細而不聞，行無隱而不形。玉居山而木潤，淵生珠而岸不枯。爲善而不積乎？豈有不至哉。

孔子曰：野哉！君子不可以不學。見人不可以不飾，不飾無貌，無貌不敬，不敬無禮，無禮不立。夫遠而有光者，飾也。近而逾明者，學也。譬之如洿邪，水潦灟焉，莞蒲生焉，從上觀之，誰知其非源泉也。珠者，陰之陽也，故勝火。玉者，陽之陰也，故勝水，其化如神。故天子藏珠玉，諸侯藏金石，大夫畜犬馬，百姓藏布帛。不然，則强者能守之，智者能秉之，賤其所貴，而貴其所賤。不然，矜寡孤獨不得焉。

子貢曰：「君子見大川必觀，何也？」

孔子曰：「夫水者，君子比德焉。偏與之而無私，似德；所及者生，所不及者死，似仁；其流行痺下倨句，皆循其理，似義；其赴百仞之谿不疑，似勇；淺者流行，深淵不測，似智；弱約危通，似察；受惡不讓，似貞；苞裹不清似入，鮮潔以出似善；化必出，量必平，似正；盈不求概，似厲；折必以東西，似意。是以君子見大川必觀焉。」

大戴禮記卷第八

子張問入官第六十五

子張問入官於孔子，孔子曰：「安身取譽爲難也。」

子張曰：「安身取譽如何？」

孔子曰：「有善勿專，專，爲自納於己。教不能勿搢，未若家語爲「勿怠」也。「進」或聲誤爲「搢」。勿進，嫌其倦也。已過勿發，失言勿踦，踦，邪也。出言既失，勿爲邪途以成之。不善辭勿遂，人言不中，勿貳遂之。行事勿留。凡行政事，勿稽留之。君子入官，自行此六路者，則身安譽至而政從矣。上六者可以自通，故稱路也。且夫忿數者，獄之所由生也；距諫者，慮之所以塞也；慢易者，禮之所以失也；墮怠者，時之所以後也；奢侈者，財之所以不足也；儉則有餘，奢則不足。專者，事之所以不成也；歷者，獄之所由生也。歷，歷亂也。君子入官，除七路者，則身安譽至而政從矣。七者，亦致亡之道也。故君子南面臨官，大城而公治之，大城，列國無公私也。精知而略行之，精知者，當先是二路。略行者，謂度時而施。合是忠信，考是大倫，存是美惡，而進是利，而除是害，而無求其報焉，而民情可得也。能合是六路之忠信，及進除六路之利害，施焉而不求報，則民情不失矣。故臨之無抗民之志，勝之無犯民之言，勝，謂民辭情短。量之無狡民之辭，狡，害也。恒言無害也。養之無擾於時，愛之勿寬於刑，言此則身安譽至而民自得也。故君子南面臨官，所見邇，故明不可弊也。言所見先求於近者。中庸曰：「舜其大知也與，舜好問而好察邇言也。」所求邇，故不勞而得也。言所求自近始，故詩云：「無田甫田，勞心忉忉。」所以治者約，故不用衆而譽至也。法象在內，故不遠。言內有法象，則百姓亦有禮度。源泉不竭，故天下積矣。積爲歸奏也。而木不寡短長，人得其量。量而用之。以泉、木二用，論君子之政。故治而不亂。故六者貫乎心、藏乎志、志者，心之府也。形乎色、發乎聲，聲，言也。若此則身安而譽至，而民自得也。故君子南面臨官，不治則亂至，民錯亂也。亂至則爭，爭之至又反於亂。亂，反亂也。是故寬裕以容其民，慈愛以優柔之，而民自得也已。故躬行者，政之始也；身行之也。調說者，情之道也。言調悦者，治人情之道也。善政行易則民不怨，先王善政，能躬行之，使平易，則民悦。言調說則民不辨法，謂不爭也。周禮曰：「凡辨法者考焉。」仁在身則民顯以佚之也。財利之生徵矣，貪以不得；善政必簡矣，初聞善政，必記之。苟以亂之；善言必聽矣，聞善言，亂亦聽之也。詳以失之；後政不行，詳爲陋失。規諫日至，煩以不聽矣。詩曰「老夫灌灌，小子蹻蹻」也。言之善者，在所日聞。行之善者，在所能爲。君子言之善者，在於終日言之；君子行之善者，在其能躬行。記聽而失之，則無益於言行也。故上者，民之儀也。有司執政，民之表也。邇臣便辟者，群臣僕之倫也。倫，理也。言是群臣群僕之綱理也。故儀不正則民失誓，表弊則百姓亂，邇臣便辟不正廉，而群臣服汙矣。誓，敕也。服，事也。汙，濫也。言私謁也。故不可不慎乎三倫矣。故君子修身，反道察説，而邇道之服存焉。修身當本於道，而省其説，則近道之事存。是故夫工女必自擇絲麻，良工必自擇齎材，周禮巾車職曰：「毁折，入齎於職幣。」家語爲「完材」也。賢君良上必自擇左右始。故佚諸取人，勞於治事，勞於取人，佚於治事。郭象曰：主上無爲於日事，而有爲於用也。故君子欲譽，則謹其所便；便，所便習。欲名，則謹於左右。故上者辟如緣木者，務高而畏下者滋甚。言在民上者，譬若此。淮南子曰：「君子之居民上也，譬以腐索御良馬。」六馬之離，必於四面之衢。衢，四達道。民之離道，必於上之佚政也。故上者尊嚴而絶，百姓者卑賤而神，孟子曰：「民爲貴，社稷次之，君爲輕也。」民而愛之則存，惡之則亡也。故君子南面臨官，貴而不驕，富恭有本能圖，本爲身，謂能謀其身也。脩業居久而譚，譚，誕也，謂安縱也。情邇暢而及乎遠，察一而關于多。一物治而萬物不亂者，以身爲本者也。故君子莅民，不可以不知民之性，達諸民之情，性爲仁義禮智之等，爲喜怒愛惡之屬。性者生之質，情者人之欲。詩云：「天生蒸民，有物有則。」既知其以生有習，然後民特從命也。生，謂性也。習，調莭也。故世舉，則民親之。世舉，言治。政均，則民無怨。故君子莅民，不臨以高，不道以遠，不責民之所不能。今臨之明王之成功，則民嚴而不迎也。明王之民，比屋可封。苟欲齊之，則憚而不能迎致王命。道以數年之業，則民疾，使成數年之業，則民困矣。疾則辟矣。故古者冕而前旒，所以蔽明也；緯絖塞耳，所以弇聰也。故水至清則無魚，人至察則無徒。禮緯含文嘉以懸絖、垂旒爲閉奸聲、弇亂色，今六惑視聽，則纊須之設兼此二事也。絖，莊子爲黈，黄也。按，此記與莊説及著詩之義，則人君以黃旒充耳，大夫以素，皆尚以玉也。然毛、王徒以石飾玉，及鄭謂充耳爲欲，名義乖錯，故未詳。故枉而直之，使自得之；民有邪枉，教之使自得也。孟子曰：「匡之直之，使自得之。」優而柔之，使自求之；謂寬教之。揆而度之，使自索之。謂量民之才而施教之。民有小罪，必以其善以赦其過，如死使之生，其善也。其善也，若此而使之復生也。是以上下親而不離。故惠者，政之始也。政不正，則不可教也。不習，則民不可使也。故君子欲言之見信也者，莫若先虛其內也。謂內外相應。欲政之速行也者，莫若以身先之也。欲民之速服也者，莫若以道御之也。故不先以身，雖行必鄰也。鄰，鄉。不以道御之，雖服必强矣。故非忠信，則無可以取親於百姓矣。此忠信，寬於言，行相顧也。上無此條者，以言行不違，在忠信之間。外內不相應，則無可以取信者矣。四者治民之統也。」四者，謂以身先及，以道御之，忠信及內外相應。

凡一千六百十五字。

盛德第六十六

聖主之盛德，人民不疾，六畜不疫，五穀不災，陰陽順序，故人物不害也。諸侯無兵而正，小民無刑而治，蠻夷懷服。國語曰：「先王耀德不觀兵。」

古者天子常以季冬考德，以觀治亂得失。辨其法政也。凡德盛者治也，德不盛者亂也，德盛者得之也，德不盛者失之也。是故君子考德，而天下之治亂得失，可坐廟堂之上而知也。言不出户庭而周知海内之善惡也。德盛則修法，德不盛則飾政，法，德法。政，禁令。法政而德不衰，故曰王也。王者，往也，民所歸也。

凡人民疾、六畜疫、五穀災者，生於天，天道不順，生於明堂不飾，故有天災，則飾明堂也。淮南子云：「明堂之廟，行明堂之令，以調陰陽之氣，而知四時之節，以辟疾之災也。」凡民之爲奸邪、竊盗、曆法、妄行者，生於不足，亂法者，生於不知足。不足生於無度量也。無度量，則小者偷墮，大者侈靡而不知足。偷，苟且。墮，解墮。故有度量，則民足，民足則無爲奸邪、竊盗、歷法、妄行者。故有奸邪、竊盗、曆法、妄行之獄，則飾度量也。凡不孝生於不仁愛也，不仁愛生於喪祭之禮不明。喪祭之禮，所以教仁愛也，致愛故能致喪祭，春秋祭祀之不絶，致思慕之心也。孝經曰：「春秋祭祀以時，思之也。」夫祭祀，致饋養之道也。死且思慕饋養，况于生而存乎？故曰：喪祭之禮明，則民孝矣。故有不孝之獄，則飾喪祭之禮。經解曰：「喪祭之禮廢，則君臣之恩薄，而倍死亡生者衆。」凡弑上生於義不明。義者，所以等貴賤、明尊卑，貴賤有序，民尊上敬長矣。民尊上敬長而弑者，寡有之也。朝聘之禮，所以明義也。故有弑獄，則飾朝聘之禮也。經解曰：「朝聘之禮廢，則君臣之義失。諸侯之行惡，而倍畔侵陵之端起矣。」凡鬭辨生於相侵陵也，相侵陵生於長幼無序，而教以敬讓也。故有鬭辨之獄，則飾鄉飲酒之禮也。經解曰：「鄉飲酒之禮廢，則長幼之序失，而争鬬之獄煩。」凡淫亂生於男女無別，夫婦無義。婚禮享聘者，所以別男女，明夫婦之義也。享，爲享婦及召閹也。故有婬亂之獄，則飾昏禮享聘也。經解曰：「婚姻之禮廢，則夫婦之道苦，而淫癖之罪多。」

故曰：刑罰之所從生有源，不務塞其源，而務刑殺之，是爲民設陷以賊之也。祭禮曰：「禮禁將然之前，法施已然之後也。」刑罰之源，生於嗜慾好惡不節。總言百姓犯刑罰之所由。故明堂，天法也。天神所在也。王者於此，則天無私勤施之法。禮度，德法也。禮謂三百三千也，唯有仁德也。所以御民之嗜慾好惡，以慎天法，以成德法也。天地不可成，順之而已，其禮度則使成之。刑法者，所以威不行德法也。天道遠不責之，德法不行則罰之。

故季冬聽獄論刑者，所以正法也。法正論，歲終，聽不德之刑，爲正德法而論也。吏公行之。是故古者天子孟春論吏德行，考群臣之德行也。能理功、能德法者爲有德，謂內外善也。能行德法者爲有行，謂能皆行。能理德法者爲有能，謂能綜理之而乂弗盡行。能成德法者爲有功。謂內外成之而未能善也。故論吏而法行，事治而功成。季冬正法，孟春論吏，治國之要也。春論班賞，冬考量刑，則莫不懲勸矣。

德法者，御民之御也。吏者，轡也。刑者，筴也。天子御者，內史太史左右手也。太史內史，皆宗伯之屬。太史下大夫二人，內史中大夫一人，俱親王之官也。書曰太史內史，云內史太史左右手，則太史爲左史，內史爲右史焉。古者以法爲御勒，以官爲轡，以刑爲筴，以人爲手，故御天下數百年而不解墮。史，當字誤爲人。善御馬者，正御勒，齊轡筴，均馬力，和馬心，故口無聲，手不摇，筴不用，而馬爲行也。善御民者，正其德法，飾其官，而均民力，和民心，故聽言不出於口，刑不用而民治，是以民德美之。夫民善其德，必稱其人，故今之人稱五帝三王者，依然若猶存者，其法誠德，法，天法也。其德誠厚。謂禮度也。夫民思其德，必稱其人，朝夕祝之，升聞於皇天，上帝歆焉，故永其世而豐其年。不能御民者，棄其德法，譬猶御馬，棄轡勒而專以筴御馬，馬必傷，車必敗。無德法而專以刑法御民，民心走，國必亡。故淮南子曰："舜無佚民，造父無佚馬。"亡德法，民心無所法循，迷惑失道，謂民。上必以爲亂無道，謂君。苟以爲亂無道，刑罰必不克，又不能中。成其無道，上下俱無道。故今之稱惡者，必比之於夏桀、殷紂，何也？曰法誠不德，其德誠薄。夫民惡之，必朝夕祝之，升聞於皇天，上帝不歆焉。故水旱並興，災害生焉。故曰：德法者，御民之本也。

古之御政以治天下者，冢宰之官以成道，司徒之官以成德，天道發施故爲道，地理含藏故主德。道德者，包五性内外之稱也。天地之官尊，故總之。宗伯之官以成仁，本爲仁也。司馬之官以成聖，聖，通也。夏氣物充達。又征伐者所以平通天下。司寇之官以成義，金爲義。司空之官以成禮。不主智者，已兼司馬。凡宗社之設、城郭之度、宫室之最、典服之制，皆官所職也。故六官以爲轡，司會均入以爲軜，軜在軾前，歛六轡之餘。詩云："鋈以觼軜。"司會，冢宰之屬，中大夫二人。會，計也，立天下之大計。王制曰："司馬，以歲之成質於天子也。"故御四馬，執六轡，御天地與人與事者，亦有六政。六政，謂道、德、仁、聖、禮、義也。是故善御者，正身同轡，詩云："六轡既均。」均馬力，齊馬心，惟其所引而之，不違於節，故任其馳。以取長道，遠行可以之急疾，言皆從人心也。可以御天地與人事。此四者，聖人之所乘也。四者，天地與人與事。是故天子御者，太史內史左右手也，六官亦六轡也。天子三公合以執六官，三公無官，佐王論道而已。均五政，齊五法，五政，謂天子、公、卿、大夫、士。五法，謂仁、義、禮、智、言。以御四者，故亦惟其所引而之。以之道則國治，治典經邦國。以之德則國安，以之仁則國和，禮典和邦國。以之聖則國平，政典平邦國。以之義則國成，刑典詰邦國。以之禮則國定：體國經野，事官之職。此御政之體也。過，失也，人情莫不有過，過而改之，是不過也。是故官屬不理、分職不明、法政不一、百事失紀，曰亂也，亂則飭冢宰。地宜不殖、財物不審、萬民飢寒、教訓失道、風俗淫僻、百姓流亡、人民散敗，曰危也，危則飭司徒。父子不親、長幼無序、君臣上下相乖，曰不和也，不和則飭宗伯。賢能失官爵、功勞失賞祿、賞祿失則、士卒疾怨兵弱不用，曰不平也，不平則飭司馬。刑罰不中、暴亂姦邪不勝，曰不成也，不成則飭司寇。百度不審、立事失禮、財物失量，曰貧也，貧則飭司空。冢宰掌六典，司徒掌十二教，宗伯掌五禮，司馬掌九伐，司寇掌五刑。小宰職曰：「一曰治職，以平邦國，以均萬民，以節財用。二曰教職，以安邦國，以寧萬民，以懷賓客。三曰禮職，以和邦國，以諧萬民，以事鬼神。四曰政職，以服邦國，以正萬民，以聚百物。五曰刑職，以詰邦國，以糾萬民，以除盜賊。六曰事職，以富邦國，以養萬民，以生百物。」司馬之屬司勳，掌六卿之賞田，以等其功。又司士之官，掌群吏之數，以詔其爵祿。凡度量財物，考之猶有其事。

故曰，御者同是車馬，或以取千里，或數百里者，所進退緩急異也。治者同是法，或以治，或以亂者，亦所進退緩急異也。

明堂第六十七

明堂者，古有之也。明堂之作，其代未得而詳也。按淮南子言神農之世，祀於明堂，明堂有蓋，四方。至漢武帝時，有獻黄帝明堂圖者，四面無壁，中有一殿。然其由或始於此也。凡九室，一室而有四户，八牖，三十六户，七十二牖。以茅蓋屋，茅，取其潔質也。上圓下方。明堂者，所以明諸侯尊卑。明堂，非所以朝諸侯。施祀也，諸侯亦備焉。外水曰辟雍。韓詩説辟圓如璧，雍以水。不言圓言辟者，取辟有德。不言辟水言雍，雍，和也。南蠻、東夷、北狄、西戎。言四海之聚於祭也，各以其方，列於水外。明堂月令。於明堂之中，施十二月之令。赤綴户也，白綴牖也。綴，飾也。二九四七五三六一八。記用九室謂法龜文故取此數以明其制也。堂高三尺，東西九筵，南北七筵，上圓下方。九室十二堂，室四户，户二牖，其宫方三百步。在近郊，近郊三十里。淳于登説，明堂在國之陽，三里之外，七里之内，丙巳之地。韓詩説明堂在南方七里之郊。然三十里無所取也，再言方圓及户牖之數亦煩重。或以爲明堂者，文王之廟也。明堂與文王之廟不爲同處，或説謬也。朱草日生一葉，至十五日生十五葉，十六日一葉落，終而復始也。孝經援神契曰：「朱草生，蓂莢孳，嘉禾成，用生。」蓂莢，堯時挾階而生，以記朔也。朱草可食，王者慈仁則生。其形無記朔之狀，蓋說不詳。周時德澤洽和，蒿茂大以爲宮柱，名爲蒿宮也。晏子春秋曰：「明堂之制，下之潤濕不及也，上之寒暑不入也。木工之鏤，示民知節也。然或以蒿爲柱，表其儉質也。明堂別有圖，論不復詳也。」此天子之路寢也。不齊不居其室。路寢亦爲此制。待朝在南宮，將視朝時。揖朝出其南門。周禮司士職曰：「正朝之位，辨其貴賤之等。王南向；三公北面東上；孤東面北上；卿大夫西面北上；王族故士、虎士在路門之右，南面東上；太僕、太右、太僕從者在路門之左，南面西上。司士擯，孤卿特揖，大夫以其等旅揖，士旁三揖，王還揖門左、揖門右。太僕前，正視朝位。王入內，皆退也。」

大戴禮記卷第九

千乘第六十八

公曰：「千乘之國，受命於天子，通其四疆，教其書社，脩其灌廟，建其主，設其四佐，列其五官，處其朝市，爲仁如何？」

子曰：「不仁，國不化。」

公曰：「何如之謂仁？」

子曰：「不淫於色。」

子曰：「立妃設如太廟，然乃中治，中治不相陵，不相陵，斯庶嬪違，嬪違則事上静，静期潔信在中。朝大夫，必慎以恭，出會謀事，必敬以慎，言長幼小大，必中度。此國家之所以崇也。立子設宗社，宗社先示威，威明顯見，辨爵集德。是以母弟官子，咸有臣志，莫敢援於外。大夫中婦，私謁不行。此所以使五官治執事政也。夫政以教百姓，齊以嘉善，故蠱佞不生，此之謂良民。國有道則民昌，此國家之所以大遂也。卿設如大門，大門顯美，小大尊卑中度，開明閉幽，内禄出災，以順天道，近者閑焉，遠者稽焉。君發禁，宰而行之以時，通於地，散布於小，理天之災祥，地寶豐省，及民共饗其禄，共任其災，此國家之所以和也。國有四輔，輔，卿也。卿設如四體，毋易事，毋假名，毋重食。凡事尚賢進能，使知事爵不世，能之不愆。凡民戴名，以能，食力以時成，以事立，此所以使民讓也。民咸孝弟而安讓，此以怨省而亂不作也。此國家之所以長也。下無用，則國家富；上有義，則國家治；長有禮，則民不爭；立有神，則國家敬；兼而愛之，則民無怨心；以爲無命，則民不偷。昔者先王立此六者，而樹之德，此國家之所以茂也。設其四佐而官之。司徒典春，以教民之不則時、不若、不令。成長幼老疾孤寡，以時通於四疆。有闔而不通，有煩而不治，則民不樂生，不利衣食。凡民之藏貯，以及山川之神明加于民者，發國一作同。功謀，齊戒必敬，會時必節。日、歷、巫、祝，執伎以守官，俟命而作，祈王年，禱民命，及畜穀、蜚征、庶虞草。方春三月，緩施生育，動作百物，於時有事，享於皇祖皇考，朝孤子八人，以成春事。司馬司夏，以教士車甲。凡士執伎論功，脩四衛，强股肱，質射御，才武聰慧，治衆長卒，所以爲儀綴於國。出可以爲率，誘於軍旅，四方諸侯之遊士，國中賢餘秀興閲焉。方夏三月，養長秀，蕃庶物，於時有事，享于皇祖、皇考，爵士之有慶者七人，以成夏事。司寇司秋，以聽獄訟，治民之煩亂，執權變民中。凡民之不刑，崩本以要閒，作起不敬，以欺惑憧愚。作於財賄、六畜、五穀曰盗；誘居家室有君子曰乂；子女專曰媟；飭五兵及木石曰賊；以中情出，小曰閒，大曰講；利辭以亂屬曰讒；以財投長曰貸。犯天子之禁，陳刑制辟，以追國民之不率上教者。夫是故一家三夫道行，三人飲食，哀樂平，無獄。方秋三月，收斂以時，於時有事，嘗新於皇祖皇考，食農夫九人，以成秋事。司空司冬，以制度制地事。準揆山林，規表衍沃，畜水行，衰濯浸，以節四時之事。治地遠近，以任民力，以節民食。太古食壯之食，攻老之事。」

公曰：「功事不少，而餱饘不多乎？」

子曰：「太古之民，秀長以壽者，食也；在今之民，羸醜以瞀者，事也。太古無游民，食節事時，民各安其居，樂其宫室，服事信上，上下交信，地移民在。今之世，上治不平，民治不和，百姓不安其居，不樂其宫；老疾用財，壯狡用力，於兹民游；薄事貪食，於兹民憂。古者殷書爲成男成女，名屬升于公門，此以氣食得節，作事得時，勸有功。夏服君事不及暍，冬服君事不及凍，是故年穀不成，天之饑饉，道無殣者。在今之世，男女屬散，名不升於公門，此以氣食不節，作事不成，天之饑饉，於時委民，不得以疾死。是故立民之居，必於中國之休地。因寒暑之和，六畜育焉，五穀宜焉。辨輕重，制剛柔，和五味，以節食時事。東辟之民曰夷，精以僥，至于大遠，有不火食者矣。南辟之民曰蠻，信以朴，至于大遠，有不火食者矣。西辟之民曰戎，勁以剛，至于大遠，有不火食者矣。北辟之民曰狄，肥以戾，至于大遠，有不火食者矣。及中國之民，曰五方之民，有安民和味，咸有實用利器，知通之，信令之。及量地度居，邑有城郭，立朝市，地以度邑，以度民，以觀安危。距封後利，先慮久固，依固可守，爲奥可久，能節四時之事，霜露時降。方冬三月，草木落，庶虞藏，五穀必入于倉，於時有事，烝于皇祖、皇考，息國老六人，以成冬事。民咸知孤寡之必不末也，咸知有大功之必進等也，咸知用勞力之必以時息也，推而内之水火，人也弗之顧矣。而况有强適在前，有君長正之者乎？」

公曰：「善哉。」

四代第六十九

公曰：「四代之政刑，論其明者，可以爲法乎？」

子曰：「何哉！四代之政刑，皆可法也。」

公曰：「以我行之，其可乎？」

子曰：「否，不可。臣願君之立知而以觀聞也。四代之政刑，君若用之，則緩急將有所不節，不節，君將約之，約之，卒將棄法，棄法，是無以爲國家也。」

公曰：「巧匠輔繩而斲，胡爲其棄法也？」

子曰：「心未之度，習未之狎，此以數踰而棄法也。夫規矩準繩鈞衡，此昔者先王之所以爲天下也。小以及大，近以知遠，今日行之，可以知古，可以察今，其此耶。水火金木土穀，此謂六府，廢一不可，進一不可，民並用之。今日行之，可以知古，可以察今，其此耶！昔夏、商之未興也，伯夷謂此二帝之眇。」

公曰：「長國治民，恒幹論政之大體，以教民辨歷大道，以時地性，興民之陽德，以教民事上，服周室之典，以順事天子，修政勤禮，以交諸侯，大節無廢，小眇其後乎？」

子曰：「否，不可後也。詩云『東有開明』，於時雞三號，以興庶虞，庶虞動，蜚征作。嗇民執功，百草咸淳，地傾水流之。是以天子盛服朝日於東堂，以教敬示威於天下也。是以祭祀昭有神明，燕食昭有慈愛，宗廟之事昭有義，率禮朝廷昭有五官，無廢甲胄之戒，昭果毅以聽。天子曰崩，諸侯曰薨，大夫曰卒，士曰不祿，庶人曰死，昭哀。哀愛無失節，是以父慈子孝，兄愛弟敬。此昔先王之所以先施於民也。君而後此，則爲國家失本矣。」

公曰：「善哉，子察教我也。」

子曰：「鄉也君之言善，執國之節也。君先眇而後善，中備以君子言，可以知古，可以察今，奂然而興民壹始。」

公曰：「是非吾言也，吾一聞於師也。」

子吁焉其色，曰：「嘻！君行道矣。」

公曰：「道耶？」

子曰：「道也。」

公曰：「吾未能知人，未能取人。」

子曰：「君何爲而不觀器視才。」

公曰：「視可明乎？」

子曰：「可以表儀。」

公曰：「願學之。」

子曰：「平原大藪，瞻其草之高豐茂者，必有怪鳥獸居之。且草可財也，如艾而夷之，其地必宜五穀。高山多林，必有怪虎豹蕃孕焉；深淵大川，必有蛇龍焉。民亦如之，君察之此，可以見器見才矣。」

公曰：「吾猶未也。」

子曰：「群然，戚然，頤然，睪然，踖然，柱然，抽然，首然，僉然，湛然，淵淵然，淑淑然，齊齊然，節節然，穆穆然，皇皇然。見才色修聲不視聞，怪物恪命不改志，舌不更氣。君見之舉也，得之取也，有事事也。事必與食，食必與位，無相越踰。昔虞舜天德嗣堯，取相十有六人如此。」

公曰：「嘻！美哉！子道廣矣。由德徑徑，吾恐惛而不能用也。何以哉？」

公曰：「請問圖德何尚。」

子曰：「聖，知之華也。知，仁之實也。仁，信之器也。信，義之重也。義，利之本也。委利生孽。」

公曰：「嘻，言之至也。道天地以民輔之，聖人何尚？」

子曰：「有天德，有地德，有人德，此謂三德。三德率行，乃有陰陽，陽曰德，陰曰刑。」

公曰：「善哉！再聞此矣。陽德何出？」

子曰：「陽德出禮，禮出刑，刑出慮，慮則節事於近，而揚聲於遠。」

公曰：「善哉！載事何以？」

子曰：「德以監位，位以克局，局以觀功，功以養民，民於此乎上。」

公曰：「禄不可後乎？」

子曰：「食爲味，味爲氣，氣爲志，發志爲言，發言定名，名以出信，信載義而行之，禄不可後也。」

公曰：「所謂民與天地相參者，何謂也？」

子曰：「天道以視，地道以履，人道以稽。廢一曰失統，恐不長饗國。」

公愀然其色。

子曰：「君藏玉惟慎，用之雖慎，敬而勿愛。民亦如之。執事無二，五官有差，喜無並愛，卑無加尊，淺無測深，小無招大，此謂楣機。楣機賓薦不蒙，昔舜徵薦此道於堯，堯親用之，不亂上下。」

公曰：「請問民徵。」

子曰：「無以爲也，難行。」

公曰：「願學之，幾必能。」

子曰：「貪於味不讓，妨於政；願富不久，妨於政；慕寵假貴，妨於政；治民惡衆，妨於政；爲父不慈，妨於政；爲子不孝，妨於政；大縱耳目，妨於政；好色失志，妨於政；好見小利，妨於政；變從無節，妨於政；撓弱不立，妨於政；剛毅犯神，妨於政；鬼神過節，妨於政。幼勿與衆，克勿與比，依勿與謀，放勿與游，徼勿與事。臣聞之弗慶，非事君也。君聞之弗用，以亂厥德，臣將慶其簡者。蓋人有可知者焉，貌色聲衆有美焉，必有美質在其中者矣；貌色聲衆有惡焉，必有惡質在其中者矣。此皆伯夷之所後出也。」

子曰：「伯夷建國建政，修國修政。」

公曰：「善哉。」

虞戴德第七十

公曰：「昔有虞戴德何以？深慮何及？高舉安取？」

子曰：「君已聞之，唯丘無以更也。君之聞如未成也，黄帝慕修一作循。之。曰明法于天明，開施教于民，行此，以上明于天化也，物必起，是故民命而弗改也。」

公曰：「善哉，以天教于民，可以班乎？」

子曰：「可哉。雖可而弗由，此以上知所以行斧鉞也。父之於子，天也；君之於臣，天也。有子不事父，有臣不事君，是非反天而倒行耶？故有子不事父，不順；有臣不事君，必刃。順天作刑，地生庶物。是故聖人之教於民也，率天如祖地，能用民德，是以高舉不過天，深慮不過地，質知而好仁，能用民力。此以三常之禮明，而名不塞。禮失則壞，名失則惛。是故上古不諱，正天名也。天子之官四通，正地事也。天子御珽，諸侯御荼，大夫服笏，正民德也。斂此三者而一舉之，戴天履地，以順民事。天子告朔於諸侯，率天道而敬行之，以示威於天下也。諸侯內貢於天子，率名斆地實也，是以不至必誅。諸侯相見，卿爲分。以其教士畢行，使仁守，會朝於天子。天子以歲二月，爲壇於東郊，建五色，設五兵，具五味，陳六律，品奏五聲，聽明教。置離，抗大侯，規鵠，堅物。九卿佐三公，三公佐天子。天子踐位，諸侯各以其屬就位，乃升諸侯、諸侯之教士。教士執弓挾矢，揖讓而升，履物以射其地，心端色容正，時以斅伎。時有慶以地；不時有讓以地。天下之有道也，有天子存；國之有道也，君得其正；家之不亂也，有仁父存。是故聖人之教於民也，以其近而見者，稽其遠而明者。天事曰明，地事曰昌，人事曰比兩以慶。違此三者，謂之愚民，愚民曰姦，姦必誅。是以天下平而國家治，民亦無貸。居小不約，居大則治，衆則集，寡則繆，祀則得福，以征則服，此唯官民之上德也。」

公曰：「三代之相授，必更制典物，道乎？」

子曰：「否。猷德保，保惛乎前，以小繼大，變民示也。」

公曰：「善哉！子之察教我也。」

子曰：「丘於君唯無言，言必盡，於他人則否。」

公曰：「教他人則如何？」

子曰：「否。丘則不能。昔商老彭及仲傀，政之教大夫，官之教士，技之教庶人，揚則抑，抑則揚，綴以德行，不任以言，庶人以言，猶以夏后氏之祔懷袍褐也，行不越境。」

公曰：「善哉！我則問政，子事教我。」

子曰：「君問已參黃帝之制，制之大禮也。」

公曰：「先聖之道，斯爲美乎？」

子曰：「斯爲美。雖有美者，必偏屬於斯。昭天之福，迎之以祥；作地之福，制之以昌；興民之德，守之以長。」

公曰：「善哉！」

誥志第七十一

公曰：「誥志無荒，以會民義，齊戒必敬，會時必節，犧牲必全，齊盛必潔，上下禋祀，外内無失節，其可以省怨遠災乎？」

子曰：「丘未知其可以省怨也。」

公曰：「然則何以事神？」

子曰：「以禮會時。夫民見其禮，則上下援，援則樂，樂斯毋憂，以作怨省而亂不作也。夫禮會其四時，四孟、四季，五牲、五穀，順至必時其節也，丘未知其可以爲遠災也。」

公曰：「然則爲此何以？」

子曰：「知仁合，則天地成；天地成，則庶物時；庶物時，則民財敬，一作欲。民財敬以時作；時作則節事，節事以動衆，動衆則有極；有極以使民則勸，勸則有功，有功則無怨，無怨則嗣世久，唯聖人。是故政以勝衆，非以陵衆；衆以勝事，非以傷事；事以靖民，非以徵民。故地廣而民衆，非以爲災，長之禄也。丘聞周太史曰：『政不率天，下不由人，則凡事易壞而難成。』虞史伯夷曰：『明，孟也。幽，幼也。明幽，雌雄也。雌雄迭興，而順至正之統也。日歸于西，起明于東；月歸于東，起明于西。』虞夏之歷，正建於孟春，於時冰泮發蟄，百草權輿，瑞雉無釋。物乃歲俱生于東，以順四時，卒于冬萬。于時雞三號，卒明。載于青色，撫十二月節，卒于丑。日月成歲歷，再閏以順天道，此謂歲餘計月。天曰作明，曰與，惟天是戴；地曰作昌，曰與，惟地是事；人曰作樂，曰與，惟民是嬉。民之動能，不遠厥事。民之悲色，不遠厥德。此謂表裏時合，物之所生，而蕃昌之道如此。天生物，地養物，物備興而日用常節曰聖人，主祭於天曰天子。天子崩，步於四川，代於四山，卒葬曰帝。天作仁，地作富，人作治，樂治不倦，財賦時節，是故聖人嗣則治。文王治以俟時，湯治以伐亂，禹治以移衆，衆服以立天下。堯貴以樂治時舉舜，舜治以德使力。在國統民如恕，在家撫官而國，安之勿變，勸之勿沮，民咸廢惡如進良，上誘善而行罰，百姓盡於仁而遂安之，此古之明制之治天下也。仁者爲聖，貴次，力次，美次，射御次，古之治天下者必聖人。聖人有國，則日月不食，星辰不孛，海不運，河不滿溢，川澤不竭，山不崩解，陵不施，川浴不處，深淵不涸。於時龍至不閉，鳳降忘翼，鷙獸忘攫，爪鳥忘距，蜂蠆不螫嬰兒，昏蝻不食夭駒，雒出服，河出圖。足上世以來，莫不降仁。國家之昌，國家之臧，信仁。是故不賞不罰，如民咸盡力；車不建戈，遠邇咸服，亂使來往，地賓畢極；無怨無惡，率惟懿德。此無空禮，無空名，賢人並憂，殘毒以時省，舉良良，舉善善，恤民使仁，日敦仁賓也。」

吕氏四禮翼

朱莉莉　整理

整理説明

四禮翼爲明代呂坤編纂的一部禮書，呂坤字叔簡，其爲官清正，且著述頗豐，明史稱其爲當時「天下三大賢」之一。「四禮」指的是中國古代冠、昏、喪、祭四種儀式，古人認爲這四項禮儀貫穿了人的一生，呂坤在四禮翼的序言中説：「四禮者何？人道之始終也。」「翼」爲輔助之意，也就是對於「四禮」的補充説明，「豫於四禮之先，而繼於四禮之後者也」。全書共八篇，分别爲：冠翼二，前蒙養、後成人；昏翼二，前女子、後婦人；喪翼二，前侍疾、後修墓；祭翼二，前事生、後睦族。

四禮翼這本書並非高深晦澀的禮學研究著作，呂坤編纂此書的出發點就是「俾童而習之，白首而安之，斃而後已」，是供百姓日常生活參考，所以無論從所舉事例還是語言都是「民間之日用常行，淺近鄙俗，可以家喻而户曉者」。

清康乾時期儒學名臣朱軾因此對四禮翼十分推崇，他認爲這本書「雖與六經並存可也」，可以説是至高的評價。他在任浙江巡撫時，曾刊佈過此書，這與他當時教化民風的工作需求也是相符合的。

此次整理以上海圖書館藏朱文端公藏書本爲底本，又據清道光七年寶翰樓重刻本、續修四庫本等對其做了校勘。

整理者

二〇二一年三月

目録

喪後翼

祭後翼

呂氏四禮翼序

寧陵呂叔簡先生既論定四禮，又編輯蒙養至睦族凡八篇，名曰四禮翼。先生自序云：冠、祭一朝禮耳；昏自納采至親迎，纔六日；喪二十七月而止。教無所豫，斯須何有。翼也者，豫於先而繼於後焉者也。今細玩諸篇，深情至理，雖愚夫愚婦，亦當悚然動念。此人心世道賴以維持，豈徒翼四禮已哉。先生嘗曰：聖人之言，道之鑰也。精微之藴，非鑰無以啓其秘；行習之常，非翼無以踐其實。翼之爲功于道，與鑰等。先生是書，雖與六經並存可也。

康熙五十八年冬至月，高安後學朱軾序。

冠前翼

養蒙禮

萬物之邪正，其幾在始，易惡至中，其幾在慎始。人之言曰：鵰不生鳳，豺不育麟。固也。夫昆蟲，人乎哉？而蝦蟆教書，黄雀奕棋，則人造其靈竅，生有於無耳，况以人治人乎？自非天不肖，或小變，或大覺，由教而入者十九，胡可任其自然，令與俗化乎？嗟夫！柏爲屏，榴爲蓋，矯童條而使然。幹老矣，寧折無曲，况束燥薪乎？孟子曰「以正」，不從，束燥薪也。吁嗟乎噬臍，作養蒙禮。

知覺

兒未有知，任其顓蒙，不可誘之使言。啼哭任其啼哭，不必慰之使止。蓋啼哭可以瀉火，嬰童純火，正欲瀉之耳。至於言笑任其自開，不必引誘。如欲引誘，當令之呼父母尊長而已，餘不可妄引。過笑傷腎，慎不可逗之使笑也。

運動

手足能動，不可妄有執持，恐其撻擊，令之作揖拱手。若有所求而不得，有所欲而不遂，啼號不休、卧地不起者，必裁抑而寧耐之，萬無撫慰，撫之慣，必生躁暴。

兒食

離乳始食淡粥爛飯，勿與腥葷、糖蜜、黏濃、甘美之物，不止難尅易病，且習饞慣，恣其口腹，終身不能食淡茹粗，流爲饕餮饜足之人矣。

兒衣

提抱之時，止是布衣，毋令受熱。蓋飢寒，小兒安樂法；飽煖，小兒疾病根。至於纔能行步，便是花帽錦衣，綴以金珠，不止利其財者有不測之慮，而自小慣習此飾，稍長豈能布衣？且將厭舊喜新，終身驕奢，必以惡終矣。此難與昏愚父母道，愛子者必能知之。

情竇

抱兒者，常令之採打人以爲歡，甚者父母引手，令擊其面，或動出淫媟語以詈人，此乳婆、愚父母之通病。大凡咒罵、笞箠小臧獲者，大加訶戒，不使童稚之威行於卑賤，亦養德性之要道也。

童學

初學一二，以至十百千萬、四方、四時、五行、八卦之類。深揖、高拱、徐拜、應對、揖讓、稱呼、定省、視膳、讓食、後長、命坐、梳頭、浴面、整衣、愛履、端視、審聽、緩言、早起、静坐、安行、敬友、學謙。

磨墨

蘸墨無深入硯池，如蜻蜓點水，度用墨幾何，則蘸水幾次，然後不輕不重之間，徐徐細磨。南人云：「磨墨如害病。」若且蘸且磨，則引墨入池矣。蘸而深入，或磨罷而墨不遠硯，則墨爲水滑矣。用少而墨多，則餘墨漬硯矣，再磨則新舊相雜，用之則字不清，滌之則墨可惜。又硯不穩而磨之，矹硉有聲，亦非静重之體。凡事從容安詳，庶可涵養德性。「滑」音「忽」。「矹硉」音「兀六」。

膏筆

膏筆當高硯寸許，順直内向，無横、無斜，横斜則毫旋而〔一〕杈尖。搦管先以水滋之，恐有燥墨在毫，筆剛而驟捺之則折，水足而再濡之則淫，務乾濕得宜。用完而不褪宿墨，則膠固成束；露毫而不戴帽，則易摧折，皆是粗心苟且，初學第一當戒。

〔一〕此處原書为「而而」，衍文，據天津圖書館藏道光丁亥年重刻本四禮翼改。

簡册

繕裁書册，上下比度，不失毫髮。裁寧長無短，釘寧廣勿狹，殼面整齊，寧從容，勿急遽。此亦寧心之一道。

寫字

作字須楷。近世文、周兩家字，書坊盛行，雖圓活可人，似有軟美之態，顔、柳一點一畫，結構莊嚴方正，雖不爲世所喜，然習之使人不苟。故寧方毋圓、寧拙毋妍、寧遲毋速、寧古毋俗。至於鬆軟無骨、輕佻無體、欹斜險怪，雖舉世所尙，决不可學。行草鍾王諸家，擇其體近者學之，决不可杜撰。至於減筆、潦草，都是苟心，尤當深戒。

讀書

讀書須精韻學，要熟反切。一字不真，須徧撿查，撿查既真，便記在本字之下。莫從俗師讀半邊字，不辨形聲，童而習之，白首舛謬，最可爲耻。至於起落餘聲，好帶閑字，尤所當戒。今人常言「念書」，「念」之一字，最有意味。口誦心惟，纔謂之念。童訓云：讀書三要，心口眼到。心一散亂，空勞千遍。若一過入骨，終身不再，纔是真讀書。彼終歲温習者，亦可憐矣。

展書

展書無濕指、無撮甲，書常遠身六七寸，無卷邊、無折角、無污痕、無亂批點。讀過之書，如新可賣，亦可以觀學者之所養矣。

看書

看書先要讀正文一過，便想此書是甚意思。次將朱注細貼一遍，仰而思之，得一分空竅可入，方聽先生講説。講畢，退而再思，師説不合，再問。句句字字，都向身心上體貼。今人未理會書，便將坊間講章主意攤滿案上。眼界一被遮瞞，聰明盡成障蔽，終身離他不得，只是個瞽者，可爲痛恨。蓋理從心思得，不自耳目入。世間多少聰明才辨之士，都中此毒，從何處與他説起。近世學者，多無心得，病皆坐此。

講書

與初學講書，教弟子先將該講之書理會一遍，方與講解。講解只用俗淺，如閭閻市井説話一般。我嘗言講中庸、大學，須令僕僮炊婦，一聽手舞足蹈，方是真講書。至於深文奥理，天下國家，童子理會不來，强聒反滋其惑。師道豈易言，今之教者、學者，只是虚套相欺，可哀也已。

行文

行文要認理真切，自然意思横生。前輩程墨，須要熟讀三二百篇以爲繩尺。不必如此之多。其詞工而泛、意巧而支者，險怪暗澁者，切戒之。

書籍

四書外，惟有六經及諸史最要，古文只讀文章正宗足矣。宋文惟三蘇發人才思，長人見識。一切害道喪心之書，死無入目。應世詩文、登臨酬和，損心放志，即成名，不過李、杜，李、杜而在，成甚德業？何關有無？蓋唐時以此應制取士，不得不然，兒曹戒之。李、杜之不可入道，放曠害之耳。

重書

學者大病，莫大於借人之書，經歲不還，或胡批亂點，或搘裂殼面，或揉曲污濁，甚者轉借損失。此是學人第一大惡，苟且輕浮之病，即此一事，則平日之爲人可知，兒輩刻骨戒此。

經書中言語，非天地神明，則聖賢父母。僧道於經典尊敬奉持，秀才於經史輕賤抛擲，甚者字紙雜於糞穢，略不愛惜，嗚呼！尊經重道，更賴何人？士細思之，當如此否？

群居

古之群居也，敬業樂群，相觀而善。今之群居也，任口譏訕，造言是非。此輩不止人非，必有天禍。須是德業相勸勉，過失相箴規，乃爲益友。果不得正人君子相與，不如燕居獨坐，静默澄心。舉世熱鬧之場，便是壞人坑塹。小子不能不群居，又不能止衆，但以掩耳結舌爲第一。四字在今日尤爲良箴。

歌舞

歌詠所以養其性情，舞蹈所以養其血脈，此二語遂爲讀書家之大禁。夫刀日割，則鋒鋩頑鈍，須磨礪而後銛銇。學日勞，則神思衰倦，須舒暢而後精神。至於養和平之氣，消暴戾之心，則又不可斯須去樂者也。歌如詩曲，竹如笙簫笛，絲如琴瑟，舞如干羽，皆足以養性情、和氣血，皆學者所當知。不則枯淡岑寂，不成學問。但黜冶家語，長慾導淫，切宜深戒，久則流於邪放，只是以理義之心行之便好。喫緊爲人，在此一語

冠後翼

成人禮

宇宙亦大矣，而參兩之者惟人。孩提而有過，無責也，曰「未成童」。既成童矣，而有過，無責也，曰「未成人」。冠而後成人矣，自三加以至蓋棺，無以復加矣，而猶然童心，或過隨年進，惡以老頑，是天地間棄物也。頍弁峩冠，不既辱乎？即不然，而碌碌庸庸，食農夫、衣織婦，生而無補，死而無聞，亦有道者之恥也。作成人禮。

存心

存心要正大光明，不可邪曲曖昧；要誠直仁厚，不可僞妄殘刻。質諸天地而無媿，對諸妻子而無慙。無往而不信乎，無人而不感格，然後可以語君子之心。

制行

制行者，有所制而不敢肆也。循禮畏法，如履冰，如集木。一步一趨，不敢苟且；一時一事，不敢怠忽。若恣情任意，則無忌憚之小人矣。

威儀

威儀所以定命，榮辱禍福係焉。務使精神流貫於容貌之間，大莊嚴則枯寂而不親，大嫵媚則圓融而可賤。故體欲重厚，色欲温和，使人敬而愛之，此君子之德容也。浮薄是蕩子，昏惰近亡人，總之無儀。詩云：「人而無儀，不死何爲。」則鼠之不若矣。與其圓融，無寧枯寂。

言語

言辭以安定爲第一。安者紓徐不急迫，定者凝静不二三。故謹言之人，先有心稿；吉祥之人，口無擇言。世未有不易言者，任口妄發，懵然不覺，既失之後，萬悔難追。《易》曰：「括囊，無咎。」不言便閉不死，非中寒疾，奈何譫讕邪？存心君子，試觀稠衆之中，終日有幾言近道，有幾人寡言？鴉鳴鵲噪，四座諠鬨，亦可哀已。

恢諧，士大夫之小慧也，聖賢之戲，只是暫脱灑於道德之中。若專事嘲謔打諢，務以悦人，近於口給巧言，馳心於外，老成者鄙之。君子不招人戲駡，有戲駡者，笑以答之而已，無報。置若罔聞可耳，不必笑答。

飲食

《易》重觀頤之戒，而孟子賤飲食之人。飲食之人，誠足羞也。尊生家之言尊生家言，不足道。，曰食淡，曰節飲食，未聞醉飽爲養身之珍也。故富貴之家，不設兼味；貧賤之家，不廢糟糠。不直澹泊可以養身，而儉素亦以養德也。至於禮始諸飲食，今也禮廢於飲食。士君子幾於西晉，第未裸裎耳。欲立身者，先以聚飲爲戒；而聚飲者，當以揖讓爲先。今世士人放蕩，有甚于裸裎者，可歎！

衣服

曾子敝衣，子思懸鶉，侍於孔子之側者如丐人然，千載而下，無笑其貧者。今富貴家耻布帛矣，不知庸夫俗子，見羅綺在身，則面生光彩。由君子觀之，則衣敝藴袍。目中無狐貉之友，而足語議道者，不耻惡衣，此可與有識者道。士君子能以美衣爲辱身，便有三分道氣矣。舉世皆庸夫俗子〔一〕，可歎！

宫室

宫室以避燥濕，車馬以資馳驅。故朴素、渾堅，取以利用而已，過飾則僭，盡美則奢，有道者耻之。非蓬門蓽户，敝車羸馬之是崇，乃畫棟雕牆，繡轂金鞍之可鄙耳。君子曰：「與其俗也，寧質。」

〔一〕原書此處缺一「子」，據天津圖書館藏道光丁亥年重刻本《四禮翼》加。

好尚

君子之心，淡無嗜尚，惟知有理而已。人惟有所嗜，故人得以嗜中之。惟無嗜者，鬼神不能售其術，而況於人乎？莊子曰：「嗜欲深者天機淺。」故學者先戒嗜欲。欲非但聲色貨利，凡非義理便是欲，凡有所著便是嗜。非學道有得者不能見此。

處世

處世無巧術，一謙讓盡之矣。古今稱不肖者，曰象、曰丹朱。總其終身之惡，曰「傲象」、曰「無若丹朱傲」。傲，凶德也。一傲，則萬惡皆所敢爲；一傲，則萬物皆所輕藐。此斯世之礙物也。莫尊於天子、諸侯，而天子自稱曰「眇眇予末小子」，諸侯自稱曰「孤寡不穀」；莫聖於孔子，而動則曰「則吾豈敢」，曰「吾少也賤」，「吾執御矣」。故謙卦無凶爻，而海受百川之益。至於争讓兩字，禍福之關。故一讓可以媿争，兩争不破家亡身不止，所争豈足以償之？噫！非明哲不足以語此。今之學者以傲爲德，以争爲雄，可哀也已！

處事

天下無難處之事，萬事有一定之理。以理處事，達之天下，無非議。理也者，天理、人情之謂也。質之天理而順，協諸人情而安，即常變順逆，無所不可。今人多以我處事，以我處事，無公不私。大都寧損己以利人，無便我以虧彼，行滿天下，無怨惡矣。聖賢之道，一「無我」盡之〔一〕。

擇交

君子小人，本不難辨，然聲應氣求，君子以合道爲朋，小人以合己爲朋。三益三損，此德業成敗、身家禍福之關也。故世無直蓬，麻中則直；世無惡薰，共蕕則殠。觀其所交，而其人可知矣。

〔一〕原書爲「賢之道，無我盡。」不通，據天津圖書館藏道光丁亥年重刻本《四禮翼》改。

審念

孶孶爲利，是個甚人？一生淘洗得利字乾淨，纔論人品。不然，終流於卑污苟賤之小人矣，可耻孰甚。此物實難淘洗。

立身

大丈夫要亭亭楚楚，挺然自立於天地之間。實見得是，實見得非，由己則極力担當，不由己亦不從人可否。沽直以賈禍，固所不爲。枉己以取容，何顔立世？熟軟二字，近於妾婦，有眉鬚人，切宜戒此。

昏前翼

女子禮

世俗養女，第驕之耳。使女終於女，即驕也。母家得逞，無長幼尊卑，胥讓焉。一爲婦，而人人下之矣，舅姑也、夫也、娣姒也、夫之兄弟若姊妹也、同室之尊若長也，亦讓之乎？假令胥讓若母家也，婦乎？非婦乎？若積漸不平，厲以辭色，拂其氣習，非死則病。是驕之，乃所以殺之也。夫女修之家，習爲婦也。婦道習，則夫家女之矣，所獲不既多乎？作女子禮。

口腹

女子最戒尚口腹。作飲食之人，在家常令淡素。雖肉食有餘，無令饜足。肉食謂之下飯，但令飯能下咽足矣。至於飲酒，喪敬慎之心，長放肆之膽，尤宜節戒。

從命

女子德性婉娩温柔，事無大小，禀命而行，不宜剛强執拗。惟父母之言是聽，若任意抗違，是爲大惡，雖小不可放過。婉娩，音遠晚。

節儉

女德尚儉。蓋丈夫經營家計，女子不能生財，能知撙節，少使儉用，愛惜薪水，念及米鹽，不暴殄天物，是謂儉德。若吝嗇刻薄，亦非所宜。

職業

帝王生女，尚弄之瓦，則紡織女功，第一要務也。八歲學作小履；十歲以上，即令紡綿、飼蠶、繅絲；十二以上，習茶飯、酒漿、醬醋；十四以上，學衣裳、織布、染蘸。凡門内之事，無所不精。至於描鸞刺鳳、挑花繡枕，雖終身不會，不害其爲女子。近世養女，家家挑繡，甚者歲覓數婦，日夜爲之。惡陋之俗，最宜禁革。

卑遜

近日鄙俗，母女並坐，或讓女於左，曰客，出嫁與弟婦同席，弟婦叩頭告坐，公然受之，遂致尊卑無倫、長幼失序。不知女子在家，子道也，一切禮節，與諸子同，豈可橫逞，陷之不義乎？余家女子出嫁，歸寧父母，終身無上坐，與母同席，則側之，但告坐不叩頭耳。

言語

女子之言，安詳沉重，不可煩瑣、不可粗暴、不可高大、不可花巧、不可張皇、不可僞妄。世有養女驕縱者，任所憎惡，造作語言，譖陷妯娌，甚者挺詬父妾，致令失所，昏母又從而逞之，凶于而家，既嫁，多以惡終。可爲女子殷鑒。

衣服

女子在家，但與布衣，鮮明者止是紬縑，不與紗羅段絹。其衣朝夕架閣，務令整潔。或有垢膩點污者，宜戒之。

佩飾

富貴之家，金珠固所不廢，然不必滿頭徧體。至於德佩、事佩、禁步、鳴璫，却不可廢。但〔一〕近日止圖觀美，不必有用，好禮君子，宜考定之。荆釵布裙，儒妝淡掃者，自是貧賤之常，若竭力營辦，君子耻之。

〔一〕此處「禁步、鳴璫，却不可廢。但」原書缺損，據天津圖書館藏道光丁亥年重刻本《四禮翼補》。

雅素

女子有雅素之風，耻奢華之尚，可謂賢矣。如孟光、桓少君固難，但不驕矜、不靡麗，老成朴實，見者自知爲有德之女矣。

書史

女子固不宜弄文墨，但古之賢女，未嘗不讀書，如孝經、論語、女誡、女訓之類，何可不讀。婦女邪正，不專在此，古如魏李孫朱，固爲可戒，若班婕妤，徐賢妃，何害於文墨乎？詩辭歌詠，斷乎不可。

女容

窈窕淑女，朱子解云：「幽閑貞静。」最好。女子家，只是精神不露，意態深沉，第一美德。若輕淺浮薄，逞聰明，學輕佻，最爲可恨。至於媚族相與，却要親洽，詩稱樂只任只，「終温且惠」。女子不可不知。

勤勵

女子先策嬾惰，嬾惰最易慣身。每見人家女子晝寢，母常令人揮扇驅蠅，戒無驚動。以積惰之身，遇勤苦之家，廢時失事，何以事舅姑、佐雞鳴之夫子乎？且嬾人易病，勤者寡疾。愛女者，但不至雞初鳴盥櫛斯可矣。

性情

女子先要慈悲寬大，此是積陰德、福子孫之人。難事之女，性如烈火，慘刻暴戾，小女奴身無完膚，鞭笞常加，饑寒不恤，有不得其死者。天理心亡，惡怒横逞，不但壽命不長，將必子孫乏絕。故擇婦先善良之家，如此性行，切無與昏。

昏後翼

婦人禮

婦道所係之重也，六禮以聘之，三周以御之，三月以逸之，其重之也如此。非以貴新也，先祖之續絶、舅姑之憂樂、家道之興亡、邦國之毁譽、門户之榮辱、夫子之死生，於斯人焉係之。婦人者，伏於人者也，離家之少女、入門之孤雛，如金入鑪錘，惟夫鎔鑄，雖有頑悍之惡，而刑于所化，家教所束，孰敢自肆。婦之無良，夫道之苟也。始嫁來時，承奉以黜之，褻狎以悦之，柔溺以湜之，卑屈以驕之，恣其所欲以狥之。雖有怒目，不敢忤視也；雖有惡聲，不敢驟加也。積漸所浸，劫於愛斧，夫權潛移，婦人爲政，雖舅姑不敢誰何，他可知矣。易曰：「家人嗃嗃，悔厲，吉。婦子嘻嘻，終吝。」諺曰：「教婦初來。」此婦女終身善敗之始也。噫嘻〔一〕！已縱其始矣，欲閑有家而志已變，終身之悔，不可食已。吾不罪他人，而罪其夫。作婦人禮。

〔一〕　原書爲「嘻嘻」，據天津圖書館藏道光丁亥年重刻本四禮翼改。

拜跪

夫婦交拜，敵體之義也。余家節序生辰，兄姊受弟再拜，夫亦受妻再拜，有過則長跪而遜謝之，待免而起。雖覺過嚴，亦抑陰之道也。

居室

室中夫婦不並坐，晝無褻言。匡衡有云：「情欲之感，不介於容儀；宴昵之私，不形於動静。」可爲夫婦居室之法。

無遂

内政禀於姑嫜，姑嫜亡，禀於夫子。苟無害於義，亦當曲體。若不告而明行，是謂專擅；私行，是謂欺罔。雖理所當行，亦不縱恣，當懲其再。

内譖

婦人視夫之兄弟如路人，視妯娌如寇讎，鮮有和睦而親愛者。背面告夫之言，但涉是非兄弟，謗説妯娌，或忿怒以激之，或涕泣而訴之，夫當以理，反覆教之忍讓，如有造言妄語，爲第一大惡，痛加懲創。若深信莫覺，積漸日久，遽逞一朝之忿，是謂昏愚之夫。舅姑審實者，婦出，夫亦重加戒飭。

母家

婦家父母，最聽女子膚受之言，輒生嫌怨，懟其舅姑。不知女子之言果實，亦當教之婦道，況易聽以長其長舌，非愛之也。余女遠嫁，其姑難事，女歸寧，輒以爲苦。余曰：「惟遇難事之姑，方顯子婦之孝。若姑慈婦順，何難之有？」弗聽。是後不敢復言。其姑聞之，悔曰：「父母曉理，我奈何爲其所笑。」從此遂睦。

忍性

婦人之禮，雖不悦於夫子，不敢徵色發聲，廢食使氣，嫂姊亦然。降心以遜謝之，彼自愧悔。至於待下，亦不可過刻，輒加凌虐，常是寬平，低聲下氣，纔是賢人。

體婦

婦人不妬忌，自是盛德，亦宜曲體其情。夫有妾婢，婦止從一，待其嫉妬以損名節，亦夫子之過也。既以嗣續爲重，但當和其室家，待之有禮，處之有情，夫道盡矣。乃一無所容，甚至房闈多死者，則出之。夫無悔心，婦無怨口矣。

重夫

婦人所天，止有一夫。其饑寒、疾痛、起居、衣食、離别、患難，自宜關心。若於夫子無情，薄惡相報，則路人矣。古人思夫，未嘗不以爲賢，而世俗乃以爲耻，可嘆！

和家

夫家弟妹、妯娌、舅姑、女奴，固能閃爍誣陷，新婦要當處之有道，不倨慢、不疏嫌、不忿疾，謙厚和平，一團和氣，各得其懽心，則百釁不作。至於隨嫁女僕，常加戒飭，勿生事端。其所學語言，虚多實少，切勿聽信。倘相争競，只責己僕，又勿過激，嫌於賭氣。此一家禍福生死所關，長幼尊卑，皆當如此，各無偏聽，戒其多言。愚者每道之使言，是自求禍也。

遠别

古禮遠别，止是授受不親，而舅婦不遠别，末代兒婦非節序生辰，不見翁。家庭之間，避翁猶可，至於婦行翁前，只可趨過，甚者前導婦人，令翁迴避，則妄矣。弟婦夫兄，相避不妨，而叔嫂妻弟婦小姨姐夫，不惟不遠别，且相謔駡，是謂惡俗，宜相與禁之。不遠别，便是村野陋俗；相謔駡，則近于禽獸矣。

内慎

夜行以燭，晝行擁面，乘車下簾。升下車，避男子。童僕十二以上，不入中門，此内外之大閑也。至於婦人夜宴，及男僕侍從，尤非所宜。夜宴與男僕侍從是二件。〔一〕

姑教

女子無入門便熟爲婦之理，故舅姑夫子，必耐心教導，假之歲月，始可繩其違犯。不然，彼此怨惡，終相齟齬也。

〔一〕 原書爲：「僕侍從是二件。」不通，據天津圖書館藏道光丁亥年重刻本四禮翼改。

喪前翼

侍疾禮

夫病，生死之歧也。善調攝之，可使還平。即不幸，可使免悔。人子之心，惟冀其平，豈作不幸想哉？故人子侍疾，自親之外，即有重大迫切之事，皆不暇及。禮云：「笑不至矧。」噫！是何心也？而能笑乎哉？作侍疾禮。

生室

凡病室，欲外者可入，内者可出。掃除院宇，固密壁户。不受風，不納日，不生溼。不入蠅蚊，帳幃綿密，陽不惡明，陰不惡暗。避惡則明暗無論。

貧無餘室，惟病者便。有餘室而懷居重遷，亦惟病者便。若養病所宜，則此段不可不知也。

祝鄰

病者多火，喜静惡諠。砧杵之聲、叫號之聲、偶震之聲、煩碎之言、穢惡之氣、煎煿之味，拜浼四鄰，須令謹慎。應費者，不惜費以悦之。

戒聲

閑六畜於別所，有闌入者揮之。逐猫犬欲疾，逐雞鵞欲緩。疾逐恐其再聲，緩逐恐其大聲。

在病室，入如竊、出如竊、立如寐、坐如尸，無噓噴、無咳咯、無屨聲、無衣聲、無安置器物之聲、無喘息之聲。妙語入微，非純孝人不能道。

門之闔闢有聲者，漬其樞。户之見風自掩者，杙其扉。定以生陰，静以熄火，此養病第一要訣也。樞濡使溼則無聲。杙，橛也，所以止門。

戒口

口常漱，手常盥。近枕而語，必嚼薑掩口。凡在室者，戒葱、韭、薤、蒜、萊菔之食。

戒動

增減被服，無令知覺。揮扇無風，揮風無力。

增減被服，時寒暄也；無令知覺，不驟遽也；揮扇驅蠅，不可有風；揮風驅暑，優優徐徐。無用大力，恐病體不禁耳。

戒人

問疾者至，應而勿傳。脩文之客勿入，多言高聲之客勿入，休戚不關之客勿入，自遠來者、病者、聾者、瞽者、啞者、跛者勿入。病者欲其入，則入之。□□□微。

病者氣弱而心煩，最忌瀆聒。脩文者令人拘束，多言者令人厭嘔，高聲者令人耳震，休戚不相關者不體悉病人，遠來者恐觸邪穢，聾、瞽、啞者費應答之力，跛者多觸礙之聲。問客之來也，非以安病者之心，不過存親友之體，休戚果相關，默問侍者可矣。余嘗有二語云：「延客莫延添病客，問安只問知安人。」

戒問

子婦室人，省而勿問，候而勿請。其寒温安否，動移起居，待病者自言而後應，亟問非孝子也。

久病之人，吸氣開目，便不勝勞，那有力量應衆人之問。但省以觀其安否，候以俟其所欲，所欲皆備言則應之而已。

飲食

先給直於販户，走難得者、新者、美者，以備緩急之思。陳甘旨於目前，以觸見聞之嗜。欲飲冷，則水以百沸而井浸之。不欲食，無强食。偶欲食，無多食。

病者胃氣正弱，强之則病；胃氣始生，多之則傷。寧頻毋頓，愈少則愈多，是在子婦節縮之耳。

仰食咽曲，内以匕；側食頤解，承以盂。多則難下，寧少。

沸澄：水十沸而經宿澄之，無生性、無塵氣，最宜病者之胃脾。

三淘鹽：病人多口苦，用飴鹽三次淘澄，則滓泥硝鹹俱盡。

慎淨

行圊，藉以柔圍，備二三。欲便溺，則子婦皆退，惟侍者留。父，婦退；母，子退可耳。不能起，則穿牀而置器於下。畢則子婦入，潛移置而更之。行圊即坐桶。柔帛充以新綿，狀如帶盒，繫於桶口。備二三，涴則更之也。須時洗滌，墊灰沙。將便溺而子婦退，恐不便於親之起居也。便溺畢而子婦更器，恐侍者有憎容，致親之不樂。潛移置，不欲親之見己也。

涕唾盂帛各二，日滌而更之。各二，備更换也。

慎嫌

侍疾者，不弔喪、不入墓、不見凶穢之物、不談幽怪之事。

慎言

可悲、可怒、可憂、可思、可厭之事，即急，勿以告。病人多火，怒不近情，默而順之，無辯是非。

悦病

病者欲樂，則用管絃歌拍以娱之，談古今人物以忘之。聲欲輕，厭倦則已。

病者之心在病，則病進；耳目有所寄，則心閒而火不起。又脾喜音樂，病者欲，則從之。

安身

諸藉身者，大小如式，欲綿、欲柔、欲厚、欲妥。坐而倚者，漸損益之。

久卧則背肩脇胯骶皆痛，轉側所藉之物，欲綿肥柔軟、温厚妥貼、無所折縐、無所磑墊。坐而倚靠，高下曲直，一物則抗，須三五加減，方得適宜。

順命

寐勿呼，安勿動，誤勿正，欲勿違。寐則神安，雖有急，不可呼之使寤。病者安妥，子婦視之若有不便者，切不可動。語即訛妄，若無關係，不可證其非。又如妄有見聞，皆同聲附和之。有所欲而不得其正，果無大害，委曲聽從。理有未安，亦須唯唯，不可直折。治命亂命，總之應承，可行與否，自有委曲耳。

驅鬼、降神、焚楮幣，一切俗尚，病者欲則從之，若以理譬説，則拂其意。有未可從者，婉言之，使自止。

無容

面目非面目，髮膚非髮膚，衣冠非衣冠，精神恍惚、步履失常，此侍疾之容也，那能爲客特加脩飾。

用物

香欲清淡，用否惟命。炭去生、去激。病室必有所焚，然香禁重，惟病者所欲焚，則從之，不則否。炭生則烟，激則有聲而迸火。

迎醫

麤醫、不誠之醫、行道之醫、不讀書之醫、泥書之醫，皆勿用。有良者，雖遠必致之，拜而敬禮之。檢方、製劑、煎藥，必親手，將進必親嘗。煎藥不於病室。

用藥

座勿三醫，醫勿驟易，藥勿雜更，勿多、勿劫。語語確當。醫多，則各是其是，而争論不決。醫不害多，無令同座可矣。大病久病，藥無即效，但不增疾，不可易醫、更藥。食少不宜藥多，藥多則厭飲，而脾弱者不行。氣弱不宜用劫，用劫則性烈，而久病者難當，寧徐徐取效可也。

察症

内之寒熱，疾之重輕，驗便溺；傷之内外，病之有餘不足，察氣色。以是準之，無爲醫誤。故人子不可不知醫。

藥忌

百病先胃，胃有所思，無以藥禁，禁則胃虚食減，藥益不行。尚須斟酌。

藥有應忌，如黄連忌猪肉、門冬忌鯉之類。病有宜忌，如水腫忌鹽、黄疸忌酒之類。然當權其緩急。如病久不食，偶有所思，此胃氣未絶，生機可望也。若以禁忌弗食，則脾胃益弱，無氣行藥矣。里有一人病蠱，忌鹽數月，而病益篤，不治矣。恣食五味腥葷，又數月而病愈。余記之以爲拘泥者之戒。

卜筮

卜筮星平諸家，病者喜見即召入。皆令報吉、報輕、報速已。

悦病者之心也。

病者自問狀，言減不言增，言輕不言重。

行禱

境内百神，皆可拜禱，不必五祀，不必牲醴楮幣。凡行禱，須有迫切慇懇之心，悲痛惻怛之意，積誠茹苦，以示可憐，萬一感格，尚可回天。即數窮氣盡，無可奈何，而人子之心，亦無所不至矣。若祇脩文，反以速戾。

養力

子婦侍疾，必强飯節勞，更番休暇，設亦疾焉，諸將奚賴。

諸，謂諸事、諸人也。一飯再飯，非久疾篤疾之親，故得如此。諺云：「牀頭百日無孝子。」疏薄之人，無愛敬之情；久病在牀，多難事之性。子婦不加飡，則脾胃損；不節勞，則氣血衰。無論遺體當重，病者增憂，抑且後事關心，慎終誰托？不能侍疾、不能居喪，非孝子也。是故大孝不匱。

迴避

病篤治後事，無令病者聞之。在侍，無慘容、無憂色、無泣狀，强愉怡，以慰病者。流涕而侍疾，非孝子也。

怛化

將死未死之時，形氣欲離，病者百種困頓，何如其爲身，生者何如其爲情。而紛紛問苦，怛化亂神。或屬纊之際，群擾雜哭，皆非所以安死者。仁人孝子，强制其情，不可作兒女態。侍疾之時何時也？萬般子道，從此更無盡時；兩膝親身，從此更無見日。與其必誠必慎於蓋棺，孰若竭心竭力於卧榻。噫！有根心之愛者，自有不容已之情；有不容已之情者，自有不待勉之事。作而致其情者，必怠必疏，豈能久耶？

喪後翼

脩墓禮

古者墓而不墳，示無見也。無見者，保萬年之體魄。中古三尺，後世崇之。以爵爲尺，示有見也。有見者，觸千載之心目。晚近世以屋以樹，俾作神依。總之如生如存之義，致愛致慤之心。顧子孫之孝思何如耳？忘本原者，薪冢木、鬻墓石、封上皆牛羊之跡；希福利者，發深藏、暴枯骨、櫬中無安定之身。或瘞父母於兩地，夫妻永世仳離。或委骨肉於異鄉，子孫不復展省，於心安乎？甚矣葬師之誤人也！作脩墓禮。

合葬

合葬非古也，虆梩而掩之時也，中古合矣，自天子達。生同室，死同穴，父母之情也，人子何忍離焉？有遺命則從之。

上右

地道尊右，右高而左下也，故百川自西北而東南。葬右男而左女，古也，從地也。後世重左，從人也，非幽明之義矣。今制，祠堂之主尚右。

正位

兩婦夾夫而葬，褻也。夫一位，婦一位，左右分矣。雖三五婦，同一位耳。

慎祔

祔葬不以苟合，不以有罪，不以嫁母，不以倡優。節義之婦，無貴賤、無少長，皆祔，貴賢也。

墓田

墓，高下有度，廣狹有度。準以爵，貴貴之義也。當復其租繇，祭無田，祭之賜田，曠典也。時王之制，有司不得與，子孫不得請。

塋房

生而宫牆，殁而暴之中野，吾忍乎哉？作室於墓，築以周垣，樹以松楸，猶然室家也，生死安之。堪輿家言墓不宜木，秦樹草木以象山，後世陵寢因之，未見有不宜者。

上墳

墓之覆土，非古也。孔子曰：「古不修墓。」曾見帝后值清明日，躬担蕢土，覆之山陵，從俗也。於義無害，今古惟人。

遷葬

遷葬，非得已也。濱於水則遷，櫬於客土則遷，必爲城郭道路則遷。先貧賤後富貴，合而窆之也則遷。凡以爲死者也，非是則否。

定葬

公塋，非一世，非一人也。昭穆以世分，墓地以序定，若坐席然。凡成人而無後，或夫或妻，非有大罪，皆得葬於本穴，待後死者合之。衰世狃於葬師，謂無後者不得齒於正葬，界於喪庭。不仁哉斯言，達者非之。

俗忌

禮，士葬不踰月。今也子孫重利，益惑年命，各争所欲，遂致數年不得入窀穸。不火其書，禮法不行。

葬日忌十二相所屬，致有子婦不送喪、不見櫬，重禮者非之。

除墓

墓頭有木則去之，根歲久，必入棺。

墓辨

並墓者辨異。夫婦欲合，室家之情也。兄弟欲離，男女之别也。兩墓相去必五尺，左右容足，便往來也，前後容席，便起拜也。

兄弟並葬迫近，則叔嫂、或夫兄弟妻，必並棺，非男女之别。故夫婦之棺，不嫌大逼；男女之棺，不嫌大遠。即限於地，亦須五尺。

地勢

後欲高，前欲下，左欲揚，右欲抑，天地之大勢也。居室亦然，匪禍福之云。地欲高，高不納水；欲平，平不聚水。必有溝渠以洩之。

墓祭

墓祭非古也，而東郭墦間，自昔有祭。且世遠族多，同域而葬，非祭，則死者無以聯疏，生者無以合食。苟於人情近也，何必古。

墓守

墓無守者，則荒廢。無墓田，則難守。必置田以贍之。主人命子弟，月有省、時有治、歲有祭、無畜雞鵞豚犬。

墓久穴獾鼠狐狸，時省而捕捉之。木茂則集鴟鴉，時彈而驅逐之。草豐則藏虺蛇，時芟薙而清除之。

舊封

封内有舊墓，雖貧雖孤，無遷。生有鄰也，死獨無乎？擁從環繞，胡爲乎不可？無子孫者，節序有惠及焉，無使餒而。可破形家之妄。

祭前翼

事生禮

人子之道，莫大於事生。百年有限之親，一去不回之日，得盡一時心，即免一時悔矣。祭之義曰：「追養繼孝。」生不養也，死而追之；生不孝也，死而繼之，何益？古人云：「祭之厚，不如養之薄也。」諺云：「與其死後祭我之頭，不若生前祭我之喉。」痛哉斯言！豈可令人子聞之！作事生禮。

穀食

凡事父母異食。古云：「老少異糧。」况親乎？粟、黍、稷、粱欲鑿，稻去半粒，麥欲頭羅，菽欲純而新。

純。一色也。

茶水

水欲甘，欲宿羅；酒欲醴，無宿壺，無再熟；漿欲清；鹽欲淘；蜜欲盡滓；糖欲澄垢；醯欲澄根；茗去初末。液在瓶，則幕之，入盉音貨，調羹菜也，則濾之。

水經宿則濁者澄，過羅則百物隔。茗初見水則氣重，末則味薄，宜瀹宜烹，惟茶所宜。酒宿壺則味變，再熟則味漓。

器用

釜欲薄、器欲新、箸欲易，諸爲食具，滌溉欲潔。

釜薄則易熱，器履更則不垢膩，箸數易則無雜味。爲食之具甚多，如餅板、切刀、瓢、案之類。

視膳

日四問食。食問所欲，適温涼冷熱之宜，候生熟清濁之節，嘗鹹淡辛酸之味，視草毛蠅蟻之物。

進食

湯粥不浸指，羹汁不盈器，進食不吸涕、不咳痰，手不搔身，足不履濡。

湯粥浸指則不潔。盌不宜滿。凡進食，先出其涕而盥手。搔身則手偏，履濡則足滑。

肉食

魚無鯁，雞鴨無骨，脛掌無節。諸卵以酒，諸腥以薑醋。分魚順理，斷脯橫理。

菜蔬

葱韭薤蒜，春再剥，夏秋三剥，冬四剥。芥芹菘菁，半去其外，存三葉，多者四葉。入甲者存之，葉皺而莖直者存之，肥厚而液多者存之。視蟲去蝕，蒜臺截不見風日者二寸。

總之，取近裹脆嫩者。

酌食

朝食中，午食多，暮食少。柔食多，剛食少。清味多，厚味少。

果實

果食當饑飽之間。桃、李、梅、杏、柿、梨、榴、棗，氣滿味足，色溢核堅，而後進；得美者，而後進；無蠹無損，濯拭剥削，而後進。戒先時後時，先時味歉，後時味敗。胡桃四剥，蓮實、銀杏，三剥去心，菱芡重剥，棗去皮核。生熟惟所嗜，皆宜糖。龍眼、荔枝，浸而煮之，用色紫而肉厚者。親無齒，則漬以沸湯，漬濃汁而飲之。胡桃煮栗，合糖爲糜。餳宜酥，糍宜蜜。蜜煎、糖煎，以侑茶酒，無多進。異味非習嘗者，無多進。

煮麥，以鹽水漬之，久經暑日，榨而爲油，曰甘油。水茄，以甜醬醃之，壓而取油，曰茄油，入羹醢肉，最宜高年。

搔抑

子婦指甲，常剪磨令無鋒，侍者亦然，不則傷肌膚。

步履

必行之路，地淖則覆之，地冰則劚之，地泥則沙之。

出入

升高下下，則扶掖之。夜行則子婦先之，有所觸礙則告之。遠行夜歸，則率家衆束炬操殳以迎之。升車，操韔授軾。乘馬，斂衣授轡。車三御，馬二御。險遠則子弟從之。

厠牏

厠牏。冬，月一省；春秋，旬一省；暑，三日一省。備所用焉。

如乾棗、柔紙、宿綿、清薰、鋆筐灰土之類。

衣屨

近膚裳衣各二，垢則獻新以澣之。冠巾韈屨亦然，袖巾手扇亦然。

問安

日暮，則拂振枕席被褥而布之。候寢，則隨其寒暑温凉而加損之。旦俟親之覺也，向侍女問曰：「今夜安乎？」聞安而退。

古禮，昏定，子婦必親向寢所而問焉。畢則男唱喏，婦道安置，此猶近人情。至於雞初鳴，咸盥櫛，是四更時也，親方熟睡，呼門而問之，情乎？禮乎？無論蚤夜勤渠，非父母愛子之心；而情不便適，非子婦體親之意。終身由之，上下胥苦。是制禮者，示人以必不可行之難事也。睢陽魯稽勳邦彦，棄官養母，嘗有詩云：「開户旭光入，慈闈夢未央。低聲問侍者，猶恐驚高堂。」此真境真情，孝子之用心也。

諫諍

親有錯履，無遽言、無盡言、無當人而言，乘時乘機，設言以悟之。

親有激怒，姑從其怒以緩之。怒平，順言以醒之。失禮於人者，陰爲遜謝之。

啓告

樂事走言；憂事徐言；怒事笑言；悲事疑言；恐懼之事，可以不聞者勿言；駭異之事張言；大噱之事平言。

食候

憂驚悲怒，宜進酒羹饘粥，無進麵食。食前無報怒，食後無報憂。

同人

親有所愛樂之人，趨治具，無厭色。母所最愛者，子女之子女也。己寧無食，必以食之；己寧無衣，必以衣之。無財不可以爲悦，寧於我儉。無怨言，無後語。

告面

出必告，越疆信宿再拜，三宿以上四拜，反亦然。問起居，有所受命必復之。

侍容

侍父母之側，無戚容、無怨容、無惰容、無莊容、無思容、無昏忽之容、無不足之容，無高聲、無叱咤之聲，無直言、無費解説之言、無犯諱之言。怡怡温温，與與恂恂，載笑載言，承在意先，無令親難。先聖「色難」二字包括許多議論。

傳聲

父母呼人，則走而傳聲；不到，則自往應之。

爲客

出門，巾扇厠紙，納諸袖中；手巾换衣，付諸侍者。

慎防

鄰牆無置坐，垂堂無見足，敝車無坐，駭馬無乘。

鄰人之牆，恐有誤投磚瓦者。垂堂必用憑扶，恐致失足。

慎疾

人子有疾，隱之，隱弗能忍也，半隱顯。吾身，親身也，保親之身以事親，胡可令疾以憂之？故與其隱也，寧慎。慎猶疾也，吾心安之矣。

親有平生恒疾。則訪名醫。得穩方。朝暮調攝之。

從命

人子事親，畢力盡志。親有免命，則從之，無强以拂其意。

家樂

家慶之樂，奏道宫、宫調、黄鍾之宫，忌商聲、角聲、商角合調之聲、南吕之宫。道宫飄逸清幽，宫調典雅沉重，黄鍾之宫富貴纏綿。商聲凄愴，角聲嗚咽，商角合調酸楚，南吕之宫感嘆傷悲，樂親者忌之。時花新果，異物奇觀，有得必獻，可助一樂。

愉色

樂事不嫌諧謔，悦親不厭輕薄。氣血調於喜懽，疾病生於惱怒。壽親之道無他，一悦字盡之矣。

親僕

親之近侍，以柔順勤謹者爲之，不則數易，必得而後已。果當於親，則子婦訓迪之、恩禮之，等於儕行杭，去聲。長則以禮婚嫁之，貧則如願賙恤之。親終，則相嚮而哭，恩禮加隆焉。

父母於子婦，終有可避之嫌。朝暮起居，自有不便之事。惟左右近習，無所忌諱，如登厠浴身之類，得以坦然自適。是子婦難盡之心，賴斯人而盡；父母難忘之情，與斯人而忘。旦夜有斯人，而子婦始安寢焉；出入有斯人，而子婦始安心焉。即解衣推食，情若骨肉，禮如兄弟，所甘心者。近世視爲卑賤，與僕婢一體，而猜嫌所積，甚則讎之，此心何忍。孝子慈孫，試一思之。

心迹

父母所悦之人，不悦子婦，含懟無以自明，當委曲以感悟之。子道之難，惟是爲最。畢力殫財，竭智盡慮，易易也。子婦勉之，惟務潛消無激。

貧賤之家子養親，富貴之家親養子。親養子，則終身不知子道矣，悲夫！「親養子」三字愧死紈袴子弟！

事君、事親、事長，皆曰事。事之云者，孳孳惓惓，以之爲事也。今也不以爲事矣。古內則所載，膳羞烹調，皆教人以侈費，而苦人以太難。讀者欲解其文義，思其作爲，尚不可得，安能令衆兆民則而效之哉？余自受室而後，即鍾此情，顧家不滿吾願，乃就力之所能者，勉爲之。吾親易事，稍踰家常，輒不樂，曰：「折福。」即如事生諸欵，日計不過三五十錢耳，視內則勞費，易簡不啻十百。爲子婦者，不亦易乎？惟是易辦者，無窮之物；難辦者，有恒之心。真心所切，啜菽飲水，可以盡親歡；賣薪負粟，可以酬吾志。余所恨者，韋布之日，每有不可以爲悦者。甫入仕途，而兩親不逮矣。極目寰中，遊神泉下，飲恨吞泣，在在傷心。雖欲補吾不滿之分，其計無從。異味珍肴，非不陳諸影几，而積案盈庖，不減分毫。如在心殷，無形自若，安得再生，還共一堂，銷此無涯之悔乎？他日有子，不忍以事親之道相告語，用以贖吾終天之恨云。

祭後翼

睦族禮

夫祭，非直享祖考之神，以悦祖考之心也。祖考往矣，而子若孫若玄曾以下，非其骨肉所傳？祭而長幼尊卑列於庭，非其骨肉在眼乎？第令饑寒迫身，昏喪後時，愚悍無知，有可成之材而不能教，有可學之藝而無所資，祖考之心悦乎？怨恫乎？惡在一牲醴豆登起拜之爲兢兢也？作睦族禮。

家譜

族之有譜，所以聯疏遠，教親睦，備遺忘也。男子十二歲，請名於宗子，登之譜牒。總譜一册，藏之大宗祠，大宗子掌之。門譜一册，藏之小宗祠，小宗子掌之。每世一修，則以當世文行之士掌之，無論士庶，有一行之長者必録。以惡終者，諱其事、陰其名。

墓祭

每清明墓祭，各墓俱分紙錢。是日也，頒胙享胙，問年月，序長少，報生育；歌詩勸睦，問婚嫁，審貧乏，報老疾，助不給。籍而記之。

敬長

道逢尊長步行，必下騎，别遠而後登。伯叔父兄，雖貧賤不廢稱謂，不失常禮。弟到兄家，雖貴不得上座。

容衆

衣冠之士，雖惡不忍棄於公庭，訓誨不能，不忍短於公論。待之有禮以媿之，寬其無狀以悔之。法可行於宗約者，紀過以耻之；不容於衆惡者，置於理以懲之。

恤貧

一族之人，不無富貴貧賤，富者須分所有以賑貧，貴者量所能以逮賤。别賢、不肖，不計恩讎，所以示公，不别賢、不肖，無以示勸。賑貧分甚次，老疾分有無侍養。

贖賤

賣爲人僕婢者，爲之回贖。與人傭作者，爲之收恤。立存恤院，以養老幼殘疾孤獨。設公用倉，以通吉凶借貸，事畢驗還，過三日不還，不准再借，損失者補還，不補者紀過，不准再借。錢穀公議賑給，不許放借，既開衆口之門，終傷宗族之體。孰貧孰富，孰厚孰薄，交怨互攀，不至廢宗田不止。任事者謹之。

教訓

子孫可教而家貧者，以族中之先進，教族中之後進。置之籍，時其考課，不堪爲師者，擇異姓教之，務俾有成。苟且冒濫，誤人子弟，主者有罰。

伸寃

含寃負屈者，素行大善，爲之公救。其所犯以罪，及素無善狀者，入地爲孝田，計其罪之重輕爲差，贖救。

嫁娶

貧不能嫁女者，備之資妝。不能娶妻，助其聘財。務足婚嫁，不限以數。

扶弱

孤獨良善，爲人所侮奪者，爲之護持。恃勢凌人者，爲之禁約。

哀死

宗族有喪，不論貧富，公分每銀三分，大家齊奠舉哀。不到者，罰如分。喪家不必留飯。不成喪者，不舉哀。

崇儉

宴飲如約，不得過十豆，飯再，酒不得用茶鍾、湯碗，不得招娼扮戲，犯者罰粟二石賑貧。

欵留

貧者、老者、幼者，遠來值可食之時，如其未食，不及設具，就家所有，便留一飯，情義欵洽，不可有厭薄之色。

宗子

宗子以嫡長。大宗子愚不肖者，族長率闔族，告於大宗之廟而更之。小宗愚不肖者，家長率所宗，告於小宗之廟而更之。宗子在廟，行宗子禮，法得行於尊長。他所，止序長幼尊卑，行家人禮。

燕私

享胙就在祭日，盡祭之所有，不許增益。務醉飽盡歡，從者餕餘，不留分毫，以示不褻神惠，人神胥悦之意。是日也，不罪喪儀。不罪喪儀，不知何解。若曰任其威儀皤皤而不之罪，豈所謂並受其福者哉？

和睦

大都一家恩勝之地，務存體面，養其羞惡之心。長幼尊卑，互相成美掩惡，不可彼此傾陷，交唆是非，違者衆共絶之。